한국인력개발학회 HRD 총서4

전환기의 HRD, 연구의 미래를 묻다

조성준 · 이재은 · 윤선경 · 박종선 편저
권대봉 외 37인

박영story

추천사

이 책은 알껍질 내외에 존재하는 학계와 현업을 연결하는 줄탁동시(啐啄同時)입니다. 알 속에서는 학계 전문가들이 이론을 적용할 현장을 찾아 '톡톡톡' 부리로 알껍질을 두드립니다. 반면 알 밖에서는 현업담당자가 이론과 검증된 연구결과를 갈망하며 '탁탁탁' 알을 두드립니다. 이 책을 통해 두 개의 부리가 만나 알이 깨어졌습니다. 현업 경험이 풍부한 분들의 치열한 고민을 학계의 전문가와 함께 풀어낸 소중한 보화입니다. 일독을 권합니다.

박한규(SKT Competency그룹 매니저, 교육학 박사)

인적자원개발에 관한 주변 현상과 본질적 양태를 함몰될 정도로 깊게 들여다본(dive deep) 연구물들을 탐독하면서 몰입의 즐거움을 경험할 수 있었습니다. 이 책은 조직에 소속되어 보다 효과성 있는 실무를 고민하는 HRD실천가에게는 어두운 곳을 밝힐 등불이, 그리고 본질에 한 뼘 더 접근하고자 데이터 및 논문과 밤낮 씨름하고 있는 HRD연구자에게는 동료들과 담소를 나눌 모닥불 곁이 되어줄 책이라 생각합니다.

정보영(현대자동차그룹 인재개발원 책임매니저, 교육학 박사)

유례없는 사회적 환경의 변화로 인해 기업의 생존은 한치 앞을 예측할 수 없게 되었습니다. 이는 전략적이고 선제적 인재육성을 통해 조직의 성과창출에 기여해야 하는 HRD가 직면한 매우 도전적인 상황입니다. 이러한 환경 속에서 이 책은 앞으로 HRD가 미래를 예측하고 대비할 수 있는 이론적 단초를 제시해주며, 이는 육성 현장에 반드시 필요한 논리적인 힘을 보태어 줄 것입니다. HRD 연구자뿐 아니라 실무자들에게도 건강한 고민을 안겨줄 이 책의 일독을 권합니다.

박순모(CJ ENM 커머스부문 인사담당 부상)

시중에 HRD 관련 서적 중 이렇게 많은 양질의 논문들이 집대성되어 있는 책은 보지 못했습니다. 이렇게 귀중한 논문들을 쉽게 접할 수 있어서 감사하다는 생각이 들 정도였습니다. 기업에서 HRD 인터벤션을 추진하면서 항상 이론에 대한 논리가 뒷받침되지 않는다는 아쉬움으로 업무에 임하던 제게 이 책은 이론에 대한 갈급함을 해결해주는 사막의 오아시스였습니다. HRD 업무를 하거나, 평생교육 등 인적자원개발 분야에서 꼭 읽어야 하는 필독서로 추천합니다.

김연준(고려대학교 교육대학원 기업교육전공 석사과정,
락앤락 인사기획팀 대리)

HRD 실무자로 기업교육 분야에서 일하다 보면 여러 난관에 부딪히게 됩니다. 디지털 변환(digital transformation)처럼 새로운 주제를 만나기도 하고, 조직문화처럼 범위가 넓어지기도 합니다. 이렇게 새롭고 넓어진 HRD를 경영진에게 설득하고, 기획하고 운영해서 효과까지 도출해야 하는 어려움도 있습니다. 그럴 때마다 인터넷을 뒤지다 보면 What(이 주제가 정확히 무엇이며), Why(왜 해야 하며), How(어떻게 해야 하는지)의 관점이 부족하여 답답할 때가 많았습니다. 이 책은 저와 같은 고민을 공유하는 HRDer를 위해 쓰였습니다. 답답한 마음에 한 줄기 빛이 될 이 책을 추천합니다.

김구종(한양대학교 대학원 교육공학과(HRD) 박사과정,
이노핏파트너스 DT 프로젝트개발그룹 팀장)

자원기반관점에 따르면 새로운 가치를 창출하고, 희귀하며, 차별화되고, 대체 불가능한 자원을 보유한 조직이 경쟁우위를 확보할 수 있다고 합니다. 조직이 보유한 여러 가지 자원 중 네 가지 조건을 충족하는 것은 인적자원이 유일합니다. HRD 현장에서는 이렇게 중요한 인적자원을 잘 육성하고자 전략을 세우고 계획하는 것은 항상 큰 고민거리입니다. 이 책은 이러한 고민거리를 해결해 줄 금쪽같은 도서입니다. 무엇보다도 이론과 실제의 괴리감으로 HRD 현장에 적용할 수 없는 이론서들이 많은 가운데 이 책은 항상 곁에 두고 필요시 꺼내어 활용할 수 있는 HRD의 지식 저장소라고 생각됩니다. 인적자원 육성전략에 고민이 깊으신 HRDer라면 일독하시길 적극 추천합니다.

박상욱(삼성물산 리조트 서비스아카데미 프로, 교육공학 박사)

발간사

1998년 창립된 (사)한국인력개발학회는 어느 덧 이제 청년의 나이가 되었습니다. 20여 년이 흐른 세월동안 많은 성장을 거듭했고, HRD 분야의 연구와 실천을 선도하는 학회로 발돋움 하였습니다. 본 학회를 거친 많은 대학원생들이 교수와 연구자가 되었고, 현장 사례를 발표했던 실무자들이 이제 각 기업과 공공기관의 HRD 리더로 성장하였습니다. 본 학회와 HRD의 학문적 발전은 회원들의 적극적인 헌신과 노력이 없었다면 불가능했을 것입니다. 이 지면을 빌려 감사의 말씀을 전합니다.

그동안 (사)한국인력개발학회는 집단지성을 창출하고 공유하기 위해 노력해 왔습니다. 이를 위해 공식적인 행사뿐만 아니라 비공식적인 교류의 기회를 극대화하여 회원 간의 단합, 학회와 HRD에 대한 열정과 몰입을 증대시켜왔습니다. 이런 노력들이 (사)한국인력개발학회가 소수의 모임이 아닌 HRD를 연구하고 실천하는 모든 이의 학회로 성장하는데 기여해 왔다고 생각합니다.

(사)한국인력개발학회가 HRD 학문적 정립과 실무 간 연계를 주도한다는 기치 아래 2016년부터 [HRD 학술총서] 발간을 시작한 지 올해로 5년이 되었습니다. 국내 HRD 분야 최고의 학회로서 사명감을 갖고 연구자, 실무자, 그리고 공부하는 대학원생들에게 학술대회, 포럼, 그리고 학술지인 'HRD연구'를 넘어 또 다른 소통의 채널인 [HRD 학술총서]를 발간해 왔습니다. 이는 국내 최고의 전문가들이 모인 학회에 걸맞는 학술적 서비스를 연구자들에게 제공할 뿐 아니라, HRD에 관심 있는 현장 전문가를 포함한 일반 독자들에게 관련 이슈들을 보다 쉽게 설명하고 친숙하게 하는 새로운 소통 방식이라고 생각합니다.

첫 총서는 일터학습을 주제로, 두 번째 총서는 경력개발을 주제로 발간하였습니다. 이때까지 학술총서는 HRD 영역에서 학술적으로 뜨거운 주제를 선정하고 이에 대해 전문가들의 book chapter들을 모아 출판하였습니다. 그러나 세 번째

총서는 또 다른 시도를 보여주었습니다. HRD현장과 연구의 간격을 좁히기 위해 (사)한국인력개발학회의 등재학술지인 'HRD연구'에 실린 논문들 가운데 연구동향, 연구방법, 훈련 및 개발, 리더십, 경력개발, 조직개발, HRD평가의 영역별로 선별하여 편집의도에 맞게 수정보완을 거쳐 총서를 발간하였고, 이러한 시도는 학회 내외의 뜨거운 반향을 일으켰습니다.

이번 학술총서는 '전환기의 HRD, 연구의 미래를 묻다'라는 주제로 사회변화에 따른 HRD 변화를 조망하고 새로운 주제들을 미래지향적 관점에서 소개하기 위한 목적으로 발간되었습니다. 지난 총서와 마찬가지로 2015년 이후 학술지인 'HRD연구'에 게재된 논문들에서 사회변화와 HRD변화, 그리고 새로운 주제를 다루고 있는 논문들을 선별하였고, 해외 연구자를 저자로 초청하여 글로벌 측면의 미래를 포함하였습니다. 미래 변화에 따른 HRD의 연구와 실제를 조망할 수 있는 의미 있는 총서라고 생각합니다.

이 책이 세상에 빛을 보기까지 많은 분들의 희생과 노력이 있었습니다. 매우 수준 높은 총서를 발간하기 위해 가장 많이 애써주신 학술총서 위원회 조성준 위원장님, 이재은 부위원장님을 비롯, 윤선경 교수님, 박종선 박사님에게 감사드립니다. 그리고 총서 발간을 위해 학회 차원에서 적극적 지원을 아끼지 않으셨던 학회 14대 회장 송해덕 교수님과 학회 사무국장이신 조태준 교수님께도 깊은 감사를 드립니다. 총서 발간의 취지를 이해하고 흔쾌히 옥고를 보완해주신 집필진께 특별한 감사와 경의를 표합니다. 또한 이 책의 출판을 위해 수고해주신 박영스토리 관계자 여러분들께도 감사드립니다.

이 책이 많은 연구자들과 실무자 그리고 학생들로부터 사랑받는 HRD 명서로 자리매김하길 기대해 봅니다.

2021. 3.
(사)한국인력개발학회장 조대연

[총 평]

불확실하지만 가야 할 길, HRD의 미래

조성준, 이재은, 윤선경, 박종선

작년 이맘때 [HRD 학술총서] 3권을 발행하면서 다음 총서는 HRD의 미래를 예측하고 조망하는 주제로 책을 만들어 보겠다고 독자들과 약속했었다. 그로부터 1년. 우리 모두는 그 누구도 예상하지 못했고, 그 누구도 경험해 보지 못했던 세상을 견뎌왔다. 그리고 이러한 세상이 언제까지 지속될지, '코로나 이전'의 일상으로 돌아갈 수 있는 것인지 아무도 대답해 주고 있지 않다. 미래는 여전히 불투명하고 불안하기만 하다. 미래를 예측한다는 것은 오만하며 위험한 일이다.

그럼에도 불구하고 미래를 향해 열려 있는 연구실의 창을 닫을 수는 없다. 이론서를 탐독하고, 논문과 보고서를 쓰는 행위의 주된 목적은 과거의 기술과 반성에 그치지는 않기 때문이다. HRD 분야의 선구자들이 일찍이 설파했듯, 학문의 목적, 특히 HRD처럼 실천과 밀접하게 연결되어 있는 분야의 연구는 조직과 개인의 성장과 발전, 그리고 성과의 향상이라는 분명한 지향점을 설정하고 있다. 어쩌면 HRD 분야에서 발표되고 토론되는 모든 연구성과의 시선은, 비록 지금은 알지 못하지만 반드시 알아야만 하는 미래 시제와 맞닿아 있다고 해도 과언은 아닐 것이다.

게다가 인공지능과 로봇의 세상이 될 4차 산업혁명이 이미 시작되었고, 디지털 전환과 공유경제가 보통명사로 자리 잡고 있는 이때, 길고 긴 터널처럼 느껴지는 코로나 팬데믹 상황까지 겹쳐, 미래에 대한 관심과 미래를 예측해 보고자 하는 욕망의 크기는 그 어느 때보다 크다. 비록 미래에 대한 불확실성이 제아무리 크다

하더라도, 미래를 대비하고 예측함으로써 과거나 현재보다 발전된 조직, 그리고 진보된 성과를 만들어 내려는 연구자들의 의지를 꺾을 수는 없을 것이다. 이번 [HRD 학술총서] 4권은 점차 생존이 불투명해지는 조직, 우리가 직업으로 선택한 HRD가 헤쳐가야 할 미래를 묻고 답하는 토론의 큰 장을 열어 보고자 했다.

이러한 편집의도하에서 이번 총서는 오늘날 조직과 HRD가 당면하고 있는 변화를 네 가지 차원(거시환경, 조직, 개인, HRD)으로 살펴봤고, 각 차원과 관련한 논문을 5편씩 선정, 총 20편의 논문을 실었다. 우선 1부에서는 AI와 빅데이터로 특징지어지는 4차 산업혁명과 이에 따른 사회적 변화와 정부의 정책 트렌드를 '변화하는 시대(changing environment)'이라는 제목하에 논의하였다.

이 책의 문을 여는 논문 권대봉, 김정주의 '글로벌 변화와 HRD 이슈'(1장)는 글로벌 차원의 거시적 변화를 조망하고 이에 따른 HRD의 아홉 가지 변화과제를 OGI(organization-group-individual) 매트릭스를 통해 제시하였다. 저자들은 이러한 논의를 통해 글로벌 차원에서의 변화는 상호 의존적이며, 긴밀하게 연결된 이슈들이라고 주장한다. 또한 HRD 실무자들에 대해서는 이러한 변화에 수동적으로 대응하기보다는 예방적 설계자로서 보다 적극적이고 능동적인 자세를 촉구하였다.

강현주와 조대연의 '4차 산업혁명 시대의 인적자원개발 정책 방향 및 과제 탐색'(2장)에서는 눈앞에 다가온 4차 산업혁명 시대에 대한 정부의 국가인적자원개발 정책은 아직 초기 담론조차 제대로 형성되지 않은 단계라고 비판하면서, 자체적으로 전문가 델파이 분석을 실시, 가장 우선 순위에 놓여야 할 7개의 키워드와 12개의 정책과제를 도출하였다. 강현주와 조대연은 이 글에서 미래의 변화에 걸맞는 새로운 역량의 개발이 가장 중요하며, 이를 가능하게 하는 교육시스템의 구축이 가장 시급한 과제라고 강조하였는데, 이들의 작업은 아직 뚜렷한 방향을 잡지 못하고 있는 국가인적자원개발 정책의 나침반이자 마중물의 역할을 할 것으로 기대된다.

현영섭의 '다문화 배경 이주노동자의 일터학습 배제와 포용'(3장)은 노동의 글로벌화 트렌드하에서 다양화되고 있는 우리 조직의 이면에 여전히 자리잡고 있는 다문화 배경 이주(외국인) 노동자에 대한 편견과 배제의 민낯을 질적연구를 통해 드러내고 있다. 저자는 다문화 배경 이주노동자가 경험하는 일터학습으로 부터의 배제는 이들의 직업적, 혹은 자아의 성취를 제한하는 요인이자, 궁극적으로 한국에 대한 부정적인 기억과 좌절을 남기고 한국을 떠나게 하는 요인으로 작용한다는 점을 지적하고 있다. 이들 이주노동자들이 성공적인 일터학습을 통해 조직에 잘 적응하고 자신의 능력과 성과를 높이기 위해서는 이들에 대한 포용성을 제고하는 기업의 노력도 중요하지만, 이들을 활용하는 기업들 역시 영세하고 여력이 부족하다는 점을 고려했을 때, 정책적인 차원에서의 지원이 더욱 절실히 요청된다고 하겠다.

초대논문으로 총서에 실리게 된 박윤희, 김민영의 '이문화 훈련에 대한 연구 동향'(4장)은 사업과 조직의 글로벌화가 가속화되고 있는 상황에서 이문화 훈련(cross-cultural training)이 다문화 훈련(multi-cultural training)으로 진화되고 있으며, 이는 다양한 문화적 배경을 가진 사람들이 조직의 필요에 따라 언제든지 소통하고 협력하면서 성과를 창출해야 하는 조직적 요구를 반영하고 있다. 하지만 실천적 차원에서 활발한 논의가 진행되는 것과는 달리, 이문화 혹은 다문화 훈련에 대한 연구는 질적, 양적으로 부진한 것이 현실이다. 이러한 문제의식은 두 저자가 수행한 실증연구에서도 나타났으며, 이들은 이문화 훈련에 관한 연구에 관한 이론적 토대뿐 아니라, 연구주제의 다양성 확보에도 관심을 가져야 한다고 제안한다.

1부의 마지막 논문인 '사회적 기업가정신의 구성요소와 형성과정'(5장)에서 최윤미를 비롯한 공동연구자들은 오늘날 맹목적인 이윤추구 대신 "따뜻함"을 추구하는 자본주의 4.0의 트렌드를 발견하고, 이러한 트렌드에 부응하여 수익성과 사회적 가치 달성이라는 두 가지 목표를 동시에 추구하는 사회적 기업의 확산에 주목하고 있다. 저자들은 사회적 기업의 성공적인 운영은 사회적 기업가정신에 달려있으며, 공감, 혁신, 실용이라는 세 가지 요소로 이루어진 사회적 기업가정신은 이들 세 요소가 사회적 가치 창출이라는 궁극적 목표달성을 위해 서로 상호작용하면서 점진적으로 진화, 성장하는 것으로 보았다. 보다 구체적으로, 사회적 기업가는 공감을 통해 사회적 문제를 파악하게 하고, 혁신을 통해 사회적 가치를 만들어내며, 실용을 통해 사회적 기업을 성장, 발전시킨다. 저자들은 이러한 요소들이 사회적 기업가의 삶 속에서, 또한 사회적 기업의 운영 경험을 통해 형성된다고 주장한다. 이들은 주로 개인적 경험을 통해 사회문제를 접하고, 이렇게 경험된 사회문제는 개인의 증폭경험을 통해 의식화된다. 이는 사회적 기업가정신이 객관적인 경험뿐 아니라 그러한 경험에 대한 주관적 의미부여와 재평가를 통해 개발될 수 있다는 결론에 이르게 한다.

2부는 변화하는 조직(changing organization)을 주제로 중심으로 구성되었는데, 특히 HRD 관점에서 조직의 변화를 주도하고 지원할 수 있도록 연구와 실천적 방향을 제시하는 논문들을 실었다.

이찬, 박복미의 '디지털 변환(digital transformation)을 위한 인재 전환(talent transformation)'(6장)은 모바일, 클라우드, 인공지능(AI) 등 디지털 기술 확산에 따라 비즈니스 전반에 걸쳐 디지털 변환이 이루어지고 있는 시대에 조직 구성원의 업무경험을 창조하는 HRD의 구체적인 역할에 대해 논의하고 있다. 특히 AI와의 협업을 위한 직무분석－직무맵핑－직무재설계－직무창조의 인재전환 4단계 전략이 눈길을 끈다. 저자들은 이러한 과정을 통해 인재 전환 뿐 아니라 HR－웰빙을 실현할 수 있을 것으로 기대한다. 특히 인재전환의 실제 사례를 바탕으로 구체적인 방법과 절차, 한계, 인재 전환 시 고려사항들을 꼼꼼하게 다루고 있어 현업의 실무자에게 중요한 지침이 될 수 있을 것이다.

이형우, 배을규, 이민영의 '기업관리자의 개발 리더십(developmental leadership) 측정도구 개발'(7장)은 구성원의 성장과 발전을 강조하는 관리자 리더십 중 개발리더십에 초점을 맞추고 이를 구체적으로 측정할 수 있는 도구를 제시한다. 저자들은 선행연구를 통해 개발 리더십의 핵심 요소를 학습문화 조성, 건설적 피드백, 경력관리 지원, 역할모델 실천, 정서적 배려로 도출하고 개발리더십을 측정할 수 있는 24문항의 측정도구를 개발하여 타당화하였다. 이 연구는 최근 자신의 발전과 성장에 무엇보다 중요한 가치를 두고 있는 새로운 세대가 등장하는 시점에서, 구성원들의 성장과 발전을 촉진하는 리더십의 개념을 제시하고, 이에 대한 측정 방법을 구체화했다는 점에서 의의가 있다.

이용권과 전기석은 '군 리더의 코칭리더십 역량모델 개발 연구'(8장)를 통해 군대에서 코칭리더십을 발휘하는 데 필요한 역량모델을 제안한다. 코칭리더십이란 리더가 수직 · 수평적 이중관계 속에서 코칭 프로세스를 통해 조직구성원이 스스로 자신의 가능성을 자각하고 문제를 해결해 나가도록 이끄는 리더십을 의미한다. 이 논문에서 저자들은 군 조직의 관리자가 코칭리더십을 발휘하기 위해 필요한 역량을 구분하고, The Locus for Focus 모형을 활용하여 역량 간의 우선순위를 도출하였다. 이를 통해 솔선수범, 비전제시, 동기부여, 부하개발, 경청 등의 요구가 높은 것으로 나타났다. 이 연구는 군대를 대상으로 하고 있으나, 여기서 제기하고 있는 역량들은 비단 군 조직뿐 아니라 일반조직에서도 적용 가능한 코칭리더십 역량모델로 활용할 수 있을 것이라 기대된다.

홍아정과 조윤성의 '임파워링 리더십(empowering leadership), 잡 크래프팅, 조직몰입, 직무배태성 간 구조적 관계'(9장)는 임파워링 리더십이 직무와 조직에 대한 태도에 영향을 주고, 궁극적으로는 이직의 반대 개념인 직무배태성을 높일 수 있음을 실증적으로 밝히고 있다. 임파워링 리더십은 조직 구성원들과 권한을 공유하여 조직 구성원들의 내재적 동기부여 수준을 높이는 행동으로서, 솔선수범, 참여적 의사결정, 코칭, 정보공유, 관심표출 등의 요소로 구성된다. 저자들은 공감, 정보공유, 질문과 피드백 등을 활용하는 임파워링 리더십이 구성원들의 긍정적인 직무행동과 태도에 영향을 미치고, 이들을 조직에 계속해서 머물도록 한다는 것을 밝혔는데, 이처럼 임파워링 리더십의 효과를 실증적으로 검증했다는 데 의의가 있다.

그동안 팀학습 메커니즘은 HRD 실무자와 학자들이 많은 관심을 갖고 있었던 주제였지만, 관찰 대상에 대한 접근이 어렵다는 점 때문에 연구가 활발하지는 못했다. 본 총서에서는 유상옥과 오헌석의 '팀학습 핵심수행자의 역할에 따른 영향요인 분석: 리더십과 전문성을 중심으로'(10장)를 실었다. 저자들은 이 논문을 통해 사회연결망 분석(social network analysis) 방법을 활용, 팀학습 맥락에서 네트워크 특성에 따라 구성원의 역할을 구분하고, 이러한 역할이 개인의 리더십과 전문성의 특성에 따라 어떻게 달라지는지 분석하고 있다. 이 논문은 사회연결망 분석방법을 활용한 팀학습 연구의 가능성을 제시하였는데, 네트워크 특성에 따라 팀학습에서 개인의 역할이 달라질 수 있다는 제안이 흥미롭다. 향후 HRD연구에서 개인이나 변인에 대한 관심뿐 아니라 개인 간 연결과 변인 간 연결에 대한 관심과 연구가 확장될 것으로 기대한다.

이처럼 이번 총서에서는 HRD관점에서 조직의 변화주제들을 다양하게 다루었는데, 특히 AI와의 협업을 설계하는 HRD역할, 구성원의 성장과 개발을 촉진하는 다양한 리더십 개념과 관련변인들, 팀 학습 네트워크의 역동을 밝히는 연구들이 앞으로 더욱 활발하게 수행되어야 할 것이다.

3부는 '변화하는 인재(changing talent)'에 초점을 맞춘다. 여기서는 조직을 둘러싼 환경의 변화에 따라, 조직 내의 개인과 구성원들이 어떻게 다른 모습으로 변화하는지 논의하고 있다.

우선, 소병한, 송지훈의 '신입사원의 재직의도 관리방안'(11장)은 가장 대표적인 변화집단인 초기경력자들의 문제를 다룬다. 특히, 이직의도를 강조하는 관점을 벗어나, 앞으로는 재직의도를 관리해야 한다는 주장이 적지 않은 시사점을 준다. 이 글에서는 신입사원의 재직의도에 영향을 미칠 수 있는 다양하고 흥미로운 예측 요인들뿐 아니라, 현장에 적용 가능한 시사점과 후속 연구 방향도 제시되고 있다.

김대영, 이민영, 김만수의 '프로티언 경력 태도와 무경계 경력태도'(12장)는 경력에 대한 새로운 관점, 즉 뉴 커리어(new career)를 대표하는 프로티언 경력과, 무경계 경력의 개념에 대해 논의한다. 이들은 이 두 가지 개념과 영향요인들을 한눈에 볼 수 있도록 정리하는 한편, 두 개념 간의 관계가 독립적이라는 점을 상세한 논의와 실증을 통해 설명하고 있다. 또한, 두 개념에 대한 연구 방향성과 유의점도 제시하고 있다.

송해덕, 조윤성, 홍아정의 '몰입 연구동향 분석을 통한 한국형 몰입모델 탐색'(13장)에서는 급변하는 경영환경 아래에서 "어떻게 변화하는 구성원들의 몰입(engagement)을 이끌어낼 것인가"라는 문제를 제기한다. 이 문제에 답하기 위해 저자들은 몰입에 대한 깊은 개념적 고찰, 그리고 우리나라에서 이뤄진 연구들의 동향을 체계적으로 리뷰하였고, 이를 통해 한국형 몰입모델을 제안하였다. 이들의 논문은 몰입에 관심을 갖고 있는 연구자, 그리고 현업 담당자에게 유용한 시사점을 제공해 줄 것이다.

양세희의 '종업원의 감성지능과 집단 창의성'(14장)에서는 최근 4차 산업혁명,

AI, 로봇 등의 등장 등과 함께 더욱 강조되고 있는 인간의 감성적 능력(감성지능)을 다룬다. 또한, 혁신(innovation)이 그 어느 때보다 생존의 중요한 조건이 되는 시대에 중요한 화두라 할 수 있는 집단 창의성이라는 개념을 함께 다루고 있다. 저자는 언뜻 무관해 보이는 감성지능과 창의성의 개념 간의 연결고리를 제시하고 있다. 이는 4차 산업혁명의 파도를 넘어야 하는 조직과 개인에게 의미 있는 함의를 던져 준다.

임윤서, 안윤정의 '신직업 분야 도전자들의 성공적 안착경험 분석(15장)'은 새로운 경력과 성공을 찾아 미개척 비즈니스에 도전한 사람들의 이야기를 들려준다. 다양한 비즈니스 분야에 다양한 직급 및 경력을 가진 도전자들의 경력과 경험들을 깊이 있게 분석하여 공통점을 발견하였고, 이를 기반으로 유형화하였다. 시대적인 변화에 따라 앞으로 더욱 증가할 것으로 예상되는 신직업 분야 종사자들에게 본질적이면서도 실질적인 조언과 시사점을 제공해 줄 것으로 보인다.

4부는 '변화하는 HRD(changing HRD)'라는 제목하에 오늘날 연구자와 실무자들이 당면하고 있는 HRD의 과제들을 점검하고, 조직과 개인의 성과향상을 위한 방향을 제시하는 논문들이 실려 있다.

먼저, 윤승원, 채충일의 '데이터 분석과 HRD의 변화'(16장)는 최근 집중적인 관심을 받고 있는 HR영역에서의 데이터 분석에 대한 궁금증을 해결해 주는 한편, 데이터기반 프랙티스가 이제 선택이 아닌 필수로 자리잡은 HRD의 방향성을 확실하게 제시한다. 디지털 전환(digital transformation) 환경에서 발생하는 다양한 데이터의 분석 방법은 코칭, 멘토링, 지식공유, 무형식 학습, 워라밸, 세대 협력 등 최근 주요 이슈에 대한 새로운 시각의 해석을 제시하며, 변화가 가속화되고 있는 조직 현장에서 HRD가 해법을 제시할 수 있음을 강조한다. 저자들은 영역 간 경계를 없앤 미국의 전산사회과학(computational social science) 학제를 중심으로 네트워크 분석(network analysis), 기계학습(machine learning), 텍스트 분석(text analysis), 시뮬레이션(simulation) 등이 HRD 분야에서 활용되는 사례를 소개하고, HRD 데이터 확보와 분석방법의 적용이 필요하다는 점과, 무엇보다 학제간 융합과 변화가 결국 HRD 현장의 실무진과 연구자 모두에게 시급한 당면 과제임을 강조하고 있다.

불확실한 환경에서 살아남기 위한 솔루션이 필요한 이 때, 류혜현, 오헌석의 '학습민첩성 연구의 쟁점과 과제'(17장)에서 다뤄진 학습민첩성의 개발적 측면에 관한 논의는 주목 받을 만한 가치가 있는 연구이다. 저자들은 학습민첩성 개념의 포괄적 접근과 배타적 접근을 함께 소개하면서, 무형식학습, 일경험, 학습과정, 측정과 평가, 개발 관련 이슈를 검토하고 있다. 학습민첩성이란 개념을 처음으로 접하거나 막연하게 알고 있었던 독자들은 이 논문을 읽음으로써 학습민첩성의 개념적 지식을 다지는 한편, 개인과 조직의 학습민첩성 개발 방안을 모색하는 데 도움을 얻을 것으로 예상한다.

정승환, 장형심의 '구성원의 내재적 동기를 위한 자기결정성이론의 HRD 적용'(18장)은 최근 변화하는 HRD 현장에서, 구성원의 동기에 왜 관심을 갖고 적용을 고민해야 하는지 논의하고 있다. 이 논문에서는 과거의 패러다임이었던 행동주의적 개입과 활동이 더 이상 조직의 경쟁력을 이끌어낼 수 없으며, 오히려 과업수행에서의 즐거움, 흥미, 성장 경험을 통한 개인의 심리적 동인이 조직 성장의 전략이 될 수 있음을 설득력 있게 제시하고 있다. 기존에 논의되어 온 다양한 동기이론 중에서, 자기결정성이론(self-determination theory)은 인지평가이론, 유기체통합이론, 인과지향이론, 기본심리욕구이론, 목표내용이론 등 여러 개의 단위이론으로 구성되어 있으며 계속 후속 연구 중인 이론에 의해 확장되고 있는 거대이론이다. 이는 환경과 상호작용을 통한 구성원의 내재적 동기와 자율적 성장가능성에 초점을 두는 인간관이라는 점에서 성과를 강조하는 HRD조직에 시사점을 줄 수 있다.

황영훈, 김진모의 '일터학습의 역할: 초기경력자의 조직사회화 제고를 중심으로'(19장)에서는 밀레니얼 구성원의 사회진입과 Covid-19의 대유행으로 인한 업무 방식의 변화라는 도전적 상황에 대해 신입직원의 조직사회화 전략의 변화를 통한 대응을 제안하고 있다. 저자들은 무형식학습에 대한 관심이 증폭되고 있는 상황에서 초기경력자 일터학습의 메커니즘과 일터학습의 조직사회화 기여를 밝히기 위해 최근 Covid-19를 기점으로 변화하고 있는 일터학습의 모습을 소개하고, 이에 적합한 일터학습 운영 전환과 환경 설계를 제시하였다. 70:20:10의 법칙에 따라 형식학습의 무용론까지 제기되고 있는 상황에서, 형식학습이 무형식학습에 강한 영향을 미치는 요인이라는 이들의 주장은 흥미를 끈다. 그럼에도 여전히 무형식학습은 초기경력자의 조직사회화를 위한 환경설계 전략으로 유용한 가치를 지닌다는 점도 놓쳐서는 안 될 것이다.

본 총서의 대미를 장식하고 있는 김선연의 '집단 협력학습에서 사회적 공유의미, 집단 시너지 및 집단 창의성 간의 구조적 관계 분석'(20장)은 집단 협력 상황에서 집단 창의성이 도출되는 과정에 대해 실증적인 설명을 시도하고 있다. 집단적 협력은 현대의 복잡한 문제해결과 조직운영에 필수적인 역량의 하나인 만큼 변화하는 HRD 현장에서 반드시 고민해야 할 주제이다. 김선연은 이 논문에서 인지, 정서, 행동차원에서 측정한 사회적 공유의미 모델이 집단 시너지를 매개로 집단 창의성을 발현시킨다고 보았다. 공유멘탈모델, 분산인지 시스템, 친밀감, 공감, 공유조절과 공유소통 등 사회적 공유의미의 하위 요인이 집단 시너지를 일으키는 창의적 사고과정을 촉발시키고, 결국 창의적 결과물을 도출한다는 연구결과는 불확실성의 덫에 갇혀 있는 많은 HRD 실무자들과 연구자들에게 의미있는 메시지가 될 것이다.

이와 같이 이번 [HRD 학술총서] 4권에서는 총 38명의 연구자가 참여한 20편의 논문을 통해, 앞으로 다가올 HRD 미래에 대한 다양한 각도의 질문을 던지고 있다. 그리고 이 질문들에 대한 대답은, 이 책을 함께 읽으며 삶의 미래와 조직의 미래를 고민하고 계신 독자 여러분들의 몫으로 남겨 놓으려 한다. 다시 내년 이맘때는 회복된 일상 속에서, 이번 총서에서 고민했던 치열한 문제의식들과 토론의 시간들을 아름다운 추억으로 회상할 수 있었으면 좋겠다.

한국인력개발학회의 새로운 회장단이 출범하였고, 이에 따라 '학술총서위원회'도 신임 위원장을 필두로 새롭게 진용을 갖추었다. 앞으로 출간될 [HRD 학술총서]는 과거보다, 그리고 현재보다 훨씬 더 유익하고 발전될 모습이 될 것이라는 점만은 확실하게 약속할 수 있다. [HRD 학술총서]에 지속적인 관심과 애정을 부탁드린다.

차 례

PART 01 변화하는 시대

PART 02 변화하는 조직

● Changing Environment

변화하는 시대

01

글로벌 변화와 HRD 이슈

권대봉(dbkwon4916@korea.ac.kr), 김정주(jjkim88@korea.ac.kr)

권대봉은 미국 미시간주립대학교 교육행정학과 Adult & Continuing Education Program 에서 박사학위를 취득하였다. 한국인력개발학회 창립회장과 국무총리실 한국직업능력개발원 제5대 원장을 역임하고, 현재 고려대학교 교육학과 명예교수 겸 인천재능대학교 제16대 총장으로 재직 중이다.

김정주는 고려대학교 교육학과에서 박사학위를 취득하였다. 현재 고려대학교(세종캠퍼스) 문화창의학부 조교수로 재직중이며, 평생교육과 창의교육 관련 과목을 강의하고 있다. 연구 관심분야는 역량개발, 원격교육, 중노년층의 평생학습 등이다.

* 이 글은 2016년 5월에 발행된 「HRD연구」 18권 2호에 영어로 게재된 논문을 수정 · 보완한 것임(영문: 'Global changes and HRD issues').

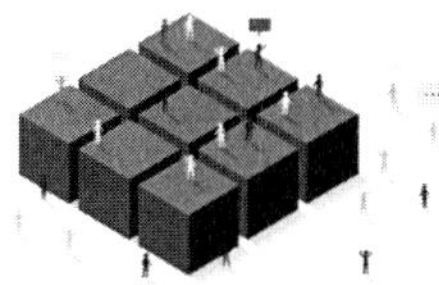

글로벌 변화와 HRD 이슈

권대봉, 김정주

HRD 이론과 실천의 중요성

HRD는 이론과 실천이 상호 연계되는 실천기반의 학문이다. 따라서 HRD이론이 의미를 가지기 위해서는 실천적으로 적용되어야 한다(Jung, Ho, & Song, 2014). 이는 HRD가 단지 이론적인 축적이 아닌 실무현장에서 효과적인 적용가능성을 보여주어야 함을 의미한다(윤선경 · 정보영 · 차미리 · 송영수, 2017; Swanson & Holton, 2001). 이를 위해 학자들은 HRD 실무에 활용될 수 있는 이론과 비전, 혁신적인 방법들을 제시하는 한편, 실무자들은 HRD 모델과 이론이 현실에서 어떻게 개발 및 적용되는지를 검증하고 확인하여야 한다.

HRD를 바라보는 보는 데 있어 투자보다는 비용의 시각으로 보는 경우가 여전히 존재한다. 그러나 경제적으로 어렵고 불확실한 시대일수록 HRD에 대한 투자가 오히려 조직에 이익을 가져온다는 것이 오랫동안 증명되어 왔다(McCarty & Sheehan, 2014). HRD개입이 조직 구성원들의 참여와 조직 충성도를 높이고 궁극적으로 조직의 성과와 성공에 긍정적인 영향을 미친다는 것이다(Kumar & Krishnaveni, 2008). 그러나 이것은 HRD 실무자들이 세상의 변화에 민감히 대응하고 이에 기꺼이 도전할 때에만 가능할 것이다.

글로벌 변화

HR부서는 글로벌 변화에 맞추어 역할과 책임을 변화시켜야 하는 중요한 위치에 있다. 인적자원은 조직의 높은 생산성과 경제적 성과를 가져오는 주요 요인이며(McClornon, 2006), 그들을 효과적으로 활용하는 것이 조직 경쟁력을 높인다는 점에서 HR부서의 역할이 더욱 중요하다(Pfeffer, 1994). 그러하기에 HR부서는 비즈니스 세계의 빠른 변화를 예측하는 분석적인 관점을 취해야 하며, 이를 통해 구성원들이 외부 변화에 적응하도록 적절한 조치를 취해야 한다.

변화에 대응하여 바꾸는 것(易)이 말처럼 쉽게(易) 이루어지지 않으나 이를 가능하게 하기 위해서는 미래의 변화를 예측하고 연구하는 자세가 전제되어야 한다. 이것이 변화에 대응하는 원동력이 되기 때문이다. 미래 변화에 영향을 주는 요인들로 Kapoor(2011)는 인재개발과 노동력의 가용성, 그리고 기술적 발달을 예측한 바 있다. 특히 그는 향후 높은 실업률에도 불구하고 선진국에서조차 노동력 부족이 일어날 것이며, 이는 조직 내부의 이주 근로자나 다양성 등의 문제들을 야기시킬 것으로 예측하였다. Sofo(1999)는 HRD에 영향을 주는 변화로 경제, 기술 및 통신 분야에서의 변화를 제시하였고, Sheehan과 Sparrow(2012)는 경제적 불확실성과 인구의 유동성을 변화의 원인으로 꼽았다. 마찬가지로 Lee, Jin 그리고 Song(2013)은 비즈니스 환경이 기술의 빠른 변화와 글로벌 경쟁력, 그리고 노동의 유연성을 특징으로 하므로 기업들은 우수한 인재의 채용과 개발에 힘써야 함을 강조하였다.

이상의 내용을 정리하면, 실천적 HRD에 영향을 미치는 글로벌 변화는 크게 기술변화와 HR변화 그리고 시장변화의 세 영역으로 분류할 수 있다. 이 중 기술변화는 '스마트 시대'의 복잡성을 촉진하며, 시간과 공간뿐 아니라 지식과 관계의 확장을 통해 형식/비형식 학습을 활성화하고 데이터 기반의 지식 관리 기능을 가능하게 한다(Ausburn & Ausburn, 2014; Bennett, 2009).

HR변화는 인종이나 나이, 국적, 요구 등의 측면에서 직원들이 지니는 다양성을 의미한다. 조직은 네트워킹을 통해 다양한 인재들을 채용하고 개발시키기 위해 노력해야 할 것이며, 이러한 점에서 단조롭고 수직적이고 일방적이었던 HR 패러다임은 보다 창의적이고 수평적인 다양성을 지향하게 될 것이다. 빠르게 변화하는 복잡한 세상에서 다양한 인재들과 함께 하기 위해서는 'one size fits all' 사고방식을 버리고(Kormanik & Rajan, 2010) 개별화된 접근이 필요함을 알 수 있다. 마지막으로 시장변화는 전례 없는 경제 불확실성에서 비롯된다. 과거 유로존(Euro zone)과 BRICS(브라질, 러시아, 인도, 중국, 남아프리카 공화국) 등 여러 나라에서 경제위기와 변화무쌍한 시장 상황을 경험한 바 있다(McCarthy & Sheehan, 2014; Sheehan & Sparrow, 2012). 2019년에 시작된 코로나 바이러스의 세계적 확산도 시장을 더욱 예측 불가하게 만드는 요인으로 작용하고 있다. 기업은 급변하는 외부 상황과 시장 변화에 더욱 민감하게 주의를 기울일 필요가 있다.

기업 컨설팅이나 조직에서 글로벌 변화를 분석할 때 주로 개인과 집단(또는 프로세스), 그리고 조직 수준을 사용한다(Swanson, 1996; Rummler & Brache, 1995). 조직이 새로운 고용 정책을 시작하기로 했다면, 개인 수준에서도 이전과는 다른 새로운 행동을 취할 것이며, 이와 함께 새로운 성과 평가가 이루어지고 인재 유치를 위한 전반적인 기업의 전략 역시 변화될 것이다(McClernon, 2006). 이와 같이 개인과 집단, 조직 수준에서 앞서 언급한 변화들이 어떻게 작동하는지 살펴보는 것은 조직 전반의 변화를 세밀히 살펴보는 데 유용할 것이다.

OGI-Change 체계

HRD 실천에 영향을 미치는 이슈들을 구조화하기 위해, OGI－Change 체계를 매트릭스 형태로 제시해 보려 한다. 'OGI'는 조직(O: Organization), 집단(G: Group), 그리고 개인(I: Individual) 수준의 요소, 그리고 'Change'는 변화의 세 영역, 즉 기술 변화, HR 변화, 시장 변화를 의미한다. OGI－Change 체계를 구성하는 HRD 이슈들은 아래의 절차를 통해 선정되었다.

〈표 1〉 OGI-change 체계

수준 \ 변화	기술 변화	HR 변화	시장 변화
조직 수준	① VHRD(가상 HRD)	② Diversity(다양성)	③ Global Leadership (글로벌 리더십)
집단 수준	④ Virtual Team-working (가상 팀워크)	⑤ employee engagement(직원 참여)	⑥ coaching(코칭)
개인 수준	⑦ SNS Networks (SNS 네트워크)	⑧ Work-life Balance (일삶 균형)	⑨ creativity(창의성)

우선, HRD분야에서 대표적인 5개 국제학술지를 선정하여 HRD 이론과 실천에 관한 이슈를 중점적으로 검토하였다. 'Advances in Developing Human Resources', 'Human Resource Development Review', 'Human Resource Development International', 'Human Resource Development Quarterly', 그리고 'Asia Pacific Journal of Human Resource'가 이에 해당된다. 각 학회지는 HRD 분야에서의 학문적이고 실천적 요구에 대응하는 다양한 주제를 다루고 있다.

둘째, 선정된 5개 HRD 분야 국제학술지에서 2010년 이후 연구 중 특집 기사를 포함하여 400여 개에 이르는 논문을 키워드 중심으로 검토하였다. 특집 기사들은 하나의 주제를 중점적으로 다루고 있기 때문에 HRD 트렌드를 보여주기에 충분히 중요하고 관련성이 높은 한 개의 논문으로 간주하여 검토에 포함시켰다.

셋째, 논문의 주제를 면밀히 검토하고 주제가 다루는 변화의 영역과 수준에 따라 OGI−Change 체계에 분류하여 배치하였다. 국제학술지에 실린 주제의 빈도와 중요성을 고려하는 반복적인 과정을 거쳐 HRD의 최근 이슈와 트렌드 9개를 선정하였다.

넷째, 선정된 9개의 이슈들이 실제 현장에서 어떻게 실천되고 있는지를 검토하기 위해 HRD 실무진들을 대상으로 초점인터뷰를 실시하였다. 인터뷰 결과는 OGI−Change 체계의 이슈들이 실제 기업에서 어떻게 작동되고 있는지에 대한 기초자료로 활용되었다. 인터뷰 대상자는 편의적 편집을 사용하여 5명이 선정되었으며, 이들의 HRD부서 경력은 10년 이상, HRD평균 경력은 14.6년에 이른다. 각 인터뷰 시간은 1~1.5시간 소요되었으며, 추가 설명이 필요할 시에는 이메일이나 전화를 이용하였다. 인터뷰 대상자의 특성은 아래와 같다. 이름은 가명으로 제시하였다.

〈표 2〉 인터뷰 대상자

번호	이름*	기업(업종)	HRD부서경력(년)
1	김숙희	H(자동차)	12.5
2	박재동	N(IT)	14.0
3	김병욱	S(보험)	15.5
4	심재필	L(전자)	11.0
5	김창민	HT(음식료)	20.0

* 이름은 모두 가명임

HRD의 실천적 이슈

• 조직 수준

Virtual Human Resource Development(VHRD)

VHRD는 조직과 구성원의 전문성과 성과, 혁신 및 공동체 구축을 전략적으로 향상시키기 위해 형식·비형식 학습을 지원하는 풍부한 매체와 문화적 관련성을 지니는 웹환경으로 정의된다(Bennett 2009: p. 364). 단순히 기존 HRD 활동에 웹환경을 더하는 것이 아닌 학습이 자기 발견적 방법으로 이루어지게 하기 위한 새로운 이론과 기술, 실천적 접근이 요구된다. 이러한 이유로 VHRD는 조직 수준에서 추진되어야 하는 이슈로 간주되어 진다.

VHRD는 구성원들이 비대면으로 모바일과 연계하여 학습을 통해 역량 향상이 가능하도록 온라인 학습 공간을 제공한다. 지식 관리의 실행이나 부서/개인 간 협업도 인트라넷 시스템을 통해 작동된다. VHRD는 HRD에 단순히 기술적 요소를 추가하는 것 이상으로 구성원들이 일하면서 즐겁게 배울 수 있는 완전히 새로운 조직 환경의 구성을 의미한다.

HT사(가명)의 사례는 VHRD가 어떻게 운영되어 효과적인 작업 및 학습 환경을 제공하는지를 보여준다. HT사는 조직 차원에서 VHRD를 구현하고 있는데 다양한 특성 중 하나가 바로 IDP(Individual Development Plan: 개인개발계획) 시스템이다. 이 회사에서는 매년 구성원과 팀리더가 함께 학습계획을 작성하고 이에 따라 구성원들의 역량개발과 성장을 점검하고 지원한다. 학습계획은 개별 구성원의 요구에 따라 직무교육, 전략적 인재육성, 평가 등 광범위한 컨텐츠를 다루며, 이를 통해 개인의 경력개발을 체계적으로 관리한다. 이렇듯 VHRD는 구성원들 간의 소통과 업무 흐름의 핵심적 기능을 제공하고 구성원 개개인의 학습과 경력 개발의 측면에서 이미 많이 활용되고 있음을 알 수 있다.

HRD 실무자들이 조직 수준에서 VHRD의 효과성을 담보하기 위해서는

VHRD 환경이 현실에서 가능한 기능과 역할과 얼마나 유사한 경험을 구현할 수 있을지를 고려해야 한다. 사람들 간의 연결성과 소속감을 높이기 위해 실제 환경과 존재에 대한 가상 경험과 유사한 정밀도(fidelity), 매개되지 않은 듯한 환상적 경험을 제공하기 위한 노력은 교육영역에서 다양한 논의거리를 제공해 주었다(Kim, 2011). 이런 의미에서 '사회적 실재감'은 학습을 촉진하는 가상공간에서 연결된 상호 관계성을 측정하는 도구로서(Harms & Biocca, 2004), 협력과 경험의 공유를 통해 서로 배울 수 있고, 자신의 존재뿐 아니라 다른 사람들의 사회적 존재를 인식하여 효과적인 탐구적 학습이 이루어지는 '탐구공동체'(CoI: Community of Inquiry)의 핵심개념으로 자리잡아 왔다(Rourke, Anderson, Garrisons, & Archer, 1999). VHRD가 제공하는 가상환경의 질과 안정성은 구성원들의 학습 참여와 성과, 궁극적으로 조직의 생산성과 직결되는 존재에 대한 인식과 사회적 존재감을 어떻게 제공하는가에 따라 좌우된다고 할 수 있다(Ausburn & Ausburn, 2014). 향후 이러한 환경이 자연스러워지면 VHRD에서 'V'가 더 이상 인식되지 않을 정도로, 구성원들은 가상 공간에 있는지 조차 인식하지 못하고 현실과 같은 경험을 하는 HRD 그 자체가 될 것으로 예상된다.

다양성

오늘날 다양성의 정의는 일터에 가져온 집단의 속성 차이를 포함할 정도로 확대 적용되고 있다. 물론 아직까지 다양성의 초점이 성별이나, 인종, 민족 등과 같이 다소 민감한 사회적 정체성 영역에 머물고 있지만, 이 외 여타의 개인적, 집단적 특성에 기초한 광범위한 다양성 영역 역시 동일하게 취급되어야 한다. 이러한 차이에는 업무 성과와 직무 만족도, 그리고 수용도에 영향을 미치는 다양한 속성과 가치, 믿음, 배경, 신체적 조건 및 인생 경험 등이 포함된다(Kormanik & Rajan, 2010).

한때 다양성 지체가 문제라고 여겨졌던 때도 있었다. 그러나 이제 다양성

조직에 이익을 가져다주는 잠재적 요인이 될 수 있다는 점에서 중요하게 다루어 지고 있다. 인재를 채용하고 유지할 때 뿐 아니라 다양한 배경을 가진 고객 유치에도 역시 다양성이 중요하게 작용한다.

H사는 인재 영입을 위한 다양한 채널을 활용함으로써 다양성을 확보하고자 한 사례이다. 이 회사는 대학과 전문대학, 직업전문 중등학교와의 긴밀한 협업을 통해 인재육성 프로그램을 운영하고 학생들을 지원한다. 이는 단지 면접과 시험을 통한 직원채용 방법을 넘어 기업과 학교 간 장학금, 연구 지원, 협업 훈련 및 역량 개발을 통한 인재육성 프로그램을 운영함으로써 다양한 배경과 속성의 높은 잠재력을 지닌 구성원을 확보하기 위함이다.

특히 다국적 기업으로 발전하고자 하는 기업들에 있어서 다양성이 성공의 요소가 되기 위해서는 지속적인 노력과 시도가 필요하다. 한국에서 15년이 된 N사는 글로벌 진출을 위해 인접국으로 사업을 확장하려고 노력했는데, 훈련프로그램을 개발하는 데 있어 해당국의 문화와 언어를 이해하지 못해 큰 어려움을 경험했다. 그러한 과정에서 글로벌 지원을 위해서는 HRD 인력이 글로벌 인지도와 역량을 갖춰 다양한 특성과 배경을 가진 사람들을 만나야 한다는 것을 알게 되었다. 또한 HRD 부서가 다양성을 주제로 단순 교육 프로그램을 개발하거나, 다양성 주제를 기존 커리큘럼에 넣는 것만으로는 충분하지 않다는 점을 경험을 통해 배우게 되었다(Kormanik & Rajan, 2010). 이렇듯 장기적인 목표를 추구하면서 구성원들의 불만을 줄이고 조직의 성공 가능성을 높이기 위해서는 다양성이 존중되고 가치 있는 조직 차원의 포용적 문화를 만들도록 노력해야 하며(Qin, Smyrnios, & Dung, 2012), 포용적 문화를 촉진하고 선도하는 리더십이 조직 수준에서 필요하다는 점을 알 수 있다.

글로벌 리더십

시대에 따라 다양한 유형의 리더십 이론들이 소개되어 왔지만, 점차 시장의 변화와 함께 세계화와 국제화에 대한 대응력이 높은 리더십 이론들이 관심의 대상이 되고 있다. 리더십 이론이 변화되는 과정을 보면, 1940년대까지 리더들은 보통 사람들과 구별되는 특별한 특성을 가지고 있으며 그러한 특성이 그들을 특별하고 효과적인 리더로 만들었다는 자질이론(또는 속성이론)이 대세였다. 이후 1950년대부터 1960년대까지 성공한 지도자들을 성공하지 못한 지도자들과 차별시킨 것은 그들의 특성이 아닌 행동이라고 믿어졌다. 1970년대 이후 모든 상황에 능률적인 고정된 리더십은 없으며 오히려 상황 자체가 지도자를 결정한다고 하는 '상황리더십'이 주목을 끌었다.

시장 상황이 급변하면서 리더십의 성공 유형도 조직의 상황에 따라 다르게 나타난다. 리더십 변화의 특징 중 하나가 리더십을 스킬 측면에서 바라보는 것에서 사고방식의 측면으로 바라보는 관점의 변화이다. 물론 특정의 상황을 통제하기 위해 필요한 기술들이 있지만 사고방식은 리더들이 세상을 바라보는 창과 같다. 세상이 불확실성과 복잡성 속에서 빠르게 변화함에 따라 사고방식 역시 조직이 처해있는 상황과 사람 그리고 맥락에 따라 변화할 수밖에 없다(Kennedy, Carroll, & Francour, 2013). 그런 의미에서 리더십 역시 그 자체가 리더의 경험을 형성하는 상황과 결합되어 이해되고 연구되어야 한다.

• 집단 수준

가상 팀워크(vitrual team-working)

가상팀(virtual team)은 목표 달성을 위해 가상 공간에서 조직된 팀으로 정의된다. 가상팀이 잘 작동하여 성공과 성과를 이루기 위해서는 팀원 간 신뢰가 있어야 된다(Germain & McCuire, 2014). HRD를 가상공간의 관점에서 보면 조직 수준과 동일하게 집단 수준에서 역시 팀원 간 사회적 실재감이 중요하다. 이것이 곧 팀원 간 신뢰의 기초를 제공하기 때문이다. 물리적으로 분산되어 있는 글로벌 조직에서는 팀원 간의 신뢰 구축과 상호 충성심이 복잡하고 도전적인 과제를 완수하는 데 있어 핵심이 된다.

기업에서는 업무특성에 따라 프로젝트 또는 팀 단위의 형태로 업무가 진행되는 경우가 많다. 구성원들의 부서가 다르고 물리적으로 떨어져 있는 경우가 많기 때문에 대부분의 업무는 가상 공간에서 진행될 수밖에 없다. 이 경우 가상 공간에서 서로 편하게 업무에 대해 소통하고 아이디어를 공유하여 궁극적으로 성과를 내기 위해서는 커뮤니티를 어떻게 만들지가 매우 중요하다.

가상팀의 효율성을 결정짓는 커뮤니티 형성을 위해서는 장애요소와 성공요인을 파악하여 장애요소는 제거하고 성공요인은 향상시키기 위한 노력이 필요하다. 구성원들이 사적 공개의 범위에 대한 두려움, 가상공간에서 리더십의 부재, 문화적·사회적 다양성에 대한 편협함 등이 극복해야 할 장애요인이다. 반대로 구성원들의 충성심 공유, 채팅, 트위터 등 웹기반 환경에서 일상적인 만남은 커뮤니티가 연결되고 효율적으로 작동하도록 하는 데 성공요인이 된다. 성공요인이 많을수록 가상팀의 구성원들은 커뮤니티에서 안전한 느낌을 얻게 되고 공동체감을 공유하게 되어 업무의 성과에 긍정적으로 작용할 것이다.

직원 참여

직원 참여는 최근 HRD 학계 및 실무 전문가들로부터 많은 관심을 받고 있다. 직원 참여는 자신의 업무에 대한 개인의 사고방식의 결정적인 동기부여가 되며 성취감을 주는 상태로, 이는 개인뿐만 아니라 조직에게 활력을 제공하는 등 긍정적인 결과를 가져온다(Bakker, Albrecht, & Leiter, 2011). 직원 참여는 독립적 또는 중재적 변수로서 조직의 이니셔티브를 통해 장기적으로 업무 생산량 또는 성과 증대에 영향을 준다. 또한 감정적인 결과 뿐 아니라 양적 성과와도 상관관계가 있어 직무만족, 헌신, 관여를 통해 개인의 성과와 조직 생산성을 가져오는 것으로 알려져 있다(Rich, Lepine, &

Crowford, 2010).

많은 조직에서 직원 참여는 아직까지는 멀고 도달하기 어려운 개념이지만, 직무 자원(동료로부터의 사회적 지원, 성과 피드백, 자율성, 훈련 및 개발 지원)과 개인 자원(심리적 자본, 자기계발 혹은 희망, 통제 능력)을 포함하여 직원 참여의 수준을 높이기 위한 여러 개입들이 시도되고 있다(Schaufely & Bakker, 2004).

다음은 N사의 사례이다. N사는 직원들의 복지 정책을 활성화시키기 위해 2015년 공식적으로 '자유 근무 시간제'를 발표하였다. 직원들은 매일 하루 8시간 근무는 하되 시간을 자유롭게 정할 수 있게 되었다. 업무 특성에 따라 일부 부서는 2~3시간 동안 부서원들이 모두 함께 일하는 핵심 시간을 제외하고는, 개인 일정에 따라 근무 시간을 정하도록 한 것이다. 이 제도는 모든 직원들을 포함해서 특히 가사와 업무에 대한 부담감과 책임감이 높은 직원들에게 높이 평가되었다. 직원들의 참여와 평가가 긍정적으로 확산되면서 이러한 정책들이 기업의 실적에 긍정적인 영향을 미칠 것은 당연하다(Bakker et al, 2011).

코칭

코칭은 효과적인 HRD 개입으로 많은 기업들이 실천하려는 움직임을 보인다. 코칭이 직원들의 업무 성과 향상(Liu & Batt, 2010)과 조직 전체의 성과 우수성에 미치는 영향(Hegstad & Gandling, 2005)에 긍정적이라는 평가가 있다. 그러나 한편 그렇지 않다는 주장도 있어 이에 대한 실증적인 연구가 지속적으로 이루어질 필요가 있다(Bono, Purvanova, Towler, & Peterson, 2009).

코칭은 기본적으로 비공식적인 형태의 학습으로 개념화된다. 그러나 조직들이 성공이라는 의도적이고 생산적인 목표를 추구함에 따라 기업에서는 보다 공식적인 방식으로 전환되어 실행되고 있다. 이런 차원에서 코칭은 '두 개인 간의 학습을 지원하고 용이하게 하는 계획적인 개발과정'으로 정의되기도 한다(Parslo & Wray, 2000).

S사의 코칭 프로그램은 선배 임원들이 코치가 되어 후배 직원들의 성공과 학습을 지원하는 데 있어 계획적인 개발과정으로 성공적으로 평가되고 있다. S사는 영업직 고위 임원들을 코치로 삼아 코칭 프로그램을 시작하였다. 이 회사는 당시 경쟁이 치열한 보험시장에서 성과를 내는 데 어려움을 겪고 있었으며 후배 사원들이 영업직을 꺼려해 결과적으로 생산성 뿐 아니라 직원 사기도 저조한 결과를 보이고 있었다. 이 코칭 프로그램에서는 6개월간 고위 임원들이 코치로 활동하면서 성적이 저조한 후배 영업사원들을 위해 응원과 학습경험을 전수해주는 과정으로 운영되었다. 코치들이 매월 1~2회 정기적으로 지점별로 피코치를 찾아다니며 지도, 조언, 상담 등을 제공한 결과, 참여자들이 보여준 성과는 매우 성공적이었다. 선배 코치들은 자부심과 은퇴 후 삶에 대한 동기를 얻었고, 후배 영업사원들은 영업직에서 성과 향상을 위한 용기와 정보를 얻을 수 있었다. 이러한 질적 성과가 궁극적으로 양적 성과로 이어질 수 있을 것이라 모두 기대하고 있다.

• 개인 수준

SNS 네트워크

SNS는 개인들이 자신들의 일상과 취미를 알리거나 일하고 싶은 기업 등 자신에게 필요한 정보를 찾아 공유하는 공간으로 인기를 끌고 있다. 정보는 더 이상 일부 한정된 개인의 소유물이 아니라 다양한 채널을 통해 단 몇 초만에 공유 재산이 된다. SNS는 개인들이 접속을 공유하는 다른 사용자들의 목록과 시스템 내에서 다른 사람들이 만든 접속 목록을 보고 들어갈 수 있도록 하는 웹 기반 서비스로 정의된다(Boyd & Elison, 2007: 211). 페이스북, 트위터, 링크드인, 핀터레스트, 구글플러스 등은 SNS의 대표적인 예시이며(EBixMBa, 2015), 인스타그램, 플리커, 바인 등 국제적인 사이트는 물론 지역기반 사이트를 포함하면 수백 개에 이른다. 사람들은 매순간 핸드폰을 통해 계속 연결상태를 유지하면서 SNS에 눈과 귀를 기울이며 걷고 말하고 일한다. 이렇듯 SNS가 일상이 된 개인들에 대해 조직들은 어떻게 대응해야 할까? HRM과 HRD는 서로 조금씩 다르게 접근하고 있다.

HRM 측면에서는 SNS의 이용이 증가했음에도 불구하고, 조직들은 여전히 SNS 세계에 관여하는 것을 주저하고 있다. 구직자를 선별하기 위해 검색엔진(구글, 야후 등)이나 SNS 사이트(링크, 페이스북 등)를 이용하는 조직은 많지 않다. SNS를 활용하지 않는 이유에는 법적 위험, 개별 사이트 페이지의 정보에 대한 검증 오류 및 작업 관련 잠재력 또는 성과에 대한 불신 등이 포함된다(SHRM, 2011). 게다가 근무시간 중 개인적인 이유로 SNS 계정을 사용하는 것에 따른 생산성 저조와 업무 비효율성 등과 같은 부정적 영향이 있기 때문에(Robert & Sambrook, 2014), 기업들은 댓글, 동영상, 사진 등을 올리는 직원들에 대해 우려를 표한다.

반면 HRD는 직원들의 SNS 참여와 관련해 보다 수용적인 태도를 보인다. SNS는 사이버 공간에서 직원들이 유용한 정보를 수집하고 지식과 아이디어를 공유하며 연결된 신뢰를 바탕으로 협업적 사고를 쌓는 도구로 평가받고 있다. 점차 조직내 무형식 학습이 증가함에 따라 웹기반 환경에서 채팅, 트위터 등에서의 만남은 교육 수혜자의 범위를 확대하고 적시에 더 많은 교육 기회를 제공한다는 점에서 긍정적으로 간주된다. 무형식 학습이 VHRD(McWhter, 2014)환경에서 성공의 핵심 요소인 만큼 SNS의 효과적인 활용 역시 직원 교육의 성공적 요인이 될 수 있다.

SNS를 사용하는 데 있어 개인의 책임에 대한 이야기를 빼놓을 수 없다. SNS를 어떻게 효과적으로 사용할 수 있을까. 직원들은 SNS 과용이나 오용 등으로 인해 유선 과부하, 생산성 저하 등 발생할 수 있는 부작용을 인식해야 하며, 가상의 공간에서 언제, 무엇을, 얼마나 깊이 관여하고 있는지를 결정하는 데 있어 자기 주도력을 갖춰야 한다. 이는 24시간 항시 '연결'된 세계에서 업무의 균형을 어떻게 관리할 것인가에 대한 다음 주제와 연결된다.

일과 삶의 균형

비즈니스 세계의 경쟁이 심해지고 조직 재정이 악화되면서 40~50대 직원들에게 희망퇴직을 신청하도록 강제하는 분위기가 만연해왔다. 이들은 그런 상황에 도달해서야 그동안 일에만 전념했던 자신들의 삶을 돌아보고 질문하기 시작한다. 그들에게 일과 삶을 향한 의미는 젊은 세대와는 많이 다르다. 구세대 직원들은 시간과 감정적 참여 면에서 일에 대한 전적인 헌신이야말로 가족에 대한 진정한 책임으로 보는 반면, 젊은 세대들은 일과 삶의 균형에 더 많은 가치를 두고 의미 있는 삶에 도움이 되는 일만 의미 있는 것으로 바라본다(Tapia, 2008). 일과 삶의 균형 문제에 대해 우리가 관심을 가지는 이유는 구세대와 다른 특징을 지닌 젊은 세대가 앞으로 일터에서의 주역이 될 것이기 때문이다.

일과 삶의 균형은 직원들이 업무, 가족, 지역사회의 역할과 책임의 우선순위를 정하고 균형을 맞추는 방식이며, 사회적 또는 조직적으로 어떤 정책이 시행되는지에 따라 가용성과 효용성의 영향을 받는다(Munn, 2013). 일과 삶의 균형이 주관적인 개인의 선택임에도 불구하고 사회·조직적인 지원 정책과 연계되는 이유이다. 일과 삶의 균형에 가치를 두려는 조직 문화와 사회적 인식이 일관되지 않는 한 개인의 수준에서 일과 삶의 균형을 추구하는 것은 공허하기 때문이다.

일과 삶의 균형이 조직의 채용과 일자리 확대에 그치지 않고 직장에서의 스트레스와 결근율의 감소와 더불어 궁극적으로 성과와 수익성장을 향상시킨다는 많은 증거가 있다(Munn, 2013). 일과 삶의 균형과 조직 이익 사이의 관계에 대해 지속적으로 연구되어야 함과 동시에 기업들의 다양한 일과 삶의 균형 정책, 예를 들어 일터아동센터, 탄력근로제, 월가(매월 휴가 규정), 육아휴직, 유연근무제 등이 직원들의 배려와 행복을 가져다 준다는 점에서 더 많은 시도와 실질적 노력이 이루어져야 할 것이다.

창의성

개인의 창의성은 시장의 불안에 대응하고 다양하고 독특한 아이디어를 가진 인재를 찾는 조직에게 매우 중요한 능력이다. 창의성은 성격과 인지능력과 연계되어 있을 뿐 아니라 업무환경, 리더십, 다른 동료와의 관계, 심지어 조직, 그룹, 개인 수준의 교차적인 요소 등에 영향을 받는다(Joo, Yang, & McLean, 2014). 이러한 관점에서 창의성은 문화적, 맥락적 환경과 연결지어 살펴 볼 수 있다.

S사는 창의성을 조성하는 조직 문화를 선두하기 위한 다양한 시도를 하는 사례이다. 다른 기업과 같이 S사 역시 직원들의 아이디어가 새로운 시장 창출의 핵심이라 생각하면서 창의성을 장려한다. 집단적 창의성을 창출하기 위한 방법 중 하나로 S사는 정기적으로 직원들이 한 팀으로 참여하여 새로운 비즈니스 아이디어를 개발하는 프로그램을 제공한다. 여러 참여팀 중 좋은 아이디어로 선정된 팀은 1~2개월의 아이디어 부화 기간을 제공받고 이 기간 동안 그들의 아이디어를 구체화하여 현실적인 상품으로 발전시킬 수 있는 기회를 가진다. 최고의 아이디어로 선정된 아이디어는 최종 태스크포스(TF)를 구축해 사업으로 만드는 데 직접 연결된다. 이렇게 창의성을 장려하는 조직 문화와 실천적 접근은 궁극적으로 새로운 시장을 창출하는 기업의 성과를 만드는 데 기여하게 된다(Joo et al., 2014).

시사점

HRD는 체계적인 훈련에만 국한되지 않고 비훈련 접근방식도 포함한다. 그러나 HRD 관행은 여전히 교육훈련에 초점을 맞추고 있으며 진로개발이나 조직의 문화나 구조를 바꾸는 데는 거의 기여하지 못한다는 평가를 받는다(Jang, Shon, & Ha, 2013). 학문적 기반과 실천을 융합하기 위해 더 많은

HRD 연구가 필요한 이유이다(Ryu, 2014).

글로벌 변화에 따른 HRD영역에서의 주요 이슈로 조직 수준에서 VHRD(Virtual HRD), 다양성과 글로벌 리더십, 집단차원에서 가상 팀워크, 직원 참여 및 코칭, 개인 차원의 SNS 네트워크, 일과 삶의 균형, 창의성 등을 살펴보았다. McClornon(2006)이 강조했듯이, HRD에 영향을 주는 이러한 주제들은 더욱 유의미하게 다루어져야 하며, 실무자들은 적절하게 대응할 수 있는 기술과 지식을 쌓아야 한다.

이상의 논의를 기반으로 몇 가지 시사점을 제시하면 다음과 같다. 첫째, 글로벌 변화는 서로 고립되어 발생하지는 않는다는 점이다. 이러한 변화는 상호 얽혀있고 우리의 일상생활에 매우 밀접하게 내재되어 있으며, 특히 HRD에 큰 영향을 미친다. 기술변화는 파급효과가 크기 때문에 시장과 인력 변화를 유도할 뿐 아니라 그 반대의 경우도 가능하다. 개인의 SNS 활용이 증가하고 일터가 디지털화되면서 직원들도 다양한 배경과 특성으로 다양해지고 시장 자체도 경쟁력과 변화 속도가 빨라진다. 같은 맥락에서 시장 변화는 이를 직시하고 적응할 수 있는 재능과 역량이 있는 사람이 필요하고, 이어 기술 발전이 필연적으로 뒤따른다. 이러한 인재들을 고용하고 그들의 요구를 충족시키기 위해 조직은 기술적 적응, 일과 삶의 균형 정책, 리더십을 포함하는 적절한 근무 환경을 제공하여야 한다. 이에 HRD 실무자들은 이러한 변화의 본질과 그들이 서로에게 어떤 영향을 미치는지에 대한 상호작용을 이해하여 조직의 비전을 추구하기 위한 큰 그림을 가지고 자신들의 직업에 전략적으로 접근할 수 있어야 한다.

둘째, HRD 실무자들은 글로벌 변화에 대응하기 위해 수동적 구현자에서 사전 예방적 설계자로 보다 적극적인 역할을 수행해야 한다(Bennett, 2009). 기술, 시장, 그리고 인적 변화는 전반적으로 그리고 다양한 방식으로 영향을 미친다. 한 조직에서의 성공 스토리가 다른 조직에서는 실패 요인이 될 수 있다. HRD 실무자들은 이러한 변화가 그들의 조직과 사람들에게 어떻게 영향을 미치며 진정한 성공을 가져다 줄지 내다 보아야 한다.

셋째, 영역 간 HRD의 실천적 공유가 필요하다. 이 글에서 민간 기업의 사례를 통해 다루어진 HRD 이슈들에 대해 공기업 역시 심각하게 받아들여야 한다. HRD 실무자들은 이러한 이슈들이 자신들이 속해있는 조직의 사업 영역 뿐 아니라 보다 광범위한 영역에서 어떻게 실행되는지를 볼 수 있어야 한다. 여기 소개된 사례가 다른 영역에 있는 조직의 관행을 이해하는 방법 중 하나가 될 수 있다.

HRD의 원칙은 유사할 수 있지만 문화, 기술 수준, 자원 가용성 등 문맥적 요인에 따라 관행이 달라지는 변화무쌍한 분야다. HRD 실천적 이슈들이 서로 다른 수준과 다른 효과의 밀도로 경험될 수 있으므로 향후 보다 다양하고 구체적인 사례를 통해 HRD 이슈들이 접근되고 검증되기를 바란다.

참고문헌

윤선경, 정보영, 차미리, 송영수 (2017). HRD 분야 이론활용 연구동향 분석: 국내 HRD 주요 학술지 논문(2008~2016년)을 중심으로. *HRD연구, 19*(3), 1-37.

Ausburn, L. J., & Ausburn, F. B. (2014). Technical perspectives on theory in screen-based virtual reality environments: Leading from the future in VHRD. *Advances in Developing Human Resources, 16*(3), 371-390.

Bakker, A. B., Albrecht, S. L., & Leiter, M. P. (2011). Key questions regarding work engagement. *European Journal of Work and Organizational Psychology, 20*(1), 4-28.

Bennett, E. E. (2009). Virtual HRD: The intersection of knowledge management, culture and intranets. *Advances in Developing Human Resources, 11*(3), 362-374.

Bono, J. E., Purvanova, R. K., Towler, A. J., & Peterson, D. B. (2009). A survey of executive coaching practices. *Personnel Psychology, 62*, 361-404.

Boyd, D. M., & Ellison, N. B. (2007). Social network sites: Definition, history and scholarship. *Journal of Computer-Mediated Communication, 13*(1), 210-230.

EBixMBA (2015). Top 15 most popular websites. Retrieved from http://www.ebizmba.com/articles/most-popular-websites.

Germain, M., & McGuire, D. (2014). The role of swift trust in virtual teams and implications for human resource development. *Advances in Developing Human Resources, 16*(3), 356-370.

Harms, C., & Biocca, F. (2004). Internal consistency and reliability of the networked minds social presence measure. in M. Alcaniz, & B. Rey(Eds.). *Seventh annual international workshop: Presence 2004*. Valencia: Universidad Politecnica de Valencia.

Hegstad, C. D., & Wentling, R. M. (2005). Organizational antecedents and moderators that impact on the effectiveness of exemplary formal mentoring programs in fortune 500 companies in the United States. *Human Resource Development International, 8*(4), 467-487.

Jang, H. Y., Shon, J. Y., & Ha, J. R. (2013). Inquiry into HRD issues and trends through the analysis of Korean HRD journal articles. *The Korean Journal of Human Resource Development, 15*(2), 1-22.

Joo, B., Yang, B., & McLean, G. N. (2014). Employee creativity: The effects of perceived learning culture, leader-member exchange quality, job autonomy, and proactivity. *Human Resource Development International, 17*(3), 297-317.

Jung, S., Ho, Y., & Song, Y. (2014). Exploration of HRD research trends through keyword network analysis. *The Korean Journal of Human Resource Development, 16*(3), 1-33.

Kapoor, B. (2011). Impact of globalization on human resource management. *Journal of International Management Studies, 6*(1), 1.

Kennedy, F., Carroll, B., & Francoeur, J. (2013). Mindset not sill set: Evaluating in new paradigms of leadership development. *Advances in Developing Human Resources, 15*(1), 10-26.

Kim, J. (2011). Developing an instrument to measure social presence in distance higher education. *British Journal of Educational Technology, 42*(5), 763-777.

Kormanik, M. B., & Rajan, H. C.(2010). Implications for diversity in the HRD curriculum drawn from current organizational practices on addressing workforce diversity in management training. *Advances in Developing Human Resources, 12*(3), 367-384.

Kumar, M. R., & Krishnaveni, R. (2008). Role of HRD practices in building organizational commitment. *Journal of Contemporary in Management, April-June*, 59-68.

Lee, Y., Jin, Y., & Song, Y. (2013). Analysis of HRD practitioners' educational needs on HRD trend in Korea's major enterprises. *The Korean Journal of Human Resource Development, 15*(4), 126-156.

Liu, X., & Batt, R. (2010). How supervisors influence performance: A multilevel study of coaching and group management in technology-mediated services.

Personnel Psychology, 63(2), 265-298.

McCarthy, A., & Sheehan, M. (2014). Uncertainty and ongoing economic turbulence: Implications for HRD. *Advances in Developing Human Resources, 16*(1), 3-12.

McClernon, T. (2006). Rivals to systematic training. *Advances in Developing Human Resources, 8*(4), 442-459.

McWhorter, R. R. (2014). A synthesis of new perspectives on virtual HRD. *Advances in Developing Human Resources, 16*(3), 391-401.

Munn, S. L. (2013). Unveiling the work-life system: The influence of work-life balance on meaningful work. *Advances in Developing Human Resources, 15*(4), 401-417.

Parsloe, E., & Wray, M. (2000), *Coaching, mentoring and assessing: A practical methods to improve learning*. London: Kogan Page.

Pfeffer, J. (1994). *Competitive advantage through people*. Boston: Harvard Business School Press.

Qin, J., Smyrnios, K. X., & Deng, L. (2012). An extended intervening process model; Diversity, group processes, and performance. *Human Resource Development Review, 11*(3), 269-298.

Rich, B. L., Lepine, J. A. & Crawford, E. R. (2010). Job engagement: Antecedents and effects on job performance. *Academy of Management Journal, 53*(3), 617-635.

Robert, G., & Sambrook, S. (2014). Social networking and HRD. *Human Resource Development International, 17*(5), 577-587.

Rourke, L., Anderson, T., Garrison, D. R., & Archer, W. (1999). Assessing social presence in asynchronous text-based computer conferencing. *The Journal of Distance Education, 14*(2), 50-71.

Rummler, G. A., & Brache, A. P. (1995). *Improving performance: How to manage the white space in the organization chart*(2nd Ed.). San Francisco: Jossey-Bass.

Ryu, K. (2014). A review of the trends in the research published in journals of the academy of human resource development from 2004 to 2013. *The Korean Journal of Human Resource Development, 16*(2), 1-23.

Schaufeli, W. B., & Bakker, A. B. (2004). Job demands, job resources, and their relationship with burnout and engagement: a multi-sample study. *Journal of Organizational Behavior, 23*, 293-315.

Sheehan, M., & Sparrow, P. (2012). Global human resource management and economic change: a multiple level of analysis research agenda. *The International Journal of Human Resource Management, 23*(12), 2393-2403.

SHRM (2011). SHRM survey findings: The use of social networking websit es and online search engines in screening job candidates. Retrieved from https://www.shrm.org/research/surveyfindings/articles/pages/theuseof socialnetworkingwebsitesandonlinesearchenginesinscreeningjobcandidates.aspx.

Sofo, F. (1999). *Human resource development: Perspectives, roles and practice choices*. Warriewood: Business & Professional Publishing.

Swanson, R. A. (1996). *Analysis for improving performance: Tools for diagnosing organizations & documenting workplace expertise*. San Francisco: Berrett-Koehler.

Swanson, R. A., & Holton, E. F. (2001). *Foundations of human resource development*. San Francisco: Berrett-Koehler Publishers.

Tapia, A. (2008). *The Millennials: Why this generation will challenge the workplace like no other*. Lake Forest, IL: Hewett.

4차 산업혁명시대의 인적자원개발 정책 방향 및 과제 탐색

강현주(nalgae11@gnu.ac.kr), 조대연(chodae@korea.ac.kr)

강현주는 Texas A&M 대학에서 인적자원개발로 박사학위를 취득하였다. 현재는 경상대학교 교육학과 조교수로 재직 중이며 평생교육 및 교육사회 분야를 강의하고 있다. 주요 연구관심 분야는 경력개발, 젠더, 다문화, 취약계층 인적자원개발 등이다.

조대연은 Ohio State University에서 인적자원개발 및 성인교육 전공 박사학위 취득하였다. 숙명여대 교수를 거쳐 현재 고려대학교 교육학과 교수 및 HRD정책연구소 소장으로 재직 중이며, 주요 관심분야는 프로그램 요구분석, 직무분석, 일터학습, 관리자 코칭, 성인학습이론 등이다.

* 이 글은 2017년 11월에 발행된 「HRD연구」 19권 4호에 게재된 논문을 수정 · 보완한 것임.

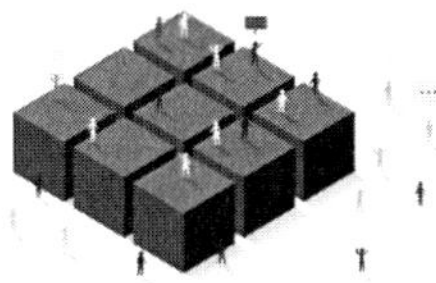

4차 산업혁명시대의 인적자원개발 정책 방향 및 과제 탐색

강현주, 조대연

들어가며

2016년 1월 다보스 세계경제포럼에서 핵심의제로 전 세계적인 주목을 받은 이후 '4차 산업혁명'은 최근 국내외 학계 및 산업계에서 가장 뜨거운 사회적 이슈로 거론되어 왔다. 4차 산업혁명에 대한 차세대 동력으로서의 기대와 과학기술혁명이 가지고 올 부작용에 대한 사회적 우려가 혼재되어 있는 가운데 이에 대한 정부의 구체적인 인적자원개발 정책방향 및 과제에 관한 윤곽은 아직 명확하게 드러나고 있지 않다. 4차 산업혁명에 대한 글로벌 논쟁에도 불구하고 분명한 것은 많은 선진국들을 중심으로 4차 산업혁명에 대응한 기술혁신, 인재육성, 산업 구조 전환 등과 같은 국가적 전략과 정책들이 세워지고 있다는 것이다(전해영, 장우석, 2017; 현대경제연구원, 2017). 이렇듯 4차 산업혁명은 국가적 성장을 이끌어갈 미래 정책으로서 다양한 분야에서 국가적 차원의 대응책 마련은 시대를 거스를 수 없는 흐름이 되고 있다.

국가인적자원개발 정책 방향과 과제는 대체로 국가를 둘러싼 외부적 환경과 산업수요 등에 따라 달라진다. 따라서 4차 산업혁명과 관련된 교육 환경 변화, 산업수요, 직업 환경 변화 등을 국가적 차원에서 예측하고 대응 전략을 마련할 필요가 있다. 특히 4차 산업혁명 시대에는 인공지능, 빅데이터 등을 활용한 제조업 분야 혁신에 따라 직업구조 및 고용시장의 변화가 이루어질 것이라는 전망이 공통적으로 제시된다(이재원, 2016; 이주호, 2017; 한승희, 2017). 또한 새로운 산업구조로의 전환, 신기술, 신사업 등의 확대는 학교 교육, 기업 교육, 현 노동자들에 대한 재교육 등을 비롯한 새로운 인력양성 및 활용 패러다임의 변화를 가지고 올 것이라 예상할 수 있다(김경수, 2017; 정제영, 2017). 이는 새로운 인력양성체계 및 교육 시스템 구축 등 4차 산업혁명에 유연하게 대처할 수 있는 새로운 교육시스템과 비전, 인적자원개발 전략 등에 대한 국가의 정책적 대응을 요구하는 부분이기도 하다. 그러나 4차 산업혁명의 파급효과와 그로 인한 사회적 변화를 예상하기 힘든 상황에서 정확한 방향을 예측하여 대응책을 세우는 데는 어려움이 따른다. 그럼에도 불구하고 4차 산업혁명 시대에 대응하는 인적자원개발 정책 방향과 세부과제에 대한 탐색은 향후 인적자원개발에 대한 새로운 정책적 구상과 가이드라인을 마련한다는 측면에서 매우 중요하다.

4차 산업혁명 시대 인적자원개발 정책에 관한 논의

◆ 4차 산업혁명 관련 인적자원개발 정책연구 현황

4차 산업혁명에 관한 최근 연구는 4차 산업혁명에 대한 배경 및 개념, 사회경제적 변화에 따른 비관적(예: 직업의 소멸, 소외계층의 확대 등) 혹은 낙관적 전망(예: 의료기술 발전, 고성장에 대한 기대 등), 유망한 기술·산업 분야에 대한 전망, 미국, 독일, 중국, 일본 등 주요 국가들의 4차 산업혁명 대응 정책과 전략, 새로운 산업혁명 도래에 따른 산업환경 재구축 및 정비

등에 대한 논의가 주를 이루고 있다(이주호, 2017; 장윤종, 2016; 창조경제회, 2017; 최계영, 2016; 한국은행, 2016; 한국표준협회, 2016; 한동균, 2019; 현대경제연구원, 2017). 아직 4차 산업혁명에 대한 사회적 합의와 전체적인 밑그림이 그려지지 않은 상태에서 4차 산업혁명에 대한 정의와 범위 설정, 각 분야에서 향후 방향 탐색 및 전략 모색 위주의 연구가 이루어지고 있다. 마찬가지로 최근 4차 산업과 관련된 교육 및 인적자원개발 관련 정책은 주로 대기업 산하 연구소 혹은 정부산하 연구기관 등에서 발간되는 이슈페이퍼, 학회 및 세미나, 정책 토론회 등의 발표자료, 신문기사 등을 통해 주요 이슈들 혹은 정책 방향을 중심으로 논의되고 있다(전해영, 장우석, 2017; 한국은행, 2016; 한국표준협회, 2016; 현대경제연구원, 2017). 그러나 정책 범위, 실행 주체, 정책과제 등을 구체적이고 선명하게 제시하고 있는 실질적인 연구들은 많지 않다.

이는 4차 산업혁명 시대의 인적자원개발 및 교육 정책에 관한 논의가 아직 초기 단계에 있으며 학계, 기업, 정부 등 관련 주체들의 견해들이 전문학술지 등을 통해 심도 있고 다각적으로 논의되기보다 자신들의 의견들을 단편적으로 제시하는 데 머무르고 있음을 의미한다. 다시 말해, 현재는 4차 산업혁명 시대의 인적자원개발에 대한 담론이 형성되는 초기 과정에 있다고 볼 수 있다. 가장 최근 4차 산업혁명 시대 인적자원개발 정책 관련 학술연구(2020년 8월 6일 검색 기준)로 4차 산업혁명시대 직업능력개발정책, 4차 산업혁명시대 생애단계별 미래인재 역량, 기술변화에 따른 인적자원개발 변화 등(유길상, 2017; 윤현중, 최정민, 2018; 정홍인 외, 2018; 최재정, 2018)이 있지만, 이 역시 4차 산업혁명 시대의 인적자원개발정책 방향을 포괄적으로 아우르기에는 역부족이다. 따라서 4차 산업혁명 시대의 인적자원정책 설계 및 담론 형성을 위해 현재까지 드러난 각계각층들의 논의들을 정리 및 종합하고 이를 바탕으로 향후 정책목표, 방향, 세부과제를 설정하는 노력이 필요하다.

본 장에서는 4차 산업혁명과 관련 인적자원개발 정책과 더불어 4차 산업혁명과 관련된 교육정책으로 연구 범위를 확장하여 분석하고자 한다. 정책적 차원에서 현재 인적자원개발 범위에 대한 합의가 온전히 이루어지지 않은 상황이지만 '학습'이 인적자원개발 패러다임에서 중요한 축으로 자리하고 있다는 것은 이미 공론화된 사실이다. 이는 개인, 조직, 나아가 국가적 발전을 위해 개인의 학습 능력을 향상시키고 '교육적인 일터, 학습의 장'을 위한 토대를 구축하는 것이 인적자원개발의 주요 정체성이라는 관점을 따른다(백평구, 이희수, 2009; 이희수, 안동윤, 2007). 또한 4차 산업혁명에 대응하기 위한 인적자원개발 정책은 국가적 차원의 교육혁신, 인력 재배치 및 활용, 관련 법적·제도 개혁 등과 맞물려 있다. 따라서 인적자원개발 정책은 단순한 일터 학습, 평생교육을 넘어 교육 전반에 대한 혁신이라는 관점에서 다루어져야 할 필요가 있다.

◆ 4차 산업혁명 시대의 인적자원개발 정책 방향 및 과제

현재까지 논의된 연구들을 바탕으로 4차 산업혁명 시대에 대응하는 인적자원개발 및 교육 정책 방향은 크게 7개 범주와 그에 따른 105개의 정책과제로 나눌 수 있다.[1] 범주화된 7개 정책 방향과 해당 과제에 대한 구체적인 내용은 아래와 같다.

---

1) 2016년 1월부터 2017년 5월까지 4차 산업혁명 관련 인적자원개발 및 교육 정책 관련 내용을 담고 있는 50여 개의 문헌(예: 학술지, 세미나, 토론회, 인터넷자료, 신문기사, 정책보고서 등)을 1차적으로 분석하였고, 최근 검색 기준(2020년 8월 6일 검색)을 바탕으로 5개 연구를 추가 분석하였다. 7개 범주의 기준은 '4차 산업혁명'을 키워드로 포함하고 있는 문헌들 중에서 정책 방향과 과제를 직접적으로 명시하거나 시사하고 있는 문구들(예: 교육, 직업훈련, 인재양성 및 활용, 지역인적자원개발, 기타 인적자원개발 등)을 모두 수집하여 유사하거나 관련성 있는 항목끼리 분류하여 유목화 하고 전문가 검토 등을 거쳐 최종 범주화 하였다. 정책방향과 정책과제로 나눈 근거는 정책 '방향'의 경우 '데이터분석 인력 양성, R&D 연구역량 확대, 인재양성 생태계 조성' 등과 같이 미래 정책 지향성을 포함하고 있는가를, '정책과제'는 '4차 산업혁명 인적자원개발 관련 책임 진담 조직 설치, 창업 단계별 멘토링 인력 양성 및 지원' 등과 같이 정책 방향에 대한 구체적 제안이나 수단을 담고 있는가를 기준으로 삼았다.

〈표 1〉 4차 산업혁명 대응 인적자원개발 정책 방향

정책방향
1. 시대요구에 부응하는 인재양성
2. 인력양성 생태계 조성
3. 평생교육 패러다임 강화
4. 미래형 학교환경 조성
5. 대학의 글로벌 경쟁력 강화
6. 지역 경쟁력 강화
7. 교육/일자리 소외계층의 능력개발 지원 강화

시대요구에 부응하는 인재양성

4차 산업혁명 시대의 인적자원개발과 관련해 가장 많이 거론되고 있는 영역은 4차 산업혁명 시대에 부합하는 인재상과 인력양성이다. 그 핵심은 제조업 시대의 인재 패러다임에서 디지털경제 패러다임으로 전환되는 오늘날의 시대적 요구에 부응하는 역량을 가진 새로운 인재 양성과 그에 맞는 인재양성 비전 설정을 해야 한다는 것이다. 구체적인 4차 산업혁명 시대에 부응하는 인재양성으로는 창의적 인재 양성, 창업/서비스업 인재 양성, 데이터 분석 인력 양성, 소프트웨어 교육인력 양성, 빅데이터 분석 및 운영 인력 양성, 기업가적 인재육성 등을 들 수 있다(김경수, 2017; 김상윤, 2016; 김주훈, 2017; 이성호, 2017; 이주호, 2017). 그 중에서도 '창의적 인재 양성'은 학계, 기업, 정부 등 모든 영역에서 최대 관심사로 언급되고 있다. "창의적인 아이디어를 기술, 지식, 제품과 연계 및 융합하여 혁신적인 비즈니스로 구현할 수 있는 역량"(김상윤, 2016, p. 1)인 '소프트 파워'가 4차 산업혁명에서 가장 중요한 국가와 기업의 핵심 동력이기 때문이다(김상윤, 2016). 이는 창의성, 연결성, 복합적 문제해결력, 협력의 기술 등 4차 산업혁명 시대에 새롭게 부각되는 역량모델 체계 구축의 필요성과도 연결된다(조대연 외, 2017).

과학기술을 융합한 신산업, 신기술 분야의 R&D 성과를 바탕으로 한 창업과 새로운 시장 창출이 가속화 될 것이라는 전망과 함께 새로운 창업 생태계를 구축하고 창업/서비스업 인재를 양성해야 한다는 주장도 힘을 얻고 있다(이성호, 2017; 장윤종, 2016; 최성욱, 2017). 이 과정에서 대학은 연구개발과 창업지원을 통해 새로운 상품, 산업, 플랫폼을 만들어 내는 혁신활동의 주체로 기능해야 하며 신산업 수요 맞춤 교육시스템을 구축하고 적극적인 산학 협력을 통한 인력 양성에 힘써야 한다는 것이다(이주호, 2017; 최성욱, 2017; 홍정순, 2017). 이는 4차 산업혁명 시대에 대학에게 새로운 역할과 과제를 부여한다. 이밖에도 메이커 스페이스(maker space) 등을 통한 청년 1인 창업 활성화, 창업 단계별 멘토링 및 컨설팅 인력 양성 및 지원도 이 범주의 정책과제로 제시되고 있다(장윤종, 2016).

데이터분석, 소프트웨어 교육인력, 빅데이터 분석 및 운영 인력양성 등은 4차 산업혁명 시대 도래와 함께 새롭게 나타난 인재 양성 방향이다. 이는 4차 산업혁명에서 핵심적인 도구인 빅데이터와 인공지능에 관한 역량강화와 새로운 학습환경 구축을 위한 인력 양성 지원, 인프라 구축과 밀접한 관련이 있다. 이에 대한 정책과제들로 미래형 교원양성을 위한 교사채용 과정 혁신, 전문숙련기술인 육성을 위해 특성화고–전문대의 연계 강화, 중소기업 R&D 부서에 취업하는 청년 과학기술인 연금지원, 신진 이공계 박사학위 취득자를 위한 맞춤형 인력양성 사업, 새로운 산업 수요에 맞는 근로자들의 재교육 추진 등이 제안되고 있다(김은경, 문영민, 2016; 이정원, 2017; 이주호, 2017; 홍정순, 2017).

인력양성 생태계 조성

산업의 변화에 유연하게 대응하면서 그에 맞는 인력을 양성하기 위해서는 이를 뒷받침 해줄 수 있는 환경이 조성되어야 한다는 것이 두 번째 정책 방향의 핵심이다. 다시 말해, '창의적 인재 양성을 위한 방향 모색'이 시대적 요구에 부응하는 인재양성의 방향을 의미한다면 인력양성 생태계 조성은

‘창의적, 혁신적 과학기술인력 양성 체계 구축’과 같은 포괄적 인재양성 방향에 대해 구체적인 환경조성 방향 및 범위를 제시한다. 인력양성 환경 조성을 위해서는 새로운 인력양성 정책 방향을 실질적인 정책으로 구현할 수 있는 인적자원개발 정책시스템 마련, 제도적, 법적 장치 마련, 정책기구 마련 등의 정책과제들이 있다(김상선, 2017; 이성호, 2017; 이정원, 2017).

이 정책방향에서 초기 세부과제는 산업정책, 고용노동정책, 교육인재정책을 총괄적으로 논의하는 ‘4차 산업혁명 인재육성 각료회의(가칭)’ 설치(한국표준협회, 2016), 인적자원개발 정책의 통합적 기획, 조정, 지원을 위한 교육부 내 4차 산업혁명 인적자원개발 관련 책임 전담조직/기관 설치 및 운영(홍정순, 2016), 대통령 직속 4차 산업혁명위원회 설치 등과 같이 4차 산업혁명과 관련된 정책들을 통합적으로 관리하는 전문기구가 설치되어야 한다는 의견이 주를 이룬다. 4차 산업혁명에 대응하는 정책을 시행·관리하는 전문기구 설치에 대한 사회적 공감에 힘입어 2017년 10월에는 대통령 직속 ‘4차 산업혁명위원회’가 공식적으로 출범하기도 했다(유길상, 2017).

4차 산업혁명 관련 전문기구 설치와 더불어 현재 거의 사문화된 인적자원개발기본법 개정도 인력양성 체계 설립의 주요 정책과제로 거론되고 있다(김형만, 2017; 홍정순, 2017). 김형만(2017)은 인적자원개발기본법을 인적자원정책기본법으로 개정하고 정책 실행의 영역을 보완함으로써 실행력을 강화하고 동시에 법적인 위상을 정립해야 한다는 입장을 밝혔다. 인적자원개발 정책에 있어 지자체의 역할과 타 부처의 참여에 대한 구체적 조항을 포함함으로써 정책수행의 실효성을 높이는 것이 필요하다는 것이다. 홍정순(2017)은 ‘인적자원개발 기본법’을 비롯해 ‘지방대학 및 지역균형인재육성법’ 개정을 통해 인적자원개발 정책에 대한 시도 역할과 책무를 강화하고 의무재원을 투입하여 법적, 제도적 실효성 확보하는 것이 우선 되어야 한다고 보았다. 이는 인적자원개발 추진 체계 확립을 위해 법적, 제도적 근거 마련이 정책 수행의 실효성을 담보할 수 있는 전제 조건이 된다는 것을 의미한다. 그밖에도 초·중등교육에 대한 시도교육청으로의 권한 이양, 고등, 평생,

직업교육 중심으로 교육부의 기능 재편을 추진하는 방향 등 새 시대의 교육부 역할 변화와 전체적인 교육개혁 추진을 위한 정책적 논의도 활발하다(김형만, 2017; 홍정순, 2017).

평생교육 패러다임 강화

디지털혁신 시대로의 변모와 더불어 고령화라는 인구사회학적 변화는 향후 평생교육 패러다임을 더욱 강화시킬 요인으로 분석된다. 이러한 배경과 함께 현재 4차 산업혁명 시대의 평생교육 강화에 관한 논의는 크게 세 가지 관점에서 이루어지고 있다.

첫째, 성인 비문해자, 의무교육 미이수자에 대한 무상교육기회 제공, 학력보완교육 등 교육 취약계층에 대한 교육권 제공이라는 전통적인 평생교육 관점이다. 이 관점은 초중학교 학력인정 문해교육프로그램 운영기관 확대 등 새 정부의 '생애수요자 맞춤형 교육비 지원' 공약의 정책적 기반이 되고 있다.

둘째, 고령화 시대를 목전에 둔 현재 100세 시대 성인학습자를 위해 평생교육 프로그램을 다양화 및 확대해야 한다는 측면이다. 이는 기존 문화예술교육, 인문교양교육 관련 평생교육 프로그램에 한정되지 않고 직업교육 및 고용 가능성과 연계된 직업능력교육으로 확장되는 방향으로 나아가야 할 것을 강조한다(이희수, 2017; 한숭희, 2017). '청소년층, 청년층, 중장년층 등 생애단계별로 일자리 전환에 대응할 수 있는 경력개발 지원'과 '국가차원의 체계적인 직업교육 마스터플랜 수립' 등이 이에 해당하는 과제라 할 수 있을 것이다.

마지막으로 '학교(고등교육기관 포함) 기반 평생교육시스템 강화'와 'K-MOOC를 통해 4차 산업혁명시대에 적합한 단기학위 운영' 등과 같이 4차 산업혁명과 100세 시대에 대응하기 위해 학교 안팎의 평생교육시스템 강화 등을 들 수 있다(강경리, 2019). 여기에는 인공지능, 빅데이터, 소프트웨어 등 4차 산업분야를 우선으로 핵심 강좌를 묶어 교육과정을 개발하고 6개월에서 1년의 단기간에 특정 교육과정을 집중적으로 이수한 후 단기학위를 발급받는 세부과제를 포함한다.

현재 논의되고 있는 평생교육 정책 방향과 과제들은 '급변하는 현대사회에서 일정 연령층을 대상으로 하는 학교교육과 그 외의 제반 교육 자원을 효율화함으로써 교육 역량의 극대화를 지향하는 총체적인 교육과 과정'을 의미하는 OECD의 평생교육 정의를 바탕으로 한다. 이처럼 4차 산업혁명이라는 외부적 환경 변화 속에서 평생교육과 접목할 수 있는 교육 프로그램, 학습기술, 교육과정 등에서 접점을 찾고 학교 안팎에서 평생교육에 대한 전문성을 강화하려는 노력은 현재 평생교육 강화 패러다임의 큰 줄기라 할 수 있다.

미래형 학교환경 조성

4차 산업혁명 시대에 걸맞는 인재양성과 환경구축을 위해서는 학교 교육시스템, 학습방법, 학습 콘텐츠, 교사·교수들의 역량강화 등에 대한 정책적 변화가 함께 이루어져야 한다(강경리, 2019; 이민화, 2017; 정제영, 2017; 창조경제연구회, 2017). 창조적 교육 혁신이 4차 산업혁명 시대의 중요한 과업으로 인식되면서 미래형 학교환경을 조성하기 위한 과제들이 활발하게 논의되고 있다. 먼저, 창의성, 융합성, 문제해결 능력 등과 같은 미래 핵심역량을 키우기 위한 교육 내용 및 교육시스템 전환, 학습지원, 소프트웨어 교육 강화 등은 다수의 전문가들에 의해 보편적으로 제기되고 있는 미래 교육정책이 필요하다. 구체적으로 미래핵심역량 중심의 교수 방법과 교육평가 혁신을 위한 학교 교사 학습지원, 미래형 교육과정 중심으로 교육 콘텐츠 및 교직 이수 과정 개편, 4차 산업혁명 시대 인재의 핵심 역량인 4C (Creativity, Critical thinking, Communication, Collaboration) 능력 강화를 목표로 한 교육체계 수립 및 실행, 디지털 역량강화를 위한 학습 프로그램

개발, ICT에 기반한 스마트 교육환경 구축, 소프트웨어 교육 강화, 컴퓨팅 사고 중심의 수학, 과학, 기술교육 등을 예시로 들 수 있다(김경수, 2017; 김진하, 2017; 김진형, 2016; 박윤수 외, 2017; 장윤종, 2016; 신혜민, 2017; 창조경제연구회, 2017; 최광민, 2016).

정부는 중고등학생들의 미래핵심역량 교육 및 진로 교육 강화 프로그램에 관한 정책과 특성화고 학생들을 대상으로 진학-진로 연계 프로그램 강화 정책을 추진했다. '자유학기제 내실화 및 확대, 자유학기제 기간 중 진로 탐색과 부족한 학습 보충 지원, 빅데이터와 AI를 이용한 진로 찾기와 코칭'은 전자에 해당하는 정책과제로, '특성화고 졸업생의 선교육훈련경험인정제 추진, 특성화고 실정에 맞는 진로교사 지원' 등이 후자에 상응하는 정책과제로 대표될 수 있다. 이는 이후 제2차 진로교육 5개년 기본계획(2016~2020)에 반영되었다(교육부, 2016). 창조경제연구회(2017)는 스펙형 인재형에서 기업가형 인재형으로의 인재상 변화와 함께 기업가정신 교육이 초등학교 때부터 필요하며, 기업가정신 교육을 확산하는 수단으로 창업 플랫폼 구축 현장과 교육을 결합하는 메이커 교육을 하나의 방안으로 제시하기도 했다.

다가올 시대를 대비한 새로운 학교환경 조성은 정부, 학계, 학교 등 사회적 공감대를 형성하고 있다. 4차 산업혁명시대에는 창의적 인재와 소프트웨어 교육, 데이터 활용 교육, 진로 코칭 등을 비롯한 교육내용과 교육방식의 다양화를 필요로 한다. 그러나 창의적 인재 양성을 위해서는 교육환경 마련과 더불어 학습자의 자발적 흥미 유발과 자기학습이 동반되어야 한다는 사실도 잊지 말아야 할 것이다(양흥권, 2017).

대학의 글로벌 경쟁력 강화

미래형 교육환경 조성을 위해 초·중등학교와 대학교에 이르는 전반적인 교육 시스템 혁신이 요구되는 가운데 대학의 개혁은 기업, 지역사회, 국가 전반의 경쟁력을 다지기 위한 4차 산업혁명 인적자원개발의 가장 중요한 과제이다. 이에 따라 대학의 글로벌 경쟁력을 강화하고 다가올 직업 환경, 산업 환경, 노동시장의 변화를 대비하기 위한 대학교육 변화를 촉구하는 목소리가 높아지고 있다. 2017년 3월 '4차 산업혁명과 대학의 역할'이라는 주제로 울산에서 열린 아시아대학총장회의에서는 하드웨어와 소프트웨어를 결합한 융합교육 실현, IT 및 데이터 과학에 대한 정규 학위 과정 신설, 교육과정 개혁, 취업 역량 강화, 산업 수요에 부합하는 직업훈련 교육 체제 구축, 소통 능력 강화를 위한 대화(dialogue)식 수업 등을 4차 산업혁명을 대비하기 위한 대학의 중요한 역할이자 개혁 과제로 제시하였다(신혜민, 2017). 이 과제들은 급변하는 사회에 발맞춘 대학의 교육과정 변화를 필두로 대학 스스로 사회적 변화에 민감하게 반응하고 능동적인 전략을 세워야 한다는 대학들의 미래 발전 방향을 반영하고 있다.

사실 대학의 혁신과 역할 변화는 그동안 지속적으로 사회적 요구가 있었던 영역이다. 최근 대학 혁신에 있어 핵심 논점은 사회 수요 연계형 대학교육, 대학의 자율성 증대를 위해 입시제도, 구조조정 등에 있어 교육부 역할 축소, 지역대학의 경쟁력 향상을 위한 지속적 방안 모색 등이다(김주훈, 2017; 김진형, 2016; 이민화, 2017; 이주호, 2017; 창조경제회, 2017). 이러한 사회적 기조를 이어 받아 현 정부의 대학 혁신 과제는 대학의 서열화로 인한 폐단을 줄이고 지역대학의 경쟁력을 강화하기 위한 거점 국립대와 전문대학교 지원 강화에 주안점을 두고 있다. 이에 따라 거점 국립대의 교육비 지원 확대, 지역 소규모 강소 대학 육성 지원, 공영형 사립대 전환 및 육성, 국공립대 공동운영체제를 통한 대학의 자발적 고등교육 혁신체제 방안 구축, 국공립대 네트워크 구축을 통해 혁신강소대학 네트워크 구축사업 등은 대학 경쟁력 강화를 위한 주요 정책과제라 할 수 있다.

그 밖에도 산업 수요에 부합하는 새로운 고등교육 및 직업훈련 교육 체제 구축, 우수 전문기술인 양성을 위한 전문대 지원 확대 등 대학에서의 교육과 노동시장 일자리 미스매치 현상을 줄이기 위한 대학 교육의 산학 연계, 사회 수요맞춤형 교육 등은 4차 산업혁명 시대를 이끌어 가야 할 대학에게 주어진 역할이다.

지역 경쟁력 강화

4차 산업혁명 시대를 대응하기 위한 지방 정부의 비전과 전략들도 점차 본격화되고 있다. 현재 관련 논의들은 지역발전연구원들을 중심으로 4차 산업혁명 시대의 지역 경쟁력 강화를 위한 비전과 로드맵 구성이 주를 이룬다(김은경, 문영민, 2016; 김태현, 2017; 주수현, 2017; 홍정순, 2017). 4차 산업혁명 시대 지역 경쟁력 강화 방향은 기술혁신에 따른 산업시스템의 변화가 지역 산업구조, 일자리, 경제체제에 직접적인 영향을 미칠 것을 대비하여 지역 차원에서 대응전략을 수립해야 한다는 인식을 전제로 한다. 4차 산업혁명 시대 지역산업육성정책 활성화를 위해서는 중앙정부 중심의 지역산업육성정책을 지양하고 지역 주도로 성장동력을 구축하는 개방 혁신형 산업생태계를 조성할 필요가 있다. 또한 지역과 대학, 기업 간의 선순환 구조 형성과 지역 내 신사업 기반 창업 활성화 등은 4차 산업혁명 시대 지역의 혁신역량을 향상시키는 원천이 될 것이다(주수현, 2017; 최성욱, 2017).

전문가들은 각 지역 특성 및 산업 기반에 따라 다양한 대응 전략 방안을 제시한다. 예를 들어, 김태현(2017)은 부산 지역에서는 신기술 등과 접목하여 일자리를 창출하고 인재양성·활용의 근본이 되는 새로운 산업을 우선적으로 육성해야 할 것을 강조했다. 김은경, 문영민(2016)은 제조업 혁신, 지역 R&D 역량 강화, 지역 내 혁신스타트업 활성화 등에 대한 경기도 차원의 구체적인 전략을 수립·추진하여 4차 산업혁명 시대 이 지역의 지속적인 경제성장을 도모해야 한다고 말한다. 나아가 지역 차원에서 4차 산업혁명 관련 민관협력체를 구성하여 지역적 대응책을 수립하자는 능동적인 정책 방향이다. 지역 창업활성화를 위해 지역대학 창업동아리 지원 강화에 대한 의견도 제시되고 있다(최성욱, 2017).

하지만 근본적으로 지역에서의 대응 전략은 중앙정부의 교육혁신, 인력재

배치, 새로운 법적, 제도개혁, 사회안전망과 복지제도 마련 등과 같은 국가적 차원의 4차 산업혁명 대응전략과 맞물려 있다. 중앙정부 차원에서 근본적인 인적자원개발 정책 관련 법과 제도 마련이 선행되지 않으면 지역의 세부정책 및 방향설정에 한계가 있을 수밖에 없다는 것이 공통된 의견이다. 이는 곧, 지방정부의 4차 산업혁명 대응전략 마련은 중앙정부의 4차 산업혁명 관련 정책 및 제도적 장치 마련과 궤를 함께 해야 함을 의미한다.

교육/일자리 소외계층의 능력개발 지원 강화

4차 산업혁명 시대의 도래로 가장 우려되는 부분 중 하나는 현재 직업의 절반 이상이 사라질 수 있다는 예측이다. 문제는 기계 혹은 컴퓨터 대체로 인해 사라질 직업군들의 대부분은 사회적으로 취약계층들이 많이 분포되어 있는 저숙련 노동 분야에 집중되어 있다는 점이다(중소기업연구원, 2016). 현재 새로운 시대를 준비하기 위한 경제적, 교육적 변혁과 발전에 많은 관심이 몰려있는 반면, 기술 도입과 변화로 인해 사각지대로 내몰릴 수 있는 계층에 대한 정책적 관심은 상대적으로 부족하다. 2017년 대통령 선거 후보자들의 4차 산업혁명 관련공약에 대해 공통적으로 제기된 비판 역시 기술 소외계층에 대한 대책이 취약하다는 것이었는데 이는 4차 산업혁명 관련 정책의 관심사가 어디에 있는지 보여주는 하나의 예가 될 수 있을 것이다(권오성 외, 2017).

따라서 4차 산업혁명 시대에는 상대적으로 고용(유지) 및 교육일자리 영역에서 소외된 집단의 능력개발 지원을 강화하고 인적자본으로서 그들의 가치를 제고하는 정책이 필요하다. 현 정부에서는 '고졸 취업자 우대정책', '다문화가족 지원 강화', '학교 밖 청소년 지원 확대', '장애학생 교육 지원 강화', '취약계층 노동자들에 대한 직업개발' 등을 정책적으로 추진하고 있다. 이는 전 국민을 대상으로 한 '교육의 국가책임 강화'라는 정부의 기본적인 교육 정책 방침에 내재되어 있으며, 이와 더불어 소외계층들에 대한 교육 및 능력개발 지원이라는 정책적 구상과도 연결되어 있다. 이 정책 범주의 세부과제로는 공공기관 분야에서 고졸 적합 직무 발굴하여 우선 채용, 다문화가족 자녀의 교육권 보장을 위해 특별학급과 대안학교 지원, 학교 밖 청소년들에게 학교교육 경비에 준하여 홈스쿨링 대안교육기관, 직업교육훈련기관 등의 교육비 지원, 장애학생 교육 및 장애인 평생교육 지원 강화, 중, 소, 영세, 비정규직, 특수형태근로종사자 등 취약계층 노동자들에 대한 직업능력개발, 법률서비스, 복지 지원 사업, 정책연구사업 등 수행 등이 포함된다(더불어민주당, 2017).

이상에서 논의된 7개의 정책방향과 그에 따른 105개의 세부정책 과제는 아래와 같이 정리할 수 있다.

〈표 2〉 4차 산업혁명 대응 인적자원개발 정책과제 (*는 46개 최우선 정책과제임)

정책방향	정책과제
1. 시대요구에 부응하는 인재 양성	1) 신산업의 수요에 맞는 교육시스템을 구축하여 교육내용과 교과를 개편하고 산학 협력을 통한 인력 양성*
	2) 기존의 기술교육시스템 및 폴리텍 대학 등과 연계하여 4차 산업혁명의 수요에 맞게 근로자들의 재교육 추진
	3) 창업 단계별 멘토링 및 컨설팅 인력 양성 및 지원
	4) 사회적 기업, 협동조합, 청년소셜벤처, 마을공동체기업 등 사회적 기업 인재육성 지원
	5) 국가 수준 제조업 fellowship 및 인턴쉽 제도
	6) 신진 이공계 박사학위 취득자에게 실무형 R&D 연구기회를 제공하여 사회 진출역량 제고할 수 있도록 하는 맞춤형 인력양성 사업 확대*
	7) 안정적 연구일자리 확대를 위한 신진연구자의 과제 기반 테뉴어(tenure) 제도 도입
	8) 중소기업 R&D 부서에 취업하는 청년 과학기술인에게 과학기술인 연금지원 강화
	9) 미래형 교원양성과정 혁신*
	10) 4차 산업 적응 및 대응력 향상을 위한 국민 재교육시스템 마련
	11) 전문숙련기술인 육성을 위해 특성화고-전문대의 연계 강화*
	12) 창의성, 연결성, 복합적 문제해결력, 협력의 기술 등의 새롭게 부각되는 역량을 규명하는 역량모델 구축*
2. 인력양성 생태계 조성	13) 산업정책, 고용노동정책, 교육인재정책을 총괄적으로 논의하는 '4차 산업혁명 인재육성 각료회의(가칭)'을 실치*

2. 인력양성 생태계 조성 (계속)	14) 교육부 내 4차 산업혁명 인적자원개발 관련 책임 전담조직/기관 설치 및 운영(4차 산업혁명 인재육성 위원회 혹은 인재육성진흥원(가칭)) 설치 및 운영
	15) 대통령 직속 4차 산업혁명위원회 설치
	16) 인적자원정책의제 생성 및 총괄, 조정할 수 있는 조직 구축
	17) 사회정책 담당국 확대 개편(총괄국과 영역별 국을 두고 업무를 학습복지, 고용, 연구개방 등의 영역별로 분장)
	18) 인적자원정책조정회의 운영(관련 정부부처 및 지방자지단체장으로 구성되는 회의를 두고 정책협의 조정)
	19) 통합적 인적자원정책, 기획 및 융합적 조정, 지원을 위한 최소 '실, 국' 전담조직 설치 및 운영 추진
	20) 교육개혁 추진을 위한 대통령 직속 국가교육회의 설치*
	21) 초중등교육은 시도교육청과 단위학교로 권한을 이양하고 교육부는 고등, 평생, 직업교육 중심으로 기능 재편*
	22) 인적자원개발기본법의 전면적 개정을 통하여 인재육성의 새로운 방향과 법적 지원체계를 마련*
	23) 인적자원개발기본법을 인적자원정책기본법으로 명칭 개정 및 정책실행 영역 보완
	24) 인적자원정책 기본계획은 '저출산고령사회기본계획'의 내용 통합하고 정책의제 중심의 전략계획으로 계획 수립
	25) 인적자원개발기본법 개정시 타 부처/지자체 역할에 대한 구체적 조항 포함*
	26) 인적자원개발기본법 위상 정립 및 관련 법령과 연계*
	26) 인적자원추진을 위한 재정은 정부의 일반예산 재원으로 시작하되, 장기적으로 인적자원기금(또는 학습기금)을 조성하는 내용을 개정 법령에 반영
	27) '인적자원개발 기본법' 및 '지방대학 및 지역균형인재육성법' 개정으로 시도 역할, 책무 강화 및 의무재원 투입으로 법적, 제도적 실효성 확보
	28) 기존 일자리에서 새로운 일자리로 전환 등 경력개발과 관리에 초점을 두는 교육서비스의 체계 마련*
	29) 국가 역량 4.0(가칭) 개발: 창의성, 연계성, 문제해결력 등 새로운 국가 역량 체계 개발*
	30) Korea Open Platform(가칭) 구축 사업: 대학-연구기관-기업-정부가 컨소시엄으로 운영하는 아이디어 개발 및 테스트, 인재육성의 기능 수행
3. 평생교육 패러다임 강화	31) 성인 비문해자, 의무교육 미이수자에 대한 무상교육기회 제공
	32) 초중학교 학력인정 문해교육프로그램 운영기관 확대
	33) 국가근로장학생, 평생교육 강사 등을 교사로 활용
	34) 100세 시대 성인학습자를 위한 무료 K-MOOC 강의제공 및 학점 취득 기회 제공
	35) 국가차원의 체계적인 직업교육 마스터플랜 수립*
	36) K-MOOC를 통해 4차 산업혁명시대 적합 단기학위(한국형 Nano-Degree) 운영

3. 평생교육 패러다임 강화 (계속)	37) 인공지능, 빅데이터, SW 등 4차 산업혁명 관련 핵심 교육과정 개발
	38) 6개월-1년의 단기간에 특정 교육과정을 집중적으로 이수한 후 단기학위발급
	39) 아동, 청소년 문화예술교육센터 조성(핀란드 아난딸로)
	40) 학교 문화예술교육 확대 및 지역문화자원과 연계 교육 강화
	41) 지역 예술단체 및 문화시설의 사회 문화예술교육 확대
	42) 50+ 세대 위한 '생애전환 문화예술학교'(가칭) 운영
	43) 평생학습도시, 평생학습중심대학, 광역시·도 평생교육진흥원 등의 체계를 활용하여 4차 산업혁명 교육 대비
	44) 4차 산업혁명에 대한 국민 인식 제고 사업 추진 위해 기존 평생교육 사업 추진체계 활용
	45) 생애단계별로 일자리 전환에 대응할 수 있는 경력개발 지원*
	46) 학교(고등교육기관 포함) 기반 평생교육시스템 강화*
4. 미래형 학교환경 조성	47) 미래핵심역량 중심의 교수방법과 교육평가 혁신을 위한 학교 교사연수 전폭적 지원*
	48) 교사양성기관과 교직 이수 기관의 교육과정을 미래형 교육과정 중심으로 개정*
	49) 현행 한 학기의 자유학기제 내실화 및 자유학기제 확대
	50) 자유학기제 기간 중 진로 탐색과 부족한 학습 보충 지원
	51) 빅데이터, AI를 이용한 진로 찾기와 진로 프로그램 코칭
	52) ICT에 기반한 S/W에 대한 교육을 확대, 강화하고 스마트 교육환경을 구축*
	53) 변화관리 측면에서 디지털 역량 강화를 위한 학습 P/G설계*
	54) ICT 기술 기반한 교육훈련시스템 구축 통해 평생교육과 상시학습의 보편화*
	55) 체험, 실전형 학습을 위한 메이커 스페이스 구축*
	56) 학교 단위에서 새로운 교수학습방식(예: 프로젝트 학습)을 도입할 수 있도록 변화 지원 및 확산을 위한 체제 마련*
	57) 사고력 강화를 위한 학생중심의 교육시스템 구축*
	58) 4C(Creativity, Critical thinking, Communication, Collaboration), 협업 능력 강화를 목표로 한 교육체계 수립 및 실행*
	59) 특성화고 졸업생의 대학진학시 先교육훈련경험을 학점으로 인정하여 교육 및 훈련 비용을 줄이고 전문대 조기 졸업 기회로 제공
	60) 특성화고 학교내, 학교 밖의 교육 훈련을 학점과 자격으로 전환
	61) 특성화고 실정에 맞게 상담, 진로교사, 교과, 실습지원교사 추가 배치*
	62) 정부주도의 기획, 교육과 산학협력 재정지원 확대
	63) 인공지능 분야 talent 참여 유인 제공 및 소프트웨어 교육 대폭 강화*
	64) 미국 미네르바 스쿨, 하버드 및 MIT의 MOOC 교육 도입
	65) 컴퓨팅 사고(computational thinking) 중심으로 수학, 과학교육 및 기술교육의 교육과정과 교육방식을 키워주는 교육 강화
	66) 글로벌 경쟁력 갖춘 플랫폼, 아키텍처 및 SW 등 역량 강화*

5. 대학의 글로벌 경쟁력 강화	67) IT 및 데이터 과학 중심 정규 학위 대학의 교육과정 개정
	68) 산업 수요에 부합하는 새로운 고등교육 및 직업훈련 교육 체제 구축*
	69) 우수 전문기술일을 양성하는 전문대학에 지원 확대
	70) 국공립전문대학 및 공영형 전문대 육성
	71) 국립대학간 선택 집중을 통해 대학들이 주력 학문을 특성화할 수 있도록 자율적 혁신방안 추진에 대해 지원*
	72) 거점 국립대의 교육비 지원 확대
	73) 지역 소규모 강소 대학 육성 지원*
	74) 교육 및 직업 중심 특성화 사업에 대한 지원 확대*
	75) 공영형 사립대 전환 및 육성
	76) 국공립대 공동운영체제를 통해 대학들의 자발적 고등교육 혁신체제 방안 구축
	77) 국공립대 간 기능별(연구중심, 교육중심, 직업중심 등) 중점 분야별 특화 추진*
	78) 국공립대 네트워크 구축 이후 혁신강소대학 네트워크 구축
	79) 대학재정지원사업은 일반재정지원사업과 특수목적지원사업으로 구분하여 지원
	80) 대학들의 자율적인 협력 혹은 대교협과의 공식적인 협의 등을 통해 아래로부터의 변화를 통한 입시개혁 주도*
6. 지역 경쟁력 강화	81) 지역차원에서 '제4차 산업혁명 관련 민관협력체' 구성
	82) 지역대학 창업동아리 지원
	83) 지역인재육성을 위해 지역단위의 Korean Open Platform(가칭)의 설치와 지원
	84) 지역신문에 대한 지원 및 지역신문의 디지털 사업, 재교육 지원 확대 방안 추진
7. 교육/일자리 소외계층의 능력개발 지원 강화	85) 공공기관, 공기업 고졸 적합 직무 발굴하여 우선 채용
	86) 민간기업의 고졸 적합 직무 발굴 및 채용 기업에 인센티브 부여
	87) 특성화고 졸업생의 군입대 시 특기병으로 갈 수 있는 조치 마련
	88) 고졸기능기술인재 국비유학생 및 글로벌 인턴 확대
	89) 고졸자 선취업 후진학 확대
	90) 다문화가족 자녀 학습 및 정서지원을 위한 '생활-학습 돌봄 멘토링 사업' 실시
	91) 다문화가족 자녀의 교육권 보장을 위해 특별학급과 대안학교 지원
	92) 다문화 교육에 대한 교과 개발 및 교사연수 실시*
	93) 국민 대상 다문화수용성 교육 내실화 및 확대*
	94) 학교를 떠나는 청소년들에게 개개인에 맞는 새로운 교육 기회 제공*
	95) 학교 밖 청소년들에게 홈스쿨링 대안교육기관, 직업교육훈련기관 등의 교육비 지원*
	96) 학교 밖 청소년 지원센터 설치 확대 및 기능 보강*
	97) 특수교사 법정 정원 확보 및 정규직 교사 채용 확대*
	98) 장애아동 교육환경 개선 및 통합교육 강화*

7. 교육/일자리 소외계층의 능력개발 지원 강화 (계속)	99) 장애학생 교육 및 장애인 평생교육 지원 강화*
	100) 장애학생 문화, 예술, 체육 활동 지원 강화*
	101) 권역별 어린이재활병원 및 장애아 재활센터 확충, 치료와 재활, 돌봄, 교육 등 통합서비스 제공*
	102) 지자체별 청소년육성 전담공무원 배치
	103) 간호사, 영양사, 물리치료사 등 방문건강관리 인력 확충
	104) 사회복지전담공무원, 통합사례관리사 등 지역 복지 인력 확충
	105) 중, 소, 영세, 비정규직, 특수형태근로종사자 등 취약계층 노동자들에 대한 직업능력개발, 법률서비스, 복지지원사업, 정책연구사업 등 수행*

105개 여러 과제들 중에서 최우선 정책과제들을 선정하기 위해 전문가 델파이 조사[2] 및 허쉬코비츠 임계함수 분석을 실시했다. 4차 산업혁명에 대한 정보와 선행연구가 많지 않은 상황에서 향후 인적자원개발 정책 방향 및 과제에 관한 전문가들의 의견 수렴이 필요하다고 판단했기 때문이다. 그 결과 총 46개의 최우선 정책과제가 채택되었는데 그 중 상위 12개 정책과제는 다음 순서와 같다.

- 신산업의 수요에 맞는 교육시스템을 구축하여 교육내용과 교과를 개편하고 산학 협력을 통한 인력 양성
- 기존 일자리에서 새로운 일자리로 전환 등 경력개발과 관리에 초점을 두는 교육서비스의 체계 마련
- 인적자원개발기본법 위상 정립 및 관련 법령과 연계
- 교사양성기관과 교직 이수 기관의 교육과정을 미래형 교육과정 중심으로 개정
- 인공지능 분야 talent 참여 유인 제공 및 소프트웨어 교육 대폭 강화
- 미래형 교원양성과정 혁신
- 교육개혁 추진을 위한 대통령 직속 국가교육회의 설치

2) 델파이 조사를 위해 인적자원개발 및 교육 관련학계, 연구기관 등에서 경력 10년 이상의 연구원 혹은 교수로 재직 중에 있는 21명을 최종 전문가패널로 선정했다.

- 초중등교육은 시도교육청과 단위학교로 권한을 이양하고 교육부는 고등, 평생, 직업교육 중심으로 기능 재편
- 생애단계별로 일자리 전환에 대응할 수 있는 경력개발지원
- 대학들의 자율적인 협력 혹은 대교협과의 공식적인 협의 등을 통해 아래로부터의 변화를 통한 입시개혁 주도
- 장애학생 교육 및 장애인 평생교육 지원 강화
- 특수교사 법정 정원 확보 및 정규직 교사 채용 확대

논의 및 향후 연구 제언

4차 산업혁명에 대응하는 인적자원개발 정책방향 및 과제 탐색에 대한 주요 논의는 다음과 같다. 먼저, 7개의 정책 방향의 키워드는 인재양성 및 환경 조성, 평생교육 강화, 대학 혁신, 지역 경쟁력 강화, 소외계층 능력개발로 요약할 수 있다. 이 중에서도 4차 산업혁명 시대 인적자원개발의 정책방향의 출발은 시대적 요구에 부합하는 인재들을 길러내는 데 있으며 이를 위한 학교 및 일터 환경 조성에 대한 정책 요구가 그 뒤를 잇는다. 동시에 디지털 혁신과 인구사회학적 변화에 따른 평생직업교육 강화, 지역 주도 산업생태계 조성, 소외계층 능력개발 지원 등이 함께 고려되어야 하는 정책 방향으로 거론되고 있다. 가장 많은 정책과제가 제안된 정책방향은 미래형 학교환경조성, 시대요구에 부응하는 인재양성, 교육/일자리 소외계층의 능력개발 지원강화 등의 순이었다. 이는 신산업을 중심으로 한 미래 핵심역량 개발을 위한 교수과정 및 교육과정 개편, 교사들의 역량강화 등 전반적인 교육시스템 전환을 위한 구체적인 아이디어가 많이 제안되고 있다고 해석할 수 있다.

최우선 46개 정책과제들 중 상위 12개 과제들을 살펴보면 가장 중요하

고 긴급한 정책으로 '신산업의 수요에 맞는 교육시스템을 구축하여 교육내용과 교과를 개편하고 산학협력을 통한 인력양성'과 '기존 일자리에서 새로운 일자리로 전환 등 경력개발과 관리에 초점을 두는 교육서비스의 체계 마련'이 선정되었다. 전자는 4차 산업혁명 시대에 부합하는 사회수요 맞춤형 교육과 그에 따른 교육시스템 재구축, 산학협력을 통한 인력양성이 지속적으로 중요한 과제로 실행되어야 할 것임을 의미한다. 전자가 미래 산업에 대비하는 고등교육 인재양성의 필요성을 뜻한다면, 후자는 기존 근로자들에 대한 재교육과 경력개발 및 전환지원 정책으로 기존 인력들의 활용의 관점이 내포되어 있다. 미래를 대비한 고등교육 인재양성과 근로자들의 재교육을 통한 인력 활용은 4차 산업혁명 대응 인적자원개발 정책의 가장 중요한 과제라 할 수 있다.

다음으로 부각된 중요 정책과제들은 '인적자원개발기본법에 대한 위상 정립 및 관련 법령과 연계'와 '교사양성기관과 교육 이수 기관의 교육과정을 미래형 교육과정 중심으로 개편', '인공지능분야 인재(talent) 참여 유인제공 및 소프트웨어 교육 대폭 강화'였다. 이 중에서 특히 인적자원개발기본법에 대한 논의는 4차 산업혁명이라는 사회적 환경 변화에 따라 인재육성과 활용이 더욱 중요하게 부각됨에 따라 새로운 인적자원개발 관련 법적 기반을 공고히 해야 한다는 취지에서 중요하게 거론된 정책과제라 해석할 수 있다. 2008년 인적자원개발 정책에 대한 교육부의 총괄, 조정 기능이 폐지됨에 따라 인적자원개발기본법 폐지에 대한 논쟁과 함께 실질적으로 현재 거의 사문화된 법이라 할 수 있는 기본법 개정에 대해서는 향후 심도 있는 논의가 이루어져야 할 것이다.

또 하나 중요한 부분은 '교육/일자리 소외계층의 능력개발 지원 강화' 관련 정책 마련이다. 이 영역에서 '장애학생 교육 및 장애인 평생교육 지원 강화'와 '특수교사 법정 정원 확보 및 정규직 교사 채용' 등이 주요 과제로 나타났는데, 이는 교육 및 일자리 소외계층 중에서도 이중적 차별로 인해 사각지대로 더욱 내몰리기 쉬운 장애인들을 위한 교육 및 취업지원이 4차 산업혁명 시대 인적자원정책계획 속에 우선적으로 포함되어야 한다는 것을 의미한다. 그밖에도 다문화 교육에 대한 교과 개발 및 교사연수 실시 등 전 국민 대상 다문화 교육 확대, 학교 밖 청소년들을 위한 교육 기회 및 직업교육 지원, 취약계층 노동자들에 대한 직업능력개발 수행 등에 대해서도 정책 결정권자들의 지속적인 관심이 요구되는 부분이다.

마지막으로 특이점이라면 상위 정책과제에는 '지역경쟁력강화'와 관련된 과제들이 하나도 포함되지 않았는데, 이는 4차 산업혁명 시대 인적자원개발과 관련해 중앙정부 차원의 큰 틀이 제시되지 않은 상태에서 지역 수준의 구체적 논의로 이어지기에는 아직 이에 대한 지역적 담론 자체가 형성되지 못한 탓일 수 있다. 향후 4차 산업혁명 시대 지역인적자원개발 관련 정책의 방향 및 과제설정에 대한 심도 있고 다각적인 논의가 필요할 것이다.

4차 산업혁명이 이전과 다른 인적자원개발 정책 패러다임 전환을 가져올지는 아직 논쟁적이나, 현재 인적자원개발정책을 재고해야 할 만한 환경적 변화와 징후들을 마주하고 있다는 사실은 분명하다. 본 연구는 불확실한 미래인 4차 산업혁명 시대를 맞아 이에 대응하는 인적자원개발 정책방향에 대한 가이드라인을 제공하고 있다는 측면에서 큰 의의가 있다. 하지만 4차 산업혁명에 대한 실질적인 토론이 많이 이루어지지 않은 초기 단계에서 한정되어 있는 자료들과 현재까지 이루어진 논의들을 바탕으로 4차 산업혁명의 인적자원개발정책 방향 및 과제를 제시하고 있다는 점에서 이 글의 한계가 있을 수 있다. 이는 4차 산업혁명과 인적자원개발 정책에 대한 정부, 학계, 산업계 등과의 공론의 장을 마련하고 지속적인 논의, 토론 등을 통해 수정 및 보완해 나가야 할 것이다.

참고문헌

강경리 (2019). 4차 산업혁명시대의 대학교육의 방향과 대학교원의 교수역량에 대한 분석 연구: 평생교육 패러다임을 중심으로. *교육문화연구 25*(1), 49~82.

교육부 (2016.04.05). 제2차 진로교육 5개년(2016~2020) 기본계획 발표. 보도자료.

권오성, 송경화, 윤형중, 하어영 (2017.2.6). 대선 주자 앞다퉈 “4차 산업혁명”... 기술 소외계층 대안 취약. *한겨레 신문* Retrieved from http://www.hani.co.kr/arti/science/science_general/781584.html

김경수 (2017). 기업의 관점에서 본 4차 산업혁명 시대의 인적자원개발 정책 방향. 4차 산업혁명에 대응한 인적자원정책 설계 및 추진체계를 위한 전문가 포럼 자료집. 고려대 HRD정책연구소.

김상선 (2017). 과학기술정책포럼 토론요지. STEPI 과학기술정책포럼 자료집.

김상윤 (2016). 4차 산업혁명의 핵심 동력 ‘소프트 파워’. POSRI 이슈리포트, 1-12.

김선우 (2017). 4차 산업혁명 시대의 기업가정신. *Entrepreneurship Korea 5*, 9-10.

김은경, 문영민 (2016). 제4차 산업혁명에 대한 경기도의 대응방향. *정책연구 2016-69*. 경기연구원.

김주훈 (2017). 4차 산업혁명과 중장기 정책방향. STEPI 과학기술정책포럼 자료집.

김진하 (2016). 제4차 산업혁명 시대, 미래사회 변화에 대한 전략적 대응 방안 모색. R&D Inl. 한국과학기술평가원.

김진형 (2016). 4차 산업혁명, 인공지능 시대의 교육. STSS 지속가능과학회 학술대회, 21-29.

김태현 (2017). 4차 산업혁명과 부산경제의 미래] 부산 전략산업에 4차 산업혁명 접목해 일자리 창출하고 새로운 산업 육성해야. *부산발전포럼 163*, 6-17.

김한준 (2016). 4차 산업혁명이 직업세계에 미치는 영향: 4차 산업혁명에대한 재직자 인식 조사. 고용이슈 (2016년 9월), 88-106.

김형만 (2017). 정책연구기관의 관점에서 본 4차 산업혁명 시대의 인적자원개발 정책 방향. 4차 산업혁명에 대응한 인적자원정책 설계 및 추진체계를 위한 전문가 포럼 자료집. 고려대 HRD정책연구소.

더불어민주당 (2017). 제19대 대통령선거 정책공약집 나라를 나라답게. 서울: 더불어민주당.

박윤수, 강창희, 김진영, 김창환 (2017). 4차 산업혁명에 대비한 교육개혁 방향. 생명공학정책연구센터(2016). 4차 산업혁명과 일자리의 미래. 이슈86. KISTEP 글로벌 과학기술정책정보서비스. Retrieved from http://www.now.go.kr/ur/poliIsue/viewUrPoliIsue.do?poliIsueId=ISUE_0000000000000795&pageType=OVER&currentHeadMenu=2&currentMenu=21

신혜민 (2017.3.15.). “4차 산업혁명 시대에 대학의 역할은?” *조선에듀*.

양흥권 (2017). 평생교육 관점에서 본 4차 산업혁명 시대의 인적자원개발 정책 방향. 4차 산업혁명에 대응한 인적자원정책 설계 및 추진체계를 위한 전문가 포럼 자료집. 고려대 HRD정책연구소.

유길상 (2017). 4차 산업혁명시대의 직업능력개발정책: 이행노동시장 모형을 중심으로. *실천공학교육논문지, 9*(2), 167-174.

윤현중, 최정민 (2018). 기술변화와 인적자원개발 : 4차 산업혁명과 그 변화를 중심으로. *인적자원개발연구, 21*(4) , 263-298.

이민화 (2017). 4차 산업혁명과 미래 인재 기조강연. 제10회 인적자원개발컨퍼런스 자료집.

이성호 (2017). 4차 산업혁명과 기술, 산업 발전전략. STEPI 과학기술정책포럼 자료집.

이주호 (2017). 제4차 산업혁명에 대응한 교육 대전환. *철학과 현실*, 130-154.

이정원 (2017). 과학기술정책포럼 토론요지. STEPI 과학기술정책포럼 자료집.

이재원 (2016). 제4차 산업혁명: 주요국의 대응현황을 중심으로. *해외경제포커스 32*, 1-20.

이희수 (2017). 국가평생교육진흥계획의 혁신과 새판 짜기. 대한민국 미래를 위한 평생학습정책기획학술포럼. *한국평생교육학회*, 21–50.

이희수, 안동윤 (2007). HRD 패러다임 논쟁사에 나타난 평생교육과 HRD의 관계: 경재자인가, 협력자인가? *평생교육학연구 13*(1), 77-102.

장윤종 (2016). 4차 산업혁명의 미래. 산업연구원 자료집.

전해영, 장우석 (2017). 4차 산업혁명 시대의 국가혁신전략 수립 방향. VIP Report. 현대경제연구원.

정제영 (2017). 대학의 관점에서 본 4차 산업혁명 시대의 인적자원개발 정책 방향. 4차 산업혁명에 대응한 인적자원정책 설계 및 추진체계를 위한 전문가 포럼 자료집. 고려대 HRD정책연구소.

정홍인, 조대연, 최지수, 이종민, 장은하, 강현주 (2018). 4차 산업혁명시대 생애단계별 미래인재 필요역량 및 우선순위 역량 도출. *평생교육학연구 24*(4), 61-92.

조대연, 노경란, 현영섭, 김성기, 유기웅, 강현주, 문미혜 (2017). 4차 산업혁명에 대응한 인적자원정책 설계 및 추진체계 연구. 고려대학교 HRD정책중점연구소.

주수현 (2017). [4차산업혁명시대 부산의 산업정책적 대응] 지역주도로 성장동력을 만들어 가는 글로벌 지향 혁신형 산업생태계 조성. *부산발전포럼, 163,* 18-35.

중소기업연구원 (2016). 제4차 산업혁명, 중소기업 정책 방향. STEPI 과학기술정책포럼 자료집

창조경제연구회 (2017). 상생 국가, 탈추격12대 전략: 국가 혁신 100대 과제, 33차 창조경제연구회 공개포럼 보고서.

최광민 (2016. 8. 23). 빅데이터 분석으로 학생 진로 찾는다. *세미나 투데이.* Retrieved from http://www.seminartoday.net/news/articleView.html?idxno=5518

최재정 (2018). 제4차 산업혁명의 시대에 필요한 '미래역량 교육'의 방향과 원리 탐색. *교육의 이론과 실천, 23*(2), 39~67.

최계영 (2016). 4차 산업혁명 시대의 변화상과 정책 시사점. KISDI 프리미엄리포트. 정보통신정책연구원.

최성욱 (2017). 토론문: 지역현장에서 본 4차 산업혁명 시대의 인적자원개발 정책 방향. 4차 산업혁명에 대응한 인적자원정책 설계 및 추진체계를 위한 전문가 포럼 자료집. 고려대 HRD정책연구소.

한국은행 (2016). 제4차 산업혁명: 주요국의 대응현황을 중심으로. *국제경제리뷰 2016-24,* 1-20.

한국표준협회 (2016). 4차 산업혁명을 리드하는 일본 정부의 추진 전략과 정책 시사점. *KSA Policy Study 022,* 1-34.

한동균 (2019). 4차 산업혁명시대 중국의 과학기술혁신 정책 변화와 한국의 대응방안. *아시아연구, 22*(2), 33-70.

한숭희 (2017). 대한민국의 미래와 평생학습정책의 비전. 대한민국 미래를 위한 평생학습정책 기획학술포럼. *한국평생교육학회,* 3-19.

현대경제연구원 (2017). 2017년 다보스 포럼의 주요 내용과 시사점: 소통과 책임의 리더십이 필요. *경제주평17*(2), 1-13.

홍정순 (2017). 지역현장에서 본 4차 산업혁명 시대의 인적자원개발 정책 방향. 4차 산업혁명에 대응한 인적자원정책 설계 및 추진체계를 위한 전문가 포럼 자료집. 고려대 HRD정책연구소.

다문화배경 이주노동자의 일터학습 배제와 포용

현영섭(yshyun@knu.ac.kr)

현영섭은 고려대학교 교육학과에서 박사학위를 취득하였다. 현재 경북대학교 교육학과 교수로 재직 중이며, 평생교육과 인적자원개발 관련 분야를 강의하고 연구하고 있다. 주요 연구관심 분야는 다양성, 성인학습, 연구방법 등이다.

* 이 글은 2019년 8월에 발행된 「HRD연구」 21권 3호에 게재된 논문을 수정 · 보완한 것임.

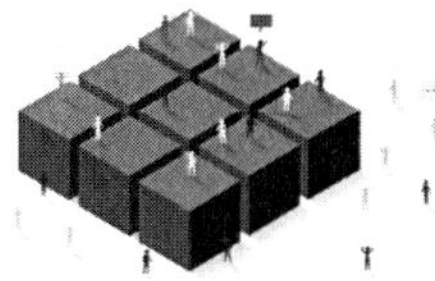

다문화배경 이주노동자의 일터학습 배제와 포용

현영섭

서론

한국 사회는 다문화사회로 변화하고 있다. 그러나 다문화배경 인구의 단순한 증가가 아니라, 다문화배경 이주민과 한국 배경 선주민이 화학적으로 결합되는 진정한 의미의 다문화사회로 진화는 한국사회에서는 아직 머나먼 이야기이다. 단일 민족의 자긍심이 강한 한국, 다문화 수용성이 낮은 국가, 다문화배경 이주민에 대한 차별이 강한 나라, 다문화배경 이주민이 노동시장에서 낮은 지위를 갖는 나라라는 평가는 한국이 진정한 의미의 다문화사회라는 주장에 동의하기 어렵게 하는 요인이다(여성가족부, 2018).

다문화배경 이주민의 다수가 취업 및 직업 활동을 하고 있음에도 불구하고 노동 시장에서 낮은 지위를 차지하는 현상은 지역산업, 인적자원관리, 직업교육 분야에서 다문화배경 이주노동자에 대한 관심을 증가시켰다(심미사, 전주성, 2015; 박신영, 2014; 변성권, 2017; 알기르마, 김영숙, 박미식, 2014; 유진희, 2014; Man, 2004). 실제로 국내 외국인 근로자는 최근 10년 동안 2배 가까이 증가하였다. 2008년 57만 396명, 2014년 90만 8,253명, 그리고

2017년에는 101만 8,419명을 넘었다(성호철, 2018). 결혼을 목적으로 한국으로 이주한 결혼이주여성의 경우도 절반(49.8%) 가량이 취업을 하고 있다(여성가족부, 2018). 그런데 다문화배경 이주민의 취업은 단기적이고 단순기능 중심의 업종에 집중되어 있다. 예를 들어, 다문화배경 이주민은 단순기능인력(29.0%)이나 서비스업(18.7%), 기계 조립(14.6%), 기능원 및 기능종사자(10.2%)로 일하는 경우가 전체의 72.5%였다(통계청, 2017).

문제는 일용직 또는 단순기능직으로 일하는 경우, 다문화배경 이주민이 일을 통한 성장을 하거나 한국사회에서 주체적으로 자리매김하기 어렵다는 것이다. 한국으로 이주 오는 다문화배경 이주민은 '코리안 드림'을 갖고 이주를 결정한다. 취업을 해서 돈도 벌고 전문적 기술을 배워서 모국에 도움이 되는 일도 하고 싶어서 한국 이주를 결정한다(김미자, 전주성, 2015; 김효순, 2013; 박은미, 신희정, 이미림, 2012; 박주현, 2015). 하지만 막상 한국에 와보면, 취업을 하더라도 단순한 일이나 반복적인 일에 종사하고 가족·회사·지역의 차별적 문화로 스트레스 증가와 우울증을 경험하는 등 부정적 상황으로 애초에 꿈꾸었던 '코리안 드림'은 생각조차 하기 힘들다(박진경, 2019; 변성권, 2017; 유진희, 2014).

이런 문제의식에 기초하여 다문화배경 이주노동자의 노동 상황과 일을 통한 성장에 대한 연구들이 진행되었다. 그러나 대부분의 연구가 이주노동자의 노동 또는 복지 영역에 한정되어 진행되었다. 즉, 이주노동자가 다문화가족지원센터나 다문화관련 사업체 등에 종사하는 경우에 한정되어 연구가 진행되었다(김효순, 2013; 박은미, 신희정, 이미림, 2012; 박주현, 2015; 알기르마, 김영숙, 박미식, 2014; 이지아, 2016; 석영미, 이병준, 2011; 손민호, 조현영, 2013; 전경미, 공수연, 정기섭, 2014). 물론 이주노동자가 다문화관련 사업체나 기관에 근무하는 경우가 적지 않지만, 대다수의 이주노동자는 일반 사업체에서 근무한다는 점에서 다양한 사업체의 이주노동자의 일과 학습 그리고 성장에 대한 연구로 확대될 필요가 있다.

또한 다양한 사업체에서 근무하는 다문화배경 이주노동자의 일과 노동에 대한 연구(김효순, 2013; 박노일, 정지연, 한정호, 2016; 유진희, 2014; 조선주, 오현경, 민현주, 2017; 함필주, 강기정, 2015)가 있었으나, 일을 통한 학습과 성장은 연구의 관심사가 되지 못하였다. '코리안 드림'까지는 아니더라도 일을 소득 증대나 생활 안정의 측면을 넘어 이주노동자의 성장과 변화의 발판으로 이해하는 관점, 이른바 일터학습과 인적자원개발의 관점에서 분석하고 방향을 제시하는 연구는 찾기 어렵다. 일은 단지 소득의 수단뿐만 아니라 일을 통한 능력 향상, 사회적 관계 확대, 개인적 성취 증대 등의 성장과 변화의 중요한 요인이다(장원섭, 2011). 따라서 다문화배경 이주노동자의 일에 대한 연구로서 학습과 성장 그리고 이를 통한 정체성이나 관계의 변화에 대한 연구가 필요하다.

마지막으로 다문화배경 이주노동자의 일와 학습에 대한 연구(김미자, 전주성, 2015; 박신영, 2014; 석영미, 이병준, 2011; 손민호, 조현영, 2013)가 있으나 차별적 요소나 배제의 문제에 대한 관심을 가진 경우는 드물었다. 다문화배경 이주노동자가 경험하는 일과 학습의 차별은 단지 이주노동자 개개인의 삶이나 성향의 문제가 아니며(Man, 2004), 사회구조적·문화적인 차별 요인이 존재하고, 개개인 삶을 넘어 사회 전반의 배제 현상으로 이해되어야 한다(박진경, 2019). 일터에서 다문화배경 이주노동자가 수행하는 일과 일터에서 발생하는 학습에 대해 사회적 배제와 구조적 관점을 적용함으로써, 일과 일터학습의 현상을 체계적으로 이해하고 근본적인 대책을 마련할 수 있다. 이런 측면에서 다문화배경 이주노동자의 일과 일터학습을 분석하는 연구 축적이 요청된다. 그런데 일터에서의 적응과 배제, 차별적 대우 등은 심층적이면서 문화적인 현상이다. 또한 다문화배경 이주노동자의 한국어 능력 측면에서 지면형태의 설문지 문항을 충분히 이해하고 응답하기 어렵다는 점에서 이론과 성찰을 통한 연구가 필요하다.

이상의 논의를 보면, 다문화배경 이주노동자의 일과 일터학습에 대한 연구에서 다양한 일터, 학습과 성장, 사회구조적 배제의 관점을 적용한 연구의 필요성을 확인할 수 있었다. 이에 본 연구에서는 다양한 일터에 근무하는 다문화배경 이주노동자의 일과 일터학습에서 사회구조적 배제의 문제를 이해하기 위하여 사회적 배제와 포용의 이론을 적용하였다. 본 연구의 목적은 다문화배경 이주노동자가 경험한 일과 일터학습의 사회적 배제와 포용의 현상을 심층적으로 이해하는 것이다.

다문화배경 이주노동자와 일터학습의 이중구조

• 일터학습과 다문화배경 이주근로자

일터학습은 일을 통한 경험학습 또는 무형식학습, 인적자원개발 영역에서 교육프로그램을 통한 비형식교육, 학력과 연계되는 형식교육을 모두 포괄한다. 그만큼 일터학습은 다양성과 복잡성을 특징으로 한다. 더구나 프로그램화된 학습으로서 형식성과, 경험이나 대화와 같은 무형식성까지도 포괄하는 광범위한 개념이다. 따라서 일터학습은 일터에서 발생하는 모든 학습 활동을 포함한다는 점에서 인적자원개발 활동의 많은 부분에 해당된다. 다문화배경 이주노동자도 일터에서 일하는 노동자이기 때문에 무형식학습, 비형식교육, 형식교육 등에 참여한다. 즉, 일터에 근무하면서 다양하지는 않을지 모르지만, 일터학습에 참여하거나 참여할 기회를 가질 수 있다.

다문화배경 이주노동자는 결혼, 종교, 노동 등의 이유로 한국에 입국하여 특정 분야에서 임금노동을 수행하는 사람이다. 다문화가족과는 달리 한국 국적의 취득과는 관련 없이 일을 하고 있는 외국인이 다문화배경 이주노동자에 포함된다(박노일, 정지연, 한정호, 2011; 이지아, 2016). 즉, 다문화배경 이주노동자는 전통적 한국문화와는 다른 외국의 문화를 주류문화로 유지한 채 한국의 일터에서 노동을 하고 있는 사람을 의미한다. 그리고 한국에서 태어났더라도 부모의 이문화 특성이 강하게 영향을 주어서 다문화배경의 특성을 보이는 2, 3세대의 자녀노동자도 다문화배경 노동자에 포함된다(변성권, 2017; Man, 2004). 따라서 결혼을 근거로 국적을 취득한 결혼이주노동여성만을 생각한다면 작은 범위의 노동자만을 상상하게 된다. 실제로 한국에서 근로하는 결혼이주여성노동자가 적지 않지만, 노동을 목적으로 취업비자를 통하여 입국하여 노동활동에 참여하거나 노동을 목적으로 이민한 경우도 매우 많다.

이주노동자의 일터학습은 선주민의 일터학습과는 다른 의미를 갖는다. 이주노동자의 일터학습에 대한 연구가 다수 축적된 것은 아니지만, 일터의 경험에 기초한 무형식학습에 대한 실증적 연구들은 다양한 결과들을 보고하고 있다(이지아, 2016). 예를 들어, 이주노동자의 일터 경험과 학습은 문화정체성 형성과 갈등, 학습 요구의 강화, 근로자로서의 모습 형성, 직무 지식과 기술 습득 등의 역할을 한다는 점이 주장되었다. 이를 정리하면 다음과 같다.

첫째, 일터학습은 문화적 정체성을 형성하는데 관련된다. 이는 선주민의 일터학습이 주로 일이나 학습 자체를 중요시하는 것과는 다른 관점이다(박주현, 2015; 손민호, 조현영, 2013; 전경미, 공수현, 정기섭, 2014). 다문화배경 이주노동자에게 일터학습은 일에 대한 지식을 습득하게도 하지만, 정체성 형성 그리고 문화이중성으로 인한 갈등을 유발시키기도 한다.

구체적으로 일터에서 일과 무형식학습은 수용과 해석의 과정에서 문화적 이중성에 의한 갈등을 경험하게 한다. 즉, 한쪽으로는 이민자를 대변하는 역할 그리고 다른 하나로는 이주민 또는 이민자로서 한국에 적응해야 하는 입장이다. 특히 다문화배경의 특성을 활용하는 직종, 예를 들어, 다문화교사 및 강사, 다문화 통·번역사, 다문화가족지원센터 등 관련 종사자 등에서 주로 나타나는 현상이다(김효순, 2013; 박주현, 2015; 손민호, 조현영, 2013; 유진희, 2014; 전경미, 공수현, 정기섭, 2014). 관련 연구들은 이주노동자가 일과 학습을 하면서 한국 문화에 적응하고 이민자로서 정체성을 만들어가는 과정을 탐구했다. 이는 이른바 '한국 아줌마'와 '한국 아저씨'가 되는 과정이었다(김효순, 2013; 손민호, 조현영, 2013). 하지만 직무의 특성상 다문화배경 이주민의 입장을 대변하고 필요한 사항을 소속된 조직에 요청해야 하는 경우에 이주노동자는 정체성 갈등을 경험한다. 이런 현상은 특히 한 직장에 다수의 다문화배경 이주노동자가 근무하는 경우가 빈번한 한국 노동시장에서 자주 발생되는 이중 역할이자 갈등 현상이다.

한편, 문화적 이중정체성의 갈등은 수행하는 직무에 따라서 차이를 보인다(이지아, 2016). 예를 들어, 다문화관련 직무를 수행하는 이주노동자에게는 그 일 자체가 문화적 정체성 또는 정체성 갈등과 관련되는 것이었다. 이와 관련된 연구들(김효순, 2013; 박주현, 2015; 손민호, 조현영, 2013; 유진희, 2014; 전경미 외, 2014)을 보면, 다문화배경 이주노동자의 일터 경험과 학습은 일에 대한 학습을 가능하게 하는 동시에, 일 경험이 다문화와 관련된 것일수록 문화적 이중정체성의 갈등을 일으킨다는 점이 공통적으로 보고되었다. 또한 일터학습으로서 직무 수행을 위한 비형식교육에 참여하면서도 학습내용에 대한 문화적 이중기준을 적용해야 하는 경우도 보고되었다(박신영, 2014). 이는 일터학습이 무형식학습이든 프로그램화된 비형식 교육이든, 문화적 정체성의 갈등 현상과 관련될 수 있다는 점을 의미한다. 따라서 일의 종류따라 다소 차이는 있으나, 다문화배경 이주노동자의 일터 학습은 일에 대한 학습을 넘어서서 문화적 정체성과 갈등을 발생시키는 요인이 된다.

둘째, 다문화배경 노동자의 일터 경험과 학습은 경제적 측면에서 저평가된 것에 대한 불만을 발생시키고 지속적인 심화 학습에 대한 요구와 관련된다(이덕남, 2012; Aderà & Ferrer, 2016; Man, 2004). 이주노동자의 대부분은 이주노동시장에서 가치가 평가 절하된다. 이에 이주노동자는 노동시장의 최하층 그룹으로 편입되거나 비정규직이나 실업 등 불안정한 노동 상황에 처하게 된다(윤보증, 2008). 일부 사례이지만, 경제적 지위의 향상, 노동조건의 발전 등을 위하여 추가학습의 필요성을 인식하고 실제로 학습에 참여하는 등 학습요구와 활동이 활발해지기도 한다(박주현, 2015; Adserà & Ferrer, 2016). 하지만, 이런 경우는 극히 드문 경우였다. 일을 하기 위해서 일터에서 임시적이고 또 제한된 내용을 상사나 동료에게 잠깐 배우는 경우

외에는 체계적인 직무교육이나 전문교육에 참여하기는 쉽지 않다. 이주노동자는 전문교육에 참여하기보다는 바로 일을 해서 돈을 벌기를 원하고, 또 교육에 참여하기 위한 한국어 실력이 충분하지 않기 때문이기도 하다.

이주노동자의 학습과 노동에 대해서는 다양한 이론적 관점이 존재한다. 우선 기능주의적 관점이다. 이 관점에서 일터 경험은 경험학습, 즉 무형식학습으로서 의미를 가지며, 그 자체로 기능적 역할을 하여 지식과 기술을 습득하고 성취 욕구를 자극하고 더 높은 수준의 학습을 유도한다(진성미, 2015; Lave & Wenger, 1998). 즉, 일터 경험은 무형식학습의 일환으로 그 자체가 지식과 태도를 축적하고 형성하도록 도와준다. 이주노동자에 대한 연구에서도 일터 경험은 학습으로 연결되며 그 자체가 학습으로서 의미를 갖고 있었다. 또한 다문화배경 이주노동자가 조직원으로서 갖추어야 할 다양한 요소를 형성하는 학습의 과정으로 직무 또는 일터 경험에 의미가 부여되었다(이덕남, 2012; 석영미, 이병준, 2016).

반면에 이주노동자의 일터학습은 충분하게 제공되지 않고 있으며, 오히려 경제적·사회적으로 열악한 지위를 인식하고 필요한 교육에 대한 수요를 발생시키고, 열악한 지위를 변화시키기 위한 인식을 형성한다는 주장도 있다(박신영, 2014; 박은미, 신희정, 이미림, 2012; 박주현, 2015; 이지아, 2016; Adserà & Ferrer, 2016). 이른바 갈등적·전환적 관점이다. 이 관점은 일터에서의 충분한 학습 기회가 제공되지 않거나 일의 경험으로부터 학습을 하기 어려운 상황인 경우에 오히려 학습 요구가 더 강하게 발생될 수 있다는 가정을 수용한다(Eraut, 2004). 그런데 갈등적·전환적 관점의 일터학습은 단순한 기술이나 지식의 습득을 넘어서서 인식 전환으로까지 연결되는 특징을 갖는다. 즉, 일터의 경험 및 학습은 관련된 갈등 상황에 대한 이해와 극복까지 진행되는 전환학습이나 활동학습으로 연결될 수 있다(이윤하, 이기성, 2010).

셋째, 일터 학습은 직무에 맞는 조직원으로서 갖추어야 할 다양한 요소를 형성하는 과정이라는 주장도 있다(이덕남, 2012; 이지아, 2016; 석영미, 이병준, 2016). 이런 주장은 앞서 기능론적 관점과는 달리 다문화배경 이주노동자의 특수한 상황이 이동노동자에 의해서 채득되는 과정으로 일터 학습을 이해한다. 일을 하거나 학습에 참여하면서 이주노동자는 일에 대한 지식이나 기술을 습득하지만, 부당한 대우 참기, 낯섦 극복하기, 한국에서 인정받기 위한 추가적인 노력 경주 등의 추가적인 능력이나 태도를 체득 한다(박은미, 신희정, 이미림, 2012). 이주노동자는 일하고 학습하면서 이방인이라는 생각만 깊어지고, 일하다가 다치더라도 아프다는 이야기를 못할 정도로 노동여건이 좋지 않은 상황에 익숙해진다(이덕남, 2012). 반면에 긍정적인 요소도 발견되는데, 일 경험과 보수교육을 통하여 문화적 이질감을 극복하고 경력을 쌓아가면서 적응하고 성공한 선배 직장인으로서 자격을 갖추는 경우도 있다(이지아, 2016).

대부분의 관련 연구가 질적 자료를 바탕으로 삼고 있어서 일반화에는 한계가 있으나, 일터에서의 무형식학습이나 비형식교육 등은 지식의 습득을 넘어서, 한국문화에 적응하고, 억울한 상황이나 차별적 상황에 적응하게 하고, 인정을 받고 경력을 만들어가기 위한 방법이었다. 이런 일터학습은 다문화배경 이주노동자를 위한 지식 공급처이면서 동시에 정체성을 형성하고 노동환경에서 견디기 위한 태도나 능력을 갖추게 하는 의의를 갖는다(석영미, 이병준, 2016). 하지만 일터 학습은 긍정적인 태도나 능력만을 형성하는 것은 아니며, 오히려 부정적 결과를 만들어낼 수도 있다. 일터학습이 긍정적 내용만 배우도록 하는 것이 아니라, 일하기 어렵다는 생각, 차별 대우에 대한 인식, 한국 일터에 대한 부정적 태도 등을 갖도록 하기 때문이다.

이주근로자도 일을 통한 학습 경험을 갖는다. 그러나 이들의 일은 선주민 노동자와는 다른 의미를 갖는다. 즉, 문화적 정체성, 한국 적응을 위한 기제, 불리한 경제적 위치에 대한 대응, 맞지 않는 근로환경 적응 그리고 부정적 인식 강화 등의 의미이다. 그나마 이런 의미를 부여할 수 있는 일터학습이 이주근로자에게 제공되거나 발생되는가는 구체적인 일터의 상황이나 여건에 달려있다. 매일매일의 힘든 노동의 과정에서 하나하나 배우는 즐거움이 있기 위해서는 다양한 조건이 필요하다.

◆ 일터학습의 배제와 포용의 이중 구조

다문화배경 이주근로자에게 일터학습은 한국에서 처음 또는 초기부터 접하게 되는 학습이다. 원칙대로라면 한국어교육이나 관련 프로그램에 참여하여 한국 사회와 일터에 적응하는 과정이 필요하다. 하지만 대부분의 이주노동자는 교육기회를 포기하고 바로 일터로 가서 돈을 벌기를 원하기 때문에, 사실상 한국에서 처음 경험하는 학습 경험이 일터학습이다. 따라서 일터학습은 다문화배경 이주근로자에게 일과 관련된 지식과 기술의 습득을 넘어서 다양한 의미를 갖는다. 그러나 이런 중요성에 비해 다문화배경 이주노동자가 참여하거나 진행할 수 있는 일터학습은 제한적이다(박미은, 신희정, 이미림, 2012; 석영미, 이병준, 2016; 이지아, 2016). 다문화배경 이주노동자와 관련되어 일터학습의 제한성 또는 차별성에 대한 연구 내용을 정리하면 다음과 같다.

이주노동자 교육과 일터학습의 중요성에 대한 인식이 높아졌지만 중소규모 사업체의 경우 체계적 교육 공급에는 한계가 많다. 그래서 다문화배경 이주노동자 대상의 일터학습은 무형식학습이나 노동자 개인의 노력으로 제한된다(석영미, 이병준, 2017). 다문화배경 이주민이 단순한 직무나 일용직으로 채용되는 경우가 많은 상황에서 체계적인 교육 프로그램이나 경력개발 시스템이 적용되는 경우는 거의 발견되지 않는다(이지아, 2016). 특히 다문화배경 이주노동자에 대한 교육은 취업 이전에 집중되었다. 예를 들어, 취업 이전의 교육은 진로 탐색과 진로 개발 및 취업을 위한 교육, 한국어 및 다국어 교육, 구직관련 자기효능감 향상교육, 자격증 취득 교육 등이 취업을 돕기 위한 교육이었다(박신영, 2014: 알기르마, 김영숙, 박미숙, 2014; 함필주, 강기정, 2015; 현영섭, 신은경, 2015).

최근까지의 다문화배경 이주민에 대한 교육은 취업이나 한국 적응을 지원하기 위한 비형식교육 프로그램이 주를 이루었다(현영섭 외, 2016). 이런 교육적 지원의 목적은 사회적 포용(inclusion)을 위한 것이었다. 즉, 한국사회에서 필요로 하는 또는 취업을 가능하게 하는 능력과 태도를 갖추도록 하여, 직업세계, 즉 일터로 진출하도록 돕는 것이 주요 목적이다. 교육을 통하여 다문화배경 이주노동자가 배제되는 상황에서 사회와 일터로 진입시키고, 지역사회나 일터에서 자리를 잡고 노동자로서 또는 지역주민으로서 포용되도록 하는 것이었다(알기르마, 김영숙, 박미숙, 2014; 함필주, 강기정, 2015; Man, 2004).

그러나 취업을 하더라도 그 이후에 일과 문화에 적응하고 또 주체로서 활동 가능한 상태로 발전하는 데에는 한계가 있다. 다문화지원사업 관련 공적기관의 다문화배경 이주노동자의 적응 과정을 연구한 김효순(2013) 그리고 석영미, 이병준(2017)의 연구에서는 취업 이후에도 비형식교육이나 무형식학습의 일터학습이 제공되는 것으로 보고되었다. 그럼에도 불구하고 배우는 내용이 어렵고 이중 언어의 과정을 거쳐야 하고 이중정체성의 혼란이 발생하는 등 일터와 일터학습의 적응 과정에서 어려움은 여전했다. 그나마 다문화관련 사업을 하는 공공기관이기 때문에 이주노동자를 위한 적극적인 일터교육이 진행된 것이었다. 기업 등의 일터 상황에서 신입사원교육은 찾기도 어렵고, 선배의 지시나 눈치로 배워야 하는 상황이다(이지아, 2016). 그나마 선배의 가르침 또는 일 자체를 통하여 발생하는 일터학습마저도 이주노동자에게는 제한된 범위의 일에 대한 것이거나 비정규적이고 일의 숙달에만 초점을 두는 경우가 대부분이다(김효순, 2013; 박은미, 신희정, 이미림, 2012). 이에 비해 선주민의 일터학습은 보다 적극적인 형태를 보였다. 일의 의미와 동기를 북돋아주고, 체계적인 계획과 현장교육을 연계시키고, 경력개발을 위한 기반으로서도 의미가 부여되었다(김경숙, 이성엽, 2011; 신은경, 김선화, 현영섭, 2018; 진성미, 2015).

이런 논의를 보면, 다문화배경 이주노동자는 취업이라는 어려운 관문을 통과하여도, 조직의 상황, 일의 특성, 차별적 문화 등으로 인하여 일터학습에서의 또 다른 차별 또는 배제를 경험하는 것으로 나타나고 있다. 이런 현상에 대하여 사회학에서는 사회내부로의 포용과 배제의 개념을 사용하고 있다(박인권, 2015; Berghman, 1995; Burchardt, Grand, & Piachaud, 1999). 일반적으로 사회적 배제는 취약계층이 특정 영역이나 특징에서 사회의 다른 계층과 분리되어 존재하는 현상이다. 예를 들어, 빈곤층을 위한 임대아파트가 중류층의 아파트단지와 구분되거나 함께 존재하기 어려운 경우 아파트 공간에서의 사회적 배제가 발생된 것이다. 이런 사회적 배제가 해소된 경우를 사회적 포용이라고 한다(김진석, 2015; 박인권, 2015). 그런데 최근에는 사회적 포용이 발생하더라도 사회체제로 포함된 이후에 그 안에서 다시 배제와 차별이 발생하는 사회내부로의 배제와 포용의 현상이 주목받고 있다(김진석, 2015; 문진영, 2010; Burchardt, Grand, & Piachaud, 1999). 예를 들어 취업을 하였으나 다문화배경 이주노동자라는 이유로 노동조건, 봉급, 일터학습에서 차별을 경험한다면 일터내부로의 배제가 발생한 것이다. 이런 논의를 개념적으로 정리하면 <그림 1>과 같다.

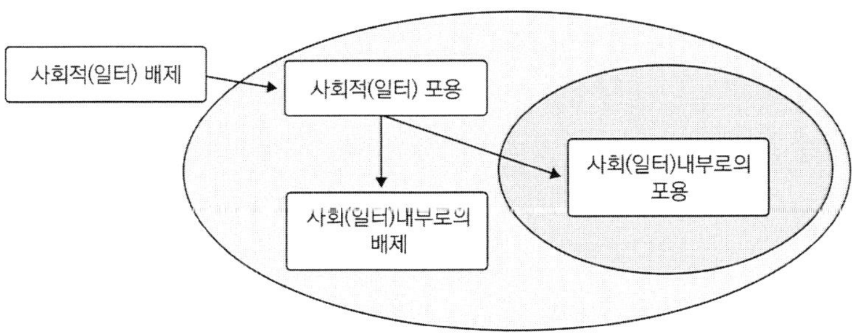

〈그림 1〉 사회적 배제와 포용의 이중성

출처: 김진석(2015), 157-162의 내용을 토대로 연구자 개발.

<그림 1>에서 볼 수 있듯이, 사회(또는 사회적)를 일터로 바꾼다면 이주노동자는 취업을 통하여 일터 포용을 경험한다. 그러나 일터학습의 방법이나 내용 측면에서 그리고 일터학습의 결과와 의의 측면에서 차별이 발생할 수 있다. 이를 일터내부로의 배제라고 할 수 있다. 이상의 논의를 기초로 본 연구는 다문화배경 이주노동자의 일터학습에서 일터내부로의 배제가 발생할 수 있다는 점을 분석하고 이를 구조적으로 파악하는 것이 필요하다는 점을 연구하였다. 이를 위하여 국내 다문화배경 이주노동자 11명을 대상으로 면담을 실시하고 그 자료를 분석하였다.

다문화배경 이주노동자 일터학습의 현실

◆ 일과 일터학습의 배제와 한계

일을 하기 위해서는 기본적인 교육이 필요하다. 일터교육은 신입교육, 보수교육, 직무교육 등 다양하게 구성된다. 그러나 이주노동자의 취업은 현장직, 일용직 또는 다문화서비스 관련 직업으로 제한되어 교육체계가 수립되어 있지 않은 경우가 대부분이다(이지아, 2016). 물론 이런 상황은 다문화배경 이주노동자뿐만 아니라 선주민에게도 동일한 상황이다. 그러나 다문화배경 이주노동자는 한국어, 컴퓨터, 공문서 용어 이해, 운전면허취득과 같이 일을 위한 기본적인 것조차 일터학습을 통해 해결해야 하는 부담이 존재한다. 하지만 기초적인 일터학습은 제공되지 않고 다문화배경이라는 이유로 차별적 대우를 경험하면서 일터 경험이 부정적으로 형성된다.

> 일하러 가면 힘들어요. 기계에서 나오면 끼워서 넣고 하는 건데 말(공장 용어, 제품 용어, 관리 용어 등)을 모르겠어요...(중략)... '와시바' 그거 한국어 맞아요? 한국어 사전에도 없던데, 그런 것까

> 지 알아듣기 너무 어려워요. 같이 일하러 간 아줌마들도 다 그런데. 그래서 모른다고 하면 답답하다고 하고 반장님이 설명 들어도 생각안나고...(하이난의 면담 내용 중)

면담을 통해 하이난은 취업을 해서 너무 기뻐했다고 이야기했지만, 일을 하면서 필요한 용어에 대한 이해나 한국어의 어려운 표현, 제품 용어, 관리 용어 등을 알지 못한다고 했다. 일하는 데 대한 어려움은 일터를 부담스럽고 어려운 곳으로만 이해하게 만들었다고 하였다. 게다가 어떤 용어들은 외래어이거나 비속어라서 그 뜻을 알기는 더욱 어려웠다. 이는 단지 한국어 능력의 문제가 아니었다. 왜냐하면 공장의 반장이나 주변 선주민에게 물어봐도 몇 번 알려주다가 귀찮다고 하거나 그냥 답답하다고 하면서 회피하였기 때문이다. 일터학습에서 동료 간의 대화나 안내, 그리고 멘토링은 조직에 처음 들어와서 일을 해야 하는 사람에게는 중요한 학습 루트이다(박미은, 신희정, 이미림, 2012; 이성엽, 2008). 그럼에도 불구하고 다문화배경 이주노동자에게는 무형식학습 형태의 일터학습조차도 제한적으로 제공되거나 다문화배경으로 인한 차별의 경험으로 인식되기도 하였다.

> 센터에서 일하니까 좋았어요. 같은 베트남 사람도 도울 수 있고... 마치 대표가 된 것처럼요...(중략)... 말로는 할 수 있는데 공식용어로 쓰려면 어려워요. 아줌마(선주민)들이야 하던 말이지만 (서식에) 맞춰서 쓰려면 말이 생각 안나요. 그래서 물어보면 알려주긴 하는데 여러 번은 못하겠어요....(중략)... 그것도 모르냐고 하는 것 같아요.(투짱의 면담 내용 중)

섬유방적 직무에서 일하다가 다문화가족지원센터로 이직한 투짱은 다문화가족지원센터로 이직한 것이 내심 자랑이었고, 또 같은 베트남 사람을 위해서 무엇인가를 할 수 있다는 점에서 만족해하였다. 하지만 실제 일을 하면서는 서류 작업을 하거나 일을 하는데 쓰는 공식 용어는 어려웠다. 하지만, 공식 용어를 배우기 위한 일터학습의 기회는 제한적이었다. 팀장이나, 같이 일하는 선주민에게 물어봐야 했지만, 다들 바쁜 상황에서 매번 물어보기도 어려웠다. 다문화가족지원센터는 다문화배경 이주민 등을 위한 서비스를 종합적으로 제공하는 곳이어서 다문화수용성이 높을 것으로 생각되지만, 일에 관해서는 다른 직장과 마찬가지로 한계가 있었다.

> 집에서는 그냥 한글 워드만 했어요. 그냥 막 하는 거... 그런데 여기서는 서류에 맞게 다 적어야 하는데, 서류에 있는 말은 모르겠어요. 다른 사람들한테 물어보는 것도 어려웠어요. 한두 번은 그래도 괜찮은데...(아르트마의 면담 내용 중)

> 교육이 있다고 하면 전부 한국어니까... 처음에는 가봐야 아무 것도 몰라요. 알아듣기 어렵고, 쓰는 건 더 어렵고... 그래서 그만둔 애도 있어요. 돈은 나오는데 재미가 없으니까요. 돈 때문에 다니는 거지...(팽덩의 면담 내용 중)

한편 일을 통해서 배우는 일터학습은 중요한 요소이다. 하지만 일에서 배제된 다문화배경 이주노동자는 일을 통한 일터학습으로부터의 배제도 경험한다. 하이난은 다문화가족지원센터에서 3년 동안 근무하면서 초기 1년 동안 월요일 정기 회의에 참석하지 못하였다고 증언한다.

> 그나마 회의에 들어가야 배워요. 무슨 일을 해야 하는지, 센터는 어떻게 돌아가는지, 일정도 잡고 하는데... 거기에 들어오지 못하게 했어요. 거기라도 가야 내가 할 일을 생각할 수 있는데 그럴 수가 없는 거예요. 건너서 들어야 하고 또 이야기도 잘 안 해주면 나는 모르잖아요. 나중에 알았지만 팀장님이 한국어도 모르고 일

> 을 모르니 일단 회의하고 나면 따로 설명하도록 했대요. 그래야 (회의의) 효율이 오른다고...(하이난의 면담 내용 중)

하이난이 회의에 참석하지 못한 이유는 센터 팀장의 배제 때문이었다. 아직 한국어 이해도 부족하고 일도 잘 몰라서 나중에 따로 설명을 해야 회의 진행 속도를 높일 수 있다는 이유였다. 그래서 회의에 참석하지 못한 하이난은 자신의 일을 하기 위한 일정이나 배경을 정확하게 이해하기 어려웠으며, 일을 하기 위해 항상 팀장이나 다른 팀원에게 들어서 해야 하는 불편함과 전달 내용의 부정확성에 대한 불만이 있었다. 한편 류사이오는 일본출신의 이주노동자로 30대 남성으로 건설노동과 자동차조립공장에서 일하였다. 류사이오는 일을 하면서도 혼자서 일을 해야만 하는 고립된 노동자였다. 건설노동을 하면서도 자동차조립공장에 일하면서도 혼자 일해야 하는 상황이었다.

> 너무 답답했어요. 바쁜 시간인데도 나는 혼자서 일해야 했거든요. 일을 아무도 안도와주기도 했지만, 내가 알아서 해야 하는 것 같았어요. 그냥 하루 종일 혼자서 일해야 했고, 그러다 보니 하루 종일 말을 한 번도 안한 날도 있었어요. 노가다(건설노동)할 때도 그랬지만, 여기(자동차조립공장)에서도 처음에 가르쳐주고는 혼자였어요(류사이오의 면담 내용 중).

팀을 이루는 일이 아니더라도 소통하고 일에 대해 이야기함으로써 일을 손쉽게 할뿐만 아니라 정서적 지원과 일에 대한 학습이 가능하게 된다. 일터학습은 팀으로 일을 하거나 일을 하지 않더라도 다양한 대화를 통하여 가능해진다(이덕남, 2012; 이성엽, 2008). 함께 일을 하지 않거나 일에 대한 대화의 기회가 없다면 그만큼 일터학습이 줄어들고 일의 즐거움도 사라진다.

일과 일터학습은 노동자의 전문성을 높이는 데에도 도움을 준다. 다문화배경 이주민에게도 일은 경력개발과 발전을 위해서도 중요한 의미를 갖는다. 그러나 일과 일터학습이 경력개발과 전문성 신장으로 연결될 만큼 실천되지 못하는 모습이 발견되었다.

> 자기들(선주민)은 다 아니까... 원래 그런거(신입사원교육, 보수교육) 없어요. 그냥 처음에 할 때만 옆에서 알려주고 그 다음에는 내가 알아서... 일하면 기술도 좋아지고 승진도 하고 그럴 줄 알았어요. 그런데 여기(기계조립공장)에서 4년, 여기 무역회사에서 2년인데... 원래 꿈은 여기서 배워서 고향 가서 공장 만드는 거예요. (쉬웨이의 면담 내용 중)

쉬웨이는 중국에 가서 공장이나 회사를 차리는 것이 꿈이었다. 한국에서 일을 하면서 배워서 한국과 중국을 연결하는 사업을 하는 것이 꿈이었다. 하지만 꿈을 이루기 위한 일와 일터학습은 쉬웨이가 기대했던 것과는 거리가 멀었다. 체계적인 교육은 제공되지 않았고, 단지 단순반복노동만 하거나 무역회사에서도 단순한 일이나 번역 일만 하게 되었다. 처음에 쉬웨이는 일을 하면서 일도 배우고 또 교육도 받아서 전문성도 키우고 승진도 하는 등 경력개발과 전문성 개발이 가능할 것으로 기대하였다. 하지만 배우는 것이 거의 없다고 할 정도로 쉬웨이는 일을 통한 학습을 경험하지 못하였다.

자오준은 꿈이 있었다. 쉬웨이처럼 중국에서 자동차 사업을 하고 한국과 중국을 자동차산업으로 연결하는 것이었다. 그래서 한국에 와서 6년 동안 내내 자동자조립공장에서 일을 하였다. 게다가 처음부터 배우는 것이 많다는 점을 좋게 보고 자동차조립 일에 뛰어든 것이라서 자오준은 일터학습에 대한 기대를 크게 갖고 있었다. 하지만 자오준의 일터학습 경험은 공장의 부장이 알려주는 구두상의 무형식학습이 다였다. 그것도 일을 하는데 필요한 단편적인 지식이나 안전에 대한 것이었다. 그리고 나서는 직무교육(기계 돌리는 일)은 제한적인 일에만 일부 수행되었다. 자오준에게 자동차공장에서의 일은 자신의 미래를 위한 꿈에 도전하는 것이었으나 일터에서의 학습은 제한적이었고, 그 원인은 다문화배경 때문이었다.

> 자동차가 앞으로 중요하니까 더 나아질 수 있고 중국도 큰 자동차 회사 많아서 나중에 사업도 할 수 있고 그럴 것 같았어요...(중략)... 처음엔 아저씨(부장)가 다치지 않게 일하는 것도 알려주고, 기계 돌리는 것도 알려주고, 그래서 배웠는데 그게 끝이에요. 그냥 일만 해요. 내가 아직 한국말이 잘 안된다고 가르쳐도 소용없다고 하고 그랬어요.(자오준의 면담 내용 중)

• 일터학습을 통한 새로운 도전

쉬웨이는 무역사회에 취업해서 일하는 과정에서 컴퓨터로 일해야 하는 것이 쉽지는 않았다. 컴퓨터 작업이 적지 않은 상황에서 하나하나 물어보는 것은 어려웠고 다들 바쁜 상황에서 매번 동료에게 물어보는 것도 쉽지 않았다. 쉬웨이는 컴퓨터를 배우기 위해서 학원 야간반을 등록했다. 낮에 일하는 것도 피곤한 상황인데, 밤에 공부까지 하려하고 또 실제로 실천을 한 것은 학습에 대한 남다른 몰입이 있었기에 가능하다고 생각되었다. 나름대로의 꿈을 갖고 있었고 이를 위해서 노력하려는 것이었다. 일터에서의 학습이 부족했기 때문에 꿈에서 멀어질 수 있었으나, 쉬웨이는 자신의 꿈을 포기하지 않고 스스로 공부를 해나가는 방향으로 발전하였다.

> 다 컴퓨터로 일하더라고요. 식당이랑 공장에서 일할 때는 필요 없었는데... 컴퓨터로 해야 하니까 일을 할 줄도 모르겠고 바보가 된 것 같았어요. 물어봐도 바쁘다고만 하고 잘 알려주지도 않고요. 남편도 몰라서... 컴퓨터 배워야 하는데... 그런데 제가 갖고 있는 꿈이 있잖아요. 고향에서 회사를 차리는 것은 꼭 하고 싶었거든요. 그래서 배우기로 했어요. 컴퓨터 학원 야간에 가서 엑셀도 배우도

> 윈도우도 배우도 자격증도 따고 했어요(쉬웨이의 면담 내용 중).

> 간신히 하나하나 배웠어요. 아저씨(사장)가 도와줬는데, 공부하는 거요. 자동차 조립하는 거는 옆에서 알려주니까 한 일주일 동안 아저씨랑 같이 해서 괜찮았어요. 그래도 실수하는데 뭐라고 안해서... 참 좋은 분이에요. 대학 공부로 할 수 있으면 하라고 했는데... 그건 아직 돈도 벌어야 하고요. 그냥 하는 말이겠죠.(자오준과의 면담 내용 중)

자오준은 자동차 조립을 하는 것을 해보고 싶었다. 하지만 그게 쉬운 일은 아니었다. 업무 중에 하는 것도 쉽지 않았고, 이론적인 공부도 필요했기 때문이다. 회사 사장의 도움은 이를 가능하게 하였다. 자동차조립공장의 장점을 살려서 회사 사장의 도움과 지도를 받아가면서 자동차 조립을 배우는 기회를 가졌다. 게다가 더 나아가서 대학 공부까지 할 수 있을 것이라는 동기도 부여되었다.

일터학습이나 일터 관계가 부족한 경우, 대응책으로 동향 출신의 이주민과 관계를 돈독히 하는 경우도 발견되었다. 멘토는 단지 동향사람이라는 친숙함을 넘어서 일을 하면서 생긴 고충을 해소하고, 궁금한 것을 물어볼 수 있는 자문 역할을 하였다. 직장에 있는 선배 중에서 멘토가 정해지는 것이 일반적이지만, 다문화배경 이주노동자에게는 마음을 터놓을 수 있는 동향의 이주민이 멘토로서 1순위였다. 그래서 일차적으로 같은 직장 내의 동향 이주노동자 또는 자조모임 구성원 중에서 멘토로서 역할이 가능한 이주민과 멘토링 관계를 형성한다.

> 선배님들이 도와줘요. 일하는 것도 가르쳐 주고... 어려운 거 있으면 이야기도 나누고요...(중략)... 그거야 우리나라(인도네시아) 사람이랑 친하죠. 일 가르쳐주는 언니도 그렇고 이야기하다 보면 마

> 음도 편해지고, 같은 나라니까 일 끝나고도 물어보고 그래요. (다른 근로자와) 오해가 있으면 풀어주기도 하고... 그래서 처음부터 많이 좋아했어요.(아르트마의 면담 내용 중)

아르트마는 전자제품 물류 회사에서 일하면서 직장의 동향 선배와 멘토링 관계를 맺고 있었다. 일에 대해서는 선주민에게 배울 것이 더 많았겠지만, 마음 편하게 이야기를 나눌 수 있는 사람은 같은 동향 출신의 노동자였다. 특히 아르트마의 멘토는 일에 대하여 궁금한 것도 물어보고, 정서적으로 힘든 상황도 풀 수 있는 '언니'같은 존재였다.

새로운 학습 기회를 갖는 이주노동자의 사례도 있었다. 이 사례들은 선주민의 배려나 도움에 의해서 일터학습을 본격화하고 일터내부로의 포용이 시작되는 사례였다. 하지만 역시 한계는 있었다. 일터학습에 도움을 주기느 했지만, 관계에 기초한 학습은 여전히 한계가 있었고 멘토는 대부분 동향 출신의 이주노동자였다. 이는 일터학습의 일부분은 일터내부로의 포용적 모습을 보이지만, 관계나 대화를 통한 문제 해결이나 지원은 자조모임이나 동향 이주민인 '언니'로 제한되었고 일터에서 관계와 학습의 주변화는 여전히 유지되었다.

일터학습의 배제와 포용에 대한 모형

모국을 떠나 새로운 일을 시작하고 가정을 일구는 것은 쉬운 일이 아니다. 국내에도 다문화배경 이주민이 증가하면서 이 쉽지 않은 일을 해야 하는 경우가 증가하였다. 특히 직장에서 일을 해야 하는 다문화배경 이주민이 증가하고 있다. 일을 하려는 생각이 없이 결혼만을 목적으로 한국으로 이주한 여성이라도 가정생활을 지속하면서 남편의 고령화, 자녀의 성장으로 인해 경제적 책임을 느끼게 되면서 일을 해야만 하는 상황이다(이해응, 2014; 현영섭 외, 2016). 애초에 노동을 목적으로 한국으로 이주하거나 취업한 경우도 다수이다. 이런 상황에서 취업은 다문화배경 이주민에게 있어서 핵심적인 사회활동이 되었다.

다문화배경 이주민에게 일이란, 개인적 성장과 함께 사회적 배제와 포용을 의미하는 것이기도 하다. 다문화배경이라는 보이지 않는 굴레로 인하여 일터에 진출하는 것이 막히는 경우도 적지 않고, 일단 취업을 하여 일터 배제를 벗어나서 포용의 단계로 진입하더라도 차별적 문화나 관계로 인하여 온전한 일과 일터학습의 모습을 갖기는 어렵다(이덕남, 2012; 이지아, 2016). 이런 측면에서 본 연구는 일터학습이 다문화배경 이주노동자를 위한 포용적 현상을 보여주고 있는지를 분석하고, 분석결과와 이론적 검토 내용을 도식화한 것은 <그림 2>와 같다. 논의 및 결론을 정리하면 다음과 같다.

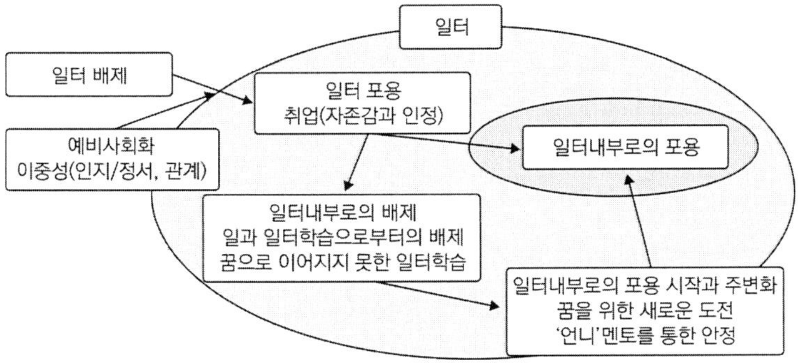

〈그림 2〉 다문화배경 이주노동자의 일터학습 배제와 포용

첫째, 이주노동자는 취업을 통하여 일터 포용의 단계에 진입하여도 일터 내부로의 배제를 경험하고, 일터내부로의 배제는 일터학습에서의 배제로 나타났다. 취업을 하고 나면 일정 기간 동안 일터 내부에서 확인과 테스트 기

간을 거친다. 일을 시켜보고, 멘토링 지원을 제공하는 동시에 관찰하는 등의 활동이 해당된다. 그리고 이는 다문화배경 이주노동자가 아니라도 일반적으로 발생하는 조직사회화의 단계이다(권대봉, 2003). 그러나 본 연구의 결과에서 다문화배경 이주노동자는 초기 조직사회화를 거치는 과정에서 일과 일터학습으로부터 배제되거나 기회가 제공되지 않는 상황에 처하였다. 그 원인 중에 하나는 한국어 미숙이었다. 한국어 미숙은 유사한 다른 연구들에서도 나타나는 일터내부로의 배제 원인이었다(김효순, 2013; 이지아, 2016).

한국어 또는 용어의 미숙뿐만 아니라 일의 과정에서 배제되는 사례도 나타났다. 회의에서 제외된다든지, 혼자만 일하게 되는 사례는 일을 하면서도 배제되는 현상을 보여주는 것이었다. 일터학습은 공식적 교육 형태도 있으나 무형식학습의 형태도 다수 존재한다(이성엽, 2008). 특히 다문화배경 이주노동자의 경우 중소기업이나 인적자원개발 체계가 갖추어지지 않은 회사에 취업하는 경우가 다수이다(성호철, 2018; 여성가족부, 2018). 이러한 회사에서는 일을 통한 무형식학습이 주요 방식이 되어야 하지만, 이 과정에서도 다문화배경 이주노동자는 배제되는 상황이었다. 일과 일터학습의 배제는 취업을 통하여 일터에 진입하였으나 여전히 다문화배경 이주노동자라는 이유로 포용되지 못하여 일터내부로의 배제가 발생되는 사례이다(Man, 2004).

둘째, 일터학습의 배제는 다문화배경 이주노동자의 경력개발과 직업적 성취를 제한하는 요인이 된다. 다문화배경 이주노동자는 한국에 오기 전 또는 오고 나서 자신이 하고 싶은 일이나 꿈을 갖고 있다. 기술도 배우고 승진도 하고 모국에 회사도 차리는 희망이 그 꿈이었다. 하지만 한국에서 직장생활은 꿈을 이루기 위한 기회가 허락되지 않았다. 다문화배경 이주노동자는 일을 통한 학습, 일을 위한 교육프로그램, 학력취득교육, 고등교육 등을 통해 꿈을 이루려고 기대했다. 그러나 일터에서 교육프로그램을 찾기 어려웠고, 교육에 참여하더라도 한국어로만 진행되어 학습하기도 어려웠다. 또 일 경험에서도 제대로 학습할 수 있는 환경이 아니었고, 직장 동료나 선배에게 질문하는 것조차 쉽지 않았다.

한국으로 이주 온 다문화배경 국민의 대부분은 새로운 꿈에 도전하려는 희망을 갖는다(손민호, 조현영, 2013; 알기르마 외, 2014). 이 꿈은 일에서의 전문가가 되는 것이고 자신의 모국에서 일을 성공적으로 하는 것이다. 한국에서는 전문가로 인정받고, 모국에서는 모국의 발전 또는 모국민에게 도움이 되는 역할을 하는 것이다. 이른바 이중정체성을 갖고 있는 다문화배경 이주민의 장래 희망이다(이정희, 이수분, 2013; 이지아, 2016; 조선주, 오현경, 민현주, 2017; Man, 2004). 그러나 일터학습에서의 제약과 배제는 꿈에서 멀어지게 한다. 일에 치이고, 제대로 된 일도 못하고, 공부는 더 뒷전이고 한국어를 잘해도 상황은 바뀌지 않는다. 그래서 자포자기가 되거나 다른 일로 이직을 해봤지만 상황은 크게 바뀌지 않는다.

다문화배경 이주노동자의 경력개발을 위한 지원과 문화 변화가 필요하다. 다문화배경의 이주민의 경력개발과 성장을 지원하기 위한 시스템을 정책적으로 마련하고, 회사의 규모에 상관없이 이러한 정책적 시스템과 연계시킬 필요가 있다. 또한 다문화배경 이주노동자의 일이 경험이 되고 학습이 될 수 있도록 기업문화를 바꿔가는 노력도 필요하다. 이는 이주노동자를 채용하는 기업의 소유주나 중간관리자를 대상으로 다문화 이해 및 수용 교육 그리고 인식을 변화시키는 노력으로 구체화될 수 있다. 더 나아가 일터 학습을 학력이나 학점으로 연결하는 선행경험 인정 체제를 확대하는 것도 필요하다. 다문화배경 이주노동자뿐만 아니라 일반 직장인에게도 모두 적용될 수 있는 체제이지만, 특히 일터학습 취약계층에게는 일 경험 자체를 학력이나 학점 또는 학습과 연계하고 인정하는 체제의 유효성이 더욱 클 것으로 예상된다.

셋째, 다문화배경 이주노동자가 갖는 일터학습은 일터 밖에서의 학습이거나 일터 내부 리더의 도움으로 가능한 보충적 학습이었을 뿐이었다. 그래서 이들은 스스로 공부를 해야겠다는 생각을 하게 되었고, 일을 위해서 필요한 공부를 하기 위한 학원에 등록하여 교육프로그램에 참여하거나, 일터 내부의 리더에게 도움을 요청하여 일터에서 학습을 하는 모습이 나타났다.

학습 요구와 실천은 자기주도성과도 밀접한 관련성을 갖는다. 일터에서 제공되는 학습기회가 부족할 경우 대안적 방법을 찾고 학습을 진행한다(권대봉, 2003; Eraut, 2004; Lave & Wenger, 1998). 특히 다문화배경 이주노동자는 열악한 상황에 체념하는 경우도 있지만 오히려 상황을 타개하기 위하여 학습기회를 찾고 새로운 전환의 기회를 삼는 경우도 적지 않다(김미자, 전주성, 2015). 그러나 이런 경우는 이주노동자 개인의 특성에 의해서 또는 학원이나 회사의 조력자가 있어야 한다는 점에서 흔하게 나타날 수 있는 사례는 아니다. 이런 측면에서 다문화배경 이주노동자의 일터학습을 지원하기 위해 보다 손쉽고 누구나 학습에 참여할 수 있도록 유도할 수 있는 정책적 지원이 요청된다. 일터에서 학습할 수 있도록 제도화하고 일터 밖에서 학습을 할 수 있도록 지원하고, 지역특성을 고려하여 온라인 강좌를 다국어로 제공하는 등 일터의 이주노동자 학습을 지원하기 위한 실천적 노력이 필요하다.

넷째, 다문화배경 이주노동자의 멘토는 동향 이주민으로 제약되는 특징을 갖는다. '언니'라고 부르는 멘토는 대부분 동향이고 먼저 한국에 온 이주민이다. 일터에서건 자조모임에서건 이 '언니'는 이주노동자에게 위안이 되고 어려운 점을 공유할 수 있고 궁금한 것을 물어볼 수 있는 멘토이다(박미은, 신희정, 이미림, 2012; 서태실, 이윤정, 2017; 이지아, 2016). 일터에서도 이런 '언니'가 있다면 일과 일터학습에서의 배제가 줄어들 수 있다. 이런 측면에서 일터에서의 멘토링이 활성화될 필요가 있다. 일터에 다수의 다문화배경 이주노동자가 있다면 이들 중 멘토를 지정하고 멘토 교육프로그램을 운영하는 등 멘토링을 할 수 있는 체계를 구축하는 것이 일차적 과제이다. 이런 체계까지 구축하기 어렵더라도 멘토를 지정하여 서로 이야기 나눌 수 있도록 유도하고 멘토로부터 의견을 전달받아서 일터를 개선하기 위한 아이디어를 얻는 전략도 가능하다.

물론 동향 출신의 멘토를 정하는 것만이 능사는 아니다. 이주노동자의 주변화를 방지하고 일터에서 임파워먼트를 위해서는 선주민이 멘토의 역할을 하는 것도 필요하다(김효순, 2013; 이정희, 이수분, 2013). 다문화배경 이주민이나 학습자 간의 멘토링이나 사회연결망에 대한 연구들(현영섭, 신은경, 이향란, 2011)에서 나타나듯 멘토의 역할과 기능은 멘티 및 멘토의 다문화배경 그리고 멘토링을 통솔하는 관리자의 다문화배경 등에 의해서 다양해진다. 대부분 이주노동자가 자신과 동향의 멘토를 선택하고 있다는 점에서 멘토의 다문화배경에 따른 유형 구분에서 대변인(representative)이면서 회사의 방침을 이야기하거나 설명하거나 자문을 해주는 문지기(gatekeeper)에 해당된다. 그러나 일에 대한 전문적 컨설팅이나 지원을 위해서는 오히려 타향의 회사 노동자가 멘토링하는 것보다 관계자가 멘토링을 하는 것이 더 효과적이다. 동향 멘토는 다문화배경 이주노동자의 감정적 스트레스 해소와 공감 등의 정서적 측면에 도움이 되는 경우가 크고, 타향 멘토, 즉 선주민 멘토는 학습을 돕고 학습 내용을 제공할 수 있는 컨설턴트로서 역할을 할 수 있는 차별성을 갖는다. 따라서 다문화배경 이주노동자를 위한 멘토링은 동향 멘토와 선주민 멘토를 활용하는 이중적 체계를 통하여 효과를 극대화할 수 있다.

참고문헌

권대봉 (2003). 인적자원개발의 개념 변천과 이론에 대한 종합적 고찰. 서울: 원미사.

김경숙, 이성엽 (2011). SNS를 활용한 직장인의 무형식학습 사례 연구: Facebook 활용을 중심으로. *HRD연구, 13*(4), 31-61.

김미자, 전주성 (2015). 전이학습관점에서의 여성결혼이민자의 직업교육과 취업경험에 대한 사례연구. *Andragogy Today, 18*(3), 119-141.

김진석(2015). 사회적 배제에 대한 대답은 사회적 내포인가? *철학연구, 111*, 149-174.

김효순 (2013). 사회적 일자리 사업에 참여한 결혼이주여성의 임파워먼트 경험에 관한 탐색적 연구. *보건사회연구, 33*(1), 327-355.

문진영 (2010). 한국의 사회적 배제 성격에 대한 연구: 유럽연합 회원국과의 비교를 중심으로. *한국사회복지학, 62*(2), 87-107.

박노일, 정지연, 한정호 (2016). 주한 이주노동자의 미디어 이용이 직장만족도와 한국 인식 및 한국 재입국 의지에 미치는 영향. *미디어, 젠더 & 문화, 18*, 41-71.

박신영 (2014). 여성결혼이민자 취업과정에서의 학습경험 연구: 근거이론 접근. 박사학위논문. 부산대학교 대학원.

박은미, 신희정, 이미림 (2012). 결혼이주여성의 취업경험에 관한 현상학적 연구. *사회과학연구, 23*(4), 213-244.

박인권 (2015), 포용도시: 개념과 한국의 경험. *공간과 사회, 51*, 95-139.

박주현 (2015). 다문화가족지원센터에 종사하는 결혼이주여성들의 업무경험에 관한 질적 사례연구. *다문화와 인간, 4*(1), 107-145.

박진경 (2019). 결혼이주여성의 차별경험과 새로운 다문화 기독교교육 모형 연구. *신학과 실천, 63*, 483-514.

변성권 (2017). 이주노동자의 차별대우와 균등대우에 관한 법·제도와 현실: 경산시 이주노동자의 사례. *다문화와 인간, 6*(2), 137-163.

서태실, 이윤정 (2017). 조선족 이주여성의 자조모임을 통해서 본 초등학생 자녀교육경험에 관한 연구. *학습자중심교과교육연구, 17*(24), 395-417.

석영미, 이병준 (2011). 결혼이주여성의 원어민 강사되기: 일터에서의 의례적 학습과정을 중심으로. *문화예술교육연구, 11*(2), 1-25.

성호철 (2018). 어느새... 외국인 근로자 100만명. Retrieved from http://news.chosun.com/site/data/html_dir/2018/08/22/2018082200182.html.

손민호, 조현영 (2013). 다문화가족 결혼이주여성의 학습경험에 따른 정체성 구성에 관한 연구. *교육문화연구, 19*(3), 141-173.

신은경, 김선화, 현영섭 (2018). 국내 성인대상 무형식학습 연구 동향: 1997~2017년 국내 학술지 게재 논문을 중심으로. *HRD연구, 20*(1), 1-38.

알기르마, 김영숙, 박미식 (2014). 몽골출신 결혼이주여성의 진로경험에 관한 연구. *진로교육연구, 28*(1), 101-115.

여성가족부(2018). 연도별 다문화가족통계. Retrieved from http://www.mogef.go.kr/mp/pcd/mp_pcd_s001d.do?mid=plc503&bbtSn=704742.

유진희 (2014). 다문화가정 이주여성의 경제활동 참여경험에 관한 연구. 박사학위논문. 숭실대학교 대학원.

윤보증 (2008). 여수외국인보호소 화재 참사 1년, 이주노동자 100만 시대, 대책은 '철창'과 '수갑'뿐? *3월호*, 10-15.

이덕남 (2012). 이주남성노동자의 체험에 대한 현상학적 연구. 박사학위논문. 조선대학교 박사학위논문.

이성엽 (2008). 은행신입사원들의 무형식학습에 대한 사례연구. *한국교육학연구, 14*(1), 271-299.

이윤하, 이기성 (2010). 일터 무형식 학습의 의미에 관한 연구. *한국HRD연구, 5*(1), 91-115.

이정희, 이수분 (2013). 여성결혼이민자의 직업적응과정에 관한 질적연구. *인적자원관리연구, 20*(1), 141-159.

이지아 (2016). 여성결혼이민자의 일터 정착 및 학습에 대한 내러티브 탐구. 석사학위논문. 연세대학교 대학원.

이해응 (2014). 결혼이주여성의 본국/한국 노동경험에 관한 연구. *이화젠더법학, 6*(2), 1-24.

장원섭 (2011). 일터에서 함께 배우기. *배움학연구, 3*(3), 1-23.

전경미, 공수연, 정기섭 (2014). 여성결혼이민자들의 다문화강사양성과정 교육경험에 관한 연구. *열린교육연구, 22*(2), 261-279.

조선주, 오현경, 민현주 (2017). 결혼이민자의 사회적 차별경험이 한국생활만족도에 미치는 영향. *여성연구, 94*, 109-140.

진성미 (2015). 일터학습 연구의 평생교육적 의미에 대한 고찰. *평생교육학연구, 21*(4), 55-75.

통계청 (2017). 한국의 사회동향 2017. Retrieved from http://www.google.com.

함필주, 강기정 (2015). 여성결혼이민자의 자아존중감, 가족지지 및 취업준비도가 구직효능감에 미치는 영향. *한국가족복지학, 20*(3), 525-541.

현영섭 외 (2016). 2016년 지역다문화프로그램 효과성 평가 연구. 서울: 한국건강가정진흥원.

현영섭, 신은경 (2015). 다문화가족지원센터 평가지표 수정 및 보완. 서울: 한국건강가정진흥원.

현영섭, 신은경, 이향란 (2011). 다문화 학습동아리의 구조적 공백에서 신뢰와 결혼이주 구성원 브로커의 역할. *평생교육학연구, 17*(2), 1-31.

Adserà, A., & Ferrer, A. (2016). Occupational skills and labour market progression of married immigrant women in Canada. *Labour Economics, 39*, 88-98.

Berghman, J. (1995). Social exclusion in Europe: Policy context and analytical framework. In G. Room.(ed.). *Beyond the threshold: The measurement and analysis of social exclusion*(pp. 10-28). Bristol: Policy Press.

Burchardt, T., Grand. J. L., & Piachaud, D. (1999). Social exclusion in Britain 1991-1995. *Social Policy and Administration, 33*(3), 227-244.

Eraut, M. (2004). Informal learning in the workplace. *Studies in Continuing Education, 26*(2), 247-273.

Lave, J., & Wenger, E. (1998). *Situated learning: Legitimate peripheral participation.* Cambridge: Cambridge University Press.

Man, G. (2004). Gender, work and migration: Deskilling Chinese immigrant women in Canada. *Women's Studies International Forum, 27*(2), 135-148.

이문화훈련에 관한 연구동향

박윤희(yoonhpark@ewha.ac.kr), 김민영(alsdud.joy@gmail.com)

박윤희는 이화여자대학교 국제사무학과에서 학사를 취득하고 서울대학교에서 교육학 석사, 교육학 박사(직업교육 전공), 미국 오하이오 주립대학교에서 HRD 전공으로 박사학위를 취득하였음. 한국직업능력개발원에서 부연구위원을 역임하였으며, 현재는 이화여자대학교 국제사무학과 여성인력개발(HRD) 전공 교수로 재직 중임. 주요 연구관심 분야는 일터학습, 교육훈련 전이, 경력개발, 직업교육훈련 등이다.

김민영은 이화여자대학교 국제사무학과에서 학사를 취득한 후 학 · 석사연계과정을 통해 석사를 수료함. 주요 연구 관심 분야는 이문화훈련, 다양성 및 포용성, 조직문화 등이다.

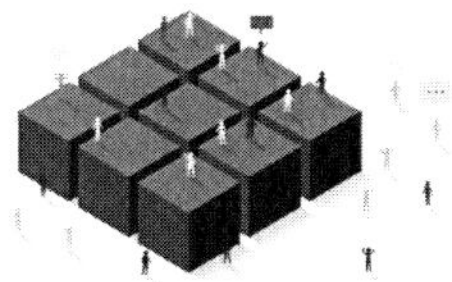

이문화훈련에 관한 연구동향

박윤희, 김민영

서론

글로벌 경쟁이 심화되면서 조직 내 근로자들을 위한 지속적인 교육훈련의 필요성이 증가하고, 국경을 넘는 국제적 과업이 빈번하게 발생하고 있다(Forster, 2000). 비즈니스 상황에서 국제 업무를 성공적으로 수행하기 위해서는 이문화역량(cross-cultural competence)이 필수불가결한 요소이다(Johnson, Lenartowicz, & Apud, 2006). 이문화역량의 개발을 목적으로 이문화훈련(cross-cultural training: CCT, 이하 CCT)이 시행되었는데, 초창기 이문화훈련은 해외 파견 주재원을 대상으로 현업의 효과적 수행, 이문화간 적응, 현지인들과의 상호작용에 필요한 지식(knowledge) · 스킬(skill) · 태도(attitude)의 학습을 위한 목적으로 도입되었다(Foster, 2000). 즉, CCT는 주재원들을 대상으로 호스트 국가[1] 사람들의 특징 행동 양식을 이해시키려는 목적이 있었다(Littrell & Salas, 2005).

다국적 기업의 경우 근로자들의 해외 출장 혹은 파견은 매우 빈번하게 일

1) 다국적 기업 등에서 파견 근로자 혹은 주재원이 파견되어 근무하는 국가를 의미함.

어나는데 이들은 해외에서의 적응에 어려움을 겪는다(Littrell & Salas, 2005). 파견 근로자들의 해외 적응 실패는 기업에 막대한 금전적 손실을 초래하며, 이는 곧 글로벌 시장에서 우위를 차지하는데 요구되는 인적자원개발의 실패라고도 볼 수 있다(Littrell & Salas, 2005; Morris & Robie, 2001). 주재원들의 현지 적응 실패에 따른 위험성 및 비용을 최소화하기 위해 활용되는 것이 CCT이며, 이 해외 주재원들의 적응과 업무적 성공을 촉진하는 역할을 한다(Morris & Robie, 2001).

초창기의 CCT는 해외 파견 주재원들을 준비시키기 위한 목적으로 시작되었으나, 조직 구성원들의 타문화 이해 증진을 위한 필요성이 확대됨에 따라 CCT의 기법과 이념은 점차 다문화 훈련(multi-cultural training)을 위한 사내 교육훈련 프로그램으로 발전되었다(Littrell et al., 2006). 다문화 훈련은 다양한 문화적 배경을 지닌 사람들과 상호작용할 수 있는 역량을 증진시킴으로써 조직 내 구성원들의 문화적 인식 수준을 제고하는 데 목적이 있다. 또한 개인 수준에서 실시되었던 CCT는 그 목적과 대상이 다양해짐에 따라, 팀 수준으로 확대되어 다문화 팀 내 상호이해 및 활력을 도모하기 위한 유용한 기법으로 활용되고 있다(Littrell et al., 2006).

해외 CCT 연구의 경우 1960년대부터 1970년대에는 주재원 고용, 국가 간 문화 차이, 문화와 동기 간의 관계 등 다문화 현상을 연구하는 데 집중되었다가, 1990년대에는 다양한 주제로 확대되었다(Littrell & Salas, 2005). 이러한 배경에는 경제의 세계화가 자리잡고 있었으며, CCT에 대한 관심이 급증함에 따라 일터에서의 이문화에 관한 연구의 중요성도 커지게 되었다. 국내에서는 1990년대 초반부터 CCT 개념에 관한 학문적 논의가 시작되었으나, 2000년대에 들어와서 보다 활발하게 CCT 연구가 진행되었다. 국제적 교류 업무가 활성화되고 업무의 국가 간 경계가 모호해지면서 다양한 문화적 배경의 사람들과 일하게 되는 업무 환경이 늘어나고, 그에 따라 타문화에 대한 이해의 필요성도 높아지게 되었다. 특히 최근 COVID-19가 초래한 폐쇄성과 불확실성으로 인해 상호문화 간 이해 증진을 위한 부가적 노력이 더욱 요구되고 있다.

국내에서는 CCT에 관한 본격적인 연구가 2000년도에 들어와서 시작되어 해외에 비해 CCT 연구가 활발하게 이루어지지 못하였다(하인아, 2004). 국가 간 경계가 허물어지고 조직 내 다양성(diversity)의 중요성이 커지는 상황에서 국내외의 CCT 연구를 분석함으로써 향후 연구 방향을 도출할 필요가 있다. 현재까지 국내에서 CCT 연구동향을 분석한 연구는 거의 없는 실정이므로 CCT 연구동향 분석은 우리나라뿐 아니라 해외에서 CCT 연구가 어떻게 진행되어 왔으며 추후 연구가 필요한 분야는 무엇인지에 대한 정보와 시사점을 제공할 수 있을 것이다. 따라서 이 글의 목적은 국내외의 이문화 훈련(CCT)에 관한 연구동향을 분석함으로써 연구의 특징을 파악하고 향후 연구 방향 및 시사점을 제시하는 것이다. 구체적으로는 국내외 학술지에 게재된 CCT 관련 논문의 연구방법별 연구동향과 연구대상 및 연구목적을 파악하는 것이다.

이론적 배경

이론적 배경에서는 CCT 개념에 대한 전반적 이해를 위해 비즈니스 환경의 변화와 CCT의 중요성, CCT의 정의와 유형 및 방법에 대해 살펴보았다. CCT 연구는 업무 환경의 변화와 경제 발전과 밀접하게 발전되었으므로 비즈니스 환경 변화에 따라 CCT가 어떠한 의미로서 발전되었는지 살펴볼 필요가 있다. 그리고 CCT가 개념적으로 어떻게 정의되어 있으며, 어떠한 유형과 방법으로 시행되었는지 분석할 필요가 있다. 아울러 실제 비즈니스 상황에서 CCT 프로그램이 어떠한 대상과 목적으로 실시되었는지 선행연구 검토 결과를 제시하고자 한다.

• 비즈니스 환경의 변화와 CCT의 중요성

이문화 연구는 경제의 영역의 세계화와 함께 본격적으로 시작되었다. 1960년대와 1970년대에 활성화되었던 이문화에 관한 연구는 80년대에 주춤하다가 다시 90년대에 세계화의 급격한 진전으로 이문화에 관한 연구 필요성이 대두됨에 따라 다시 활성화되었다(Littrell et al., 2006). 조직 내 다양성의 증가, 다문화 팀의 활용 증가, 세계시장의 확대로 인해 비즈니스 환경이 변화하고 세계의 문화 간 교류가 증가하였다. 업무 환경, 비즈니스와 정부, 국제화의 급속한 확대로 인해 발생하는 문제점과 도전적 과업에 원활하게 대응하기 위해서는 CCT에 관한 연구가 더욱 중요하게 되었으며 CCT 연구에 대한 요구도 높아졌다(Littrell & Salas, 2005).

특히 다국적 기업에서 CCT는 다음과 같은 측면에서 그 중요성을 찾아볼 수 있다(Lenartowicz, Johnson, & Konopaske, 2014). 문화적 지식의 부족은 직간접 경비 지출로 인한 손해로 이어지며, 생산성을 저하시켜 장기적으로는 기업에 많은 피해를 가져오게 된다. 반면 CCT를 통한 문화적 지식의 축적은 경쟁우위를 점할 수 있는 자산이 된다. 따라서 조직은 암묵적인 문화적 지식을 창출하고 전수함에 있어서 효과적인 CCT 교육훈련 기법의 개발을 위해 시간과 재정적 자원을 투자할 필요가 증가하였다. 또한 다국적 기업에서는 본국으로 복귀한 사람들을 내부 자원으로 유용하게 활용하는 것이 중요하다. 즉, 해외 파견 시 근무하며 습득한 암묵적 지식을 조직 내에서 공유하는 것이 필요하다(Lenartowicz, Johnson, & Konopaske, 2014).

초창기의 CCT는 해외에 업무차 파견을 나가는 사람들을 준비시키기 위한 목적으로 활용되었으나 해외 체류 목적 이외에 다양한 목적으로 점차 조직 내 다양한 근로자들을 대상으로 이문화훈련이 시행되고 있다(Bhawuk & Brislin, 2000). 조직이 더욱 다양화되면서 다문화 팀의 구성도 확대되고 있고 세계시장에서 국가 간 경계는 허물어지게 되었다. 이에 따라 점차 CCT에 대한 수요는 해외로 파견을 나가는 주재원들 대상의 교육훈련을 넘어서 확대되고 있다(Littrell et al., 2006).

CCT의 중요성은 팀 단위의 업무 확대 측면에서 살펴볼 수 있다. 다문화 팀은 동일한 목적을 가지고 함께 일하는 여러 문화적 배경을 가진 두 명 이상의 사람들로 구성된 팀을 말한다(Salas et al., 2004). 다문화 팀은 복잡하고 불확실한 상황에서 의사결정을 해야 하는 도전에 직면하게 되는데, 이때 낮은 수준의 신뢰와 오해, 원활한 의사소통의 부재, 부적절한 선입견 등은 다문화 팀의 효율성을 저해하게 된다(Salas et al., 2004). 상호문화 훈련은 다문화 조직 내 팀워크가 당면한 과제들을 해결할 수 있는 해결책이 될 수 있다. 따라서 팀 내 다양성이 야기하는 여러 문제점에 효과적으로 대응하기 위해서는 다문화 팀을 대상으로 CCT를 실행하는 것이 더욱 중요해졌다(Littrell et al., 2006). 이와 함께 계속해서 변화하는 비즈니스 환경에 유연하게 대응할 수 있는 방안을 모색하기 위해서 CCT 연구가 필요하게 되었다.

• CCT의 정의, 유형 및 훈련방법

CCT 정의

CCT가 다국적 기업 근로자들의 문화적 지식을 함양할 수 있는 가장 효과적인 방법이라는 것은 여러 선행연구에 의해 밝혀진 사실이다(Black & Mendenhall, 1989). CCT는 서로 다른 문화 간 발생 가능한 사회적 상호작용에 맞추어 국제적인 임무를 위한 인력을 준비시키는 개념이다(Bhawuk & Brislin, 2000). Brislin과 Yoshida(1994)는 CCT를 본인의 나라가 아닌 다른 문화적 배경을 가진 사람들과 지내야 할 때 보다 효과적인 대인관계를 맺고 직무를 성공적으로 수행할 수 있도록 준비하는 형식적인 노력으로 정의하였다(Bhawuk & Brislin, 2000). 또한 CCT는 다양한 문화 간 효과적인 상호작용에 필요한 인지적(cognitive) · 정서적(affective) · 행동적(behavioral) 역량을 개발함으로써 문화간 학습을 증진할 수 있도록 고안된 교육적 과정으로 정의할 수 있다(Morris & Robie, 2001).

CCT 유형

CCT는 국내외적으로 발생하는 상호문화 상황에서 개인의 수행 능력을 높이는 것으로 정의됨에 따라, 넓은 의미에서 CCT 프로그램은 다음과 같은 범주를 포함한다(Bean, 2006). ① 문화적으로 다양한 배경을 가진 근로자들과 협력하고, ② 국제적으로 일하고 생활하며, ③ 다양한 문화적 배경의 고객들에게 제품과 서비스를 제공한다.

CCT는 일반적으로 세 가지 유형으로 나뉜다(Bean, 2006). 첫째는 전반적인 인식 및 커뮤니케이션 훈련으로 이는 피훈련자가 접하게 될 모든 문화에서 상호작용에 도움이 되는 일반적인 상호문화 기술 및 감수성을 개발하는 데 초점을 맞춘다. 둘째는 민족 혹은 국가별 훈련으로 이는 피훈련자의 지식 혹은 이해수준 그리고 해당 집단 내에서 효과적으로 수행하기 위한 능력을 증가시키기 위해 단일 민족 또는 국가에 초점을 맞춘다. 마지막으로, 번역가 혹은 통역가와 협력하는 훈련은 관련된 기술적 스킬을 개발하는 데 초점을 맞추며, 상호 문화 커뮤니케이션 과정에 영향을 미치는 요소들이 모두 이 유형에 속한다.

CCT가 발생하는 시점에 따라서 파견 전 훈련과 파견 후 훈련으로 CCT 유형을 구분한 연구자들도 존재한다(Celaya & Swift, 2006; Puck, Kittler, & Wright, 2008). 파견 전 훈련은 CCT의 전통적인 형태로서 파견될 국가에서의 실제 경험과는 별개로 진행된다. 보편적으로 파견 전 CCT 프로그램은 출발 약 한 달 전부터 운영된다. 반면 파견 후 훈련은 반드시 파견 근로자가 해당 국가에 도착하자마자 실시될 필요는 없다. 일부 CCT는 파견 근로자로 하여금 문화 충격에 대처하는 적응기간을 둠으로써 효과성을 도모하기도 한다. 그에 따라 파견 후 훈련은 도착 후 약 3개월에서 6개월 후에 시작될 수도 있다.

CCT 훈련방법

CCT의 훈련방법에 대해 연구자들은 여러 가지 방법을 제시하였으나, 가장 보편적으로 시행되는 CCT 훈련방법은 크게 12가지로 ① 해당 분야 브리핑, ② 강의, ③ 단행본, ④ 비디오, ⑤ 언어훈련 집체교육, ⑥ 사례연구, ⑦ 문화동화, ⑧ 감수성 훈련, ⑨ 상호 언어훈련, ⑩ 역할극, ⑪ 현장학습, ⑫ 시뮬레이션 방법이다(Black & Mendenhall, 1989; Lenartowicz et al., 2014). Black과 Mendenhall(1989)은 훈련의 엄격함과 CCT 훈련방법 간의 관계를 통해 <그림 1>과 같은 그래프를 제시하였으며, 이 12가지 훈련방법은 사실적, 분석적, 실험적이라는 세 가지 유형으로 분류된다. 이외에도 Fowler와 Blohm(2004)은 Black과 Mendenhall(1989)의 12가지 훈련방법에 더하여 ① 컴퓨터 기반 훈련, ② 주요 사건, ③ 문화 대조 훈련, ④ 몰두, ⑤ 시각적 형상화, ⑥ 예술과 문화와 같은 6가지 훈련방법을 추가로 제시하였다.

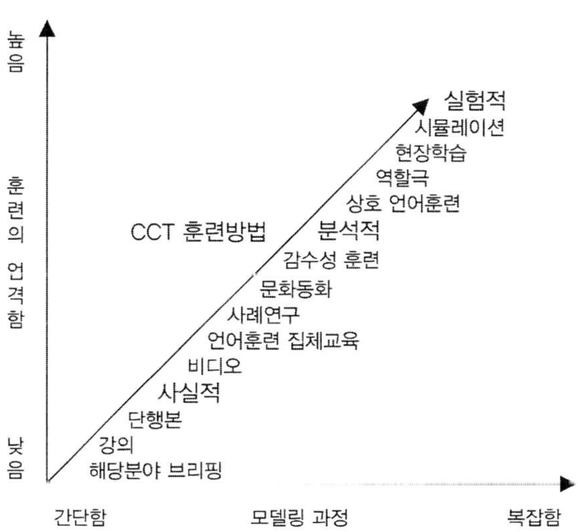

〈그림 1〉 Black & Mendenhall(1989)의 CCT 훈련방법

대부분의 CCT 프로그램은 지식이나 기본 정보를 전달하는 것을 목표로 강의 · 서면 자료 · 브리핑 · 단행본을 활용한 인지적 접근법에 기초하고 있다(Earley & Peterson 2004; Fowler & Blohm 2004; Tung 1982). 그러나 이러한 방법들은 '실제적인' 훈련방법으로 분류되기에는 여러 한계점이 있는 것으로 지적되어 왔다(Black & Mendenhall, 1989) 첫째, 인지적 접근법은 엄격함이 부족하기에 참여자들로 하여금 학습 과정에 적극적으로 참여하도록 유도하기에는 제한적이다(Black & Mendenhall, 1989). 이러한 훈련방법은 학습 행동이나 암묵지의 향상으로 이어지기보다는 기본적 지식만을 증가시킨다는 것이다. 둘째, Tung(1981)은 이러한 인지적 훈련법은 복합적인 요인이 고려되어야 하는 국제 업무 수행에서 전달력이 충분하지 않다는 점을 지적하였다. 이러한 한계에도 불구하고, 미국을 비롯한 대다수의 CCT 프로그램 운영사례는 문화적 지식의 전달을 위한 인지적 훈련방법에만 의존하는 경향이 있다. 따라서 Black과 Mendenhall(1989)의 훈련방법 분류에 따르면 '실험적'인 CCT 방법의 도입이 요구된다. 또한 COVID-19에 따른 팬데믹을 맞이한 현 비즈니스 환경의 업무방식의 변화에 발맞추어 구체적인 상호문화 환경을 시뮬레이션 할 수 있는 학습기법이 요구된다.

연구방법

◆ 분석절차 및 방법

국내외 CCT 관련 문헌분석은 Torraco(2005, 2016)가 제시한 연구 수행 절차 및 방법을 따라 진행하였다. Torraco(2005, 2016)의 문헌분석 방법은 특정 현상에 관해 현존하는 문헌들의 분석을 위한 절차와 방법을 제공하고 있으므로 HRD 분야의 문헌분석 기법으로 가장 널리 사용되고 있다. 체계적 문헌분석을 위해 분석대상 논문은 우선 연구 기간을 지정하지 않고 2020년

8월 시점에 국내외 학술정보 데이터베이스에서 논문 타이틀 혹은 주제어(키워드)로 'cross-cultural training', 'CCT', '이문화훈련'을 사용하여 정확도 순으로 논문을 검색하였다. 연구대상 논문은 RISS, KISS, KCI(한국학술지인용색인), EBSCO(Business Source Premier, PsycInfo 등), Google Scholar 등의 학술논문 데이터베이스에서 동일 조건으로 교차 검색하였고, 중복되는 논문은 삭제하였다. 최신의 연구동향을 살펴보기 위해 연구방법에 상관없이 2010년 1월부터 2020년 8월까지의 문헌만을 분석대상으로 설정하였다. 그에 따라 간추려진 최근 10년 내 연구들의 제목 및 초록을 살펴봄으로써 CCT와 관련되지 않은 문헌이 검색된 경우를 제외하였다. 이러한 과정을 통해 최종 선정된 논문은 국내논문 9편과 국외논문 42편으로 총 51편이었다. 국외논문은 영어로 게재한 논문만을 대상으로 하였다.

이 연구에서 최종 선정된 논문을 연도별로 정리하면 <그림 2>와 같다. 2010년부터 2020년까지의 10년간의 연구를 5년 단위로 살펴보았으며, 그 분포는 다음과 같이 나타났다. CCT 관련 연구는 국외의 경우 2010년부터 본격적으로 활발하게 연구가 진행되기 시작하여, 2015년부터 그 수가 줄어들었다가 2019년을 기점으로 연구 수가 다시 증가하는 추세를 보이고 있다. 반면에 국내에서는 2011년부터 2017년까지 CCT 연구가 시행되었으나 2018년부터는 연구가 진행되지 않은 것으로 나타났다.

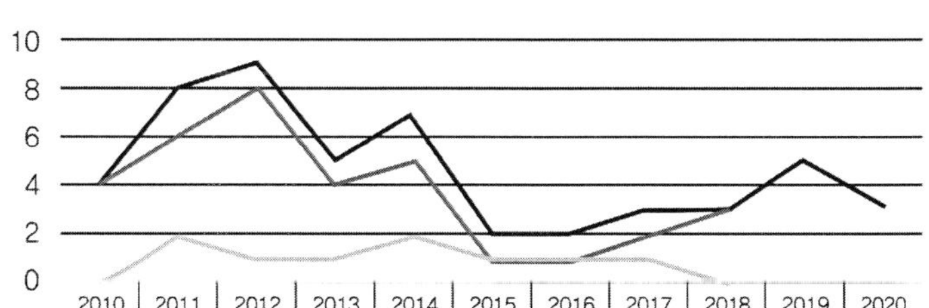

	2010	2011	2012	2013	2014	2015	2016	2017	2018	2019	2020
국내논문	0	2	1	1	2	1	1	1	0	0	0
국외논문	4	6	8	4	5	1	1	2	3	5	3
총합	4	8	9	5	7	2	2	3	3	5	3

〈그림 2〉 연도별 국내외 논문 수

다음으로 분석대상으로 선정된 문헌들의 연구방법을 국내와 국외로 구분하여 살펴보면 <표 1>과 같다. 연구방법 분류 기준은 윤선경 외(2017)의 분석의 틀을 따라 양적연구, 질적연구, 이론적연구, 실천적연구로 나누었다. 양적연구에는 설문조사, 패널데이터, 델파이기법, 실험연구, 빈도수 중심의 양적 내용분석, 네트워크 분석 등을 포함하였다. 질적연구는 관찰연구, BEI, 중요사건면접 등 면접법, 질적 내용분석, 내러티브, 근거이론, 현상학적 연구, 질적 사례연구 등이 해당된다. 또한 이론적연구에는 기존 연구를 개관하는 문헌연구, 선행연구 고찰, 새로운 이론개발 및 정립 연구가 포함되며, 마지막으로 실천적연구에는 역량모델링 측정도구, 문항개발 연구, 프로그램 개발과 교육과정 개발, 프로그램 효과 분석 연구 등이 해당한다.

〈표 1〉 연구방법별 국내외 논문 수

구분		국내논문 수	국외논문 수	합계 (%)
연구방법	양적연구	1	18*	19 (35.8%)
	질적연구	2	9*	11 (20.8%)
	이론적연구	2	11	13 (24.5%)
	실천적연구	4	6	10 (18.9%)

*양적연구 및 질적연구가 함께 실시된 혼합연구가 두 건 존재하여 양측 모두에 집계되었음.

연구방법의 유형별로 살펴보면, 양적연구가 전체 논문의 35.8%를 차지하여 가장 높은 비중을 차지하였으며, 그 다음으로는 이론적연구(24.5%), 질적연구(20.8%), 실천적연구(18.9%) 순으로 나타났다. 국내의 경우에는 CCT 프로그램 개발 및 평가와 같은 실천적연구가 총 4편으로 가장 많이 이루어졌으며, 그 다음으로는 질적연구·이론적연구(각 2편), 양적연구(1편) 순으로 수행되었다. 해외의 경우에는 우리나라에 비하여 다양한 연구방법을 활용하여 CCT 연구를 진행한 것으로 드러났다. 해외에서는 우리나라의 경우와 달리 양적연구가 약 40% 정도(국외논문 전체 44편 가운데 18편)로 가장 활발하게 이루어졌으며, 그 다음으로는 이론적연구, 질적연구, 실천적연구의 순이었다.

국내의 CCT 관련 논문은 한국독일언어문학회에서 출간된 논문이 주를 이루고 있으며, 이 외에도 한국통번역교육학회. 한국기업교육학회, 한국무역연구원 등에서 게재가 되었다. 국외 CCT 관련 연구는 인적자원관리 분야 학회지, 상호문화 관계 학회지에서 다수 게재되었으며, 인적자원개발 분야와 심리학 분야에서의 연구도 일부 진행되었다. 이외에 의료, 무역, 관광, 경영, 심리와 같은 분야에서 CCT를 주제로 한 연구가 진행된 것으로 파악되었다.

◆ 분석 항목

CCT에 관한 연구동향은 CCT에 관한 연구방법별 연구동향과 연구대상 및 연구목적을 분석 항목으로 설정하여 분석을 실시하였다. 특히 양적연구의 경우에는 분석대상 논문 중 양적연구가 차지하는 비율이 약 36%로 가장 높았으므로 CCT의 연구방법 · CCT 하위요인 및 측정도구 · CCT 관련 변인에 관하여 세부적으로 분석하였다.

연구결과

◆ 연구방법별 연구동향

양적연구

CCT의 연구방법

국내외 CCT 관련 양적연구 19편에서 사용된 연구방법을 연구의 수준 및 자료수집 방법에 따라 분석하면 다음과 같다. 연구의 수준은 개인 수준과 조직 수준을 포함한 다수준 연구로 분류하였고, 자료수집 방법은 한 시점에서 자료를 수집한 횡단연구와 두 시점 이상에서 자료를 수집한 종단연구로 구분하였다. 국내에서 수행된 양적연구는 한편이며, 이 한편의 연구는 개인 수준에서 이루어졌다. 반면 국외연구는 양적연구 중 83.3%(15편)의 연구가 개인 수준에서 수행되었으며, 16.7%(3편)는 다수준 연구로 수행된 것으로 나타났다. 따라서 국내외 연구를 종합해 보면, 총 84.2%의 연구가 개인 수준에서 진행된 반면 다수준 연구는 15.8%에 불과하여 개인 수준의 연구 비중이 상당히 높다는 것을 알 수 있다. 다수준 연구의 경우에는 개인 차원의 평가뿐 아니라 회사로부터의 평가 · 동료로부터의 평가 · 상사로부터의 평가 등 다각적인 차원에서 평가가 수행되었다.

자료수집 방법에서 보면, 국내에서는 특정한 시점에서 자료를 수집하는 횡단연구 방법을 적용한 것으로 나타났다. 한편, 국외연구에서는 양적연구 중 72.2%가 횡단연구를 실시하였고, 27.8%가 종단연구를 실시하였다. 이처럼 양적연구에서는 횡단연구가 주로 시행되었고 종단연구는 상대적으로 부족한 것으로 확인되었다.

CCT 하위요인 및 측정도구

CCT 연구에서는 다양한 하위요인과 측정도구를 사용하였다.

첫 번째로, Moon, Choi 그리고 Jung(2012)을 비롯한 대다수 문헌들에서는 CCT의 수행 유무를 이분법적으로 확인한 뒤, CCT의 유용성 및 효과성을 측정하는 방식을 사용하였다. 두 번째로, Kamal과 Jacob(2019)은 특정 수업, 수업 활동, 기관 지원 활동의 하위요인으로 CCT를 측정하였다.

세 번째로, Okpara와 Kabongo(2011)의 연구에서는 CCT를 네가지 유형(전통적 · 특정문화 중심 훈련, 전통적 · 문화 전반 훈련, 실험적 · 특정문화 중심 훈련, 실험적·문화 전반 훈련)으로 측정하였다. 이러한 구분은 Gertsen(1990)의 CCT 유형 분류법을 따른 것으로, 최근까지도 많은 연구자들에 의해 활용되고 있는 분류 방법이다(Brewster et al., 2005). 즉, 그는 CCT가 다음과 같은 범주로 분류될 수 있다고 하였는데, ① 단일 방향의 커뮤니케이션을 통해 정보가 전달되는 기존의 전통적인 훈련(conventional training)과 ② 강사가 실제 생활을 시뮬레이션하거나 실제 상황에 교육생이 참여하는 실험 훈련(experimental training)이다. 또 Gertsen(1990)은 CCT를 ③ 전반적인 문화 개념에 익숙하게 하거나(culture-general) ④ 특정 문화에 초점을 맞추는(culture-specific) 두 가지 형태로 구분하였다.

네 번째로, CCT는 참여수준과 몰입수준을 하위요인으로 측정할 수 있다(Presbitero & Toledano, 2018). 이 연구에서는 참가자의 CCT 프로그램 참여 및 몰입의 수준을 각각 한 개 문항으로 측정하였다. 마지막으로, CCT는 4개의 하위요인(CCT의 중요성 · 파견자 선별 · CCT 평가 · CCT 느낌)으로 측정되었다(Qin & Baruch, 2011). CCT 느낌의 경우에는 언어 훈련이나 문화적 경험으로의 몰입 등 CCT 훈련에 대한 참여자의 전반적인 감상을 체크하도록 하였다.

CCT 관련 변인

양적연구에서 CCT와의 영향관계가 유의하게 변인은 '직무만족' · '조직몰입도' · '적응수준' · '이직률' · '문화지능(cultural intelligence: CQ)'이었다. Park, Lee 그리고 Pinto(2017)는 CCT가 호스트 국가 내 근로자들의 '직무만족'과 '조직몰입도'에 긍정적인 영향을 준다는 것을 확인하였으며 '언어능력'은 긍정적인 조절효과가 있는 것으로 드러났다. 또 파견 주재원뿐만 아니라 호스트 국가의 근로자들도 CCT를 통해 '직무만족'과 '조직몰입' 측면에서 긍정적인 효과가 있는 것으로 나타났다. 이 연구는 CCT가 파견을 가는 주재원뿐만 아니라 호스트 국가의 조직원들에게도 긍정적인 영향을 줄 수 있다는 것을 실증적으로 분석했다는 점에서 CCT 개념 및 목적 확장에 대한 시사점을 제시하였다.

Brewster 등(2005)은 CCT가 '전반적 파견 업무 만족도'와 '적응수준'에 정(+)의 영향을 미칠 뿐만 아니라, '주재원이 훈련받은 CCT 유형'에 따라 만족도에서 차이가 난다는 것을 실증적으로 분석하였다. 또한 CCT는 '주재원의 이직률'에 부(-)의 영향을 미치고, '주재원이 이후 다른 국제 업무를 담당할 의향'에 정(+)의 영향을 미치는 것으로 나타났다(Kassar, Rouhana, & Lythreatis, 2015). 한편, CCT와 '문화지능'의 관계에서 Alexandra(2018)는 CCT 맥락에서 문화지능의 상승에 영향을 미치는 '고정관념으로부터 변화하려는 경향'을 설명하였다. 이 연구에서는 경험적이고 계약에 기반을 둔 CCT를 강조하였으며, 성공에 대한 가능성을 믿고 있는 참가자들에게만 CCT가 효과적이라는 선행연구의 결과를 입증하였다. 이외에도 CCT가 '문화지능'과 정적 관계가 있다는 것을 밝힌 양적연구가 존재하며, 이러한 관계는 개인의 업무성과에도 긍정적인 영향을 미치는 것으로 나타났다(Kamal & Jacob, 2019; Presbitero & Toledano, 2018; Wurtz, 2014).

질적연구

국내외 CCT 질적연구는 대부분 CCT 프로그램에 대한 연구대상자들의 인식을 파악하는데 목적이 있었다. 질적연구 11편 가운데 2편은 양적연구와 질적연구가 혼합된 연구로 수행되었으며, 질적연구 단독으로 실시된 문헌은 9편이었다. 혼합연구에 해당하는 El Mansour와 Wood(2010)의 연구에서는 다양한 문화적 배경을 가진 근로자들이 협업해야 하는 환경에서 건설 전문가들이 국제적 건설 프로젝트를 위한 CCT에 대해 어떻게 생각하고 있는지 조사하는 질적연구를 실시하였으며, 이와 함께 건설 현장에서 문화적 다양성의 영향 관계를 살펴보는 양적연구도 함께 실시하였다.

국내연구에서는 2편의 연구 모두 국내 대기업 5~6개를 선정하여 사례연구를 실시함으로써 글로벌 인적자원개발 방안을 논의하였다(박성민, 2016; 박성민, 권정언, 2012). 반면 국외연구의 경우에는 대체로 특정 국가 출신 근로자가 해외에서 근무할 때 발생하는 상호문화적 갈등 사례에 집중하여 살펴본 연구가 이루어졌다. 예를 들면, 인도에 파견된 네덜란드 주재원들의 CCT에 대한 인식을 파악하거나(Van Zolingen, Essers, & Vermeer, 2012), 모로코로 파견된 미국 및 유럽 국적의 관리자급 주재원들의 CCT 관련 인식을 살펴보는 연구가 수행되었다(El Mansour & Wood, 2010). 예외적으로 Zemliansky(2012)의 연구에서는 미국 대학원생들을 대상으로 기존의 실험 학습 관련 지식체계를 온라인 기반 CCT로 적용하기 위한 질적연구가 실시된 것을 확인할 수 있었다.

요약하면, CCT 질적연구에서는 'CCT 프로그램에 대한 참가자들의 인식', '글로벌 인적자원개발 방안', '상호문화 갈등' 등이 주요한 연구 주제로 나타났다.

이론적연구

국내외 CCT 이론적연구에서는 주로 이문화훈련의 실태 분석 및 개선 방안 제시에 관한 연구가 진행되었다. 이 외에 새로운 기술 및 언어의 도입을 통해 효율성을 증대할 수 있는 교육 전략 분석 연구도 있었으며(Luo, 2020), CCT의 효과성을 조절 혹은 매개하는 변인을 살펴보는 문헌연구 및 선행연구 고찰 연구도 수행되었다(Kempf & Holtbrügge, 2020). 또 CCT 프로젝트 수행에 대한 이론을 정립하는 연구도 이루어졌다(Selvarajah, Le, & Sukunesan, 2019). 예를 들면, CCT 훈련의 전이를 활성화하기 위한 이론적 정립 차원에서 실수관리(error management: EM)의 개념을 통합한 연구가 이론 정립 연구 사례에 해당된다(Ran & Huang, 2019). 이외에도 다양한 학습이론들(Anderson, 1990; Bhawuk, 1998; Kolb, 1984; Nonaka & Takeuchi, 1995; Wyss-Flamm, 2002)을 적용함으로써 다국적 기업들에서 실시되는 CCT를 개발하기 위한 연구가 수행되었다(Lenartowicz et al., 2014).

실천적연구

실천적연구는 주로 CCT 프로그램 개발 및 강의모형 도입을 목적으로 수행되었다. 예를 들어, 필리핀 지역사회개발과 관련하여 다문화 가족의 이문화 역량(intercultural competence) 강화를 위한 훈련 프로그램을 제시하거나(장남혁, 2011), 미국 군대 내에서 성과 중심의 평가와 훈련을 가능하게 하는 상호문화 역량 증진 프로그램 개발 및 평가를 실시한 연구가 이루어졌다(Friedman et al., 2013). 실천적연구는 다른 연구 유형과 달리 해당 지역 · 문화 · 직군의 상황과 맥락을 구체적으로 반영하여 연구를 진행하였다는 점에서 의의가 있다. 예컨대, 우간다의 문화적 맥락을 반영한 가족 치유 전문 훈련 프로그램을 개발한 연구나(McDowell et al., 2011), 독일 고등교육기관에서 이문화 간 선교 활동을 펼치는 선교사들을 대상으로 체계적 상담 프로그램을 개발 및 평가한 연구는 특정 환경과 대상에 맞춤화된 연구 사례이다(Giesekus, 2014).

◆ 연구목적 및 연구대상

CCT 문헌 중 국내 연구 9편의 경우에는 한국독일언어문학회에서 출간된 논문으로 독일과 한국 간 상호교류를 증진하는데 목적이 있는 것으로 나타났다. 또한 국내 대기업을 연구대상으로 하여 대기업들의 해외 진출에 따른 글로벌 인적자원개발을 목적으로 연구한 문헌이 대다수였다. 반면에 해외 CCT 연구에서는 연구의 목적도 다양하고, 연구의 대상도 여러 국적의 소유자 등 다양한 것으로 나타났다.

국내외 양적연구 총 19편 중에서 연구대상은 크게 근로자와 학생으로 구분할 수 있다. 근로자를 대상으로 하는 연구는 13편으로 전체 연구의 68.4%를 차지하였고, 학생을 대상으로 하는 연구는 5편으로 26.3%를 차지하였다. 나머지 한 편은 학사 이상의 학위를 가진 일반 시민을 대상으로 한 연구에 해당한다. 국내연구와 국외연구로 나누어 연구대상을 살펴보면, 우선 국내연구 한 편은 근로자를 대상으로 연구를 진행하였다. 이 논문에서는 다국적 기업에서 한국인 주재원과 함께 근무하는 브라질 현지 직원들을 대상으로 연구를 수행하였다.

국외연구의 경우에도 국내연구와 같이 근로자를 대상으로 수행한 연구가 가장 많았다. 12편(66.7%)의 논문에서 근로자를 대상으로 연구가 진행되었는데, 근로자 대상의 연구 중에서 해외 파견 근무 경험자를 대상으로 한 연구가 5편(41.7%)으로 가장 큰 비율을 차지하였다. 이 외에도 정부 계약직, 일반의, 지역 보건의, 정신건강 전문가, 주치의 등 다양한 국적과 여러 산업체에 종사하는 근로자들을 대상으로 연구가 수행되었다. 국외연구에서 나머지 5편(26.3%)의 연구대상은 대학생 및 대학원생들이었다. 전공 분야의 경우 의과대학생, 요양학과 학생, 국제학부 학생, 경영대 학생 등 다양한 전공생들이 연구대상으로 참여하였다. 또한 국외연구에서는 아시아, 유럽, 호주, 남미, 아프리카 등 다양한 국가의 근로자 및 학생을 대상으로 연구가 진행되었다는 점이 특징적이다.

결론

이 연구에서는 CCT에 관한 국내외 51편의 문헌을 연구방법별 연구동향, 그리고 연구목적 및 대상에 대한 항목을 중심으로 분석함으로써 CCT에 관한 연구동향을 파악하였다. CCT에 관한 연구동향 분석 결과를 기초로 향후 연구 방향과 검토가 필요한 사항을 제시하면 다음과 같다.

첫째, CCT에 관한 교육 요구분석을 통해 CCT 개념의 확장과 그에 따른 교육훈련 대상 및 목적의 변화에 주목할 필요가 있다. CCT는 기업현장에서 주재원 및 파견 직원의 정착을 위해 이루어지는 교육을 지칭하는 경우에 주로 사용되었으나, 최근에는 의료, 심리학 등 다양한 분야에서 그 연구가 확대되고 있다. 이처럼 CCT의 개념과 대상이 확대됨에 따라 CCT는 다문화교육(multi−cultural training) 혹은 상호문화교육(inter−cultural training) 개념과의 중복 또는 혼란이 발생하고 있다. 이러한 상황에서 시대적 흐름에 부합되는 CCT의 개념적 재정의가 필요하다. 그리고 이러한 CCT 개념의 재정의를 위해서는 기업 및 학계 등 다양한 분야의 조직에서 CCT에 대한 교육 요구분석이 선행되어야 할 것이다.

둘째, CCT에 관한 양적연구와 질적연구의 확대가 필요하다. 특히 국내의 경우에는 세계화의 진전과 비즈니스 환경의 급속한 변화를 고려할 때, CCT 연구가 충분히 활성화되지 못하였다. 향후 CCT에 관한 양적연구를 실행함으로써 CCT가 조직의 성과에 어떠한 영향을 미치고, 주재원 등 개인의 성과와는 어떠한 관계가 있는지 CCT의 유효성에 대한 실증 연구가 수행될 필요가 있다. 그리고 CCT에 관한 다양한 질적연구는 양적 데이터가 설명하지 못하는 상황을 심층인터뷰나 내러티브 분석 등을 통해 그 현상을 충분히 설명할 수 있을 것이다. 실제로 Littrell 등(2006)은 CCT에 관한 양적연구뿐 아니라 질적연구를 수행함으로써 주재원 등이 해외에서 업무를 수행하며 겪게 되는 어려움이나 도전에 대해 심도있게 이해하려는 노력이 필요하다고 강조하였다.

셋째, 연구방법 측면에서 해외에서는 다양한 연구방법을 활용한 연구들이 진행된 반면, 국내에서는 주로 CCT 프로그램을 분석하거나 효과성을 평가하는 연구가 수행되었다. 국외의 경우 CCT는 Hofstede와 Bond(1984)의 문화 비교를 다루는 어문학, 언어교육 분야에서 관련 연구가 많이 다루어졌으며, 나아가 심리학, 경영학에 이르기까지 다양한 학문 분야에서 연구가 이루어지고 있다(Soares, Farhangmehr, & Shoham, 2007). 그러나 국내에서는 비즈니스 환경의 변화에 따른 요구 및 수요에 비해 그 연구가 매우 부진한 편이다. 해외로 취업하는 인력은 여전히 늘어나고 있으며 국내에서 다른 문화의 사람들과 함께 협력하며 일해야 하는 상황도 많은 실정이다. 또한 CCT는 더 이상 해외 파견인력 관리에만 국한된 것이 아니라 국내 기업 조직 구성원들의 타문화 이해 증진 차원에서도 그 필요성이 높아지고 있다. 따라서 우리나라에서도 기존의 사례 중심의 실천적연구에서 벗어나 다양한 양적 · 질적연구와 CCT에 관한 이론 정립에 관한 연구가 요구된다.

넷째, CCT가 개인들이 직면하게 될 모든 상황을 안내하고 준비시켜 줄 수는 없으므로 CCT의 주요 목적 가운데 하나는 '학습하는 방법'을 배우도록 하는 것이다(Bennett, 1986). 예를 들면, 주재원들에게 문화적 인식 수준을 높이는 법과 타문화에 대한 정보를 습득하는 법을 가르침으로써 학습자들은 새로운 상황에 직면했을 때 기존의 학습 내용을 바탕으로 유연하게 대응할 수 있을 것이다. CCT는 다양한 상황에 유연하고 민첩하게 적응할 수 있는 글로벌 역량을 길러주며, 이를 통해 양성된 글로벌 인력은 CCT 프로그램에서 학습한 지식을 새로운 상황에 적용할 수 있게 된다(Littrell & Salas, 2005). 이러한 측면에서 향후 연구에서는 CCT가 예상하지 못한 상황이나 새로운 과업에 탄력적으로 대응하는데 어떠한 영향을 미칠 수 있는지 살펴볼 필요가 있다. 예컨대, CCT와 개인이 새로운 과업 상황에 직면했을 때 CCT에서 습득한 내용을 바탕으로 응용하는 적응적 수행(adaptive per-formance)과의 관계를 다루는 연구가 요구된다.

마지막으로 CCT의 실천적연구 측면에서 향후 연구 방향을 제시하면 다음과 같다. 기존의 전통적인 인지적 훈련방법에서 벗어나, 업무방식의 변화에 발맞추어 구체적인 상호문화 환경을 시뮬레이션할 수 있는 다양한 CCT 기법이 요구된다. 그리고 개인적인 특성을 반영한 개별화된 맞춤형 CCT 운영도 필요하다. 또 다양한 CCT 훈련방법이 시행되면 CCT 훈련방법에 대한 효과를 실증적으로 검증함으로써 그 결과를 제시하는 연구가 수행되어야 한다(Littrell & Salas, 2005). 이러한 연구결과를 통해 CCT 프로그램 담당자는 CCT 훈련방법 중 조직에 부합되는 방법을 활용함으로써 조직의 이문화역량을 개발하는 동시에 조직의 글로벌 경쟁력을 높이는데 기여할 수 있을 것이다(Lenartowicz et al., 2014).

참고문헌

*노재봉 (2014). 대학에서의 이문화간 의사소통 교육 프로그램 개발 -"이문화간 의사소통 교육 훈련" 교과목의 수업 제반 구상. *독일언어문학,* (24), 41-68.

*노재봉 (2015). 이문화 트레이너 양성 방안 - 양성 과정으로서의 한 모델. *독일언어문학,* (68), 161-186.

*박성민, 권정언 (2012). 국내 대기업의 글로벌 인적자원개발 사례연구. *한국성인교육학회, 15*(4), 1-25.

*박성민 (2016). 한국대기업의 해외지역전문가 운영현황과 육성방안에 관한 사례연구. *기업교육과인재연구, 18*(1), 243-265.

*유수연 (2013). 학습자 관점에서 본 상호문화 의사소통 능력 향상을 위한 강의모형 연구와 전망. *외국어로서의 독일어,* (32), 23-43.

윤선경, 정보영, 차미리, 송영수 (2017). HRD 분야 이론활용 연구동향 분석: 국내 HRD 주요 학술지 논문 (2007~2016년)을 중심으로. *HRD 연구, 19*(3). 1-37.

*이금희, 김성국 (2014). 한국에서의 이문화 교육훈련 개선방안에 관하여. *경상논총, 32*(1), 27-49.

*장남혁 (2011). 다문화 가족의 이문화 역량(intercultural competence) 강화를 위한 훈련 프로그램—해외(필리핀) 지역사회개발과 관련하여. *선교신학, 27,* 285-312.

하인아 (2004). 이문화 적응 훈련 교육 프로그램의 실태와 문제점. *커뮤니케이션학 연구, 12*(3), 5-26.

*Alexandra, V. (2018). Predicting CQ development in the context of experiential cross-cultural training: The role of social dominance orientation and the propensity to change stereotypes. *Academy of Management Learning & Education, 17*(1), 62-78.

Anderson, J. R. (1990). *Cognitive psychology and its implications* (3rd ed.). New York: Freeman.

*Bäämhielm, S., & Mösko, M. (2012). Cross-cultural training in mental health care-challenges and experiences from Sweden and Germany. *European Psychiatry,*

27(Suppl. 2), 70-75.

Bean, R. (2006). *The effectiveness of cross-cultural training in the Australian context.* Canberra: Department of Immigration and Multicultural Affairs.

Bennett, J. M. (1986). Modes of cross-cultural training: Conceptualizing cross-cultural training as education. *International Journal of Intercultural Relations*, 10, 117-134.

Bhawuk, D. S. (1998). The role of culture theory in cross-cultural training, *Journal of Cross-Cultural Psychology, 29*, 630–655.

Bhawuk, D. S., & Brislin, R. W. (2000). Cross-cultural training: a review. *Applied Psychology: An International Review, 49*(1), 162-191.

Black, J. S., & Mendenhall, M. (1989). A practical but theory-based framework for selecting cross-cultural training methods. *Human Resource Management, 28*(4), 511-539.

Brewster, C., Suutari, V., Waxin, M. F., & Panaccio, A. (2005). Cross-cultural training to facilitate expatriate adjustment: it works!. *Personnel Review, 34*(1), 51-67.

Brislin, R. W., & Yoshida, T. (1994). *Intercultural communication training: An introduction* (Vol. 2). Sage.

*Budworth, M. H., & DeGama, N. (2012). Invited reaction: factors affecting cross-cultural adjustment--training, experience, and individual differences. *Human Resource Development Quarterly, 23*(3), 331-340.

Celaya, L., & Swift, J. S. (2006). Pre-departure cultural training: US managers in Mexico. Cross Cultural Management. *An International Journal. 13*(3), 230-243.

*Chun, M. B., Jackson, D. S., Lin, S. Y., & Park, E. R. (2010). A comparison of surgery and family medicine residents' perceptions of cross-cultural care training of cross-cultural care training. *Hawaii Medical Journal, 69*(12), 289-293.

Denton, J.M., Esparza, S., Fike, D.S., Gonzalez, J., & Denton, M.L. (2016). Improvements in cultural competence through classroom and local cross-cultural service-learning activities. *Journal of Physical Therapy Education, 30*(2), 6–13.

Dewald, B., & Self, J. T. (2008). Cross cultural training for expatriate hotel managers: An exploratory study. *International Journal of Hospitality & Tourism Administration, 9*(4), 352-364.

Downes, M., Thomas, A. S., & Singley, R. B. (2002). Predicting expatriate job satisfaction: the role of firm internationalization. *Career Development International, 7*(1), 24-36.

Earley, P. C., & Peterson, R. S. (2004). The elusive cultural chameleon: Cultural intelligence as a new approach to intercultural training for the global manager. *Academy of Management Learning & Education, 3*(1), 100-115.

*El Mansour, B., & Wood, E. (2010). Cross-cultural training of European and American managers in Morocco. *Journal of European Industrial Training. 34*(4), 381-392.

*Fan, J., & Lai, L. (2014). Pre-training perceived social self-efficacy accentuates the effects of a cross-cultural coping orientation program: Evidence from a longitudinal field experiment. *Journal of Organizational Behavior, 35*(6), 831-850.

*Filmer, T., & Herbig, B. (2020). A training intervention for home care nurses in cross-cultural communication: An evaluation study of changes in attitudes, knowledge and behaviour. *Journal of Advanced Nursing, 76*(1), 147-162.

*Fischer, R. (2011). Cross-cultural training effects on cultural essentialism beliefs and cultural intelligence. *International Journal of Intercultural Relations, 35*(6), 767-775.

Forster, N. (2000). Expatriates and the impact of cross-cultural training. *Human Resource Management Journal*, 10(3), 63-78.

Fowler, S. M., & Blohm, J. M. (2004). An analysis of methods for intercultural training. *Handbook of Intercultural Training, 3,* 37-84.

*Friedman, H., Glover, G., Sims, E., Culhane, E., Guest, M., & Van Driel, M. (2013). Cross-cultural competence: Performance-based assessment and training. *Organizational Development Journal, 31*(2), 18-30.

*Frintner, M. P., Mendoza, F. S., Dreyer, B. P., Cull, W. L., & Laraque, D. (2013). Resident cross-cultural training, satisfaction, and preparedness. *Academic Pediatrics, 13*(1), 65-71.

Gertsen, M. C. (1990). Intercultural competence and expatriates. *International Journal of Human Resources, 1,* 341–362.

*Giesekus, U. (2014). A systems-based training program for cross-cultural workers in Germany. *Journal of Psychology and Christianity, 33*(2), 164-168.

Gregersen, H. B., & Black, J. S. (1992). Antecedent to commitment to a parent company and a foreign operations. *Academy of Management Journal, 35*(1), 65-90.

Hofstede, G., & Bond, M. H. (1984). Hofstede's culture dimensions: An independent validation using Rokeach's value survey. *Journal of Cross-Cultural Psychology, 15*(4), 417-433.

*Javier, J. R., Hendriksz, T., Chamberlain, L. J., & Stuart, E. (2013). Cross-cultural training in pediatric residency: every encounter is a cross-cultural encounter. *Academic Pediatrics, 13*(6), 495.

Johnson, J. P., Lenartowicz, T., & Apud, S. (2006). Cross-cultural competence in international business: toward a definition and a model. *Journal of International Business Studie,* 37, 525–543.

*Kamal Abdien, M., & Jacob, M. (2019). Cross-cultural training and cultural intelligence of hospitality students: a case study in Egypt and Spain. *Journal of Teaching in Travel & Tourism, 19*(3), 191-215.

*Kassar, A. N., Rouhana, A., & Lythreatis, S. (2015). Cross-cultural training: Its effects on the satisfaction and turnover of expatriate employees. *SAM Advanced Management Journal, 80*(4), 4-18.

*Kaufmann, H. R., Englezou, M., & García-Gallego, A. (2014). Tailoring cross-cultural competence training. *Thunderbird International Business Review, 56*(1), 27-42.

*Kempf, C., & Holtbrügge, D. (2020). Moderators and mediators of cross-cultural training effectiveness: literature review and development of a conceptual model. *European Journal of International Management, 14*(2), 293-326.

*Kim, S., & Egan, T. (2011). Establishing a formal cross-cultural mentoring organization and program. *Journal of European Industrial Training. 35*(1), 89-105.

*Kivrak, S., Ross, A., Arslan, G., Tuncan, M., & Egbu, C. (2010). Construction professionals' perspectives on cross-cultural training for international construction projects. *Proceedings 26th Annual ARCOM Conference, Leeds, 6*(8), 351-360.

*Ko, H. C., & Yang, M. L. (2011). The effects of cross-cultural training on expatriate assignments. *Intercultural Communication Studies, 20*(1). 158-174.

Kolb, D. A. (1984). *Experiential earning*, Englewood Cliffs. NJ: Prentice Hall.

Kriegl, U. (2005). International hospitality management. *Cornell Hotel and Restaurant Quarterly, 41*(2), 64-71.

*Kuo, S. L. (2012). Cross-cultural training programs and expatriate adjustment effectiveness. *IFIP International Conference on Network and Parallel Computing*, Springer.

*Lanik, M., & Mitchell Gibbons, A. (2011). Guidelines for cross-cultural assessor training in multicultural assessment centers. *The Psychologist-Manager Journal, 14*(4), 221-246.

*Larson, C. (2011). Cross-cultural training for students of interpretation and translation. *통번역교육연구, 9*, 5-28.

*Lenartowicz, T., Johnson, J. P., & Konopaske, R. (2014). The application of learning theories to improve cross-cultural training programs in MNCs. *The International Journal of Human Resource Management, 25*(12), 1697-1719.

Littrell, L. N., & Salas, E. (2005). A review of cross-cultural training: Best practices, guidelines, and research needs. *Human Resource Development Review*, 4(3), 305-334.

Littrell, L. N., Salas, E., Hess, K. P., Paley, M., & Riedel, S. (2006). Expatriate Preparation: A critical analysis of 25 years of cross-cultural training research. *Human Resource Development Review*, 5(3), 355-388.

*Luo, L. (2020). The cross-cultural training of college English teaching under the concept of "Internet+". *5th International Symposium on Social Science* (ISSS 2019), Atlantis Press.

*Madni, A. M. (2013). Game-based simulation for cross-cultural decision making training. *Human Factors and Ergonomics in Manufacturing & Service*

Industries, 23(2), 85-94.

*Mazur, R., & Woodland, R. H. (2017). Evaluation of a cross-cultural training program for Pakistani educators: Lessons learned and implications for program planning. *Evaluation and Program Planning, 62,* 25-34.

*McDowell, T., Brown, A. L., Kabura, P., Parker, E., & Alotaiby, A. (2011). Working with families in Uganda and the United States: Lessons in cross-cultural professional training. *Journal of Systemic Therapies, 30*(2), 65-80.

*Moon, H. K., Choi, B. K., & Jung, J. S. (2012). Previous international experience, cross-cultural training, and expatriates' cross-cultural adjustment: Effects of cultural intelligence and goal orientation. *Human Resource Development Quarterly, 23*(3), 285-330.

Morris, M. A., & Robie, C. (2001). A meta-analysis of the effects of cross-cultural training on expatriate performance and adjustment. *International Journal of Training and Development, 5*(2), 112-125.

Nonaka, I., & Takeuchi, H. (1995). *The knowledge-creating company*, New York: Oxford University Press.

*Okpara, J. O., & Kabongo, J. D. (2011). Cross-cultural training and expatriate adjustment: A study of western expatriates in Nigeria. *Journal of World Business, 46*(1), 22-30.

*Park, J. M., Lee, J. E., & Pinto, F. M. (2017). The Effects of Cross-Cultural Training on the Job Satisfaction and Organizational Commitment of Host-Country Nationals. *Journal of International Trade & Commerce, 13*(4), 33-57.

*Patel, M. R., Song, P. X., Bruzzese, J. M., Hao, W., Evans, D., Thomas, L. J., ... & Brown, R. W. (2019). Does cross-cultural communication training for physicians improve pediatric asthma outcomes? A randomized trial. *Journal of Asthma, 56*(3), 273-284.

*Presbitero, A., & Toledano, L. S. (2018). Global team members' performance and the roles of cross-cultural training, cultural intelligence, and contact intensity: the case of global teams in IT offshoring sector. *The International Journal of Human Resource Management, 29*(14), 2188-2208.

Puck, J. F., Kittler, M. G., & Wright, C. (2008). Does it really work? Re-assessing the impact of pre-departure cross-cultural training on expatriate adjustment. *The International Journal of Human Resource Management, 19*(12), 2182-2197.

*Qin, C., & Baruch, Y. (2010). The impact of cross-cultural training for expatriates in a Chinese firm. *Career Development International. 15*(3), 296-318.

*Ran, S., & Huang, J. L. (2019). Enhancing adaptive transfer of cross-cultural training: Lessons learned from the broader training literature. *Human Resource Management Review, 29*(2), 239-252.

Ramsey, J. R., & Lorenz, M. P. (2016). Exploring the impact of cross-cultural management education on cultural intelligence, student satisfaction, and commitment. *Academy of Management Learning & Education, 15*(1), 79-99.

*Rehg, M. T., Gundlach, M. J., & Grigorian, R. A. (2012). Examining the influence of cross-cultural training on cultural intelligence and specific self-efficacy. *Cross Cultural Management: An International Journal. 19*(2), 215-232.

Salas, E., Burke, C. S., Fowlkes, J. E., & Wilson, K. A. (2004). Challenges and approaches to understanding leadership efficacy in multicultural teams. *Advances in Human Performance and Cognitive Engineering Research*, 4, 341-384.

*Selvarajah, C., Le, T. D., & Sukunesan, S. (2019). The Vietnam project: developing conceptual knowledge on cross-cultural skills for training in SME internationalization. *Asia Pacific Business Review, 25*(3), 338-366.

*Sit, A., Mak, A. S., & Neill, J. T. (2017). Does cross-cultural training in tertiary education enhance cross-cultural adjustment? A systematic review. *International Journal of Intercultural Relations, 57*, 1-18.

Soares, A. M., Farhangmehr, M., & Shoham, A. (2007). Hofstede's dimensions of culture in international marketing studies. *Journal of Business Research, 60*(3), 277-284.

*Tahir, R., & Ertek, G. (2018). Cross-cultural training: a crucial approach to improve the success of expatriate assignment in the United Arab Emirates. *Middle East*

Journal of Management, 5(1), 50-74.

Taylor, M., & McArthur, L. (2013). Cross-cultural knowledge, attitudes and experiences of hospitality management students. *Journal of Hospitality & Tourism Education, 21*(4), 1-14.

*Tewelde, J., Dahlin, M., & Bäärnhielm, S. (2019). A mixed-method evaluation study of a comprehensive cross-cultural training program in Stockholm. *European Journal of Public Health, 29*(Suppl. 4), 185-255.

Torraco, R. J. (2005). Writing integrative literature reviews: Guidelines and examples. *Human Resource Development Review, 4*(3), 356-367.

Torraco, R. J. (2016). Writing integrative literature reviews: Using the past and present to explore the future. *Human Resource Development Review, 15*(4), 404-428.

Tung, R. L. (1981). Selection and training of personnel for overseas assignments. *Columbia Journal of World Business, 16*(1), 68-78.

Tung, R. L. (1982). Selection and training procedures of US, European, and Japanese multinationals. *California Management Review, 25*(1), 57-71.

*Van Zolingen, S. J., Essers, C., & Vermeer, L. (2012). Cross-cultural training for Dutch expatriates going to India. *European Journal of International Management, 6*(1), 10-28.

*Wang, Y. L., & Tran, E. (2012). Effects of cross-cultural and language training on expatriates' adjustment and job performance in Vietnam. *Asia Pacific Journal of Human Resources, 50*(3), 327-350.

*Watt, K., Abbott, P., & Reath, J. (2016). Cross-cultural training of general practitioner registrars: how does it happen?. *Australian Journal of Primary Health, 22*(4), 349-353.

*Wurtz, O. (2014). An empirical investigation of the effectiveness of pre-departure and in-country cross-cultural training. *The International Journal of Human Resource Management, 25*(14), 2088-2101.

Wyss-Flamm, E. D. (2002). *Conversational learning and psychological safety in multicultural teams*, Cleveland, Ohio: Case Western Reserve University.

*Zemliansky, P. (2012). Achieving experiential cross-cultural training through a virtual teams project. *IEEE Transactions on Professional Communication, 55*(3), 275-286.

CCT 연구동향 분석에 활용된 논문 앞에는 * 표기를 하였음.

사회적기업가정신의 구성요소와 형성과정

최윤미(dearyoonmi@gmail.com), 류정현(idle1210@snu.ac.kr), 이상훈(smallleader@krivet.re.kr),
박한림(hrpark@kird.re.kr), 오헌석(ohhs@snu.ac.kr)

최윤미는 서울대학교 교육학과에서 박사학위를 취득하였다. 주요 연구관심 분야는 리더십, 일터학습과 전문성 개발 등이다.

류정현은 경기도 공립중등교사로 재직하였고, 서울대학교 교육학과 박사과정을 수료하였다. 현재 경기도교육청 주민참여협의회, 선화예술고등학교 운영위원회, 용인한국외국어대학교부설고등학교 규정개정심의위원회 위원으로 교육자치에 참여하면서, 성인학습에 관심을 두고 연구하고 있다. 주요 관심분야는 도덕성, 긍정심리, 실패학습 등이다.

이상훈은 서울대학교 교육학과에서 박사학위를 취득하였다. 현재 한국직업능력개발원에서 평생직업교육연구본부 부연구위원으로 재직중이며, 평생교육, 직업교육, 인적자원개발 관련 분야를 연구하고 있다. 주요 연구관심 분야는 전문성, 역량, 융합, 조직 개발 등이다.

박한림은 서울대학교 교육학과에서 석사학위를 취득하였다. 현재 국가과학기술인력개발원에서 연구원으로 재직 중이며, 과학기술인 대상 교육과정 개발 및 미래형 교수학습 방법 분야 연구를 수행하고 있다. 주요 관심 분야는 실시간 온라인 교육, 과학기술인 교육 및 학습, 질적연구방법론 등이다.

오헌석은 미네소타대학교에서 인적자원개발 박사학위를 취득하였다. 현재 서울대학교 교육학과 교수로 재직중이며, 인적자원개발과 평생교육 관련 분야를 강의하며 연구하고 있다. 주요 연구관심 분야는 전문성, 전문가 육성, 융합인재, 일터학습 등이다.

* 이 글은 2015년 2월에 발행된 「HRD연구」 17권 1호에 게재된 논문을 수정 · 보완한 것임.

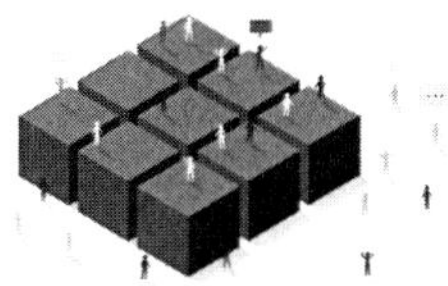

사회적기업가정신의 구성요소와 형성과정

최윤미, 류정현, 이상훈, 박한림, 오헌석

따뜻한 자본주의와 사회적기업가정신

사회적기업은 사회적 가치의 효율적인 창출이라는 시대적 요청에 의해 탄생했다. 자본주의의 진화를 의미하는 자본주의 4.0시대의 정신적 기저인 '따뜻한 자본주의'가 사회적기업의 근간을 이룬다(Kaletsky, 2010). 우리나라에서도 최근 사회적기업에 대한 관심이 커져 2020년 8월 기준으로 국내에 2,559개의 사회적기업이 설립되어 운영되고 있다(한국사회적기업진흥원, 2020).

기업을 통한 사회혁신, 사회적 서비스의 창출을 목적으로 자생적으로 탄생한 서구의 사회적기업과는 달리 실업 대책이나 사회적 약자에 대한 복지의 관점에서 정부의 지원이 중요한 역할을 하고 있는 우리나라 대다수의 사회적기업은 사업영역과 범위가 확장되면서 사회적기업 본연의 역할 정립과 성장 능력의 자생적 확보를 위한 노력을 경주하고 있다. 사회적기업은 사회적 가치의 달성이라는 공공성과 기업운영을 위한 수익성의 두 축을 경영에 접목하여 일반 기업이나 정부가 해결할 수 없었던 사회적 요구를 혁신적으로 해결하려고 한다는 점에서 새로운 기업유형으로 주목받고 있다.

사회적기업에 대한 관심이 증폭되면서 사회적기업의 성공을 좌우하는 요인에 대한 관심도 높아졌다. 사회적기업의 성패 여부는 일반 기업과 마찬가지로 자본, 비즈니스 모형, 우수 인력 등 다양한 요인에 달렸지만, 사회적기업가 자신의 사명, 목표의식, 비전, 열정, 혁신성, 리더십, 역량 등의 인적요소에 의해 좌우되기도 한다(박소연, 2010; 유병규, 김동열, 2011; 유한나, 민동권, 2012; 이용탁, 2009; 이원재, 2008). 사회적기업은 특히 경제적 목적과 사회적 목적을 균형있게 달성하고(Gonzales, 2007; Gray, Healy, & Croft, 2003), 다양한 사회경제적, 문화적 배경을 가진 사람들과 함께 사회적기업을 혁신적이고 창의적으로 운영할 수 있는 사회적기업가를 요구한다(Crofts & Gray, 2001). 사회적 가치와 경제적 가치를 동시에 실현해야 하는 사회적기업은 기존의 전통적인 영리기업이나 비영리 기관과 다른 성격을 갖고 있기 때문에 사회적기업의 발전을 담보할 수 있는 사회적기업가는 일반적인 기업가나 비영리조직의 활동가와 다르다. 따라서 양자에 대한 통합적인 접근을 가능하게 하는 정신을 갖춘 사회적기업가를 대상으로 한 인적자원개발은 새로운 연구 영역으로 부상하였다(문보경, 2007).

따라서 사회적기업을 성공적으로 운영하는 사회적기업가가 지니고 있는 기업가정신의 실체를 파악할 필요가 있다. 성공한 기업가와 실패한 기업가의 차이는 기업가정신의 차이이고, 기업 성공의 핵심 요소가 기업가정신인 것과 마찬가지로(김성수, 2007; 이미자, 김중규, 2013; Global Entrepreneurship Monitor, 2012), 사회적기업의 성패는 사회적기업가정신에 달려있다(이용탁, 2011; Johnson, 2000). 사회적기업이 공공성과 수익성을 동시에 추구하는 과정에서 사회적기업가의 가치 및 신념 체계는 사회적기업이 본연의 목적을 달성하게 하는 데 중요한 역할을 하고 있기 때문이다.

사회적기업가정신의 접근방식

사회적기업가에 대한 연구는 경영학, 경제학, 행정학, 정책학, 법학, 사회복지학, 교육학 등 다양한 분야에서 간학문적으로 이루어지고 있다(조상미 등, 2013). 사회적기업가정신에 대해 다양한 정의가 내려지고 있는 것도 학문적 배경의 다양과 무관하지 않다. 사회적기업가정신의 개념 정의에 대한 접근방식은 크게 세 가지로 분류된다.

◆ 개인적 특성 중심 접근

첫째, 사회적기업가정신의 특성에 따른 접근이다. 특성에 대한 심리적 접근과 기능적 접근이 대표적이다. 심리적 접근이란 사회적기업가정신을 사회적기업가가 지니고 있는 개인적 특질(traits)이나 자질(qualities)과 같은 심리적 특성(characteristics)으로 보는 관점이다(Ashoka, 2001; Borins, 2000; Bornstein, 2007; Dees, 2001; Waddock & Post, 1991). 사회적기업가정신을 사회문제를 완화시켜 사회적 변화를 촉진시키는 기업가의 성향(Alvord, Brown, & Letts, 2004)으로 정의하거나, 사회적 가치를 창출하기 위해 목표를 설정하고, 이러한 가치를 창출하기 위해 기회를 인지하고 이용하여 혁신을 창출할 수 있는 능력(Peredo & McLean, 2006)으로 파악하거나 개인적 동기와 주도성을 사회적기업가정신의 핵심으로 규정하는 등 사회적기업가의 개인적 특성을 중심으로 사회적기업가정신을 정의하고 있다(Sharfman et al., 2006).

특성에 대한 또 다른 규명 방식인 기능적 접근에서는 사회적기업가정신을 행동, 활동 또는 과정과 같은 사회적기업을 작동하게 하는 기능적 속성으로 보고 있다(Mair & Marti, 2006; Prabhu, 1999; Sagawa & Segal, 2000; Sullivan Mort, Weerawardena, & Carnegie, 2003; Weerawardena & Sullivan Mort, 2006). 사회적기업가정신을 비영리조직, 기업, 정부조직 등에서 달성하고자 하는 사회적 가치를 창출하는 혁신 활동으로 정의하거나(Austin, Stevenson, & Wei-Skillern, 2006), 사회적 가치 창출을 위한 경영구조나 기금확보 전략을 모색하는 비영리조직의 이니셔티브, 사회의 변혁적 이익을 추구하고, 이를 해결하기 위한 기회를 모색하며 새로운 방안을 모색하는 과정(Martin & Osberg, 2007)으로 보는 입장 등이 여기에 속한다. 강병오(2011)는 'entrepreneurship'이라는 용어가 우리말에서 '기업가정신'으로 번역되지만 기업가정신은 기업가의 심리적 상태만이 아니라 기업가의 '행동' 혹은 '일련의 과정'을 포함하는 의미로 해석되어야 한다고 전제하고, 사회적기업가정신을 사회적 문제를 발견하고 창조적 아이디어를 바탕으로 사회적 문제를 기회로 연결하며, 삶의 목표를 실현하기 위해 사회적기업을 설립하고 사회적 공감을 통해 사회적 가치를 창출하는 '일련의 과정'이자, 사회적 가치에 기반을 둔 '실천적 행동'으로 정의하고 있다(강수영, 홍아정, 2013).

◆ 발현 주체에 따른 접근

발현 주체에 따른 접근은 사회적기업가정신이 발현되는 대상을 규정하는 범위에 따라 개인적 접근과 집단적 접근으로 구분한다. 많은 연구자들이 사회적기업가정신을 사회적기업의 최고경영자 또는 리더에게 발견되는 속성으로 규정하고 있다(Alvord, Brown, & Letts, 2004; Ashoka, 2001; Bornstein, 2007; Dees, 2001; Sharfman et al, 2006; Weerawardena & Sullivan Mort, 2006). 그러나 다른 한편으로 사회적기업가정신은 개인의 특성에 기인한 전유물이 아니며, 조직 차원에서 접근해야 하는 것이라는 견해가 있다(최조순, 2012; Light, 2006; Thalhuber, 1998). 최조순(2012)은 사회적기업가정신은 개인에게 한정되어 나타나는 것이 아니라 집합적 공동체 구성원의 참여에 의해 조직 차원에서 발현되는 것으로 보고 있다. 대표적인 사례가 생활협동조합이다. Thalhuber(1998)는 사회적기업가정신과 기업가정신의 비교를 통해 기업가정신이 개인적 지식과 기술의 강화로 나타나는 것인 데 반해, 사회적기업가정신은 집합적 지혜를 통해 얻어지는 것임을 강조하고 있다.

〈표 1〉 발현주체를 중심으로 본 기업가정신과 사회적기업가정신의 비교

기업가정신 (Entrepreneurship)	사회적기업가정신 (Social Entrepreneurship)
개인적 지식과 기술의 강화	집합적 지혜를 통해 얻어짐
단기적·재정적 수익에 초점	장기적 역량향상에 초점
아이디어의 범주에 제한이 없음	사회에 긍정적인 영향력을 행사하는 데 초점을 둠
이익(수익) 창출이 목적	이익(수익) 창출은 수단
미래의 수익창출을 위한 이익 재투자	사람들을 돕고 섬기는 데 이익을 사용

출처: Thalhuber(1998).

• 용어 구분에 따른 접근

사회적기업가정신에 대한 세 번째 접근은 용어 구분에 따른 접근이다. 사회적기업가정신이라는 용어는 '사회적(social)'이라는 말과 '기업가정신(entrepreneurship)'이라는 용어의 조합이다. 따라서 사회적기업가의 어떠한 측면에 초점을 두느냐에 따라 정의가 구분되기도 한다. '사회적'이라는 용어에 초점을 맞추어 '사회적' 속성을 사회적기업가정신의 핵심으로 보고 기업가정신과 구분되는 개념으로서 사회적기업가정신을 정의하는 입장(Austin, Stevenson,& Wei－Skillern, 2006; Haugh, 2005; Leadbeater, 2006; Peredo & McLean, 2006; Sullivan Mort, Weerawardena, & Carneigie, 2003; Weerawardena & Sullivan Mort, 2006; Wei－Skillern et al., 2007)이 있다. 또한 사회적기업가의 기업가로서의 역할을 중시하고, 기존의 '기업가정신'이라는 개념에서 영역을 확장한 것으로서 사회적기업가정신의 개념을 정의하기도 한다(Hibbert, Hogg, & Quinn, 2002; Mair & Noboa, 2003; Seelos

& Mair, 2005; Thompson, 2002).

기업가정신에 초점을 둔 접근은 사회적 가치를 실현하기 위한 사회적기업가정신의 수단적, 도구적 측면을 강조한 입장이다. 예를 들어, 사회적 문제를 해결하기 위하여 기업가정신과 비즈니스적인 방법을 통해 해결하는 과정(Cochran, 2007), 사회변화를 위한 혁신적 방법 혹은 사회 문제를 해결하기 위한 비즈니스적인 방법을 활용하는 것(Brock & Steiner, 2008), 비영리조직의 지속가능성을 유지하기 위하여 기업가적 전략을 적용하는 것(Lasprogata & Cotton, 2003) 등의 개념 정의가 있다.

반면, '사회적'이라는 의미에 초점을 둔 접근에서는 사회적 사명이 가장 중요한 요소이고(Dees, 1998; Sullivan Mort et al., 2003), 사회적 가치추구를 위한 수단으로써 이익을 창출하는 활동이 사회적기업 고유의 특징이라는 것이다. 예컨대, Haugh(2005)는 사회적 의미를 강조하여 사회적기업을 통해 가치를 창출하기 위한 과정으로 사회적기업가정신을 정의하였고, Leadbeater(2006)는 더 나은 사회적 목적 실현을 위하여 행위자들에게 동기부여와 사회적 가치 창출 활동을 하는 것, Weerawardena와 Sullivan Mort(2006)는 혁신적, 진취성, 위험감수적인 행위를 바탕으로 사회적 가치 창출을 실현하는 것이라고 각각 정의하였다.

사회적기업가정신에 있어 '사회적(social)'이라는 용어의 의미를 보조적인 수식어를 넘어 사회적기업가정신을 규정하는 핵심적인 의미로 규정하기도 한다(강수영·홍아정, 2013). 사회적기업가와 기업가를 구분함에 있어서, '사회적'이라는 의미는 다음 세 가지 측면에서 중요한 차이가 있기 때문이다. 첫째, 사회적기업가정신은 동기 측면에서 이타성을 지닌다. 사회적기업가정신에서 '사회적'이라는 의미에는 사회적기업가가 기업을 운영하는 동기면에서 사회적가치, 사회 변화, 사회적 문제 해결을 위한 이타주의가 출발점이 된다는 의미가 담겨져 있다(정대용, 2006; 최조순, 2013, Mair & Marti, 2006, Martin & Osberg, 2007). 둘째, 사회적기업가정신은 과정 측면에서 민주성을 지닌다. 사회적기업은 자본 소유에 의하지 않은 민주적 의사결정구조를 지니며(김성기, 2009), 다양한 이해관계자들의 이해를 고려하면서 사회적 목적 달성이라는 비전에 대한 균형감각의 중요성(Peredo & McLean, 2006)을 강조한다. 셋째, 사회적기업가정신은 목적 측면에서 사회적 가치 창출을 추구한다(Weerawardena & Sullivan Mort, 2006). 이런 점에서 '사회적'이라는 말의 의미는 사회적기업이 이윤 추구라는 경제적 가치보다 사회적 목적을 우위에 두며, 사회적 가치 창출을 그 본질로 삼고 있음을 반영한다.

사회적기업가정신의 구성요소

◆ 사회적기업가정신의 기존 접근

사회적기업가정신의 구성요소도 아래와 같이 다수의 연구자들에 의해 다양하게 제시되어 왔다. 이들 구성요소들을 분류하면 크게 세 가지 측면이 중요하게 다루어지고 있음을 알 수 있다. 첫째, 연구자들은 사회적 미션, 목적, 책임을 수행하는 활동(배귀휘, 2011; 최조순, 2012; CCSE, 2001; Dees, 1998; Sullivan Mort et al., 2003) 및 신뢰(Waddock & Post, 1991), 필요로 하는 사람을 돕는 것(Thompson, 2002), 도덕성(Bornstein, 2007), 윤리적 활동(Shaw et al., 2002) 등을 구성요소로 언급함으로써 사회적기업가정신의 이타적 요소를 중요하게 다루고 있다. 둘째, 혁신성, 진취성, 위험감수성, 기업가 성향(배귀휘, 2011; 이용탁, 2009; 최조순, 2012; Dees, 1998; Sullivan Mort et al., 2003; Weerawardena & Sullivan Mort, 2006) 등의 기업가정신이 사회적기업가정신의 구성요소로 비중 있게 다루어지고 있다. 특히, 우리나라의 사회적기업가정신에 대한 연구는 사회적기업가정신의 구성요소를 제시하는 데 중점을 두고 있으며(강수영, 홍아정, 2013) 기업가정신 연구에서 핵심 요소로 지목되는 혁신성, 진취성, 위험감수성을 공통적으로 제시하는 경향이 있다(배귀휘, 2011; 이용탁, 2009; 최조순, 2012). 셋째, 복잡한 문제 해결(Waddock & Post, 1991), 한정된 자원 활용(Leadbeater, 1997), 직무창출과 자원봉사자 발굴(Thompson, 2002), 균형 잡힌 판단(Sullivan Mort et al., 2003) 등 실용적 능력이나 활동을 구성요소로 제시한 연구들도 있다.

〈표 2〉 사회적기업가정신의 구성요인

연구자(연도)	사회적기업가정신의 구성요인
Waddock & Post(1991)	① 복잡한 문제 해결 능력 ② 신뢰 ③ 집단의 목적에 헌신
Leadbeater(1997)	① 야심에 찬(ambitious) 리더십, ② 한정된 자원의 창조적 활용, ③ 장기적 고객관계 유지
Dees(1998)	① 사회적 미션, ② 새로운 기회포착, ③ 지속적 혁신, ④ 활동의 대담함, ⑤ 높은 책임감
Canadian Centre for Social Entrepreneurship (CCSE, 2001)	① 기업의 사회적 책임활동, ② 비영리조직의 기업가적 활동
Shaw, Shaw, & Wilson(2002)	① 창조성, ② 기업가성향, ③ 의제설정(agenda-setting), ④ 윤리적 활동
Thompson(2002)	① 직무창출, ② 사업장의 효율적 활용, ③ 후원자들의 개발 ④ 사람에 대한 도움활동
Sullivan, Weerawardena, & Carneigie(2003)	① 사회적 미션의 수행, ② 균형 잡힌 판단, ③ 보다 나은 사회적 가치창출을 위한 기회 인식과 활용 ④ 혁신적·진취적·위험감수성향
Weerawardena & Sullivan Mort(2006)	① 혁신성, ② 진취성, ③ 위험감수
Bornstein(2007)	① 자기교정의지, ② 업적공유의지, ③ 기존 틀에서 자유롭고자 하는 의지, ④ 영역을 넘나들고자 하는 의지, ⑤ 조용히 일하고자 하는 의지, ⑥ 굳건한 도덕성
이용탁(2009)	① 혁신추구성, ② 진취성, ③ 위험관리활동
배귀희(2011)	① 사회적목적, ② 혁신성, ③ 위험감수, ④ 진취성
최조순(2012)	① 사회적 가치지향성, ② 혁신성, ③ 진취성, ④ 위험감수성

출처: Weerawardena & Sullivan Mort(2006)에서 보완.

◆ 사회적기업가정신의 3요소: 공감, 혁신, 실용

우리가 기존의 선행연구의 내용을 종합하고, 총 10명의 대한민국 대표 사회적기업가에 관한 연구를 수행한 결과 사회적기업가정신의 핵심요소는 공감, 혁신, 실용의 세 가지 구성요소로 정리할 수 있었다. 세 가지 구성요소는 사회적 가치 창출이라는 사회적기업 본연의 목적을 달성하기 위해 서로 상호작용하며 형성되는 것이라는 특징이 있다.

공감

공감은 타인이 겪고 있는 어려움에 대해 감정적으로 느끼고, 인지적으로 생각하고, 도움을 주고자 하는 행위로 표출되는 정서, 인지, 행동의 복합체이다. 예를 들어, 장애인이 일상생활에서 겪는 어려움을 함께 느끼고, 어떤 것이 가장 시급히 해결되어야 할 문제인지 생각하고, 이들의 어려움을 해소할 방안을 마련하기 위해 노력하는 사업화 과정에는 공감이 그 핵심에 자리하고 있다. 따라서 공감은 사회적기업 운영의 동기이자 창업의 출발점으로 작용하는 핵심 구성요소이다.

Lilius 등(2008)은 공감이 타인의 고통을 자신의 고통처럼 함께 아파하고 느끼며 경험하는 감정으로 반드시 행위를 수반한다고 하였다. 또한 감정적인 이해와 반응인 동감을 포함하며 고통을 겪고 있는 타인에게 지원적 노력이나 행위를 보이는 것을 공감으로 보기도 한다(Dutton et al., 2006). 즉, 공감은 고통을 겪는 타인에 대한 관심을 바탕으로 타인의 행복을 추구하는 이타적 동기를 가지고 도움을 주려는 자발적 행위인 것이다(Nussbaum, 1996).

Clark(1997)는 공감이 타인의 고통에 주목하고, 타인의 고통을 느껴, 최종적으로 타인의 고통에 반응하는 세 단계로 이루어진다고 하였다. 사회적기업가 역시 어려운 사람들의 고통에 주목하고 그들의 감정을 공유하는 것에 그치지 않는다. 타인의 고통을 경감시키기 위해 자신의 역할이 무엇인지

고민하고, 사회문제 해결을 위하여 적극적인 노력과 행위로 구체화시킨다. 사회적기업가는 공감을 통해 기존의 비즈니스 모델에서 충족시키지 못한 사회적 요구를 포착하고 사업 아이템을 구체화하여 사회적기업을 창업하거나 운영하게 된다. 사회적 요구를 감지하는 채널이 공감이며, 그 강도와 수준이 깊어지면서 사회문제에 대한 해결책을 찾는 방향으로 사회적기업가들의 공감 정신은 발전해 간다.

혁신

혁신은 사회적기업가정신의 또 다른 핵심 요소이다. 사회적기업은 사회적 가치 창출과 공공성을 추구한다는 점에서 일반 기업과 차이가 있지만, 기업 운영을 위한 수익을 창출해야 한다는 점에서는 동일하다. 혁신은 이러한 수익을 창출하는 핵심적인 방식이다. 기존의 방식과 다른 새로운 가치를 창출하는 혁신 없이 사회적기업가정신을 구현하고 있다고 할 수 없는 것이다. 남들이 해 온 기존의 사업방식과 비즈니스 모델을 무작정 추종한다면 이는 진정한 의미의 사회적기업이라 할 수 없다. 사회적기업가정신의 핵심 요소 중 하나가 혁신이라는 점에 다수의 학자들이 공통된 견해를 보여 왔다(Borins, 2000; Dees, 1998; Sullivan Mort et al., 2003). 사회적기업은 한정된 자원과 열악한 환경에서 사회적 가치 창출과 이윤 추구를 동시에 달성해야 하는 도전적인 상황에 처해 있다. 사회적기업가는 이러한 도전의 돌파구를 혁신에서 찾아야 한다.

사회적기업가의 혁신은 공감을 통해 감지된 문제에 대한 해결책을 찾는 실천전략으로 발현된다. 사회적기업가가 겪는 다양한 경험을 통해 세밀화되는 공감은 자신이 포착한 사회문제에 대한 해답을 찾고 이를 사업화하는 과정에서 더욱 깊어진다. 해답을 찾는 과정에서 혁신이 일어난다. 그러므로 사회적기업가의 혁신은 공감과 분리되어 작동하지 않는다. 사회적기업가는 공감을 통해 사회적 문제의 핵심을 파악하고 이 문제에 대한 실천적 해답을 찾고, 이를 행동으로 옮기면서 혁신이 발생한다.

더불어 사회적기업가정신의 혁신이 일반기업가의 그것과 차이점을 지니고 동시에 사회적기업의 경쟁력으로 작용할 수 있는 것은 사회적기업가가 혁신을 통해서 의미를 창조하기 때문이고, 사회적기업이 경쟁력을 지닐 수 있는 것은 그들이 생산하는 제품과 서비스가 의미를 담고 있기 때문이다. 따라서 사회적기업가는 혁신을 통해서 그들이 생산하는 제품과 서비스에 의미를 부여하고, 소비자들이 제품과 서비스를 구입하는 것이 충분한 의미를 지닐 수 있는 시스템을 구축해야 한다.

실용

사회적기업가정신의 마지막 구성요소는 실용이다. 사회적기업가들은 이상주의자인 동시에 현실주의자이다. 보편타당한 가치를 추구하고, 좋은 세상에 대한 비전을 꿈꾸는 면에서 이상주의자이면서, 그에 대한 현실적이고 실천적인 성과를 추구하는 현실주의자이다. 사회적기업은 시장을 활용하여 사회적 가치를 창출한다는 점에서 광범위한 사회적 영향력을 지니지만, 사회적 영향력을 창출하기 위해 시장을 활용한다는 점에서 동시에 시장에서 발생하는 다양한 문제에 직면하게 된다. 사회적기업가의 실용은 이러한 상황에서 사회적기업의 지속가능한 방향을 모색하여, 사회적 목적과 경제적 목적을 동시에 추구할 수 있도록 한다. 사회적기업가정신의 실용은 대체로 그들이 사회적기업의 이윤에 대한 관점을 정립하는 과정에서 형성된다.

Spear(2006)는 기존의 연구들에서 제시한 '영웅적 개인'으로서의 사회적기업가의 이미지는 신화적인 것일 수 있다고 비판하였다. 실제 사회적기업가들은 그들이 가진 이상적인 사회적 목적을 추구하기 위해서 현실적이고 실천 가능한 방향으로 기업을 운영한다. 예를 들어, 아쇼카 재단은 팰로우를 선발할 때 실제 그들이 얼마나 현실적인가를 하나의 기준으로 활용한다고 한다(Bornstcin, 2007). 사회적기업가들은 사회적기업을 운영하는 과정에서 그들이 생각하는 모든 보편타당한 가치들을 추구할 수는 없다고 언급한다. 사회적기업가가 어려운 환경과 상황에서도 사회적 가치를 창출하며 지속가능할 수 있는 것은 실용적 사고와 실천이 뒷받침되기 때문이다

사회적기업가정신 구성요소 모델: 공감, 혁신, 실용의 상호작용

사회적기업가정신은 <그림 1>과 같이 공감, 혁신, 실용으로 구성되며, 이들 세 가지 요소는 사회적 가치 창출이라는 궁극적인 목적을 달성하는 과정에서 서로 상호작용하며, 점진적으로 변화·발전한다.

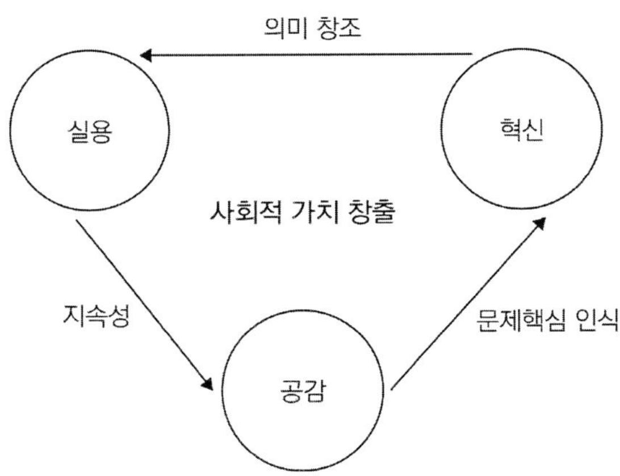

〈그림 1〉 사회적기업가정신의 구성요소 모델

사회적기업가정신의 핵심 구성요소로서 공감은 사회적기업가들이 사회적 문제에 관심을 가지게 하여 사회적기업을 창업하도록 하는 동기로서 작동하고, 사회적 문제의 핵심을 파악하도록 하는 기능을 수행한다. 공감을 통해서 형성된 동기와 사회적 문제의 핵심에 대한 인식은 사회적기업가의 혁신을 불러오며, 혁신을 통해 그들이 생산하는 제품과 서비스에 의미를 창조하고, 경쟁력을 갖추게 하는 동력이 된다. 그리고 사회적기업을 운영하면서 사회

적 목적과 경제적 목적을 동시에 달성해야 하는 딜레마를 해결하는 과정에서 실용의 정신을 형성하게 되고, 실용성을 추구함으로써 사회적기업의 지속성을 획득할 수 있다. 사회적기업의 지속성은 다시 기존에는 인식하지 못했던 새로운 사회적 문제 현상에 주목할 수 있는 기폭제로 작동하고 순환된다. 이와 같은 사회적기업가정신의 형성과정은 사회적기업가들의 경험과 밀접한 관련이 있다.

사회적기업가정신의 형성과정

• 사회적기업가정신의 성장과 경험

경험은 인간의 성장과 발달의 중요한 과정이자 요소이다. 인간은 자신을 둘러싼 환경과 상호작용하면서 다양한 경험을 통해 성장하고 발달한다. Hobbes, Locke, Hume, Dewey 등 경험론자들은 경험이 인간의 지식을 형성하는 데 중요한 요소임을 강조하여 왔으며(이재영, 1991), 성인학습 연구자들은 공통적으로 경험을 성인학습의 중요한 원천으로 지목하고 있고(김형식, 이희수, 2009), 특정 유형의 경험이 성장에 영향을 준다고 보았다(김도연, 오헌석, 2007). Desa(2007)는 개인으로서 사회적기업가는 가족력과 과거 경력에 의해 동기를 부여받는 경우가 많다고 주장하였다. 이처럼 사회적기업가의 경험은 사회적기업가정신의 성장에 영향을 미치는 중요한 요소가 될 것임을 짐작할 수 있다. 우리의 분석 결과에 따르면 한 개인이 사회적기업가로 성장하는 데 영향을 미치는 경험은 개인적 경험, 증폭경험, 외부경험으로 구분된다.

개인적 경험

개인적 경험은 사회적기업가로서 정체성을 갖기 이전 시기의 경험이다.

어린 시절이나 성장 과정에서 가정, 학교, 지역 등 다양한 국면에서 겪는 경험으로, 사회적 문제를 인식하고 사회적 가치를 추구하려는 생각이 발아되기 이전의 경험이다. 개인적 경험은 의도적이기보다 우연적이며, 생활환경의 미시체계 안에서 주로 발생한다. 다양한 경험들 가운데 특정 개인적 경험을 통해 사회적기업가들은 사회문제에 자연스럽게 관심을 갖기 시작하고, 서서히 사회문제를 인식하게 된다. 사회적기업가들은 어린 시절 가난으로 인해 겪었던 어려움, 장애로 인한 불편과 차별, 사회적 약자로서 느끼는 외로움 등과 같은 자신의 개인적 경험이 있었기 때문에 타인의 문제를 공감할 수 있었고, 그와 관련된 사회적 문제에 자연스럽게 관심을 갖게 되었다.

개인적 차원에서 경험한 미시적 문제가, 이후 사회문제에 대한 보다 거시적 관점으로 확장되면서 이들은 사회적기업가로 성장한다. 이 과정에서 사회적기업가정신 중 공감이 주요하게 작용한다. 사회적기업가는 개인적 경험을 바탕으로 사회적 약자가 처한 현실에 대해 공감하게 되고, 사회적 문제의 핵심이 무엇인지 인식하는 다음 단계로 나아간다.

증폭경험

증폭경험은 사회적 문제의식이 개인적 차원에서 사회적 차원으로 확대되는 계기가 되는 경험을 의미한다. 증폭경험을 통해 관심 수준에 있던 사회문제를 해결하고자 하는 의지와 비전을 갖게 되고, 사회문제 해결 방안을 실천적으로 모색하게 된다. 증폭경험을 바탕으로 구체적 사업 모델을 구상하고 운영하는 실행의 단계에 이르게 된다는 점에서, 증폭경험은 일종의 사회적기업 운영의 촉진제로서 의미가 있다. 이 연구의 사례 가운데 교육사업을 시작한 사회적기업가들은 교육봉사나 동아리 활동이 증폭경험의 역할을 하였고 그 결과 청소년들을 위한 교육모델을 구상하고 사회적기업을 창업하였다. 이렇듯 증폭경험은 사회적기업가로서 정체성 형성에 직접적으로 영향을 미친다.

외부경험

외부경험은 사회적기업가로서 정체성이 확립된 이후, 사업 운영 과정에서 겪는 경험에 해당한다. 사회적기업 운영 과정에서 개인, 사회, 제도와 같은 외부환경과의 상호작용을 통한 경험은 사회적기업가를 성장시키는 중요 요소이다. 실제 사업을 운영하면서 사회 문제에 대한 깊이와 넓이를 확장시키는 경험을 하게 되고, 사회적기업 운영의 현실적 장벽에 부딪치기도 한다.

외부경험은 사회적기업가로서 정체성을 공고히 하는 데 중요한 밑거름이 된다. 다양한 외부경험을 직면하는 과정에서 그들은 실용적 정신을 발휘하여 사회적기업이 생존, 유지, 확대될 수 있는 해법을 만들어 나감으로써, 사회적 가치창출이 지속가능한 방향을 모색하게 된다.

• 사회적기업가정신의 성장과 가치지향정도의 변화

사회적기업가정신은 사회적기업가의 경험요소와 가치지향정도가 상호작용하면서 성장, 발전한다. 사회적기업가의 경험이 개인적 경험으로부터 증폭경험, 외부경험으로 확장되는 과정에서 사회적기업가정신의 구성요소들이 형성되고 발현될 뿐 아니라, 사회적기업가정신의 성장이라는 연속선상에서 사회적기업가가 추구하는 가치의 양태도 끊임없이 변화한다.

사회적기업가가 사회적기업활동을 통해 추구하는 가치의 양대 축은 사회적 가치와 경제적 가치이다. 사회적기업가에게 기업의 효율성과 사회적 책임이라는 두 가지 목표 간의 긴장관계는 필연적이다. 사회적기업가에게 사회적 가치 창출은 사회적기업 운영의 본질적 측면이다. 사회적 가치를 창출하기 위해 경제적 가치 창출은 수단적 목적으로 요구된다. 따라서 사회적 가치와 경제적 가치의 지향정도는 <그림 2>와 같이 경험을 통해 상호작용하며 점진적으로 형성되고 변화하게 된다. 그림에서 점선은 사회적기업가의 가치지향성이 인지적으로 의식화되어 구체적인 행동으로 드러나기 이전의 상태를 의미하고, 실선은 가치의 중요성을 인식하고 가치 추구 활동이 표면화된 상태를 나타낸다.

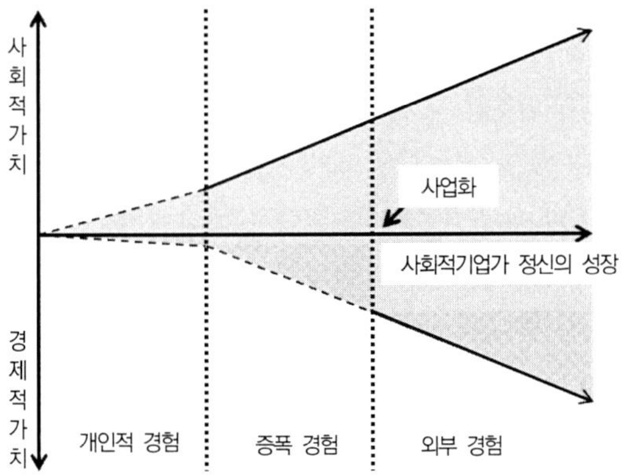

〈그림 2〉 사회적기업가의 가치지향정도의 변화

먼저, 사회적기업가의 가치지향성 중 사회적 가치지향성의 변화 과정을 살펴보면, 사회적기업가는 다양한 개인적 경험의 과정에서 사회문제를 접하게 되지만, 이 시기에 사회적기업가들에게 사회적 가치지향성은 뚜렷하게 나타나지 않는다. 증폭경험을 통해 사회문제를 인식하고 이에 대한 해결의지를 형성하는 과정에서 개인 내면에 있던 사회적 가치지향성이 의식화된다. 자신이 의식하지 못했던 수준의 사회적 가치지향성이 사업화시기에 가까워지면서 기업의 비전으로 점차 표면화되고, 사업화를 기점으로 기업 활동을 통한 외부경험을 통해 사회문제를 해결해나가는 과정에서 사회적 가치지향성은 더욱 확장되어 사회적 영향력을 갖게 된다.

다음으로 사회적기업가의 경제적 가치지향성의 변화과정을 살펴보면, 개인적 경험의 시기에서 사회적기업가에게 경제적 가치추구는 거의 나타나지 않는다. 증폭경험을 통해 사회문제해결의 현실적 방안을 모색하는 과정에서 경제적 가치의 필요성을 서서히 인식하게 되지만 사업화 이전에는 경제적 가치지향성이 의식화되지는 않는다. 사업화를 기점으로 사회적기업가는 경제적 가치의 필요성을 인식하면서, 그 방식을 고민하게 된다. 즉 외부경험의 과정에서 사회적기업가는 사회적 가치를 추구하기 위한 수단으로서 경제적 가치의 중요성을 인식하게 되면서 경제적 가치지향성은 확대된다.

창업 이전에 사회적기업가들은 경제적 가치추구가 사회적 가치추구 활동에 방해가 되거나 본연의 목적을 훼손시키는 것으로 인식하는 경우도 있다. 그러나 사회적기업을 운영하는 과정에서 경제적 가치에 대한 인식의 변화를 겪는다. 경제적 가치가 사회적 가치와 대립되는 것이 아니라, 두 가지 가치는 상호보완적으로 작용하는 것, 즉 경제적 가치는 사회적 가치를 극대화하기 위한 중요한 수단이기 때문에 사회적기업이라는 시스템 속에서 경제적 가치를 추구하는 것은 곧 사회적 가치 창출로 연결된다는 것을 인식한다. 이처럼 외부경험을 통해 사회적 가치와 경제적 가치지향성이 상호작용하며, 두 개의 가치가 조화와 균형을 이루는 과정에서 사회적기업가정신은 성장하게 된다.

사회적기업가정신 연구와 개발을 위한 시사점

◆ 사회적기업가정신의 차별성

사회적기업가정신의 구성요소는 종합적으로 공감, 혁신, 실용의 세 가지 요소로 구성된다. 그리고 이 세 가지 구성요소는 사회적기업가의 경험을 매개로 역동하고 있다. 이러한 역동은 사회적기업가정신이 NGO나 민간기업가와 구분되는 차별점을 제공한다.

먼저, 공감은 사회적기업을 창업하고 운영하게 하는 원동력이면서 사회적 문제의 핵심을 파악하게 하는 기능을 한다. 사회적기업가정신에서 공감이 무엇보다 중요한 이유는 타인에 대한 공감이 그들이 겪고 있는 사회적 문제에 대한 인식을 가능하게 하고, 이 문제의식은 누구를 위한 사회적기업이

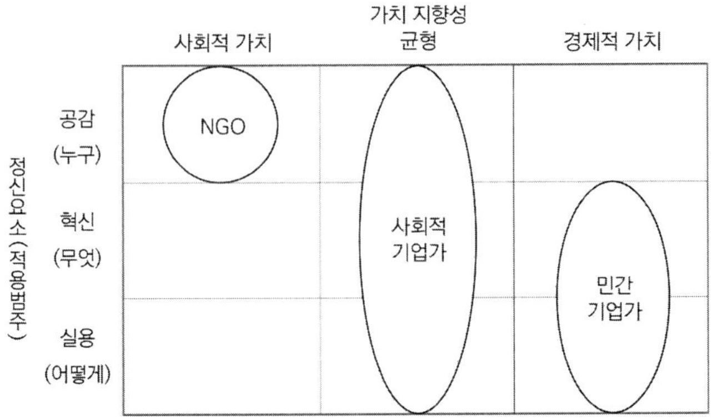

〈그림 3〉 사회적기업가의 가치지향정도의 변화

될 것인지, 즉 사회적기업의 비전과 목표를 결정하는 계기가 되기 때문이다. 다음으로, 혁신은 그 동안 선행연구에서 사회적기업가정신의 핵심 구성요소로 꾸준하게 제시되어온 중요 요인이다. 사회적기업은 사회적 가치 창출을 궁극적 목적으로 한다는 점에서 민간 기업과 다르지만, 공공성을 추구하기 위한 수단으로 수익을 창출하는 기업의 형태로 운영된다는 점에서 동일하다. 그러나 사회적기업가정신은 사회적 가치 창출을 목적으로 한다는 점에서 최대의 이윤 창출을 지향하는 일반적인 기업가정신의 혁신과 구분된다. 끝으로, 실용은 사회적기업가가 자신이 기업을 어떻게 성장, 발전시켜나갈 것인가에 대한 고민에서 출발한 해답이다. 사회적기업가는 보편타당한 가치를 추구하고, 좋은 세상에 대한 비전을 꿈꾸는 면에서 이상주의자이면서, 그에 대한 현실적이고 실천적인 성과를 추구하는 현실주의자이다. 사회적기업가의 실용은 사회적기업의 지속가능성을 모색하여 사회적 목적과 경제적 목적을 동시에 추구할 수 있도록 하는 실천적인 지침이 된다. 일부 연구자는 사회적기업가정신을 숭고하고 성스러운 것으로 바라보고 있으나, Weerawardena와 Sullivan Mort(2006)가 언급하는 것과 같이 사회적기업가는 혁신을 추구함과 동시에 실용성을 추구하는 사람이다. 사회적기업가정신의 구성요소와 가치지향성을 NGO 및 민간기업가가 지닌 정신요소 및 가치

지향성과 비교하여 정리하면 <그림 3>과 같이 나타낼 수 있다.

• 사회적기업가정신의 핵심은 경험

사회적기업가정신의 공감, 혁신, 실용의 세 가지 구성요소는 사회적기업가 한 개인이 선천적으로 지니고 있거나, 사회적기업가로서 활동하기 이전에 이미 획득한 것이 아니라 점진적으로 발전하는 것이었다. 사회적기업가로서 일에 정진하는 가운데 성장·발전하고, 그 가운데에 형성되어 온 것임을 알 수 있었다. 그리고, 공감, 혁신, 실용의 사회적기업가정신은 사회적 가치 창출이라는 사회적기업 본연의 목적을 달성하기 위해 끊임없이 상호작용하면서 사회적기업가와 기업을 성장시키게 된다.

사회적기업가정신의 형성과정에서 주목해야 할 점은 사회적기업가가 겪어 온 정서적, 주관적 경험과 그들이 지향하는 가치는 이 세 가지 요소의 역동적 관계와 지속적 확장을 가능하게 하는 기저에 자리를 잡고 있다는 점이다. 사회적기업가의 경험이 개인적 경험으로부터 증폭경험, 외부경험으로 확장되는 과정에서 사회적기업가정신이 형성되고 신장된다. 이는 객관적 경험들이 직접적으로 활용되어 학습과 성장에 영향을 미치는 것이 아니라, 정서적, 주관적 경험을 동반하며 경험에 대한 의미 있는 재평가를 거쳐 학습에 적용되고 확인된다는 연구의 결과와 맥락을 함께 한다(정서린, 기영화, 2011).

따라서 사회적 기업가 육성에서 어떤 학습경험을 제공할 것인가에 주목할 필요가 있다. 인간은 자신을 둘러싼 환경과 상호작용하면서 다양한 경험을 통해 성장·발달하며 성인의 경우에도 경험은 성장의 중요한 원천이 된다(김형식, 이희수, 2009). 개인의 전문성을 구성하는 기본적인 요소로 지식, 경험, 문제해결을 들 수 있다(Hearling, 1998). 전문가는 공통적으로 많은 경험을 갖고 있다. 경험이 많다는 것이 전문성을 보장하지는 못하지만, 경험을 통한 성찰하면서 전문가로 성장한다(Ericsson & Lehmann, 1999). 경험은 기업을 창업하고 기업을 이끌어나가는 데 가장 많이 영향을 미치는 요소라는 점이 기존 연구(박종복, 주형근, 양현봉, 2009)에서 제기되었다. 사회적기업가의 과거 경험은 사회적기업을 운영하는 현재에 표출되고, 그 경험은 사회적기업의 성장에 영향을 미치는 중요한 요소가 된다. 따라서 현재 정부의 지원으로 운영되고 있는 사회적기업가 양성 과정을 이수하고 사회적기업가로 활동할 수 있는 체계에서 한 걸음 더 나아가 사회적기업가에게 요구되는 자질과 능력을 갖추고 있는지 여부를 그들의 과거 경험을 통해 알아보고, 사회적기업가 양성에 있어 역시 기업 운영의 실무나 이론적인 측면보다는 그들의 과거 경험, 태도 및 가치와 사회적기업가가 공통적으로 갖고 있는 경험의 양상에 주목하여 교육과정을 구성할 필요가 있다.

참고문헌

강병오 (2011). 중소기업 CEO의 창업가정신(Entrepreneurship)이 기업성과에 미치는 영향에 관한 연구: 프랜차이즈 기업을 중심으로. 박사학위논문. 중앙대학교 대학원.

강수영, 홍아정 (2013). 사회적 기업가정신 실천과정에 관한 연구. *한국HRD연구. 8*(1). 2-27.

김도연, 오헌석 (2007). 개발잠재력이 있는 일터경험의 유형과 특성에 관한 연구. *HRD연구, 9*(1). 123-144.

김성기 (2009). 사회적기업 특성에 관한 쟁점과 함의. *사회복지정책. 36*(2). 139-166.

김형식, 이희수 (2009) 성인학습이론에서의 경험의 본질에 관한 연구: Fenwick의 관점을 중심으로. *평생교육·HRD 연구, 5*(3). 1-21.

문보경 (2007). 사회적 기업과 인적자원개발: 동향과 과제. 사회적 기업과 인적자원개발 동향과 과제 워크숍 발표 자료.

박소연 (2010). 사회적 기업가의 역량모델 개발연구. *HRD연구, 12*(2). 67-87.

박종복, 주형근, 양현봉 (2009). 우리나라 기업가정신의 발현실태 분석과 함양 방안. *상업교육연구, 23*(2). 145-164.

배귀희 (2011). 사회적 기업가정신 개념구성에 관한 연구: 구조방정식 모형을 중심으로. *한국정책과학학회보, 15*(2). 199-227.

유병규, 김동열 (2011). 사회적기업도 기업이다: 성공, 실패 사례와 핵심 성공요인. *현대경제연구소 경제주평, 39.* 1-15.

유한나, 민동권 (2012). 다차원척도법을 이용한 사회적기업가 속성 차원에 관한 연구: 한국의 사회적기업 전문가의 관점을 중심으로. *기업가정신과 벤처연구. 15*(8). 25-42.

이미자, 김종규 (2013). 창업의지와 기업가정신이 창업성공에 미치는 영향. *The Journal of Digital Policy & Management, 11*(9). 55-65.

이용탁 (2009). 사회적 기업가정신에 관한 이론적 고찰. *사회적기업연구, 2*(2). 5-28.

이용탁 (2011). 사회적 기업가정신과 성과와의 관련성에 관한 연구. *인적자원관리연구, 18*(3). 129-150.

이원재 (2008). 새로운 미래 사회적기업: 사회적 기업가정신과 경영전략 사례. 서울: 한겨레경제연구소.

이재영 (1991). F. Copleston의 영국경험론. 서울: 서광사.

정대용 (2006). 사회적 기업가와 사회적 기업가정신에 관한 소고. *한창업학회지, 1*(2). 2-16.

정서린, 기영화 (2011). 대학원 준고령 학습자의 경험을 활용한 학습 과정 탐색: 근거이론을 중심으로. *HRD연구, 13*(4). 137-170.

조상미, 이재희, 간기현, 송재영 (2013). 사회적 기업 연구, 어디까지 왔는가?: 경향분석. *한국사회복지행정학, 15*(1). 105-138.

최조순 (2012). 사회적기업가정신과 사회적기업 지속가능성의 관계에 관한 탐색적 연구. 박사학위논문. 서울시립대학교 대학원.

한국사회적기업진흥원 (2020). 사회적기업 정보 중 사회적기업 리스트. Retrieved from http://www.socialenterprise.or.kr/kosea/company.do.

Alvord, S. H., Brown, L. D., & Letts, C. W. (2004). Social entrepreneurship and societal transformation: An exploratory study. *Journal of Applied Behavioral Science, 40*(3). 260-282.

Ashoka.org, Ashoka: Innovators for the public. Retrieved from http://www.ashoka.org/support/criteria.

Austin, J., Stevenson, H., & Wei-Skillem, J. (2006). Social and commercial entrepreneurship: Same, different, or both? *Entrepreneurship Theory and Practice, 30*(1). 1-22.

Borins, S. (2000). Loose cannons and rule breakers, or enterprising leaders?: Some evidence about innovative public managers. *Public Administration Review, 60*. 498-507.

Bornstein, D. (2007). *How to change the world: Social entrepreneurs and the power of new ideas*. Oxford, UK: Oxford University Press.

Brock, D., & Steiner, S. (2008). Social entrepreneurship education: Is it achieving the desired ai ms? USASBE 2008 Proceedings, 1133-1152. Nashville, TN: United States Association for Small Business and Entrepreneurship. Retrieved from http://usasbe.org/knowledge/proceedings/proceedingsDocs/2008/PaperID245.pdf.

Canadian Centre for Social Entrepreneurship (CCSE). (2001). Social entrepreneurship.

Clark, C. (1997). *Misery and company: Sympathy in everyday life*. Chicago: The University of Chicago Press.

Cochran, P. L. (2007). The evolution of corporate social responsibility. *Business Horizons, 50.* 449-454.

Crofts, P., & Gray, M. (2001). Social entrepreneurship: Is it the business of social work? Paper presented at the 16th Asia and Pacific Social Work Conference: Millennium Challenges and Action for Social work Education and practice. 31 July-3 August 2001. Singapore.

Dees, J. G. (1998). The meaning of social entrepreneurship. Center for the Advance ment of So cial Entrepreneurship, Fuqua School of Business, Duke University. Retrieved from http://www.fuqua.duke.edu/centers/case/documents/dees_sed f.pdf.

Dees, J. G. (2001). The meaning of social entrepreneurship. May 30. Retrieved from www.fuqua.duke.edu/centers/case/documents/dees_SE.pdf.

Desa, G.(2007). Social entrepreneurship: Snapshots of a research field in emergence. 3rd International Social Entrepreneurship Research Conference, 18-19 June, Frederiksberg: Denmark.

Dutton, J., Worline, M. C., Frost, P. J., & Lilius, J. (2006). Explaining compassion organizing. *Administrative Science Quarterly, 5*(1). 59-96.

Ericsson, K. A., & Lehman, H. (1996). Expert and exceptional performance: Evidence of maximal adaption to task constraints. *Annual Review of Psychology, 47.* 273-305.

Global Entrepreneurship Monitor (2012). GEM 2012 global report. London: London Business School.

Gonzales, V. (2007). Globalization, welfare reform and the social economy: Developing and alternative approach to analyzing social welfare systems in the post-industrial era. *Journal of Sociology & Social Welfare, 34*(2). 189-212.

Gray, M., Healy, K., & Crofts, P. (2003). Social enterprise: Is it the business of social work? *Australian Social Work, 56*(2). 141-154.

Haugh, H. (2005). A research agenda for social entrepreneurship. *Social Enterprise Journal, 1*(1). 1-12.

Hearling, R. E. (1998). Expertise: The development of an operational definition for human resource development. In R. J. Torraco(Ed.), *Academy of Human*

Resource Development (715-722). Baton Rouge, LA: AHRD.

Hibbert, S. A., Hogg, G., & Quinn, T. (2002). Consumer response to social entrepreneurship: The case of the Big Issue in Scotland. International Journal of Nonprofit and Voluntary Sector Marketing, 7(3). 288-301.

Johnson, S. (2000). *Literature review on social entrepreneurship.* Alberta: Canadian Centre for Social Entrepreneurship.

Kaletsky, A. (2010). *Capitalism 4.0.* NY: Bloomsbury Publishing.

Lasprogata, G., & Cotton, M. (2003). Contemplating 'enterprise' the business and legal challenges of social entrepreneurship. *American Business Law Journal, 41*(1). 67-114.

Leadbeater, C. (2006). The socially entrepreneurial city. In A. Nicholls(Ed.), *Social entrepreneurship: New models of sustainable social change.* Oxford, UK: Oxford University Press.

Light, P. C. (2006). Reshaping social entrepreneurship. *Stanford Social Innovation Review, 4*(3). 47-51.

Lilius, J., Worline, M., Maitlis, S., Kanov, J., Dutton, J., & Frost, P. (2008). The contours and consequences of compassion at work. *Journal of Organizational Behavior, 29.* 193-218.

Mair, J., & Marti, I. (2006), Social entrepreneurship research: A source of explanation, prediction, and delight. *Journal of World Business, 41.* 36-44.

Mair, J., & Noboa, E. (2003). Social entrepreneurship: How intentions to create a social enterprise get formed. ISES Working Paper No. D/521.

Martin, R. L., & Osberg, S. (2007), Social entrepreneurship: The case for definition. *Stanford Social Innovation Review, Spring.* 28-39.

Nussbaum, M. (1996). Compassion: The basic social emotion. *Social Philosophy and Policy, 13*(1). 27-58.

Peredo, A. M., & McLean, M. (2006). Social entrepreneurship: A critical review of the concept. *Journal of World Business, 41.* 56-65.

Prabhu, G. N. (1999). Social entrepreneurial leadership. *International Journal of Career management, 4*(3). 140-145.

Sagawa, S., & Segal, E. (2000). Common interest, common good: Creating value through Business and social sector partnership. *California Management Review, 42*(2). 105-122.

Seelos, C., & Mair, J. (2005). Social entrepreneurship: Creating new business models to serve the poor. *Business Horizons, 48.* 241-246.

Sharfman, M. P., Busenitz, L., Townsend. D., & Harkins J. (2006). The theoretical domain for-profit social entrepreneurship. Paper presented at the 2006 Academy of Management Annual Meeting, Atlanta, GA.

Shaw, E., Shaw, J., & Wilson, M. (2002). *Unsung entrepreneurs: Entrepreneurship for social gain.* University of Durham Business School.

Spear, R. (2006). Social entrepreneurship: A different model?. *International Journal of Social Economics, 33*(5/6). 339-410.

Sullivan Mort, G., Weerawardena, J., & Carnegie, K. (2003). Social entrepreneurship: Towards conceptualization. *International Journal of Nonprofit and Voluntary Sector Marketing, 8*(1). 76-88.

Thalhuber, J. (1998). The definition of social entrepreneur. *National Centre for Social Entrepreneurs,* 1-3.

Thompson, J. L. (2002). The world of the social entrepreneur. *International Journal of Public Sector Management, 15*(5). 412-431.

Waddock, S. A., & Post, J. E. (1991). Social entrepreneurs and catalytic change. *Public Administration Review, 51.* 393-407.

Weerawardena, J., & Sullivan Mort, G. (2006). Investigating social entrepreneurship: A multidimensional model. *Journal of World Business, 41.* 21-35.

Wei-Skillern, J. C., Austin, J. E., Leonard, H. B., & Stevenson, H. H. (2007). *Entrepreneurship in the social sector.* California: SAGE Publications.

● Changing Organization

변화하는 조직

02

디지털 변환(digital transformation)을 위한 인재 전환(talent transformation)

이찬(chanlee@snu.ac.kr), 박복미(bbbomi@snu.ac.kr)

이찬은 미국 오하이오주립대학교에서 HRD 석사 및 박사 학위를 취득했다. 레고코리아(주)(HR Specialist)와 LG전자 서비스 미국 법인(인사부)에서 일했다. 현재 서울대학교 농산업교육과 산업인력개발학 전공 정교수로 재직 중이며, 서울대학교 경력개발센터장과 인사혁신처 국가공무원인재개발원 겸임교수, ATD Korea Summit 의장 등을 맡고 있다. 대표 저서로는 『한국의 직업교육훈련정책』, 『꿈꾸는 진로여행』, 『인적자원개발론』 등이 있다.

박복미는 서울대학교 사범대학 교육공학 석사를 취득하고, 컨설팅 기업에서 컨설턴트로 활동하였다. 이후 서울대학교 행복연구센터 연구원으로 재직한 바 있으며, 현재 서울대학교 농산업교육과 산업인력개발학 전공 박사과정에 있다.

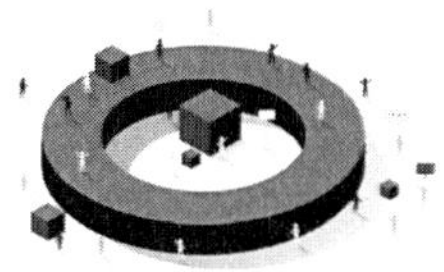

디지털 변환(digital transformation)을 위한 인재 전환(talent transformation)

이찬, 박복미

서론

디지털 변환(digital transformation, 이후 DX로 표기)은 조직 성과 창출의 중요한 이슈로 부상하고 있다. 모바일(mobile), 클라우드(cloud), 인공지능(artificial intelligence, 이후 AI로 표기) 등 디지털 기술 확산에 따라 비즈니스 전반에 걸쳐 디지털 변환이 이루어지고 있다. 일례로 OECD 국가의 로봇 사용 현황을 살펴보면 2003년부터 2017년까지 지속적으로 증가하는 패턴을 보이고 있다(<그림 1>). 특히 코로나19 감염증 확산으로 경영환경의 불확실성이 가속화 되면서, 디지털 변환을 통한 혁신이 빠르게 대두되는 계기가 되었다. 디지털 변환의 주요 목표는 생산성 향상, 창의성 증진, 비용 절감 등의 효과를 거두는 것(Hess, Matt, Benlian, & Wiesböck, 2016)이기 때문에, 기업들은 많은 자본과 시간을 투입하고 있다.

딜로이트(2020)가 2019년 미국 기업 경영진을 대상으로 1,200개 기업(종업원 500인 이상, 연매출 2억 5천만 달러 이상)의 디지털 변환 접근 방식을 조사한 결과, 응답자들은 2019년 향후 12개월 동안 디지털 전환 투자를 평

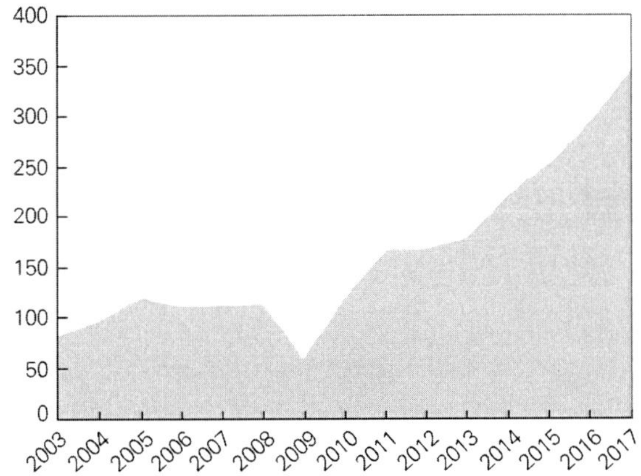

(단위: 천 대)

〈그림 1〉 산업용 로봇의 전 세계 연간 공급량

출처: OECD. (2018). Job creation and local economic development 2018: Preparing for the future of work. *OECD Publishing*. Retrieved from http://www.oecd.org/publications/job-creation-and-local-economic-development-26174979.htm.

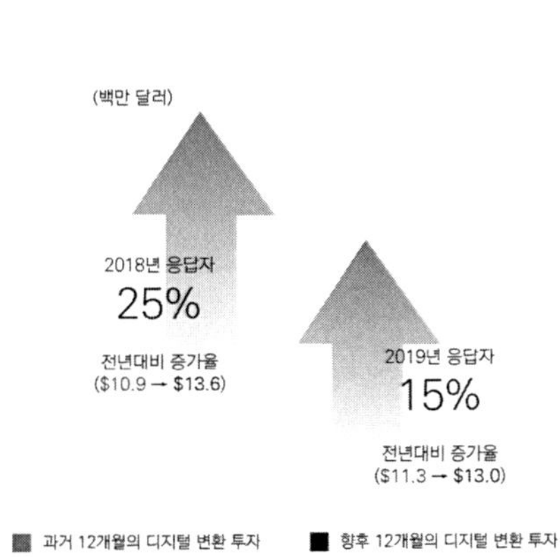

〈그림 2〉 디지털 변환 투자, 2018년 및 2019년 비교

출처: 딜로이트. (2020). *2020 Deloitte Global Human Capital Trends.*. Retrieved from https://www.deloitte.com/kr/ko/pages/human-capital/articles/HC-trends-article-20200520.html.

균 15% 증가시킬 계획이라고 응답했으며, 2018년에는 같은 질문에 25% 늘리겠다고 답한 것으로 확인되었다(<그림 2> 참조). 2018년 대비 2019년 투자비율이 다소 주춤했으나, 기업은 여전히 디지털 변환에 적극적인 투자를 하고 있다.

이와 같이 글로벌 기업들이 디지털 변환에 공격적인 이유는 그 효과가 긍정적이고, 특히 제품의 품질개선 및 고객 경험의 차별화를 통한 고객만족도 상승과 재무성과 향상에도 영향을 주기 때문이다(딜로이트, 2020). 그러나 우리나라에서 디지털 변환을 추진하고 있는 기업은 9.7% 정도로 아직은 저조한 수준으로 나타났다(한국산업기술진흥협회, 2020)

이제는 디지털 기술을 일자리 창출에 위협적 대상인 제로섬 게임(zero-sum game) 차원으로 받아들이기보다는 성장의 기회로 삼아야 한다. 직업세계에서 변화하는 기술의 요구사항에 적극적으로 대처하고 이를 성장의 기회로 전환하기 위해서는 '기술'적인 해결 방안만을 찾는 것이 아니라, 일하는 방식의 변화, 즉 '사람' 중심이 되어야 한다. 세계적으로 환경 변화가 가속화되고 있으므로 성장의 기회를 포착하기 위해서는 무엇보다 인재육성에 초점을 맞추어야 한다. 임직원들이 현재 보유한 역량 수준과 미래에 필요한 요구 역량 수준 간의 불일치를 진단하고, 디지털 변환에 필요한 역량을 규명하여 채워주는 등의 노력은 미래 사업 환경에 적합한 인적자원개발의 필수 조건이다.

DX와 HRD

일터에서 디지털 변환은 R&D와 기술개발 분야에 제한된 영역이 아니다. 모든 산업에 걸쳐 혁신의 바람이 불고 있으며, 디지털 변환이 그 중심에 있다. OECD(2019)에 의하면 디지털 도구를 사용하는 약 20%의 근로자가 업무의 변화를 인지했다고 응답했으며, 다수가 작업하는 과정에서 자율성을

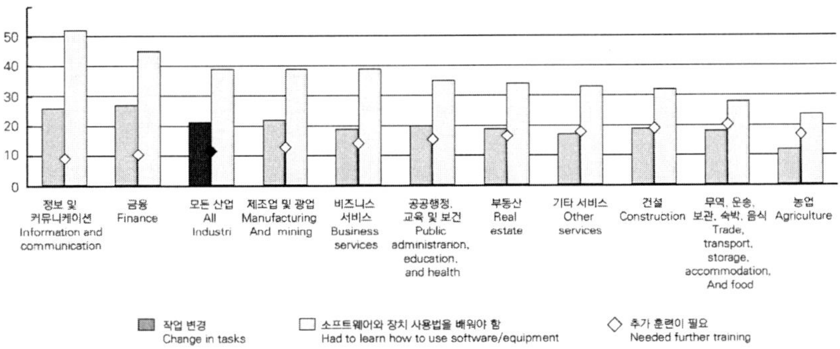

〈그림 3〉 새로운 소프트웨어 또는 컴퓨터 장비가 직장에서 미치는 영향

출처: OECD. (2019), Measuring the Digital Transformation: A Roadmap for the Future, Paris: OECD Publishing. Retrieved from https://doi.org/10.1787/9789264311992-en.

경험했다고 답했다. 또한 동료와의 협업이 상대적으로 쉬워졌다고 응답했으며, 당사자들이 성과를 직접 체감한 것으로 나타났다(<그림 3> 참조). 일터에서 기술의 발전은 HRD 부서에 많은 도전을 주고 있다. 기존 HRD 부서가 주로 훈련지원 기능을 수행했다면, 오늘날 새로운 디지털 기술의 발전은 조직 구성원이 자신의 업무경험을 창조하는 유연성을 갖게 하고(Betchoo, 2016), 이는 HRD의 기능과 역할을 새롭게 정의할 필요가 있음을 시사한다.

인공지능(AI)에 의해 재직자들의 일자리가 대체될 것이라는 우려에도 불구하고, 글로벌 기업들은 디지털 변환을 위해 발 빠르게 인재 전환이 이루어질 수 있는 HRD 방안을 고민하고 있다. AI를 기존의 인적자원과 통합하여 협업시키는 것은 더 나은 결과물과 새로운 가치를 창출하는 데 매우 중요한 작업이다. 이러한 트렌드는 “사람들 간의 경쟁을 통한 생존”의 성공방정식에 익숙한 우리들에게 “인공지능과의 협업을 통한 공존”이라는 새로운 HR 웰빙(well-being) 전략을 제시하고 있다.

인간지능으로 가능한 가치창출을 통해 보다 의미있는 일을 하기 위해서는 사람들이 굳이 ‘하지 않아도 될 일’을 AI가 할 수 있도록 프로세스를 설계하는 것이 중요하며, 진정한 의미의 HR 웰빙 체제를 구축하기 위해 다음의 4단계 전략을 수립할 필요가 있다: (1) 직무분석(job analysis)을 실시하여, 직무 활동을 확인하고, (2) 직무맵핑(job mapping)을 통해 사람과 AI의 역할과 책임을 구분하여, 그에 따른 직무 구조를 재편하는 (3) 직무 재설계(job redesign)를 실시해야 한다. 사람에서 AI로의 직무 대체 과정에서 발생한 잉여 인력과 자원을 통해 새로운 비즈니스 가치를 창출하기 위한 (4) 직무창조(job creation)를 실행함으로써 직무확대(job enlargement)와 직무충실(job enrichment)를 구현하여 일자리 창출에도 이바지하는, 4단계 전략이 필요하다(<그림 4>). 이것이 디지털 변환 과정에서, 업무의 부가가치는 높이고, AI와의 협업으로 인간의 업무량은 줄여가는 HR 웰빙을 구현하기 위한, 인재 전환(talent transformation, 이후 TX로 표기) 프로세스의 핵심 성공요인이다.

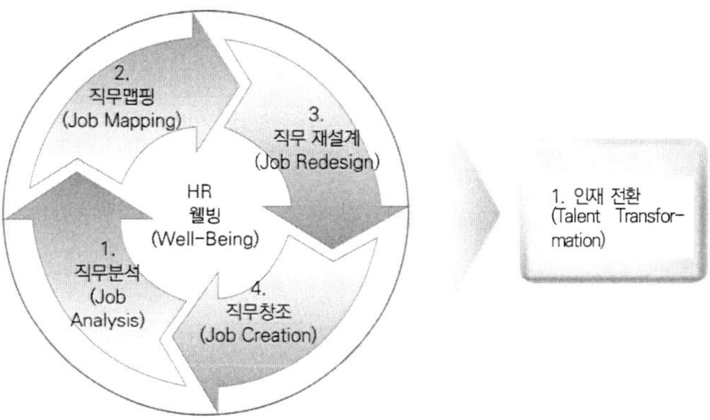

〈그림 4〉 HR-웰빙(well-being) 4단계 전략

OECD(2019) 보고서에 따르면 14%의 직무들이 이미 자동화되었고, 또 다른 30%가 자동화에 의해 직무가 재설계될 예정이다. 이처럼 기업들은 다양한 방법으로 디지털 기술 활용을 위해 조직 내 재정비를 하고 있으며 관련 역량을 보유한 인력 등의 채용을 추진하고 있다.

Measuring the Digital Transformation 보고서(OECD, 2010)에 따르면 EU의 28개 국가의 다양한 산업에서 클라우드 컴퓨팅(cloud computing), 빅 데이터(big data), 전사적 자원관리(enterprise resource planning, ERP), 고객 관계 관리(customer relationship management, CRM), 전자·온라인 판매(e-sales) 분야의 전문 인력을 고용하고 있으며, 특히 정보 및 커뮤니케이션 산업 분야에서는 클라우드 컴퓨팅 기술 인력을 10명 이상 채용한 기업의 비율이 60%를 넘는 것으로 나타났고, 도매무역 산업의 경우 전사적 자원관리(enterprise resource planning, ERP)를 위한 전문 인력을 10명 이상 고용한 기업의 비율이 50%를 넘는 것으로 나타났다.

IT 기업이나 디지털 산업뿐만 아니라 부동산, 무역, 행정 및 지원서비스, 제조업 등 특정 분야에 국한되지 않고 거의 모든 산업에 걸쳐 디지털 변환이 추진되고 있는 것을 알 수 있다(<그림 5>). 이처럼 디지털 변환은 조직 내 직무와 직무 수행 주체의 재정비를 추진하기 위해 전문 인력을 고용하고 스킬 격차를 좁히는 등의 HRD 개입(intervention)을 요구한다.

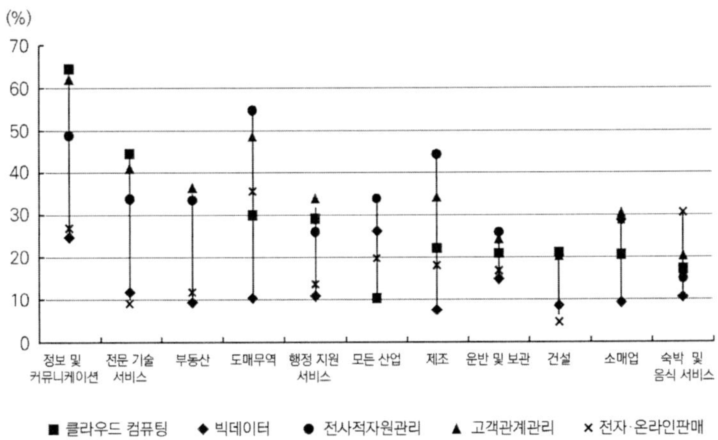

〈그림 5〉 산업별 ICT 활용, EU28, 2018

출처: OECD. (2019). Measuring the Digital Transformation: A Roadmap for the Future, Paris: *OECD Publishing*. Retrieved from https://doi.org/10.1787/9789264311992-en.

이제부터 HRD 부서에서 디지털 변환을 위한 인재 전환을 추진할 수 있는 4단계 전략 과정을 구체적으로 살펴보고, 국내 기업의 우수 사례 연구를 통해서 가시적인 효과를 확인해보고자 한다.

DX를 위한 TX-HR 웰빙

• 1단계: 직무분석(job analysis)

직무분석은 인사관리, 인재육성 등의 거의 모든 분야에서 다양하게 활용되고 있다. 직무분석은 산업화가 진행됨에 따라 세분화된 일의 내용과 특징 등을 명확히 하는 프로세스로써, 인력을 체계적으로 관리하기 위한 기초 정보를 제공한다. 직무분석의 결과를 기반으로 직무기술서와 직무명세서를 작성하여 모집, 선발, 평가, 교육훈련 등에 활용될 수 있으며 나아가 조직체계의 개선, 경력계획, 직무 재설계 등에 활용될 수 있다(신택현, 박상언, 1998). 인적자원개발 측면에서는 훈련개발, 경력개발, 조직개발, 성과관리 등에 활용되고 있다. 직무에 대한 명확한 정의와 세부적인 과업내용, 자격요건 등을 상세히 기술하게 되어 있는 직무분석의 결과물은 그 직무의 중요도와 난이도 등을 고려하여 적합한 인력 배치에 활용할 수 있다(김재원, 유규창, 2016). 또한 직무분석을 통해 직원들의 강점과 약점을 파악할 수 있으며, 이를 바탕으로 지식, 기술, 태도 등의 역량을 향상시킬 수 있는 다양한 형태의 개선활동을 전개할 수 있다(Clifford, 1994).

디지털 변환이 급속도로 일어나고 있는 환경 속에서 직무분석의 중요성은 더욱 커지고 있다. 직무의 많은 부분이 디지털화되고 있으며, 이에 따라 사람이 잘 할 수 있는 일과 자동화를 통한 비용절감이 필요한 일은 무엇인지를 정의하는 것이 중요하다. 결론적으로 반복적이고 정형화된 과업들은 인공지능과 로봇에게 맡기고, 사람에게는 창의적이고 비정형화된 과업들을 맡

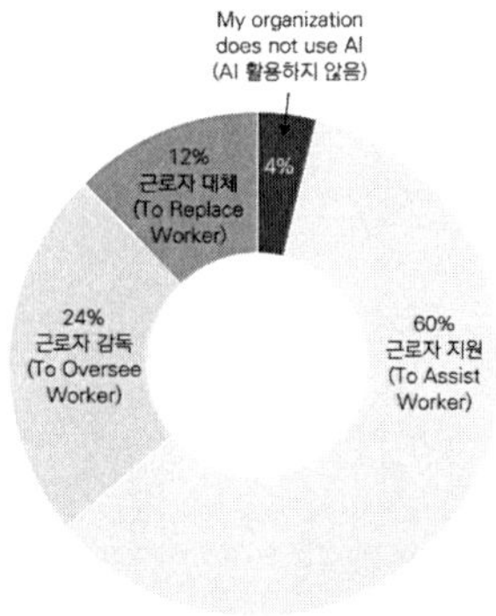

〈그림 6〉 조직에서 AI를 활용하는 이유

출처: 딜로이트. (2020). *2020 Deloitte Global Human Capital Trends.* Retrieved from https://www2.deloitte.com/kr/ko/pages/human-capital/articles/HC-trends-article-20200520.html.

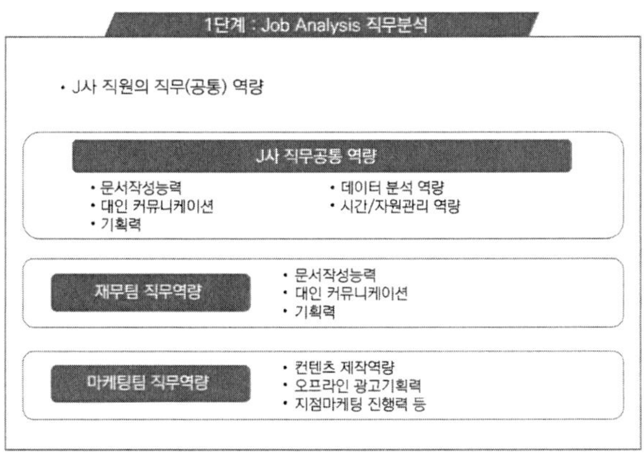

〈그림 7〉 J사 직무분석(job analysis) 결과 예시

출처: Lee, C., & Cho, S. K. (2019, May). *Demystify the Truth of Workplace Automation.* 2019 ATD ICE Education Session, Washington, D.C.

김으로써 효율성과 생산성을 동시에 높일 수 있을 것이다.

딜로이트(2020)의 Global Human Capital Trend 보고서에 따르면 기업이 AI를 활용하는 가장 근본적인 이유는 '구성원을 지원(60%)'하기 위한 것으로 나타났다(<그림 6>). 이는 직무분석에 있어 하나의 기준이 될 수 있으며, 인간과 인공지능의 역할을 어떻게 정의하느냐에 따라서 중요한 시사점을 줄 수 있다.

국내 대표적인 다이어트 컨설팅 업체인 J사는 HR 웰빙을 적극적으로 추진해온 대표적인 기업이다. J사는 AI와의 업무분장과 역할정립을 통해 조직의 업무프로세스를 체계화하여 효율적인 운영방식으로 기업들에게 미래방향을 제시한 바 있다. AI와의 업무분장과 역할정립을 위해 HR－웰빙의 첫 단계인 직무분석(job analysis)을 통해 구성원 전체의 직무공통역량을 확정하고, 이와 함께 각 팀의 직무역량을 정의하였다(<그림 7>).

• 2단계: 직무맵핑(job mapping)

직무분석 업무 활용의 다음 단계는 직무맵핑이다. 직무맵핑은 AI와 인간의 협업이 이루어질 수 있도록 역할과 책임을 정의하는 작업으로 HR 웰빙 실현에 있어 중요한 단계이다. 업무환경이 가상현실에 가까울수록, 반복적이고 자동화된 작업일수록 인공지능의 기능과 역할로 정의될 가능성이 높다. 반면 고도의 인지능력이 필요한 업무, 창의적 사고가 필요한 업무, 사회적 지능이 필요한 업무일수록 자동화로 대체되기 어려우므로 인간이 해야 하는 고유의 업무로 구분될 수 있다. 반복적인 업무는 로봇과 AI의 수행능력이 월등해 이 분야에서는 인간이 경쟁할 필요가 없으므로 AI의 역할이 될 수 있으며, 창의적 사고 등과 같이 인간 고유의 역량을 활용하는 부분이 인적자원의 핵심 역할이라는 것이다. 이처럼 인간과 AI의 상호작용 분석을 통한 책임과 기능을 명확히 하는 작업을 2단계인 직무맵핑 단계에서 진행한다.

직무맵핑이 잘 이루어지기 위해서는 인간과 시스템 간 상호작용에 대한 협업체계의 정교한 분석이 이루어져야 한다. J사의 사례연구에서는 AI 프로그램 도입 이후 핵심 직무인 고객데이터 관리 부분과 컨설팅 업무 부분에서 주요한 변화가 관찰되었다. 예를 들어, 컨설팅 직무에서는 고객 차트 분석하기, 다이어트 지도 자료 발송하기 등의 단순하고 반복적인 직무는 임직원들로부터는 제거되었고, 고객에게 AI 보고서 확인하도록 안내하기, 고객의 양자분석 결과 올리기 등의 신규 직무가 새롭게 창출되었다.

디지털 변환을 위한 인재 전환을 통해, HR 웰빙을 실현하기 위한 4단계 중 두 번째 단계인 직무맵핑이 중요한 이유는 또 있다. 우리의 직장생활을 고달프게 만드는 소진(burn out)은 사실 정말 난이도가 높은 업무 때문이라기 보다는, 단순 반복적인 업무들에서 기인하는 경우가 많다. 따라서 인공지능과 로봇에게 단순하고 반복적인 업무들을 위임하고 우리 인간만이 할 수 있는 고유의 업무들을 수행하게 된다면, 업무 몰입도 향상을 통한 성과 창출뿐만 아니라, 구성원들의 웰빙에도 이바지 할 수 있게 될 것이다.

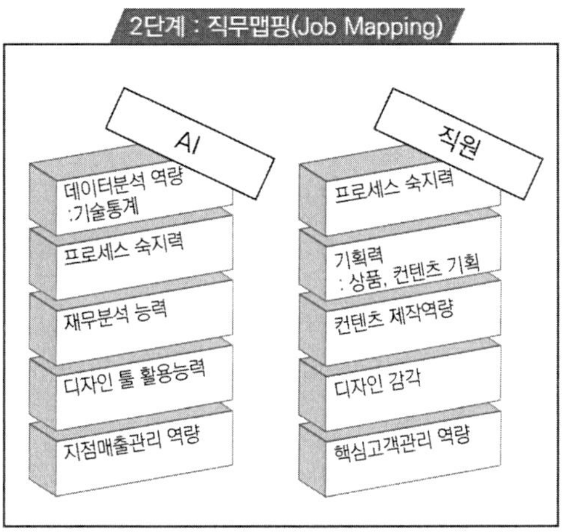

〈그림 8〉 J사 직무맵핑(job mapping) 결과 예시

출처: Lee, C., & Cho, S. K. (2019, May). *Demystify the Truth of Workplace Automation*. 2019 ATD ICE Education Session, Washington, D.C.

• 3단계: 직무 재설계(job redesign)

직무 재설계(job redesign) 작업은 직무를 구성하는 요소인 임무, 과업, 작업 절차 등의 구성을 변화시켜 직무를 재구조화하는 것을 의미한다. 이는 생산성 제고 수단으로 활용될 수 있으며(이지만, 정승화, 2006), 관리자가 직원의 임무와 과업 등의 변화가 필요하다고 판단할 때 이루어진다(Tim &

Bakker, 2010). 글로벌 컨설팅사의 조사결과에 따르면(딜로이트, 2020), 59%의 기업들은 팀 내에 AI를 통합하기 위하여 직무를 재설계하는 것이 1년 혹은 1년 6개월 이내의 조직의 성공에 매우 중요하다고 응답했다. 또한 직무 재설계는 조직에서의 개인적 성장 및 개발 기회를 제공하는데 긍정적인 영향을 주는 것으로 밝혀졌으며, 급여와 직업 안정과 같은 조직적 맥락차원의 만족도에도 영향을 주는 것으로 나타났다(Hackman & Oldham, 1980).

DX 시대에 AI와의 협업이 늘어나게 되면서 자연스럽게 조직 구성원의 직무에도 변화가 생겨나고 있다. 사람이 해야 할 일과 인공지능의 역할이 구분되면서 자신의 직무에 대한 깊이 있는 고민과 관심은 직무의 재설계 관점과 연결된다. 직무 재설계는 조직의 직무를 효율적으로 개선하고, 구성원이 변화하는 직무에 적응하도록 돕기 때문에 디지털 변환을 위한 인재 전환에서 매우 중요한 과정이다.

J사의 경우 업무환경과 인력의 투입정도 및 AI 기술 수용 정도를 기준으로 구성원의 직무를 재설계했다. 이러한 작업은 지속적으로 변화하는 직무를 재구조화하는 작업으로 AI가 업무에 통합됨으로써 변화된 직무 사례를 보여준다(<그림 9> 참고). 조직 구성원은 직무에 대한 의미 부여를 통해 보다 도전적이고 몰입하는 자세를 갖게 되었다. 구성원은 재생 가능한 조직의 자산이며 핵심 성공요인이다. 빠르게 변화하는 환경에서 기업은 비즈니스 전략에 맞춘 직무 재설계를 통해 구성원의 성장을 지원하고, 궁극적으로 성과개선에까지 이바지하도록 노력해야 한다.

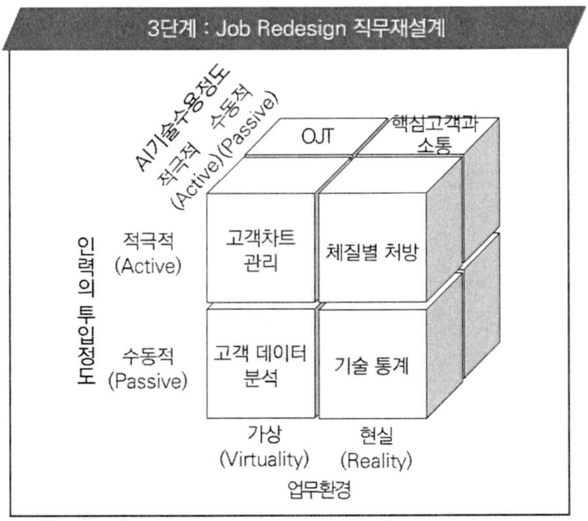

〈그림 9〉 J사 직무 재설계(job redesign) 결과 예시

출처: Lee, C. (2020, October). *Beyond Artificial Intelligence: Talent Transformation for Digital Transformation*. ATD China Summit. Shanghai, China.

• 4단계: 직무창조(job creation)

HR-웰빙 전략의 마지막 네 번째 단계인 직무창조(job creation)는 AI와의 협업을 통해 기존에 우리 회사에 없던 새로운 직무를 도입하는데 초점을 맞추고 있다. J사의 경우, 구성원의 역할과 AI의 역할을 정의하고, 직무를 디자인하여 실무에 적용한 결과 현존하는 직무의 효율성을 증대시켰거나, AI와의 협업을 통해 신규 직무가 생기는 등 가시적인 성과를 거둔 직무창조의 우수사례이다(<그림 10>).

〈그림 10〉 J사 직무창조(Job Creation) 사례(AI 적용 전)

출처: Lee, C. (2020, October). *Beyond Artificial Intelligence: Talent Transformation for Digital Transformation.* ATD China Summit. Shanghai, China.

특히 기존 고객 예약 일정 관리의 직무는 'AI 프로그램으로 고객 예약 일정 관리하기'의 직무로 변화되고 AI와의 협업이 이루어졌으며, 이는 체계적인 고객 예약 관리를 통해 결과적으로 고객 경험에 긍정적인 영향을 주었다. 또한 'AI 프로그램 관리', 'AI 프로그램으로 컨설팅'의 직무가 AI를 직무에 통합시키면서 새롭게 창출된 직무의 사례이다.

J사는 AI 컨설턴트 도입 이후 컨설턴트 1명당 평균적으로 관리하는 고객의 수가 6.9명에서 8.4명으로 늘어났으며, AI 컨설턴트 도입 이후 보다 적은 인력으로 다수의 고객을 관리할 수 있어 업무 효율성이 높아졌다(<그림 11>). AI와 임직원들과의 협업 그리고 AI를 팀 내에 통합하는 J사의 전략은 조직 구성원의 생산성을 향상시켰다.

〈그림 11〉 J사 직무창조(Job Creation) 사례(AI 적용 후)

출처: Lee, C. (2020, October). *Beyond Artificial Intelligence: Talent Transformation for Digital Transformation*. ATD China Summit. Shanghai, China.

HR 웰빙을 위한 DX 시사점

MIT 줄리 샤(Julie Shah) 교수는 인간－로봇 상호 작용 연구에서 "초 인간(superman)"이라는 용어를 사용하여, 기계와의 협업을 통해 초인적인 성능을 구현한다는 의미를 내포하였다(Christian, 2020). MIT 슬로안 경영대학원 교수이자 MIT 조직과학센터 설립자인 토머스 W. 말론(Thomas W. Malone)은 2018년 『슈퍼마인드(Superminds)』라는 책을 통해 인간과 컴퓨터의 협업은 엄청난 힘을 발휘할 것이라며, 새로운 형태의 인간-기계 집단 지성의 달성을 위한 체계의 중요성을 강조하였다(Malone, 2018). AI가 구성원들의 일자리를 대체할 것이라는 예측에도 불구하고, 많은 기업에서는 이미 AI와의 '협업'을 구현하기 위한 다양한 노력이 시도되고 있다. 이러한 상황에서 딜로이트(2020)는 AI를 팀의 일원으로 통합하여 조직 성과를 위한 전략을 모색하는 슈퍼팀(superteam)을 언급하는데 이는 디지털 변환 시대에 협력이 기업의 생존 전략임을 시사한다(<그림 12>).

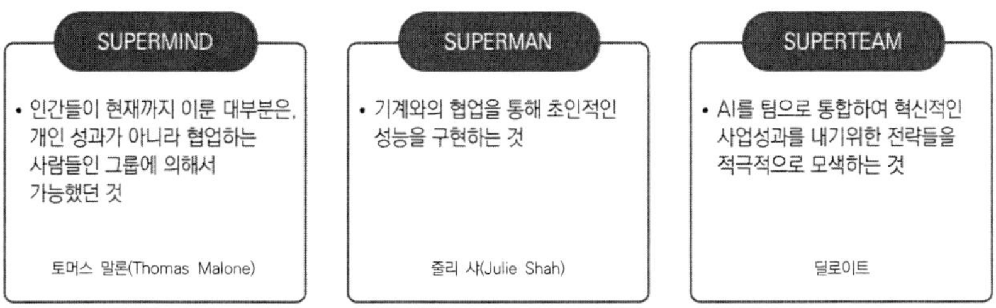

〈그림 12〉 AI와의 협업 수준에 따른 개념

'성장에 대한 기회가 있는 직장에서 일하기를 희망한다.'고 응답한 비율이 94%라는 조사결과(Benjamin & Colleen, 2018)는 조직 구성원의 성장을 위한 지원이 직원 유지에 얼마나 중요한지를 시사한다. 특히 불확실한 미래 환경에 적응할 수 있는 스킬 교육을 지원하고 새로운 역량을 채울 수 있도록 다양한 기회를 제공하는 것이 궁극적으로 직업의 안정성을 담보할 수 있으며, 스킬 격차(skill-gap)를 극복하고 시대에 맞는 필요 역량을 갖추도록 하는 업스킬링(upskilling)이 더욱 중요해지고 있다. 그러므로 지속적인 업스킬링과 리스킬링이 필요하다(Laurent et al., 2018). 이러한 관점에서 조직의 HRD 부서는 도전적인 환경에 직면해 있다.

클라우드 컴퓨팅, 모바일, 가상현실 등의 발달로 인해 근무환경, 근무형태, 직장 구성원, 조직문화, 인적자원관리 시스템 등 조직에 큰 변화가 일어나고 있다(이무근, 이찬, 2020). DX 시대에는 특히 소프트 스킬 역량이 주목받고 있으며, 일터 자동화로 인해 인사관리 및 인재육성 분야의 니즈도 지금까지와는 다른 차원으로 진화하고 있다. 그중에서도 인공지능이 대체하기 어려운 창의성, 리더십, 비판적 사고, 기업가정신과 같은 소프트 스킬 및 활용 역량을 구축할 수 있도록 조직 구성원에게 맞춤형 성장 기회를 제공해야 하며, 끊임없이 업스킬링을 도모하여 직원이 성장할 수 있는 환경을 조성해야 한다. 물론 이 모든 기대를 충족시키기 위해서는 DX시대에 걸맞는 HRD 관계자들의 역량 개발이 선행되어야 한다.

결론적으로 요약 정리하자면, 디지털 변환을 위한 인재 전환은 인재육성을 표방하는 HRD 성공방정식의 변화를 요구한다. 인간들끼리의 '경쟁을 통한 생존'이라는 기존의 성공방정식에서 탈피하여, 이제는 인간과 인간뿐만 아니라 인간과 AI와의 '협업을 통한 공존'의 성공방정식으로 대대적인 변화가 필요하다. 이것은 채용에 필요한 선발 기준부터, 성과평가의 메커니즘에 이르기까지 HR 모든 분야에 걸친 전면 개편을 의미한다.

앞서 국내 우수사례와 함께 소개한, HR 웰빙을 추구하는 디지털 변환을 위한 인재육성 전환의 4단계(직무분석–직무맵핑–직무 재설계–직무창조) 중, 모든 단계가 중요하나 특히 3단계인 직무 재설계와 4단계인 직무창조를 간과할 경우, AI나 로봇에게 일자리를 박탈당할 우려를 갖고 있는 구성원들의 비협조로 디지털 변환에 실패할 가능성이 높다. 따라서 필자의 사례 연구 결과에 따르면, 최고 경영진이 네 단계 전 과정을 추진할 강한 의지를 가지고 1단계인 직무분석 시작 전부터 모든 단계의 청사진을 구성원들과 소통하여, 상호 윈–윈(win–win) 전략을 구사해야 비로소 우리가 꿈꾸는 DX를 위한 TX를 통해 HR 웰빙이 실현될 것이다.

참고문헌

김재원, 유규창 (2016). 직무분석을 활용한 직무중심 인사관리와 고령화가 기업성과에 미치는 영향. *노동정책연구, 16*(2), 65-92.

딜로이트 (2018). 2018 딜로이트와 제조업 협회의 기량 간극 및 일의 미래 연구결과. Retrieved from https://www2.deloitte.com/content/dam/Deloitte/kr/Documents/insights/special-focus/future-of-work/kr_insights_special-focus-future-of-work_02.pdf

딜로이트 (2020). 2020 Deloitte Global Human Capital Trends. Retrieved from https://www2.deloitte.com/kr/ko/pages/human-capital/articles/HC-trends-article-20200520.html.

신택현, 박상언 (1995). 직무분석의 현황과 과제. 대한산업공학회 추계학술대회 논문집, 222-225.

이지만, 정승화 (2006). 고령친화적 기업경영모델 개발과 확산에 관한 연구: 고령자의 근로능력(Workability)과 고용가능성(Employability)을 증진시킬 수 있는 기업경영모델의 모색. 서울: 보건복지부.

이무근, 이찬 (2020). 한국의 직업교육훈련정책. 서울: 박영스토리.

이찬 (2019). 2020 HR 트렌드: 디지털 트랜스포머로서의 HR 역할. 글로벌 HRD 포럼.

이찬 (2020). HR 웰빙(Well-being)과 워러밸(Work & Learning Balance). *월간HRD*, 361, 23.

한국산업기술진흥원 (2020. 6. 15). 코로나19에도 불구, 디지털 트랜스포메이션(DT)을 적극 추진하는 기업은 9.7%에 불과. 보도자료.

Benjamin S. & Colleen D. (2018). *2018 Workplace learning report*. Linkedin. Retrieved from https://learning.linkedin.com/resources/workplace-learning-report-2018.

Betchoo, N. K. (2016). Digital transformation and its impact on human resource management: A case analysis of two unrelated businesses in the Mauritian public service. *2016 IEEE International Conference on Emerging Technologies and Innovative Business Practices for the Transformation of Societies*, 147-152.

Christian, U. (2020). How to accelerate digital literacy in the enterprise world. *World Economic Forum.* Retrieved from https://www.weforum.org/agenda/2020/02/accelerating-digital-literacy-in-the-enterprise-world/.

Clifford, J. (1994). Job analysis: Why do it and how should it be one?, *Public Personal Management 23*(2), 321~340.

Hackman, R. J., & Oldham, G. R. (1980). *Work redesign.* Menlo Park, CA: Addison-Wesley Publishing Co.

Hess, T., Matt, C., Benlian, A., & Wiesböck, F. (2016). Options for formulating a digital transformation strategy. *MIS Quarterly Executive, 15*(2), 123-139.

Laurent, P., Virginie, L., Christian, M. D., Nuray, U. B., PwC, Demetrius, K., Johannes, C., & CARSA. (2018). *EU business go digital: Opportunities, outcomes and uptake.* Luxembourg: Publications Office of the European Union.

Lee, C. (2020, October). *Beyond Artificial Intelligence: talent Transformation for digital transformation.* ATD China Summit. Shanghai, China.

Lee, C., & Cho, S. K. (2019, May). Demystify the truth of workplace automation. 2019 ATD ICE Education Session, WA: ATD.

Lee, C., & Cho, S. K. (2019, November). *Talent transformation for digital technology : Best practice of AI at workplace.* ATD APC. Taiwan.

Malone, T. W. (2018). *Superminds: How hyperconnectivity is changing the way we solve problems.* NY: little, Brown Spark.

OECD. (2018). Job creation and local economic development 2018: Preparing for the future of work. *OECD Publishing.* Retrieved from http://www.oecd.org/publications/job-creation-and-local-economic-development-26174979.htm.

OECD. (2019). *Measuring the digital transformation: A roadmap for the future,* Paris: OECD Publishing. Retrieved from https://doi.org/10.1787/9789264311992-en.

Tims, M., & Bakker, A. B. (2010). Job crafting: Towards a new model of individual job redesign. *SA Journal of Industrial Psychology, 36*(2), 1-9.

World Economic Forum (2018). *Future of jobs report 2018.* Retrieved from https://www.weforum.org/reports/the-future-of-jobs-report-2018.

기업 관리자의 개발 리더십(developmental leadership) 측정도구 개발

이형우(hwhw.lee@multicampus.com), 배을규(ekbae@inha.ac.kr), 이민영(edu21c@hanmail.net)

이형우는 인하대학교 교육학과에서 학사, 석사, 박사학위를 취득하고, 현재 ㈜멀티캠퍼스 HRD 책임 컨설턴트로 근무하고 있다. 주로 리더십, 경력개발, 전략적 인적자원 개발 분야에 관심이 있다.
배을규는 인하대학교 사범대 교육학과 교수로 재직 중이며, The Ohio State University에서 HRD 및 성인교육 전공으로 박사 학위를 취득하였다. 주로 기업체 및 공공기관의 학습전이, HRD 역량, 프로그램 평가, 수행관리체제 분야에 관심이 있다.
이민영은 인하대학교에서 교육학 박사학위(평생교육·HRD 전공)를 취득하였고 PSI컨설팅과 대웅경영개발원을 거쳐 현재 러닝앤솔루션㈜ 공동 대표로 재직 중이다. 주로 사회적 네트워크, 자기주도학습, 경력개발 분야에 관심이 있다.

* 이 글은 2019년 5월에 발행된 「HRD연구」 21권 2호에 게재된 논문을 수정·보완한 것임.

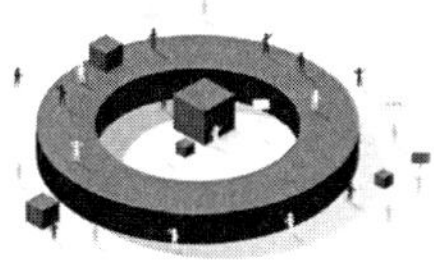

기업 관리자의 개발 리더십(developmental leadership) 측정도구 개발

이형우, 배을규, 이민영

최근 조직들은 사물 인터넷, 인공지능, 가상현실, 빅데이터로 대표되는 4차 산업혁명에 선제적으로 대응하기 위해 많은 노력을 기울이고 있다(Kew & Stredwick, 2017; Marr, 2016, Schwab, 2017). 기존 산업혁명과 달리 4차 산업혁명은 미래에 필요한 지식과 기술을 다양하게 요구하고 있기 때문에, 조직은 4차 산업혁명에 대응하기 위한 인적자원을 확보함과 동시에 이들의 역량을 지속적으로 향상시킬 필요가 있다.

조직에서 부하 직원의 역량을 개발하고 성과를 향상시키는 데 있어, 관리자 리더십은 매우 중요한 요소 중 하나이다(백기복, 2016; 이찬, 리상섭, 신제구, 이성엽, 전기석, 2017; Daft, 2014; Leonard, Lewis, Freedman, & Passmore, 2016; Northouse, 2013). 관리자 리더십은 관리자와 업무 관계를 직접 맺고 있는 구성원, 즉 부하 직원의 학습을 촉진시키고 역량을 향상시키며, 나아가 직·간접적으로 조직에 긍정적인 영향을 주기 때문이다(박두환, 홍아정, 2015; 오현아, 정재삼, 2017; Hagen, 2012; Wang, Demerouti,

& Le Blanc, 2017). 최근 부하 직원의 성장, 발달이 강조되면서, 관리자 리더십은 전통적 리더십 이론에서 강조해 오던 부하 직원과의 수직적 관계가 아닌 수평적 관계를 강조하는 방향으로 변화하고 있다. 이러한 맥락에서 리더십 연구자들은 변혁적 리더십, 서번트 리더십, 리더-구성원 교환관계(Leader-Member Exchange; 이하 LMX), 임파워링 리더십, 진성 리더십, 코칭 리더십, 윤리적 리더십 등의 이론을 중심으로 부하 직원의 학습, 성장과 관련된 특성에 주목하고 있다(Caniëls, Semeijn, & Renders, 2018; Joo, Byun, Jang, Lee, 2018; Matsuo, Arai, Matsuo, 2019; Park, 2020; Thomas, Martin, Guillaume, & Marstand, 2019). 구체적으로 이들이 주목하는 리더십 특성은 관리자가 부하 직원을 관리, 감독, 지시하기보다 상호 신뢰를 기반으로 우호적 관계를 형성하고, 학습 기회를 제공하며, 건설적인 조언을 제공하는 것과 같은 부하 직원의 성장과 발전을 강조한다.

이처럼 부하 직원의 성장과 발전을 강조하는 관리자 리더십이 부각되고 있음에도 불구하고, 그동안 관리자는 조직 내 인적자원개발(human resource development: 이하 HRD) 부서에서 제공하는 교육훈련 참여 안내 또는 독려 정도의 소극적인 역할을 하였을 뿐, 부하 직원을 육성하기 위한 학습 촉진자, 코치, 멘토와 같은 적극적인 역할을 하지는 못하였다(Heraty & Morley, 1995; Hicks & McCracken, 2010; Minter & Thomas, 2000). 관리자가 학습 분위기를 조성하고, 업무에 도움이 되는 피드백을 전달하며, 미래를 위한 경력 개발을 지원하는 적극적인 역할을 수행하지 못한다면, 부하 직원의 성장과 발전은 물론 이를 통한 조직 목표 달성도 어렵게 된다. 그렇기 때문에 관리자는 HRD 주체로서 부하 직원의 성장과 발전을 위한 적극적인 리더십을 갖추고 발휘하는 것이 반드시 필요할 것이다.

이러한 맥락에서 최근 HRD 분야에서 개발 리더십(developmental leader-ship)이라는 개념이 주목받고 있다. 일반적으로 개발 리더십은 조직 및 구성원의 목표 달성을 위하여 관리자가 부하 직원의 능력 개발 및 성장을 지원하는 행동 및 특성을 뜻하는데(Gilley, Shelton, & Gilley, 2011; Goetsch, 2

011; Hicks & McCracken, 2010; Wang, 2019; Zhang & Chen, 2013), 개발 리더십의 개념적 의미를 규명하고 관련 행동 및 특성을 확인하는 연구들은 아직 초기 단계에 머물러 있다. 예를 들면, 변혁적 리더십, 서번트 리더십, LMX, 경로－목표 이론과 같은 전통적 리더십 이론들에서 나타나는 부하 직원의 성장 및 발전과 관련된 리더의 행동과 특성을 개발 리더십 요소로 제안하는 수준에 머물고 있다(Arnold, Loughlin, & Walsh, 2016; Bui, Baruch, Chau, & He, 2016; Gilley, Shelton, & Gilley, 2011; Goetsch, 2011; McGuire & Kissack, 2015; Rafferty & Neale, 2004) 또한, 개발 리더십 요소를 타당화하고 개발 리더십을 측정할 수 있는 도구를 개발하는 연구들은 아직 많지 않고(Larsson, 2006; Rafferty & Griffin, 2006; Wilson, 2004; Zhang & Chen, 2013), 부하 직원의 성장과 발전을 도모하는 관리자의 행동과 특성을 체계적으로 규명하고 담아내지 못한 한계가 있다. 따라서, 개발 리더십이란 무엇이고, 개발 리더십을 대표하는 구성 요인들은 무엇이며, 이를 측정할 수 있는 문항 내용은 무엇인지 새롭게 개발할 필요가 있다.

이에 본 연구는 개발 리더십 및 관련 선행 연구를 종합적, 비판적으로 검토하여 개발 리더십 개념을 정의하고, 개발 리더십을 측정할 수 있는 관련 요인 및 문항을 구성하고자 한다. 이를 바탕으로 학계 및 현장 전문가를 통해 수정된 델파이 방법(modified delphi technique)을 활용하여 개발 리더십 개념, 구성 요인, 문항 내용에 대한 수정, 보완을 한 후, 설문조사를 실시하여 측정도구의 신뢰도와 타당도를 검증하고자 한다. 이를 통해 최종적으로 도출된 관리자의 개발 리더십 측정도구를 제시하고, HRD 측면에서의 이론적, 실천적 시사점을 제공하고자 한다.

리더십과 인적자원개발의 관계

리더십이란 단순히 정의내리기 어렵고, 복잡한 개념이다. 리더십에 대한 개념은 연구하는 학자 수만큼이나 다양하게 존재할 뿐만 아니라, 접근 방식과 문제 인식의 차이로 인해 통합된 관점이 제시되지 않고 있다(Daft, 2014; Northouse, 2013). 하지만 일반적으로 리더십이란 조직이나 집단을 이끌어 가는 리더가 갖추고 있는 능력을 뜻한다(백기복, 2016). 즉, 조직이나 집단의 목표 달성을 위해 리더가 부하 직원들에게 힘을 주고, 영감을 불러일으키며, 변화를 일으키고자 하는 능력을 리더십이라고 할 수 있다.

리더십 이론은 시대적 흐름에 따라 다양하게 나타나고 있는데 이러한 흐름은 1980년대를 기점으로 크게 나뉘며, 1980년대 이전에는 주로 리더 개인에 초점을 맞춘 이론들, 예컨대 특성이론, 행동이론, 상황이론 등이 등장하였고, 1980년대 이후에는 리더와 구성원의 관계에 초점을 맞춘 이론들인 서번트 리더십, 변혁적 리더십, LMX 이론 등이 나타났다(Northouse, 2013). 그러나 리더십 이론의 발전 과정을 보면, 기존 리더십 이론이 시간의 흐름에 따라 더 이상 유효하지 않게 변하거나, 새로운 이론으로 완전하게 대체된다고 볼 수는 없다. 실제로 초기 리더십 이론인 특성이론은 1940년대까지 유행한 이론이었지만, 1970년대 미국 기업의 경쟁력 회복 노력 속에서 카리스마적 리더십 이론이 제시되면서 다시 주목받았다. 또한 1960년대 등장한 상황이론은 1970년대 부하 직원의 목표 달성을 리더의 중요한 역할로 간주하는 분위기 속에서 동기부여 이론과 결합하여 경로－목표 이론으로 재등장하기도 하였다. 이처럼 리더십 이론은 변화하는 시대의 요구에 맞추어 기존 이론을 수정, 보완하는 형태로 발전해온 것이므로 오늘날에도 다양한 리더십 이론을 통해 현 실정에 맞는 리더십 이론 역시 필요하다고 할 수 있다.

최근 기업들은 복잡하고 가속화되는 경영 환경 속에서 지속 성장을 가능게 할 경쟁 우위 요소로 핵심 인재 양성에 주력하고 있다(최우재, 신제구,

백기복, 2018; Berger & Berger, 2017). CIPD(2015)에 따르면, 조직 내 핵심 인재를 다수 양성하기 위해서는 전통적으로 강의실에서 일어나는 학습 방식보다 일터에서 일어나는 학습이 필요하고, 이를 위해서는 관리자의 역할이 중요하다고 하였고, Gallup(2016)은 미국 근로자 집단에 밀레니얼 세대, 즉 1982년 이후 출생자들이 주 구성원으로서 등장하고 있음을 발표하면서, 밀레니얼 세대는 경험과 학습을 통한 자기 성장을 매우 중요시하고, 조직으로부터 성장 기회를 얻기 원한다고 보고하였다. 따라서 기업 조직에 새로운 세대의 요구와 관심을 반영하는 조직 관리 전략과 관리자 리더십이 필요하다고 볼 수 있다. 특히, 최근 조직의 대다수를 차지하게 된 밀레니얼 세대를 위해서는 학습을 통한 자기 성장과 발전에 대한 요구를 충족시킬 수 있는 관리자 리더십 발휘가 요청된다고 할 수 있다.

이와 관련하여, 1990년대 이후 리더십 문헌을 보면, 전통적인 관리자 역할인 목표 수립, 자원 배분, 업무 조정, 의사결정, 감독 및 평가 등과 함께 부하 직원의 성장과 발전을 위한 HRD 활동이 관리자들에게 반드시 필요한 리더십으로 제시되고 있다(Hales, 2005; Minter & Thomas, 2000; Wilson, 2012). 즉, 부하 직원의 잠재 능력을 확인하고, 도전적인 과제와 학습기회를 부여하며, 건설적인 피드백 등을 제공하는 HRD 주체로서의 역할이 강조되고 있는 것이다. 이런 맥락에서 Heraty와 Morley(1995)는 조직 내 HRD 기능을 담당 부서에만 책임지게 할 것이 아니라, 부하 직원을 직접 관리하는 현장 관리자들도 이들의 학습을 촉진하고 성장을 조력할 수 있어야 한다고 주장하였고, Anderson(1993)은 조직 관리자와 HRD 부서가 HRD 업무를 분배하여 수행해야 하기 때문에 관련 이해관계자들 간의 학습 파트너십(learning partnership)이 필요하다고 제안한 바 있다. 그리고 정경희와 현영섭(2007)은 부하 직원에 대한 학습 지원을 관리자 리더십의 주요 요소로 제시한 바 있으며, 배을규(2009)는 관리자의 역할로 부하 직원 육성을 강조하면서, 관리자들이 멘토링, 코칭, 교수 역량을 갖추어야 한다고 주장하였다. Gilley와 Eggland(1992), Gilley와 Maycunich(2000)는 전략적 HRD를 성공적으로 구현하기 위해서는 관리자들이 부하 직원 역량 개발이 가능하도록 지원하는 역할을 수행해야 한다고 언급한 바 있다.

요컨대, 부하 직원 육성은 조직 내 HRD 담당자만의 책임이 아니라 조직의 모든 관리자 리더십의 핵심 요소가 되어야 하며, 이에 따라 관리자들에게는 계획, 조직, 지시, 통제 등 관리 중심의 리더십과 함께 부하 직원의 성장과 발전을 도모하는 개발 중심의 리더십 또한 요구된다.

개발 리더십 관련 이론, 개념 및 특성

관리자 리더십의 핵심 요소로 부하 직원 육성이 강조되면서, 그동안 관리자와 부하 직원의 수평적 관계를 중시하는 리더십 이론들로 설명된 부하 직원의 학습과 성장은 최근 들어 HRD 분야 일부 학자들을 통해 개발 리더십(developmental leadership)의 관점으로 제시되고 있다(배을규, 2009; Gilley, Shelton, & Gilley, 2011; Solberg, Lapointe, & Dysvik, 2020; Wang, 2019; Wilson, 2004; Zhang & Chen, 2013). 그들에 의하면 과거 관리자는 조직 HRD 부서에서 제공하는 사내외 교육훈련 프로그램에 부하 직원들이 참여하도록 안내, 독려하는 소극적 역할을 수행하였으나, 앞으로 관리자는 조직 전체, 관리자 본인, 부하 직원 모두의 성장과 발전을 위하여 적극적으로 부하 직원에게 다양한 학습 기회와 학습 분위기를 마련해주고 경력 상담과 지원을 제공해주는 개발 리더십이 필요하다고 주장한다.

아직 개발 리더십에 대한 합의된 정의가 존재하지 않고 개발 리더십 자체에 대한 연구는 미미한 상태이지만, 개발 리더십을 주장하는 학자들은 기존 리더십 이론 중에서 개발 리더십과 관련되는 개념적 요소들을 적시하고 있다. Wilson(2004)은 변혁적 리더십, 서번트 리더십 이론을, Larsson(2006), Rafferty와 Griffin(2006)은 변혁직 리더십을, Kriel(2008)은 변혁적 리더십,

서번트 리더십, LMX 이론을, Gilley, Shelton 그리고 Gilley(2011)는 서번트 리더십을, Zhang과 Chen(2013)은 변혁적 리더십, 경로－목표 이론을 개발 리더십과 관련이 있는 기존 리더십 이론으로 제시하고 있다. 그들이 제시하는 리더십 이론들은 리더가 중심이 아니라 부하 직원과의 관계가 중심이며, 이를 바탕으로 부하 직원을 지원, 배려, 존중하여 부하 직원의 성장과 발달을 조력한다는 특징이 있다. 구체적으로 살펴보면, 변혁적 리더십 측면에서 관리자는 부하 직원의 의견을 존중하고 피드백을 분명하고 적시에 제공해준다(이유진, 정재삼, 2013; Arnold, Loughlin, & Walsh, 2016; Bass & Avolio, 1993; Caniëls, Semeijn, & Renders, 2018). 서번트 리더십 측면에서 관리자는 부하 직원과 개방적 의사소통 관계를 유지하고 업무 수행을 지원하는 역할을 하며(함상우, 2016; Greenleaf, 1970; Joo, Byun, Jang, & Lee, 2018; Liden, Wayne, Meuser, Hu, Wu, & Liao, 2015; Spears, 1995), 경로－목표 이론 측면에서 관리자는 부하 직원이 업무에 대한 즐거움을 느끼도록 해주고, 도전적인 과업을 설정해주는 역할을 한다(House, 1996; House & Mitchell, 1975; Indvik, 1985). 그리고 LMX 이론 측면에서 관리자는 본인 스스로 자기 개발의 모범을 보여주는 것(Graen & Uhl－Bien, 1995; Lee, Thomas, Martin, Guillaume, & Marstand, 2019; Liden & Maslyn, 1998)을 개발 리더십과 관련이 있는 것이라고 본다.

개발 리더십을 주장하는 학자들은 그 개념을 각각 다르게 정의하고 있는데, Wilson(2004)은 개발 리더십을 조직 내 학습 환경을 조성하고, 부하 직원의 정서적 안정을 도모하며, 부하 직원 스스로 성장하도록 학습 기회를 제공하고 지원하는 것으로 정의하여 개발 리더십 행위의 다양성을 제시하고 있고, Larsson(2006)은 관리자가 부하 직원을 배려하고, 도덕적, 윤리적인 행동을 통해 본보기가 되는 것을 개발 리더십이라고 규정하여, 부하 직원을 위한 정서적, 태도적인 측면을 강조하고 있다. Rafferty와 Griffin(2006)은 부하 직원에게 업무 수행에 대한 조언과 경력 개발을 위한 교육 프로그램 추천과 지원을 하며, 역할 모델로서 본을 보여주는 것을 개발 리더십이라고 정의하여 장기적인 부하 육성, 즉 경력개발에 초점을 맞추고 있다. Kriel (2008)은 관리자가 부하 직원에게 코치, 멘토가 되도록 하고, 역할 모델로서 부하 직원이 따를 수 있는 행동을 하는 것을 개발 리더십으로 정의하여, 부하 직원 육성을 위한 리더의 역할을 강조하고 있고, Gilley, Shelton 그리고 Gilley(2011)는 신뢰 관계를 바탕으로 부하 직원을 격려하고, 성장 기회와 지속적인 피드백을 제공하며, 경력 발전에 도움을 주는 것을 개발 리더십으로 정의하고 있다. Zhang과 Chen(2013)은 부하 직원의 경력개발에 초점을 맞추어 경력개발 촉진, 역할 모델, 정서적 지원 제공을 개발 리더십으로 규정하고 있다.

이상의 개발 리더십에 관련된 이론들과 개발 리더십의 개념 정의를 종합하고, 비교하여 개발 리더십의 의미와 개발 리더십의 구성 요소를 도출해볼 수 있다(<표 1> 참고).

첫째, 부하 직원의 성장과 육성은 학습문화 조성을 통해 이루어진다(Gilley, Shelton, & Gilley, 2011; Rafferty & Griffin, 2006; Wilson, 2004). 관리자는 부하 직원에게 일터에서의 학습 참여가 부하 직원 개인 및 조직 전체의 발전에 중요한 영향을 미칠 수 있음을 인식시킨다. 그리고 외부 교육 프로그램, 세미나, 학회 등을 지속적으로 참석할 수 있도록 기회를 제공하고, 조직 내 구성원들 간 업무 관련 지식, 정보, 노하우 등을 활발히 공유하는 분위기를 마련한다. 둘째, 부하 직원의 성장과 육성은 관리자의 건설적 피드백을 통해 이루어진다(Rafferty & Griffin, 2006; Zhang & Chen, 2013). 관리자는 주기적으로 부하 직원 장·단점을 구체적으로 진단하고, 업무 수행 중 경험하는 문제 상황에 대한 현실적인 조언과 대안을 제시하면서 부하 직원 스스로 성장할 수 있도록 도와주려 노력한다. 셋째, 부하 직원의 성장과 육성은 관리자의 경력관리 지원을 통해 이루어진다(Gilley, Shelton, & Gilley, 2011; Rafferty & Griffin, 2006; Zhang & Chen, 2013). 관리자는 부하 직원이 경력 개발을 위해 어떤 목표와 비전을 가지고 있는지 명확히 인식하여 적합한 경력 개발 계획을 수립할 수 있도록 같이 고민한다. 그리고 관리자 본인의 경력 개발 경험을 공유하거나 부하 직원이 도전적인 과업을 수행하도록 하여 경력 개발을 위한 직·간접적인 도움을 주도록 노력한다. 넷째, 부하 직원의 성장과 육성은 관리자의 역할모델 실천을 통해 이루어진다(Rafferty & Griffin, 2006; Larsson, 2006; Zhang & Chen, 2013). 관리자는 지속적인 자기 개발을 통해 전문성을 향상시키고, 업무 내외로 도덕적, 윤리적인 태도와 행동을 준수함으로써 부하 직원들이 이상적인 모습을 갖춘 바람직한 준거로 인식하고 따를 수 있는 본보기가 되도록 노력한다. 다섯째, 부하 직원의 성장과 육성은 관리자의 정서적 배려를 통해 이루어진다(Larsson, 2006; Wilson, 2004; Zhang & Chen, 2013). 관리자는 부하 직원이 업무를 수행하는 데 몰입할 수 있도록 편안한 환경을 조성하여, 심리적으로 위축되지 않고 업무상 겪게 되는 어려움을 잘 극복하도록 도와주고, 격려함으로써 그들이 발전할 수 있도록 지원한다.

이와 같이 개발 리더십에 대한 개념적 논의를 종합해보면, 개발 리더십이란 관리자가 부하 직원의 능력을 성장, 발달시킬 수 있도록 돕는 행동으로써, 부하 직원을 위해 학습 기회 마련 및 학습 분위기를 조성하고, 업무 수행에 도움이 될 수 있는 피드백과 심리적 안정감을 제공하며, 미래를 위한 경력 개발에 도움이 될 수 있도록 관리해주고, 본보기가 되는 대상으로서 노력하는 행동을 의미한다고 볼 수 있다.

〈표 1〉 개발 리더십 관련 리더십 이론, 주요 내용, 정의

연구자	관련 리더십 이론	관련 리더십 주요 내용	개발 리더십 정의	구성 요소				
				ⓐ	ⓑ	ⓒ	ⓓ	ⓔ
Wilson(2004)	변혁적 리더십 서번트 리더십	업무 관련 의견을 존중 업무 관련된 피드백을 분명하고 적시에 제공 개방적 의사소통 관계를 유지 업무 수행을 지원하는 행동	조직 내 학습 환경을 조성하고, 부하 직원의 정서적 안정을 도모하며, 부하 직원 스스로 성장하도록 학습 기회를 제공하고 지원하는 것	●	●		●	●
Larrson(2006)	변혁적 리더십	업무 관련 의견을 존중 업무 관련된 피드백을 분명하고 적시에 제공	부하 직원을 배려하고, 도덕적, 윤리적인 행동을 통해 본보기가 되는 것		●		●	●
Rafferty & Griffin(2006)	변혁적 리더십	업무 관련 의견을 존중 업무 관련된 피드백을 분명하고 적시에 제공	부하 직원에게 업무 수행에 대한 조언과 경력 개발을 위한 교육 프로그램 추천과 지원을 하며, 역할 모델로서 본을 보여주는 것	●	●	●	●	
Kriel(2008)	변혁적 리더십 서번트 리더십 LMX 이론	업무 관련 의견을 존중 업무 관련된 피드백을 분명하고 적시에 제공 개방적 의사소통 관계를 유지 업무 수행을 지원하는 행동 관리자 스스로 자기 개발의 모범을 보여줌	관리자가 부하 직원에게 코치, 멘토가 되도록 하고, 역할 모델로서 부하 직원이 따를 수 있는 행동을 하는 것		●		●	●
Gilley, Shelton & Gilley(2011)	서번트 리더십	개방적 의사소통 관계를 유지 업무 수행을 지원하는 행동	신뢰 관계를 바탕으로 부하 직원을 격려하고, 성장 기회와 지속적인 피드백을 제공하며, 경력 발전에 도움을 주는 것	●	●	●		●
Zhang & Chen(2013)	변혁적 리더십 경로-목표 이론	업무 관련 의견을 존중 업무 관련된 피드백을 분명하고 적시에 제공 업무에 대한 즐거움을 느끼도록 해줌 도전적인 과업 설정	부하 직원의 경력개발에 초점을 맞추어 경력개발 촉진, 역할 모델, 정서적 지원 제공		●	●	●	●

주) ⓐ 학습문화 조성, ⓑ 건설적 피드백, ⓒ 경력관리 지원, ⓓ 역할모델 실천, ⓔ 정서적 배려

개발 리더십 측정도구 개발

기업 관리자의 개발 리더십 측정도구 개발은 측정 도구 초안 개발－전문가 패널 검토－설문조사를 통한 타당도 및 신뢰도 분석의 절차에 따라 진행되었다.

먼저 개발 리더십 측정도구 초안은 앞서 논의된 선행 연구와 국내 IT기업 A사 관리자[1] 대상 인터뷰(질문 예시: 부하 직원을 성장, 육성시키는 리더는 무엇이라 생각하는가? 그리고 이러한 리더의 행동을 실제 수행하거나 받은 경험이 있는가?)를 기반으로 개발(5개 요인, 48개 문항)되었고, 해당 내용은 전문가 패널(<표 2> 참조)을 통해 수정, 유지, 삭제 의견[2]을 받았다(<표 3> 참조).

〈표 2〉 개발 리더십 측정도구 개발을 위한 전문가 패널 선정 기준

구분	전문가 패널 선정 기준	인원	비고
학계 전문가	• HRD 전공 박사 • 리더십 관련 학술 연구, 연구보고서 수행 유경험자	9명	선정 기준을 모두 충족한 전문가를 선정함.
현장 전문가	• A사 관리자 중 최근 3년간 '역량 평가'의 '부하 육성' 부분에서 우수 성과자(상위 10%)에 해당되는 인력 (측정도구 초안 개발 시, 심층 인터뷰 대상자 제외) • 직무 경력 15년 이상, 관리자 경력 5년 이상	5명	

1) 부하 직원이 수행하는 업무를 직접적으로 확인하고, 책임을 지는 사람이자, 부하 직원이 수행한 업무 성과에 대해 가장 먼저 판단을 내리는 1차 평가자를 의미한다.

2) 수정된 델파이 방법(modified delphi technique)을 적용하여, 연구자가 설정한 개념과 문항에 대한 타당성 검증, 문항 수정 및 개선 사항에 대해 전문가 패널이 의견을 진술하도록 하였다(Custer, Scarcella & Stewart, 1999).

〈표 3〉 예비 문항 초안

요인/문항 번호		문항	전문가 의견
학습문화 조성		관리자가 일터 내에서 학습하는 분위기를 조성하여, 부하 직원이 학습에 참여할 수 있는 기회를 제공하는 것	수정
건설적 피드백		관리자가 부하 직원들이 수행하거나 수행한 업무에 대해 도움을 줄 수 있는 의견을 전달하는 것	수정
경력관리 지원		관리자가 부하 직원이 가지고 있는 능력을 충분히 발휘할 수 있도록, 현재와 미래를 위한 경력 발전을 도와주는 것	수정
역할모델 실천		관리자가 업무 내/외로 모범적인 행동을 하여, 부하 직원에게 리더로서 이상적인 모습을 보이는 것	수정
정서적 배려		관리자가 부하 직원이 업무 내/외로 겪게 되는 어려움을 극복하거나, 심리적 안정감을 가질 수 있도록 돕는 것	수정
학습 문화 조성	1[c,i]	업무 능력 향상에 도움을 주는 사외 교육 프로그램 정보를 알려준다.	수정
	2[i]	업무 관련 사외 교육 프로그램을 들을 수 있는 기회를 제공한다.	수정
	3[i]	업무 능력을 향상시킬 수 있도록 외부 세미나, 학회 등을 추천해준다.	수정
	4*	업무에 도움이 되는 사내/외 전문가를 알려준다.	수정
	5*	외부 교육프로그램에 참석했을 때, 교육에 집중할 수 있도록 연락을 자제한다.	삭제
	6*	교육 종료 후, 학습한 것을 실제 업무에 적용할 수 있도록 장려한다.	삭제
	7*	업무 지식, 정보, 노하우 등을 서로 공유할 수 있는 활동을 정기적으로 실시한다.	수정
	8*	학습에 대한 중요성을 강조하고, 일터 내외에서의 학습 참여를 적극적으로 독려한다.	수정
	9[g,i]	서로 업무에 대해 자유롭게 논의할 수 있는 분위기를 조성한다.	수정
	10*	업무상 문제가 발생하였을 시, 문제에 대한 원인과 해결책은 무엇인지 충분히 생각할 수 있는 기회를 준다.	수정
건설적 피드백	1[d,i]	업무를 진행하는 동안 구체적이고 현실적인 피드백을 제공한다.	수정
	2*	긍정적인 피드백을 제공하여 열심히 일하려는 의지를 더욱 강하게 만든다.	수정
	3*	본인의 기대에 부응하면 만족스러움을 표현한다.	삭제
	4[i]	장점은 더 개발하고, 단점은 개선할 수 있는 피드백을 제공해준다.	수정

건설적 피드백 (계속)	5*	업무를 잘 해내지 못하였을 때 엄격하게 지도한다.	삭제
	6[a]	맡은 업무의 목적, 중요성, 활용 방안 등에 대해 구체적으로 이야기한다.	수정
	7*	맡은 업무에 대한 과정을 모니터링하고 개선 방안을 제시한다.	수정
	8[a]	업무 상 발생하는 문제에 대한 다양한 관점을 제시한다.	수정
	9*	업무 성과를 향상시킬 수 있는 유용한 방법을 제안한다.	수정
	10[e]	스스로 해결책을 찾을 수 있도록 지도한다.	수정
경력 관리 지원	1[i]	개인적인 목표와 비전을 알고 있다.	삭제
	2[a,i]	경력에 도움이 될 수 있도록 자신의 경험을 이야기해준다.	수정
	3[b,i]	경력에 도움이 될 수 있는 도전적인 업무를 부여한다.	수정
	4*	경력 목표를 달성하는데 도움이 되는 구체적인 방법을 제시한다.	수정
	5[i]	연간 개인개발 계획을 수립할 때 같이 논의를 한다.	수정
	6*	경력상 도움이 될 수 있는 사내/외 사람들과 만날 수 있도록 도와준다.	삭제
	7*	앞으로의 업무를 성공적으로 수행하기 위해 필요한 것들을 알려준다.	수정
	8*	개인적 발전을 위해 가르치고 지도하는 데 개인적 시간을 할애한다.	삭제
역할 모델 실천	1[c,i]	늘 자기 개발을 위해 노력하고 있다.	유지
	2[e,i]	업무 수행 시 윤리적인 행동을 준수한다.	유지
	3[e,i]	업무 외적으로도 도덕적, 윤리적인 생활을 한다.	수정
	4[d]	표현하는 말과 행동이 일치한다.	유지
	5[c]	자신이 실수했을 때 이를 솔직하게 인정하는 모습을 보인다.	유지
	6*	전문성을 가지고, 구성원들이 궁금해 하는 업무에 대해 자세히 알려준다.	유지
	7[d]	구성원들을 존중하는 모습을 보인다.	유지
	8*	진실되고, 솔직한 자세로 사람들을 대한다.	삭제
	9[c]	구성원들에게 훌륭한 인격을 지닌 사람으로 인정받는다.	삭제
	10[h,f]	조직 전반의 구성원들과 원만한 대인관계를 형성하고 있다.	유지
정서적 배려	1*	맡은 업무를 잘 해내고 있는지 관심을 기울인다.	수정
	2[g,i]	보다 편안한 환경에서 근무할 수 있도록 배려한다.	수정
	3[i]	업무를 수행하는 데 있어, 심리적으로 위축되어 있을 때, 이를 극복하도록 도와준다.	수정
	4*	업무에 대한 '일의 의미나 가치'를 찾을 수 있도록 도와준다.	수정
	5[i]	업무 수행 시 실수를 하였을 때, 격려를 해준다.	수정
	6*	업무 중 실수를 해도 구성원을 보호해준다.	삭제
	7*	생각하는 최선의 방법으로 일할 수 있도록 독려한다.	수정

8[f]	친밀한 관계를 쌓을 수 있도록 지원한다.	수정
9*	개개인의 관심사, 흥미를 파악한다.	삭제
10*	힘들고 어려울 때 의지할 수 있는 버팀목이 되어준다.	수정

주) a=임파워링 리더십, b=경로-목표 이론, c=LMX, d=변혁적 리더십, e=윤리적 리더십, f=서번트 리더십, g=코칭 리더십, h=진성 리더십, i=개발 리더십, *=인터뷰를 통해 도출된 예비 문항

이후 개발리더십 측정도구 초안은 전문가 패널로부터 받은 수정, 유지, 삭제 의견을 반영한 후 재검토를 받았고, 재검토가 완료된 수정된 측정도구 초안(5개 요인, 38개 문항)은 국내 IT 기업 A사 구성원 2개의 표본 집단(집단 1: 379명, 집단 2: 383명)을 통해 탐색적, 확인적 요인분석, 신뢰도 분석을 통해 타당도와 신뢰도[3]를 확보하였으며, 그 결과 최종 도출된 개발 리더십 구성 요인 정의 및 측정도구(5개 요인, 24개 문항)는 다음 <표 4>, <표 5>와 같다.

〈표 4〉 개발 리더십 최종 구성 요인의 정의

요인명	정의
학습문화 조성	관리자가 학습 분위기를 조성하여, 부하 직원이 학습에 참여할 수 있는 기회를 제공하는 것
건설적 피드백	관리자가 부하 직원들의 업무 수행 과정과 결과 개선에 도움을 줄 수 있는 의견을 전달하는 것
경력관리 지원	관리자가 부하 직원이 가지고 있는 능력을 충분히 발휘할 수 있도록, 미래를 위한 경력 발전을 도와주는 것
역할모델 실천	관리자가 모범적인 행동을 하여, 부하 직원들이 따를 수 있는 이상적인 모습을 보이는 것
정서적 배려	관리자가 부하 직원들이 업무상 겪게 되는 어려움을 극복하거나, 심리적 안정감을 가질 수 있도록 돕는 것

3) 탐색적 요인분석 결과, 5개 요인, 24개 문항으로 구성된 요인 구조를 확인하였고, 확인적 요인분석 결과, 5개 요인, 24개 문항을 확인하였으며, 모형 적합도는 RMR=.026, GFI=.910, TLI=.946, CFI=.953, RMSEA=.049(.042~.056)로 나타났다. 그리고 각 요인별 신뢰도(Cronbach's α)를 살펴보면, 학습문화 조성은 .850, 건설적 피드백 .809, 경력관리 지원 .812, 역할모델 실천 .843, 정서적 배려 .868로 모두 양호한 것으로 나타났다.

〈표 5〉 개발 리더십 측정도구의 최종 구성 요인 및 문항

요인명		문항(나의 관리자는...)
학습문화 조성	1	나에게 업무 능력 향상에 도움을 주는 사내외 교육 프로그램 정보를 알려준다.
	2	나에게 업무 관련 사내외 교육 프로그램에 참여할 수 있는 기회를 제공한다.
	3	나에게 업무 능력을 향상시킬 수 있는 외부 세미나, 학회 등을 추천해준다.
	4	나에게 업무상 도움이 되는 사내/외 전문가를 알려준다.
	5	구성원들 간 업무 지식, 정보, 노하우 등을 공유하는 활동을 정기적으로 실시한다.
	6	나에게 학습의 중요성을 설명하고, 학습 참여를 적극적으로 독려한다.
건설적 피드백	7	내가 수행한 업무에 대해 구체적이고 현실적인 피드백을 제공한다.
	8	내가 맡은 업무의 목적, 중요성, 활용 방안 등 구체적인 방향성을 설명한다.
	9	내가 맡은 업무에 대한 과정을 확인하고 개선 방안을 제시한다.
	10	내가 업무 수행 중 난관에 부딪혔을 때, 이를 해결하기 위한 다양한 방안을 알려준다.
경력관리 지원	11	나의 경력에 도움이 될 만한 자신의 경험을 이야기해준다.
	12	나에게 도전적인 업무를 부여하여, 나의 경력에 도움을 주고자 한다.
	13	나의 연간 개인개발 계획 수립 시, 같이 논의한다.
	14	나에게 앞으로 업무를 성공적으로 수행하는 데 필요한 것(정보, 자료 등)들을 알려준다.
역할모델 실천	15	업무 수행 시 윤리적인 행동을 준수한다.
	16	업무 외적으로도 도덕적, 윤리적인 생활을 한다.
	17	표현하는 말과 행동이 일치한다.
	18	전문성을 가지고, 구성원들이 궁금해 하는 업무에 대해 자세히 알려준다.
	19	부하 직원들을 존중하는 모습을 보인다.
정서적 배려	20	내가 보다 편안한 환경에서 근무할 수 있도록 배려한다.
	21	내가 업무를 수행하면서 심리적으로 위축되어 있을 때, 이를 극복하도록 도와준다.
	22	내가 업무에 대한 '의미나 가치'를 찾을 수 있도록 도와준다.
	23	내가 실수를 하였을 때, 질책하기보다는 격려를 해준다.
	24	내가 생각하는 최선의 방법으로 일할 수 있도록 독려한다.

결론 및 제언

조직에서 부하 직원의 역량을 개발하고, 조직 성과를 높이는 데 관리자 리더십은 매우 중요한 요소이다. 최근 HRD 분야에서는 부하 직원에게 학습 기회와 건설적인 조언 등을 제공하여 성장과 발전을 지원하는 개발 리더십의 개념이 부각되고 있다. 그러나 개발 리더십에 대한 연구는 아직 초기 단계로써 개념적 의미를 규명하고, 이를 측정하는 도구를 개발한 연구는 아직 많지 않은 상태이다. 이러한 맥락에서 이 연구는 개발 리더십 및 관련 리더십 이론을 기반으로 구성 요인과 측정 문항 초안을 개발하고, 수정된 델파이 방법을 통해 학계 및 전문가 검토를 받았으며, 설문조사 분석을 통해 타당도와 신뢰도를 확보하였다.

분석 결과, 5개 요인(학습문화 조성, 건설적 피드백, 경력관리 지원, 역할모델 실천, 정서적 배려), 48개 문항을 초안으로 구성하고, 학계 전문가 9명, 현장 전문가 5명을 통해 검토를 받아 수정, 보완하여 5개 요인, 38개 문항을 도출하였다. 그 다음으로 A사 구성원을 대상으로 설문 자료를 수집하여 탐색적, 확인적 요인분석(집단 1: 379명, 집단 2: 383명)을 실시하였고, 그 결과 5개 요인, 24개 문항으로 구성됨을 확인하였으며, 신뢰도 또한 양호한 결과를 얻었다.

이상의 결과를 바탕으로 HRD 분야에서의 이론적, 실천적 함의를 논의하면 다음과 같다. 첫째, 전술한 바와 같이 개발 리더십은 최근 HRD 분야에서 주목받고 있는데, 아직까지 합의된 개념적 정의가 존재하지 않고, 관련 연구가 미미한 상황이며, 그동안 변혁적 리더십, 서번트 리더십, LMX, 경로-목표 이론과 같은 선행 연구에서 관련 요소들이 언급되거나 임파워링 리더십, 진성 리더십, 코칭 리더십, 윤리적 리더십 이론과 같은 관련 리더십 이론에서 부하 직원 학습, 성장의 중요성이 언급되는 수준에 그치고 있다(Gilley, Shelton & Gilley, 2011; Larsson, 2006; Rafferty & Griffin, 2006; Wilson,

2004; Zhang & Chen, 2013). 이에 본 연구에서는 기존 리더십 이론들에서 찾아볼 수 있는 개발 리더십 관련 특성들과 서로 다른 개발 리더십 정의들을 종합적으로 검토하여 개발 리더십 개념을 규명했고, 개발 리더십의 구성 요인(학습문화 조성, 건설적 피드백, 경력관리 지원, 역할모델 실천, 정서적 배려)과 요인별 측정 문항을 잠정적으로 도출하였다. 그리고 기업 관리자 대상 인터뷰, 전문가 패널의 수정된 델파이 조사, 탐색적, 확인적 요인 분석을 실시하여 상기 다섯 가지 요인들이 개발 리더십을 구성하고 있다는 사실을 확인하였고, 특히 이 연구는 기존 이론들에서 부분적으로 강조되어왔던 학습문화 조성과 경력관리 지원 요인이 새로운 개발 리더십 측정 도구에 포함되어야 함을 증명한 의의를 갖고 있다.

둘째, 이 연구에서는 개발 리더십을 부하 직원 개인 및 조직의 성과를 향상시키기 위해 관리자가 부하 직원의 능력을 성장, 발달시킬 수 있도록 돕는 행동으로 정의하였다. 이러한 정의는 관리자가 단순히 HRD 부서에서 제공하는 사내, 외 교육훈련 프로그램을 부하 직원에게 안내, 독려하는 수준의 소극적 역할이 아니라, 부하 직원에게 필요한 사내, 외의 다양한 학습 기회를 제공해주고 조직 내 학습 우호적인 분위기를 조성해주며 부하 직원 맞춤형 경력 상담과 관리 활동을 전개해야 하는 관리자 리더십의 새로운 전형을 제시해주고 있다(정경희, 현영섭, 2007; 최윤미, 2008; Hicks & McCracken, 2010). 특히, 최근 기업 구성원의 다수를 구성하고 있는 밀레니얼 세대가 경험과 학습을 통한 자기 성장을 중요시하고, 조직으로부터 성장 기회를 얻기를 원하는 것으로 볼 때(Gallup, 2016), 개발 리더십은 최근 변화하는 조직 맥락에서 적합한 리더십 이론으로 제시되었다는 데 그 의의가 있다.

셋째, 이 연구를 통해 개발된 개발 리더십 측정도구는 부하 직원 육성을 위한 관리자 리더십 수준 진단 시 활용할 수 있고, 진단을 통해 노출된 데이터는 조직 차원에서 관리자 리더십 수준을 향상시키기 위한 전략적 자료로 활용될 수 있을 것이다. 예를 들면, 관리자 스스로가 인식하는 수준과 부하 직원이 인식하는 수준으로 관리자 개발 리더십을 진단하여, 리더십 인식 수준 차이(gap)에 따른 리더십 강점과 약점을 관리자에게 제시하고, 리더십 개발을 위한 피드백과 교육 프로그램을 제공할 수 있다. 또한, 진단 결과를 토대로 조직 내 개발 리더를 선정하여, 그들이 부하 직원들을 위해 어떠한 노력을 하였는지의 사례를 발굴, 전파함으로써, 조직 내 관리자가 갖추어야 할 새로운 리더십으로 제시하는 것을 고려할 수 있다.

앞서 도출된 결과를 토대로, 이 연구의 한계점과 제언을 다음과 같이 제시하고자 한다. 첫째, 이 연구는 국내 IT 기업 A사에 소속된 구성원만을 대상으로 설문조사하였기 때문에, 연구 결과를 모든 조직에 일반화시켜 해석하기에는 한계가 따를 수 있다. 추후 연구에서는 다양한 업종(제조, 서비스, 통신, 건설업 등), 규모(대기업, 중소기업 등), 유형(기업, 공공기관, 공무원 조직 등)에 적용하여, 각 조직에 필요한 관리자의 개발 리더십을 규명하는 연구가 진행될 필요가 있다. 둘째, 이 연구에서 개발한 개발 리더십 측정도구는 부하 직원이 관리자의 개발 리더십에 대한 인식을 측정하는 것이기 때문에, 관리자의 개발 리더십을 간접적으로 측정하였다는 한계가 있다. 따라서, 후속 연구에서는 연구 결과의 객관성을 확보하기 위해 관리자 자신, 동료, 부하 직원의 인식을 확인하는 360도 다면진단을 실시하여 객관성을 확보할 필요가 있다. 셋째, 개발 리더십은 논의되기 시작한 지 얼마 안 된 리더십 이론이기 때문에, 여타 변수와의 관계를 살펴본 실증 연구가 매우 드물다. 향후 연구에서는 다양한 수준(개인 및 조직 수준)에서 개발 리더십에 영향을 주는 선행 변수는 무엇이고, 개발 리더십이 영향을 미치는 후행 변수는 무엇인지 밝힐 필요가 있으며, 매개, 조절 변수와 같은 제3의 변수 또한 탐색할 필요가 있다.

참고문헌

배을규 (2009). 인적자원개발론. 서울: 학이시습.

백기복 (2016). 리더십의 이해. 서울: 창민사.

오현아, 정재삼 (2017). 진성리더십과 변혁적 리더십이 잡크래프팅에 미치는 영향. *리더십연구, 8*, 21-60.

이유진, 정재삼 (2013). 중간관리자의 변혁적 리더십, 조직학습역량, 조직몰입, 무사안일의 관계 분석: G 도청 공무원을 대상으로. *HRD 연구, 15*(2), 135-164.

이찬, 리상섭, 신제구, 이성엽, 전기석 (2017). 인적자원개발론: HRD 이론과 실제. 서울: 양서원.

정경희, 현영섭 (2007). 리더의 학습지원 리더십이 부하직원의 조직몰입에 미치는 영향. *산업교육연구, 14*, 51-65.

최우재, 신제구, 백기복 (2018). 제4차 산업혁명 시대가 요구하는 리더십은 무엇인가?. *KBR, 22*(3), 175-195.

최윤미 (2008). 관리자리더십검사 개발 연구: 암묵지를 중심으로. 서울대학교 대학원 박사학위 논문.

함상우 (2016). IT 근로자의 직무열의 향상: 구성원 성장몰입 리더십, 조직지원인식, 기대의 효과. *한국인터넷방송통신학회 논문지, 16*(6), 265-275.

Antonakis, J., Cianciolo, A. T., & Sternberg, R. J. (2004). Leadership, past, present, and future. In J. Antonakis, A. T. Cianciolo, & R. J. Sternberg(Eds.), *The nature of leadership*. Thousand Oaks, CA: Sage Publications.

Arnold, J. A., Arad, S., Rhoades, J. A., & Drasgow, F. (2000). The empowering leadership questionnaire: The construction and validation of a new scale for measuring leader behaviors. *Journal of Organizational Behavior, 21*(3), 249-269.

Arnold, K. A., Loughlin, C., & Walsh, M. M. (2016). Transformational leadership in an extreme context: Examining gender, individual consideration and self-sacrifice. *Leadership & Organization Development Journal, 37*(6), 774-788.

Bass, B. M. & Avolio, B. J. (1993). Transformational leadership: A response to critiques. In M. M. Chemers & R. Ayman(Eds.), *Leadership theory and research: Perspectives and directions*. San Diego, CA: Academic Press.

Berger, L. A., & Berger, D. R. (2017). *The talent management handbook*. New York, NY: McGraw Hill Professional.

Bui, H. T., Baruch, Y., Chau, V. S., & He, H. W. (2016). Team learning: The missing construct from a cross-cultural examination of higher education. *Asia Pacific Journal of Management, 33*(1), 29-51.

Caniëls, M. C., Semeijn, J. H., & Renders, I. H. (2018). Mind the mindset! the interaction of proactive personality, transformational leadership and growth mindset for engagement at work. *Career Development International, 23*(1), 48-66.

CIPD. (2015). *Learning and development annual survey report*. London: Chartered Institute of Personnel and Development.

Custer, R. L., Scarcella, J. A., & Stewart, B. R. (1999). The modified delphi technique-a rotational modification. *Journal of Vocational and Technical Education, 15*(2), 50-58.

Daft, R. L. (2014). *The leadership experience*. Boston, MA: Cengage Learning.

Gallup. (2016). How millennials want to work and live. Retrieved from https://news.gallup. com/reports/189830/e.aspx?g_source=link_wwwv9&g_campaign=item_236438&g_medium =copy

Gilley, J. W., & Eggland, S. A. (1992). *Marketing HRD within organizations: Enhancing the visibility, effectiveness, and credibility of programs*. San Francisco, CA: Jossey-Bass.

Gilley, J., & Maycunich, A. (2000). *Beyond the learning organization: Creating a culture of continuous growth and development through state-of-the-art human resource practicies*. New York, NY: Basic Books.

Gilley, J. W., Shelton, P. M., & Gilley, A. (2011). Developmental leadership: A new perspective for human resource development. *Advances in Developing Human*

Resources, 13(3), 386-405.

Goetsch, D. L. (2011). *Developmental leadership: Equipping, enabling, and empowering employees for peak performance*. Bloomington, IN: Trafford Publishing.

Graen, G. B., & Uhl-Bien, M. (1995). Relationship-based approach to leadership: Development of leader-member exchange(LMX) theory of leadership over 25 years. *The Leadership Quarterly, 6*(2), 219-247.

Greenleaf, R. K. (1970). *The servant as leader.* Indianapolis, IN: The Greenleaf Center for Servant Leadership.

Hagen, M. S. (2012). Managerial coaching: A review of the literature. *Performance Improvement Quarterly, 24*(4), 17-39.

Hales, C. (2005). Rooted in supervision, branching into management: Continuity and change in the role of first-line manager. *Journal of Management Studies, 42*(3), 471-506.

Heraty, N., & Morley, M. (1995). Line managers and human resource development. *Journal of European Industrial Training, 19*(10), 31-37.

Hicks, R., & McCracken, J. (2010). Three hats of a leader: Coaching, mentoring and teaching. *Physician Executive, 36*(6), 68-70.

House, R. J. (1996). Path-goal theory of leadership: Lessons, legacy, and a reformulated theory. *The Leadership Quarterly, 7*(3), 323-352.

House, R. J., & Mitchell, T. R. (1975). Path-goal theory of leadership. *Journal of Contemporary Business, 3*, 81-97.

Indvik, J. (1985). A path-goal theory investigation of superior-subordinate relationships. Unpublished doctoral dissertation, University of Wisconsin-Madison.

Joo, B. K., Byun, S., Jang, S., & Lee, I. (2018). Servant leadership, commitment, and participatory behaviors in korean catholic church. *Journal of Management, Spirituality & Religion, 15*(4), 325-348.

Kew, J., & Stredwick, J. (2017). *Business environment: Managing in a strategic context.* London: Kogan Page Publishers.

Kriel, I. G. (2008). Developmental leadership behaviour and affective commitment: An explorative study. Unpublished doctoral dissertation, University of South Africa.

Larsson, G. (2006). The developmental leadership questionnaire: Some psychometric properties. *Scandinavian Journal of Psychology, 47*(4), 253-262.

Lee, A., Thomas, G., Martin, R., Guillaume, Y., & Marstand, A. F. (2019). Beyond relationship quality: The role of leader–member exchange importance in leader–follower dyads. *Journal of Occupational and Organizational Psychology, 92*(1), 1-28.

Leonard, H. S., Lewis, R., Freedman, A. M., & Passmore, J. (2016). *The Wiley-Blackwell handbook of the psychology of leadership, change, and organizational development.* Hoboken, NJ: John Wiley & Sons.

Liden, R. C., & Maslyn, J. M. (1998). Multidimensionality of leader-member exchange: An empirical assessment through scale development. *Journal of Management, 24*(1), 43-72.

Liden, R. C., Wayne, S. J., Meuser, J. D., Hu, J., Wu, J., & Liao, C. (2015). Servant leadership: Validation of a short form of the SL-28. *The Leadership Quarterly, 26*(2), 254-269.

Marr, B. (2016). *Why everyone must get ready for the 4th industrial revolution.* Retri eved from https://www.forbes.com/sites/bernardmarr/ 2016/04/05/why-everyo ne-must-get-ready -for-4th-industrial-revolution/#29bafa0c3f90

Matsuo, M., Arai, K., & Matsuo, T. (2019). Empowering leadership and meaningful work: the mediating role of learning goal orientation. *International Journal of Training and Development, 23*(4), 328-338.

McGuire, D. & Kissack, H. C. (2015). Line managers and HRD. In R. F. Poell, T. S. Rocco, & G. L. Roth(Eds.), *The Routledge companion to human resource development.* London: Routledge.

Minter, R. L., & Thomas, E. G. (2000). Employee development through coaching, mentoring and counseling: A multidimensional approach. *Review of Business, 21*(1), 43-43.

Northouse, P. G. (2013). *Leadership: Theory and practice.* Thousand Oaks, CA: Sage publications.

Park, Y. (2020). The effects of leader-member exchange and employee learning on perceived employability. *International Journal of Training and Development, 24*(2), 105-117.

Rafferty, A. E., & Griffin, M. A. (2006). Refining individualized consideration: Distinguishing developmental leadership and supportive leadership. *Journal of Occupational and Organizational Psychology, 79*(1), 37-61.

Rafferty, A. E., & Neale, M. (2004). *What do followers say about supportive and developmental leadership?*. In 18th Annual conference of the Australian and New Zealand Academy of Management (ANZAM), University of Otago, Otago, Full paper on CD, December.

Schwab, K. (2017). *The fourth industrial revolution*. New York, NY: Crown Business.

Solberg, E., Lapointe, É., & Dysvik, A. (2020). You care about me, but can I count on you? Applying a psychological contract perspective to investigate what makes employees willing to be internally employable. *The International Journal of Human Resource Management, 31*(9), 1157-1179.

Spears, L. C. (1995). *Reflections on leadership: How Robert K. Greenleaf's theory of servant leadership influenced today's top management thinkers*. New York, NY: Wiley.

Wang, A. C. (2019). Developmental or exploitative? How Chinese leaders integrate authoritarianism and benevolence to cultivate subordinates. *Academy of Management Discoveries, 5*(3), 291-313.

Wang, H. J., Demerouti, E., & Le Blanc, P. (2017). Transformational leadership, adaptability, and job crafting: The moderating role of organizational identification. *Journal of Vocational Behavior, 100*, 185-195.

Wilson, C. (2012). Retaining good people through a focus on talent and purpose: Proper inductions make employees feel as though they truly belong. *Human Resource Management International Digest, 20*(2), 29-31.

Wilson, M. S. (2004). Effective developmental leadership: A study of the traits and behaviors of a leader who develops both people and the organization. Unpublished doctoral dissertation, Louisiana State University.

Zhang, Y., & Chen, C. C. (2013). Developmental leadership and organizational citizenship behavior: Mediating effects of self-determination, supervisor identification, and organizational identification. *The Leadership Quarterly, 24*(4), 534-543.

군 리더의 코칭리더십 역량모델 개발 연구

이용권(lyk9981@gmail.com), 전기석(coachleader@cnu.ac.kr)

이용권은 충남대학교에서 군사학 박사학위를 취득하였다. 현재 대한민국 육군에 재직 중이며, 육군 리더십센터 리더십코칭과장을 역임하였다. 주요 연구관심 분야는 코칭, 리더십, 상담 등이다.

전기석은 펜실베니아주립대학교에서 인적자원개발 전공으로 박사학위를 취득하였다. 현재 충남대학교 국가안보융합학부 교수로 재직 중이며, 리더십과 조직론 관련 분야를 강의하고 연구하고 있다. 주요 연구관심 분야는 리더십, 조직문화, 코칭, 일터영성 등이다.

* 이 글은 2018년 11월에 발행된 「HRD연구」 20권 4호에 게재된 논문을 수정 · 보완한 것임.

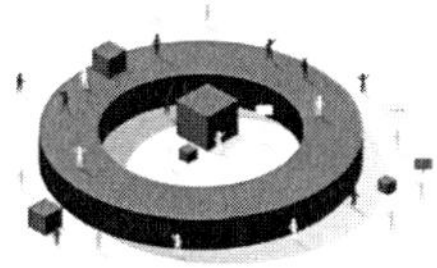

군 리더의 코칭리더십 역량모델 개발 연구

이용권, 전기석

연구 필요성

산업화 사회에서 지식정보화 사회, 초지능 및 초연결사회로 전환되는 시점에 군 조직은 새로운 리더십의 패러다임을 요구받고 있다. 기존의 리더중심(leader-centered)의 관점에서 조직구성원이 중요시 되는(follower-centered) 패러다임 전환의 필요성이 요구되고 있다. 수직적·위계적 지휘구조에서 수평적·동반자적 관계로, 구성원 스스로의 문제해결을 통한 변화와 성장을 촉진할 수 있도록 지원 및 격려해 주는 리더십이 필요하다. 왜냐하면 급격하게 변화하고 있는 현실 속에서 리더 혼자서 판단하고 지시하는 방식은 한계에 봉착하였기 때문이다.

그러나 이러한 변화의 흐름에 적응하는 리더가 있는가 하면, 조직구성원의 의욕을 꺾는 부정적 리더가 존재하고 있는 것이 현실이다. 군에서는 이러한 '부정적 리더에 의한 독성 리더십(toxic leadership)을 어떻게 개선할 것인가?'에 인적자원개발의 역량을 집중하고 있다. 美 스탠퍼드대 제프리 페

퍼 교수(1977)는 『The Ambiguity of Leadership』에서 역량있는 리더가 조직에 부임했다고 해서 성과가 반드시 좋아진다는 증거는 없으나 오히려 부정적 리더가 조직의 성패에 미치는 나쁜 영향에 대하여 강조하였다. Harris와 Kackmar(2007)는 군 조직의 특성을 언급하면서 상명하복의 위계적·수직적 구조인 군대에서 발생하기 쉬운 부정적 리더십에 대하여 더욱 많은 연구가 필요하다고 강조했다.

우리 군에서도 '17년도에 야전부대 부정적 리더십에 대한 설문조사 결과 응답자의 85%가 부정적 리더십 사례를 경험했다고 조사되었다. 이러한 부정적 리더십에 대한 조직구성원들의 반응은 의욕상실 및 업무포기, 회의감과 분노, 극단적 생각으로 이어지는 것으로 확인되었다(육군 교육사령부, 2017). 상명하복의 수직적 구조를 지닌 군 조직은 부정적 리더십에 의한 피해가 더욱 파괴적일 수 있기 때문에(Harris & Kackmar, 2007) 부정적 리더십 문제를 해결하고 개선할 코칭리더십이 절실히 요구되고 있다(McGovern et al., 2001).

군대조직에서는 리더가 조직 구성원을 대상으로 일방적으로 지시하는 리더십 발휘방식에서 조직 구성원의 말을 경청하고 질문을 통해서 조직 구성원 스스로가 문제를 인식하고 변화와 성장을 촉진시키는 코칭이라는 것에 대해서는 생각하기 어려웠던 것이 현실이었다.[1] 그러나, 사회에서 기업을 중심으로 임직원의 리더십 개발을 위해서 비즈니스 코칭이 활성화되고, 일반인을 위한 라이프코칭과, 직업역량 개발을 위한 커리어 코칭 등이 중요시되는 현실(성세실리아, 조대연, 2016)에서 군 리더의 코칭역량 개발도 절실히 요구되고 있다.

군에서도 부정적 리더십을 개선하고자 민간조직에서 활용되고 있는 코칭을 도입하여 '16년부터 대대장을 대상으로 리더십 코칭을 시행하고 있다. '18년부터는 연대장, 사단장으로 대상을 확대하여 시행중이다. 군 코칭에 대

---

1) 18년 연례 육군 리더십 수준진단 시 리더십코칭에 대한 인식조사 설문에서 응답자의 21.4%만이 알고 있다고 응답한 반면 78.6%는 모른다고 응답하였다.

한 효과는 코칭을 받은 대대장뿐만 아니라 코칭대상자의 지휘를 받는 간부와 병사들이 공통적으로 코칭을 받은 이후 지휘관의 리더십이 변화하고 이로 인해 긍정적 조직풍토가 형성되고 있는 것으로 확인되었다(이용권, 전기석, 2018).

하지만 리더십코칭의 효과에 대하여 많은 지휘관과 조직 구성원들이 관심과 지지를 표명하지만 정작 군에서 필요한 코칭리더십에 대하여 아직 인식이 부족한 것이 현실이다. 리더가 '나를 따르라'(follow me) 하는 리더 위주의 사고방식에서 벗어나 리더와 조직 구성원이 '함께 갑시다'(GO together) 하는 상·하 동일체의 가치관으로 변화해야 할 필요성은 공감하고 있지만 무엇을 어떻게 해야 할지에 대한 방법론이 부족한 상태이다. 이러한 차원에서 부정적 리더십을 개선하고 조직 구성원의 가치와 감성을 중시하며, 리더의 긍정적 측면을 강화하는 코칭리더십을 발휘하기 위해서 군 코칭리더십 역량모델 개발이 시급한 과제가 되고 있다.

조직 내 리더들이 부하들에게 코칭 리더십을 발휘하도록 하는 노력들과 함께 이를 실행하기 위해서 관리자의 코칭역량과 행동에 대한 연구들이 지속해서 진행되어 오고 있다(리상섭, 2010; 조대원, 박용호, 2011). 하지만 민간 조직에서의 코칭리더십 역량에 대한 선행연구가 빈약하여 군 조직 특성을 반영한 코칭역량을 개발하는데 참고하기에는 부족한 실정이다.

최근 군에서의 코칭리더십과 관련된 해외 학술연구 결과를 살펴보기 위하여 ProQuest central을 이용해 coaching과 military를 키워드로 검색한 결과 250개가 나타났다.

Soltwisch와 Silk (2016)는 야전에서 지휘관들이 리더십 차원에서 발휘하는 차원에서 코칭과 관련된 스킬로 온전한 자아를 가져오기(bringing your whole self), 경청(listening), 질문과 도전(questioning/challenging), 관련된 전문적인 지식과 경험을 공유하기(sharing relevant professional knowledge & experience), 간섭 줄이기(reducing interference)를 제시하고 있다. 영국군에서도 리더들이 부하들을 대상으로 발휘하는 코칭리더십이 아니라 신병들에게 교관이 어떤 코칭 행동을 할 때 훈련 성과가 좋아지는지에 관한 연구가 있었다(Bowles et al., 2017). 연구결과 관찰, 질문, 목표설정, 개발을 위한 피드백(Developmental feedback), 동기유발 피드백(Motivational feedback) 등을 코칭을 위한 행동으로 제시하였다. 그러나 검색결과의 나머지는 스포츠 코칭이나 제대군인들이 민간사회로 적응하기 위한 커리어 코칭, 파병 장병이 귀국하여 가족과 함께 재결합하는 경우 부모와 배우자의 역할에 대한 코칭 등으로 나타나고 있다(Gewirtz, DeGarmo & Zamir, 2018; Zarecky, 2014).

민간조직에서는 코칭리더십이나 코칭역량에 대한 연구들이 일부 진행이 되었으나 군대라는 조직 특수성을 고려할 경우 활용이 적절치 않으며 코칭 리더십 역량 모델을 참고하기에 적절한 미국 군대조직에서도 코칭 리더십 역량모델에 대한 연구가 활발하지 않음으로 인해 본 연구를 통해 더욱 한국 육군의 특성에 맞는 코칭리더십 역량 모델을 자체적으로 개발할 필요성이 나타났다.

이에 본 연구의 목적은 첫째, 군 조직 특성상 리더가 코칭리더십을 발휘함에 있어 반드시 지녀야 할 요소가 무엇인지를 파악하여 이를 바탕으로 코칭리더십 역량모델을 개발하는 것이다. 둘째로, 코칭 리더십 역량 중에서 가장 우선적으로 개발해야 할 코칭리더십 역량이 무엇인지를 도출하는 것이다. 이러한 연구는 실무적 차원에서는 군에서 코칭 리더십을 체계적으로 개발하고 진단하기 위한 중요한 기초가 될 것이며 코칭에 대한 이론적 발전 측면에서는 군에서 처음 실시되는 코칭 리더십에 관한 연구로서 그동안 민간조직 위주로 진행되어온 코칭리더십 연구가 군으로 확대되는 것에 기여하는 바가 있다고 하겠다.

군 조직특성과 리더십 패러다임 변화

◆ 군 조직의 특성

군 조직은 국가의 독립과 국민의 생명을 지키기 위한 최후의 보루이기 때문에 다른 어떠한 조직보다 중요한 조직이다. 군 조직은 일반사회와 공통되는 점도 있지만 임무완수, 상하명령체계, 전장상황의 불확실성, 공동체적 규범문화 등의 특성을 지니고 있다(육군본부, 2017).

이러한 군 조직의 특성에 대해 먼저 알아보면, 첫째, 군 임무완수의 절대성이다. 군 조직은 이익이나 효율성을 추구하는 사회의 영리조직과는 확연하게 구별된다. 군은 국가방위를 위해 평시에는 실전적인 교육훈련과 군사대비태세를 유지하고 유사시에는 적과 싸워 승리해야 한다. 이러한 차원에서 군 조직은 효율성보다는 임무완수가 우선인 조직이다.

둘째, 군은 계급에 의한 상하 명령체계의 조직이다. 직책과 계급에 따른 권한과 책임이 부여되고 조직 내 임무와 역할이 명확하다. 조직 구성원은 법과 규정에 의해 리더의 지시에 따르며, 조직의 질서를 유지한다. 조직 구성원들이 자발적으로 임무를 완수할 수 있도록 동기를 부여하고 가용자원과 전투력을 효율적으로 운용할 수 있는 리더의 자질과 역량이 요구된다.

셋째, 전장상황의 불확실성과 복잡성이 존재한다. 군 전투현장에서 발생할 수 있는 상황은 지형 및 기상, 피·아의 전투 의지, 부여된 임무, 가용 부대 등 다양한 요소에 의하여 미래 예측이 불가능하고 다른 여타 민간조직보다 훨씬 복잡하다. 리더는 이러한 전장상황의 불확실성과 복잡성을 수용하면서 구성원들의 잠재능력을 최대한 이끌어 낼 수 있는 리더십을 발휘해야 한다.

넷째, 일사불란한 공동체적 규범문화의 조직이다. 군은 일사불란(一絲不亂)하게 임무를 수행하는 전통에서 비롯된 공동체적 규범문화가 형성되어 있다.

◆ 군 리더십 개발과 부정적 리더십

군은 조직특성에 적합한 리더를 개발하고자 '올바르고 유능하며 헌신하는 전사'를 육군의 리더상으로 제시하고 있다(육군본부, 2017). 먼저 '올바른 리더'는 리더가 갖춰야 할 품성의 방향과 상태를 의미한다. '올바르다'는 단순히 비뚤어지거나 굽지 않은 상태뿐만 아니라 방향성이 올바른 상태를 유지해야 한다.

'유능한 리더'는 리더가 갖춰야 할 지식과 능력의 수준을 의미한다. 무능한 리더는 적보다 무섭다는 말처럼 적과 싸워 이기는 것은 국민이 군에 기대하는 가장 중요한 임무이며 존재 이유이다. 리더가 무능하면 전투에서 승리할 수 없다. 적을 압도하는 뛰어난 자질과 역량을 갖춰야 하는 것은 모든 리더의 의무이다. '헌신하는 리더'는 위국헌신 군인본분을 행동으로 실천하며 국가의 생존을 위하여 희생하고 헌신해야 하는 것이 리더의 올바른 마음가짐이다.

그러나 조직에는 훌륭한 리더도 있지만 부정적 영향을 미치는 리더도 있는 것이 현실이다. 이제까지 리더십 연구는 지나치게 긍정적이고 낙관적인 측면만을 강조하면서 상대적으로 나쁜 리더에 대한 부정적이고 파괴적인 측면을 연구하는 데 소홀히 하였다(Hogan & Kaiser, 2005; Kellerman, 2004; Padilla, Hogan, & Kaiser, 2007). 이런 차원에서 군에서는 최근 부정적 리더십에 대한 연구를 활발히 하고 있다. 군에서 조사한 연구결과에 의하면 부정적 리더십 유형은 강압적 지시(30%), 인격모독(25%), 무책임 및 책임전가(19%), 권위주의(14%), 비일관성(9%)의 순으로 조사되었다(육군 교육사령부, 2017). 또한 부하들이 함께 근무하며 힘들어 하는 리더는 경중완급을 조절하지 못하는 리더, 조직을 활용하지 못하고 혼자 다하려는 리더, 책임을 회피하는 리더 순으로 도출되었다. 부하들이 가장 원하는 리더는 존중과 배려(31%), 의사소통(19%), 솔선수범(15%), 긍정적인 부대 분위기 조성(11%) 순으로 조사되었다.

부정적 리더십을 개선하기 위하여 군에서는 군 리더십코칭을 본격적으로 도입하여 시행중이다. 하지만 현실적으로 코칭을 군 조직에 확대 적용하려면 리더가 조직 구성원을 대상으로 시행하는 코칭리더십이 역량이 무엇인지 연구가 부족한 것이 현실이다.

• 4차 산업혁명시대의 리더십의 패러다임 변화

리더를 둘러싼 리더십 발휘환경은 빠른 속도로 변화하고 있다. 리더십의 3요소인 조직 구성원들의 사고와 조직환경이 변화하고 있고 이에 따라 리더십도 변화해야 한다. 조직환경의 변화는 AI, big data, computer clouding 등의 영향으로 인한 4차 산업의 영향은 조직 구성원들의 인식을 새롭게 변화시키고 있다. 컴퓨터로 생성된 가상의 공간과 인간의 현실세계를 실시간대로 연결하여 초지능화, 초연결화, 초산업화 사회로의 변화는 조직내 영역속에서 안주하던 리더들로 언제든지 조직 밖으로 튕겨져 자신의 단점이 고스란히 드러나는 세상으로 변화하고 있다. 리더의 부정적 태도나 행동 등은 조직 구성원들의 소리없는 반란인 SNS 등을 통해 리더뿐만 아니라 조직의 운명을 순식간에 사라지게 할 수도 있게 하고 있다.

과거의 리더는 지시하거나 답을 주는 사람이었지만 미래의 리더는 질문을 통하여 구성원 스스로 답을 찾도록 촉진하는 리더가 요구된다. 기존 리더는 외부 환경적 변화가 크게 없었기에 구성원의 의견을 묻지 않고 혼자 결정해도 조직의 운명에 전혀 문제가 되지 않았다. 하지만 4차 산업혁명시대에는 변화의 속도가 빨라 리더가 답을 주는 동안에 이미 그 데이터는 과거의 기록이거나 잘못된 지시일 수도 있다. 따라서 리더가 알고 있는 지식의 양은 한계가 있고 그 변화를 따라가기에는 한계가 있다. 수직적 권위주의적 문화는 수평적·동반자적 조직문화를 요구하며, 기존 리더 중심에서 조직 구성원 중심으로 전환을 요구하고 있다. 이러한 변화요구에 적절히 대응하지 못하는 리더나 조직은 이제 생존이 불가능하게 되었다. 외부환경의 변화에 적절히 대응하고 위험을 최소화할 수 있는 조직구조로의 전환뿐만 아니라 조직 구성원의 요구를 수용할 수 있는 리더를 요구하고 있다.

군대조직도 이러한 도전에 적응할 수 있는 조직변화를 요구하고 있다. 기존의 대규모 관료적 형태에서 순간의 변화에 기민하게 운용될 수 있는 TF형태의 애자일(agile)[2] 조직이 요구되는 현실이다. 변화되는 세상에 바로 적응하고 리더 혼자 결정하는 것이 아닌 조직 구성원의 집단사고를 최대한 활용하고 둔중한 조직형태가 아닌 기민하고 민첩한 형태의 조직으로의 전환이 요구되는 시대적 상황 등을 고려하여 코칭리더가 코칭을 실시하면서 요구되는 중심적인 사고를 정립하였다.

둘째, 조직 구성원의 인식변화이다. 조직내 세대비율은 최고책임자 집단인 X세대(기성세대),[3] 중간관리자급인 Y세대, 조직내 신입사원으로 다수를 이루는 Z세대로 구성되고 있다. 기성세대인 X세대는 최고관리자나 기존 중간관리자급 이상의 위치에서 중요한 결정을 하고 시행을 감독하는 세대라 할 수 있다. 이들은 이제 기성세대로 진입하여 젊은 세대에게 '꼰대'로 낙인찍히는 세대로 전락하는 상황에 직면하고 있다. Y세대는 80~90년대 이후 해외여행의 자유화 등 다양한 경험을 한 세대로서 기존의 가치나 관습을 거부하고 개인주의 성향으로 개성을 중시하는 세대이다. Z세대[4]는 밀레니얼 키즈라 불리며 곧 조직의 다수를 구성할 세대를 말한다. 2000년대 이후 출생한 세대로 스마트폰을 능수능란하게 다루며 본인의 취향이 소비의 기준인 세대이다. 연예인보다 유튜버 등의 영향을 많이 받으며 2020년대 이후 본격적으로 사회에 진출할 예비세대이다. 이들은 'carpe diem(현재를 즐겨라)'을 중시하며 대부분 'VIB(very important baby)'로 키워진 세대이다. 실제로 경험하고 SNS로 공유할 수 있는 것을 선호하고 인터넷 검색결과보다 신뢰할 수 있는 사람을 팔로우인(follow in) 한다. 코칭을 함에 있어 리더는 조

---

2) '애자일(agile): 민첩하고 기민한 조직이라는 의미로써 부서간 경계를 허물고 필요에 맞게 소규모 팀(cell)을 구성해 업무를 수행하는 조직문화

3) 캐나다의 작가 Douglas Coupland의 소설 『Generation－X』에서 유래

4) M세대(multiculture generation), W세대(2002 한·일 월드컵 세대), 디지털 노마드 세대(digital nomad generation), Na 세대('나'를 강조하는 세대) 등 다양한 명칭으로 사용되고 있다.

직내 다수를 구성하게 될 구성원들의 인식변화를 고려한 중심적 사상이나 철학이 요구되게 되었다.

군에서는 밀레니얼 장병들의 의식을 조사하기 위하여 현역에 복무중인 장병 372명에게 설문조사 및 대면 인터뷰를 실시하였다. 이 조사에 의하면 밀레니얼 장병들의 생각은 첫째 임무수행시 가장 중요하게 생각하는 것은 이 일을 왜 해야 하는가(58.6%), 누구와 함께 하는가(20.7%), 완수하면 인정을 받는가(11. 3%), 일이 재미 있는가(9. 4%) 순으로 조사되었다. 이는 일을 하기 전에 이 일을 왜 하는지에 대한 의미부여가 중요하다는 것이다. 밀레니얼 장병들도 단순하고 쉬운 일보다 어렵고 힘들더라도 의미 있는 일을 희망하고 일과 이후에도 해야 할 필요성이 인정되면 할 수 있다고 응답하였다. 응답자의 80% 이상이 힘들어도 의미 있는 일을 하고 싶다고 답변했다. 셋째, 일과 이후 작업을 하게 되면 그에 대한 보상은 반드시 주어져야 하며 완벽해 보이는 리더보다는 자신의 실수를 솔직하게 인정하는 리더가 더 믿음직스럽다고 응답하였다. 이 연구조사에 의하면 과업의 필요성을 이야기하고 쉬운 일보다는 다소 힘들더라도 의미 있는 일을 하고 싶어하는 밀레니얼 장병들의 의식을 고려한 리더십이 요구된다고 볼 수 있다.

코칭리더십 역량 연구

• 코칭리더십의 개념

코치라는 말은 1500년대 헝가리의 마을 콕스(Kocs)에서 말이 끄는 사륜마차에서 유래한 단어이다. 어떤 한 지점에서 고객이 원하는 지점으로 안전하게 데려다 주는 운반수단의 의미로 사용되어졌다. 1850년대 중반에는 영국의 대학에서 학생들의 학습을 돕는 개인 교사(tutor)를 코치라고 부르다가, 직무현장에서 훈련과 유사한 코칭(on-the-job training) 개념으로 사용되었고, 1980년대 이후 조직경영 분야에서 본격적으로 활용되고 있다(Mace & Mahler, 1958)

코칭의 정의는 학자마다 다양하다. Peterson과 Hicks(1996)는 '코칭은 코치와 코치대상자 간의 상호신뢰 관계에서 비롯되며 현장에서 직면한 문제의 해결과 개인의 능력개발을 목적으로 코칭대상자에게 영향력을 미치는 것'이라 하였다. Haberleither(2002)는 '코칭을 조직구성원이 스스로의 가능성을 인지하고 확대하여 능력과 의욕을 높일 수 있게 하는 리딩 방식'이라고 하였다. Greene와 Grant(2003)는 '코칭을 조직구성원이 스스로 문제를 해결할 수 있도록 구성원들의 수행능력을 향상시켜 성과를 얻어내는 결과 지향적이고 체계적인 리더의 행동방식'으로 보았다. Whitmore(2002)는 '코칭이란 구성원에게 동기를 부여하여 조직에 몰입하게 하는 성과지향적 행동'으로, Luecke(2004)는 '코칭을 관리자와 감독자가 조직구성원의 가능성을 개발하거나 성과와 관련된 문제해결을 목표로 하는 상호작용 과정'이라고 하였다. 이외에도 많은 코칭연구자들이 코칭에 대하여 다양하게 정의하고 있으나 그 본질은 '코칭대상자가 스스로 인식하여 변화와 성장을 촉진할 수 있도록 코치와 코칭대상자가 상호협력적 또는 파트너십의 관계 속에서 이루어지는 쌍방향 의사소통 과정이나 활동'으로 정의할 수 있다.

'코칭은 리더에게 필요한 능력'이라는 측면에서 리더십과 직접적으로 관련이 있다. 리더십과 관련된 코칭은 코칭리더십과 리더십코칭으로 구분될 수 있다. 코칭리더십은 리더가 조직구성원을 대상으로 업무현장에서 상시적으로 발휘될 수 있다. 리더가 코치로서 수직·수평적 이중관계를 지니면서 코칭스킬이나 코칭 프로세스 등을 통하여 조직구성원이 스스로 자신의 가능성을 자각하고 문제를 해결해 나가도록 이끄는 코칭리더십이 조직사회에서 더욱 부각이 되고 있다. 반면, 리더십코칭은 외부의 코칭 전문가와 금전적 대가를 주고 계약을 통해서 수평적 관계 속에서 고객과 코치 입장에서 코칭이 진행되는 것이다. 최근에는 내부 전문코치들에 의해서도 진행이 되는데, 이러한 내·외부 코치들이 정해진 시간에 대화형식으로, 그것도 코칭대상자가 코칭주제에 대해 자기보고식으로 코치에게 말하는 방식으로 코칭이 진행되게 된다. 이것은 조직 내 리더가 수직적인 상·하 관계 속에서 조직 구성원을 대상으로 리더십을 발휘하는 차원에서 코칭을 실시하는 코칭 리더십과 맥락적 차이가 있다. 조직 내 리더는 코칭을 실시해야 하는 구성원을 언제든지 관찰하고 그것을 토대로 직접적인 피드백이 가능하지만 리더십 코칭을 실시하는 코치는 코칭대상자의 업무현장에 대한 관찰은 제한되는 면이 있다. 본 연구는 리더로서 발휘하는 코칭리더십에 중점을 둔 연구이며 코칭리더십 역량모델 개발을 중심으로 기술하였다.

• 코칭리더십 역량 연구

인적자원의 역량연구에 있어서 역량은 '고성과자가 일관되게 보이는 행동특성'으로 고성과자와 평균 성과자, 저성과자의 차이를 구분 짓는 지식, 기술, 태도, 특성으로 정의되고 있다(McClelland, 1976; Boyatzis, 1982). 이러한 역량은 역량명과 정의를 포함하며 관련성 있는 역량들을 그룹화 하여 역량군을 형성하고 핵심적인 역량군과 역량들을 일목요연하게 정리한 것이 역량모델이다.

코칭리더십 역량에 대해서는 Stowell(1986), Ellinger, Ellinger 그리고 Keller(2003), Mclean 등(2005), Heslin, Vandewalle 그리고 Latham(2006) 등의 연구가 대표적이다. Stowell(1986)은 리더의 48가지의 코칭 역량 중에서 가장 핵심적인 역량으로 방향제시, 역량개발, 수행평가, 관계 등을 네 가지로 제시했다. Ellinger, Ellinger 그리고 Keller(2003)는 효과적인 의사전달, 학습촉진, 피드백 제공 요청, 정보제공, 질문제시, 목표설정 대화, 역할연기 시연 등을 코칭 역량으로 제시했다. McLean 등(2005)은 코칭 역량으로 열린 대화, 팀 차원 접근, 인간적 배려, 모호함의 수용 등을 포함시켰다. Heslin, Vandewalle 그리고 Latham(2006)은 코칭 역량으로 성과증진을 위한 안내, 촉진, 조직구성원의 잠재능력을 개발, 영감을 불어넣어주는 감화 등을 제시하였다.

국내 연구에서는 탁진국과 조은현(2011)이 코칭리더십의 척도로 존중, 목표제시와 피드백, 관점변화, 부하의 성장 가능성에 대한 믿음을 제시하였다. 박근수(2012)는 중간관리자의 코칭스킬 측정도구 개발에서 목표설정, 커뮤니케이션, 관계형성, 자기 주도촉진 등을, 우수명(2013)은 경영자의 코칭역량 모델링 및 요구분석에서 리더십, 조직관리, 코칭스킬, 인성, 자기관리 역량 등을 제시하였다.

이와 같은 코칭리더십 역량을 역량군별로 종합 정리해 보면 리더로서 지녀야 할 기본적인 인성, 조직구성원에게 동기를 부여하고 영향력 행사를 통해 자발적인 참여를 촉진하는 통솔력, 리더다운 태도와 행동으로 표현되는 리더다움, 조직구성원의 개발 및 방향제시 등을 통한 조직관리, 경청 및 질문 피드백의 코칭스킬 역량군 등으로 제시되고 있다. 인성 역량군에 대해 Sperry(1993)는 성격특성이론에 기반하여, 경영자가 성과를 창출하기 위해서는 리더들의 다양한 성격특성을 이해해야 한다고 하면서 정직성, 신뢰, 창조성, 배려 등 리더로서 지녀야 할 인성요소에 대하여 강조하였다. 통솔력 역량군에 대해 Kappenberg(2008)는 리더는 조직구성원을 지휘함에 있어서 소프트스킬, 즉 통솔력의 결여로 많은 비효율성과 조직에 손실을 초래하므로 통솔력을 개발하는 것이 중요하다고 강조했다. 리더다움 역량군에 대해 Jones, Rafferty와 Griffin(2006)은 조직의 리더는 어떠한 스트레스나 압박감 속에서도 목표를 견지하고 관계를 유지하며 리더다운 면모를 유지해야 한다고 강조하였다.

조직관리 역량군에 대해 Quick(2004)과 Kappenberg(2008) 등은 코칭리더십에 있어서 부하개발이나 긍정적 기풍조성 등 조직 관련 역량의 중요성을 강조하고 있다. 임무완수 역량군에 대해 Stowell(1986)은 리더에게는 어떠한 상황에서도 부여된 임무를 구성원들과 함께 달성해 나가는 능력이 필요하다고 강조하였다. 코칭스킬 역량군에 대해 Passmore(2013)는 코칭이 인간중심의 리더개발 방법으로 개인의 필요를 찾아내고 개인의 잠재력을 극대화시키도록 돕는 것에 초점이 맞추어져 있다고 강조하였다. Berman과

Bradt(2006)은 코칭리더십의 핵심적인 스킬로 경청, 질문, 피드백, 목표도출, 지도 및 평가 등을 제시했다.

군 코칭(military coaching)

육군에서는 16년부터는 대대장, 2018년부터는 사단장으로까지 확대하여 코칭을 시행중이다. 군에서는 코칭의 중요성을 인식하고 조직구성원들과 직접 접촉하는 행동적 제대로부터 조직적, 전략적 제대에 이르기까지 점차적으로 코칭을 확산하고 있다. 군 전투력발휘를 위하여 코치와 코칭대상자 간의 신뢰관계를 형성하고 코칭대상자 스스로 자각을 통한 변화와 성장을 촉진할 수 있도록 리더십센터에서 실시하는 군 코칭뿐만 아니라 조직구성원을 대상으로 한 코칭리더십을 확산시키려 하고 있다.

군 코칭을 함에 있어서 군 조직의 특성을 반영한 군 코칭 모델을 자체적으로 정립하여 시행중이다. 사회조직도 조직의 성장과 목표달성에 있어서 방향성이 중요하지만 군 조직은 항상 적이 어디에 있고, 나의 현 위치는 어디인가? 그리고 무엇을 준비해야 하는가? 하는 방향성이 중요하다. 따라서 군의 사고체계의 핵심인 GPS를 중시하여 GPS－Follow up의 코칭모델을 개발하여 사용 중이다.

이러한 군 코칭모델은 첫번째 목표 수립(goal) 단계는, 코치와 코칭대상자인 대대장과의 합의를 통한 코칭목표 및 전략을 수립한다. 코칭목표는 명확하고 구체적이며 달성 가능한 목표를 설정하도록 한다. 두 번째는 현실인시(present) 단계로서 현재 무엇이 문제인가를 파악하ㄱ 강점을 발굴하는 단계이다. 이를 위해 리더의 리더십을 진단하고 리더의 성격유형검사(MBTI)를 실시한다. 현장 관찰과 조직구성원 대담, 상급지휘관 및 참모 등과의 대화 등을 통하여 자료를 수집하고 적절한 피드백을 제공하며 "왜"라는 끊임없는 문제의식을 통하여 지휘의 제한사항 등을 파악한다.

세 번째 대안탐색(solution) 단계는 문제를 해결하기 위해서는 단점을 어떻게 극복하고 강점을 극대화 할 것인지를 고민하는 단계로서 가용자원 등을 찾아 그 대책을 수립하는 단계이다. 이 단계에서는 경청과 질문, 피드백 등을 통하여 장애물을 분석하고 의식의 확장 등을 통한 대안탐색에 초점을 둔다. 코칭 대상자의 자각을 통한 변화와 성장을 촉진할 수 있도록 리더(코치)는 지속적으로 지원 격려하는 것이다. 네 번째는 후속조치(follow up) 단계로서 코칭성과를 지속적으로 유지하도록 격려 및 지원하며 목표를 어느 정도 달성했는지를 확인한다.

대대장을 대상으로 한 군 코칭결과는 지난 2016~18년까지 3년 동안 92개 대대, 7,615명이 참가하였으며 이중에서 21개 대대를 대상으로 리더십 진단도구를 활용하여 대응표본 t검정을 실시한 결과 Likert 5점 척도에서 코칭 이전 평균 4.27(표준편차: 0.34)에서 코칭 이후 4.62(표준편차: 0.21)로 상승되어 통계적으로 유의함이 입증되었다. 그러나 이러한 코칭성과에도 불구하고 코칭을 받는 대대장들이 어떠한 코칭 리더십을 지향해야 하는지, 무엇이 강점이고 약점인지를 진단하고 개발하기 위한 체계화된 기준이 되는 역량 모델이 필요함을 인식하게 되었다. 코칭팀에서 코칭 대상자들을 진단하고 개발하기 위한 기준점으로도 활용되지만, 대대장들이 부하들에게 코칭 리더십을 발휘할 수 있도록 하기 위해서 공통된 코칭 리더십 모델 개발이 필요하게 되었다. 체계화된 코칭리더십 역량모델 구축은 군에서 새로운 리더십 지향점으로 코칭 리더십을 강조하고 확산하는데 매우 중요한 기준점이 된다고 할 수 있겠다.

본 연구는 군 코칭리더십 역량모델을 개발하고 우선순위를 도출하기 위한 목적으로 코칭리더십 역량모델 초안제작－코칭역량 모델 문항제작－역량모델 확정 및 우선순위 요구도 도출 순으로 진행되었다.

첫 번째는 코칭리더십 역량모델의 초안제작 단계로서 선행 연구문헌, 군 코칭경험과 D/B 등을 토대로 코칭리더십 역량모델의 구조를 설계하고, 역량의 각 구성요소에 대한 개념을 정의하였다. 이를 위하여 자료수집 단계에서는 선행연구, 육군 리더십센터 리더십, 인성, 상담교관 20명을 대상으로 개방형설문, 야전부대 대령급 장교 10명을 선정하여 표적집단면접(FGI)을 실시하였다.

두 번째는 코칭리더십 역량모델의 타당화 단계로서 군 코칭 및 리더십 전문가, 비즈니스 코칭 전문가, 코칭경영학과 교수 등을 델파이 전문가로 선정하여 코칭리더십 역량모델을 제작하고 통계적 검정을 통해 확정하였다. 총 3회의 델파이 조사를 통하여 코칭리더십 역량을 선정하고 이를 바탕으로 질문지를 개발하여 요인분석을 통한 타당성 검토를 실시하였다. 델파이 조사 단계에서 군 코칭팀과 리더십 전문교관, 비즈니스 코칭전문가, 코칭 경영학과 교수 등을 패널에 포함시킨 이유는 지휘관 임무를 수행했던 군에서의 리더십 및 코칭 관련 경험적인 부분과 민간 비즈니스 코칭분야의 전문성, 민간 대학에서의 코칭의 이론적인 부분을 겸비한 최적의 전문가 등을 선정하여 최대한 민과 군, 경험과 이론을 모두 포함하고자 하였다.

델파이 전문가 그룹의 코칭시간으로는 500시간 미만 1명, 1000시간 미만 3명, 1000시간 이상은 8명으로 수년간의 코칭경험을 보유하고 있다. 또한 리더십·상담교관 경력은 모두 2년 이상~5년 미만이 3명, 5년 이상~10년 미만이 2명, 10년 이상이 3명이다. 학력으로도 전원 석·박사인력으로 구성되어 있으며, 성별로는 남성 14명, 여성 1명이다. 연령대는 30대 후반이 1명, 40대가 7명, 50대가 7명이다. 계급으로는 소령 계급이 3명, 중령계급이 8명, 대령계급이 4명이다.

델파이 조사를 통해 도출된 코칭리더십 역량이 외적타당도와 내적신뢰도를 확보하고 있는지를 검정하기 위해 전군의 영관장교를 대상으로 설문을 실시하였다. 총 300명에게 설문을 배부한 후 응답이 불성실한 11명을 제외한 289부를 채택하였다. 289명의 인구통계학적 특성은, 먼저 성별에 있어 남성(280명, 96.9%)이 여성(9명, 3.1%)보다 많았다. 다음으로 학력은 대학교 졸업(250명, 86.5%)이 가장 많았으며, 석사(36명, 12.4%), 박사(3명,

0.1%) 순이었다. 연령에 있어서는 35~40세(184명, 63.77%)가 가장 많았고 41~50세(96명, 33.2%), 50~60세(9명, 3.1%) 순으로 나타났다. 계급에 있어서는 장군 3명, 대령 15명, 중령 148명, 소령 123명으로 조사되었다. 근속년수에 있어서는 10~15년 85명, 16~20년 139명, 21년 이상은 65명, 근무제대는 대대급이 84명, 연대급 90명, 사단급 이상 제대가 115명으로 구성되었다.

이와 같은 조사도구들에 대한 각 문항수를 종합하여 살펴보면, 인성 역량군에서 하위 5개 역량과 17개 문항, 통솔력 역량군에서 하위 5개 역량과 21개 문항, 리더다움 역량군에서 5개 하위역량과 16개 문항, 조직관리 역량군에서 9개 하위역량과 28개 문항, 코칭스킬 역량군에서 6개 하위역량과 19개 문항으로 총 31개 하위역량과 102개 문항에 인구통계학적 변인 6문항으로 본 도구는 총 108개 문항으로 구성되었다.

세 번째 단계는 코칭리더십 역량모델중 개발 요구도 우선순위를 도출하였다. 개발된 군 코칭리더십 역량모델이 통계적으로 유의미함을 t검정을 통하여 입증하고 이를 Borich 요구도(1980)를 통하여 가장 우선적으로 개발해야 할 코칭역량 요소를 도출하였으며 이를 The Locus for Focus 모형을 통하여 4분면에 가시화 하였다(조대연, 2009).

코칭리더십 역량모델 연구결과

코칭리더십 역량초안을 도출하기 위하여 기존 선행연구와 개방형 설문, FGI, 5년여에 걸친 군 코칭경험과 축적된 D/B 등을 활용하였다. 먼저 선행연구를 통하여 코칭리더십 역량은 공정성, 책임감, 신뢰, 동기부여, 솔선수범, 통찰력, 경청, 질문, 피드백, 방향제시, 목표설정, 열린 대화 등과 같은 의사소통이나 관계중심의 역량들이 도출되었다. 리더십 교관들을 대상으로 개방형 설문 결과 도출된 역량으로는 리더의 인성, 책임감, 신뢰, 통솔력, 동기부여, 의사소통, 코칭스킬, 경청, 질문, 피드백 등이 제시되었다.

야전부대 지휘관을 대상으로 한 FGI 결과에서는 리더로서 필요한 윤리의식, 솔선수범, 통찰력, 관계유지, 회복탄력성, 목표설정, 방향제시, 경청, 질문, 판단 및 평가 등이 도출되었다. 육군 리더십센터에서 실시한 중대장 및 대대장을 대상으로 한 리더십코칭 결과로부터 도출된 코칭리더십 역량은 리더가 군 조직을 이끄는데 전반적으로 필요한 인성, 리더십, 리더다운 행동, 자기관리, 경청, 질문, 피드백, 방향제시, 역량개발, 목표설정, 의사전달, 수행평가, 열린 대화 등이 도출되었다. 선행 연구문헌 검토, 군 코칭 결과, 개방형 설문결과, FGI 결과를 바탕으로 역량을 도출하였다.

도출된 코칭리더십 역량들을 델파이 전문가들의 의견을 종합하여 코칭리더십 역량을 재정리 한 결과 인성, 통솔력, 리더다운 행동, 조직관리, 임무완수, 코칭스킬 역량군 등이 도출되었다. 군 리더의 코칭리더십 역량모델 개발을 위한 FGI 및 개방형 설문 등을 종합한 결과 특이한 사항은 인성 역량군에서 준법정신이나 윤리의식, 충성, 용기 등은 군인정신을 반영한 역량요소라 할 수 있다. 또한 팔로워십, 임파워먼트, 리더다움, 육체적 강건함, 유연한 행동, 침착성, 전우애 함양 등도 전장상황 및 급속하게 변화하는 상황 등을 자주 접하는 군 조직특성을 잘 반영하고 있는 요소라 할 수 있다. 본 연구는 선행연구 및 개방형 설문, FGI 중에서 2개 이상 선택된 역량 등은 1차적으로 포함하여 델파이기법에 적용하기로 하였다.

선행 연구와 기존 군 코칭 결과, 개방형설문 및 FGI 연구결과 등에서 2번 이상 제시된 내용을 종합하여 군 리더의 코칭역량 모델 개발에 필요한 요소는 1차적으로 리더의 인성, 통솔력, 리더다운 행동, 조직관리, 임무완수, 코칭스킬 등 6개 역량군과 44개의 코칭역량 후보군을 도출하였다.

• 델파이 조사

델파이 조사는 인트라넷 설문을 통해 이루어졌으며, 총 3회에 걸쳐 실행되었다. 1차 조사에서는 주로 코칭리더십 역량을 중심으로 전문가들의 의견을 조사하고, 2~3차에서는 1차 결과를 토대로 수정하고 그 결과로 코칭리더십 역량모델을 최종 확정하였다.

1차 조사에 앞서 사전에 코칭리더십 역량모델 개발 관련 군 리더십코칭과 통계학 박사 2인으로부터 설문지 관련 자문을 받았다. 이후 코칭리더십 역량모델 설문지를 사전 선정된 군 코칭 전문교관과 군 리더십 전문교관, 비즈니스 코칭 전문가, 리더십 교수 등 총 15명의 패널에게 발송하여 100% 회수하였다.

1차 델파이 조사를 통해 전문가 패널들은 군 리더의 코칭의 개념 정의에 대한 내용 타당성에서 군 코칭의 개념의 타당성 정도는 0.87로 나타나 내용타당도가 있다고 판단되었다. 그러나 내용의 일부 수정에 대한 의견이 도출돼 이를 수용하였다.

델파이 기법을 이용한 전문가 패널 등에 의하여 도출된 6개의 코칭리더십 역량군과 44개 역량의 개념과 명칭에 대하여 내용 타당도를 측정하였다. 역량군의 CVR 값은 인성 역량군 0.87, 통솔력 역량군 1.00, 리더다운 행동 역량군 0.87, 조직관리 역량군 0.73, 임무완수 역량군 0.46, 코칭스킬 역량군 0.87로, 대부분의 요소들이 내용 타당성이 우수한 것으로 나타났으나 임무완수 역량에 대해서는 부정적으로 조사되었다. 1차 델파이 조사결과를 통해 확인된 각 역량의 명칭과 개념정의에 대한 내용타당도를 분석한 결과 대부분의 요소들이 개념 정의가 의도하는 상위개념들을 적절히 나타내고 있는 것으로 나타났다.

이와 같은 내용을 종합한 결과 인성역량군에서는 준법정신과 정직의 역량이 삭제되고, 통솔력 역량군에서는 솔선수범이 리더다운 행동 역량군으로 이동하고 전략적 사고는 조직관리 역량군으로 이동하였다. 리더다운 행동 역량군의 명칭은 리더다움으로 육체적 강건함 역량은 강건한 행동 역량으로 명칭이 변경되고 침착성 역량군은 삭제되었다. 조직관리 역량군에서는 위험관리와 갈등관리 역량이 삭제되었다. 임무완수 역량군은 삭제되고 목표설정 및 방향제시, 판단력 및 지도와 평가 등은 타 역량군으로 이동하였다. 코칭스킬 역량군은 변동이 없었다.

그러나 역량군에 있어서 임무완수에 대하여 코칭의 결과 나타나는 역량으로는 부적합하다는 의견이 다수 도출되었다. 델파이 조사지에는 요소별로 의견란을 두어 명칭이나 개념정의, 역량군과 역량항목의 위치 등에 대하여 전문가들의 의견을 제시하도록 하였다. 역량 항목 중 타당도가 낮은 요소가 13개 도출되었으며 패널들의 일부 명칭이나 개념에 대한 수정의견이 있어 수용하였다.

2차 델파이 조사는 1차 조사에 참여했던 모든 패널들이 100% 참여했으며 응답 회수율은 100%였다. 2차 조사에서는 1차 조사에서 CVR이 충족되지 않은 하위역량을 제거하고 31개의 하위역량을 중심으로 재조사를 실시했다. 2차 델파이 조사를 통해 확인된 각 역량의 명칭과 개념정의에 대한 내용 타당도를 분석한 결과 대부분의 요소들이 개념 정의가 목적하는 상위개념들을 적절히 나타내고 있는 것으로 나타났다. 그러나 타당도가 낮은 요소가 나왔으며 패널들의 일부 명칭이나 개념에 대한 수정 의견이 있어서 전체적으로 보다 타당한 내용을 갖추기 위해서 수정 보완하였다.

다음으로 군 리더의 코칭리더십 역량모델을 측정하는 문항개발을 위해 2차 델파이 조사를 통해 확정된 31개의 역량요소를 문항으로 작성하는 작업을 실시하였다. 측정문항은 각 역량의 정의를 기준으로 그 정의가 나타내는 지식, 행동, 특성들을 나타내는 내용을 문항으로 작성하였으며, 역량당 3개 내지 4개 문항씩 총 102문항을 작성하였다. 102개의 문항은 전문교수의 검토를 거치고 15인의 전문가 패널들을 통해 안면 타당도 검증을 하였다. 전문가 패널들의 의견을 반영하여 수정을 거친 후 마지막으로 전문교수 2인의 재검토를 거쳐 102개의 최종문항을 확정하였다.

• 신뢰도와 타당도 분석

탐색적 요인분석을 실시하기에 앞서 KMO(Kaiser-Meyer-Olkin) 검증을 통해 요인분석의 가능성을 검정하였다. 요인분석에 대한 KMO 통계치를 분석한 결과, KMO 통계치가 .79이상으로 나타나(인성 = .86, 통솔력 = .79, 리더다운 행동 = .83, 조직관리 = .85, 코칭스킬 = .80) 모든 통계치가 .60 이상이므로 요인분석에 적합하다고 할 수 있다. 본 연구에서는 주성분 분석 추출법 및 베리맥스회전(varimax rotation) 방법을 사용하여 요인분석을 실시하였다. 또한 본 연구에서는 요인추출의 기준이 되는 요인부하량을 .50이상으로 설정하였다.

먼저 인성 역량군에 요인분석 결과 조사도구에서 요인부하량 .50 이상, 고유치 1 이상을 만족하는 문항으로 구성된 3개의 군이 나왔다. 공정성, 책임감, 자기통제력이 기준을 만족하였고 윤리의식 및 존중감은 요인부하량 값을 충족시키지 못해 삭제되었다. 한편 공정성, 책임감, 자기통제력이 인성 역량군을 68.540% 설명하고 있는 것으로 분석되었다. 통솔력 역량군에 대한 요인분석 결과는 임파워먼트, 비전제시, 동기부여 등이 요인부하량 .50 이상을 충족하고 의사소통, 관계유지 역량은 충족되지 못하여 삭제되었다. 한편 임파워먼트, 비전제시, 문제해결, 동기부여 등이 통솔력 역량군을 66.167% 설명하고 있는 것으로 분석되었다. 리더다움 역량군에 대한 요인분석 결과, 요인부하량 .50 이상을 충족하지 못한 1개의 하위역량인 용감한 모습 역량이 삭제되었다. 또한 주도적 행동, 강건한 모습, 유연한 행동, 솔선수범 등이 리더다움 역량군을 76.240% 설명하고 있는 것으로 분석되었다.

조직관리 역량군에 대한 요인분석 결과, 요인부하량 .50 이상을 충족하지 못한 긍정적인 기풍조성, 시스템적 사고, 전략적 사고, 변화관리, 업무의 전문성 등 5개의 하위역량은 삭제되었다. 또한 방향제시, 부하개발, 자기개발, 통찰력이 조직관리 역량군을 74.596% 설명하는 것으로 분석되었다. 코칭스킬 역량군에 대한 요인분석 결과는 요인부하량 .50 이상을 충족하지 못한 코칭목표 설정, 현실진단 등 2개의 하위역량이 삭제되었다. 또한 평가 및 지도, 피드백, 질문, 경청 등이 코칭스킬 역량군을 63.903% 설명하는 것으로 분석되었다.

탐색적 요인분석을 통해 도출된 역량모델의 적합도를 검증하기 위하여 확인적 요인분석을 실시하였다. 확인적 요인분석은 측정변수(문항)와 잠재변수(요인)의 관계를 미리 설정하고 모델의 적합도 판정을 통해 요인분석을 실시하는 것이다. 역량모델의 적합도를 판정하기 위해서 다양한 적합도 지수가 활용되고 있으며 가장 활용 변동이 큼에 따라서 적합도로 활용하기 적절하지 않다. 본 연구에서는 TLI, CFI, RMSEA를 기본 적합도 지수로 활용하며 추가적인 확인이 필요시 NFI지수를 활용하였다(배병렬, 2008). 다음 <표 1>에서 보는 바와 같이 전 역량군에서 적합도 지수들은 만족할 만한 수준의 적합도를 보이고 있다. 다만, 조직관리의 경우 $\chi^2(df=48)=181.253$, $p < .001$, TLI=.884, CFI= .916으로 수용할 만한 수준이나 RMSEA= .108로 다소 수용수준이 떨어지는 것으로 나타나고 있으며 증분적합지수인 NFI= .894로 양호한 수준을 보이므로 전체적인 적합도는 수용할 만하다고 판단할 수 있다.

코칭리더십 역량모델은 최종적으로 5개 역량군과 19개의 하위역량이 확정되었다. 인성 역량군에서는 공정성, 책임감, 자기통제력 등 3개의 역량이, 통솔력 역량군에서는 임파워먼트, 비전제시, 문제해결, 동기부여 등 4개 역량이 확정되었다. 리더다움에서는 주도적 행동, 강건한 모습, 유연한 행동, 솔선수범 등 4개 역량이, 조직관리 역량군에서는 자기개발, 부하개발, 통찰력, 방향제시 등 4개 역량이 확정되었다. 코칭스킬 역량군에서는 경청, 질문, 피드백, 평가와 지도 등 4개 역량이 확정되었다. 역량군과 하위 역량 및 일부 진단 문항은 다음 <표 1>을 참조하길 바란다.

〈표 1〉 코칭 리더십 역량 문항

1. 인성: 리더로서 갖추어야 할 인간적인 소양으로 개인적인 사고 및 태도	
윤리의식	ㅇ 리더로서 공과 사를 엄정히 구분하여 처신한다.
공정성	ㅇ 친분관계에 치우침 없이 부하들을 공평하게 대우한다.
책임감	ㅇ 맡은 일에 대해 자신의 책임하에 결심한다.
자기통제력	ㅇ 과도한 업무나 중압감을 스스로 조절한다.
존중감	ㅇ 조직구성원을 무시하지 않고 인격적으로 대우한다.
2. 통솔력: 조직구성원들이 자발적으로 목표를 달성할 수 있도록 동기부여 및 영향력을 행사하는 과정	
동기부여	ㅇ 적절한 방법으로 조직구성원들의 마음을 잘 움직인다.
의사소통	ㅇ 다양한 의사소통의 수단과 기법을 적절하게 활용한다.
비전제시	ㅇ 개인 및 조직개발을 위한 비전과 전략을 제시한다.
관계유지	ㅇ 사람들이 자신을 어떻게 평가하는지를 잘 알고 있다.
문제해결	ㅇ 고정관념에 집착하지 않고 현실을 진단하고 분석한다.
임파워먼트	ㅇ 조직구성원들이 부여된 업무에 대한 책임의식을 갖도록 권한을 부여한다.
3. 리더다움: 리더 스스로의 행동이 구성원들에게 모범이 될 수 있도록 하는 것	
강건한 행동	ㅇ 체력이 강건하여 육체적 피로와 고통을 극복하며 임무를 수행한다.
주도적 행동	ㅇ 자신이 원하는 방향으로 공감대를 형성하여 인간관계를 이끈다.
유연한 행동	ㅇ 기존 관습에 얽매이지 않고 자유롭게 사고한다.
솔선수범	ㅇ 매사에 부하들에게 좋은 본보기가 되도록 처신한다.
용기있는 행동	ㅇ 위험한 일이라도 겁내지 않고 용기있게 판단을 내린다.
4. 조직관리: 조직에 부여된 목표를 달성할 수 있도록 체계적이고 지속적으로 관리하는 능력	
자기개발	ㅇ 자신의 강점과 약점을 알고 약점을 보완하기 위해 노력한다.
부하개발	ㅇ 조직구성원들의 강점과 약점을 파악하여 알고 있다.
긍정적 기풍	ㅇ 단체활동 등 조직구성원들이 부대정신으로 단결하도록 노력한다.
시스템적 사고	ㅇ 문제해결 방법에 대하여 종합적 사고와 마인드를 겸비한다.
변화관리	ㅇ 변화에 능동적인 마인드로 주도적 역할을 수행한다.
업무의 전문성	ㅇ 업무와 관련된 군사적 지식, 기술, 업무노하우 등을 완전히 숙지한다.
방향제시	ㅇ 임무수행방향에 대해 지휘관의도를 명확히 제시한다.
전략적 사고	ㅇ 조직의 설정된 목표를 달성하기 위하여 가용자원을 최적으로 배분한다.
통찰력	ㅇ 리더는 군사적 전문지식을 갖고 조직의 변화에 효과적으로 대응한다.
5. 코칭스킬: 코칭을 효과적으로 실행하기 위해 필요한 스킬 역량	
경청	ㅇ 상대방의 이야기를 주관적인 판단없이 표현하는 그대로 이해한다.
질문	ㅇ 조직구성원이 새로운 시각으로 자신과 주변 상황을 볼 수 있도록 질문을 한다.
피드백	ㅇ 리더는 객관적인 근거에 의해 정확하게 피드백한다.
코칭목표설정	ㅇ 조직목표에 합당한 기준에 의하여 목표를 설정한다.
현실진단	ㅇ 리더는 현실을 있는 그대로 객관적으로 본다.
평가와 지도	ㅇ 계획수립부터 임무완수까지 지휘의도와 구현 여부를 확인한다.

코칭리더십 역량모델 우선순위 요구도 분석을 위해 t검정과 Borich 요구도 분석, The Locus for Focus모형을 활용하였다. 우선순위 요구도 분석에서 t검정을 실시하는 것은 두 수준의 평균값이 통계적으로 차이가 있는지를 검정하고 Borich의 요구도를 활용해 군 코칭리더십 역량 요구의 우선순위를 도출하고 이를 사분면에 가시화하기 위해 The Locus for Focus모형을 활용하여 제시하였다.

코칭리더십 역량군에 대한 전체적인 경향성을 파악하기 위한 대응표본(paired−difference) t검정 결과 5개 역량군 19개 역량 모두 현재 수준과 중요도에 있어 인식의 차이를 분석한 결과 표에서 볼 수 있듯이 하위역량 모두에서 유의수준 $p < .01$ 수준에서 현재 수준과 중요도에 있어 유의한 차이가 있는 것으로 분석되었다. 총 19개 코칭리더십 역량들 가운데 t검정이 바람직한 수준과 현재수준 간의 평균차이는 모두 유의미하게 도출되었다.

t검정의 경우 두 수준 간의 차이만을 반영하여 우선순위를 파악하는 것은 한계가 있다. 따라서 t검정에서 통계적으로 유의미한 차이만을 고려대상으로 선정하는 것은 조심할 필요가 있다(조대연, 2009). Borich의 요구도는 필요수준에 가중치를 부여하였기 때문에 이를 활용하여 미래에 필요한 코칭리더십 역량의 우선순위를 도출하였다. 미래에 필요한 코칭리더십 역량 우선순위를 도출한 결과는 리더다움 역량군 중 솔선수범 역량이 가장 요구도가 높은 역량으로 분석되었다. 다음으로 비전제시, 동기부여, 부하개발, 유연한 행동, 경청 등이 높게 나타났다

The Locus for Focus 모델을 활용한 군 리더의 코칭역량 우선순위 분석 결과를 살펴보면 <그림 1>과 같다. 군 리더들이 인식하고 있는 코칭역량에 필요수준 평균은 4.50이며 현재수준은 3.65로서 필요수준의 평균과 불일치 수준의 평균은 0.85로 필요수준의 평균과 불일치 수준의 평균을 축으로 하여 좌표평면을 구분한 결과 HH분면에 포함되는 역량은 경청, 솔선수범, 부하개발, 동기부여, 비전제시 등 5개이다.

The Locus for Focus 모델의 우선순위영역(HH분면)에 몇 개의 항목이

포함되었는지를 확인한 후 HH분면의 개수만큼 Borich 요구도를 상호 비교하여 항목들을 결정할 수 있다. Borich요구도에서 도출된 우선순위 요구도는 솔선수범, 비전제시, 동기부여, 부하개발, 유연한 행동이었다. <그림 1>은 The Locus for Focus 모델에 의한 개발 요구도 우선순위 결과이다.

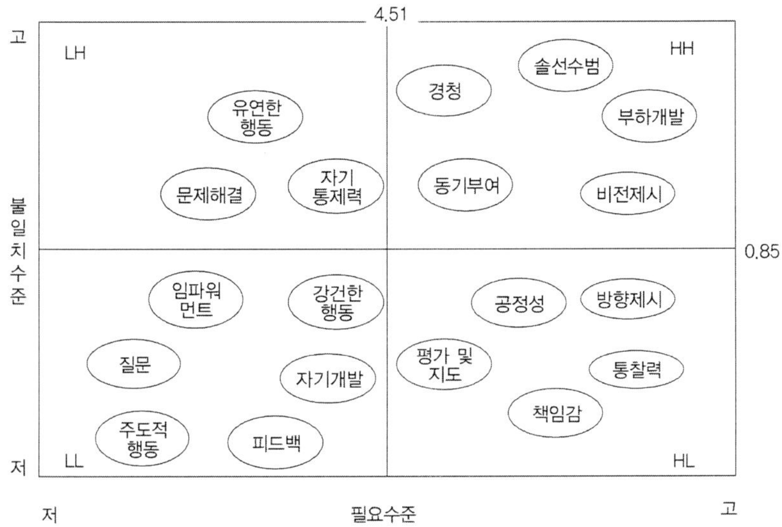

〈그림 1〉 The Locus for Focus 모델에 의한 개발 요구도 우선순위

The Locus for Focus모델의 우선순위 도출방법에 공통적으로 높은 요구를 보인 항목은 솔선수범, 비전제시, 동기부여, 부하개발, 경청 등이다. t검정과 Borich 요구도, The Locus for Focus 모델을 활용한 우선적으로 요구되는 군 리더에게 요구되는 코칭리더십 역량은 솔선수범, 비전제시, 동기부여, 부하개발 등이 최종적으로 도출되었다. 코칭리더십 역량 중에서 Borich 요구도 6순위로 The Locus for Focus모델과 일치하지 않은 경청은 코칭리더십 역량에서 중요한 요소로 생각할 수 있다. 또한 학자들마다 견해가 상이하지만 Borich 요구도 순위가 높은 HL분면의 책임감(7위)이나 통찰력(9

위)과 LH분면의 문제해결(8위) 능력 등은 코칭리더십 역량으로 우선적으로 개발할 필요가 있는 것으로 확인되었다.

향후 연구과제

본 연구의 목적은 군 코칭리더십 역량모델을 개발하는 것이었다. 이를 위해 문헌연구 및 FGI, 개방형설문, 델파이 조사 등을 통해 코칭리더십 역량모델을 개발하고 이를 야전부대 리더들에게 설문을 의뢰하여 타당성 및 신뢰도를 검증하였다. 군 리더의 코칭리더십 역량모델을 구성하기 위한 예비조사를 실시하여 코칭리더십 6개 역량군 44개의 코칭리더십 역량을 도출하였다. 이를 전문가집단에 의한 델파이 조사를 3회에 걸쳐 실시하여 최종 5개 항목 및 31개의 역량을 도출하였다. 이를 기초로 102개의 코칭리더십 역량 질문지를 개발하고 전군의 영관장교 289명을 대상으로 설문을 실시하였다. 이러한 결과를 바탕으로 요인분석과 신뢰도 분석을 실시하였다. 또한 t검정과 Borich 요구도 분석 및 The Locus for Focus 모델을 통한 코칭리더십 역량모델의 우선순위 요구도 분석을 실시하였다.

결론적으로 도출된 코칭리더십 역량모델은 5개의 코칭리더십 역량군과 19개 코칭리더십 역량이 최종 확정되었다. 인성 역량군에는 공정성과 자기통제력, 책임감이 통솔력 역량군에는 동기부여, 비전제시, 관계유지, 문제해결이 리더다움에는 강건한 행동, 주도적 행동, 유연한 행동, 솔선수범 등이 조직관리 역량군에는 자기개발, 부하개발, 통찰력, 방향제시 등이 코칭스킬 역량군에는 경청과 질문, 피드백, 평가 및 지도 등이 확정되었다.

두 번째로 코칭리더십 역량모델로부터 도출된 5개 역량군, 19개 코칭역량에 대하여 t검정을 실시하여 중요도와 현재수준간 통계적으로 유의미한 차이가 있음을 확인하였다. Borich 요구도 공식을 활용하여 솔선수범, 비전제시, 동기부여, 부하개발, 유연한 행동 등의 우선순위 역량을 도출하였다. 이를 The Locus for Focus 모델을 활용하여 솔선수범, 비전제시, 동기부여, 부하개발, 경청 등이 코칭리더십 역량 우선순위로 도출되었다. Borich 요구도와 The Locus for Focus 모델을 상호 비교하여 최종적으로 가장 우선적으로 개발해야 할 코칭리더십 역량으로 솔선수범, 비전제시, 동기부여, 부하개발 등이 최종적으로 도출되었다. 또한 코칭리더십 역량중에서 Borich 요구도 6순위로 The Locus for Focus 모델과 일치하지 않은 경청, 책임감, 통찰력, 문제해결 능력 등은 코칭리더십 역량에서 간과해서는 안 될 매우 중요한 요소이다.

본 연구의 의의는 첫째, 급변하는 조직환경과 증가하는 조직구성원의 다양한 요구를 충족하기 위해서는 리더 중심이 아닌 조직구성원이 스스로 변화하고 성장을 촉진할 수 있는 코칭리더십이 필요하다는 인식하에 군 리더에게 필요한 코칭리더십 역량모델을 개발하였다는 점이다. 군에서 기존 실시하던 리더십 코칭을 확산하면서 부정적 리더십을 개선하고 강점을 강화할 수 있는 군 리더의 코칭리더십을 확산시키고자 코칭리더십 역량모델 개발을 시도하였다는 점에서 의의가 있다.

두 번째는 기존 코칭역량 연구의 대부분이 전문코치들을 위한 코칭스킬 위주의 역량을 중심으로 연구되었으나 본 연구는 리더십 현장에서 리더에게 실질적으로 요구되는 역량을 개발하였다는 점에 의의가 있다. 군 리더나 CEO가 본 코칭리더십 역량모델을 통해 실제 코칭현장에서 필수적으로 요구되는 코칭리더십 역량이 무엇인지 정확히 인식하고, 자신의 코칭리더십 역량을 효과적으로 개발해 나갈 수 있는 방향성을 제시하였다는 점이다.

세 번째는 기존의 코칭역량 모델이 대부분 코칭역량을 발휘하기 위한 각각의 역량을 중심으로 개발된 모델인 반면, 군 코칭리더십 역량모델은 리더가 코칭리더십을 발휘할 때 리더로서 필요한 Be－Know－Do의 자질과 역량을 모두 포함한 종합적인 역량모델이라는 점이다. 이 점은 Meuse(2009)가 언급한 "비즈니스 코칭이나 커리어 코칭 분야에서도 관련 경험과 지식을 소유한 코치가 그렇지 않은 코치보다 훨씬 효율적이고 고객에게 자주 고용된다"고 말한 부분과 관련이 있다.

네 번째는 기존 코칭역량 모델에서도 제시되었던 경청이나 피드백 역량 등이 군 리더들의 코칭리더십 역량에도 중요하게 나타난 반면, 비즈니스 코칭 등에서는 제기되지 않던 리더다움이 군에서는 중요하게 나타난다는 것이다. 즉, 군 조직특성상 리더에게 인성이나 통솔력, 조직관리 역량뿐만 아니라, 리더로서 외적으로 나타나는 행동과 태도 등이 코칭리더십 역량으로 중요하다는 점이다. 리더가 조직구성원들을 코칭함에 있어 우선적으로 개발해야 할 코칭리더십 역량이 무엇인지를 Borich 요구도와 The Locus for Focus 모형을 통하여 가시화하였다는 점이다. 이번에 군 조직특성에 적합하게 개발된 코칭리더십 역량모델을 활용한다면 기존의 리더십 발휘나 조직관리에 있어서 많은 문제점을 쉽게 해결할 수 있을 것으로 기대된다.

본 연구의 한계점 및 제언으로는 첫째, 코칭리더십 역량모델에서 도출된 역량들이 기존 리더십 역량과의 차이점에 대한 연구가 미흡하였다. 본 연구에서 도출된 코칭리더십 역량들은 군 리더의 관점에서 코칭리더십에 필요한 역량을 도출하다 보니 기존 리더의 역량에 코치로서 요구되는 코칭스킬 등이 더해졌다는 인식이 크다. 기존의 코칭리더십 연구결과들은 주로 코칭스킬(질문, 경청, 피드백 등)이 강조되었는데, 군에서는 Being, Knowing, Doing 요소들이 모두 요구되는 이유에 대하여 좀 더 자세한 연구를 진행하지 못하였다는 제한점이 있다. 이에 대해서는 추후 연구를 통해서 민간조직과 군대조직의 코칭리더십의 차이에 대한 심도있는 연구가 필요하다고 본다.

둘째, 편의 표본추출에 의한 일반화의 한계를 들 수 있다. 다양한 조직의 리더들을 대상으로 설문을 진행했으나 그 인원이 군 조직의 모든 계급과 인구통계학적 특성을 대표한다고 단정하기 어렵다. 향후 위관급 리더나 부사관 등 다양한 계급이나 직책들을 추출하여 보다 명확한 계급별 신분별 코칭리더십 역량을 도출하여 비교분석을 할 필요가 있을 것이다.

셋째, 개발된 코칭리더십 역량을 측정할 수 있는 다양한 도구를 준비하여 객관적이고 계량화 된 코칭의 효과성을 측정할 수 있다면 코칭리더십 발전에 많은 도움을 줄 것으로 기대한다. 궁극적으로 군이 가야 할 방향은 코치형 리더가 자신의 부하들을 스스로 인식하게 하여 변화와 성장을 촉진시키는 코칭리더십이 군 조직에 확산되어야 한다. 그러기 위해서는 코칭리더십의 효과성을 객관화, 계량화 할 수 있는 도구들을 개발하여 인식을 전환시킬 수 있다면 군 전투력발휘에 도움이 될 것으로 기대한다.

참고문헌

리상섭 (2010). 한국 글로벌 기업 A사의 해외 법인장 코칭 프로그램 운영 사례연구. *HRD 연구. 12*(4), 1-18.

박근수 (2012). 중간관리자의 코칭스킬 측정도구 개발. 아주대학교 박사학위 논문

우수명 (2013). 경영자의 코칭역량 모델링 및 요구분석. 경희대학교 박사학위 논문.

육군 교육사령부 (2017), 부정적 리더십 실태조사 연구보고서.

육군본부 (2017). 육군 리더십 교육참고.

성세실리아, 조대연 (2016). HRD 분야에서 코칭 관련 연구 동향 탐색. *HRD 연구*, 11(3), 1-24.

조대연 (2009). 설문조사를 통한 요구분석에서 우선순위결정 방안 탐색. *교육문제연구, 35*, 165-274.

조대연, 박용호 (2011). 관리자의 코칭행동과 부하직원이 인식한 직무성과의 관계. *HRD 연구, 13*(4), 89-109.

탁진국, 조은현 (2011). 코칭리더십 척도 개발 및 타당화. *한국심리학회: 산업 및 조직. 24*(1),127-155.

Berman, H., & Bradt, G. (2006) Executive coaching and consulting: Different strokes for different folks. *Professional Psychology: Research and Practice, 37*(3), 244-253.

Borich, G. D. (1980). A needs assessment model for conducting follow-up studies. *The Journal of Teacher Education, 31*(3), 39-42.

Boyatzis, A. S. (1982). *The competence manager: A model for effective performance.* New York: J. Wiley.

Ellinger, A. D., Ellinger, A. E., & Keller, S. B. (2003). Supervisory coaching behavior, employee satisfaction, and warehouse employee performance: A dyadic perspective in the distribution industry. *Human Resource Development Quarterly, 14* (4), 435-458.

Gewirtz, H., DeGarmo, S., & Zamir, O. (2018). After deployment, adaptive parenting tools: 1-year outcomes of an evidence-based parenting program for military families following deployment. *Prevention Science, 19(4)*, 589-599.

Greene, J., & Grant, A. M. (2003). *Solution-focused coaching: A manager's guide to getting the best from people.* London: Pearson Education Limited.

Haberleither, E, (2002). *Coaching Leadership.* 이영희 역(2002). 코칭리더십. 서울: 국일증권경제연구소.

Harris, K. J., K. M. Kacmar (2007). An investigation of abusive supervision as a predictor of performance and the meaning of work as a moderator of the relationship. *Leadership Quarterly, 18,* 252-263.

Heslin, P. A., Vandewalle, D., & Latham, G. P. (2006). Keen to help? Managers 'implicit person theories and their subsequent employee coaching. *Personal Psychology. 59*, 871-902.

Hogan, R., & Kaiser, R. B. (2005). What we know about leadership. *Review of General Psychology, 9,* 169-180.

Jones, R. A., Rafferty, A. E., & Griffin, M. A. (2006). The executive coaching trend: Towards more flexible executives. *Leadership & Organization Development Journal, 27,* 584-596

Kappenberg, E. S. (2008). A model of executive coaching : Key factors In coaching. Clarmont University, Ph. D. Dissertation.

Kellerman, B. (2004). *Bad leadership: what it is, how it happen, why it matters.* Boston: Harvard Business School Press.

Luecke, R. (2004). *Havard business essentials: Coaching and mentoring.* Boston, MA: Havard Business School Press

Mace, M., & Mahler, R. (1958), *Developing executive skills*, New York: American Management Association

McClelland, D. C. (1976). Testing for competence rather than for intelligence. *American Psychologist, 28*, 1-14.

McGovern, J., Lindemann, M. Vergara, S., Murphy, L., Barker, L., & Warrenfeltz, R. (2001), Maximizing the impact of executive coaching: Behavioral change, organizational outcomes, and return on investment, *The Manchester Review, 6*(1), 3-11.

McLean, G. N., Yang, B., Kuo, M. H. C., Tolbert, A. S., & Larkin, C. (2005). Development and initial validation of instrument measuring managerial coaching skill. *Human Resource Development Quarterly16*(2), 157-178

Meuse, K, P. (2009). Evaluating the effectiveness of executive coaching: Beyond ROI? *Coaching: An International Journal of Theory, Research and Practice, 2(2),* 117-134

Padilla, A., Hogan, R., Kaiser, R. B (2007). The toxic triangle: Destructive leaders, susceptible followers and conducive environments. *Leadership Quarterly, 18*(3), 176-194.

Passmore, J. (2013). *The psychology of caoching and mentoring.* Wiley-Blackwel.

Peterson, D. B., & Hicks, M. D. (1996). *Leader as coach: Strategies for coaching and developing others.* Minneapolis, MN: Personal Decisions International

Quick, C. J. (2004). Behind the mask: Coaching through deep interpersonal communication. *Consulting Psychology Journal : Practice & research, 56*(2), 67-74.

Soltwisch, B., & Silk, J. (2016). *Coaching 2.0: Developing winning leaders for a complex world.* Strategy Bridge.

Sperry, L. (1993). Working with executives : Consulting, counseling, and coaching. *Individual Psychology : Journal of Adlerian Theory, Research & Practice, 49*(2), 257-266.

Stowell, S. (1986). Leadership and coaching. Unpublished for doctoral dissertation. University of Utah.

Whitmore, J. (2002). *Coaching for performance(4th ed.).* London: Nicholas Brealey.

Zarecky, A. (2014). How strengths_focussed coaching can help military personnel in their transition to civvy street. *International Journal of Evidence Based Coaching and Mentoring, 8*, 54-66.

임파워링 리더십, 잡 크래프팅, 조직몰입, 직무배태성 간 구조적 관계

홍아정(ah454@cau.ac.kr), 조윤성(jopry@cau.ac.kr)

홍아정은 미국 컬럼비아 대학교(Columumabia University)에서 박사학위를 취득하였고, 현재 중앙대학교 교육학과 교수로 재직하고 있다. 성인학습과 조직개발을 주제로 강의와 연구를 하고 있다.
조윤성은 중앙대학교에서 박사학위를 취득하였고, 현재 한국HRD전략연구소 연구교수로 재직 중에 있다. 조직변화준비도, 직원몰입 등의 조직개발 관련 주제를 중심으로 연구하고 있다.

* 이 글은 2018년 5월에 발행된 「HRD연구」 20권 2호에 게재된 논문을 수정·보완한 것임.

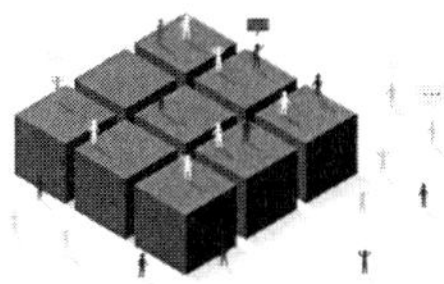

임파워링 리더십, 잡 크래프팅, 조직몰입, 직무배태성 간 구조적 관계

홍아정, 조윤성

노동형태가 근본적으로 변화하고 있는 이른바 '긱 이코노미(gig economy)', '플랫폼-클라우드 워커(platform-cloud worker)' 시대에 기업이 선제적으로 대응하기 위해서는 혁신적인 인적자원개발 전략이 필요하다. 실제로 국가별 인재고용 현황에 관한 조사에 따르면, 전체 글로벌 기업의 45%는 필요한 인재를 적시에 고용하는데 어려움을 겪고 있으며, 이러한 현상은 앞으로 더욱 심화될 것이라고 예측하고 있다(Manpower Group, 2018). 따라서 기업의 구성원이 직무에 적극 몰입할 수 있는 직무 환경을 구축하여 역량을 최대한 발휘할 수 있도록 지원하고, 유능한 인재를 지속적으로 성장, 확보할 수 있는 대안 개발이 시급하게 되었다.

인재확보와 관련하여 자신의 직무와 연계된 환경, 사람, 상황에 지속적으로 머무르게 하는 힘으로 이해되는(Crossley, Bennett, Jex, & Burnfield, 2007) '직무배태성(embeddedness)'은 인적자원이 자발적으로 조직에 잔류하고 직무 및 조직의 성과와 혁신성을 높일 수 있는 핵심 요인으로서 학계뿐 아니라 기업 현장에서도 지대한 관심을 받고 있다(DiRenzo et al., 2017; Haider & Akbar, 2017). 조직 구성원의 이직을 미리 예측하고 대응하기 위하여 자주 활용되는 이직의도(turnover intention) 조사의 경우 이직 예측 가능성이 낮았으며, 실제 이직을 하더라도 이직의도 조사 시점과 이직 시점 간 장기간의 시간적 차이가 나타나면서 타당성과 효과성에 대한 의문이 제기되었다(Griffeth, Hom, & Gaertner, 2000). 이러한 배경에서 구성원이 “왜 떠나는가?” 보다는 “왜 남아있는가?”에 초점을 두는 한편 능동적 직무활동을 동시에 파악할 수 있는 개념으로서 직무배태성이 새로운 개념으로 등장하였다(Mitchell, Holtom, Lee, Sablynski, & Erez, 2001). 실제로 높은 수준의 배태성으로 인해 구성원의 잔류율(retention rate)이 1% 증가하게 되면, 이에 따른 조직 소요 비용을 연간 640만 달러 절약하는 효과를 갖는 것으로 보고되고 있다(Young et al., 2013).

기업과 근로자 간 고용관계가 변화하고 있는 글로벌 노동시장 환경에서는 우수한 인적자원의 확보를 통해 경쟁력을 높이고 새로운 고용을 창출할 수 있는 선순환 구조를 수립하는 것이 무엇보다도 중요하다. 인적자원에 대한 긍정적 또는 부정적 현상의 발현 과정 기제를 이해하고 이를 기반으로 구체적인 개입 전략을 도출하여 개인, 집단, 조직의 변화를 유도해야 한다. 즉, 조직 구성원의 직무배태성 향상에 관한 인적자원개발 차원의 효과적인 개입을 실천하기 위해서는 먼저 직무배태성의 발현 과정에 대한 과학적이고 체계적인 이해가 필요하다.

본 연구는 구성원 스스로 직무와 조직에 잔류하고 몰입하여 긍정적인 성과를 도출함으로써 궁극적으로 조직의 지속적 성장과 경쟁우위 선점을 지원하는 요인인 직무배태성의 선행요인과 발현기제를 확인하였다. 구체적으로는 리더의 임파워링 리더십이 조직차원의 조직몰입, 직무차원의 잡 크래프팅을 거쳐 직무배태성으로 나타나는 발현 경로를 확인하였다. 이러한 관계성은 조직 구성원의 잔류 또는 이직은 해당 구성원의 직무에 대한 인식 및 태도 뿐 아니라 조직에 대한 몰입의 복합적 상호작용에 의해 결정된다는 이론적 논의에 기초를 둔다(Tett & Meyer, 1993). 이상의 변인 간 관계와 발현기제를 살펴봄으로써 직무배태성 촉진을 위해 국내 기업의 인적자원개발 영역에서 고려할 수 있는 다양한 실천적 함의를 제공하고자 하였다.

임파워링 리더십

불확실성이 증대되는 환경 변화에 적절히 대응하기 위하여 기업은 신속성, 유연성, 반응성, 적응성에 대한 압력을 받게 되었으나, 전통적 계층 구조에 의한 경영방법으로는 더 이상 대응할 수 없는 한계에 직면하게 되었다. 이에 일선 종업원들로 하여금 업무수행에 더 많은 책임과 권한을 지니도록 하는 임파워먼트(empowerment) 개념이 대두하였고, 이후 현재까지 기업환경 변화에 대응하기 위한 경영방법의 하나로서 인정받고 있다. 특히 구성원의 임파워먼트를 촉진하기 위한 요인 중 무엇보다 리더의 역할이 중요하다는 것이 알려지면서 임파워링 리더십에 주목하게 되었다.

임파워링 리더십은 조직 구성원들과 권한을 공유함으로써 조직 구성원들의 내재적 동기부여 수준을 높이는 행동(Srivastava, Bartol, & Locke, 2006) 또는 일과 자원에 대한 추가적인 책무성과 의사결정 자율성을 구성원들에게 제공하는 리더들의 권한 공유 행위(Ahearne, Mathieu, & Rapp, 2005)로 정의한다. 기존의 주류 리더십에서 부하직원을 이끌어야 하고 부족한 것을 채워주어야 할 대상으로 이해하는 것과는 달리 임파워링 리더십에서는 부하직원도 필요한 권한과 정보, 지식, 자원이 주어지면 합리적인 의사결정에 따라 조직을 위한 최적의 결정을 할 수 있다는 신념에 기초한다. 따라서 임파워링 리더는 비판과 충고보다는 공감하고, 정보를 추구하며, 일반적으로 문제에 대한 해답을 제시하기보다는 효과적인 질문과 피드백을 활용하여 스스로 깨닫고 판단하도록 행동하는 특성을 보인다(Parry, 1994).

〈표 1〉 리더십 유형과 대표적 행동

리더십 유형	대표적인 행동
회피적 리더십(aversive leadership)	협박, 징계
지시적 리더십(directive leadership)	지침과 명령, 목표 부과
거래적 리더십(transactional leadership)	개인적 보상 제공, 물적 보상 제공, 예외에 의한 관리(능동적 관리, 수동적 관리)
변혁적 리더십(transformational leadership)	비전 제시, 이상주의 표현, 영감적 의사소통, 높은 성과 기대
임파워링 리더십(empowering leadership)	독립적인 행동 장려, 기회 탐색 위한 사고 촉진, 팀워크 조장, 자기개발 격려, 목표 설정 참여 제공, 자기보상 장려

출처: Pearce & Sims, 2002: 173.

임파워링을 위한 리더의 역할에 대해 Stewart(1994)는 역량 부여, 촉진, 지원, 상담, 멘토링, 협동 등의 요소를 필요한 역할로 제시하였다. Vogt와 Murrell(1990)은 정보제공, 의사결정, 계획수립, 동기부여, 역량개발, 가치평가 등을 통해 조직 내 임파워먼트 수준을 높일 수 있다고 주장하였다. Arnold, Arad, Rhoades 그리고 Drasgow(2000)은 팀 리더의 임파워링 행동에 대한 연구를 통해 총 다섯 가지 행동 양식을 다음과 같이 규명하였다. 먼저 솔선수범은 리더가 조직 구성원에게 업무에 몰입하는 모습을 먼저 직접적으로 보여주는 행위를 말한다. 참여적 의사결정의 경우 구성원들의 의견과 아이디어 표현을 장려하고, 의사결정 상황 시 해당 의견과 아이디어를 적극 수렴하는 것을 의미한다. 정보 공유는 조직의 결정과 목표, 그에 따른 전략과 정책들을 구성원들에게 전달하는 행위이다. 코칭은 구성원 스스로 자신의 업무를 처리할 수 있도록 지원하고 교육시키는 것이며, 마지막으로 관심표출은 리더가 조직 구성원들과 관련된 전반적인 사항들에 대하여 관심을 갖고 배려해 주는 것을 의미한다.

잡 크래프팅

적절히 설계된 직무는 종업원의 웰빙을 증진시키며, 업무상황에서 발생한 장애를 극복하고 개인적 성장을 도모하는 등 중요한 의미를 지니고 있다(Tims & Bakker, 2010). 기존의 직무설계 패러다임에서는 관리자가 직무 과업을 선정하였으며, 직무와 구성원이 서로 맞지 않는 경우에도 해당 구성원의 동기부여 수준을 고려하여 직무 재설계 과정을 주도하였다. 그러나 최근 조직 구성원 스스로 동기부여 수준을 향상할 수 있도록 능동적으로 직무를 재설계 할 수 있다는 패러다임의 전환이 이루어졌고 이러한 배경에서 잡 크래프팅 개념이 등장하게 되었다(Oldham & Hackman, 2010).

잡 크래프팅 개념을 창안한 Wrzesniewski와 Dutton(2001)은 잡 크래프팅을 개인들이 그들의 과업 또는 관계적 범위를 구성하는 물리적, 인지적 변경 행위로 정의하였다. 잡 크래프팅을 수행하는 직무 창조자(job crafter)는 그들의 직무를 물리적(과업), 인지적, 관계적 요소에 대해 적극적으로 변경시키고 구성하는 개인을 의미한다. 물리적 변경이란 과업의 양과 내용 등 과업 경계를 변화시키는 것이며, 인지적 변경이란 직무 과업에 관한 인식과 관점을 변화하는 것이다. 관계적 변경이란 일에서의 타인과의 관계성과 상호작용을 변화시키는 것을 의미한다.

특히 잡 크래프팅은 지속성과 전파효과가 특징이다. 실제로 잡 크래프팅 활동을 통해 직무 과업과 의미, 정체성이 변하게 되는데 이것이 일시적으로 발생하고 그치는 것(Ilgen & Hollenbeck, 1992)이 아니라 매일 지속적으로 발생하면서 직무태도와 심리적 상태에 꾸준히 영향을 미친다(Wrzesniewski & Dutton, 2001). 전파효과의 경우 잡 크래프팅 행동은 관찰과 상호작용을 통해 타인에게 전파될 수 있음을 의미한다. 즉, 구성원은 타인을 관찰하고 모방함으로써 본인의 잡 크래프팅 수준을 제고할 수 있고 이것이 다시 전파되어 조직 전반의 수준으로 발전할 수 있다는 것이다. 이와 같은 잡 크래프팅과 관련하여, 잡 크래프팅을 발생시키는 동기 요소, 잡 크래프팅 수행 수준을 조절하는 변인, 실제 잡 크래프팅 수행 유형과 잡 크래프팅 결과 효과 간 발현기제를 종합적으로 설명하는 모델은 다음 <그림 1>과 같다.

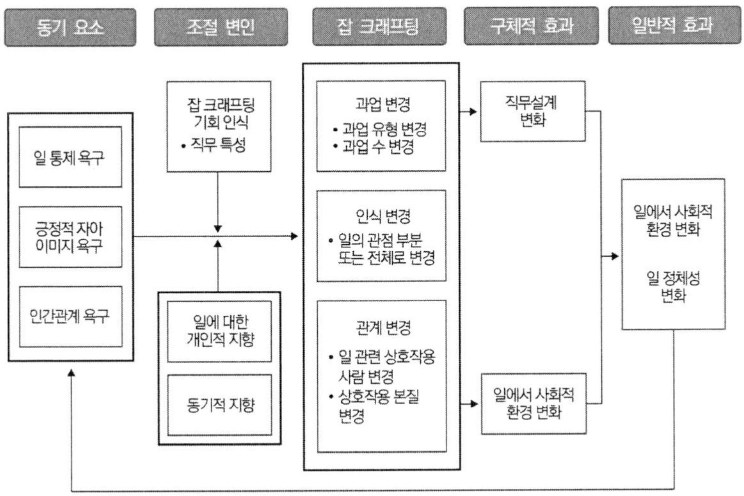

〈그림 1〉 잡크래프팅 모델

출처: Wrzesniewski & Dutton, 2001: 182.

조직몰입

종업원의 조직에 대한 소속감과 몰입을 증진시키는 것은 대체 불가능한 인적자원을 조직에 잔류시키고 적극 활용하여 경쟁우위를 점하기 위한 잠금전략(lock-in strategy) 차원에서 고려되고 있으며, 실제로 종업원의 조직몰입을 높임으로써 성과 향상, 종업원 이직 감소 등과 같은 긍정적 효과가 발생하는 것으로 보고되고 있다(Kumar & Krishnaveni, 2012). 조직몰입 개념은 다양한 내용으로 정의되어 왔는데(Meyer & Allen, 1991; Meyer & Herscovitch, 2001; Morrow, 1983), 논의 시기와 그에 따른 개념적 특성 분류에 따라 총 세 가지로 구분된다.

첫 번째는 몰입을 부수적 투자이론(side-bets theory)에 기반하여 이해한 부류로서 여기서 몰입이란 조직 구성원이 부수적 투자에 의해 조직에 몰입하고 잔류하는 행동적 성향을 의미한다(Becker, 1960). 두 번째는 몰입을 심리적 애착으로 간주하는 부류로서 대표적으로 Mowday, Steers 그리고 Porter(1979)는 몰입을 특정조직에 대한 개인의 동일시와 관여의 상대적 강도로 정의하였다. 세 번째는 몰입을 다차원적 개념으로 이해하며, 대표적으로 Meyer와 Allen(1991)은 몰입을 조직의 목표나 가치에 대한 강한 신념, 수용성이 내재화 되는 것이며 조직을 위한 자발적인 노력으로 정의하였고, 하위 차원으로써 정서적 몰입, 지속적 몰입, 규범적 몰입으로 구분하였다.

구체적으로 살펴보면, 정서적 몰입은 구성원이 조직에 대하여 정서적으로 애착을 지니고 조직과 일체감(동일시)을 가지며, 적극적으로 관여하는 태도를 의미한다. 지속적 몰입은 조직에 대한 감정적 애착보다는 현재 조직을 떠남으로써 잃게 되는 투자비용으로 인해 손익관계에 의거하여 몰입하게 되는 것으로, 현재 상태를 유지하기 위하여 재화 및 노력을 지속적으로 투자하는 경향으로 이해한다(Kondratuk, Hausdorf, Korabik, & Rosin, 2004). 규범적 몰입은 조직에 남아야 한다는 도덕적 의무감에 의한 것으로써 조직의 목적이나 이득을 위하는 방향으로 행동하도록 하는 압력을 가하는 내적 규범 체제에 따르는 태도로 설명한다(Meyer & Allen, 1991; Wiener, 1982). 이상의 조직몰입은 조직의 성과 향상 및 구성원 유지에 관한 중요한 주제로 인식되어 왔으며, 특히 조직행동 분야에서 조직 구성원의 작업태도와 조직행동 개념을 설명하는 핵심 요인이자 중요한 지표로 연구되어 왔다(Angle & Perry, 1981).

직무배태성

종업원 이직은 조직의 운영 수준을 저해할 뿐 아니라 신규 직원 고용 및 훈련에 필요한 추가적 비용을 발생시키는 등, 조직 전반에 부정적 영향을 끼친다(Chang, Wang, & Huang, 2013). 이에 많은 기업에서 종업원 이직을 줄이기 위한 노력과 함께 조직의 잔류와 이직을 예측할 수 있는 요인을 규명하려는 시도가 지속적으로 이루어지고 있다. 대표적으로 직무배태성은 사람들을 장소나 사람, 일과 관련된 이슈에 머무르게 하는 상황적, 인식적 힘으로 정의된다(Crossley et al., 2007). 직무배태성은 연계, 적합성, 희생 등 총 세 가지 차원으로 구성되어 있다(Mitchell et al., 2001). 먼저 연계는 사람들이 다른 사람 또는 활동들과 연결되어 있는 정도를 의미한다. 이는 개인이 직무나 직무 외 친구, 동료, 모임 등에서 연결되는 사회적, 심리적 관계 혹은 이익을 위한 인적 네트워크로 이해할 수 있다. 적합성은 개인들의 직무나 커뮤니티가 그들의 생활공간의 다른 측면들과 밀접하거나 적합한 수준을 의미한다. 즉, 한 개인의 가치나 목표, 능력 등이 현재 조직의 직무 또는 지역사회나 생활환경과 적절하게 어울려야 함을 의미한다. 희생은 각 개인이 현재 공간을 떠나거나 직무를 그만두었을 경우 발생하는 심리적, 물질적 편익에 대한 지각을 의미한다. 다음 <표 2>는 직무배태성 유형별로 실제 조직에서 적용할 수 있는 증진 전략과 Fortune 100대 기업에서 실제 운영하고 있는 사례이다.

〈표 2〉 직무배태성 유형별 증진 전략과 실제 운영 사례

구분	증진 전략	운영 사례
적합성	-경력 기회에 대한 광범위한 정보 제공 -조직 가치와 부합하는 직원 선발 -신규 입사자에게 (소속 팀이 아닌)다른 그룹이나 팀 멤버와 접촉하고 친밀해지도록 사회화 기회 제공 -본인과 관련된 중요 의사결정에 참여 기회 제공 -장기적인 경력 목표를 달성할 수 있도록 교육 및 개발 기회 제공 -자기개발 시간 및 기회 보장	-CarMax: CEO Q&A 세션 -Medtronic: 근무일 중 25%는 창의적 아이디어를 위한 업무 외 자유시간 보장 -Harley-Davidson: 직원의 90% 이상이 기업의 바이크 라이딩 문화의 열렬한 옹호자 -SEI Investments: 평등을 강조한 개방형 작업공간 -Valassis: 특정 고성과자를 위한 새로운 직책 제공
연계	-자신이 원하는 팀 또는 프로젝트를 선택할 수 있도록 선택권 부여 -멘토링 제공 -직원 간 지식공유를 통한 서비스 및 기술 개선 기회 제공 -직원 추천 인센티브 제공	-Arbitron: 동료 추천 통해 $100 기프트 카드 제공 -Arnold & Porter: 모든 사람에게 발언권을 제공하는 특정 위원회 운영 -Deloitte & Touche, PWC: 다양한 대안적 인센티브(신차 제공 등) -Procter & Gamble: 저직급 여직원과 고위급 관리자와의 역 멘토링 -W. L. Gore: 팀 구성원 상호평가를 통한 보상 결정
희생	-고용 안정 관련 인센티브 제공 -회사 내 보육서비스 -재택근무나 기타 가족 친화적 업무배치 -적절한 급여 -이익과 성과 공유 -제한된 스톡옵션 제공 -회사 자원 사용 기회 부여	-American Cast Iron Pipe: 회사 내 별도 의료기관 및 웰니스 센터 운영 -Booz Allen Hamilton: 대부분 직원이 유연적 업무 환경에 포함 -Four Seasons Hotels: 올해의 직원상 수여 -IKEA North America: 배우자 등록금 지원 -Men's Warehouse: 5년 재직 후 3주 유급 안식년 휴가 -MITRE: Johns Hopkins 대학의 시스템 엔지니어링 석사 학위 취득 -Starbucks: 포괄적 건강보장보험 지원 -Station Casinos: 24시간 육아서비스 지원

출처: Holtom, Mitchell, & Lee, 2006: 326-329.

임파워링 리더십, 잡 크래프팅, 조직몰입, 직무배태성의 구조 관계

Wrzesniewski와 Dutton(2001)은 조직 구성원 개인에게 주어진 직무를 스스로 변화시키며 일을 더욱 의미 있게 구성해가는 일련의 과정을 잡 크래프팅 모델로 제시하였다(<그림 1> 참조). 해당 모델에서 잡 크래프팅을 촉진하는 동기부여 구성요인으로는 직무 및 일에 대한 통제 욕구, 인간관계 욕구 등이 제시되어 있으며, 조직 상황에서 이를 충족할 수 있는 기제 요인으로 리더의 임파워링 리더십이 고려될 수 있다. 일반적으로 리더의 권한위임 행위는 부하직원들로 하여금 업무수행 과정 속에서 자기점검(self-monitoring)을 가능케 하며, 업무 자체에 대해서도 높은 수준의 자율성과 통제 권한을 제공한다(Conger & Kanungo, 1988). 마찬가지로 의사결정 상황에서 구성원들이 지니고 있는 자신의 신념, 가치관, 사고방식 등을 적극적으로 반영할 수 있도록 장려함으로써 직무 방식과 일 운영에 대한 통제감, 책임감을 촉진한다(Manz & Sims, 1987).

임파워링 리더십과 조직 구성원의 직무배태성 사이의 관계를 설명하는 근거로는 리더-구성원 교환관계(LMX) 이론을 생각해 볼 수 있다. 임파워링 리더십은 부하직원들에게 비전을 제시하고 의사결정에 참여하도록 격려하며, 문제 상황에 직면했을 때 해결을 위한 코칭 행동을 제공함으로써 신뢰, 만족감을 제공한다. 특히 리더의 권한 공유 및 위임 행위는 리더와 부하직원과의 상호호혜적이고 장기적 교환관계를 구축하도록 촉진하여 공식적인 업무적 관계를 넘어 서로의 파트너로 깊은 관계를 맺도록 한다(Amundsen & Martinsen, 2014; Erkutlu & Chafra, 2015). 이와 같은 높은 수준의 LMX 관계성이 지속되면 부하직원에 대한 지원, 의사소통, 정서적 몰입 등 다양한 차원의 직무자원과 긍정적 효과가 증진되면서 자신의 직무와 조직에 대한 순기능적 태도인 직무배태성이 촉진되는 것이다(Harris, Wheeler, & Kacmar, 2011). 마찬가지로 리더와 구성원 간 교환관계의 질이 높은 경우 부하직원들은 이와 같은 관계성에 나타나는 다양한 혜택을 인식하게 되고, 이것이 배태성 증가로 이어져 결국 조직 이탈 수준이 감소하게 된다(Liden, Sparrowe, & Wayne, 1997).

일반적으로 일련의 임파워먼트 행위를 통해 권한 위임을 받은 조직 구성원은 일의 의미, 영향력, 자기결정성과 숙련, 책무성과 도전감을 갖게 되면서 조직에 감사함을 느끼는 호혜적 과정이 발생하고, 이를 통해 조직에 좀 더 몰입하게 되는 경향을 보이게 된다(Liden, Wayne, & Sparrowe, 2000). Avolio, Zhu, Koh 그리고 Bhatia(2004)은, 권한위임을 받은 조직 구성원은 자신을 좀 더 유능하다고 인식하면서 그들의 직무와 자신이 속한 조직에 관해 좀 더 의미 있는 방식으로 영향을 미치는데, 대표적으로 조직몰입 수준이 증가할 수 있다고 주장하였다. Thomas와 Velthouse(1990)의 임파워먼트 인지모형에서도 임파워먼트 수준이 높은 조직 구성원의 경우 자신의 과업에 대한 의미성과 영향력을 인식하고 이에 대한 자신의 역량을 높게 평가함으로써 과업에 대한 높은 집중, 이니셔티브, 회복탄력성을 보이게 되고 이는 결국 조직에 몰입하게 되는 동인이 될 수 있음을 제시하였다.

Ghitulescu(2006)에 따르면 구성원들이 잡 크래프팅 과정을 수행하게 되면서 현재 직무에 대한 의미성뿐만 아니라 일 정체성(work identity)의 변화를 겪게 되는데, 이렇게 개인들이 그들 자신의 직무를 좀 더 의미 있고 중요하다고 인식할수록 일 그 자체뿐만 아니라 직무 수행 환경인 조직에 더욱 몰입하게 된다. Tims와 Bakker(2010)는 잡 크래프팅이 높은 수준의 구성원은 자신들이 환경을 통제할 수 있다고 인식하고 적극적으로 직무환경을 조형하게 되는데 이를 통해 조직몰입과 같은 웰빙을 경험할 수 있다고 주장하였다. Cheng, Chen, Teng 그리고 Yen(2016)은 개인적, 집단적 잡 크래프팅이 조직몰입에 유의한 정적 영향을 미치며, 결국 직무 성과로 이어질 수 있음을 연구를 통해 실증하였다.

직무요구자원 이론에 따르면 종업원의 잡 크래프팅 활동은 직무자원으로서 역할을 할 수 있다. 즉, 잡 크래프팅 수준이 높아질수록 개인은 적절한 과업, 인적, 인지 경계를 재설정하여 직무에 대한 적합성 정도를 높일 수 있게 된다(Lu et al., 2014). 이와 같이 직무 사항에 대해 자신이 잡 크래프팅을 통해 요구를 충족할 수 있다고 인식하는 경우, 직무에 동기화 되고 배태 수준이 높아지게 된다(Qi, Li, & Zhang, 2014). Frese와 Fay(2001)에 따르면 조직 구성원들이 자신의 일에 대하여 통제할 수 있다는 믿음과 이니셔티브 습득 여부가 직무 및 조직의 배태 정도와 깊은 관련이 있는 것으로 나타났다.

잡 크래프팅 모델을 기반으로 잡 크래프팅의 동기적 차원 변인으로서 임파워링 리더십을 설정하였고, 잡 크래프팅의 효과변인으로서 조직몰입과 직무배태성을 결과변인으로 제시하였다(<그림 2> 참조).

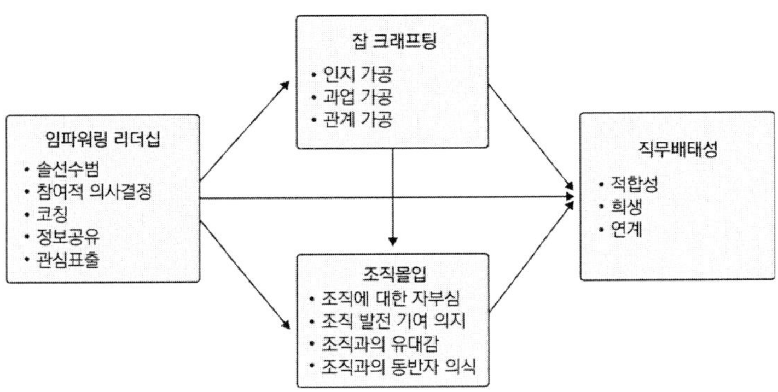

〈그림 2〉 연구 모형

연구의 함의

이 연구는 최근 조직의 핵심인력 유지 및 이직관리에 관하여 활발하게 논의되고 있는 직무배태성과 선행요인인 임파워링 리더십, 잡 크래프팅, 조직몰입 간 포괄적 구조 관계를 파악하는 데 목적을 두었다. 구체적인 연구 설과는 다음과 같다.

첫째, 조직 구성원이 인식한 리더의 임파워링 리더십은 잡 크래프팅과 조직몰입에 정적 영향을 미치는 것으로 나타났다. 리더가 권한을 위임함으로써 부하직원은 자신이 과업이나 상황을 통제, 영향을 미칠 수 있다는 인식을 하게 되고, 이것은 직무에 대한 높은 주인의식과 결과에 대한 책임감, 내적 동기를 결정하는 핵심 차원으로서 유연성, 창의성, 주도성, 탄력성, 자기통제 등 자기결정성 동기를 발현시킨다(Deci & Ryan, 1985; Thomas, 2000). 이러한 임파워먼트 특성은 조직 구성원이 직무 자체를 자신의 것으로 만들고 업무 수행 상황에서 자신에게 주어진 직무를 통제하기 위하여 새로운 직무를 만들어 나가기 위해 필요한 직무에 관한 통제 욕구를 충족시킬 수 있으며(Hamper, 2008), 이를 통해 적절한 잡 크래프팅 행위를 수행할 수 있게 된다.

둘째, 리더의 임파워링 리더십으로 발현된 조직 구성원의 잡 크래프팅 행위와 조직몰입은 결국 해당 구성원의 직무배태성에 정적 영향을 미치는 것으로 나타났다. 구성원은 잡 크래프팅 행위를 통해 자신의 직무자원을 적극적으로 활용하는 한편, 직무요구 자원을 효과적으로 감소시킬 수 있게 된다(Tims & Bakker, 2010). 이를 통해 자신의 통제 하에 직무영역을 재설정함으로써 자신과 직무와의 적합성을 증진시킬 수 있고(Lu et al., 2014), 직무에 대해 만족과 몰입 수준을 높이게 된다(Chen, Yen, & Tsai, 2014). 이와 같은 직무에 대한 일련의 긍정적 심리와 태도는 현재 맡고 있는 조직이 적합하고 편하다고 느끼며(적합성), 만약 지금의 직무와 조직을 떠난다면 발생하는 편익을 지각할 뿐만 아니라(희생), 현재의 직무 및 집단 내 구성원들과의 상호작용(연계) 정도를 반영하는 직무배태성에 영향을 미치는 것으로 해석 가능하다.

셋째, 조직몰입이 직무배태성에 유의한 정적 영향을 미치는 것으로 나타났다. 조직몰입 수준이 높은 종업원은 조직의 가치를 수용하여 일체감을 형성하고, 조직목표를 달성하기 위해 적극적으로 노력을 투입하며, 조직을 위해 헌신하고자 하는 의지를 가지고 있기 때문에 직무에 대한 만족감이 높고 다른 조직으로 옮기려는 의도가 낮아진다. 이와 같이 조직몰입이 현재 직무에 대한 만족감과 이직의도에 유의한 영향을 미칠 수 있다는 기존의 이론적 설명(Tett & Meyer, 1993)과 실증연구(Cotton & Tuttle, 1986; Griffeth, Hom, & Gaertner, 2000) 결과는 개인이 직무를 내재적으로 함유하고 이직의도와 유관 개념으로서 현 직무나 조직에 능동적으로 지속하고자 하는 대표적 개념인 직무배태성에도 조직몰입이 중요한 예측변인으로 작용할 수 있다는 사실을 방증한다.

넷째, 임파워링 리더십은 잡 크래프팅과 조직몰입에 일차적으로 영향을 미치며 이러한 영향력은 결국 직무배태성으로 이어진다. 조직 차원의 임파워링 리더십이 구성원 개인 차원의 요인으로서 직무배태성을 효과적으로 관리하기 위해서는 해당 구성원의 작업 태도인 잡 크래프팅과 조직몰입에 대한 관리가 통합적으로 요구된다는 것이 연구모형의 경로 구조에 의해 설명될 수 있다. 이러한 구조적 관계는 일에 대한 통제 및 인간관계에 대한 욕구 충족이 구성원으로 하여금 스스로 직무를 재창조 해 나갈 수 있는 직무 재창조자로서 능동적 행위를 수행할 수 있게 만들며, 결국 직무와 일에 대한 긍정적인 효과로 발현될 수 있다는 것을 의미한다.

본 연구에서 설정한 연구모형을 바탕으로 인적자원개발 관련 담당자는 다음과 같은 실천적 사항을 고려할 수 있을 것이다. 첫째, 리더의 임파워링 리더십은 부하직원들의 잡 크래프팅과 조직몰입에 긍정적 영향을 미치며 이는 결국 해당 구성원들의 직무배태성 수준을 높일 수 있는 것으로 밝혀졌다. 따라서 관리자들이 임파워링 리더십을 함양하고 실천 현장에서 적용할 수 있도록 각 조직에 맞는 임파워링 리더십 프로그램을 개발하여 보급할 필요가 있다. 교육 프로그램에는 임파워먼트에 대한 기본적인 개념과 함께 구체적인 임파워링 실천양식과 방법을 학습할 수 있도록 구성하는 한편, 임파워링 리더십 성공사례를 지속적으로 발굴하여 전사적으로 공유하고 확대할 필요가 있다. 구조적으로는 기존의 위계적 팀 구조를 자율적 또는 원 조직 형태로 변경함으로써 권한과 책임이 효과적으로 공유되고 협력할 수 있도록 변경하는 것이 고려 가능한 방법이다. 조직문화 차원에서는 집단 내 심리적 안전 분위기를 형성하여 주도적 역할 수행에 있어 실패와 위험 감수를 격려하고 스스로 주도성과 책임감을 견지해 나갈 수 있도록 촉진할 필요가 있다.

둘째, 종업원의 직무배태성 수준을 증진시키기 위해서는 잡 크래프팅 제고가 요구되는 것으로 나타났다. 종업원들의 잡 크래프팅 수준을 높이기 위해선 무엇보다도 자신이 맡은 직무에 대해 긍정적으로 의미를 부여하고 가치를 찾도록 지원하는 것이 필요하다. 이에 조직은 각 종업원에게 단순하게 물리적, 재무적 결과와 성과를 강조하고 평가하기 보다는, 그들이 현재 맡고 있는 직무의 잠재성과 중요성을 인식시키고 이에 기반한 의미 있는 목표를 설정하여 스스로 달성할 수 있도록 지원하는 것이 요구된다. 또한 직무순환제도 등을 적극 활용하여 구성원들에게 다양한 직무경험 기회를 제공하고 자신의 소질과 적성에 적합한 직무를 탐색할 수 있도록 하는 것이 중요하다. 잡 크래프팅을 통해 실제 직무 개선 사례를 발굴하고 보고회 및 시상과 같은 제도적 지원을 제공하여 홍보, 전파하는 방법도 시도해 볼 수 있을 것이다.

셋째, 구성원의 조직몰입 수준을 제고할 수 있는 실천적 방안으로써 조직사회화 전략을 사용하는 것이 필요하다. 예컨대 각 구성원들이 해당 집단, 조직의 경영철학, 가치관, 업무 방식 등에 관한 원칙과 내용을 인식하고 지속적으로 강화할 수 있도록 공식적, 비공식적 의사소통 채널을 구축, 발굴할 필요가 있다. 이상의 다양한 실천적 활동을 통해 일차적으로는 조직 내 우수한 인적자원을 효과적으로 확보하고 적극 활용함으로써 조직의 혁신과 성과를 효과적으로 이끌어 낼 수 있을 뿐 아니라 궁극적으로는 새로운 조직 패러다임에 따른 일터 환경 변화에 선제적으로 대응하고 조직의 지속적 성장의 동인으로 작용할 수 있을 것이다.

참고문헌

Ahearne, M., Mathieu, J., & Rapp, A. (2005). To empower or not to empower your sales force? An empirical examination of the influence of leadership empowerment behavior on customer satisfaction and performance. *Journal of Applied Psychology, 90*(5), 945-955.

Amundsen, S., & Martinsen, L. (2014). Empowering leadership: Construct clarification, conceptualization, and validation of a new scale. *The Leadership Quarterly, 25*(3), 487-511.

Angle, H. L., & Perry, J. L. (1981). An empirical assessment of organizational commitment and organizational effectiveness. *Administrative Science Quarterly, 26*(1), 1-14.

Arnold, J. A., Arad, S., Rhoades, J. A., & Drasgow, F. (2000). The empowering leadership questionnaire: The construction and validation of a new scale for measuring leader behaviors. *Journal of Organizational Behavior, 21,* 249-269.

Avolio, B. J., Zhu, W., Koh, W., & Bhatia, P. (2004). Transformational leadership and organizational commitment: Mediating role of psychological empowerment and moderating role of structural distance. *Journal of Organizational Behavior, 25*(8), 951-968.

Becker, H. S. (1960). Notes on the concept of commitment. *American Journal of Sociology, 66*(1), 32-40.

Chang, W. J. A., Wang, Y. S., & Huang, T. C. (2013). Work design-related antecedents of turnover intention: A multilevel approach. *Human Resource Management, 52*(1), 1-26.

Chen, C. Y., Yen, C. H., & Tsai, F. C. (2014). Job crafting and job engagement: The mediating role of person-job fit. *International Journal of Hospitality Management, 37,* 21-28.

Cheng, J. C., Chen, C. Y., Teng, H. Y., & Yen, C. H. (2016). Tour leaders' job crafting and job outcomes: The moderating role of perceived organizational support. *Tourism Management Perspectives, 20,* 19-29.

Conger, J. A., & Kanungo, R. N. (1988). The empowerment process: Integrating theory and practice. *Academy of Management Review, 13*(3), 471-482.

Cotton, J. L., & Tuttle, J. M. (1986). Employee turnover: A meta-analysis and review with implications for research. *Academy of Management Review, 11*(1), 55-70.

Crossley, C. D., Bennett, R. J., Jex, S. M., & Burnfield, J. L. (2007). Development of a global measure of job embeddedness and integration into a traditional model of voluntary turnover. *Journal of Applied Psychology, 92*(4), 1031-1042.

Deci, E. L., & Ryan, R. M. (1985). *Intrinsic motivation and self-determination in human behavior.* New York: Plenum Press.

DiRenzo, M., Aten, K., Rosikiewicz, B., Barnes, J., Brown, C., Shapiro, A., & Volkmann, B. (2017). Embeddedness and turnover intentions in extra roles: A mixed-methods analysis of the United States Marine Corp Reserve. *Career Development International, 22*(3), 260-279.

Erkutlu, H., & Chafra, J. (2015). Empowering leadership and organizational job embeddedness: The moderating roles of task interdependence and organizational politics. *Procedia-Social and Behavioral Sciences, 210,* 3-10.

Frese, M., & Fay, D. (2001). Personal initiative: An active performance concept for work in the 21st century. *Research in Organizational Behavior, 23,* 133-187.

Ghitulescu, B. E. (2006). Shaping tasks and relationships at work: Examining the antecedents and consequences of employee job crafting. Unpublished doctoral dissertation. University of Pittsburgh.

Griffeth, R. W., Hom, P. W., & Gaertner, S. (2000). A meta-analysis of antecedents and correlates of employee turnover: Update, moderator tests, and research implications for the next millennium. *Journal of Management, 26*(3), 463-488.

Haider, M. H., & Akbar, A. (2017). Internal marketing and employee's innovative work behavior: The mediating role of job embeddedness. *Bulletin of Education and Research, 39*(1), 291-313.

Hamper, B. (2008). *Rivethead: Tales from the assembly line.* New York: Hachette Book Group.

Harris, K. J., Wheeler, A. R., & Kacmar, K. M. (2011). The mediating role of organizational job embeddedness in the LMX outcomes relationships. *The Leadership Quarterly, 22*(2), 271-281.

Holtom, B. C., Mitchell, T. R., & Lee, T. W. (2006). Increasing human and social capital by applying job embeddedness theory. *Organizational Dynamics, 35*(4), 316-331.

Ilgen, D. R., & Hollenbeck, J. R. (1992). The structure of work: Job design and roles. In M. Dunnette & L. Hough (Eds.). *Handbook of industrial and organizational psychology* (pp. 165-207). Palo Alto, CA: Consulting Psychologists Press.

Kondratuk, T. B., Hausdorf, P. A., Korabik, K., & Rosin, H. M. (2004). Linking career mobility with corporate loyalty: How does job change relate to organizational commitment? *Journal of Vocational Behavior, 65*(2), 332-349.

Kumar, N. R., & Krishnaveni, R. (2012). Role of HRD practices in building organizational commitment. *Journal of Contemporary Research in Management, 3*(2), 59-68.

Liden, R. C., Sparrowe, R. T., & Wayne, S. J. (1997). Leader-member exchange theory: The past and potential for the future. *Research in Personnel and Human Resources Management, 15*, 47-120.

Liden, R. C., Wayne, S. J., & Sparrowe, R. T. (2000). An examination of the mediating role of psychological empowerment on the relations between the job, interpersonal relationships, and work outcomes. *Journal of Applied Psychology, 85*(3), 407-416.

Lu, C. Q., Wang, H. J., Lu, J. J., Du, D. Y., & Bakker, A. B. (2014). Does work engagement increase person-job fit? The role of job crafting and job insecurity. *Journal of Vocational Behavior, 84*(2), 142-152.

Manpower Group (2018). *Manpower group releases 2018 talent shortage survey results.* Retrieved from http://manpowermi.com/news/manpowergroup-releases-2018-talent-shortage-survey-results/

Manz, C. C., & Sims Jr, H. P. (1987). Leading workers to lead themselves: The external leadership of self-managing work teams. *Administrative Science Quarterly, 32*(1), 106-129.

Meyer, J. P., & Allen, N. J. (1991). A three-component conceptualization of organizational commitment. *Human Resource Management Review, 1*(1), 61-89.

Meyer, J. P., & Herscovitch, L. (2001). Commitment in the workplace: Toward a general model. *Human Resource Management Review, 11*(3), 299-326.

Mitchell, T. R., Holtom, B. C., Lee, T. W., Sablynski, C. J., & Erez, M. (2001). Why people stay: Using job embeddedness to predict voluntary turnover. *Academy of Management Journal, 44*(6), 1102-1121.

Morrow, P. C. (1983). Concept redundancy in organizational research: The case of work commitment. *Academy of Management Review, 8*(3), 486-500.

Mowday, R. T., Steers, R. M., & Porter, L. W. (1979). The measurement of organizational commitment. *Journal of Vocational Behavior, 14*(2), 224-247.

Oldham, G. R., & Hackman, J. R. (2010). Not what it was and not what it will be: The future of job design research. *Journal of Organizational Behavior, 31*(2/3), 463-479.

Parry, S. C. (1994). *From managing to empowering: An action guide to developing winning facilitation skills*. New York: Quality Resource.

Pearce, C. L., & Sims Jr, H. P. (2002). Vertical versus shared leadership as predictors of the effectiveness of change management teams: An examination of aversive, directive, transactional, transformational, and empowering leader behaviors. *Group dynamics: Theory, research, and practice, 6*(2), 172-197.

Qi, J., Li, J., & Zhang, Q. (2014). How organizational embeddedness and affective commitment influence job crafting. *Social Behavior and Personality: An International Journal, 42*(10), 1629-1638.

Srivastava, A., Bartol, K. M., & Locke, E. A. (2006). Empowering leadership in management teams: Effects on knowledge sharing, efficacy, and performance. *Academy of Management Journal, 49*(6), 1239-1251.

Stewart, A. M. (1994). *Empowering people*. London: Pitman Publishing.

Tett, R. P., & Meyer, J. P. (1993). Job satisfaction, organizational commitment, turnover intention: Path analyses based on meta-analytic findings. *Personnel Psychology, 46*, 259–293.

Thomas, K. W. (2000). *Intrinsic motivation at work: Building energy and commitment.* Oakland, CA: Berrett-Koehler Publishers.

Thomas, K. W., & Velthouse, B. A. (1990). Cognitive elements of empowerment: An "interpretive" model of intrinsic task motivation. *Academy of Management Review, 15*(4), 666-681.

Tims, M., & Bakker, A. B. (2010). Job crafting: Towards a new model of individual job redesign. *SA Journal of Industrial Psychology, 36*(2), 1-9.

Vogt, J. F., & Murrell, K. L. (1990). Empowerment in organizations: How to spark exceptional performance.

Wiener, Y. (1982). Commitment in organizations: A normative view. *Academy of Management Review, 7*(3), 418-428.

Wrzesniewski, A., & Dutton, J. E. (2001). Crafting a job: Revisioning employees as active crafters of their work. *Academy of Management Review, 26*(2), 179-201.

Young, J. A., Stone, J., Aliaga, O., & Shuck, B. (2013). Job embeddedness theory: Can it help explain employee retention among extension agents? *Journal of Extension, 51*(4), 1-11.

팀학습 핵심수행자의 역할에 따른 영향요인 분석
: 리더십과 전문성을 중심으로

유상옥(yooxx238@umn.edu), 오헌석(ohhs@snu.ac.kr)

유상옥은 미국 미네소타대학에서 인적자원개발 박사학위를 취득하였다. 현재 미국 Northwest Missouri State University 경영대학 조교수로 재직중이며, 다층분석과 네트워크 분석을 주로 활용하여, 팀, 기업가, 창의성, 다양성 등의 분야를 연구하고 있다.

오헌석은 미국 미네소타대학에서 인적자원개발 박사학위를 취득하였다. 현재 서울대학교 교육학과 교수로 재직 중이며, 동대학 시흥캠퍼스 본부 본부장 및 한국인적자원연구센터 소장을 맡고 있다. 주요 관심분야는 전문성, 전문가 육성, 융합인재 등이다.

* 이 글은 2015년 5월에 발행된 「HRD연구」 17권 2호에 게재된 논문을 수정 · 보완한 것임.

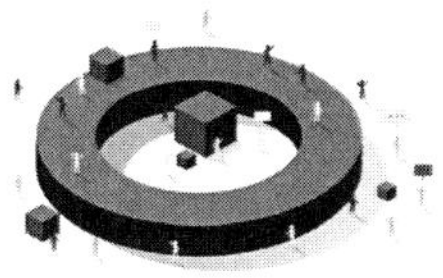

팀학습 핵심수행자의 역할에 따른 영향요인 분석 : 리더십과 전문성을 중심으로

유상옥, 오헌석

서론

팀학습을 활성화시키기 위해서는 어떤 구성원들이 필요하고 그들의 역할은 무엇인가? 지금까지 팀학습을 진단하는 연구들은 대체로 학습의 환경이나 결과에 치우쳐져 있고, 관계 측면의 접근은 부족했다는 한계를 지닌다(김문주, 윤정구, 2012). 즉, 누가, 어디에서, 어떻게 이런 역할을 수행하는지에 대해서는 실증적으로 규명하는 연구는 부족한 현실이다. 구성원 간 연결망에 대한 이해는 조직을 성장시키는 데 기여해왔고(Di Marco, Taylor, & Alin, 2010; Hsu, Wang, & Tzeng, 2007), 사회 연결망 분석은 이상의 한계를 극복할 수 있는 대안으로 부각되고 있다(Hatala, 2006). 대표적으로 Cross와 Prusak(2002)은 사회 연결망 분석을 통해 핵심수행자를 도출하여 누가 조직을 성장시키는 역할을 하는지 밝혀내고자 하였다. 그들은 의사소통, 조언, 신뢰로 구성된 비공식 연결망을 통해 조직 내 핵심수행자를 도출하였다. 그 결과 조직 내 핵심수행자는 공식적으로 그 역할을 부여받은 사람이 아닌 경우가 많았고, 그 중요성에도 불구하고 핵심수행자들의 노력이 인정받지 못하고 있었다. 이런 시도는 사회 연결망 분석을 통해 조직 내 핵심수행자들의 역할을 구체화 할 수 있는 가능성을 시사한다.

사회 연결망 분석이 가진 가능성에도 불구하고 조직 내 학습과 관련한 연결망 연구는 두 가지 한계를 지닌다. 첫째, 학습을 주로 지식이나 정보의 공유 등의 단일 차원으로 분석해왔다는 점이다. 대부분의 연결망 연구에서는 학습 내용이 다양하게 분류될 수 있음에도 불구하고(김문주, 윤정구, 2012; 임철일, 2008; Konno & Nonaka, 1995), 학습의 다양성이 내재된 연결망의 특성에 대해서는 심층적으로 드러내지 못했다는 한계를 지닌다(Anderson, 2007). 팀학습을 활성화시키는 핵심수행자는 그 내용에 따라 서로 다른 연결망 특성을 지닐 것으로 예상된다.

둘째, 연결망 특성의 선행요인 분석이 제한적으로만 이루어져 왔다는 점이다(Anderson, 2007; Klein, et al., 2004). 사회 연결망에 대한 단순한 사실은 인적자원개발의 관점에서 전략적인 개입을 통해 사회적 효과로 실현될 가능성에 시사하는 바가 적다. 구성원들 간 연결망을 이해하는 것을 넘어 각 역할에 대한 개인적인 차이를 만드는 요인을 밝혀낼 수 있을 때, 학습 연결망 분석 결과가 보다 실천적으로 기여할 수 있을 것이다(Anderson, 2007).

개인이 구성원에게 영향을 미치는 방식은 리더십과 전문성, 그리고 상황에 의해 결정된다(Conger & Kanungo, 1987). 즉, 리더십과 전문성은 개개인이 연결망을 통해 타인에게 영향을 미치는 방식에 영향을 미치는 주된 요인이다. 그럼에도 불구하고 기존의 학습 관점에서 연결망 변수에 영향을 미치는 선행요인은 주로 성격적인 특성(Jackson & Lawty-Jones, 1996)이나 학습 동기(Anderson, 2007; Mannheim, Baruch, & Tal, 1997)의 측면에서 주로 이루어져 왔다.

본 연구는 팀학습과 관련하여 연결망 연구가 지닌 두 가지 한계를 극복하는 시도이다. 이를 위하여 이론적으로 팀학습의 내용을 분류하고, 이에 따른 팀학습 핵심수행자 역할을 규정하였으며, 각 역할에 리더십과 전문성을 포함한 구체적인 영향요인을 분석하였다.

팀학습의 개념과 팀학습 핵심수행자

◆ 팀학습의 개념과 내용

본 연구에서의 팀학습에 대한 탐구는 "팀에서 이루어지는 학습을 어떻게 분류할 수 있을까"라는 질문과 맞닿아 있다. 팀학습은 크게 학습이 일어나는 상황 혹은 방법에 의한 분류와 관계를 통해 학습되는 내용에 의한 분류가 가능하다. 직접적으로 관계를 통한 학습을 ① 문제해결 학습네트워크, ② 관계적 학습네트워크, ③ 업무중심 학습네트워크, ④ 제도화된 학습네트워크로 분석한 선행연구(기영화, 김남숙, 2009)도 있지만, 이는 앞서 밝힌 분류의 두 가지 차원인 상황과 방법 그리고 내용이 혼재되어 있다는 한계를 지닌다.

팀학습이 일어나는 상황 혹은 방법에 의한 분류는 무형식학습의 다양한 양상에 대한 연구(이성엽, 2008; Eraut, 2004; Marsick & Watkins, 1987)에서 실마리를 찾을 수 있다. 대표적으로 Eraut(2004)는 듣기, 관찰, 숙고, 시행착오, 감독 또는 코칭, 멘토링, 고객과의 접촉, 상사와의 대화, 현장 방문, 회의참가, 질문하고 대답하는 대화과정 등을 강조한다. English(2000)은 무형식 학습의 방법 중 가장 대표적이고 효과적인 것으로 멘토링, 자기주도적 학습, 대화로 제시하였고, Yannie(2002)는 관찰, 사회적 활동, 우연, 타영역, 일터, 분야에 대한 탐색으로 분류하였다. 그러나 학습 상황 혹은 방법에 따른 분류는 팀 내 구성원과 관계를 통해 학습되는 내용에 대한 탐색에 있어서는 제한적이었다.

상황 혹은 방법에 의한 분류 외에 조직 내 지식은 스웨덴의 심리학자 레벤하트가 제안한 감각적 지식, 경험적 지식, 과학적 지식의 세 가지 형태로도 구분할 수 있고, 앤더슨의 선언적 지식과 절차적 지식이라는 분류도 존재한다(Konno & Nonaka, 1995). 반면, 임철일(2008)은 기업 내 교육체계를 분석하면서 기업의 교육목적 중 하나로 핵심가치 공유, 변화 그리고 혁신을 강조하였다. 또한, 김문주와 윤정구(2012)는 팀 효과성에 영향을 주는 학습의 내용을 지식공유, 생산적 담론, 정체성 공유로 나누어 그 효과성을 분석하기도 하였다. 이런 논의가 증가하는 이유는 오늘날 팀학습의 내용으로 업무지식 뿐 아니라 창의성을 기반으로 한 변화와 혁신, 그리고 조직의 핵심가치가 강조되고 있기 때문이다(임철일, 2008).

본 연구에서는 팀학습을 학습하는 내용의 다양성을 근거로 팀 내 관계를 통한 학습의 내용을 업무지식, 창의적인 아이디어, 비전으로 분류하였다. 먼저, 조직 내에 흐르는 지식의 가장 근간이 되는 것은 업무 지식이다(박원우, 2006). 업무 수행에 필요한 지식, 기술 등을 습득하는, '일에 대한 학습'은 조직 내 학습의 중요한 하나의 축이다(Marsick & Watkins, 1987). 또한 조직에서 무형식 학습 양상에서 대화 등을 통한 업무 지식의 획득은 현실적인 어려움에도 불구하고 성장을 위한 가장 좋은 기회가 되기도 한다(이성엽, 2008). 지식의 습득은 근본적인 가정의 변화 없이 지식과 역량을 늘려가는 과정(Dodgson, 1993)이라는 점에서 겉으로 드러난 지식을 공유하는 일원학습(single-loop learning) 측면으로 이해할 수 있다(김문주, 윤정구, 2012). 지식공유와 관련한 연구들에서도 업무와 관련한 지식을 명시하고 있다(현영섭, 조대연, 2009; Chow & Chan, 2008).

두 번째는 창의적인 아이디어이다. 조직학습은 본질적으로 '뒤따르는 것'이라는 한계를 가진다(Konno & Nonaka, 1995). 따라서 이를 뛰어넘는 자발적인 지식창조의 메커니즘을 얻는 일이 필수적이다. 창의적인 아이디어의 공유는 보다 고차원의 학습(high-frame learning)으로 팀 동료들과 상호작용을 통해 새로운 대안을 제시할 수 있는 활동이다(Edmondson, 1999). 생산적인 담론(김문주, 윤정구, 2012)이나 팀 혁신의 과정(Dunphy & Bryant, 1996)과 같이, 창의적인 아이디어 공유는 팀이 창의적인 성과를 발현하기 위한 핵심적인 학습 활동이자 지식 창조와 혁신의 과정으로(Parise, 2007), 이원학습(double-loop learning)의 측면에서 이해될 수 있다.

창의력은 이제 개인에게만 귀속되는 것이 아니라 조직 창의력이라는 개념 아래 조직 차원으로 참조점(reference point)이 확대되었다(권정언, 2013). 따라서 분석 수준이 다변화되고, 창의적인 성과를 확보하기 위해서는 창의적인 개인만이 아니라 창의적인 아이디어를 낼 수 있는 조직 환경이 중요하다는 관점이 대두되었다(Amabile, et al., 1996; Oldham & Cummings, 1996).

마지막으로, 비전은 구성원들의 동기부여와 계획수립, 목표설정을 하는데 있어서 기본 토대가 되는 개념이다(Thoms & Greenberger, 1995). 이는 팀 구성원들이 함께 수행하게 될 과업의 미래 형상을 바라보는 공통된 정신모형으로써(Pearce & Ensley, 2004), 가치, 목적, 일체성을 명확하게 만들어주는 미래의 표상이 된다(김문주, 윤정구, 2012). 또한, 에너지 낭비를 피하고 팀 구성원들이 원하는 결과를 창조하기 위해 팀을 단결시키는 과정으로, 공유된 비전과 개인적 숙달의 원칙 위에 팀학습이 이루어진다. 따라서 비전의 공유는 조직이 추구하는 방향과 중요성에 대해 구성원들이 공감대를 갖는 것으로 학습조직에 필수적인 요소이다(Goh, 1998; Senge, 1990). 비전의 공유는 일원, 이원학습을 넘어 이를 통해서도 해결되지 않는 특별한 문제에 대해 다루고 있는 삼원학습(triple-loop learning)과 맥을 같이한다(김문주, 윤정구, 2012). 삼원학습은 가정이나 규범을 담고 있는 정신모형 자체를 객관화시키고 성찰을 통해 정신모형을 변혁시키는 학습으로, 정체성을 공유하는 프로세스는 삼원학습의 가장 중요한 활동 중 하나이다(Garvin, 1993).

실증 연구에서 역시 성공적인 팀은 공동된 비전을 지닌 집단이라는 것이 (김문주, 윤정구, 2012; 박원우, 신수영, 2005) 지속적으로 강조된다. 비전이 구축한 가장 소중한 목표는 구성원의 몰입을 유도하고, 생각하고, 행동하는 새로운 방식을 만들어주는 데 있으며, 이를 통해서 위험의 감수, 실험정신, 장기적인 몰입을 촉진시킨다. 또한 이는 팀 정서, 팀 혁신, 팀 성과에 긍정적인 영향을 줄 뿐 아니라 생산적인 담론이 가져오는 부정적인 효과를 상쇄시켜주는 조절효과도 있는 것으로 밝혀졌다(김문주, 유정구, 2012).

◆ 팀학습 핵심수행자와 연결망 특성

조직 내 핵심수행자에 대한 논의는 과연 누가 조직성과를 위해 혹은 조직의 학습을 활성시키기 위해 어떤 역할을 수행하고 있는가라는 질문의 답을 찾는 과정이다. 조직에는 공식적 혹은 비공식적으로 핵심적인 역할을 수행하고 있는 조직원들이 존재한다. 이들을 광범위한 의미에서 핵심수행자라 부를 수 있고, 경영학, 교육학 등의 다양한 분야의 연구자들이 핵심수행자의 중요성을 강조하였다(Cross & Prusak, 2002; Parise, 2007). 본 연구에서는 팀학습에 초점을 맞춰 팀학습 핵심수행자를 규정하였다. 앞서 세 측면의 팀 학습의 내용에 따라, 팀학습 핵심수행자는 팀학습의 세 가지 측면에서 팀 내 학습을 활성화시키고 이를 통해서 팀 내 역량을 증대시키는 사람이다. 이들은 팀학습에서 공식 혹은 비공식적으로 핵심적인 역할을 수행한다.

연결망 분석에서 핵심수행자는 연결망 특성 중 주로 중심성을 기반으로 도출된다(Awazu, 2004; Cross & Prusak, 2002; Parise, 2007). 중심성은 연결망 분석에서 가장 대표적인 변수로 "어떤 속성을 가진 학생이 가장 인기 있는 친구이고, 어느 학생이 외톨이인가?"와 같은 질문에 답한다(김용학, 2011). Cross와 Prusak(2002)은 조직은 현실을 기반으로 한 핵심적인 전문성을 지닌 사람들을 필요로 하고 위기 상황에서 조직을 성장시키는 사람(go-to person)이 누구인지를 알아내야 한다고 주장하였다.

가장 많이 사용되는 중심성 지표는 연결정도 중심성으로, 이는 한 노드가 맺고 있는 다른 노드의 숫자로 정의된다. 방향성이 있는 데이터의 경우 중심성은 그 방향에 따라 내향 연결정도 중심성(in-degree centrality)과 외향 연결정도 중심성(out-degree centrality)으로 구분된다. 또한 연결 강도 역시 행위자가 연결망 자원에 접촉하는 기회의 효과를 논의하는 데 있어서 고려될 수 있다(Gabbay & Leenders, 2001).

일반적으로 내향 연결정도 중심성이 높은 사람은 스타라 부르며(위영은, 2010), 다른 구성원과의 관계에서 업무 수행상의 정보 뿐 아니라 권력과 영향력이 높다(손동원, 2002). 스타의 위치는 빠른 시간 안에 필요한 정보나 자원을 얻는데 유리하고, 업무수행에 필요한 자원이 어디 있는지 알고 접촉할 수 있는 통로가 다양하다(Wijk, Bosch, & Volberda, 2003). 조직 차원에서는 전략적으로 중심성이 높은 핵심수행자와 신입사원과 같은 주변부 인물을 짝을 지어(Parise, 2007), 암묵지를 전수하고, 주변부 인물을 보다 빠르게 업무 네트워크로 참여시키는 등 조직 사회화에 필수적인 관계 형성을 촉진시킬 수 있다(Rollag, Parise, & Cross, 2005).

그러나 많은 경우, 내향 연결정도 중심성이 높은 중심연결자는 조직에서 지정한 리더 등의 공식적인 핵심수행자가 아닌 경우가 많고, 그들의 중요성에도 불구하고 그들의 노력은 인정받지 못하고 있다. 따라서 중심연결자를 밝혀내고 이들에게 적절한 보상을 하는 것은 핵심수행자의 조직몰입과 조직의 성과향상에 중요한 역할을 한다(Cross & Prusak, 2002).

외향 연결정도 중심성이 높은 구성원 역시 스타만큼이나 중요하다. 그들은 팀 구성원과의 적극적인 상호작용을 통해 새로운 지식을 창출하고, 조직 경쟁력을 향상시킬 수 있다(장용선, 김재구, 2006; Tsai & Ghoshal, 1998). 또한, 창의적 아이디어를 구체화시키고 발전시키는 과정에서 역시 발산적 행동을 하는 구성원은 매우 중요한 역할을 수행한다(권정언, 2013). 내향 연결정도 중심성과 외향 연결정도 중심성의 유무를 중심으로 각 노드의 특성을 고립자(isolated node), 전달자(transmitter), 수신자(receiver), 매개자(carrier)로 구분하기도 한다(이수상, 2012).

본 연구에서는 지식, 창의적 아이디어, 비전의 세 가지 팀학습 연결망의 내향 및 외향 연결 정도에 중심성에 따라 여섯 가지 팀학습 핵심수행자 역할을 규정하였다. 각 핵심수행자의 명칭과 정의, 연결망 특성은 <표 1>과 같다.

〈표 1〉 팀학습 핵심수행자의 정의 및 역할

핵심수행자	정의	팀학습 연결망	연결망 특성
지식 가치 확장자 (knowledge value adder)	업무 관련 지식을 전파하고 지식의 가치를 증폭시키는 사람	지식 연결망	내향 연결정도 중심성
관계 학습자 (network learner)	팀 구성원과의 관계를 통해 학습하며, 팀학습을 활성화시키는 사람		외향 연결정도 중심성
아이디어 허브 (idea hub)	팀 구성원들이 이들과 아이디어를 공유하고, 팀 구성원들의 아이디어 발전에 도움을 주는 사람	창의적 아이디어 연결망	내향 연결정도 중심성
아이디어 생산자 (idea creator)	지속적으로 업무와 관련된 새로운 아이디어를 창출하고, 이를 팀 구성원과 공유하는 사람		외향 연결정도 중심성
비전 리더 (vision leader)	팀 구성원들이 조직의 비전이나 미션을 이해하고 공감하도록 도움을 주는 사람	비전 연결망	내향 연결정도 중심성
비전 팔로워 (vision follower)	적극적으로 조직의 비전이나 미션을 이해하려고 노력하고 소통하는 사람		외향 연결정도 중심성

리더십과 전문성 그리고 팀학습

• 리더십과 팀학습

팀학습과 관련된 리더십은 주로 팀 구성원의 행동을 촉진하거나 주도하는 것으로 특징지어진다. 리더십 행위는 팀 구성원들을 팀 환경에서 편안하게 만들고, 팀 구성원이 개방적으로 수용하고 분석하며, 실패로부터 학습하도록 한다(Edmondson, 1999). 본 연구에서는 리더십을 타인에게 영향력을 행사하는 개인의 행동양상으로 보고, 개개인의 리더십이 팀학습 연결망을 형성하는데 미치는 영향을 살펴보았다. 이를 위해서 리더십을 공식적인 자리에서 오는 영향력과 개인에게 내재되어 있는 리더십 행동을 통해 발현되는 영향력의 두 가지 측면으로 보았다.

리더가 리더십을 만드는 것은 아니지만(Backer, 1997), 공식적인 직위가 타인에게 주는 영향력은 무시할 수 없다. 팀장은 공식적으로 팀원들과 관계를 맺으며, 팀원들과의 학습관계를 강화시킬 수 있기에 선행연구에서는 팀장을 팀학습에 영향을 미치는 핵심수행자로 주목하였다(전영욱, 김진모, 2009; Edmondson, 1999; Gibson & Vermeulen, 2003). 팀장 여부는 공식적인 리더 자리에서 오는 영향력을 대변한다. 팀장은 구성원의 총체적인 효능감에 관한 신념을 고양시킬 수 있고, 이는 집단 구성원의 업무수행능력에 대한 믿음과 자신감을 집단 전체에 스며들도록 하여 집단 효능감을 형성하게 한다(Shamir, 1990).

그러나 공식적인 직위를 통한 영향력만으로는 온전하게 리더십을 설명할 수는 없다. 직위를 떠나 개인에게 내재되어 있는 리더십 행동은 타인의 행동을 촉진하거나 주도할 수 있다. 본 연구에서는 리더십을 타인에게 미치는 영향력을 중심으로 고려하고 있기 때문에 변혁적 리더십에 주목하였다. 변혁적 리더십은 리더십이 특별한 형태로 영향력을 행사하는 과정을 강조한다(Northouse, 2010).

변혁적 리더십을 가진 인물은 팀 구성원의 성장 욕구에 관심을 가지며 특정 문제에 대한 그들의 인식을 바꾸고, 고무시킴으로써 집단 목표를 달성하기 위해 추가적인 노력을 기울이는 사람이다(Robbins, 2005). 팀학습의 관점에서 변혁적 리더십에 의해 팀원들은 자신의 과업에 관하여 자극을 받고 전체적인 팀 목표달성을 위해 구성원들 간 업무진행에 대한 관찰행동이 증가할 가능성이 커진다. 변혁적 리더십의 행동 특성들은 단순히 지적인 자극을 주어 문제 상황에 대한 환기만을 시키는 것이 아니라 팀의 집합적 동기와 행동을 통한 문제해결을 독려함으로써 팀 효과성에 영향을 미친다(Salas, Sims, & Burke, 2005). 보다 구체적으로 팀 기반 학습에서 변혁적 리더십은 개인과 집단 수준 모두에 영향을 미친다(한주희, 강은주, 2011).

지금까지의 변혁적 리더십은 주로 실제 리더의 위치에 있는 구성원을 대상으로 연구되어 왔다. 그러나 Bass와 Avolio(1990)는 변혁적 리더십이 조직 내 모든 계층의 구성원들에게 학습시킴으로써 팀 성과에 정적인 영향을 미칠 수 있다고 강조하였다. 이에 따라, 변혁적 리더십은 조직 내 모든 계층을 포함하는 포괄적인 리더십 차원으로 관점을 전환할 필요가 있다(임영제, 이창원, 2008). 본 연구에서는 각 팀원들의 변혁적인 리더 행위가 팀 구성원들 간의 소통과 이해를 향상시키며, 팀의 학습을 촉진시킨다(Sarin & McDermott, 2003)고 보았다. 변혁적 리더십은 리더십 행동을 통해 발현되는 영향력을 대변한다.

• 전문성과 팀학습

전문성은 개인이 지닌 특정 영역에서 지식과 기술을 가지고 높은 수준의 수행을 나타내는 행동이나 잠재력을 의미한다(오헌석, 김정아, 2007). 이는 정보다양성의 측면에서 팀 구성요인으로써 팀학습에 영향을 미친다(Kayes, Kayes, & Kolb, 2005). 그 중요성에도 불구하고, 전문성은 어느 하나의 방법으로 온전하게 측정할 수 없다는 한계를 지닌다(Shanteau, et al., 2003).

제한적으로 전문성의 한 측면인 경력 및 학력과 관련한 선행연구는 다음과 같다. 학력은 업무 중심성에 영향을 미친다(Mannheim, Baruch, & Tal, 1997). 또한 형식교육을 잘 배운 사람들이 더욱 일터에서 학습기회를 즐기는 경향이 나타나는 것으로 밝혀졌다(이성엽, 2008). 즉, 교육 수준에 따라 업무와 학습 상황에서의 중심성에 차이가 난다는 것을 알 수 있다. 경력도 마찬가지로 무형식학습의 방법과 촉진요인에 있어서 신입사원과 8년 이상 근무한 경력사원 간 차이가 있었다(이성엽, 2008).

핵심수행자의 관점에서는 Awazu(2004)와 Cross와 Prusak(2002)은 전문가의 개념을 핵심수행자에 포함시키고 있다. 이는 연결망의 관점에서 역시 팀학습에서 높은 가치의 지식을 갖춘 전문가가 핵심적인 역할을 수행하고 있다는 것을 의미한다. 구체적으로 지금까지의 연결망 관점의 연구에서는 전문가는 주변에 위치하며 핵심적인 인물들에게 지식을 전달하는 역할을 수행하는 것으로 이해되어 왔다(Cross & Prusak, 2002). 그러나 이는 연결망 분석 결과를 개념적으로 정의한 것일 뿐 객관적으로 전문성을 측정한 결과는 아니다. 따라서 본 연구에서는 실제로 개인의 전문성 수준이 팀학습 연결망에서 어떠한 영향을 미치는지 살펴보았다.

전문성을 측정하는 중요성은 오랫동안 강조되어 왔다(Swanson & Holton, 2001). 전문성의 측정은 일반적으로 구성요소, 과정, 결과를 측정하는 방법으로 나눌 수 있다(오헌석, 성은모, 2010). 첫째, 구성요소의 측정은 지금까지 밝혀진 다양한 전문성 구성요소를 개별적으로 측정하고 합산한다. 이 관점에서 인지적 능력과 기술의 측정은 전문성 개발의 구성요소를 충실히 설명하기에는 충분하지 않기 때문에(Ericsson & Lehman, 1996), 동기적 요인, 자아통찰, 사회적 기술, 성장 능력 등이 전문성의 구성요소로서 고려되어야 한다. 둘째, 과정을 측정하는 방법은 전문가의 활동과정을 유목화하고, 그 빈도를 측정하는 방법이다. 이는 활동의 시간을 계산했던 de Groot의 체스연습시간 측정에서 유래되었다. 셋째, 전문성의 결과를 측정하는 방법이다. 이 때, 가장 직접적인 지표는 학위와 자격이다(오헌석, 성은모, 2010).

전문가의 수준을 진단하기 위해서는 전문성의 구성요소를 밝히는 것이 선행되어야 한다. 전문성을 진단하는 것은 전문성 측정의 다양한 방법이 가진 한계를 보완할 수 있다(Shanteau, et al., 2003). 일반적으로 인정되는 전문성의 기본적인 구성요소는 지식, 경험, 문제해결이다(Herling, 1998). 오헌석과 성은모(2010)는 전문가의 성장을 질적으로 분석하였고, 그 결과 핵심요인으로 가치, 학습, 경험, 창조 등 네 가지 요인과 각 요인을 구성하는 하위요인을 도출하여 전문가로 성장할 수 있는 잠재력을 진단하는 도구를 개발하고 타당화하였다.

본 연구에서는 전문성을 측정하기 위해 위 세 가지 방법과 연구 가능성을 함께 고려하여, 직무수행경험과 학습시간, 그리고 전문가 성잠잠재력(오헌석, 성은모, 2010)을 전문성을 대변하는 변수로 보았다. 이는 전문성을 측정하는 세 가지 측면을 모두 고려하기 위한 시도이다.

주요 연구결과

앞서 기술하였듯이, 본 연구에서는 팀학습의 내용(지식, 창의적 아이디어, 비전)별로 내향 및 외향 연결정도에 따라 총 여섯 가지 팀 학습 핵심수행자 역할을 규정하였다. 예를 들어, 지식 연결망의 내향 연결 정도로 측정되는 핵심수행자의 경우 지식 가치 확장자라는 명칭으로 정의되었다. 구체적인 내용은 앞의 <표 1>에 요약하였다. 본 연구의 연구대상은 3~15명으로 구성된 국내 기업의 기능팀을 대상으로, '팀'의 명칭을 사용하지 않는 경우 공동 목표아래 과업을 수행하는 최소화된 조직 단위를 그 범위로 하여 최종적으로 27개 팀의 199명을 선정하였다.

본 연구에서는 구체적인 요인별 영향력을 분석하기에 앞서, 각 핵심수행자 역할에 따른 팀 수준의 설명비율을 살펴보았다. 그 결과 지식 가치 확장자는 36.9%, 관계학습자는 33.1%, 아이디어 허브는 44.6%, 아이디어 생산자는 50.2%, 비전 리더는 33.1%, 비전 팔로워는 28.1%로 나타났다. 이를 통해서 전체적으로 각 역할에 있어서 팀수준의 설명비율이 약 30~50%로 상당히 높은 수준임을 알 수 있다. 또한 대체적으로 창의적 아이디어 연결망의 핵심수행자로서의 연결망 행동이 팀 수준의 영향(44.6%, 50.2%)을 상대적으로 많이 받음을 알 수 있다.

이런 이해를 기반으로, 본 연구는 앞서 정의한 여섯 가지 팀학습 핵심수행자의 역할에 미치는 리더십과 전문성의 영향력을 위계적 선형 분석을 통해 분석하였다. 구체적으로 리더십 변수군은 변혁적리더십과 팀장 여부, 전문성 변수군은 전문성 척도 점수, 직무수행연수, 학습시간으로 구성하였다.

구체적으로 본 연구의 주요 결과를 요약하면 다음과 같다.

♦ 팀학습 핵심수행자 역할에 따른 리더십과 전문성 변수군 간 영향력

지식 연결망의 내향 연결정도 중심성으로 대변되는 지식 가치 확장자는 업무관련 지식을 전파하고 지식의 가치를 증폭시키는 사람이라고 할 수 있다. 지식 연결망의 가중치는 지식을 실제 업무에 적용하는 정도를 통해 부여되었다. 연구 결과, 지식 가치 확장자는 리더십(6.2%)보다 전문성(7.2%)으로 보다 많이 설명된다. 반면, 외향 연결정도 중심성으로 대변되는 관계 학습자는 팀 구성원과의 관계를 통해 자주 학습하며 팀학습을 활성화시키는 사람이라고 할 수 있다. 관계 학습자는 리더십(9.1%)으로 인해 설명되는 행동으로 드러났다. 이는 업무지식에 대한 학습이 필요할 때, 관계를 적극적으로 활용하는 행동은 리더십이 보다 잘 설명하고, 전문성은 설명하지 못한다는 것이다.

창의적 아이디어 연결망의 내향 연결정도 중심성으로 대변되는 아이디어 허브는 팀 구성원들이 아이디어를 공유하고 이를 통해 팀 구성원들의 아이디어가 발전할 수 있도록 돕는 사람이다. 창의적 아이디어 연결망의 가중치는 아이디어 공유가 실제 아이디어의 발전에 도움이 되는 정도로 측정되었다. 연구 결과, 리더십(2.3%)보다 전문성(5.2%)이 아이디어에 대해서 논의하고 이에 대한 효과적인 조언을 주는, 아이디어 허브로서의 행동을 잘 설명했다. 반면, 외향 연결정도 중심성으로 대변되는 아이디어 생산자는 아이디어를 창출하고 이를 팀 구성원들과 공유하는 사람이다. 연구 결과에 따르면, 전문성(0.5%)보다는 리더십(10.3%)이 아이디어 생산자로서의 역할을 보다 많이 설명하고 있었다. 이는 앞서 관계 학습자와 마찬가지로 관계를 적극적으로 활용하는 행동을 리더십이 보다 잘 설명함을 의미한다.

마지막으로 비전 연결망의 내향 연결정도 중심성으로 대변되는 비전 리더는 팀 구성원들이 조직의 비전이나 미션을 이해하고 공감하도록 도움을 주는 사람이다. 가중치는 이 사람을 통해 조직의 비전이나 미션을 공감하게

되는 정도로 측정되었다. 비전 리더의 경우에는 리더십이(8.9%)이 전문성(0.8%)에 비해 상대적으로 많이 비전 리더로서의 연결망 행동을 설명하는 것으로 나타났다. 또한, 외향 연결정도 중심성으로 대변되는 비전 팔로워는 팀 구성원들의 관계를 통해 조직의 비전이나 미션을 적극적으로 이해하려고 노력하고 소통하는 사람으로, 이 역시 전문성보다는 리더십(8.9%)이 이 역할을 상대적으로 많이 설명했다. 즉, 비전 연결망의 두 팀학습 핵심수행자 역할 모두 전문성은 그 역할을 잘 설명하지 못하고, 리더십이 설명하고 있는 것이다.

◆ 팀학습 핵심수행자 역할에 대한 하위변수별 영향력

팀학습 핵심수행자를 설명하는 세부적인 변수들의 영향력을 변수군별로 요약하면, 리더십 변수군은 팀장 여부와 변혁적 리더십이 각 팀학습 핵심수행자 역할에 대부분 영향을 미치는 변수였다. 이를 구체적으로 살펴본다면, 팀장은 주로 외향 연결정도 중심성으로 대변되는 핵심수행자 역할에 유의미하였다. 내향 연결정도 중심성으로 대변되는 핵심수행자 역할 중에는 오히려 팀원이 팀장보다 지식 가치 확장자의 역할을 수행하는 것으로 나타났고, 비전 리더만이 팀장인 경우 유의미하게 그 역할을 설명하였다. 또한, 변혁적 리더십으로 대변되는 리더십 행동은 아이디어 생산자와 비전리더, 그리고 비전 팔로워의 역할에서 유의미한 변수였다. 이는 변혁적 리더십의 특성을 반영한 결과이다. 즉, 아이디어를 생산하여 동료들을 지적으로 자극하고, 동료들에게 비전을 이해시키고 적극적으로 공감하는 행동을 보이는 핵심수행자의 특성으로 변혁적 리더십이 유의미한 변수였다.

전문성 변수군에서는 일반적으로 내향 연결정도 중심성에 유의미한 변수가 도출되었는데, 이는 외향 연결정도 중심성을 역할로 하는 관계 학습자, 아이디어 생산자, 비전 팔로워는 전문성 변수군의 설명비율이 0에 가깝기 때문이다. 구체적인 변수로는 직무수행연수에 주목할 필요가 있다. 세 가지 팀학습 연결망에서 공통적으로 내향 연결정도 중심성이 높은 핵심수행자는 직무경험이 보다 많은 특징을 가지고 있다는 것이다. 직무수행연수가 유의미한 변수로 도출된 변수의 근속연한의 분석 결과를 살펴보면, 근속연한이 유의미했던 것은 지식 가치 확장자 뿐이었다. 이를 통해 내향 연결정도 중심성이 높은 핵심수행자의 행동에 영향을 미치는 요인은 조직에서의 근속년수보다 그 업무를 얼마나 수행해 왔는지를 나타내는 직무수행연수임을 알 수 있다. 이상의 팀학습 핵심수행자의 역할별 영향요인을 요약하면 <표 2>와 같다.

〈표 2〉 팀학습 핵심수행자의 역할에 유의미한 영향을 미치는 요인

연결망	방향성	핵심수행자	리더십 변수군	전문성 변수군
지식 연결망	내향	지식 가치 확장자 (knowledge value adder)	팀장 여부(+)	직무수행연수(+)
	외향	관계 학습자 (network learner)	팀장 여부(-)	-
창의적 아이디어 연결망	내향	아이디어 허브 (idea hub)	-	직무수행연수(+) 학습시간(-)
	외향	아이디어 생산자 (idea creator)	변혁적 리더십(+) 팀장 여부(-)	-
비전 연결망	내향	비전 리더 (vision leader)	변혁적 리더십(+) 팀장 여부(-)	직무수행연수(+)
	외향	비전 팔로워 (vision follower)	변혁적 리더십(+) 팀장 여부(-)	-

*괄호는 계수의 부호

논의 및 제언

본 연구는 팀학습 핵심수행자의 역할을 팀학습의 내용 및 연결망의 속성에 따라 정의하고, 이에 영향을 미치는 리더십과 전문성 관련 요인을 분석

하기 위한 목적으로 수행되었다. 이 연구의 의의와 연구결과를 기반으로 한 제언은 다음과 같다.

첫 번째는 팀학습 연결망의 세 가지 차원에 따른 비교이다. 창의적 아이디어 연결망을 통해 도출된 아이디어 허브와 아이디어 생산자의 경우 상대적으로 다른 핵심수행자 역할에 비해 팀 수준의 영향을 많이 받았다. 즉, 창의적 아이디어를 많이 공유하고 이를 통해 조직의 창의적 성과를 증진시키는 과정은 개인 차원의 노력 뿐 아니라 조직 차원의 노력이 보다 중요하다는 것을 의미한다. 이는 조직의 혁신을 위한 창의력이 이제 개인에게만 귀속되는 것이 아니라 조직 차원으로 참조점이 확대되고 있다는 기존의 논의를 뒷받침 하는 결과이다(권정언, 2013). 반면, 비전을 전파하는 데 있어서 개인의 영향력이 상대적으로 크다.

또한 각 팀학습 연결망의 내향 연결정도 중심성으로 대변되는 지식 가치 확장자와 아이디어 허브 그리고 비전 리더의 결과를 비교하면, 지식 연결망의 지식 가치 확장자와 창의적 아이디어 연결망의 아이디어 허브는 리더십보다 전문성이 설명하는 비율이 더 높았다. 이는 구성원들은 업무지식이 필요할 때, 혹은 창의적 아이디어가 생겼을 때 조언을 구하고, 그 결과물의 가치 역시 높은 구성원의 특성을 전문성이 리더십보다 잘 설명하는 것이다. 반면, 비전 리더는 리더십에 비해 전문성이 거의 설명하지 못하였다.

두 번째는 내향과 외향 연결정도 중심성에 의한 비교이다. 내향 연결정도가 높은 팀원은 다른 팀원들로부터 화살표를 많이 받고, 외향 연결정도가 높다는 것은 연결망 내에서 화살표를 많이 다른 팀원들에게 주고 있음을 의미한다. 연구 결과에 따르면, 대체적으로 내향 연결정도 중심성에 의한 역할들이 팀수준의 변수들이 각 역할들을 설명하는 최대변량 크기가 외향 연결정도 중심성에 의한 역할들보다 큰 것으로 나타났다. 즉, 팀학습 관계에 있어서 팀 구성원들에게 지목을 많이 받는 핵심수행자의 역할은 팀학습 연결망에서 팀 구성원을 많이 지목하였던 외향 연결정도 중심성으로 대변되는 핵심수행자보다 팀학습 분위기나 팀원 수 등의 팀수준의 변인으로 설명할 수 있는 변량의 크기가 크다는 것이다. 단, 창의적 아이디어 연결망에 의한 역할의 경우에는 그 반대의 경향을 드러냈다.

또한 리더십과 전문성의 설명비율은 외향 연결정도 중심성에는 전문성 변수군의 설명비율이 약 0%로, 거의 설명을 하지 못했다. 이는 리더십이 전문성보다 연결망 관점의 사회적 자본을 활용하는 행동을 보다 잘 설명하고 있는 것을 의미한다. 즉, 변혁적 리더십이 구성원과의 영향력을 전제로 하고 있기 때문으로, 학습에서 팀 내 관계를 활용하는 행동은 리더십이 전문성에 비하여 보다 잘 설명하는 것이다. 단, 해석에 있어서 본 연구의 관계 범위가 팀 내에 한정지어 있다는 점은 주의해야 한다.

오헌석과 성은모(2010)는 전문가들의 학습의 주요 특성으로 보완 메커니즘을 제시하였다. 보완 메커니즘은 전문가들은 자신들이 모르는 것이 있을 때 주변의 관계를 활용하는 행동을 포함하는 행동이다. Borgatti와 Cross (2003)는 관계를 활용한 학습에서 누가 어떤 전문성을 지니고 있는지를 이해하고 이를 적시에 활용하는 능력을 강조하였고, 전문가는 조직이나 팀 외부의 구성원이나 고객들을 통해 학습을 하는 경우가 많을 수 있다는 점을 고려해야 한다. 따라서 외향 연결정도 중심성을 전문성이 거의 설명하지 못하는 본 연구 결과는 타 팀의 구성원과의 관계도 함께 분석에 포함하지 못했던 연구의 한계를 함께 고려하여 이해해야 한다. 이상의 연구결과 및 분석, 그리고 추가적인 논의의 내용을 기반으로 세 가지 결론을 제시할 수 있다.

첫째, 팀수준에서 팀학습을 활성화시키기 위한 노력을 지속해야 한다. 구체적으로 창의적 아이디어를 공유하는 행동이 팀수준의 영향을 많이 받았고, 내향 연결정도 중심성이 높은 핵심수행자가 외향 연결정도 중심성으로 대변되는 핵심수행자에 비해 팀수준의 변수로 설명되는 변량의 크기가 컸다.

둘째, 각 팀의 특성에 따라 리더십과 전문성을 고려한 팀 구성이 필요하다. 위 연구결과를 보면, 각 연결망의 차원과 내향 및 외향 연결정도 중심성에 따라 리더십과 전문성이 미치는 영향이 각기 다름을 확인할 수 있었다.

구체적으로 업무지식 및 창의적 아이디어와 관련하여 구성원들의 지목을 많이 받은 핵심수행자는 전문성 변수군이 많이 설명하고 있었고, 반면 구성원들을 학습 관계에서 많이 지목하거나 비전과 관련한 관계에서는 리더십 변수군이 많이 설명하고 있었다.

셋째, 팀학습을 활성화시키기 위해서는 구체적으로 변혁적 리더십이나 직무수행연수 등의 리더십과 전문성 요소들을 팀의 목적과 상황에 맞게 적절하게 고려해야 한다. 변혁적 리더십 행동은 팀장 뿐 아니라 팀원들이 각 팀 구성원들에게 긍정적인 영향을 행사하는 데 필요한 행동양상으로, 팀학습 맥락에서 역시 강조될 필요가 있다. 또한, 직무수행연수라고 하는 직무경험 역시 팀학습을 활성화시키기 위해 고려되어야 할 핵심적인 요인이었다. 추가적으로, 팀장인 경우보다 팀원인 경우에 지식 연결망의 내향 연결정도 중심성이 증가한다는 결과를 통해서는 국내 기업의 팀이 위계적인 형태를 유지하고 있고, 이에 따라 팀장보다는 보다 가까운 팀 구성원에게 업무지식과 관련된 조언을 구한다는 것도 확인할 수 있었다.

마지막으로 본 연구가 인적자원개발의 연구에 제공하는 시사점은 다음과 같다. 첫째, 팀 단위의 소규모 집단의 학습을 지식, 창의적 아이디어, 비전의 세 가지 차원으로 구분하여 이를 개념화하고 각 연결망의 연결망 특성의 선행요인을 분석하였다는 것이다. Parise(2007)이 연결망이 어떤 초점을 두고 분석하느냐에 따라 그 영역이 달라질 수 있다고 밝힌 것과 같이 팀학습을 세 차원으로 분석한 뒤 실증적인 분석을 시도함으로써 팀학습과 연결망의 지식 체계를 높이는 데 공헌했다고 할 수 있다. 둘째, 본 연구는 팀학습에서의 핵심수행자를 밝히는 것을 넘어 이들의 역할에 영향을 미치는 요인들을 살펴보았다는 점이다. 이를 통해서 선행 연구자들이 제안하였듯이 인적자원개발 분야에서 사회 연결망 분석을 활용하는 연구의 폭을 넓혔다고 할 수 있다(Anderson, 2007; Hatala, 2006). 보다 구체적으로 인적자원개발의 중요한 두 개념인 리더십과 전문성을 대비시켜 핵심수행자 역할에 따라 이들의 관계를 다각적으로 조망하였다. 이를 통해 개인이 지닌 리더십과 전문성이 관계를 통한 팀학습 활동에 미치는 영향에 대한 이해를 더했다. 셋째, 방법론적으로는, 지금까지 많은 연구에서 정성적으로만 학습에서의 핵심수행자의 역할과 특성에 대한 논의가 이루어진 데 반해, 사회 연결망 분석과 위계적 선형 분석을 활용하여 보다 신뢰성 있고 풍부한 정보를 제공하였다는 의의를 가진다.

참고문헌

권정언 (2013). 조직 창의력의 발현 메커니즘 연구: 개인 창의력과 흡수역량을 중심으로. *한국HRD연구, 8(2)*, 1-23.

기영화, 김남숙 (2009). 생산직 근로자의 학습네트워크 유형에 관한 연구. *평생교육·HRD연구, 5(2)*, 177-144..

김문주, 윤정구 (2012). 학습조직의 세 가지 메커니즘: 지식 공유, 생산적인 담론, 그리고 정체성 공유가 팀 효과성에 미치는 영향. *조직과 인사관리연구. 36(1)*, 31-65.

김용학 (2011). 사회 연결망 분석. 서울: 박영사.

박원우 (2006). 팀웍의 개념, 측정 및 증진방법. 서울: 서울대학교출판부.

박원우, 신수영 (2005). 구성원의 역량, 응집성, 팀역할균형과 팀 성과간의 관계에 관한 연구. 한국인사·조직학회 발표논문집(21-47).

손동원 (2002). 사회 네트워크 분석. 서울: 경문사.

오헌석, 김정아 (2007). 전문성 구성요소의 발달에 관한 연구: 방송사 PD를 중심으로. *직업능력개발연구. 10(3)*, 111-134.

오헌석, 성은모 (2010). 인재개발전략연구: 전문가 성장모형 및 성장잠재력 검사도구 개발 연구. 한국인적자원연구센터, KHR 2010-2.

위영은 (2010). 병원 행정조직 사회 연결망에서의 무형식학습 연구. 중앙대학교 박사학위논문.

이성엽 (2008). 은행신입사원들의 무형식학습에 대한 사례연구. *한국교육학연구, 14(1)*, 271-299.

임영제, 이창원 (2008). 변혁적 리더십의 연구경향분석과 과제. *한국조직학회, 5(3)*, 199-228.

임철일 (2008). 국내 대기업의 인적자원 개발을 위한 교육체계의 특성과 정책적 시사점에 관한 연구. *기업교육연구, 10(1)*, 139-160.

장용선, 김재구 (2006). 사회적 자본의 지각이 지식활동에 미치는 영향에 관한 연구: 금융기관을 중심으로. *인사관리학회, 30(1)*, 59-91.

전영욱, 김진모 (2009). 팀 학습에 영향을 미치는 요인에 관한 구조분석. *Andragogy Today, 12(4)*, 115-146.

한주희, 강은주 (2011). 변혁적 리더십의 다수준 영향력의 검증: LMX의 조절효과를 중심으로.

한국경영교육학회 학술발표대회논문집, 2011(1), 237-244.

Amabile, T. M., Conti, R., Coon, H., Lazenby, J., & Herron, M. (1996). Assessing the work environment for creativity. *Academy of Management Journal, 39*(5), 1154-1184.

Anderson, M. H. (2007). Social networks and the cognitive motivation to realize network opportunities: a study of managers' information gathering behaviors. *Journal of Organizational Behavior. 29,* 21-78.

Awazu, Y. (2004). Knowledge management in distributed environments: Roles of informal network players. In System Sciences, 2004. Proceedings of the 37th Annual Hawaii International Conference on. IEEE.

Bass, B. M., & Avolio, B. J. (1990). *Transformational leadership development: Manual for the multifactor leadership questionnaire.* CA: Consulting Psychologist Press.

Borgatti, S. P., & Cross, R. (2003). A relational view of information seeking and learning in social networks. *Management Science, 49*(4), 432-445.

Chow, W. S., & Chan, L. S. (2008). Social network, social trust and shared goals in organizational knowledge sharing. *Information & Management, 45*(7), 458-465.

Conger, J. A., & Kanungo, R. (1987). Toward a behavioral theory of charismatic leadership in organizational settings. *Academy of Management Review, 12*(4), 637-647.

Cross, R., & Prusak, L. (2002). The people who make organizations go-or stop. *Harvard Business Review, 80*(6), 104-112.

Di Marco, M. K., Taylor, J. E., & Alin, P. (2010). Emergence and role of cultural boundary spanners in global engineering project networks. *Journal of Management in Engineering, 26*(3), 123-132.

Dodgson, M. (1993). Organizational learning: a review of some literatures. *Organization studies, 14*(3), 375-394.

Dunphy, D., & Bryant, B. (1996). Teams: panaceas or prescriptions for improved performance? *Human Relations, 49*(5), 677-699.

Edmondson, A. (1999). Psychological safety and learning behavior in work teams.

Administrative Science Quarterly, 44(2), 350-383.

English, L. M. (2000). Spiritual dimensions of informal learning. *New Directions for Adult and Continuing Education, 2000*(85), 29-38.

Ericsson, K. A., Lehman, H. (1996). Expert and exceptional performance: Evidence of maximal adaption to task constraints, *Annual Review of Psychology, 47,* 273-305.

Gabbay, S. M., & Leenders, R. T. A. (2001). Social capital of organizations: From social structure to the management of corporate social capital, *Emerald Group Publishing Limited, 18,* 1-20.

Garvin, D. A. (1993). Building a organizational learning. *Harvard Business Review, 71*(4), 78-91.

Gibson, C., & Vermeulen, F. (2003). A healthy divide: Subgroups as a stimulus for team learning behavior. *Administrative Science Quarterly, 48*(2), 202-239.

Goh, S. C. (1998). Toward a learning organization: The strategic building blocks. *SAM Advanced Management Journal, 63*(2), 15-22.

Hatala, J. P. (2006). Social network analysis in human resource development: A new methodology. *Human Resource Development Review, 5*(1), 45-71.

Herling, R. E. (1998). Expertise: The development of an operational definition for human resource development. In R. J. Tarraco (eds.). Academy of human resource development, (pp. 715-722). Baton Rouge, LA: AHRD.

Hsu, S. H., Wang, Y. C., & Tzeng, S. F. (2007). The source of innovation: Boundary spanner. *Total Quality Management, 18*(10), 1133-1145.

Jackson, C., & Lawty-Jones, M. (1996). Explaining the overlap between personality and learning style. *Personality and Individual Differences, 20*(3), 293-300.

Kayes, A. B., Kayes, D. C., & Kolb, D. A. (2005). Experiential learning in teams. *Simulation & Gaming, 36*(3), 330-354.

Klein, K. J., Lim, B. C., Saltz, J. L., & Mayer, D. M. (2004). How do they get there? An examination of the antecedents of centrality in team networks. *Academy of Management Journal, 47*(6), 952-963.

Konno, N., & Nonaka, I. (1995). *Chiryoku Keiei.* 나상억 (역). 노나카의 지식경영. 서울: 북이십일.

Mannheim, B., Baruch, Y., & Tal, J. (1997). Alternative Models for Antecedents and Outcomes of Work Centrality and Job Satisfaction of High-Tech Personnel. *Human Relations, 50*(12), 1537-1562

Marsick, V. J., & Watkins, K. E. (1987). Approaches to studying learning in the workplace. In V. J. Marsick (eds.), *Learning in the workplace* (pp. 171-198). London: Croom Helm.

Northouse, P. G. (2010). *Leadership: theory and practice.* London: Sage. 김남현 역 (2011). 리더십: 이론과 실제. 서울: 경문사.

Oldham, G. R., & Cummings, A. (1996). Employee creativity: Personal and contextual factors at work. *Academy of Management Journal, 39*(3), 607-634.

Parise, S. (2007). Knowledge management and human resource development: An application in social network analysis methods. *Advances in Developing Human Resources, 9*(3). 359-383.

Pearce, C. L., & Ensley, M. D. (2004). A reciprocal and longitudinal investigation of the innovation process: The central role of shared vision in product and process innovation teams (PPITs). *Journal of Organizational Behavior, 25*(2), 259-278.

Robbins, S. P. (2005). *Essentials of organizational behavior.* (8th ed.). Pearson Prentice Hall. 김광점, 박노윤, 설현도 역 (2006), 조직행동론. 서울: 시그마프레스.

Rollag, K., Parise, S., & Cross, R. (2005). Getting new hires up to speed quickly. *MIT Sloan Management Review, 46*(2), 35-41.

Salas, E., Sims, D. E., & Burke, C. S. (2005). Is there a “Big Five” in teamwork?. *Small Group Research, 36*(5), 555-599.

Sarin, S., & McDermott, C. (2003). The Effect of Team Leader Characteristics on Learning, Knowledge Application, and Performance of Cross-Functional New Product Development Teams. *Decision Sciences, 34*(4), 707-739.

Senge, P. M. (1990). *The fifth discipline: The art & practice of learning organization.* NY: Doupleday Currence.

Shamir, B. (1990). Calculations, values, and identities: The sources of collectivistic work motivation. *Human Relations, 43*(4), 313-332.

Shanteau, J., Weiss, D. J., Thomas, R. P., Pounds, J., & Hall, B. (2003). How can you tell if someone is an expert? Performance-based assessment of expertise. Im S. L. Schneider, & J. Schanteau (Eds.). *Emerging perspectives on judgement and decision research*(pp. 620-639). New York: Cambridge University Press.

Swanson, R. A., & Holton III, E. F. (2001). *Foundations of human resource development.* Berrett-Koehler Publishers, Inc.

Thoms, P., & Greenberger, D. B. (1995). Training business leaders to create positive organizational visions of the future: Is it successful?. In D, Moore (eds.) *Academy of Management Proceedings, 1995*(1), 212-216.

Tsai, W., & Ghoshal, S. (1998). Social capital and value creation: The role of intrafirm networks. *Academy of Management Journal, 41*(4), 464-476.

Yannie, M. (2002). Effective informal learning: Considerations for the workplace. *Catholic Library World, 72*(3), 155-58.

Changing Talent

변화하는 인재

03

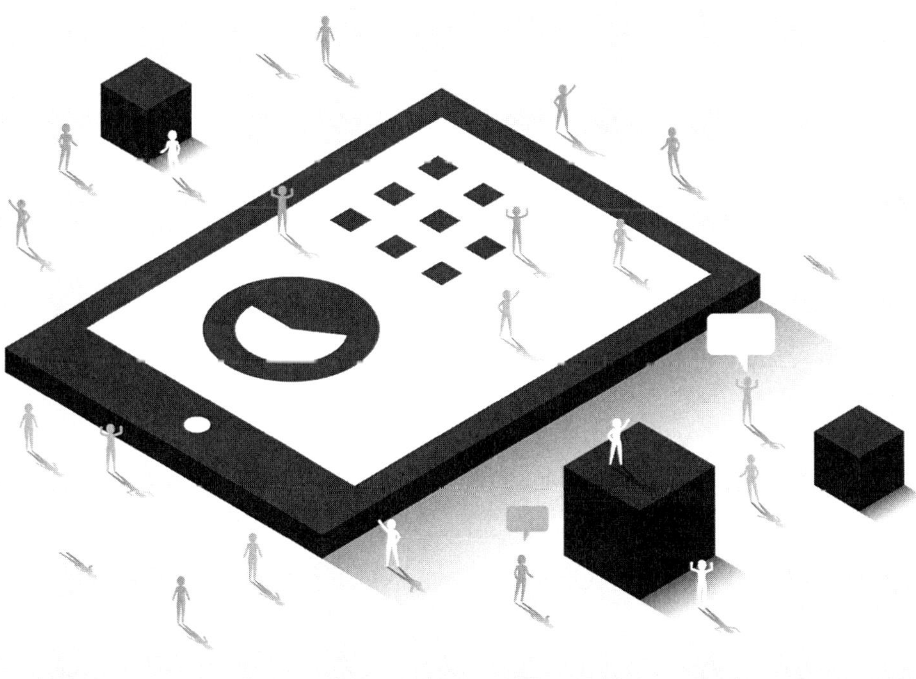

신입사원의 재직의도 관리방안

소병한(uesuki@kcce.or.kr), 송지훈(Psujihoonsong@gmail.com)

소병한은 서강대학교 교육대학원에서 석사를 취득하고, 한양대학교에서 교육공학 박사를 취득하였다. 현재 한국전문대학교육협의회에 재직 중이며, 한양대학교, 동서울대학교에서 관련 분야를 강의하고 연구하고 있다. 주요 연구관심 분야는 진로 및 경력개발, 조직몰입, 학습조직, 중도탈락 등이다.

송지훈은 한양대학교 교육공학과에서 학사 학위를 취득하고, 미국 펜실베니아 주립대학교에서 HRD 조직개발 분야로 석사와 박사 학위를 취득하였다. 미국 오클라호마주립대학교와 텍사스주립대학교 교수로 재직 했으며, 현재 한양대학교 교육공학과 부교수로 재직 중이다. 주요 연구관심 분야는 조직혁신, 학습조직 등이다.

* 이 글은 2017년 12월에 발행된 「HRD연구」 19권 4호에 게재된 논문을 수정 · 보완한 것임.

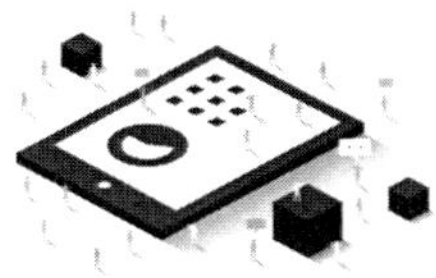

신입사원의 재직의도 관리방안

소병한, 송지훈

들어가며

조직은 왜 구성원의 재직의도에 관심을 가져야 할까? 재직의도는 조직의 성과와 분위기 형성에 직접적인 영향을 미칠 뿐만 아니라, 우수한 인력을 유치하고 투입된 인적자본의 성숙을 통한 기업의 지속가능한 경쟁력을 확보하기 위한 노력으로 이해할 수 있다. 그러면 기존 기성세대와 달리 요즘 신입사원은 어떤 측면에서 재직의도를 관리해야 할까? 최근 신입사원은 평생직장으로서 회사에 충성하고 개인의 생활보다 조직의 업무를 우선시하는 것을 당연시 여겨왔던 전통적인 개념에서 벗어나, 회사와 직원 간의 계약적 관계(contract-based)의 개념으로 인식이 변화하고 있다(진현, 장은미, 예지은, 2016).

이에 대한 원인을 살펴보면, 첫째 신입사원의 직업가치 변화를 들 수 있다. 인간의 행동과 감정에 가장 중요한 영향을 주는 요소 중의 하나가 가치이며, 직업가치란 개인이 직업을 선택할 때 자신이 중요하다고 생각하는 요인으로 직업선택의 기준이 되는 것을 의미한다. 과거 생계수단, 자녀양육 등으로 비교적 단순하게 직업을 바라보던 것에 비해 최근 신입사원들은 중등교육 단계부터 자신의 진로 및 직업을 찾기 위한 다양한 진로준비행동을 하며, 이로 인해 자신만의 직업가치관을 갖고 경력개발을 추구하고 있다. 둘째, 신입사원은 사회구조적 제한 등의 이유로 주관적 경력성공을 추구하려는 경향이 높아지고 있다. 고도성장의 시기에는 절대자원의 확대로 보다 많은 개인의 객관적 경력성공이 가능했으나, 저성장시대에는 개인의 노력에 대한 보상이 이전과 다르게 이뤄지고 있다. 이에 따라, 신입사원은 경력 환경에 있어 기존 전통적인 객관적 경력성공(연봉, 직위, 직종 등과 같은 객관적으로 관찰 가능한 외재적 관점을 중시하는 성향)보다는 자신의 가치와 정체성에 따른 경력만족, 직무만족, 가치실현 그리고 일과 삶의 균형 등 심리적 측면의 주관적 경력성공을 더 중요시 여기는 경향이 높아졌다(Russo, Guo, & Baruch, 2014).

신입사원의 이러한 인식변화로 인해 직무 수행과정에서 개인의 자율성과 삶의 만족감 추구가 조직의 성과보다 중요하게 되었고, 개인의 직무환경에 대한 욕구가 충족되지 못할수록 높은 직무스트레스가 발생하여 재직의도에 부정적인 영향을 미치게 된다(Steers & Black, 1994). 자원보존이론에 따르면, 개인은 일과 삶에서 자신이 소중하고 가치 있다고 여기는 것을 확보하고 유지, 보호하려는 경향이 높은데, 만약 새로운 자원의 획득보다 감소가 많아질 경우, 개인은 직무스트레스를 경험하며 반생산적, 반사회적 행동으로 업무효율성이 저하될 수 있다.

Leiter와 Maslach(1988)는 조직 구성원들 사이의 동료 및 상사와의 관계의 중요성을 강조하고, 함께 근무하고 싶지 않은 동료 및 상사가 또 다른 재직의도를 낮추는 직무스트레스의 결정요인이 될 수 있음을 검증하였다. 이에 따라 최근 신입사원의 재직의도를 관리하기 위한 방안으로 상사의 리더십과 의사소통의 중요성이 재조명되고 있다. 이는 상사의 역할이 인간 내부에 고정된 특성 및 자질을 찾는 것보다는 상사와 구성원 간의 상호작용 과정에 초점을 맞추고 특히 구성원의 동기를 부여하는 의사소통자로서, 의사소통을 리더의 핵심능력으로 주목하게 된 관점의 변화와 일치한다. 상사의 동기부여 언어 특성의 경우, 구성원과 상사 간의 관계가 밀접한 특성을 지닌 변수로서 상호교환관계(leader-member eXchange, LMX)의 높고 낮음에 따라 구성원의 재직의도, 직무몰입, 조직성과 등과의 관련성 연구가 활발히 진행되고 있다.

신입사원의 재직의도를 높이기 위해 사전관리하는 방법이 가장 중요하지만, 직무스트레스가 높은 구성원의 재직의도를 어떻게 높일 수 있는가에 대한 접근은 그리 많지 않다. 이에, 신입사원의 재직의도를 높이기 위한 방법으로 처우나 급여 등과 같은 전통적이고 일반적인 조직적 지원뿐만 아니라, 신입사원 입장에서 조직사회화 과정을 통하면서 겪게 되는 문제를 찾아 이를 지원할 수 있는 접근이 필요하다. 이 장에서는 신입사원의 재직의도에 유의한 직접적인 영향을 주는 직무스트레스, 상사의 동기부여 언어, LMX 간의 관계를 중심으로 재직의도를 높일 수 있는 인적자원개발 측면의 시사점을 살펴보고자 한다.

신입사원의 재직의도 개념과 이슈

• 재직의도 개념

재직의도(intent to stay)란 조직 구성원이 어떤 이유에 의해서 조직에 계속 남고자 하는 의도를 가지게 되어 조직에 머무르게 되는 것으로(Mobley, 1982), 조직에 남고자 하는 개인의 의식적이고 신중한 의지를 가리킨다(Tett & Meyer, 1993). 재직의도는 조직의 성과와 분위기 형성에 영향을 미칠 뿐만 아니라, 직원의 행동을 이해하고 관리할 수 있는 주요한 역할을 담당한다. 이에 재직의도 관리는 기업의 성과에 직접적인 영향을 미칠 수 있는 중요 변수로 여겨지고 있다. 이 때문에, 기업은 우수인력을 유치하고, 지속경영을 위한 경쟁력을 확보하기 위해, 직원의 재직의도를 높이기 위한 다양한 방안을 모색하고 있다(하동현, 김정선, 2010).

재직의도와 관련된 기존 연구에서는 의사소통, 자율성 등이 포함된 직무 만족 변수와 공정성이론에 따른 동기부여 변수가 재직의도에 직접적인 영향을 준다는 결과가 있다. 또한 보수는 재직의도에 상대적으로 큰 영향을 미치지 않으며, 업무의 질에 대한 긍정적인 만족, 평가가 재직의도를 높이는 중요한 요소로 제기되기도 하였다(이은희, 조경숙, 송행미, 2014). 구성원의 재직의도와 관련하여, 상사의 커뮤니케이션에 대한 기존 연구에서는 상사의 동기부여 언어(motivating language)가 구성원의 재직의도에 영향을 주어 긍정적 의지(재직)가 나타나거나 부정적 의지(이직)가 나타나기도 했다(Cho, Johanson, & Guchait, 2009; Mayfield & Mayfield, 2007). 이러한 상반된 결과가 도출된 원인에 대해서는 뒷 장에서 언급하고자 한다.

자원보존이론(resource conservation theory)에 따르면, 개인은 일과 삶에서 자신이 소중하고 가치 있다고 여기는 것을 확보하고 유지, 보호하려는 경향이 높다. 만약 새로운 자원의 획득보다 감소가 많아질 경우, 개인은 직무스트레스를 경험하며 반생산적, 반사회적 행동으로 업무효율성이 저하될 수 있다(Hobfoll, 2001). 한편, 재직의도가 이직의도와 단순히 반대된 개념인가에 대한 연구도 진행되었는데, 둘 간의 개념이 동전의 양면처럼 단순한 반대의 개념이 아니라는 결과도 도출되었다(한수연, 이희찬, 2015). 이는 재직의도에 영향을 주는 요인과 이직의도에 영향을 주는 요인에서 많은 차이가 있다는 것을 의미하며, 이직의도를 파악하여 이직을 줄이는 방법을 찾는 것보다 재직의도를 파악하여 조직에 남아 있고자 하는 만족을 높이는 것이 인적자원개발 측면에서 더 극적인 결과를 가져올 것으로 예상된다(이은희 외, 2014).

◆ 신입사원의 특징 및 이슈

세대(generation)는 중요한 시기에 특정한 사회적·역사적 사건을 공유하거나 동 시대에 태어난 집단을 포함하는 개념이다(Smola & Sutton, 2002).

따라서 같은 세대에 속한 개인은 사회·환경적 맥락 안에서 경력에 대한 유사한 가치를 형성하고 경력에 대해 어떻게 인식하고, 느끼고, 행동하는지 등에 대한 공통된 특징과 사회현상을 형성할 수 있다. 즉, 동일한 세대에 속한 집단은 동일한 역사적, 문화적 경험을 공유하며 세대별로 독특한 차이를 만들어내기 때문에 새로운 세대들은 이전 세대와는 다른 의식구조와 가치관, 행위양식을 보이게 된다(주희영, 김수영, 김영인, 2018). 특히 현대 사회는 사회 발달 속도에 맞춰 세대 간 격차가 뚜렷해지고 있으며, 경력(career)과 직업가치 또한 새로운 세대(new generation)의 출현과 함께 그 변화의 폭과 차이가 커지고 있다.

이 연구에서 관심을 가지고 있는 세대는 현재 대학생에 재학 중이거나 조직사회화 과정을 겪는 재직자(신입직원)가 포함된 MZ세대(M세대와 Z세대)이다. 그간의 연구들을 종합했을 때, MZ세대의 특징은 다음과 같이 정리해 볼 수 있다(소병한, 2019).

〈표 1〉 세대별 주요 특징

구분	출생년도	유사 명칭	특징
Z세대	1995~	디지털 2.0세대	디지털 환경의 노출, 신기술에 민감, 이미지로 소통, 배타적 집단 내 공유활동 및 유대감 중시
Y세대 (M세대)	1977~1994	밀레니얼세대, 디지털 에코세대	세계화에 따른 이질적 문화 수용, 개성, 개방주의 가치관, 오락성과 즐거움, 개인의 주관적 행복 추구
X세대	1965~1976	민주화세대	해방 후 탈정치화, 정치적 이데올로기를 통한 비판적 미래관, 합리적, 실용적 소비, 현실적인 이상을 목표로 추구 등
베이비붐 세대	1955~1964	산업화세대	-

또한, 대학내일(2018)의 이슈페이퍼에 따르면, MZ세대는 다음과 같은 특징을 가지고 있다. MZ세대가 말하는 행복의 조건으로 “1) (정서적)안정 2) 현재의 만족과 미래를 위한 준비 간의 균형 3) 스스로 원하는 삶을 선택할

수 있는 자기결정권 보장 4) 다양성에 대한 수용"에 대한 측면을 중시하였다. 행복의 가치가 이전 세대와 다르게 형성된 원인으로 첫째, 노력에 대한 보상이 크지 않을 것이란 깨달음, 즉 직업과 성공, 나아가 미래에 대한 불확실성이 증대되었다는 측면이다. 둘째, 디지털 네이티브(digital native) 세대로서 인터넷 사용이 비교적 자유로운 탓에, 새로운 문화와 다양한 가치를 접할 기회가 많아진 영향이 있다. 셋째, 이전에 비해 선진화된 문화, 사회, 경제로 인해 적극적인 참여 혹은 발언(온라인 등)의 경험이 확대되었으며, 이를 통해 스스로에 대한 인식과 자존감이 커졌다. 넷째, 기성세대의 문제점을 자각하면서 겪는 좌절과 실망 경험으로 스스로 변화의 주체로 성장하게 되는 의지가 생성되었다.

또한 세대별 경력을 바라보는 관점 역시 변화하고 있다. 과거에 개인의 경력(career)은 직장생활에서 경험하는 직무에 한정된 좁은 의미로 경력을 정의하였으나, 현대는 직업 선택 전의 활동과 직업 선택 후의 활동 모두를 포함하여 학교에서 배우고 경험한 것들이 경력에 중요한 역할을 한다고 보고 있다(Hirschi, Jaensch, & Herrmann, 2017). Van maanen과 Schein(1977)에 따르면, 경력은 크게 객관적 경력(objective career)과 주관적 경력(subjective career)으로 구분되는데, 전통적 개념의 객관적 경력은 연봉, 직종, 직위 등과 같은 객관적으로 관찰 가능한 외재적 관점을 중시하는 반면, 주관적 경력은 자신의 가치와 정체성에 따른 직무만족, 경력만족과 같은 주관적 해석이 가능한 내재적 관점을 중시한다. 과거에는 객관적 경력성공을 선호했으나, 최근 경력 환경에 있어 개인의 가치실현과 일과 삶의 균형 등, 심리적 측면인 주관적 경력성공을 더 중요시 여기는 경향이 높아지고 있다(Russo et al., 2014).

그러나 일부에서는 왜 개인의 객관적 경력성공 추구성은 부정적인 것이며 주관적 경력성공을 추구해야 하는지 의문을 가질 수 있다. 이를 실증적으로 확인하기 위하여, 개인의 입사 전 직업가치가 입사 후 직무만족에 어떻게 영향을 미쳤는지 살펴보았다(소병한, 김지현, 전이제, 권준용, 송지훈,

2017). 그 결과 입사 전 개인의 내재적 직업가치(=주관적 경력)를 추구하는 사람일수록 입사 후 직무 만족하는 경향이 높은 반면, 외재적 직업가치(=객관적 경력)를 추구할수록 입사 후 직무만족에는 부정적인 영향을 미치는 것으로 나타났다. 만약, 개인의 노력에 대한 조직의 보상이 제대로 이뤄지지 않을 경우, 내재적 직업가치가 높은 개인은 현재 보상에 만족하지 못하더라도, 일 자체에 대한 기본적인 가치를 부여함으로써 이로부터 만족을 느낄 수 있다. 하지만, 외재적 직업가치가 높은 개인은 일 자체에 대한 가치를 적게 부여하는 성향이기에 현재 조직의 외재적 보상이 기대만큼 이뤄지지 않을 경우, 일과 자신에 대한 가치를 느끼기 어렵게 되고 부정적 정서를 경험하며 재직의도가 낮아지게 된다.

재직의도 영향요인

• 직무스트레스와 재직의도 관계

스트레스를 정의하는 일반적인 기준은 긍정적 결과를 가져오는 스트레스(eustress)와 나쁜 스트레스(distress)로 구분한다. 개인이 좋은 스트레스를 경험하면 스트레스 요인 자체를 긍정적인 상황으로 받아들여 업무수행에 긍정적인 영향을 주지만, 정신적인 고통과 괴로움을 가진 나쁜 스트레스를 경험하게 되면 중도탈락 등의 부정적인 영향으로 이어질 수 있다(Nelson & Simmons, 2003). 직무스트레스의 초기 개념은 외부에서 개인으로 영향을 미치는 힘으로 이해되었으나, 최근에는 외부환경과 개인의 상호작용 개념으로 이해되어, 조직과 구성원 간의 상호작용의 결과 중 하나로 직무스트레스를 보고 있다. 직무스트레스에 대해 구체적으로 살펴보면, 직무 수행과정에서 발생하는 과중된 업무, 부적절한 보상, 비합리적인 조직문화, 인간관계의 갈등, 업무적 자율성의 결여 등 조직특성 또는 직업적 특징에서 발생하는 요인으로 인식하고 있다(장세진 외, 2005).

Packer와 Decotiis는(1983) 직무스트레스의 원인으로, 1) 업무적 특성과 조건 2) 조직의 구조, 문화, 정보와 관련된 조건 3) 역할과 관련된 요인 4) 직장에서의 관계 5) 경력개발 6) 외부적 의무와 책임으로 구분하여 제시하였다. 특히 신입사원의 경우, 직무적합성, 복리후생, 임금, 관계 등이 스트레스의 주요 원인으로 나타났고(권채영, 2005), 한국경영자총협회(2016)의 실태분석에서는 조직 및 적응실패(49.1%), 급여 및 복리후생 불만(20%), 근무지역 및 근무환경 불만(15.9%) 등이 2012년부터 동일하게 지적되었다. 이와 같은 스트레스 요인을 통해 직무스트레스가 발생되고 이는 조직몰입, 직무만족, 동기부여, 업무성과 등에 직접적인 영향을 미치게 된다. 장세진 등(2005)은 조직구성원의 직무스트레스를 측정하기 위해, 한국인에 맞게 다음 8가지의 문항을 개발하였는데, 구성원의 직무스트레스를 관리하기 위한 실무적인 시사점을 제시해 주고 있다.

> ① 조직체계와 보상부적절(organization system an lack of reward), ② 직무요구도(job demand), ③ 직무 자율성 결여(insufficient job control), ④ 대인관계 갈등(interpersonal conflict), ⑤ 직무 불안정성(job insecurity), ⑥ 직장문화(occupational climate), ⑦ 고용불안정성(uncertainty of getting a new job), ⑧ 물리적 환경(physical environment).

직무스트레스와 재직의도 관계에 대한 연구는 보건학 분야에서 활발히 진행되었으며, 2006년 이후 사회과학분야에서도 꾸준히 증가하고 있다. Aiken 등(2002)은 높은 직무스트레스를 갖고 있는 구성원의 43%는 재직의도가 낮아져 1년 안에 조직을 떠나게 됨을 밝혔으며, 직무스트레스와 재직의도는 부(−)적인 상관관계가 있음을 증명하였다. 국내 선행연구를 살펴보면, 남성중심의 수직적, 서열적 조직문화로 인해, 여성이 상대적으로 더 많은 직무스트레스에 노출되고 이에 따른 이직과 퇴직이 높다는 연구가 있으며, 저성과자보다는 고성과자일수록 직무스트레스를 더 경험하며, 높은 이직이 나타남을 증명하기도 했다(김양신, 이영민, 2015). 또한, 한국고용정보원의 대졸자 직업이동 경로조사(GOMS) 결과, 기업규모가 작을수록 근로여건의 만족이 낮은 반면, 기업규모가 클수록 직무불일치 현상이 상대적으로 높게 나타나, 신입사원이 조직에 가진 높은 기대감과 실제 업무 간의 괴리로 인해 직무스트레스가 발생하고 실제 이직으로 이어진다는 결과를 제시하였다(엄동욱, 2008).

◆ 동기부여 언어와 재직의도

동기부여란 개인에게 특정행동을 유발하도록 내적욕구를 느끼게 하는 상태를 말하며, 내면욕구를 통해 자발적인 목표를 지속적으로 행동하게 하는 심리적 과정을 일컫는다. 동기부여 언어란 동기부여를 일으키기 위한 언어로써, 감정표현 또는 의사소통 등을 수단으로 활용하는 리더가 사용하는 말로 정의할 수 있다(Mayfield, Mayfield, & Kopf, 1998). 동기부여 언어는 리더와 부하 직원 간의 커뮤니케이션 모델(leader–subordinate communication)에서 시작되었으며, 리더와 구성원 간의 모든 유형의 커뮤니케이션을 분석하여 발전되었다. 동기부여 언어는 리더와 구성원 간에 긍정적인 영향을 미치며, 리더의 언어를 통해 구성원의 직무성과, 직무만족, 이직률 및 동기부여 등 넓은 범위에서 유의미한 영향관계가 있음이 밝혀졌다(Sullivan, 1988).

리더의 동기부여 언어는 방향을 제시하는 언어(direction–giving language), 주관적 감정이입 언어(empathetic language), 의미를 부여하는 언어(meaning–making language)로 크게 세 가지 유형으로 구분된다. 첫째, 방향을 제시하는 언어는 직무를 수행함에 있어 조직구성원들이 업무의 정확한 방향을 알 수 있도록 안내하는 역할이고, 둘째, 주관적 감정이입 언어는 구성원들에게 관심과 격려를 보이거나, 칭찬을 해주어 사기를 높여주는 언어이다. 셋째, 의미를 부여하는 언어는 조직이 가진 문화 또는 흐름을 알려 주어 조직 내부에서 인정받도록 조언해 주는 언어이다(Mayfield, Mayfield, & Kopf, 1998). 조직의 성장을 이끌어 내기 위해서는 구성원 간의 원만한 관계를 유지하는 것이 중요하며, 리더의 동기부여 언어를 통해 각 부서 간의 예절이나, 구성원 간의 의사소통 방법, 암묵적 지식, 성과급에 대해 조언하는 등 조직 내 문화나 규범을 이해시키고 구성원 자신이 정한 목표까지 스스로 노력하도록 동기를 이끌어 낼 수 있다.

이 장에서는 직무 스트레스가 높은 구성원의 재직의도를 높일 수 있는 방안을 찾기 위하여, 직무스트레스와 동기부여 언어 간의 관계를 살펴보았다. 직무스트레스와 동기부여 언어의 연구에서, 리더의 동기부여 언어는 구성원의 생산성, 전반적인 직무만족, 재직의도, 상사에 대한 충성심을 높일 뿐 아니라 직무스트레스 레벨을 감소시킨다는 결과가 있다(Graen & Scandura, 1987). 국내 연구에서는 동기부여 언어가 재직의도에 직접적인 영향을 미치기 보다는 동기부여 언어를 통해 직무성과, 조직몰입으로 가는 경로에 대한 연구가 더 많았다. 국내기업 부장급 이하의 사원을 대상으로 실시한 연구에서는, 리더의 동기부여 언어는 직무성과에 정(+)적인 영향을 미쳤으며, 특히 방향을 제시하는 언어가 직무성과에 가장 높은 영향을 미치는 것으로 나타났다(윤세현, 이진구, 2015). 공무원, 패션 산업계 종사자를 대상으로 한 연구에서는 리더의 동기부여 언어를 통해 구성원의 조직몰입, 특히 정서적 몰입에 유의한 영향이 증가하는 것으로 나타났다(김은주, 조태준, 2013). 또한, 동기부여 언어는 스트레스의 부정적인 영향을 완충시키기 위한 매개역할로 대학생의 높은 스트레스를 완화할 수 있다는 결과도 존재한다. 반면, 동기부여 언어가 구성원의 직무스트레스를 완화할 수 있으나, 직무스트레스가 높은 구성원일수록 리더와의 의사소통 빈도는 감소하고, 개인이 지각하는 사회적 지지 역시 부정적인 결과가 나타난다는 상반된 연구도 존재한다(이영미, 2016; 어유경, 정안숙, 박수현, 2015).

◆ LMX와 재직의도

LMX(leader－mermber eXchange) 이론은 리더와 구성원 간의 상호작용을 중심으로 리더십을 개념화하였고, LMX이론이 출현하기 전에는 리더가 모든 구성원에 대해 동일한 행동과 영향을 준다는 평균적 리더십 스타일(average leadership style)로 정의하였다. 구성원 등 모두를 하나의 전체로 보고 리더가 영향력을 행사하므로 구성원들에게 동일한 리더십의 효과성이 나타난다는 개념이다. 이와 달리 리더와 구성원 각각에 존재하는 리더십 과정상의 '개별적 관계'에 초점을 두어 발생한 개념이 LMX 이론의 초기 이론인 '수직짝 연계이론(vertical dyadic linkage theory: VDL)'이다(Dansereau et al., 1975). 수직짝 연계이론(VDL)은 구성원들이 내집단(in－group)과 외집단(out－group)으로 나뉘어 리더와 상호작용을 한다는 것인데, 내집단의 관계일수록 리더와 부하직원간에 신뢰와 존경, 운명의식이 생기고 부하직원들이 리더와의 친밀한 관계를 통해 자신의 역할을 비공식적으로 재정립할 수 있다. 반면, 외집단에 속한 부하직원들에게는 리더가 감독과 관리의 행동을 보이고 공식적인 관계를 유지한다. 이후 VDL이론은 리더와 부하직원과의 관계의 질을 보다 심도 있게 다루는 LMX이론으로 발전하였고, 리더와 구성원 간의 관계 이외에, 부서장과 경영진 간 교환관계(LLX, leader－leader eXchange), 팀과 구성원 간 교환관계(TMX, team－member eXchange) 등으로 확대되었다. LMX는 모든 직원이 상사로부터 동일한 영향을 받는 것이 아니라 상사와의 관계에 따라 구성원들이 받는 영향은 각기 다르기 때문에, 구성원의 직무스트레스가 발생하더라도 상사와의 관계 질에 따라 직무만족 및 재직의도 등은 달리 조절될 수 있다고 보았다(최명옥, 유태용, 2005).

나가며

이 장에서는 궁극적으로 조직에 어렵게 입사한 신입사원을 유지하고, 이들의 재직의도를 높일 수 있는 방안을 찾기 위하여, 신입사원의 조직사회화 과정 동안 가장 재직의도에 밀접한 영향을 미치는 직무스트레스, 상사의 동부여언어, LMX와 재직의도 간의 상호작용을 다양한 측면에서 살펴보았다. 이러한 과정에서 발견한 현장에 적용 가능한 시사점과 미래 연구를 위한 제언을 요약하면 다음과 같다.

첫째, 신입사원의 재직의도를 높이기 위해서는 직무스트레스를 관리하고, 상사의 동기부여 언어가 효과적으로 이루어질 수 있는 직무스트레스 조기발견 체계구축이 필요하다. 직무스트레스가 재직의도에 미치는 영향을 분석한 결과, 신입사원의 직무스트레스가 높을수록 재직의도가 낮아짐을 확인할 수 있었다. 특히 선행연구 결과, 재직 3년 이하의 신입사원의 경우 직무 자체요인(직무요구 등) 보다는 직무 외적인 요인(관계갈등, 직장문화, 조직체계 등)에 대한 스트레스를 심각하게 받아들이고 있었다. 또한, 높은 직무스트레스는 상사와 신입사원 간의 동기부여 언어의 효과를 감소시키는 것으로 나타났다. 이는, 신입사원의 직무스트레스가 높을수록 효과적이어야 할 리더의 동기부여 언어가 부정적인 효과가 나타남을 의미한다. Satir(1972)의 의사소통이론에 따르면, 개인은 스트레스 상황에서 스스로를 보호하고, 생존하기 위하여 자신의 전체 또는 부분, 감정 등을 숨김으로써 상처받지 않기 위한 역기능적 의사소통을 한다. 이에 따라, 상사의 동기부여 언어가 신입사원의 재직의도를 높일 수 있음에도, 구성원은 역기능적 의사소통을 통해 상사의 동기부여 언어를 받아들이지 못할 수 있다. 이에, 신입사원의 경우 처음 조직에 적응하며 업무와 관계에서 오는 스트레스가 기존 직원보다 클 수 있기 때문에(윤숙희, 김병수, 2006), 조직 내 신입사원에 대한 정기적인 만족도 검사 등을 통해 스트레스를 조기 발견 및 대응할 수 있는 체계가 더욱 필요하다.

둘째, 신입사원의 재직의도를 높이기 위한 효과적인 리더십 교육을 위해, 리더의 의사소통법에 대한 교육적인 변화가 필요하다. 리더의 전략적인 동기부여 언어 활용을 위한 의사소통 방법이 적용되어야 하며, 나아가 신입사원의 스트레스 레벨에 따른 적극적인 상사의 동기부여 언어 활용 및 대응 전략이 필요하다. 이때 리더의 개념은 신입사원 측면에서 보다 자신의 업무와 직접적 관련이 있는 상사(주임, 대리, 과장, 팀장 등)로 개념을 확대하여 적용할 필요가 있다. 팀을 하나의 작은 조직으로 볼 때, 개인과 조직을 연결하고 팀 문화를 주도할 수 있는 대상은 중간관리자로서, 이들이 개인→팀→조직 역량을 높이는 과정에서 리더가 할 수 없는 중요한 역할을 수행할 수 있기 때문이다. 특히 상사의 동기부여 언어는 감정이입 언어(empathetic language) > 방향제시 언어(directing-giving language) > 의미부여 언어(meaning-making language)순으로 구성원의 재직의도를 더욱 높일 수 있는 것으로 나타났다. 이는 신입사원 입장에서 볼 때, 상사는 조직 내에서 인정받는 방법 또는 성공하는 방법에 대한 언어(MML)를 자주 사용하는 것 보다 관심과 격려, 칭찬 등의 사기를 높여주는 언어(EL)를 자주 사용하는 것이 더욱 효과적일 수 있음을 시사한다.

마지막으로, 신입사원의 재직의도를 높이기 위해서는 조직문화에서 나아가 상사와 팀원 간의 건강한 관계를 이끌어 낼 수 있는 긍정적 팀 문화 형성 및 관리가 필요하다. 이 장에서는 상사와 구성원 간 관계의 질(quality)에 따라 신입사원의 재직의도를 높일 수 있는 방안을 살펴보았는데, 그 결과 상사와 구성원 간의 관계가 좋은 집단(high quality)과 낮은 집단(low quality) 간 신입사원의 직무스트레스에 따른 상사의 동기부여 언어 효과는 달라졌다. 이에 대한 세밀한 분석을 위해 연구조사 시 응답자들로부터 조사된 주관식 문항에 대한 키워드 분석을 실시하였다. 그 결과 상사와 구성원 간 관계의 질이 좋은 집단에서 '상하 관계의 강압적 압력', '일방적인 업무지시', '상사의 변덕으로 인한 작업 반복', '중요한 업무에서의 여성 차별', '과도한 업무량', '일이 특정 부서에만 집중됨' 등 구성원의 의견이 반복적으로 제시되었다. 이는 구성원이 상사와의 관계는 좋다고 느끼지만, 수직적인 조직구조와 일방적인 의사소통으로 인해 상사와 구성원 간의 상호교환관계가 제대로 이뤄지지 않고 있음을 시사한다. 또한 권위적인 조직문화뿐만 아니라, 각 팀마다 발생하는 업무차별 및 업무편중 등은 상사와 부하 간의 건강하고 긍정적인 관계를 저해하는 요인이 될 수도 있다.

요약하면, 신입사원의 재직의도 관리를 위해 현장에서 주목할 수 있는 실천적 시사점으로는 조직 내 신입사원에 대한 정기적인 만족도 검사 등을 통해 스트레스를 조기 발견 및 대응하고, 상사의 동기부여 언어를 통해 개인 및 조직성과로 이어질 수 있는 조직문화 구축의 노력이 필요하다. 또한 조직에서는 전략적 동기부여 언어 활용 능력을 CEO와 같은 리더뿐만 아니라 신입사원의 측면에서 모든 상급 구성원에게 확대 적용할 필요가 있다. 새로운 장기적인 관점에서 직원들의 의도(intention)라는 개념에 주목하고, 상사와 직원 간의 공감을 통해 신입사원의 동기를 높일 수 있는 교육으로 전환하는 노력이 필요하다. 마지막으로 조직차원에서 상사와 팀원의 건강한 관계가 중요한 사회적 자본임을 인지하고, 상사와 팀원의 상호교환관계가 제대로 성립할 수 있는 팀 문화 형성을 위한 지원이 필요하다. 지금까지 새로운 세대를 이해하고 지원하려는 조직차원의 노력을 살펴보았다면, 향후 연구에서는 신입사원 측면에서 개인과 조직의 발전을 위해 함께 성장하고 협력관계로서 발전할 수 있는 방안 또한 제시되길 기대해 본다.

참고문헌

김은주, 조태준 (2013). 리더의 동기부여 언어가 자아존중감, 자기효능감, 그리고 조직몰입에 미치는 영향. *HRD연구, 15*(4), 1-25.

권채영 (2005). 신입사원의 이직의도에 영향을 미치는 요인에 관한 연구. 석사학위 논문, 서울: 한국외국어대학교.

김양신, 이영민 (2015). 대졸 여성 초기경력자의 직무스트레스, 정서적 소진, 조직사회화가 이직의도에 미치는 영향. *경영컨설팅연구, 15*(1). 109-121.

대학내일 (2018). 2018 밀레니얼 세대 행복 가치관 탐구 보고서. 서울: 대학내일20대연구소.

소병한 (2019). 프로티언 경력(Protean Career)의 통합적 개념모형과 측정도구 개발. 박사학위 논문, 서울: 한양대학교.

소병한, 김지현, 전이제, 권준용, 송지훈 (2017). 신입사원의 진로준비행동이 직무만족에 미치는 영향: 직업가치의 매개효과와 기업교육훈련의 조절효과 검증. *기업교육과 인재연구, 19*(4), 155-185.

어유경, 정안숙, 박수현 (2015). 여자 대학생의 일상 스트레스가 정신건강에 미치는 영향. *한국심리학회지: 여성, 20*(4), 571-589.

엄동욱 (2008). 대졸 신입사원의 조기퇴사 실태와 원인 : 기업 인적자원관리(HRM)에의 시사점을 중심으로. *고용직업능력개발연구, 11*(2), 237-260.

윤세현, 이진구 (2015). 리더의 동기부여 언어, 성취목표지향성, 직무성과의 관계. *기업교육연구, 17*(1), 25-22.

윤숙희, 김병수 (2006). 신규간호사의 스트레스와 스트레스대처 정도, 병원생활적응도 및 직업만족도: 개인의 성격 유형에 따른 변화 비교. *간호행정학회지, 12*(3), 491-500.

이은희, 조경숙, 손행미 (2014). 병원간호사의 재직의도. *임상간호연구, 20*(1), 15-27.

장세진, 고상백, 강동묵, 김성아, 강명근, 이철갑, 정진주, 조정진, 손미아, 채창호, 김정원, 김정일, 김형수, 노상철, 박재범, 우종민, 김수영, 김정연, 하미나, 박정선, 이경용, 김형렬, 공정옥, 김인아, 김정수, 박준호, 현숙정, 손동국 (2005). 한국인 직무 스트 레스 측정도구의 개발 및 표준화. *대한직업환경의학회지, 17*(4), 297-317.

주희영, 김수영, 김영인 (2018). 경험한 사회문화와 디지털 미디어 환경 차이에 따른 세대별 대학

생의 선호색 특성: X, Y, Z 세대를 중심으로. *한국색채학회논문집, 32*(4), 35-48.

진현, 장은미, 예지은 (2016). 직장에서의 행복 연구. *인적자원관리연구, 23*(3), 79-98.

최명옥, 유태용 (2005). 개인-조직, 개인-직무, 개인-상사 부합이 조직몰입, 직무만족, 이직의도에 미치는 영향: 부합들 간의 상호 작용 효과를 중심으로. *한국심리학회지: 산업 및 조직, 18*(1), 139-162.

하동현, 김정선 (2010). 호텔 종사원의 직무착근도와 역할스트레스원이 직무만족, 조직몰입 및 이직의도에 미치는 영향. *관광연구, 24*(6), 173-191.

한수연, 이희찬 (2015). 이직의도 vs 잔류의도, 단순히 반대의 개념인가?. *한국호텔외식경영학회 학술발표논문집,* 883-905.

한국경영자총협회 (2016). 2016년 신입사원 채용실태 조사. 서울: 한국경영자총협회.

Aiken, L. H., Clarke, S. P., Sloane, D. M., Sochalski, J., & Silber, J. H. (2002). Hospital nurse staffing and patient mortality, nurse burnout, and job dissatisfaction. *JAMA, 288*(16), 1987-1993.

Cho, S., Johanson, M. M., & Guchait, P. (2009). Employees intent to leave: A comparison of determinants of intent to leave versus intent to stay. *International Journal of Hospitality Management, 28*(3). 374-381.

Dansereau, F., Graen, G., & Haga, W. J. (1975). A vertical dyad linkage approach to leadership within formal organizations: A longitudinal investigation of the role making process. *Organizational Behavior and Human Performance, 13*(1). 46-78.

Graen, G. B., & Scandura, T. A. (1987), Toward a psychology of dyadic organizing. *Research in Organizational Behavior, 9*, 175-208.

Hirschi, A., Jaensch, V. K., & Herrmann, A. (2017). Protean career orientation, vocational identity, and self-efficacy: an empirical clarification of their relationship. *European Journal of Work and Organizational Psychology, 26*(2), 208-220.

Hobfoll, S. E. (2001). The influence of culture, community, and the nested-self in the stress process: Advancing conservation of resources theory. *Applied psychology, 50*(3), 337-421.

Leiter, M. P,, & Maslach, C. (1988). The impact of interpersonal environment on burnout and organizational commitment. *Journal of Organizational Behavior, 9*(4), 297-308.

Mayfield, J. R., Mayfield, M. R., & Kopf, J.(1998). The effect of leader motivating language on subordinate performance and satisfaction. *Human Resource Management, 37*(3), 235-248.

Mayfield, J., & Mayfield, M. (2007). The effects of leader communication on a worker's intent to stay: An investigation using structural equation modeling. *Human Performance, 20*(2). 85-102.

Mobley, W. H. (1982). Some unanswered questions in turnover and withdrawal research. *Academy of Management Review, 7*(1). 111-116.

Nelson, D. L., & Simmons, B. L. (2003). Health psychology and work stress: A more positive approach. *Handbook of Occupational Health Psychology, 2*, 97-119.

Russo, M., Guo, L., & Baruch, Y. (2014). Work attitudes, career success and health: Evidence from China. *Journal of Vocational Behavior, 84*(3), 248-258.

Satir, V. (1972). Peoplemaking, *Science and Behavior Books*. CA: Palo Alto.

Smola, K. W., & Sutton, C. D. (2002). Generational differences: Revisiting generational work values for the new millennium. Journal of Organizational Behavior: *The International Journal of Industrial, Occupational and Organizational Psychology and Behavior, 23*(4), 363-382.

Steers, R. M., & Black, J. S. (1994). *Organizational behavior*. NJ: Prentice Hall Press.

Sullivan, J. (1988). Three roles of language in motivation theory. *Academy of Management Review, 13*. 104-115.

Tett, R. P., & Meyer, J. P. (1993). Job satisfaction, organizational commitment, turnover intention, and turnover: path analyses based on meta-analytic findings. *Personnel psychology, 46*(2). 259-293.

Van Maanen, J. E., & Schein, E. H. (1977). *Toward a Theory of Organizational Socialization*. Cambridge, MA: Massachusetts Institute of Technology.

프로티언 경력 태도와 무경계 경력 태도: 측정 도구 검증 및 구성 개념 간 상관관계 메타 분석

김대영(hrdkdy@krivet.re.kr), 이민영(hrd21c@naver.com), 김만수(mskim@cnp.re.kr)

김대영은 인하대학교에서 교육학 박사학위(평생교육·HRD 전공)를 취득하였고 현재 한국직업능력개발원 연구위원으로 재직 중이다. 주요 관심 분야는 HRD 프로그램 평가, 학습전이, 요구분석, 경력개발 등이다.
이민영은 인하대학교에서 교육학 박사학위(평생교육·HRD 전공)를 취득하였고 PSI컨설팅과 대웅경영개발원을 거쳐 현재 러닝앤솔루션(주) 공동 대표로 재직 중이다. 주요 관심 분야는 자기주도학습, 사회적 네트워크, 경력개발 등이다.
김만수는 인하대학교에서 교육학 석사학위(평생교육·HRD 전공)를 취득하고 동 대학원 박사과정에 재학 중이다. 현재 시앤피컨설팅 경영혁신컨설팅본부 책임연구원으로 재직 중이며 주요 관심 분야는 역량, 경력개발, 멘토링 등이다.

* 이 글은 2019년 11월에 발행된 「HRD연구」 21권 4호에 게재된 논문을 수정, 보완한 것임.

프로티언 경력 태도와 무경계 경력 태도: 측정 도구 검증 및 구성 개념 간 상관관계 메타 분석

김대영, 이민영, 김만수

들어가며

전통적인 경력개발은 특정 조직 내에서의 장기적인 고용 관계를 바탕으로, 조직의 요구에 의해 이미 규명된 선형적 경력 경로에 따라 조직 구성원들의 능력을 향상시키는 데 초점을 두었다(Baruch & Vardi, 2016). 그러나 노동시장의 유연화, 기업의 다운사이징 및 글로벌화 등 조직과 조직 구성원들을 둘러싼 사회·경제적 변화로 인해 평생 직장의 개념은 평생 직업 또는 고용 가능성으로 대체되고 있다. 그리고 이로 인해 조직은 더 이상 조직 구성원 개인들의 경력개발을 전적으로 책임지기 어려운 상황에 직면하게 되었다(Hall, 2002; Waters, Briscoe, Hall & Wang, 2014).

이와 같은 변화에 따라 새로운 관점에서 경력을 바라보는 개념으로 프로티언 경력(Hall, 1976, 2002), 무경계 경력(Arthur, 1994; Arthur & Rousseau, 1996) 등이 등장하게 되었고, 이들은 전통적인 조직 중심의 경력과 대비하여 뉴 커리어(new career)라 칭해지고 있다(Briscoe & Finkelstein, 2009). 그리고 Briscoe, Hall과 DeMuth(2006)에 의해 프로티언 경력 태도, 무경계 경력 태도 측정 도구가 개발된 이후 실증 연구가 활발하게 진행되어 왔다. 이러한 연구들은 인적자원개발의 핵심 활동으로서 경력개발이 주목받고 있는 현 상황에서 프로티언 경력 및 무경계 경력 태도 수준을 분석하고 그것이 무엇으로부터 영향을 받는지 또는 무엇에 영향을 미치는지를 확인함으로써 현대 경력개발에 유용한 학문적 논의와 실무적 시사점들을 제시했다는 의의를 갖는다(배을규, 2018).

프로티언 경력 태도와 무경계 경력 태도는 별개의 개념이지만 상호 관련된 요소로 고려될 때 새로운 경력개발 패러다임을 전체적으로 이해하는 데 더욱 효과적이다(이민영, 배을규, 장민영, 박상오, 2019; Briscoe & Hall, 2006; Sullivan & Baruch, 2009). 이러한 관점에서 프로티언 경력 태도와 무경계 경력 태도를 함께 다루는 연구들이 몇몇 이루어졌다. 그러나 각 연구에서 나타난 프로티언 경력 태도와 무경계 경력 태도의 관계, 특히 각 경력 태도의 구성 개념(자기주도적 경력 관리, 가치 지향성, 무경계 사고방식, 조직 이동 선호) 간 관계가 일관되게 나타나지 않고 연구가 이루어진 국가, 연구 대상 등에 따라 다소 다른 결과를 보여주고 있다(김대영, 이민영, 2018). 또한 각 측정 도구의 타당도 역시 일관되게 확보하지 못한다는 지적도 제기된 바 있다(소병한, 2019; Briscoe, Hoobler, & Byle, 2010).

같은 주제에 대해 각기 다른 연구 결과들이 산출되는 것은 다양한 맥락에서의 해당 주제에 관한 실제 현상을 이해하는 데 도움이 되지만 일반화를 주목적으로 할 경우에는 적잖은 약점이 될 수 있다. 이에 우리나라 맥락에서 프로티언 경력 태도와 무경계 경력 태도 측정 도구의 타당성을 검증하고, 두 가지 경력 태도를 함께 다룬 선행 연구들의 결과, 특히 하위 구성 개념 간 관계에 대한 종합적인 검토와 함께 후속 연구를 위한 제안을 제시하고자 한다.

프로티언 경력의 개념과 연구 동향

프로티언 경력(protean career)은 Hall(1976)이 주창한 개념으로 경력개발의 패러다임이 조직 중심에서 개인 중심으로 이동함에 따라 개인이 경력개발의 주체가 되어 주도적으로 자신의 경력을 관리, 개발해 나가는 것을 의미한다(김대영, 이민영, 2018; Baruch, 2014; Briscoe & Hall, 2006). 경력개발에 있어 개인의 자율성과 주도성을 강조하는 현대 사회의 환경과 부합한다는 점에서 최근 그 중요성이 더욱 부각되고 있다(박용호, 한억천, 2015; 소병한, 김지현, 송지훈, 2019).

Briscoe, Hall과 DeMuth(2006)는 프로티언 경력에 대한 신념, 인식 및 정서의 방향성과 수준을 의미하는 프로티언 경력 태도 측정 도구(protean career attitudes scale)를 개발하여 그간의 개념적 논의를 벗어나 다양한 실증 연구들이 이루어질 수 있게 하였다. 그들의 측정 도구는 Briscoe와 Hall(2002)이 프로티언 경력을 가치 지향적 태도(values-driven attitude)와 자기주도적 경력 관리 태도(self-directed attitude toward career management)로 특징화한 것에 기초한다(김대영, 이민영, 2018). 즉, 프로티언 경력을 추구하는, 다시 말해, 프로티언 경력 태도를 지닌 사람은 자신의 고유한 가치와 심리적 성공 기준에 기초하여 자신의 경력을 주도적으로 개발·관리해 나간다는 것이나(장시언, 송영수, 2019, Briscoe & Hall, 2006; Briscoe, Hall, & DeMuth, 2006). 프로티언 경력 태도 측정 도구의 개발은 관련 연구가 개념적 고찰에서 나아가 다양한 실증 연구로 이어질 수 있는 토대를 제공하였다는 점에서 의의를 지닌다(김대영, 2019; 배을규, 이민영, 김대영, 2014).

프로티언 경력에 관한 연구들은 프로티언 경력 태도가 주관적 경력 성공(경력 만족, 직무 만족, 고용 가능성), 주도적 근로 행동, 주도적 경력 행동, 심리적 안녕감, 조직 몰입, 경력 몰입, 경력 적응성, 직업적 활력, 승진 만족,

이직 의도 등에 미치는 영향을 살펴보았다. 그리고 프로티언 경력 태도의 선행 변수로 학습조직, 조직학습 환경, 인사관리 공정성, 조직 지원 인식, 자기주도학습 능력, 경력 강화 전략, 직무 특성, 멘토링, 자기 효능감, 목표 지향성, 통제의 소재, 그 외 개인 특성(학력, 직업교육 경험, 일자리 수용 태도, 자녀 양육 환경 등) 등을 확인하였다(김대영 등, 2018; 박윤희, 정홍전, 오미래, 2018).

무경계 경력의 개념과 연구 동향

무경계 경력(boundaryless career)은 Arthur(1994)에 의해 창안된 현대적 경력 개념으로 기존의 조직 내 경력 또는 조직 경력(organizational career)과 대비되는 개념이다(이규형, 이영면, 2015; Arthur & Rousseau, 1996; Inkson, 2006). 다시 말해, 무경계 경력은 조직 경력의 한계를 뛰어 넘어 경력의 유지 및 개발을 위해 보다 자유롭게 조직 내·외부로의 이동을 선택하는 것을 의미한다. Arthur와 Rousseau(1996)에 따르면 무경계 경력은 심리적, 물리적 이동성의 두 가지 측면에서 살펴볼 수 있다(Briscoe & Finkelstein, 2009; Sullivan & Arthur, 2006). 심리적 이동성은 조직 내·외부와의 상호작용을 통해 자신에게 이익이 발생할 것으로 기대되는 새로운 상황을 경험할 수 있는 기회를 추구하려는 것, 물리적 이동성은 직무, 직업, 조직, 국가를 이동하는 것을 의미한다(Okurame & Fabunmi, 2014; Sullivan & Arthur, 2006).

무경계 경력에 관한 연구들은 Arthur와 Rousseau(1996)의 무경계 경력 이론에 근거하여 Briscoe, Hall과 DeMuth(2006)가 무경계 경력 태도 측정 도구(boundaryless career attitude scale)를 개발한 이후 점증해왔다. 무경계 경력 태도의 하위 구성 개념은 무경계 사고방식(boundaryless mindset),

조직 이동 선호(organizational mobility preference)로 구성된다. 전자는 조직의 경계를 넘어서 일하고자 하는 심리적인 태도를, 후자는 현재 직장뿐 아니라 다른 조직의 고용에 의한, 조직의 경계를 뛰어넘어 실제로 다른 곳에서도 일할 수 있음을 의미하는 물리적 이동성을 내포한 개념이다(원용재, 탁진국, 2017; Inkson, 2006). 이와 같은 무경계 경력을 지향하는, 다시 말해, 무경계 경력 태도를 갖춘 사람은 자신의 경력에 대해 보다 강한 통제력을 지니고 자신의 전문성 향상을 위해 조직, 직무, 직업의 경계를 넘나든다는 특징을 지닌다(Akkermans & Kubasch, 2017).

무경계 경력 태도에 관한 연구들은 프로티언 경력 태도에 관한 것들에 비하여 연구의 수, 관련 변인 규명 측면에서 아직 초기 단계에 머무르고 있다(Hofstetter & Rosenblatt, 2017; Rodrigues, Butler, & Guest, 2019). 무경계 경력에 관한 연구들 역시 무경계 경력 태도를 주로 독립 변인으로 사용하며 직장 이동, 경력 전략, 네트워킹 행동, 주관적 경력 성공, 경력 적응성, 조직 몰입에 어떤 영향을 미치는지 살펴보았다. 그리고 무경계 경력 태도를 촉진하는 변인으로는 사회적 자본, 고용 가능성, 낙관주의, 주도성, 경력 적응성, 경력 안정성, 경력 역량, 경력 자율성, 개발 관계망 지원, 조직 지원 등이 확인되었다(김대영 등, 2018).

프로티언 경력 태도와 무경계 경력 태도의 관계

◆ 개념적 관계

프로티언 경력과 무경계 경력에 대한 대부분의 연구들은 두 가지 경력 태도 중 한 가지에 초점을 두고 이루어졌다. 그러나 뉴 커리어 연구자들은 공통적으로 현대 사회에서 개인은 자신의 경력에 대한 지향점을 설정하고 자신과 주위 환경을 능동적으로 관리하며, 조직과 직업을 스스로 탐색하고 선택할 수 있어야 한다고 주장한다(Kuron, Schweitzer, Lyons, & Ng, 2016). 따라서 앞서 살펴본 프로티언 경력 태도와 무경계 경력 태도는 분명히 구분되는 별개의 개념이지만, 서로 관련성이 있는 것으로 고려될 때 뉴 커리어를 전체적으로 이해하는 데 더욱 효과적일 수 있다(Briscoe & Hall, 2006; Sullivan & Baruch, 2009).

이러한 맥락에서 Briscoe와 Hall(2006)은 프로티언 경력 태도와 무경계 경력 태도의 하위 구성 개념들을 조합하여 다음과 같은 경력 프로파일을 제시하였다. 이 프로파일은 경력을 단지 “전통적”이나 “현대적”으로 분류하는 것보다 넓은 의미의 경력 지향성을 설명하기 때문에 더 가치있다고 할 수 있다(Kuron et al., 2016). 다시 말해, 이 프로파일을 통해 경력과 경력 행위자들을 더 완전하게 이해할 수 있으며, 동시에 프로티언 경력 태도와 무경계 경력 태도의 개념을 더 잘 설명할 수 있다는 것이다. 그들은 16가지의 조합 중, 실제 관찰될 가능성이 높은 여덟 가지의 유형을 아래의 <표 1>과 같이 제시하였다.

〈표 1〉 경력 유형 프로파일

구분	프로티언 경력 태도		무경계 경력 태도	
	자기주도적 경력 관리	가치 지향성	무경계 사고방식	조직 이동 선호
정체형(Trapped/Lost)	Low	Low	Low	Low
요새형(Fortressed)	Low	High	Low	Low
방랑자(Wanderer)	Low	Low	Low	High
공상가(Idealist)	Low	High	High	Low
조직인(Organization man/woman)	High	Low	High	Low
시민(Solid Citizen)	High	High	High	Low
용병(Hired Gun/Hand)	High	Low	High	High
프로티언형(Protean Career Architect)	High	High	High	High

출처: Briscoe & Hall(2006: 11). 연구자 재구성.

먼저, 정체형은 기회와 생존을 위해서만 빠르게 반응하는 유형이고, 요새형은 본인의 가치에 부합하는 안정적인 기회가 부여되는 예측 가능한 조직을 선호한다. 방랑자형은 지속적으로 편승하기 위한 기회만을 탐색하는 유형이고, 공상가형은 본인의 가치와 호기심에 부합하는 조직을 찾지만 실행력은 부족한 경향이 있다. 조직인형은 자신의 기본적인 수행 능력이 검증될 수 있는 안정적인 조직을 선호하며, 시민형은 조직과의 적합성이 좋은 유형으로 주도적이고 가치를 지향하지만 환경 변화를 좋아하지 않는 유형이다. 그리고 용병형은 필요하다면 성공을 위해 경계를 넘어 서비스를 제공하기 위한 좋은 기회에 반응하는 유형이고, 마지막으로 프로티언형은 주도적, 가치 지향적이고, 심리적·물리적 이동을 두려워하지 않고 수행하는 유형이라고 할 수 있다(Briscoe & Hall, 2006).

Seger 등(2008), Kuron 등(2016)은 위 프로파일을 이용하여 연구를 진행하였지만 여전히 프로티언 경력 태도와 무경계 경력 태도의 관계 또는 양자를 함께 고려하며 다양한 변인과의 관계를 탐색하는 연구는 매우 부족한 실정이다. 또한 전술한 바와 같이 두 가지 경력 태도 측정 도구의 통계적 타당도와 구성 개념 간의 관계에 대한 분석 결과는 일관되지 못하다(김대영, 이민영, 2018; 소병한, 2019; Briscoe, Hoobler, & Byle, 2010). 따라서 우리나라 맥락에서의 프로티언 경력 태도와 무경계 경력 태도 측정 도구의 타당성 검증, 그리고 두 가지 경력 태도의 하위 구성 개념 간 관계에 대한 검토가 필요하다고 판단된다.

• 측정 도구 타당성 검토

프로티언 경력 태도와 무경계 경력 태도 측정 도구의 관계에 대하여 본 연구진이 수행하였던 연구(김대영, 이민영, 김만수, 2019)를 소개하고자 한다. 연구진은 우리나라 중소기업 초기 경력자의 프로티언 경력 태도와 무경계 경력 태도를 측정하기 위해 Briscoe, Hall과 DeMuth(2006)가 개발한 측정 도구를 활용하였다. 프로티언 경력 태도는 자기주도적 경력 관리 8개 문항, 가치 지향성 6개 문항으로, 무경계 경력 태도는 무경계 사고방식 8개 문항, 조직 이동 선호 5개 문항으로 구성된다.

중소기업 초기 경력자 맥락에서 프로티언 경력 태도, 무경계 경력 태도가 몇 개의 요인으로 구성되는 것이 적절한지 살펴보기 위해 KMO 값과 Bartlett의 구형성 검증 결과를 검토하여 요인분석에 적합한 자료임을 확인한 후 탐색적 요인 분석을 실시하였다. 최대우도법을 사용하고, 선행 연구들에서 각 하위 요인들은 대체적으로 유의한 상관관계를 갖는 것으로 확인되었으므로 사각회전(직접 오블리민)을 실시하였다. 최적의 요인 구조를 산출하기 위해 요인 수에 따른 RMSEA 값과 변화량을 검토한 결과, 프로티언 경력 태도와 무경계 경력 태도는 네 개의 하위 요인을 갖는 구조가 최적이라고 판단하였다. 또한 모든 측정 문항이 표본 크기를 고려한 요인 부하량 기준을 충족하고 있어 중소기업 초기 경력자의 프로티언 경력 태도, 무경계 경력 태도는 원 측정 도구의 구조를 그대로 따르고 있음을 알 수 있다.

◆ 측정 도구 메타 분석

프로티언 경력 태도와 무경계 경력 태도 간 관계의 경향성에 대하여 메타 분석한 연구진의 연구를 소개하고자 한다. 연구 목적에 부합하는 논문을 수집하는 과정에서 분석 대상을 명확히 설정하고 출판 편향 문제를 방지하기 위해 수집 대상은 2019년 4월까지 국내·외 학회지에 프로티언 경력 태도와 무경계 경력 태도를 함께 연구하였으며, 국문 또는 영문으로 게재된 학술논문으로 한정하였다.

연구자 3인이 교차 검색 및 수집을 통하여 53편의 연구를 확보하였으나 ① 문헌 연구, 질적 연구 등 양적 연구 이외의 연구 방법을 적용한 연구 12편, ② 메타 분석에 사용할 효과 수치(상관계수)를 제시하지 않은 경우 여섯 편, ③ 요인 구조(구성 개념)를 다르게 설정한 경우(예를 들어, 프로티언 경력 태도를 세 개의 하위 요인으로 구성) 다섯 편, ④ 연구의 목적, 연구 내용은 다르지만 같은 시점에 같은 대상으로부터 자료를 수집하고 같은 자료를 분석하여 복수의 논문으로 출간한 경우 한 편, ⑤ 복수의 학술 DB에서 원문을 제공하지 않은 경우 한 편을 제외하여 총 28편의 연구를 최종 분석 대상으로 선정하였다.

메타분석 대상 연구들은 대부분 기업체 구성원과 대학(원)생으로 구성되어 있으며, 김태희, 이형국, 장경로(2014)와 Presti, Pluviano와 Briscoe (2018)은 각각 운동선수와 프리랜서를 대상으로 연구를 수행하였다.

각 연구들은 연구 목적에 따라 탐색적 요인 분석 또는 확인적 요인 분석, 또는 두 가지 모두를 실시하여 측정 도구의 타당도를 검증하였으며, 측정 도구 검증 절차를 거치지 않은 연구들도 몇몇 있었다. 한편, 탐색적 요인 분석(EFA)을 실시하였다고 보고하였으나 세부 내용을 검토한 결과 주성분 분석(PCA)을 실시하거나 명백히 구성 개념 간 상관이 존재함에도 불구하고 직각회전을 실시한 연구들(고윤승, 2016; 김시진, 김정원, 2010; 박용호, 한억천, 2015; Rastgar, Ebrahimi, & Hessan, 2014)도 일부 있었다. 반면, 각 구성 개념의 신뢰도는 모두 양호한 수준임을 확인하였다.

각 연구들에서 제시된 구성 개념 간 상관계수에 대한 주요 검토 결과는 다음과 같다. 첫째, 자기주도적 경력 관리와 가치 지향성의 관계, 자기주도적 경력 관리와 무경계 사고방식의 관계는 조사된 모든 연구에서 유의한 정적 관계였다. 둘째, 자기주도적 경력 관리와 조직 이동 선호의 관계는 12개의 연구에서 유의한 정적 관계로, 여섯 개의 연구에서 유의한 부적 관계로 나타났으며, 여덟 개의 연구에서는 통계적으로 유의하지 않았다. 셋째, 가치 지향성과 무경계 사고방식의 관계는 21개의 연구에서 유의한 정적 관계로, 한 개의 연구에서는 통계적으로 유의하지 않았다. 넷째, 가치 지향성과 조직 이동 선호의 관계는 여덟 개의 연구에서 유의한 정적 관계로, 세 개의 연구에서 유의한 부적 관계로 나타났으며, 12개의 연구에서는 통계적으로 유의하지 않았다. 마지막으로 무경계 사고방식과 조직 이동 선호의 관계는 14개의 연구에서 유의한 정적 관계로, 네 개의 연구에서 유의한 부적 관계로 나타났으며, 네 개의 연구에서는 통계적으로 유의하지 않았다.

한편, 국내 연구와 국외 연구를 구분하여 살펴보면, 국외 연구는 일부 연구를 제외하고 대부분 각 구성 개념 간 통계적으로 유의한 정적 관계를 갖는 것으로 나타났다. 반면, 국내 연구의 경우 대부분 조직 이동 선호와 다른 구성 개념 간에 유의하지 않거나 부적 관계인 것으로 확인되었으며, 본 연구진의 연구 역시 다른 국내 연구들과 유사한 경향을 보이는 것으로 확인되었다.

선행 연구에서 도출된 프로티언 경력 태도와 무경계 경력 태도의 구성 개념 간 상관관계의 효과 크기를 상대적으로 비교하기 위해 Comprehensive Meta Analysis(CMA) 3.0을 활용하여 메타 분석을 실시하였다. 먼저, 효과 크기를 계산하기 위해 무선 효과 모형(random−effect model)을 선정하였다. 왜냐하면 분석 대상 연구들은 여러 연구자들에 의해 독립적으로 수행된 연구들이며, 고정 효과 모형은 개별 연구들의 대상이 동일한 집단임을 가정하는 반면, 무선 효과 모형은 각 연구들의 대상을 이질적인 집단으로 보고, 연구 결과를 다른 집단에 일반화하여 적용하는 경우에 적합하기 때문이다(김세경, 천성문, 2015; Borenstein et al., 2009).

프로티언 경력 태도와 무경계 경력 태도 관련 144개[1] 데이터들의 이질적인 정도를 알아보기 위해 동질성 검증을 실시한 결과 집단 간 차이를 나타내는 Q값은 92.884~423.051의 값을 가지고 있었으며 모든 값이 통계적으로 유의하여($p < .001$), 프로티언 경력 태도와 무경계 경력 태도 구성 개념 간 관계 데이터는 이질적인 것으로 나타났다. 또한 I^2값을 분석하여 이질성 정도를 살펴본 결과, 무경계 사고방식과 조직 이동 선호의 관계가 I^2= 94.388[2]로 이질성 정도가 가장 높은 것으로 나타났으며, 그 다음으로 자기주도적 경력 관리와 무경계 사고방식 93.618, 자기주도적 경력 관리와 조직

1) 분석 대상 연구에서 도출된 전체 데이터의 개수임. 하나의 연구에서 다수의 데이터가 도출될 수 있음.

2) I^2이 25%이면 작은 정도의 이질성, I^2이 50%이면 중간 정도의 이질성, 75% 이상이면 큰 정도의 이질성으로 해석된다. 실제 I^2이 50% 이상이고 동질성 검증의 유의확률 값이 .10 보다 작은 경우 효과크기의 이질성은 크다고 판단한다(Higgins & Green, 2011).

이동 선호 92.264, 가치 지향성과 조직 이동 선호 86.554, 가치 지향성과 무경계 사고 81.577, 자기주도적 경력 관리와 가치 지향성 76.315의 순으로 나타났으며, 모두 75 이상으로 나타나 이질성 정도가 큰 수준임을 알 수 있다.

다음으로 이 연구에 활용된 프로티언 경력 태도와 무경계 경력 태도 관련 선행 연구의 출판 편향을 분석하였다. 출판 편향은 메타 분석의 결과가 분석에 포함되어야 할 모든 연구들이 포함되었을 때의 결과와 다른 것을 의미한다. 이 연구에서는 출판 편향을 분석하기 위해 Funnel Plot을 활용하여 시각적으로 대칭적인 정도를 확인하고, 이를 통계적으로 분석하기 위해 Egger의 회귀 검증을 실시하였다.

x축은 표준화된 효과 크기, y축은 표준 오차인 Funnel Plot으로 출판 편향을 분석한 결과, 효과 크기가 비교적 대칭적으로 분포되어 있으나, 아래 부분에 대칭되지 않은 사례가 나타나는 것을 알 수 있었다(<그림 1> 참조). 이에 대한 출판 편향을 좀 더 엄격하게 분석하기 위해 Egger의 회귀 검증을 실시한 결과 대부분의 구성 개념 간 관계의 신뢰 구간에 0을 포함하고 있어 통계적으로 유의하지 않았기 때문에 출판 편향의 이슈가 없는 것으로 판단할 수 있다. 그러나 자기주도적 경력 관리와 조직 이동 선호, 무경계 사고방식과 조직 이동 선호의 관계에서 신뢰구간에 0을 포함하지 않고, p값이 .05보다 낮은 수준으로 나타나 Trim & Fill 교정값을 산출하여 최종적으로 출판 편향 여부를 판단하고 필요 시 교정값을 활용하기로 하였다.

Duval과 Tweedie(2000)가 제시한 Trim & Fill 교정값을 산출하여 최종 출판 편향 여부를 분석한 결과, 자기주도적 경력 관리와 무경계 사고방식, 자기주도적 경력 관리와 조직 이동 선호, 그리고 무경계 사고방식과 조직 이동 선호의 관계는 교정될 연구가 0으로 나타나 출판 편향의 이슈가 없었다. 반면에 자기주도적 경력 관리와 가치 지향성의 관계에 대해 세 개의 교정될 연구가 제시되었으나, 이를 반영할 경우 효과 크기의 변화량이 낮은 수준으로 나타났기 때문에 이 구성 개념들 간 관계 역시 출판 편향의 이슈가 없는 것으로 나타났다. 또한 가치 지향성과 무경계 사고방식의 관계에

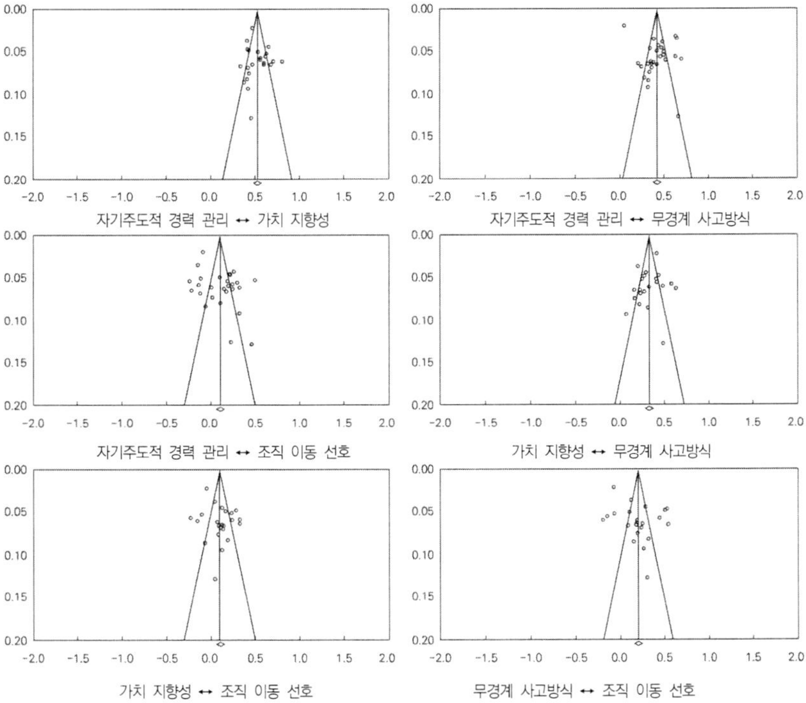

〈그림 1〉 Funnel Plot

서는 두 편, 가치 지향성과 조직 이동 선호의 관계에서 교정이 필요한 연구의 수는 다섯 편인 것으로 나타났으나 효과 크기의 차이가 .05로 미미한 수준으로 나타나 출판 편향의 이슈가 없음을 최종적으로 확인했다.

Cohen(1988)의 기준을 활용하여 전체 데이터 144개의 프로티언 경력 태도와 무경계 경력 태도의 구성 개념 간 관계에 대한 효과 크기를 분석한 결과, 자기주도적 경력 관리와 가치 지향성의 관계는 .528($p < .001$)로 높은 수준, 자기주도적 경력 관리와 무경계 사고방식 .419($p < .001$), 가치 지향성과 무경계 사고방식은 .326($p < .001$)으로 보통 수준이었다. 그리고 무경계 사고방식과 조직 이동 선호 .191($p < .001$), 가치 지향성과 조직 이동 선호 .095($p < .01$), 자기주도적 경력 관리와 조직 이동 선호는 .102($p < .01$)

로 낮은 수준으로 나타났다.

한편, 앞서 국내 연구와 국외 연구의 결과에 다소 차이가 있음을 확인한 바 있다. 따라서 위와 같은 효과 크기의 경향성을 좀 더 구체적으로 알아보기 위해, 국내 연구와 국외 연구를 구분하여 효과 크기를 비교 분석한 결과 국외 연구의 경우 분석 대상 연구 전체를 대상으로 분석한 결과와 유사한 경향성을 보이고 있었다. 구체적으로 자기주도적 경력 관리와 가치 지향성은 .529($p < .001$)로 높은 수준, 자기주도적 경력 관리와 무경계 사고방식은 .411($p < .001$), 가치 지향성과 무경계 사고방식은 .308($p < .001$)로 보통 수준, 무경계 사고방식과 조직 이동 선호 .209($p < .001$), 가치 지향성과 조직 이동 선호 .121($p < .001$), 자기주도적 경력 관리와 조직 이동 선호는 .130($p < .01$)으로 낮은 수준이었다. 반면, 국내 연구의 경우, 자기주도적 경력 관리와 가치 지향성은 .521($p < .001$)로 높은 수준, 자기주도적 경력 관리와 무경계 사고방식은 .453($p < .001$), 가치 지향성과 무경계 사고방식은 .411($p < .001$)로 보통 수준으로 나타났으나, 자기주도적 경력 관리와 조직 이동 선호, 가치 지향성과 조직 이동 선호, 무경계 사고방식과 조직 이동 선호의 상관계수는 통계적으로 유의하지 않은 것으로 나타났다.

종합해보면, 자기주도적 경력 관리와 가치 지향성, 자기주도적 경력 관리와 무경계 사고방식, 가치 지향성과 무경계 사고방식은 국내 연구와 국외 연구에서 동일하게 통계적으로 유의한 정적 관계를 나타내고 있으며 그 크기 또한 보통 수준 이상으로 나타났다. 그러나 조직 이동 선호와 그 밖의 구성 개념들의 관계의 경우 국외 연구에서는 낮은 수준이지만 통계적으로 유의한 정적 관계로 나타났으나, 국내 연구에서는 통계적으로 유의하지 않았다.

제언

후속 연구를 위한 제언은 다음과 같다.

첫째, 프로티언 경력 태도와 무경계 경력 태도는 함께 고려될 때 뉴 커리어에 대한 전반적 이해 도모에 더욱 효과적일 수 있다. 이러한 맥락에서 Briscoe와 Hall(2006)은 경력 유형 프로파일(<표 1> 참조)을 제안한 바 있으나, Segers 등(2008), Kuron 등(2016) 외에는 관련 실증 연구들을 찾아보기 힘들다. 따라서 다양한 문화권, 집단을 대상으로 프로티언 경력 태도와 무경계 경력 태도의 구성 개념들의 조합에 따른 경력 유형이 실증될 수 있는 것인지, 그리고 각 유형에 따른 경력개발 관련 실제 행위 및 성과 수준은 어떠한지 살펴보는 연구가 이루어져야 한다.

둘째, 본 연구진의 메타 분석 연구는 프로티언 경력 태도, 무경계 경력 태도의 하위 구성 개념들 간 상관관계의 경향성을 살펴보는 데 초점을 두었다. 프로티언 경력 태도와 무경계 경력 태도에 관한 실증 연구는 다양한 문화권, 집단을 대상으로 다수 이루어져 왔다. 따라서 메타 분석 또는 체계적 문헌 고찰 등의 방법을 활용하여 프로티언 경력 태도와 무경계 경력 태도의 선행 변인과 결과 변인을 종합적으로 살펴본다면 현대 경력개발에 대해 보다 풍부한 학술적 논의와 실무적 시사점을 제시해줄 수 있을 것이다.

셋째, 몇몇 연구들은 프로티언 경력 태도, 무경계 경력 태도를 측정함에 있어 특정 구성 개념만을 사용하는 경우가 있었다. 보다 구체적으로 자기주도적 경력 관리는 메타 분석 대상 연구들 모두에서 사용되었지만, 가치 지향성은 아홉 편, 무경계 사고방식은 네 편, 조직 이동 선호는 여섯 편에서 사용되지 않았다. 그러나 프로티언 경력 태도는 자기주도적 경력 관리, 가치 지향성의 개념으로, 무경계 경력 태도는 무경계 사고방식, 조직 이동 선호의 개념으로 구성되므로 어떤 특정 구성 개념이 배제되었을 때 그것을 완연한 프로티언 또는 무경계 경력 태도라 칭할 수 있는가라는 의문이 제기될 수 있다. 따라서 프로티언 또는 무경계 경력 태도에 관한 후속 연구들은 각 구성 개념을 모두 다루어야 한다.

넷째, 국외 연구와 국내 연구의 결과가 다르고, 특히 국내 연구들은 국외 연구에 비해 조직 이동 선호 인식 수준이 낮은 것으로 나타나는데, 이는 조직 이동 선호 측정 문항이 연구자의 의도와 달리 국내 조직 구성원들에게 조직 몰입을 측정하는 것으로 인식될 가능성이 있기 때문인 것으로 유추된다. 따라서 우리나라 맥락을 충실히 반영하여 조직 이동 선호 문항에 대한 면밀한 검토, 또는 우리나라 맥락에 적합한 무경계 경력 태도 측정 문항 구성이 필요하다.

다섯째, 프로티언 경력 태도, 무경계 경력 태도 측정 도구는 개인의 내적 태도 또는 경력에 대한 지향성을 포함하기는 하지만, 그러한 태도 형성과 관련된 개인의 경력에 대한 인식, 실제 행위를 측정하지 못함으로 인해 보다 완연한 프로티언 경력과 무경계 경력을 설명하는 데 한계가 있다(소병한, 2019; Baruch, 2014). 따라서 향후에는 프로티언 및 무경계 경력에 대한 인식, 태도, 행동을 모두 포함하는 통합적 관점의 프로티언 경력, 무경계 경력 측정 도구를 개발하는 것도 필요할 것이다.

참고문헌

강지연, 송영수 (2019). 국내 기업 직장인의 프로티언 경력태도, 경력연계학습, 경력성공의 구조적 관계. *농업교육과 인적자원개발*, 51(3), 73-102.

*고윤승 (2016). 성인학습자의 프로틴 경력과 무경계 경력이 주관적 경력성공에 미치는 영향. *한국과학예술포럼*, *26*, 13-29.

김대영 (2019). 일학습병행 훈련과정이 주관적 경력 성공에 미치는 영향: 프로티언 경력 태도의 매개 효과. *교육문화연구*, *25*(1), 203-223.

김대영, 이민영 (2018). 경력개발 관련 연구동향: 프로티언 경력 태도를 중심으로. 최우재 편 (2018). 한국인력개발학회 HRD학술총서2: Career Development(50-83). 서울: 박영스토리.

김대영, 이민영, 김만수 (2019). 프로티언 경력 태도와 무경계 경력 태도: 측정 도구 검증 및 구성 개념 간 상관관계 메타 분석. *HRD연구*, *21*(4), 87-114.

김대영, 황성수, 장주희, 전승환, 이한별 (2018). 일학습병행 훈련과정 이수자의 경력개발 지원 방안. 세종: 한국직업능력개발원.

김세경, 천성문 (2015). 자기통제력과 관련된 변인에 대한 메타분석: 가정환경 변인군과 개인심리 변인군을 중심으로. *한국심리학회지 상담 및 심리치료*, *27*(1), 85-107.

*김시진, 김정원 (2010). 프로틴 경력태도, 무경계 경력태도 및 주관적 경력 성공의 관계분석. *대한경영학회지*, *23*(4), 1899-1915.

*김태희, 이형국, 장경로 (2014). 운동선수들의 경력태도가 경력관리행동 및 경력적응력에 미치는 영향. *한국스포츠산업·경영학회지*, *19*(6), 85-100.

*박용호, 한억천 (2015). 프로티언 경력태도와 무경계 경력태도가 조직몰입에 미치는 영향. *한국HRD연구*, *10*(3), 33-62.

박윤희, 정홍전, 오미래 (2018). 프로티언 경력에 관한 통합적 문헌 고찰 - 국내·외 양적연구를 중심으로. *HRD연구*, *20*(3), 1-35.

배을규 (2018). 경력개발과 HRD: 왜 경력개발에 주목하는가? 최우재 편(2018). 한국인력개발학회 HRD학술총서2: Career Development(3-9). 서울: 박영스토리.

배을규, 이민영, 김대영 (2014). 문화예술교육 전문 인력의 프로티언 경력 태도가 경력 만족에

미치는 영향: 자기주도학습 능력의 조절 효과. *Andragogy Today: IJACE, 17*(1), 91-113.

소병한 (2019). 프로티언 경력의 통합적 개념모형과 측정도구 개발. 박사학위논문. 한양대학교 대학원.

소병한, 김지현, 송지훈 (2019). 프로티언 경력의 통합적 개념모형 개발. *HRD연구, 21*(2), 87-117.

원용재, 탁진국 (2017). 조직변화가 직무스트레스에 미치는 영향에서 고용불안의 매개효과와 무경계 경력태도의 조절효과를 중심으로. *한국심리학회지 산업 및 조직, 30*(4), 563-587.

이규형, 이영면 (2015). 무경계 경력태도가 직장이동에 미치는 영향- 한국기업과 외국계 기업의 비교를 중심으로. *인적자원관리연구, 22*(4), 235-246.

이민영, 배을규, 장민영, 박상오 (2019). 뉴커리어 연구 동향: 프로티언 경력태도와 무경계 경력태도의 키워드 네트워크 분석. *직업교육연구, 38*(3), 97-124.

Akkermans, J. & Kubasch, S. (2017). Trending topics in careers: A review and future research agenda. *Career Development International, 22*(6), 586-627.

Arthur, M. B. (1994). The boundaryless career: A new perspective for organizational inquiry. *Journal of Organizational Behavior, 15*, 295-306.

Arthur, M. B., & Rousseau, D. M. (1996). *The boundaryless career: A new employment principle for a new organizational era*. New York: Oxford University Press.

Baruch, Y. (2014). The development and validation of a measure for protean career orientation. *The International Journal of Human Resource Management, 25*(19), 2702-2723.

Baruch, Y., & Vardi, Y. (2016). A fresh look at the dark side of contemporary careers: Toward a realistic discourse. *British Journal of Management, 27*, 355-372.

Borenstein, M., Hedges, L. V., Higgins, J. P. T., & Rothstein, H. R. (2009). *Introduction to meta-analysis*. West Sussex, UK: Wiley.

*Briscoe, J. P., & Finkelstein, L. M. (2009). The 'new career' and organizational commitment: Do boundaryless and protean attitudes make a difference?. *Career Development International, 14*(3), 242-260.

Briscoe, J. P., & Hall, D. T. (2002). The protean orientation: Creating the adaptable workforce necessary for flexibility and speed. *Paper presented at the annual meeting of the Academy of Management*, Denver.

Briscoe, J. P., & Hall, D. T. (2006). The interplay of boundaryless and protean careers: Combinations and implications. *Journal of Vocational Behavior*, *69*(1), 4-18.

*Briscoe, J. P., Hall, D. T., & DeMuth, R. L. (2006). Protean and boundaryless careers: An empirical exploration. *Journal of Vocational Behavior*, *69*(1), 30-47.

Briscoe, J. P., Hoobler, J. M., & Byle, K. A. (2010). Do “protean” employees make better leaders? The answer is in the eye of the beholder. *The Leadership Quarterly*, *21*(5), 783-795.

Cohen, J. (1988). *Statistical power analysis for the behavioral sciences*. New York: Academic.

Duval, S., & Tweedie, R. (2000). Trim and fill: A simple funnel-plot-based method of testing and adjusting for publication bias in meta-analysis. *Biometrics*, *56*, 455-463.

Hall, D. T. (1976). *Careers in Organization*. Glenview, Illinois: Foresmen.

Hall, D. T. (2002). *Careers in and out of organizations*. CA: Sage Publications.

Higgins, J., & Green, S. (2011). *Cochrane handbook for systematic reviews of interventions version 5.1.0*. Retrieved December 23, 2015, Retrieved from http://handbook.cochrane.org

*Hofstetter, H., & Rosenblatt, Z. (2017). Predicting protean and physical boundaryless career attitudes by work importance and work alternatives: Regulatory focus mediation effects. *The International Journal of Human Resource Management*, *28*(15), 2136-2158.

Inkson, K. (2006). Protean and boundaryless careers as metaphors. *Journal of Vocational Behavior*, *69*, 48-63.

*Kuron, L., K. J., Schweitzer, L., Lyons, S., & Ng, E. S. W. (2016). Career profiles in the “new career”: Evidence of their prevalence and correlates. *Career Development International*, *21*(4), 355-377.

*Okurame, D. E., & Fabunmi, R. (2014). Protean and boundaryless careers: Exploring the role of mentoring and gender in the context of a major African country. *Career Development International*, *19*(1), 73-100.

*Presti, A. L., Pluviano, S., & Briscoe, J. P. (2018). Are freelancers a breed apart? The role of protean and boundaryless career attitudes in employability and career success. *Human Resource Management Journal*, *28*(3), 427-442.

*Rastgar, A. A., Ebrahimi, E., & Hessanm, M. (2014). The effects of personality on protean and boundaryless career attitudes. *International Journal of Business Management and Economics*, *1*(1), 1-5.

*Rodrigues, R., Butler, C. L., & Guest, D. (2019). Antecedents of protean and boundaryless career orientations: The role of core self-evaluations, perceived employability and social capital. *Journal of Vocational Behavior*, *110*, 1-11.

Segers, J., Inceoglu, I., Vloeberghs, D., Bartram, D., & Henderickx, E. (2008). Protean and boundaryless careers: A study on potential motivators. *Journal of Vocational Behavior*, *73*(2), 212-230.

Sullivan, S. E., & Arthur, M. B. (2006). The evolution of boundaryles career concept: Examining physical and psychological mobility. *Journal of Vocational Behavior*, *69*(1), 19-29.

Sullivan, S. E., & Baruch, Y. (2009). Advances in career theory and research: A critical review and agenda for future exploration. *Journal of management*, *35*(6), 1542-1571.

Waters, L., Briscoe, J. P., Hall, D, T., & Wang, L. (2014). Protean career during unemployment and reemployment: A longitudinal perspective. *Journal of Vocational Behavior*, *84*, 405-419.

*표가 있는 것은 메타 분석 대상 연구물임.

몰입연구동향 분석을 통한 한국형 몰입모델 탐색

송해덕(hsong@cau.ac.kr), 조윤성(jopry@cau.ac.kr), 홍아정(ah454@cau.ac.kr)

송해덕은 Pennsylvania State University에서 Instructional System 전공으로 박사학위를 취득하였다. 현재 중앙대학교 교육학과 교수로 재직 중이며, 교육공학과 인적자원개발 관련 분야를 강의하고 연구하고 있다. 주요 연구관심 분야는 몰입 학습환경 설계, 이러닝, 수행공학 등이다.

조윤성은 중앙대학교 인적자원개발학과에서 박사학위를 취득하였다. 현재 중앙대학교 연구전담교수로 재직중이며, 인적자원개발과 평생교육 관련 분야를 강의하고 연구하고 있다. 주요 연구관심 분야는 조직진단과 개발, 수행 및 성과 측정 평가, 몰입과 웰빙 등이다.

홍아정은 Columbia University에서 Adult Learning & Leadership 전공으로 박사학위를 취득하였다. 현재 중앙대학교 교육학과 교수로 재직 중이며, 성인학습, 평생교육, 인적자원개발 관련 분야를 강의하고 연구하고 있다. 주요 연구관심 분야는 성인학습, 조직학습, 조직개발 등이다.

몰입연구동향 분석을 통한 한국형 몰입모델 탐색

송해덕, 조윤성, 홍아정

들어가며

세계 금융위기 이후 전 세계 경제는 저성장, 저금리, 저물가, 높은 실업률과 같은 비정상성이 일상화되는 소위 뉴 노멀 시대에 접어들고 있다(El-Erian, 2008). 이러한 만성적 저성장 기조의 경영환경에서 새로운 성장 동력을 확충하기 위해서 기업은 무엇보다도 창의성을 바탕으로 한 혁신적 수행을 강조하고 있다. 혁신이 조직 내 인적자원에 의해 형성된다는 점을 고려할 때(Van de Ven, 1986), 혁신을 통해 성과를 이룩하고 지속적인 경쟁우위를 점하기 위해서는 효과적인 인적자원개발 전략이 뒷받침되어야 한다. 4차 산업혁명 촉발로 인한 Gig 경제와 플랫폼 노동과 같은 새로운 경영 및 노동환경의 변화는 기업으로 하여금 인적자원의 안정적인 보유와 조직 잔류에 관한 가능성을 약화시키면서 효과적인 인적자원관리 및 개발 전략 수행을 어렵게 만들고 있다(Rasca, 2017). 따라서 인적자원의 관리와 개발 측면에 있어 새롭고 전략적인 대응 방안이 절실히 요구되고 있는 상황이다. 이에 새로운 인재를 적시에 고용하는 전략보다는 현재 소속되어 있는 구성원이 자신의 전문성을 스스로 개발하고, 지속적으로 조직에 잔류하려는 의지와 태도를 보이며, 맡은 일에 모든 역량을 쏟을 수 있도록 고무시키는 몰입(engagement) 제고 전략에 주목하고 있다(Leiter & Bakker, 2010). 실제로 몰입 수준이 높은 구성원은 직무수행에 있어 선제적이고, 진취적인 태도를 보이고, 타인과의 협력을 중요시하며, 끊임없이 자신의 전문성 개발을 위해 노력하고, 주어진 기준 이상의 높은 성과를 지향하고 전념하는 특성을 보이는 것으로 알려져 있다(Bakker & Schaufeli, 2008).

몰입은 일과 관련하여 활력, 헌신, 몰두를 특징으로 하는 긍정적이고 성취적인 마음의 상태(Schaufeli, Salanova, González－Romá, & Bakker, 2002)로 흔히 정의되며, 기업 내 긍정적 일터 환경을 조성하고 개인과 팀, 조직의 성과 제고와 전반적 웰빙 향상을 통해 궁극적으로 조직의 지속적 성장과 경쟁우위를 달성할 수 있는 핵심요인으로 주목받고 있다. 실제로 전 세계 글로벌 기업을 대상으로 한 조사에 따르면, 몰입 수준이 높은 구성원을 보유한 조직의 경우 그렇지 않은 조직에 비해 147% 이상의 영업 이익을 얻는 것으로 나타났다(Gallup, 2017). 다른 조사에서는 몰입 수준이 높은 상위 25% 기업의 경우 총 자산 이익률(＋7%), 수익성(＋7%)이 증가하였으나, 몰입 수준이 낮은 하위 25% 기업의 경우는 총 자산 이익률(－5%), 수익성(－4%)이 감소한 것으로 나타났다(Macey, Schneider, Barbera, & Young, 2009). 이처럼 경쟁적인 비즈니스 환경과 불확실성이 증대되고 있는 뉴노멀 경영환경 패러다임에서 조직의 긍정적 가치 창출을 위한 요소로서 몰입이 더욱 강조되고 있다.

한편, 최근 전 세계적으로 큰 충격을 준 COVID－19로 인해 대부분의 조직 구성원은 업무 수행 방식에 대한 급격한 변화를 겪고 있다. 실제로 원격근무 또는 가상 공간에서의 업무 수행과 협업은 일에 대한 탈몰입을 증가시키고 있는데(Mckinsey, 2020), 한 조사에 따르면 COVID－19로 인해 글로벌 기업 구성원의 몰입 수준이 8% 급감한 것으로 나타났다(Quantum Workplace, 2020). 따라서 포스트 코로나 시대 조직 구성원의 몰입을 효과적으로 증진시킬 수 있는 전략이 어느 때보다 중요하게 고려될 시점이다.

몰입에 관한 관심이 증대되고 있음에도 불구하고 몰입과 유사한 개념과 용어가 혼재되어 사용되고 있고, 우리나라 기업의 특수성을 반영한 몰입 요인들이 규명되지 않음에 따라 몰입 연구의 이론적 심화와 실천 현장에 적용할 수 있는 실천적인 시사점 제공이 미흡한 실정이다. 이에 본 연구에서는 몰입 개념에 대한 분석과 국내 몰입 연구동향의 분석을 토대로 한국형 몰입 모형을 탐색하는 것을 목적으로 하였다. 이를 위해 먼저 몰입 개념에 대한 다양한 관점과 이론적 근거, 특성을 살펴보았다. 다음으로 체계적 문헌고찰을 통해 몰입을 주제로 한 국내 전반의 연구 동향을 파악하고, 이를 바탕으로 국내 조직 맥락을 반영한 한국형몰입모형을 제안하여 향후 직원몰입을 위한 이론적·실천적 시사점을 제안하고자 한다.

몰입 개념과 이론적 접근

♦ 몰입 개념과 이해

학문적 관점에서의 몰입

몰입의 중요성과 가치가 강조되면서 다양한 학문 영역에서 몰입을 주제로 한 연구가 최근 활발히 진행되고 있다. 이에 따라 통합적 관점에서의 개념 정의와 범주의 체계화가 필요한 실정이다. 몰입에 관한 다양한 관점과 접근을 분석하고 개념화하기 위해서는 현재까지 소개된 몰입의 개념과 형태를 정의하면서, 비교적 공통적 특성을 바탕으로 유형을 파악하려는 시도가 전제되어야 한다. 이러한 시도의 일환으로 Shuck(2011)은 인적자원개발학, 심리학, 경영학 등 다양한 학문에서 논의되고 있는 몰입에 관한 정의와 특성을 종합하였다. 약 200여 개 이상의 몰입 관련 문헌을 검토한 후 관점 유형별 몰입의 개념을 다음과 같이 네 가지 유형으로 제시하였다.

욕구만족접근: 안정성, 의미성, 가용성

욕구-만족 접근에 따른 몰입의 개념은 초기 몰입에 관한 논의에서 찾아볼 수 있다. 직무와 관련하여 몰입의 개념을 처음으로 제시한 Kahn(1990)은 몰입을 조직 구성원이 역할을 수행함에 있어 자신의 육체, 인지, 정신을 활용하고 표현하는 상태로 정의하였다. 이와 대조적으로 탈몰입(disengagement)은 일 역할 수행 동안 자기 자신을 일과 육체적, 인지적, 정신적으로 분리하고 방어하는 것으로 설명한다. 이 접근 방법에서 종업원은 그들이 경험하는 심리적 조건이나 상태에 따라 그 사람의 태도와 행동이 달라질 수 있음을 전제로 한다. 여기서 말하는 심리적 경험은 개인의 몰입 또는 탈몰입에 결정적 영향을 미치는 심리적 조건이며, 의미성(일을 수행하는 데 있어 나의 노력을 투자하는 것이 의미 있는가), 안정성(이 일을 수행하는 것이 나에게 안전한가), 가용성(일을 수행하는데 있어 필요한 자원을 충분히 지니고 있는가)으로 제시된다. 즉, 일 상황에 있어서 개인들은 심리적 의미성, 안정성, 가용성에 대한 욕구가 존재하며, 이에 대한 욕구가 충족되는 경우 자신이 수행하는 일에 대해 몰입하게 된다는 것이다.

소진반제 접근: 활력, 헌신, 몰두

직업건강심리학에서 몰입에 관한 논의는 소진(burn-out)에 대한 긍정적 반제(antithesis)로 이해한다. 그리고 이러한 관점은 세부적인 특성에 따라 다음과 같이 두 가지 관점으로 다시 분류된다. 첫 번째는 몰입과 소진이 동일 연속선에서 각각 긍정적 부분과 부정적 부분으로 대비된다는 입장이다. 이때 몰입의 대표적인 특성은 활력, 참여, 효능감이고 그 반대는 소진의 세 가지 특성과 동일하다(Maslach & Leiter, 1997). 즉, 몰입에서 활력은 소진에서의 탈진, 참여는 냉소, 효능감은 무능감으로 각각 대비된다. 따라서 몰입을 측정하는 방식에 있어서도 직무소진 측정도구를 활용하는 것이 특징이다. 두 번째는 몰입이 소진에 반대되는 특성은 지니고 있지만 서로 구별적이고 독립적인 개념으로 보는 관점이다. 이 관점에서 몰입은 일과 관련하여 활력, 헌신, 몰두를 특징으로 하는 긍정적이고 성취적인 마음의 상태로 정의한다(Schaufeli, Salanova, González−Romá, & Bakker, 2002). 여기서 활력은 업무 동안 높은 수준의 에너지와 정신적 회복력을 지니고, 노력을 투자하고자 하는 의지를 보이며 어려움에 처하더라도 끈기를 보이는 특성이다. 헌신은 자신의 일과 강력하게 연결되고 유의성, 열정, 영감, 자부심과 도전감을 경험하는 것과 관련되어 있다. 몰두는 일에 완전히 집중하고 열중하여, 시간의 흐름을 잊을 정도로 일과 자신을 떼어놓기 힘든 상태를 의미한다.

만족몰입 접근: 열망, 관여, 만족

만족−몰입 접근은 기업과 같은 실천 현장에서의 실용적 사용에 초점을 맞춘다. 이때의 실용적 사용이란 실제 각 기업에서의 몰입된 직원의 특성을 규명하고, 이러한 특성들이 기업 성과에 어떻게 영향을 미치는지 살펴보고자 한다. 따라서 몰입을 일에 대한 개인의 열망(enthusiasm) 뿐 아니라 관여(Involvement)와 만족이 포함된 포괄적 개념으로 정의한다(Harter, Schmidt, & Hayes, 2002). 대표적으로 Gallup 社는 역할 명확성, 직무수행에 필요한 지원과 자원 수준 등에 대한 정도를 묻는 총 12개의 문항이 포함된 몰입 측정 도구인 Q12를 개발하였다. 이후 매년 전 세계 159개국 279개 글로벌 기업 종사자 650만 명을 대상으로 한 몰입과 기업 성과 간 추적조사를 진행하고 있다(Gallup, 2017). 조사결과에 따르면, 몰입 수준이 높은 기업은 그렇지 않은 기업보다 생산성, 판매량, 수익성이 월등히 더 높았으며, 반대로 직원의 결근율, 이직률, 안전사고 발생률은 낮은 것으로 나타났다.

다차원 접근: 직무/조직몰입

앞서 욕구−만족 접근이나 소진−반제 접근의 경우 몰입에 필요한 심리적 조건이나 선행 조건은 제시하고 있지만, 이러한 조건들이 어떠한 방식으로 몰입 수준을 발전시키는가에 관한 설명을 제시하지 못한다는 비판을 받아 왔다(Saks, 2006). 다차원 접근은 몰입의 선행조건이 어떤 과정을 통해 구성원의 몰입을 유발하는지 설명하기 위한 시도에서 나타나게 되었다. 다차원 접근은 사회적 교환 이론(social exchange theory)을 근거로 하여 몰입은 개인의 조직에 대한 보상이며, 보상으로써 몰입은 다양한 수준을 지닐 수 있다고 설명하고 있다. 따라서 몰입을 개인의 역할 수행과 관련된 인지적, 감정적, 행동적 요소로 구성된 차별적이고 독특한 구인으로 정의한다(Saks, 2006). 특히 몰입을 직무차원(job engagement)과 조직차원(organizational engagement)과 같이 다차원으로 구분하였으며, 비록 두 종류의 몰입이 어느 정도 상관관계가 있지만 각기 다른 선행요인과 결과요인을 지니고 있음을 주장하는 것이 본 접근의 특징이라고 할 수 있다.

실천현장에서의 몰입

대표적인 실천 현장인 기업의 비즈니스 상황에서 조직구성원의 긍정적 심리상태, 선제적 태도와 행동, 노력과 같은 긍정심리 기반 요소의 효과성이 주목받게 되면서 몰입에 대한 관심이 증가하였다. 이후 대부분의 HR 관련 조직과 부서에서는 조직 구성원의 몰입 수준을 높여 조직의 성과 제고와 지속적 성장 가능성을 향상시키기 위한 다각도의 노력을 시도하고 있다. 다양한 기업에서 강조되고 있는 몰입에 관한 대표적인 정의는 다음과 같다.

- Dell Inc: 특별한 노력을 이끄는 조직 구성원들의 정신(이성적 헌신)과 마음(감정적 헌신)
- Development Dimensions International: 조직의 목표와 가치를 믿고 지지하는 인지적 차원, 조직에 대한 자부심과 애착, 소속감 등의 정서적 차원, 좋은 결과를 얻기 위해 특별히 더 노력하고 조직에 남고자 하는 의도와 관련된 행동적 차원 등, 총 세 개의 차원으로 이루어진 개념
- Gallup: 일에 대한 관여(involvement)와 열정
- Hewitt Associates: (say) 동료, 내/외부 고객들에게 조직에 관하여 긍정적으로 일관되게 말하고, (stay) 다른 곳에서 일할 기회가 있음에도

불구하고 이 조직에 구성원으로써 남고자 하는 열의와 의도가 있으며, (strive) 비즈니스 성공을 위하여 추가적인 시간과 노력, 이니셔티브를 투자하는 성향

- Institute for Employment Studies: 조직과 조직 가치에 대한 종업원의 긍정적 태도
- Intuit Inc: 자신의 직무, 일 경험과 회사에 대해 어떻게 생각하고 느끼며 행동하는지 설명할 수 있는 개념
- Kenexa: 종업원이 자신의 조직의 성공에 기여하도록 동기부여하고, 조직 목표 달성에 중요한 업무 수행에 기꺼이 재량적으로 노력을 투자하는 정도
- Mercer: 종업원이 자신이 속한 조직의 성공에 대해 관심을 갖고 직무 완수에 요구되는 요건 이상의 높은 기준을 수행하려는 심리적 상태
- Towers Perrin: 직원들이 해당 직무를 완수하는 데 요구되는 최소한의 것을 넘어 자유의지로 자신의 여분의 시간과 지적 능력, 에너지를 일에 투입하고자 노력하는 정도

몰입과 유사 개념 간의 특성 비교

국내에서 몰입이란 단어로 동시에 번역되고 있는 개념인 '몰두(flow)'의 경우 짧은 시간 극적인 인지적 경험을 의미하지만, 몰입은 좀 더 폭넓고 지속적인 정신 상태를 의미한다는 점에서 차이가 있다. 또한 몰두가 자신의 목적을 위해서 직무나 과업을 수행하는 것과는 대조적으로 몰입은 개인 목적보다는 일 자체에 대한 의미감을 형성하고 목표 달성 가능성을 인식한다는 차원에서 다른 점을 보인다(Nakamura & Csikszentmihalyi, 2002).

몰입은 흔히 헌신(Commitment), 관여(involvement)와 같이 비교적 유사한 특성을 지닌 다른 개념들과 혼동되어 언급되고 있다(Saks & Gruman, 2014). 몰입과 비교적 유사한 특성을 지닌 유사 개념과의 비교 분석을 통해

몰입의 개념과 특성에 대한 더 나은 이해를 증진할 수 있다. 유사한 학문적 영역에서 몰입과 비슷한 특성을 지닌 유관 개념인 조직헌신(commitment), 직무관여(involvement), 조직시민행동(organizational citizenship behavior)을 범위(직무한정 또는 직무 외 범위 포함), 가치(주된 가치로 삼는 것), 지향점(해당 특성을 통해 이루고자 하는 지향), 조직 전이 가능성(타 조직으로의 동일한 특성 이동 가능성), 주요 분야(주로 논의되고 있는 학문 분야)의 5가지 기준을 바탕으로 특성을 비교 분석한 결과는 다음 <표 1>과 같다.

〈표 1〉 몰입과 유사 개념 간 특성 비교

차원	조직헌신	직무관여	조직시민행동	몰입
범위	직무 내	직무 내	직무 외	직무 내/외
가치	팀플레이	관심과 이해	구성원, 기관에 대한 존경	긍정적/선제적
지향점	사회적 순응과 협력	규범적 순응과 참여	규범적 순응과 참여	주도/진취
타 조직 전이가능성	낮음	중간	중간	높음
주요 분야	산업조직심리학	산업조직심리학	경영학, 정치학	사회 및 행동과학

출처: Schohat & Vigoda-Gadot(2010: 104).

몰입에 대한 이론 접근

욕구-만족 이론

욕구-만족 이론(needs-satisfying theory)은 개인의 동기와 몰입 간 관계를 설명하며 몰입에 대한 욕구-만족 관점을 뒷받침한다. 이 이론은 사람들의 업무에 대한 내적 동기부여에 중요한 영향을 미치는 심리적 조건이 존재한다는 사실을 전제로 한다(Hackman & Oldham, 1980). 여기서 심리적 조건은 의미성, 인정성, 가용성이다. 의미성은 직무수행에 있어 스스로 가치 있고 존중받으며, 타인과의 적절한 상호작용을 경험할 때 형성된다. 관련 요소로는 과업 특성(과업이 도전적이고, 명확하게 규정되어 있으며, 이 일을 다양하고 자율적으로 수행할 수 있는가), 역할 특성(영향력을 발휘할 수 있는 역할을 수행하고 있는가) 등이 있다. 안정성은 일 수행의 결과가 자신의 지위, 경력에 부정적 영향을 미칠 수 있다는 두려움이 없는 상태를 말한다. 안정성은 주로 대인관계(주변인들과 지지적이고 신뢰적인 관계)나 관리자의 경영스타일(지지적이고 일관적인 신뢰성을 보여주는 경영방식인가)에 의해 주로 영향을 받는 것으로 알려져 있다. 가용성은 자신이 맡은 업무를 수행하는 데 있어 필요한 신체적, 정신적, 심리적 자원의 실제 보유 여부와 관련이 있다. 이러한 가용성은 신체적 에너지(업무역할 수행에 투입할 수 있는 신체적 자원 수준이 얼마나 있는가), 정신적 에너지(업무역할 수행에 투입할 수 있는 정신적 에너지가 얼마나 있는가)에 의해 영향을 받는다.

정서변화 이론

정서변화이론(affective shift theory)은 구성원이 경험하는 개인 정서와 몰입 간 관계를 설명하는 이론이다(Bledow, Schmitt, Frese, & Kühnel, 2011). 몰입에 대한 접근은 일반적으로 개인이 긍정적 정서를 경험할 때 높은 수준의 수행 목표를 설정하고, 이를 달성하기 위해 몰입하는 것으로 알려져 있다(Hakanen, Bakker, & Schaufeli, 2006). 반대로 부정적 감정은 구성원의 정신적 압박을 유발하기 때문에 업무 수행을 위한 인지적 자원과 행동의 선택을 제한하여 결국 몰입 수준을 낮춘다고 보고된다(Fredrickson, Tugade, Waugh, & Larkin, 2003). 그러나 정서변화이론에서는 긍정적 정서와 부정적 정서 간 역동성에 따른 몰입 발현 기제를 설명하면서, 특히 구성원의 높은 몰입을 형성하기 위해서는 긍정적 정서 뿐 아니라 부정적 정서도 중요함을 강조한다. 이 이론에 따르면 부정적 정서를 경험하는 구성원은 자신에게 주어진 정보에 대해 좀 더 민감하게 반응하고 세부 사항을 분석하고자 노력하며, 이러한 과정을 통해 주어진 상황에 대한 상세하고 사실적인 이해를 획득한다. 이러한 활동과 자원은 이후 몰입을 이끌기 위한 선행조건으로서 기능하며, 이때 긍정적 정서가 수반되면 가장 높은 몰입 수준을 보이게 된다(Frijda, 1988). 즉, 일 상황에 있어 긍정적 정서와 부정적 정서가 역동적으로 상호작용함으로써 몰입이 나타날 수 있음을 설명하는 이론이다.

직무요구-자원 이론

직무요구-자원 이론(job demands-resource theory)은 직무 맥락관점에서 몰입 간 관계를 설명하는 대표적인 이론이다(Bakker & Demerouti, 2007). 해당 이론에서는 직무의 종류나 조직의 유형과 관계없이 몰입을 예측할 수 있는 두 가지 유형의 자원이 존재한다. 첫 번째 자원 유형인 직무자원은 직무를 수행하는 데 있어 육체적, 심리적 비용을 감소시키고 직무 목표를 성취할 수 있도록 기능하며 개인의 성장, 학습, 개발을 자극하는 직무와 관련된 물리적, 심리적, 조직적 측면을 의미한다(Demerouti, Bakker, Nachreiner, & Schaufeli, 2001). 직무자율성, 재정적 보상, 목표명확성, 리더십, 심리적 안정성, 사회적 분위기, 사회적 지원, 기술 다양성 등이 직무자원의 대표적인 예시이다. 또 다른 자원 유형인 개인적 자원은 자신의 환경을 성공적으로 제어하고 영향을 미치는 능력에 대한 자아의 심리적 특성 또는 측면이다. 희망, 긍정성, 내재적 동기, 조절초점 등이 대표적인 개인적 자원의 예시이다. 한편, 해당 모형에서는 구성원의 몰입을 저하시키고 부정적 결과를 촉발시키는 요인으로서 직무요구가 포함되어 있다. 직무요구란 해당 직무를 수행하는 구성원에게 압력을 가할 수 있는 직무 특성을 의미하는데 대체적으로 종업원의 능력 이상을 요구하는 상황에서 발생한다. 직무요구 그 자체가 부정적 효과를 미치지 않지만, 직무요구가 구성원으로 하여금 높은 수준의 육체적, 사회적, 심리적 노력을 요구하는 경우 직무스트레스를 발생시키며, 이것이 결국 직무소진, 이직과 같은 부정적 결과로 이어진다(Schaufeli & Bakker, 2004). 직무 복잡성, 직무 불안정성, 대인 간 갈등, 조직변화, 역할 모호성, 역할 갈등, 시간적 압박, 일 압력, 일-가정 갈등 등이 대표적인 직무요구 요소들로 알려져 있다.

사회적 교환 이론

조직과 몰입 간 관계를 설명하는 대표적인 이론으로서 사회적 교환이론이 있다(Cropanzano & Mitchell, 2005). 사회적 교환 이론에서는 일 상황에서 개인들이 상호호혜 또는 상환규칙(repayment rules)을 지지하고 지킬수록 시간이 지남에 따라 신뢰, 충성도, 상호 간 헌신이 발전할 수 있음을 설명한다. 예를 들어, 조직 구성원이 자신이 속한 조직으로부터 인정, 기회와 같은 특별한 자원을 얻게 되면, 해당 개인은 이에 대한 감사함과 조직에 되갚으려고 하는 부채감을 느끼면서 조직에 순기능적인 태도와 정서를 보이게 된다. 대표적으로 조직 구성원은 자신이 조직에서 받는 자원에 대한 급부로서 자신 스스로를 몰입하는 경향을 보이게 된다. 즉, 조직 구성원은 자원과 혜택에 대한 교환으로써 그들의 고용주에게 자신들의 몰입을 제공한다는 것이다(Saks, 2006). 반대로 조직이 이와 같은 자원을 제공하지 못하는 경우 구성원들은 직무수행에 몰입하지 않게 된다. 따라서 구성원들이 각자 자신들의 직무 수행에 몰입할 수 있도록 하는 인지적, 정서적, 물리적 자원은 조직으로부터 얻게 되는 경제적, 사회정서적 자원에 의해 결정될 수 있음을 의미한다.

국내 몰입연구동향 분석

2000년대 긍정심리학이 급부상하면서 일에 대한 의미와 일 수행에서 느낄 수 있는 행복감, 정신건강과 관련된 논의들이 활발하게 진행되었고, 이는 몰입에 대한 관심과 연구의 증가로 이어졌다. 실제로 google 검색엔진에서 'Engagement'의 전 세계 검색 수를 보면, 2020년 7월 기준 누적 검색 수

29,496건으로 나타나고 있다. 국내의 몰입 관련 연구물을 학술연구정보서비스(RISS)에서 검색한 결과, 2009년 1건에서 2019년 53건, 2020년 7월 기준 48건 등 몰입을 주제로 한 연구가 최근 들어 증가하고 있다.

본 연구에서는 몰입을 주제로 한 국내 몰입 연구의 동향을 파악하기 위하여 최근 10년간 관련 연구물을 검토하였다. 국내 대표 논문 통합 검색 데이터베이스인 학술연구정보서비스(RISS)를 활용하여, '업무몰입', '직무몰입', '직원몰입', '일 열의', 'Engagement'를 제목과 주제어(Keyword)로 설정하여 검색을 진행하였다. 그 결과 총 214개의 몰입 관련 실증연구물이 분석대상으로 선별되었다. 다음 <그림 1>은 분석 대상 연구물의 발표 연도를 정리한 결과이다. 국내 몰입 관련 실증연구는 2009년 이후로 꾸준히 증가하고 있는데, 특히 2015년 이후 상대적으로 급격하게 증가하였음을 파악할 수 있다.

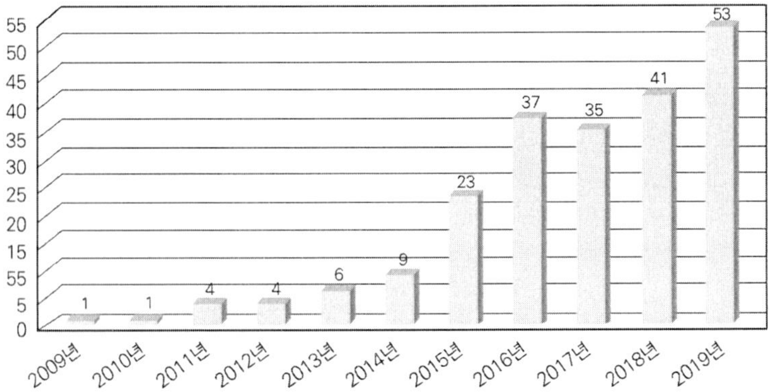

〈그림 1〉 연도별 몰입 관련 연구 수행 현황

◆ 조직유형별 분포

몰입 연구를 진행한 연구대상의 조직유형별 분포를 조사한 결과, 민간조직이 59건(27.6%)으로 가장 많았고 다음으로는 호텔기업 47건(22.0%), 정보 없음 22건(10.3%), 공공조직 21건(9.8%) 등의 순으로 확인되었다. 즉,

호텔기업이 민간조직에 포함될 수 있음을 고려한다면,[1] 국내 몰입 연구는 대부분 민간조직을 대상으로 진행되었음을 확인할 수 있다.

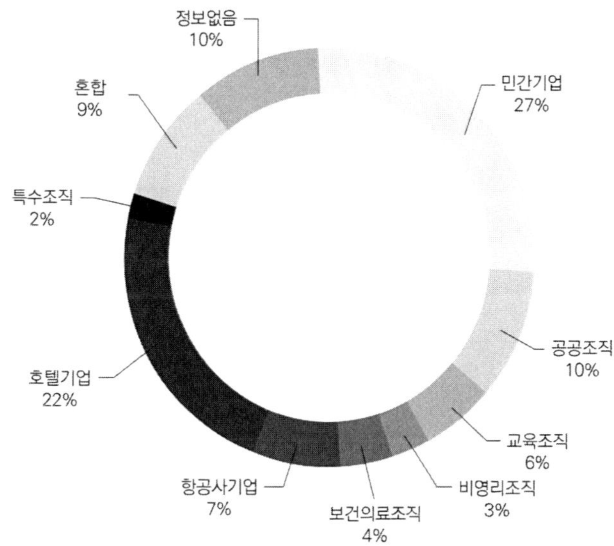

〈그림 2〉 몰입연구 대상 조직유형 분포

• 직무별 분포

몰입 연구를 진행한 연구대상의 지무별 분포에서는 서비스직이 74건(34.6%)으로 가장 많았고 다음으로 직무에 관한 정보가 없는 연구가 52건(24.3%), 다양한 직무가 혼합된 연구대상을 중심으로 진행된 연구가 49건(26.5%) 순으로 나타났다. 이를 통해 전체 실증연구의 절반 이상 가량이 연구대상의 직무 유형에 관한 근거를 제시하지 않거나, 특정 직무상황을 고려하지 않은 상태에서 연구가 실행되었음을 알 수 있다.

1) 조직 유형에서 비교적 많은 비중을 차지하였던 보건의료조직(병원), 항공사, 호텔기업은 유의미한 연구결과를 도출하기 위하여 민간조직에 포함하지 않고 별도의 범주로 유형화하였다.

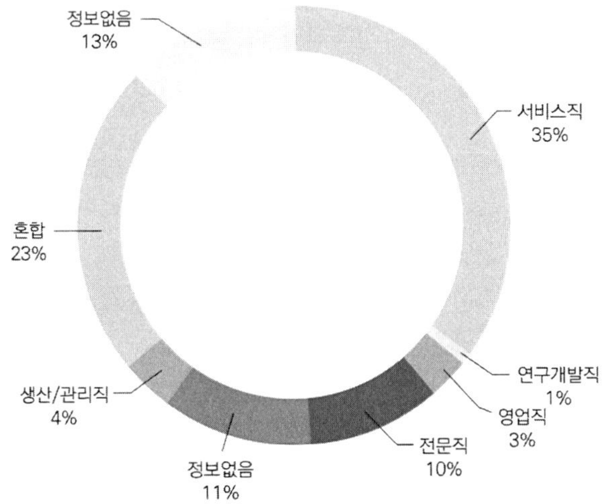

〈그림 3〉 몰입연구 대상 조직유형 분포

• 몰입 주요 차원, 선행요인, 결과변인

최근 10년간 국내에서 몰입을 주제로 실증 연구한 분석결과를 <그림 4>에서 몰입의 주요 변인, 선행요인, 결과요인들을 분류하여 제시하였다. 제시한 연구결과는 우리나라의 조직 맥락을 중심으로 다차원, 다수준의 선행요인, 몰입 유형, 결과변인을 통합적으로 범주화함으로써 국내 조직의 특성을 반영한 한국형 몰입모형의 전형을 보여준다.

몰입의 주요요인

다양한 선행요인을 통해서 발현된 몰입의 주요 하위요인들은 네 가지 차원으로 범주화될 수 있다. 먼저 정서적 차원은 직무, 일 또는 조직에 대해 만족과 행복을 넘어 열정과 영감, 자부심과 같은 긍정적인 감정에 대한 경험과 관련이 있다. 인지적 차원의 경우 일 또는 직무수행에 있어 매우 높은 수준으로 주의집중하며, 자신과 일, 조직에 대해 강력한 심리적 연결성을 보이는 특성을 의미한다. 행동적 몰입의 경우 조직이 부여한 과업에 대해 정해진 목표 또는 그 이상을 달성하기 위해 발휘하는 에너지 또는 노력의 형태를 말하며, 마지막으로 관계적(사회적) 몰입은 공통의 직무 목표 및 가치를 공유하는 것을 포함하며 자신과 주위 동료와의 사회적 연결성을 인식하는 것을 의미한다.

몰입의 선행변인

국내 몰입관련 연구들의 분석 결과, 몰입을 예측하는 주요 선행요인은 크게 직무환경 영역과 관계적 영역 그리고 개인적 영역으로 구분될 수 있다. 우선 직무환경 영역은 수준에 따라 세부적으로 조직지원환경(조직문화, 인적자본투자, 집단효능감 등)과 직무특성(경력개발지원, 직무자율성, 참여적 의사결정 등)으로 구분할 수 있다. 다음으로 관계차원 영역의 경우 특성에 따라 리더차원(리더십 유형, LMX, 의사소통 등), 상사·동료 차원(사회적 지지, 신뢰, 멘토링, 코칭 등), 고객차원(고객자원, 고객요구 등)으로 범주화하였다. 마지막으로 개인적 특성으로는 인지적 차원(긍정심리, 심리적 조건, 효능감 등), 정서적 차원(정서노동전략, 회복탄력성, 행복 등), 성향 차원(목표지향성, 조절초점, 학습민첩성 등), 행동 차원(자기개발, 경력계획수립, 고객지향 등)이 포함된다.

몰입의 결과변인

다양한 형태로 발현되는 몰입은 일차적으로는 조직 구성원의 직무와 일, 조직에 대한 특정 심리상태를 형성하지만, 이것이 발전하여 개인의 의도, 실제 행동 유발을 통해 결국 조직과 직무에 대한 성과를 이루게 된다. 이를 구체적으로 살펴보면, 먼저 몰입이 높은 수준으로 유지되는 경우 긍정적 심리자원을 바탕으로 자신의 직무(예: 직무배태성) 또는 조직에 대한 강력한 연계성(예: 조직몰입)을 인식하고 높은 만족감(예: 직무만족)을 보이게 된다.

이후 이와 같은 직무 및 조직에 대한 호혜적 심리상태는 집단의 성과창출을 위한 지식을 공유하거나, 조직 개선을 위한 조직변화를 긍정적으로 수용하고, 해당 조직에 계속 남아 있으려는 의도로 발현될 수 있다. 한편, 이러한 의도적 차원이 한 단계 더 발전하는 경우 조직시민행동, 혁신행동과 같은 역할 외 행동이나 서비스행동, 직무수행, 판매노력, 적응판매와 같은 역할 내 행동과 같이 조직 및 직무의 개선, 발전을 위한 구체적인 행동으로 나타나게 된다. 마지막으로 지속적인 개선과 발전, 성과창출을 위한 다양한 역할 외, 역할 내 행동은 결국 실제적인 서비스, 영업, 직무성과와 같은 가시적인 성과뿐만 아니라 결과적으로 조직성과로 이어진다.

〈그림 4〉 한국형 몰입모델

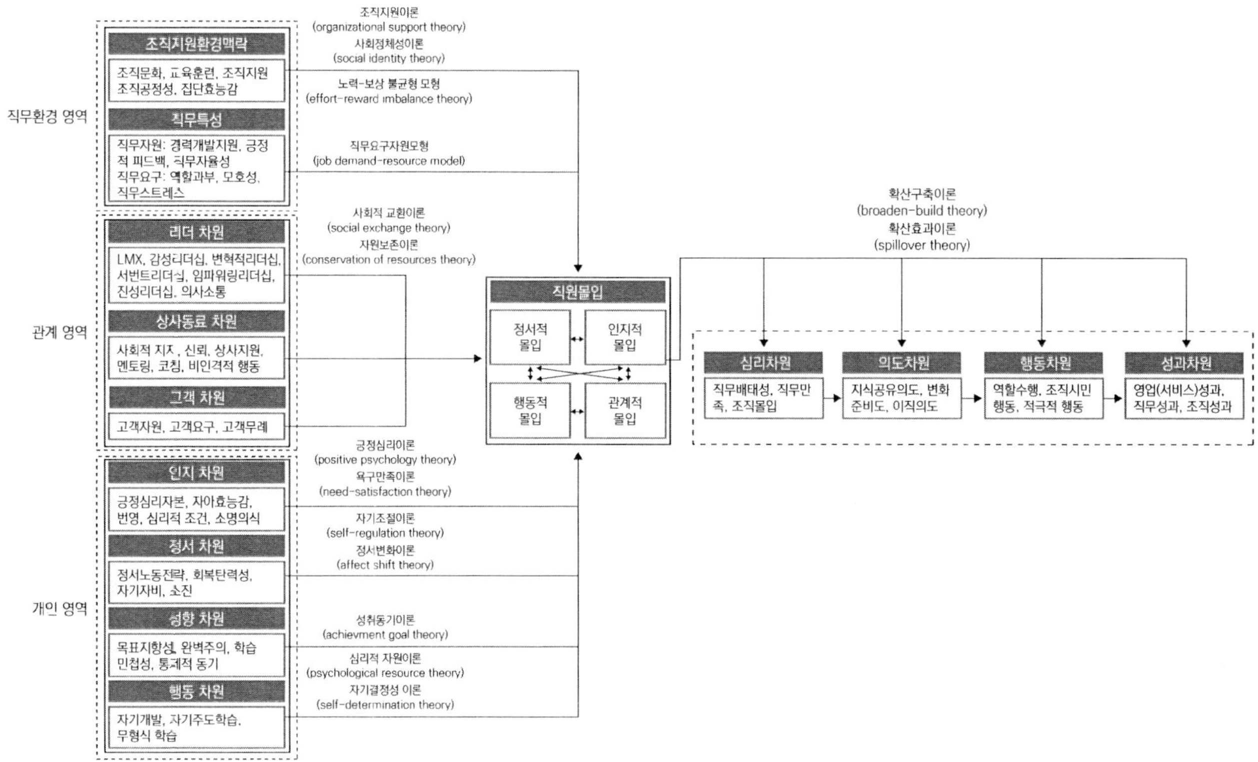
직무환경 영역
조직지원환경맥락
조직문화, 교육훈련, 조직지원
조직공정성, 집단효능감
직무특성
직무자원: 경력개발지원, 긍정적 피드백, 직무자율성
직무요구: 역할과부, 모호성, 직무스트레스
관계 영역
리더 차원
LMX, 감성리더십, 변혁적리더십, 서번트리더십, 임파워링리더십, 진성리더십, 의사소통
상사동료 차원
사회적 지지, 신뢰, 상사지원, 멘토링, 코칭, 비인격적 행동
고객 차원
고객자원, 고객요구, 고객무례
개인 영역
인지 차원
긍정심리자본, 자아효능감, 번영, 심리적 조건, 소명의식
정서 차원
정서노동전략, 회복탄력성, 자기자비, 소진
성향 차원
목표지향성, 완벽주의, 학습민첩성, 통제적 동기
행동 차원
자기개발, 자기주도학습, 무형식 학습
조직지원이론
(organizational support theory)
사회정체성이론
(social identity theory)
노력-보상 불균형 모형
(effort-reward imbalance theory)
직무요구자원모형
(job demand-resource model)
사회적 교환이론
(social exchange theory)
자원보존이론
(conservation of resources theory)
긍정심리이론
(positive psychology theory)
욕구만족이론
(need-satisfaction theory)
자기조절이론
(self-regulation theory)
정서변화이론
(affect shift theory)
성취동기이론
(achievment goal theory)
심리적 자원이론
(psychological resource theory)
자기결정성 이론
(self-determination theory)
직원몰입
정서적 몰입
인지적 몰입
행동적 몰입
관계적 몰입
확산구축이론
(broaden-build theory)
확산효과이론
(spillover theory)
심리차원
직무배태성, 직무만족, 조직몰입
의도차원
지식공유의도, 변화준비도, 이직의도
행동차원
역할수행, 조직시민행동, 적극적 행동
성과차원
영업(서비스)성과, 직무성과, 조직성과

몰입연구의 미래방향

본 장에서는 뉴노멀 시대 전략적 인적자원개발 방안에 대한 핵심 전략으로 관심이 증대되고 있는 몰입에 대한 개념적 특성을 파악하고 국내 몰입 연구 동향을 조망하였다. 현재까지 몰입을 주제로 한 실증 연구를 종합하여 우리나라 조직맥락의 특성을 반영한 몰입 모델의 요인을 제안하였다. 이를 통해 몰입 이론에 관한 통합적인 담론과 함께 몰입 연구를 위한 새로운 어젠다를 제공하며, 국내 조직맥락에서 적용될 수 있는 몰입 증진 전략 및 관리 방안에 관한 실천적 시사점을 도출하였다. 본 연구에서 파악한 국내 몰입 연구 동향과 특성 분석을 통해 향후 몰입 연구의 방향을 다음과 같이 제안할 수 있다.

첫째, 몰입에 관한 개념과 정의를 명료화하는 노력이 필요하다. 국내 연구에서 'engagement'를 지칭하는 용어로서 몰입, 열의, 참여 등 다양한 개념으로 번역되어 사용되고 있으며, 반대로 'engagement', 'flow,' 'commitment'와 같은 개념이 국내에서 동일하게 '몰입'이라는 용어로 사용되고 있다. 이러한 개념의 혼동과 용어의 혼란은 몰입 연구에 대한 학술적 합의와 실천 현장에서의 일원화 된 담론을 형성하는 데 장애가 될 수 있다. 본 연구에서는 현재까지 진행된 국내 몰입 연구 내용과 논의를 바탕으로, 몰입에 관한 통합된 관점을 제공하고자 'engagement' 용어를 '몰입'으로 사용하기를 권고한다. 또한 'job engagement', 'work engagement', 'employee engagement'를 '직무몰입', '일 몰입', '직원몰입' 용어로 구분하여 활용할 것을 제안한다.

둘째, 몰입 연구의 대상을 확대할 필요가 있다. 국내 몰입 연구의 경우 대부분 민간조직을 대상으로 이루어지고 있는 것으로 나타났다. 그러나 몰입이 조직문화, 특성, 유형 등에 결정적인 영향을 받는다는 점을 고려할 때 기업 유형, 조직문화 등 집단 특성에 따른 몰입의 차별화된 기제를 확인하기 위해서는 다양한 조직맥락을 대상으로 몰입 연구가 체계적으로 확대 및 범주화 되어야 한다. 다양한 조직과 집단을 대상으로 몰입 연구를 수행함으로써 몰입이 발현되는 다양한 맥락적 특성을 확인할 수 있으며, 집단 유형에 따른 몰입의 차별적 기제를 파악하는 데도 도움이 될 수 있을 것이다.

셋째, 다양한 조직과 집단의 특성을 반영한 몰입연구에서 더 나아가 우리나라 상황에 적합한 한국적 몰입 모형을 탐색 및 개발하고 정교화하기 위해서는 이론적 논의를 심화하고 다양한 접근 방법으로 실증 연구를 정교화할 필요가 있다. 본 장에서 분석한 연구결과에 따르면 한국적 상황에서 몰입 연구들은 몰입의 주요 하위차원에서 해외 연구들과 몇 가지 부분에서 차이가 있음을 확인하였다. 요컨대, 지금까지 밝혀진 몰입의 구성요소는 인지적 차원, 행동적 차원, 정서적 차원으로 구분되었지만 한국의 조직 맥락에서는 '관계적 차원'이 주요 하위차원임을 확인하였다. 이는 조직 구성원이 직무를 수행하는 데 있어 사회적 관계로 인한 영향력에서 자유로울 수 없으며, 특히 일반적인 한국의 조직 구성원은 공동체 의식과 유대감을 형성하고 유지함으로써 개인의 안정감과 자존감에 영향을 미치는 특성을 보인다는 맥락적 특성을 반영한 것이다. 이와 관련하여 최근 국내 조직 내 구성원 몰입에 관한 구성에 있어 관계적 또는 사회적 몰입의 차원으로 포함하려는 시도가 나타나고 있으며(Kim, Park, Song, & Yoon, 2012), 이러한 현상을 일반화하기 위해서는 객관적인 실증 연구가 지속적으로 수행되어야 한다.

끝으로 본 장에서 제안한 한국형 통합몰입 모형을 기반으로 뉴 노멀 시대 조직의 지속적 성장과 성과를 도출하기 위하여 인적자원개발 관련 담당자는 다음과 같은 몰입 증진 방안을 고려할 수 있다. 첫째, 급변하고 있는 직무 환경에서 요구되는 리더십 특성을 규명하고, 이를 개발하기 위한 정책과 프로그램을 제공해야 한다. 한 조사에 따르면, 최근 COVID-19에서 비롯된 일련의 경영 위기 환경 맥락에서 32%의 종업원만이 자신의 리더 또는 관리자의 위기관리 능력에 대해 신뢰하고 있었다(Carufel, 2020). 이미 수많은 리더십 연구에서 리더는 종업원의 신뢰 구축, 직무수행 지원, 심리적 안정감

구축 등 다양한 영향력을 통해 몰입을 형성시킬 수 있는 중요한 자원임을 확인하였다. 특히 최근과 같이 불확실성이 증가하고 상시적인 위기가 발생하는 비즈니스 환경에서는 민첩한 위기관리와 변화 적응을 위한 리더십의 혁신이 전제되어야 하므로, 이와 관련된 능력을 제고하고 지원하는 것이 그 어느 때보다 중요하다.

둘째, 혼란과 위기감이 팽배한 오늘과 같은 직무환경에서 종업원의 몰입을 증진할 수 있는 주요 전략은 종업원의 노력과 성과에 대한 피드백과 인정을 제공하는 것이다. 피드백과 인정은 종업원에게 소속감과 심리적 안정감을 느끼게 함으로써 효능감은 높이고 소진을 감소시킨다. 최근 조사에 의하면 전체 종업원의 62%가 COVID-19 관련 스트레스로 인해 사기가 저하되면서 하루에 최소 1시간 이상 분량의 생산성 하락을 경험하고 있고, 32% 이상은 2시간 이상 업무에 낮은 생산성과 몰입을 경험하는 것으로 조사되었다(Mayer, 2020). 몰입이 저하된 이러한 상황에서는 종업원 스스로 일의 가치와 의미를 찾을 수 있도록 직무수행시 필요한 즉각적인 피드백을 제공하고 노력과 성과에 대한 가치를 조직 차원에서 공식적으로 인정하고 공표함으로써 종업원의 몰입을 제고할 수 있다.

마지막으로, 언택트 방식을 통한 직무수행 양식이 보편화될 것으로 예측되면서, 몰입을 제고할 수 있는 다양한 형태의 협업(team work)을 고려할 필요가 있다. 공동 목표를 달성하기 위해 동료와 협력하여 일을 수행하는 것은 조직에 대한 소속감, 일에 대한 목적과 의미를 증가시켜 몰입에 긍정적인 영향을 미친다. 따라서 가상환경 또는 대면환경 등 다양한 방식의 협업 유형을 파악하고, 이를 바탕으로 효과적으로 서로의 아이디어와 의견을 공유하고 의사소통할 수 있는 가이드라인과 다양한 상호작용 채널을 마련하는 것이 필요하다.

참고문헌

Bakker, A. B., & Demerouti, E. (2007). The job demands-resources model: State of the art. *Journal of Managerial Psychology, 22*(3), 309-328.

Bakker, A. B., & Schaufeli, W. B. (2008). Positive organizational behavior: Engaged employees in flourishing organizations. *Journal of Organizational Behavior 29*(2), 147–154.

Bledow, R., Schmitt, A., Frese, M., & Kühnel, J. (2011). The affective shift model of work engagement. *Journal of Applied Psychology, 96*(6), 1246-1257.

Carufel, R. (2020). *COVID-19 pandemic, employees have low trust in leadership to navigate through crisis.* Retrieved from https://www.agilitypr.com/

Cropanzano, R., & Mitchell, M. S. (2005). Social exchange theory: An interdisciplinary review. *Journal of Management, 31*(6), 874-900.

Demerouti, E., Bakker, A. B., Nachreiner, F., & Schaufeli, W. B. (2001). The job demands-resources model of burnout. *Journal of Applied Psychology, 86*(3), 499-512.

El-Erian, M. (2008). *When markets collide: Investment strategies for the age of global economic change.* McGraw Hill Professional.

Fredrickson, B. L., Tugade, M. M., Waugh, C. E., & Larkin, G. (2003). What good are positive emotions in crises? A prospective study of resilience and emotions following the terrorist attacks on the United States on September 11th, *Journal of Personality and Social Psychology, 84,* 365–376.

Frijda, N. H. (1988). The laws of emotion. *American Psychologist, 43*(5), 349–358.

Gallup. (2017). *State of the global workplace.* Retrieved from https://www.gallup.com/workplace/238079/state-global-workplace-2017.aspx

Hackman, J. R., & Oldham, G. R. (1980). *Work redesign.* Reading, Mass: Addison-Wesley.

Hakanen, J. J., Bakker, A. B., & Schaufeli, W. B. (2006). Burnout and work engagement among teachers. *Journal of School Psychology, 43*(6), 495-513.

Harter, J. K., Schmidt, F. L., & Hayes, T. L. (2002). Business-unit-level relationship between employee satisfaction, employee engagement, and business outcomes: A meta-analysis. *Journal of Applied Psychology, 87*(2), 268-279.

Kahn, W. A. (1990). Psychological conditions of personal engagement and disengagement at work. *Academy of Management Journal, 33*(4), 692–724.

Kim, W., Park, C. H., Song, J. H., & Yoon, S. W. (2012). *Building a systematic model of employee engagement: The implications to research in human resource development.* In J. Wang, & J. Gedro (Eds.), 2012 Conference Proceedings of the Academy of Human Resource Development (pp. 3916-3949).

Leiter, M. P., & Bakker, A. B. (2010). Work engagement: Introduction. In A. B. Bakker., & M. P. Leiter (Eds.), *Work engagement: A handbook of essential theory and research* (pp. 1–9). New York, NY: Psychology Press.

Macey, W. H., Schneider. B., Barbera,K. M.,& Young, S. A. (2009). *Employee engagement: Tools for analysis, practice, and competitive advantage.* London, UK: Wiley-Blackwell.

Maslach C., & Leiter, M. P. (1997). *The truth about burnout: How organizations cause personal stress and what to do about it.* San Francisco, CA: Jossey-Bass.

Mayer, K. (2020). *Here's how many employees say the pandemic is the most stressful time of their career and what it means for HR leaders.* Retrieved from https://hrexecutive.com/

Mckinsey. (2020). *Our latest perspectives on the coronavirus pandemic.* Retrieved from https://www.mckinsey.com/business-functions/risk/our-insights/covid-19-implications-for-business

Nakamura, J., & Csikszentmihalyi, M. (2002). The concept of flow. In C. R. Snyder & S. J. Lopez (Eds.), *Handbook of positive psychology* (pp. 89-105). New York, NY: Oxford University Press.

Quantum Workplace. (2020). *The impact of COVID-19 on employee engagement.* Retrieved from https://www.quantumworkplace.com/

Rasca, L. (2017). Human resources challenges for the 21st century. *Proceedings of the International Conference on Business Excellence, 11*(1), pp.475-481.

Schaufeli, W. B., & Bakker, A. B. (2004). Job demands, kob resources, and their relationship with burnout and engagement: A multi-sample study. *Journal of Organizational Behavior, 25*(3), 293-315.

Schaufeli, W. B., Salanova, M., González-Romá, V., & Bakker, A. B. (2002). The measurement of engagement and burnout: A two sample confirmatory factor analytic approach. *Journal of Happiness Studies, 3*(1), 71-92.

Saks, A. M. (2006). Antecedents and consequences of employee engagement. *Journal of Managerial Psychology, 21*(7), 600-619.

Saks, A. M., & Gruman, J. A. (2014). What do we really know about employee engagement?. *Human Resource Development Quarterly, 25*(2), 155-182.

Schohat, L. M., & Vigoda-Gadot, E. (2010). "Engage me once again": Is employee engagement for real, or is it "same lady different dress"? In S. L. Albrecht (Ed.), *Handbook of employee engagement* (pp. 98-107). MA: Edward Elgar.

Shuck, B. (2011). Four emerging perspectives of employee engagement: An integrative literature review. *Human Resource Development Review, 10*(3), 304-328.

Van de Ven, A. H. (1986). Central problem in the management of innovation. *Management Science, 32*(5), 590-607.

종업원의 감성지능과 집단 창의성

양세희(sehee@knu.ac.kr)

양세희는 경북대학교 교육학과에서 박사학위를 취득하였다. 현재 대구경북연구원 객원연구위원으로 재직 중이며, 평생교육을 비롯한 교육 전반에 대한 연구를 수행하고 있다. 주요 연구관심 분야는 학습전이, 감성지능, 집단 창의성 등이다.

* 이 글은 2016년 5월에 발행된 「HRD연구」 18권 2호에 게재된 논문을 수정 · 보완한 것임.

종업원의 감성지능과 집단 창의성

양세희

감성지능의 중요성

기업은 환경 변화에 유연하게 대응하기 위해 혁신성을 높이는 새로운 경영기법들을 도입하고 있다. 그러나 생산성 제고를 위한 합리적 경영은 효율성에는 도움이 되었으나 구성원들의 과잉경쟁을 유발하여 구성원 간의 감정 교류, 갈등, 감정 통제 등 정서적 측면을 도외시하는 결과를 가져왔다(박찬욱, 2010). 이에 조직 내 과업수행의 성공요인으로 인식되던 지적능력인 IQ(intelligence quotient)보다 자신의 감성을 잘 활용하고 인간적인 관계를 형성하는 감성능력인 EQ(emotional quotient)가 강조되기 시작하면서(Goleman, 1998), 감성지능(emotional intelligence)은 지능 연구자들 뿐 아니라 일반 대중의 관심을 받게 되어 세계적으로 주목받는 연구 분야가 되었다(고성만, 2010; 정현우, 2007). 여기서 감성지능이란 감정과 관련된 정보를 처리하는 능력으로서, 자신은 물론 타인의 감정을 정확하게 파악하며, 적절한 방식으로 감정을 표현하는 능력을 의미한다. 또한 감정을 효과적으로 조절하는 능력, 즉 동기를 부여하고 계획을 수립하며 목표를 성취하기 위하여 감정들을 이용해 자신의 행동을 이끄는 능력을 의미한다(Mayer,

DiPaolo, & Salovey, 1990).

이러한 감성지능의 중요성이 다시 한 번 주목받게 된 것은 최근 4차 산업혁명이라는 급변하는 상황에 맞닥뜨리면서이다. 4차 산업혁명으로 인해 AI, 로봇 등이 점진적으로 인간의 역할을 대체하고 있는 전례가 없는 변화 속에서, 감성지능은 인간만이 가지고 있는 그 어떤 기술로 대체하기 어려운 고유 영역이다(황영아, 김지원, 송영수, 2017). 이러한 이유로 다보스포럼 미래고용보고서에서 발표한 'Top 10 skills in 2020[1]'에 감성지능이 선정되었다고 볼 수 있겠다. 이렇듯 감성지능이 새로운 시대를 준비하는 핵심역량으로 선정됨에 따라 HRD 영역에서 실천적 연구를 활성화함으로써 구체적인 실행전략을 제공해주어야 할 것이다.

이에 최근 국내 HRD 분야에서 감성지능을 다룬 몇몇 연구들을 살펴보았다. 먼저, 강명희, 김부희, 유영란과 임현진(2011)이 감성지능, 직무만족, 조직몰입, 조직충성 간의 관계를 구조방정식모형을 활용하여 검증한 바 있다. 그들의 연구 결과에 의하면, 감성지능의 하위요인 중 감성조절이 조직충성에 직접적으로 영향을 미치므로 조직의 입장에서 인재를 선발할 시 감성조절 능력을 고려할 필요가 있겠다. 그리고 이은수(2015)는 감성지능이 조직몰입과 직무만족에 긍정적인 영향을 미칠 수 있음을 검증하였으며, 박종민, 노현재, 정희근과 심덕섭(2012)은 기존의 연구들에서 주로 리더나 관리자의 감성지능에만 초점을 맞추었음을 한계로 지적하며, 리더와 부하의 교환관계(LMX)와 동료 간의 교환관계(TMX)로 감성지능의 주체를 확장하여 직무수행에 미치는 영향을 검증하였다. 그 결과, 감성지능과 직무수행 간의 정적인 영향관계를 확인하였다. 이외에도 감성지능은 조직과 관련된 다양한 변수와 결합되어 꾸준히 연구되어오고 있다.

HRD 관점으로 감성지능 연구에서 주요하게 살펴봐야 하는 것은 하위 구

---

1) Top 10 skills in 2020(WEF, 2016): Emotional Intelligence, Complex Problem Solving, Critical Thinking, Creativity, People Management, Coordinating with Others, Judgment and Decision Making, Service Orientation, Negotiation, Cognitive Flexibility

성요소와 그에 따른 업무현장에의 영향력 혹은 전이라고 할 수 있다. 감성지능을 분류하는 기준으로 가장 많이 활용되는 Wong과 Law(2002)의 연구에서는 감성지능을 자기감성의 이해(self-emotional appraisal), 타인감성의 이해(others' emotional appraisal), 감성의 활용(use of emotion), 감성의 조절(regulation of emotion)로 구분하였다. 그 네 가지 구성요소를 살펴보면, 자기감성의 이해는 자신의 감정을 이해하고 감정을 가감 없이 표현할 수 있는 능력이며, 타인감성의 이해는 주변 사람들의 감정에 주의를 기울이고 이해하는 능력을 의미한다. 그리고 감성의 조절은 자신의 감정에 따라 즉각적으로 행동을 하는 것을 자제하고 자신의 감정을 상황에 맞게 적절히 표현할 수 있는 능력이며, 감성의 활용은 개인이 획득한 감성정보를 개인의 성과와 문제 해결 등에 활용하는 능력을 의미한다.

그렇다면 앞서 살펴 본 감성지능의 각 구성요소는 구성원의 업무 수행과 관련하여 어떤 행동특성을 나타낼 것인가? 우선, 자기감성의 이해는 자신의 기분, 감정, 취향 등을 잘 이해하고 또 이러한 것들이 타인에게 미치는 영향을 인식하는 능력과 연계된다. 이를 업무상황으로 확장시키면 자신의 감정이 업무실적이나 구성원과의 관계에 미치는 영향을 잘 파악하고, 자신의 능력은 물론 한계에 대한 정확한 자기평가를 할 수 있다는 것이다. 그리고 타인감성의 이해는 타인의 감정을 헤아리고 관심을 보이며, 그러한 감정적 반응에 대응하고 처리하는 기술로 연계된다. 타인의 감성을 잘 이해할 경우, 원활한 커뮤니케이션을 통해 긍정적 변화를 주도할 수 있으며, 설득력 있는 메시지 전달을 통해 갈등 관리 및 연대감 조성을 가능하게 한다. 또한 타인의 능력을 개발하고 유지하는 능력을 겸비하고, 다른 문화를 받아들이는 감수성이 높아 다양한 구성원들로 구성된 집단 및 조직에서 효과적인 업무수행이 가능하다는 것이다.

다음으로 감성의 활용은 동기부여와 관련된 능력으로, 끈기를 가지고 목표를 추구하는 성향과 직무를 성공적으로 수행하고자 하는 열정으로 연계되어, 업무현장에서 강한 성취욕구를 기반으로 실패에 직면했을 때 낙관적인 태도를 유지하며 높은 조직 몰입을 보일 수 있다. 마지막으로 감성의 조절은 자신의 기분을 통제하거나 변화시킬 수 있으며 행동하기 이전에 잠시 판단을 유보할 수 있는 능력을 말한다. 이러한 능력을 업무현장으로 확장시키면 변화에 대한 개방성과 이를 극복할 수 있는 적응력은 물론 자제력, 책임의식, 일관된 정직성과 성실성 유지로 이어질 수 있다는 것이다.

구성요소	행동특성
자기감성의 이해 (self-emotional appraisal)	• 자신의 감정이 업무실적 및 구성원과의 상호관계에 미치는 영향을 잘 파악하고 이해 • 자신의 능력/한계에 대한 현실적이고 정확한 자기평가 • 강한 자신감과 유머감각
타인감성의 이해 (others' emotional appraisal)	• 타인의 능력을 개발하고 유지하는 능력 • 서로 다른 문화를 받아들이는 감수성 • 원활한 커뮤니케이션을 통해 변화를 주도 • 설득력 있는 메시지 전달 • 갈등 관리, 연대감 조성
감성의 활용 (use of emotion)	• 강한 성취욕구 • 실패에 직면했을 때의 낙관적인 태도 유지 • 조직 몰입도
감성의 조절 (regulation of emotion)	• 자제력, 책임의식, 일관된 정직성과 성실성 유지 • 모호성에 대한 참을성 • 변화에 대한 개방성 및 이를 극복할 수 있는 적응력

〈그림 1〉 감성지능 구성요소별 행동특성

출처: 김현기(2002)의 표 재구성.

왜 '집단' 창의성인가?

창의성은 그 주체에 따라 개인 창의성, 집단 창의성, 그리고 조직 창의성으로 구분할 수 있다. 기존에 창의성을 다룬 연구들은 주로 개인에 중점을 두고 진행되어 왔으나, 개인의 창의성을 합한 것이 집단 창의성과 조직 창의성으로 이어지지 못하는 한계가 확인되었다. 이에 연구의 흐름은 자연스레 개인 창의성에서 집단 창의성으로 넘어가는 추세이다(Woodman, Sawyer,

& Griffin, 1993). 특히, HRD 영역에서 개인의 창의성 보다 집단 수준의 창의성에 집중하고 있는데, 왜 '집단'에 주목하는 것일까? 그 이유를 다음과 같이 추정해볼 수 있다.

첫째, 특출나게 창의적인 인재는 한정적이며, 그들만으로는 조직을 운영하는 데 한계가 있다. 사실상 스티브 잡스(Steve Jobs)와 같은 천재성이 있는 인물은 희소할 수밖에 없는데, 리더십 전문가 제프리 코헨(Jeffrey Cohen) 또한 그 희소성을 언급한 바 있다. 따라서 소수의 천재에 의존할 것이 아니라 다수 구성원의 지성을 모아 창의적이고 혁신적인 아이디어를 창출하는 편이 더 실효성이 있다는 것이다(조범상, 2014). 실제로 제임스 서로위키(James Surowiecki) 교수는 그의 저서 『대중의 지혜』에서 소수의 전문가 집단보다 다수의 다양한 대중이 훨씬 더 현명하다고 주장한 바 있다(박지원, 2014).

둘째, 개인에 의해 창출된 창의적인 아이디어가 실제 의사결정으로 이어지는 데는 한계가 따른다. 아무리 창의적인 인재라 해도 아이디어의 범위와 깊이를 조직 차원으로 확장하기에는 어려움이 따른다는 것이다. 따라서 예상하기 어려운 빠른 환경 변화에 대응하고 복잡한 시행과정을 극복하기 위해서는 집단의 창의성을 발휘하여 경쟁력을 갖출 필요가 있다(박지원, 2014).

같은 맥락에서 창의성에 관한 연합이론(association theory)을 살펴보면, 개개인의 머릿속에는 여러 가지 다양한 생각의 조각들이 있는데, 이 개별 조각들이 연결됨에 따라 비로소 아이디어가 창출된다고 한다. 그리고 상호간에 거리가 먼(관련성이 적은) 생각의 조각들이 연결되는 '원격 연합'이 일어날수록 창의적인 아이디어가 샘솟을 가능성이 높아진다고 한다. 이러한 원격 연합의 원리는 한 개인에서 사람과 사람 사이의 관계로 확대하여 적용할 수 있다. 즉, 기업 조직에서도 구성원 개인의 아이디어가 다른 구성원의 아이디어와 만났을 때 보다 더 독창적인 결과가 창출될 수 있다는 것이다(조범상, 2014).

셋째, 'networked intelligence'의 시대가 도래함에 따라 창의성의 범주가 확대되었다. 즉, 태어나면서부터 디지털 환경을 생활처럼 사용하는 디지털 네이티브(digital native) 세대가 성장함에 따라 세대와 국가 간 경계를 뛰어넘는 방대한 양의 지식과 정보가 네트워크로 연결될 수 있는 시대가 되었다. 이에 전 세계 모든 사람들이 아이디어를 공유할 수 있고, 더 넓은 범위의 집단에 의해 더 큰 가치를 창출할 수 있게 된다는 것이다(박지원, 2014). 특히, 4차 산업혁명에 따른 다원화, 복합화가 심화되는 사회에서, 개인으로서 창의성을 발휘하기보다 한 집단의 구성원으로서 다른 사람과 더불어 창의적인 아이디어를 창출해야 하는 환경으로 변모하고 있다(박지선, 2020).

이상에서 집단 창의성에 주목해야 하는 이유를 다루었다면, 학문적으로 집단 창의성의 개념정의와 구성요소를 알아보겠다. 먼저, 집단 창의성에 대한 개념정의를 살펴보면, Siau(1995)는 집단 창의성을 개인, 집단의 특성, 환경과 같은 여러 요소들 또는 차원들의 상호작용 결과로 보았다. 그리고 Drazin, Glynn과 Kazanjian(1999)는 창의성을 성과물보다는 하나의 과정으로 보고, 집단 창의성을 개인 창의성의 단순한 총합이 아닌 집단 구성원 간의 상호작용을 통한 의미부여의 과정으로 정의하였다. 같은 맥락으로 권상순(2000)은 집단 구성원들이 그들의 개인 창의성을 바탕으로 상호작용하며, 그 결과로 창의적 아이디어를 도출하고 그것을 실행에 옮김으로써 문제를 해결하는 과정으로 보았다.

이와 같이 집단 창의성의 개념은 학자마다 다양하게 정의하고 있으나 대체적으로 집단 구성원 간의 상호작용을 통한 아이디어 도출 혹은 개인, 집단특성, 과정 및 상황 요인들 간 상호작용의 결과물이라는 특성을 내포하고 있다(김응조, 홍아정, 2015). 이에 필자는 집단 창의성의 개념정의를 <표 1>과 같이 크게 두 개로 분류하였다. 하나는 '대인 간 상호작용'에 초점을 둔 개념이고, 다른 하나는 집단 창의성의 '결과'에 초점을 둔 것이다. 비교적 최근의 연구에서는 상호작용을 포함하여 집단 창의성의 개념을 정의하는 경향이 보이는데, 집단 창의성은 개인이 아닌 집단의 산물이므로 상호작용과 불가분의 관계에 있다고 볼 수 있겠다.

〈표 1〉 집단 창의성의 개념

<table>
<tr><th>연구자</th><th>집단 창의성의 개념</th><th>구분</th></tr>
<tr><td>Woodman et al. (1993)</td><td>개인이 관련된 상호작용, 집단 특성, 집단 프로세스 및 상황 요인에 투입된 개인의 창의적 결과의 함수</td><td rowspan="5">대인 간 상호작용에 초점을 두는 집단 창의성의 개념정의</td></tr>
<tr><td>Drazen et al. (1999)</td><td>개인들의 단순한 창의성의 총합이 아니라 그들 간의 상호작용에서 이루어진 의미부여 과정</td></tr>
<tr><td>권상순 (2000)</td><td>집단 구성원들이 그들의 개별창의성을 바탕으로 상호작용하며 이를 통해 창의적 아이디어를 도출하고 문제해결을 위해 이를 실행에 옮기는 것</td></tr>
<tr><td>조직창의성 연구회 (2007)</td><td>집단 구성원들이 가진 다양한 지식이나 경험들의 단순한 결합이 아니라 창의적 마찰을 통해 개인 혹은 집단 전체의 시너지를 창출해 내는 것</td></tr>
<tr><td>허필환 (2012)</td><td>하나의 목표를 가지고 개인의 특성인 인지능력, 성격, 내적동기, 지식 등과 집단의 특성인 구성원의 다양성, 응집성, 자율성, 리더십 등이 상호작용하여 창의적 분위기와 과정 속에서 집단 전체의 시너지를 높여 창의적 산출물을 내는 과정</td></tr>
<tr><td>최종인 (1996)</td><td>구성원들의 혁신적인 아이디어 도출과 문제해결 활동</td><td rowspan="3">대인 간 상호작용보다 집단 창의성의 결과에 초점을 두는 개념정의</td></tr>
<tr><td>Paulus (1999)</td><td>집단 내 새로운 아이디어의 창출, 개발, 평가 및 촉진 과정</td></tr>
<tr><td>Shin & Zhou (2007)</td><td>함께 일하는 구성원들로 이루어진 집단에 의해 산출된 제품, 서비스, 프로세스, 공정 등에 관한 참신하고 유용한 아이디어</td></tr>
</table>

출처: 양세희(2013)의 표 수정.

이러한 집단 창의성은 어떤 요소들로 구성되는가? 팀 단위의 창의성을 연구한 이승용(2001)은 혁신적 아이디어 도출과 문제해결활동을 집단 창의성의 구성요소로 보았나. 여기에서 집단 아이디어 도출은 다양하고 새로운 관점으로 문제에 접근함으로써 혁신적인 아이디어를 제시하는 능력을 의미하며, 집단 문제해결활동은 도출된 집단의 아이디어를 기반으로 새로운 형식의 제품을 만드는 활동을 의미한다. 한편, 김세환(2007)은 집단 창의성을 집단 아이디어 창출과 집단 문제해결 과정으로 구성한 바 있다. 그는 집단 구성원들이 직무를 수행함에 있어 새로운 해결책, 아이디어 및 접근방법 등을 고안해내는 것을 집단 아이디어의 창출이라고 보았으며, 집단 구성원들이 직무와 관련된 문제를 기존의 방식과는 달리 차별화된 방식으로 해결하려는 활동을 집단 문제해결 과정으로 보았다. 같은 맥락으로 조영제(2010)는 확산적 사고와 창의적 문제해결이 유기적으로 연결된 것을 집단 창의성이라고 보았다. 그는 집단이 직면한 문제를 해결하고 창의적 결과물을 내기 위해서는 창의적 문제해결(creative problem solving)이 필요하며, 이는 확산적 사고(divergent thinking)를 활용한 아이디어 도출을 통해 이루어질 수 있다고 설명하였다.

앞서 살펴 본 집단 창의성의 구성요소는 학자별로 그 내용이 대동소이하며, 결론적으로 집단 창의성을 '결과적 요소'와 '과정적 요소'로 구분하였다는 데 공통점이 있다. 즉, 집단 창의성의 결과로서 '집단 아이디어 창출'은 집단 구성원 간의 상호작용을 통하여 직무와 관련하여 새로운 아이디어를 도출하는 것을 의미하며, 과정으로서 '집단 문제해결 과정'은 집단 구성원들이 직무와 관련된 문제를 새로운 방안(함께 고안한 방법)으로 해결하는 활동을 의미한다.

감성지능과 집단 창의성의 관계

◆ 감성지능과 집단 창의성

최근 조직에서는 조직 구성원들의 감성을 활용하여 협업적 혁신(collaborative innovation)을 이끌어내는데 주목하며(Yang & Hung, 2015), 감성이 구성원들의 창의적 잠재역량을 발현시켜 조직 내 의사결정은 물론 고차원적인 추론 과정도 가능케 하는 것으로 보고 있다(수린, 2011). 이는 감성지능이 높으면 지적 자극(intellectual stimulus)을 촉진하는 참여적인 분위기를 조성하는데 능숙하고, 직무태도나 성과에 긍정적인 영향을 미치기 때문이다(강윤진, 송영수, 2015).

이러한 감성지능은 주로 어떤 변수와 연결하여 설명되고 있을까? 이와 관련하여 황영아, 김지원과 송영수(2017)는 국내 감성지능 연구의 동향을 파악하기 위해 키워드 네트워크 분석(keyword network analysis)[2]을 시도한 바 있다. 그들은 국내 감성지능 연구를 대상으로 핵심어(keyword)를 추출하여 연결중심성[3]과 매개중심성[4] 등을 분석하였는데, 그 결과 '창의성'의 연결중심성은 상위 4위로 나타났고 매개중심성은 가장 높은 것으로 나타났다. 즉, 감성지능과 관련하여 창의성이 가장 중점적으로 연구되고 있으며, 동시에 타 변수와의 관계를 매개하는 역할도 크다는 것이다. 그렇다면 감성지능과 집단 창의성의 관계는 구체적으로 어떻게 규명되는지 알아보겠다.

감성지능과 집단 창의성을 다룬 선행연구들을 살펴보면, 감성지능을 특정 대상, 즉 리더의 감성지능에 국한하여 연구를 수행하는 경우가 많았다. 리더의 감성지능이 집단의 성과에 미치는 영향은 여러 연구에서 검증되었으며, 그러한 연구 결과에 따르면 리더의 감성지능은 조직 구성원의 직무만족 및 조직몰입, 그리고 집단 응집성과 혁신성 등에 영향을 미치는 것으로 나타났다(김현기, 2002; 김새롬, 2010; Abraham, 1999; Farth, Seo & Tesluk, 2012; Kozlowski & Ilgen, 2006). 또한 리더의 정서지능이 조직의 구성원들이 선천적으로 지니고 있는 창의성을 자각할 수 있도록 도와주는 역할을 할 수 있다고 보고되었다(Zhou & George, 2003).

점차적으로 리더뿐만 아니라 모든 구성원의 감성지능도 중요하다는 인식이 확산됨에 따라(이병수, 2010), 집단 및 조직 구성원의 감성지능으로 연구의 범위가 확장되었다. Druskat과 Wolff(2001)는 집단의 효과성을 증진하기 위해서는 집단의 정서지능이 개발되어야 한다고 하며, 이를 통해 구성원들

2) 키워드 네트워크 분석(keyword network analysis)이란 단어의 빈도 등 개체적 속성에 대한 내용분석과 논문에 출현하는 키워드의 관계적 속성을 사회적 네트워크 분석방법을 통해 분석하는 방법으로, 논문의 키워드를 활용하여 연구동향을 파악할 수 있다(하선권, 김성준, 2016).

3) 연결중심성(degree centrality)은 네트워크 내 연결 정도를 측정하며 각 핵심어가 네트워크에서 얼마나 중심에 위치하는지를 알아보는 지표이다(이수상, 2013).

4) 매개중심성(betweenness centrality)은 네트워크를 구축함에 있어 중개자 또는 다리 역할을 얼마나 수행하느냐를 측정하는 개념이다(이수상, 2013).

의 참여, 협동, 단결의 수준이 높아지고, 궁극적으로는 집단의 창의성과 생산성을 증진하는 효과를 가져 온다고 보았다. 같은 맥락으로 Cherniss와 Adler(2001), Kozlowski와 Bell(2006)은 감성지능이 팀워크, 구성원의 직무 및 조직몰입, 사기진작, 혁신, 생산성, 효율성, 서비스 품질, 고객 충성 등의 다양한 영역에 영향을 미친다고 하였으며, Scott와 Bruce(1994)는 높은 수준의 감성지능을 지닌 구성원들은 혁신적인 사고와 혁신을 창출할 수 있는 능력을 가진다고 주장하였다.

국내에서는 정현우와 김창호(2006)가 구성원의 감성지능이 혁신행동에 긍정적인 영향을 미칠 수 있음을 검증하였고, 고기원(2008)은 감성지능이 직무만족 및 조직몰입, 조직시민행동 등에 영향을 줄 수 있다고 언급하였다. 그리고 유효근과 김승평(2008) 또한 사회인식에 대한 감성지능이 높을수록 직무스트레스를 덜 받게 되므로 직무만족이 높고, 그에 따라 직무성과도 높게 나타난다고 주장한 바 있다.

이상의 선행연구를 바탕으로 양세희(2016)는 집단 구성원의 감성지능과 집단 창의성 간의 관계를 검증하였는데, 다소 흥미로운 결과가 도출되었다. 그의 연구 결과에 의하면 집단 구성원의 감성지능과 집단 창의성 간의 직접적인 영향 관계는 유의하지 않는 것으로 나타났으며, 이는 앞서 검토한 선행연구들과는 상반되는 결과이다. 그렇다고 해도 감성지능과 집단 창의성이 무관하다고 할 수는 없는 것이, 두 변수 간의 상관관계는 유의하며 비록 두 변수 간의 직접적인 영향관계는 검증되지 않았지만 다른 변수의 매개를 통한 간접적인 영향관계는 가질 수 있기 때문이다.

• 상호작용의 구체화: 커뮤니케이션과 신뢰

조직이 처한 환경의 급격한 변화만큼이나 업무 또한 복잡해지고 있다. 복잡해진 업무로 인해 구성원들 간의 상호작용이 무엇보다 강조되고 있는데, 구성원들의 상호작용에 있어서 중요한 의미가 있는 감성지능은 집단 구성원들이 지식과 기술들을 공유하고 상호 보완하는데 없어서는 안 될 능력이다

(강대웅, 박계홍, 문재승, 2015). 다시 말해서, 집단 구성원들 간의 상호작용은 깊은 의존성, 즉 신뢰를 기반으로 작동되고 업무와 관련된 목적을 달성하기 위해 이루어지는데(Colquitt, LePine & Wesson, 2015), 이러한 집단 구성원들 간의 상호작용은 궁극적으로 창의적 직무수행 능력을 향상시킬 수 있다는 것이다(황호영 외, 2005; Pratt, 2002).

한편, 집단 창의성은 단순하게 개개인의 창의성을 합한 것이 아니며 집단 구성원 간의 상호작용, 집단 특성 및 집단 프로세스와 같은 상황적 요인 등에 영향을 받게 된다(Nijstad & Paulus, 2003; Woodman, Sawyer & Griffin, 1993). 이는 집단 구성원들이 어떻게 상호작용하는지에 근거하여 집단 창의성의 질이나 양이 영향을 받을 수 있음을 의미하며(유형선, 2010), 개인 창의성의 합을 초월하는 집단 창의성이 발휘되기까지 그 과정에서 여러 요인들이 개입됨을 알 수 있다(양세희, 2016).

이에 본 글에서 주되게 다루고 있는 감성지능과 집단 창의성 간의 관계를 보다 면밀하게 파악하기 위해 상호작용을 구체화시켜보기로 한다. 관련 선행연구들을 검토해본 결과, 감성지능이 집단 창의성으로 발현되는 과정을 '상호작용'으로 설명하고 있으나(권상순, 2000; 양열, 2009; 허필환, 2012; Ashkanasy, Hartel & Daus, 2002; Kramer, 1996; Shaw, 1997), 연구마다 상호작용을 구체화하는 방안이 상이하게 나타났다. 따라서 관련 선행연구들에서 상호작용을 설명할 수 있는 대표적인 변수를 추출하였는데, 그것이 바로 커뮤니케이션과 신뢰이다.

먼저, 커뮤니케이션으로 감성지능과 집단 창의성의 관계를 설명하고자 한다. 커뮤니케이션은 조직구조 기준에 따라 공식적(formal) 커뮤니케이션과 비공식(informal) 커뮤니케이션으로 유형이 구분된다(Chruden & Sherman, 1987). 집단의 공통목표를 달성하기 위해서는 구성원 간의 원활한 의사소통은 필수적이며, 감성지능은 집단 구성원 간에 원활히 의사소통할 수 있도록 중요한 역할을 할 수 있다. 의사소통은 정보를 교환하고 업무와 관련된 전달사항을 공유하며(공식적 커뮤니케이션), 구성원들 간의 감정을 표출하고 상호 간의 사기를 진작하는 수단(비공식 커뮤니케이션)으로 활용될 수 있기 때문이다(May & Mumby, 2005). 이러한 의사소통의 효율성을 제고하기 위해서 구성원들은 서로의 성향, 기호, 가치 등을 인지하고 이를 적절히 활용하는 것이 필요한데, 그러기 위한 효과적인 수단으로 감정을 들 수 있다(Ashkanasy, Hartel & Daus, 2002). 그러므로 의사소통 시에 상대방의 의도를 정확하고 빠르게 인식하고, 자기 의사를 효과적으로 전달하는데 있어 감성지능이 중요하게 작용할 수 있다(양세희, 2016).

이상의 논의와 같이 의사소통이 효율적으로 이루어질 경우, 구성원들 간에 업무와 관련된 지식과 기술에 대한 공유가 활발하게 일어날 수 있다. 이로써 구성원들은 업무상 발생하는 문제에 대해 다양한 관점을 비교 및 대조해 볼 수 있기 때문에 새로운 아이디어가 도출될 가능성이 높아진다. 또한 외부 환경으로부터 문제해결에 필요한 정보를 획득하고, 조직 내부에서 필요로 하는 정보를 공유함으로써 새롭고 유용한 아이디어를 얻을 수 있다(Aiken & Hage, 1971).

다음으로 신뢰를 통해서 감성지능과 집단 창의성의 관계를 설명하면 다음과 같다. 신뢰는 사회적 관계 속에서 형성되는 것으로서 인지기반 신뢰와 정서기반 신뢰로 구분할 수 있다(McAllister, 1995). 감성지능이 높은 구성원은 우호적인 업무 환경을 조성함으로써 상호관계의 질을 높여 신뢰분위기를 유지할 수 있다(George, 2000). 다시 말해, 높은 감성지능을 보유한 구성원은 자신과 타인의 감정을 인식하고 조절하며, 긍정적인 결과를 얻기 위해 감성적 정보를 잘 활용하므로 다른 구성원들과 우호적이고 지지적인 관계를 형성할 수 있다. 또한 감성에 관한 지식을 이용하여 다양한 업무상황에 대한 반응을 예측함으로써 업무능력이나 전문성에 대한 신뢰를 형성할 수 있다. 따라서 감성지능이 높은 구성원들은 사려 깊은 판단력과 일관성을 기반으로 상호작용을 할 수 있으므로 객관적 이유를 근거로 형성되는 인지기반 신뢰가 높아지고, 상사 혹은 동료로부터 존중받고 있다는 것을 느끼게 되면서 정서기반 신뢰가 높아질 수 있다(양세희, 2016). 이렇게 감성지능을 통해 형성된 신뢰는 구성원들로 하여금 창의적으로 직무를 수행하고(Pratt, 2002), 혁신적인 행동을 유발하는 동시에 직무만족과 조직몰입을 가능하게 하여(Cherniss & Alder, 2000; Cooper & Sawaf, 1997), 집단의 성과적 측면에 긍정적인 영향을 미칠 수 있다(황호영 외, 2005).

이상의 논의를 바탕으로 커뮤니케이션과 신뢰가 감성지능과 집단 창의성 간의 관계에서 매개효과를 가지는지 검증해보았다(양세희, 2016). 그 결과, 집단 구성원의 감성지능이 집단 창의성에 직접적으로 영향을 미치지는 않지만, 두 변수의 관계를 커뮤니케이션과 신뢰가 매개한다는 것을 검증하였으며, 그 중에서도 신뢰의 매개효과가 상당한 것을 확인하였다. 비록 양세희(2016)의 연구에서는 집단 구성원의 감성지능과 집단 창의성 간의 직접적인 영향관계는 확인되지 않았지만, 두 변수 간의 관계성은 상호작용으로 설명됨을 확인하였다. 따라서 향후에 커뮤니케이션과 신뢰 이외에 감성지능과 집단 창의성 간의 관계를 매개할 수 있는 상호작용 관련 변수를 탐색해 보는 것도 의의가 있을 것이다.

향후 연구 및 실무에 대한 제언

• (측정의 문제) 문항의 구체성, 그리고 레벨 이슈(level issue)

집단 구성원 개개인의 감성지능을 집단 수준의 창의성으로 연결짓기 위해서는 측정수준이 동일해야 할 것이다. 그러나 양세희(2016)의 연구를 비롯한 대부분의 연구에서는 개인, 즉 리더 혹은 집단 구성원의 감성지능을 측정하고, 집단 혹은 팀의 유효성, 창의성 등을 측정하여 그 두 변수 간의 영향관계를 규명하는 양상을 보이고 있다. 이는 측정도구의 분석수준이 다른 레벨이슈(level issue)가 발생한 것으로 볼 수 있으며(강윤진, 송영수, 2015), 모든 데이터를 개인 차원에서 측정하였기에 집단 수준의 창의성을 제대로 측정할 수 있었는지에 대한 의문이 생길 수 있다. 여기서 레벨이슈란 개인, 집단, 조직 등 다수준(multilevel)의 대상을 연구할 시에 나타날 수 있는 이슈로서, 이론의 수준(level of theory), 측정의 수준(level of measurement), 그리고 분석의 수준(level of analysis)이 일관되지 않을 때 나타날 수 있다. 특히 조직은 개인, 집단, 조직의 여러 수준(level)으로 구성된 다수준(multilevel) 시스템이므로, 레벨이슈는 조직을 다루는 대부분의 이론 및 연구에서 제기될 수 있는 문제이기도 하다(박원우, 김재원, 최혜원, 2003).

다만, 집단 혹은 조직 수준의 개념들은 연구자들의 이론적 관점에 따라 다양한 분석 수준을 반영할 수 있다. 집단 창의성은 아니지만, 집단 효능감(group efficacy)을 예로 들어보겠다. 집단 효능감의 개념을 '집단의 능력이나 역량에 대한 집단 구성원들 간의 공유된 신념'으로 볼 수 있으며, '집단 구성원들이 자신이 속한 집단이 특정한 과업을 수행할 만한 능력과 잠재력을 지녔다고 생각하는 개인 수준에서의 지각'으로 볼 수도 있다(Gibson, Randel & Earley, 1996). 전자의 관점을 취한다면 집단 효능감은 집단적으로 공유된 신념이므로 집단 수준에서 측정되어야 할 것이며, 후자의 관점을 취한다면 개인 수준에서 측정되어도 레벨이슈는 발생하지 않을 것이다. 즉, 집단 관련 개념을 개인 수준에서의 지각으로 정의할 경우 이론의 수준(level of theory), 측정의 수준(level of measurement), 분석의 수준(level of analysis) 간에 일관성을 가질 수 있다.

따라서 다수준의 대상을 연구할 시에는 이론, 측정, 분석이 동일한 수준에서 이루어질 수 있도록 연구의 초기설계 단계에서부터 고심할 필요가 있겠다. 감성지능과 집단 창의성 간의 관계를 규명하고자 하는 연구에서 레벨이슈(level issue)를 발생시키지 않으려면 앞서 언급한 것처럼 이론적 배경을 잘 정립하는 것도 필요하겠지만, 집단을 제대로 연구하기 위해서는 집단 혹은 팀 수준으로 연구를 설계하는 방안도 있다. 집단 수준의 연구를 진행하려면, 즉 집단 창의성에 대한 감성지능의 효과를 명확히 파악하기 위해서는, 종단 연구를 통하여 실험집단과 통제집단을 선정하고, 감성지능의 변화에 따른 집단 창의성의 발현 정도를 파악할 수 있다면 더 없이 이상적인 연구가 될 것이다.

다음으로 감성지능의 측정도구에 대한 적합성을 살펴보겠다. 양세희(2016)의 연구를 비롯한 국내 감성지능 연구에서 주로 활용되는 WLEIS(Wong & Law Emotional Intelligence Scale, 2002)는 자기 감성의 이해를 측정하는 4문항, 타인 감성의 이해를 측정하는 4문항, 감성의 활용을 측정하는 4문항, 감성의 조절을 측정하는 4문항의 총 16문항으로 구성되어 있다. 개인의 감정을 측정하기에는 다소 문항 수가 적은 것도 사실인 것이, 문항의 개수가 많고 내용이 구체적일수록 정확한 측정에 가까워질 수 있기 때문이다. 즉, 척도가 복수지표로 구성될 경우 단일문항보다 측정의 오류를 줄일 수 있고 측정의 신뢰도와 타당도를 높일 수 있으며, 척도에 사용된 언어나 상황의 추상화 수준은 응답의 용이성에 영향을 줄 것으로 예상할 수 있다(김옥태 외, 2012). Ajzen과 Fishbein(1977)에 따르면, 맥락(context), 시간(time), 대상(target) 등이 구체적으로 제시된 측정문항은 응답의 편이성을 향상시킬 수 있다. 그러나 WLEIS는 태도형 척도로 문항이 포괄적이고 추상적인 측면이 있어서 응답의 편이성은 다소 떨어지며, 미국의 정서를 기반으로 개발된 것이다 보니 한국에 그대로 적용하는 것은 부적합하다는 지적이 있어 왔다.

이에 강윤진과 송영수(2015)는 국내 기업의 특성을 반영하고 HRD 영역에서 실용적으로 활용할 수 있는 감성역량 측정도구를 개발하였다. 감성역량은 감성지능에 뿌리를 둔 개념으로 '자신을 둘러싼 사회적 환경을 관리하고 운용할 수 있도록 실천적 지능에 초점을 두어 구체적인 맥락 속에서 수행능력을 강조한 개념으로 재구성'된 것이다(강윤진, 송영수, 2015). 그들은 국내 기업의 업무환경 및 성과를 고려하여 감성 관련 특정 사건들을 행동적 언어로 구체화하고 행동지표로 제시함으로써 19개 감성역량과 63개 문항으로 구성된 측정도구를 개발하였다. 19개의 감성역량은 자기인식, 자기주장, 자기평가, 공감, 현실검증, 몰입, 영향력, 낙관주의, 자기통제, 스트레스 인내력, 갈등관리, 조직이해, 팀감성이해, 팀자기평가, 위기대응력, 긍정적 변화

관리, 관계구축, 팀워크, 서비스지향이며, 각 역량당 3~4개의 문항이 개발되었다. 역량당 문항 수는 WLEIS와 유사한 수준이나 감성역량의 구성요소를 19개로 세분화하였기 때문에, 비교적 적은 문항으로 측정되어 온 감성지능과 차이를 보인다.

감성역량 측정도구에서 또 한 가지 주목할 점은 '개인행동의 집합적 영향력'을 반영하였다는 점이다. 개인 수준에서 측정한 감성역량으로 집단 수준의 성과를 측정하는 데 제한이 따르기 때문에(김경숙, 박화윤, 2012; 박종민, 노현재, 정희근, 심덕섭, 2012), 감성역량을 측정함에 있어 직무나 조직의 맥락을 연계하여 개인행동을 집단 수준으로 파악하고자 하였다. 이 같은 특성은 레벨이슈에 대한 논의에 시사점을 제공한다.

이상의 논의를 바탕으로 향후 감성지능, 집단 창의성 연구에서는 척도의 구체성, 레벨이슈 등을 충분히 고려하여 감성이 집단에 미칠 수 있는 영향관계를 보다 심도 있게 다뤄주길 기대한다.

• 후천적 개발이 가능한 감성지능

최근 조직이 직무현장과 인적자원개발 분야를 긴밀히 연결시키는 가운데, 구성원들에 대한 동기 부여뿐만 아니라 협업적 혁신(collaborative innovation)을 이끌어냄에 있어 감성의 역할이 주목받고 있다(Yang & Hung, 2015). 조직이 뛰어난 기술력을 보유하는 것도 물론 중요하겠지만, 점차적으로 창의적이며 감성적인 사고를 지닌 인재를 보유하고 있는 정도가 곧 조직 경쟁력이 되는 추세이다. 즉, 개인의 역량을 발휘하는 동시에 구성원들과 협력함으로써 조직의 목표달성과 성과창출을 이끄는 우수한 인재의 확보와 양성은 기술경쟁 우위보다 조직 경쟁력의 핵심으로 떠오르게 된 것이다(송영수, 2007).

조직 및 업무환경 그 자체가 변화하는 것은 사실상 어렵기 때문에 개인의 환경 적응력을 제고하는 방안이 보다 효율적일 수 있다(강윤진, 송영수, 2015). 그렇기 때문에 조직은 단순히 인지적 지능 및 역량이 뛰어난 인재보다는, 예상치 못한 급격한 변화에 유연히 대응하고, 경쟁으로 인한 스트레스를 잘 해소하며, 긍정적 에너지를 다른 구성원들과 공유함으로써 문제를 해결하고 성과를 창출할 수 있는 감성지능이 높은 인재를 선호하게 되었다(정현우, 김창호, 2007; Druskat & Wolff, 2001).

그렇다면 감성지능이란 선천적인 것인가, 아니면 후천적으로 개발할 수 있는 것인가? 질문에 대한 답은 '후천적 개발도 가능하다'이다. 사실상, 감성지능은 일부 선천적인 측면도 있지만 후천적으로 개발할 수 있다고 한다. 다만 쉽게 끌어 올릴 수 있는 역량이 아니기 때문에 충분한 시간과 부단한 노력이 필요할 뿐이다(김현기, 2002).

ATD(Association for Talent Development)에 따르면, 미국 내 50개 첨단기업 중 약 80%의 기업이 구성원들의 감성지능 및 역량을 증진시키기 위한 교육훈련을 실시하였다고 한다(박통희, 이현정, 2011). 또한 이미 많은 선행연구에서 감성지능은 자신과 타인에 대한 감정 인식, 감정의 활용 및 조절능력을 기반으로 의사소통 역량에 긍정적인 영향을 미치고(이병수, 2010), 조직 내 구성원들과 원만한 대인관계를 형성함으로써 조직의 성과에 공헌함을 밝혀 왔다(Cote & Miners, 2006; Goleman, 1998). 그렇기 때문에 조직 구성원의 감성지능을 향상시키기 위한 교육훈련을 체계적으로 시행할 필요가 있다.

이에 구성원의 감성지능을 함양시키기 위한 교육훈련을 어떻게 구성하면 좋을지 김현기(2002)의 연구를 참고하여 다음과 같이 제안한다. '1단계, 미래 자신의 바람직한 상황을 구체적으로 파악하기' 과정을 통해 바람직한 구성원으로서의 전형적인 일과와 생활의 모습을 상상하고 자신의 내면적 가치관과 이상적 희망을 분석하는 것이 필요하다. '2단계, 자신의 업무 스타일을 객관적으로 파악하기' 과정을 통해 스스로에 대한 객관적 평가를 시도함으로써 타인의 관점을 이해하고 자아 인식 능력을 향상시킬 수 있다. '3단계, 실제 상황에서 행동 학습(action learning) 추구하기'의 과정을 통해 미래의 희망과 현실의 객관적 상황 파악의 격차를 해소하고, 구체적인 피드백을 얻을 수 있다. 또한 이러한 행동 학습이 효과를 발휘하기 위해서는 지속적으로 반복 실습하는 것도 중요한데, 앞 단계에서 이루어진 변화가 지속적인 실습을 통하여 고착화될 수 있기 때문이다. '4단계, 조력자 집단 구성하기'를 통해 자신의 주변에서 변화에 도움을 줄 수 있는 사람들을 되돌아볼 수 있다. 감성지능은 다른 사람들의 도움 없이 자기 자신의 노력만으로 향상시키기 어렵다. 연습의 대상으로서 다른 사람이 필요하기도 하지만, 정서적으로 보다 안전한 환경 속에서 연습하기 위해서는 우호적인 동료 집단이 필요하다. 이렇게 보면 감성지능은 사람들 관계 속에서, 즉 집단 속에서 비로소 발전시켜나갈 수 있는 지능이라 할 수 있다. 감성지능을 함양하기 위해서는 이상의 네 단계를 순차적이고 반복적으로 시행할 수 있도록 교육과정을 구성하여, 각 단계를 내면화할 수 있게끔 충분한 시간을 할애할 필요가 있다.

정리해보면, 감성지능은 연습과 훈련을 통해 개발할 수 있으며 조직의 관리자 및 구성원의 감성지능을 개발하면 변화와 불확실성의 시대를 대비함과 동시에 생산성 향상과 조직 환경 변화에 기여할 수 있다. 이에 HRD 영역에서는 구성원의 감성지능 향상을 위한 체계적인 지원방안을 고려해야 할 것이다. 또한 감성지능의 개발 및 향상에 대한 필요성은 이미 공감대가 형성되어 있다고 해도 과언이 아니다. 따라서 앞으로의 감성지능은 미래사회를 대비하기 위한 역량이자 특성으로서 이론적으로 더욱 발전시키고, HRD 영역에 유의미한 시사점을 제공하기 위해서 추가적인 연구가 필요하다.

◆ 공간의 변화, (더 크게는) 조직문화의 변화

집단 구성원의 감성지능이 집단 창의성으로 발현되기까지는 많은 요소들이 개입될 것이다. 특히, 구성원 개인은 물론 집단 또한 조직 내에 존재하므로 조직 차원의 지원 혹은 변화가 매우 큰 요소로 작용함도 분명할 것이다. 다만, 조직은 복잡한 직무구조를 지니고 있고 다양한 이해관계가 얽혀 있기 때문에 구성원 개인에 비해 큰 변화를 창출하기 어려운 것도 사실이다. 그러나 몇몇 사례를 통해 조직의 작은 변화만으로도 큰 변화를 일궈낼 수 있음을 확인하였다.

집단 창의성을 제고하기 위한 방안으로 다양한 전문가들로 프로젝트 팀을 구성할 수 있고, 전사 또는 부서 단위의 아이디어 개발 회의를 한다거나, 제품 개발에서부터 생산까지 전 프로세스에 다양한 구성원들의 참여를 가능케 하는 방법들도 있을 것이다. 그렇지 않으면 일상적인 만남과 교류를 보다 활성화하는 방법도 있다. 스티브 잡스가 애니메이션 제작사인 픽사를 세우고 건물을 설계할 때 가장 중요하게 생각했던 것이 바로 직원들 사이의 상호작용인데, 상호작용의 장을 제공하기 위해 건물의 중앙에 사람들이 모여서 교류할 수 있는 '넓은 공간'을 만들었다. 이는 '창의성이란 무엇인가를 연결하는 것이다. 모든 사람이 서로 마주쳐야 하고, 이것이 창의성을 촉진한다'는 스티브 잡스의 의도가 잘 반영된 사례라고 할 수 있겠다(조범상, 2014).

한편, 구글은 창조적인 '조직문화'를 조성함으로써 조직 구성원 간 다양한 역량을 교류하고 새로운 아이디어를 창출할 수 있는 여건을 만들었다. 이를테면, 20% 타임제, Fix Day, 오픈커뮤니케이션 등이 있겠다. 20% 타임제는 업무시간의 20%, 즉 일주일의 하루를 개인이 희망하는 창의적인 업무에 몰입하게 하는 제도로, 새로운 업무를 통해 다양한 아이디어 발굴과 집단 간 창의성 교류 등의 효과를 이끌 수 있다. 또한, Fix Day는 특정한 날을 지정해 모든 직원이 정해진 이슈에 대해 문제점을 찾아 개선사항을 도출하는 정책이며, 이는 구글의 오픈 커뮤니케이션 분위기를 통해 자유스럽게 의견을 개진할 수 있다(정정호, 장동련, 2012).

이상에서 살펴 본 집단 창의성뿐만 아니라 구성원의 감성지능에도 조직문화가 중요한 역할을 할 수 있다. 즉, 구성원의 감성지능이 풍부하더라도 조직문화가 뒷받침되지 않을 경우에는 구성원 간의 상호작용이 원활하게 이루어질 수 없다(강대웅, 박계홍, 문재승, 2015). 그러므로 감성지능과 구성원 간 상호작용에 개방적인 조직문화를 조성할 필요가 있다.

이렇듯 작게는 공간의 변화에서부터 크게는 조직문화의 변화로 집단 구성원이 감성지능을 발휘하여 창의적인 직무수행을 할 수 있게끔 여건을 마련해 주는 것이 조직의 역할이라 할 수 있겠다. 즉, 구성원 개개인의 창의성을 향상시키겠다는 명목 하에 누구도 원하지 않고 특별히 효과적인 것 같지도 않은 창의교육을 하기보다는 창의적인 조직환경을 만들어가는 구체적인 노력들을 실천해가는 것이 조직 차원의 창의적 성과뿐만 아니라 구성원 개개인의 본연적인 창의성을 자극하는 데에도 훨씬 더 도움이 될 것이다(유준희, 2019).

참고문헌

강대웅, 박계홍, 문재승 (2015). 감성지능이 팀 유효성에 미치는 영향에 있어서 자기효능감의 조절효과. *인적자원개발연구, 18*(2), 59-80.

강명희, 김부희, 유영란, 임현진 (2011). 조직구성원의 감성지능, 직무만족, 조직몰입, 조직충성 간의 구조적 관계 규명. *기업교육연구, 13*(2), 111-135.

강윤진, 송영수 (2015). 국내 기업 HRD 부문의 감성역량 측정에 관한 연구. *한국HRD연구, 10*(3), 1-32.

고기원 (2008). 감성적 지능과 인지적 지능이 조직유효성에 미치는 영향. 대전대학교 박사학위논문.

고성만 (2010). 감성지능이 기술혁신에 미치는 영향에 관한 연구: 신뢰의 매개효과 중심으로. 금오공과대학교 석사학위논문.

권상순 (2000). 개인, 집단, 조직창의성의 발현 및 제고를 위한 창의적 경영시스템. *사회과학논집, 3*, 29-57.

김경숙, 박화윤 (2012). 보육교사의 감성지능이 감성역량과 자기효능감에 미치는 영향. *한국영유아보육학, 71*, 289-308.

김세환 (2007). 공공조직의 커뮤니케이션 만족이 구성원의 집단창의성에 미치는 영향에 관한 연구: 대전지역 지방자치단체를 중심으로. 고려대학교 석사학위논문.

김새롬 (2010). 구성원이 지각하는 상사의 감성지능이 커뮤니케이션의 개방성 및 직무 성과에 미치는 영향에 관한 연구: 서울시내 특1급 호텔의 직원을 대상으로. 2010년 한국관광학회 추계학술대회 자료집(347-361).

김옥태, 조성겸, 송종현, 장윤재, 박민규 (2012). 행동형척도의 타당성, 신뢰도 및 응답 편이성에 관한 연구: 개혁성향 척도를 중심으로. *조사연구, 13*(2), 43-71.

김현기 (2002). 성공 리더의 fundamental 감성지능을 높여라. *LG주간경제*, CEO Report.

박원우, 김재원, 최혜원 (2003). 레벨이슈(level issue)의 의미, 현상 및 해결방안. *인사조직연구, 11*(2), 199-233.

박종민, 노현재, 정히근, 심덕섭 (2012). 감성지능이 직무행동에 미치는 영향에 관한 연구: LMX와 TMX의 매개효과. *HRD연구, 14*(3), 111-135.

박지선 (2020). 집단 창의성 발현 과정에서 나타나는 상호작용의 특징. 이화여자대학교 대학원 석사학위논문.

박지원 (2014). 창의적 개인과 창의적 집단 - 왜 창의적 집단인가? 교육썰전.

박찬욱 (2010). 팀의 감성지능이 팀워크의 질 및 팀 성과에 미치는 영향에 관한 연구. 서강대학교 석사학위논문.

박통희, 이현정 (2011). 감성역량과 공무원의 인구사회학적 특성. *한국행정학보, 45*(2), 1-25.

송영수 (2007). 국내 대기업의 인적자원개발(HRD) 동향. *교육정보미디어연구, 13*(2), 139-160.

수린 (2011). 감성지능3.0: 어떻게 사람을 얻고 세상을 움직일 것인가. 서울: 금성출판사.

양세희 (2013). 집단 구성원의 감성지능, 커뮤니케이션, 신뢰, 집단 창의성 간의 구조적 관계. 경북대학교 석사학위논문.

양세희 (2016). 집단 구성원의 감성지능, 커뮤니케이션, 신뢰, 집단 창의성 간의 구조적 관계. *HRD연구, 18*(2), 101-129.

양열 (2009). 직무스트레스와 이직의도: 감성지능과 신뢰의 역할. 창원대학교 석사학위논문.

유준희 (2019). 조직의 창의적 성과를 지속시키는 10가지 요소. *월간 HR Insight*. 2019년 6월호.

유효근, 김승평 (2008). 감성지능이 직무스트레스와 직무만족 및 직무성과에 미치는 영향에 관한 연구. *인적자원관리연구, 15*(4), 127-146.

이병수 (2010). 액션러닝 팀원의 감성지능이 의사소통 역량에 미치는 영향: 팀-구성원 교환관계 및 팀원이 지각하는 러닝코치 감성지능의 매개효과 검증. *산업경제연구, 23*(2), 929-954.

이은수 (2015). 호텔 인턴직원의 감성지능이 조직몰입과 직무만족에 미치는 영향. *기업교육연구, 17*(1), 161-182.

이수상 (2013). 연구자 네트워크의 중심성과 연구성과의 연관성 분석. *한국도서관정보학회지, 44*(3), 405-428.

이승용 (2001). 팀 내부요인과 팀 프로세스 특성이 팀 창의성에 미치는 영향에 관한 연구. 단국대학교 석사학위논문.

정정호, 장동련 (2012). 수평적 조직구조에서 디자인씽킹 기반의 창의성 발현. *디자인학연구, 25*(2), 219-230.

정현우 (2007). 조직구성원의 감성지능이 조직유효성에 미치는 영향에 관한 연구. 부산대학교 박사학위논문.

정현우, 김창호 (2007). 조직구성원의 감성지능이 조직시민행동에 미치는 영향 - LMX의 조절효과. *인적자원관리연구, 14*(3), 167-186.

조범상 (2014). 틀에 박힌 조직에서 창의성이란 무지개를 띄우려면. *LG Business Insight*.

조영제 (2010). 교사의 조직시민행동이 학교조직의 집단창의성에 미치는 영향. 한양대학교 석사학위논문.

최종인 (1996). 집단창의성의 결정요인에 관한 연구. 고려대학교 박사학위논문.

하선권, 김성준 (2016). 한국의 규제연구 동향 분석: 행정학과 정책학 분야의 키워드네트워크분석. *사회과학논집, 47*(1), 81-104.

허필환 (2012). 총뇌기반의 집단 구성을 통해 집단창의성에 미치는 영향. 한국교원대학교 석사학위논문.

황영아, 김지원, 송영수 (2017). 국내 감성지능 연구동향 분석: 키워드 네트워크 분석의 활용. *기업교육과 인재연구, 19*(2), 129-157.

황호영, 최영균, 김영구, 김웅 (2005). 동료에 대한 신뢰가 팀 성과에 미치는 영향에 관한 연구. *산업경제연구, 18*(4), 1515-1539.

Abraham, R. (1999). Emotional Intelligence in Organizations: a Conceptualization. *Genetic, Social and General Psychology Monographs, 125*(2), 209-219.

Aiken, M. & Hage, J. (1971). The organic organization and innovation. *Sociology, 5*, 63-82.

Ajzen, I. & M. Fishbein. (1977). Attitude-Behavior Relations: A Theoretical Analysis and Review of Empirical Research. *Psychological Bulletin, 84*(5), 888-918.

Ashkanasy, N. M., Hartel, C. E. & Daus, C. S. (2002). Diversity and emotion: The new frontiers in organizational behavior research. *Journal of Management, 28*(3), 307-338.

Cherniss, C. & Adler, M. (2000). *Promoting Emotional Intelligence in Organization.* Virginia: American Society for Training & Development.

Chruden. H. J. & Sherman, A. W. (1987). *Personnel Management*(5th ed.). OH: South-Western Publishing Co.

Colquitt, J. A., J. A. Lepine & M. J. Wesson. (2015). *Organizational Behavior: Improving Performance and Commitment in the Workplace.* NY: Mc Graw-Hill Irwin.

Cooper, R. K. & Sawaf, A. (1997). *Executive EQ: Emotional Intelligence in Leadership and Organization.* New York: Grosset/Putnam.

Cote, S. & Miners, T. H. (2006). Emotional intelligence, cognitive intelligence, and jon performance. *Administrative Science Quarterly, 51*, 1-28.

Druskat, V. U. & Wolff, S. B. (2001). Building the emotional intelligence of groups. *Harvard Business Review, 79*(3), 80-90.

Farth, C. I., Seo, M. G. & Tesluk, P. E. (2012). Emotional intelligence, teamwork effectiveness, and job performance: The moderating role of job context. *Journal of Applied Psychology, 97*(4), 890-900.

Gibson, C. B., Randel, A. & Earley, P. C. (1996). Understanding group-efficacy: An empirical test of mutiple assessment methods. Working paper, University of California, Irvine.

Goleman, D. (1998). *Working with Emotional Intelligence.* New York: Bantam Books.

Kozlowski, S. W. J. & Bell, B. S. (2006). Disentangling achievement orientation and goal setting: Effects on self-regulatory processes. *Journal of Applied Psychology, 91*, 900-916.

Kozlowski, S. W. J. & Ilgen, D. R. (2006). Enhancing the effectiveness of work groups and teams. *Psychological Science in the Public Interest, 7*, 77-124.

Kramer, R. M. (1996). Cooperation and organizational identification, in R. M. Kramer & T. R. Tyler(Eds.). *Trust in Organization.* California: Sage.

McAllister, D. J. (1995). Affect- and cognition-based trust as foundations for interpersonal cooperation in organizations. *Academy of Management Journal, 38*(1), 24-59.

May, S. & Mumby, D. K. (2005). *Engaging organizational communication theory & research: multiple perspectives.* CA: Sage.

Mayer, J. D., Dipaolo, M. J. & Salovey, P. (1990). Perceiving affective content in ambiguous visual stimuli: A component of emotional intelligence. *Journal of Personality Assessment, 54*, 772-781.

Nijstad, B. A. & Paulus, P. B. (2003). *Group Creativity: Innovation through Collaboration.* New York: Oxford University Press.

Paulus, P. B. (1999). Groups, teams and creativity: The creative potential of idea-generating groups. *Applied Psychology: An International Review, 49,* 237-262.

Pratt, A. (2002). Hot jobs in cool places. The material cultures of new media product spaces: the case of south of market, San Francisco. *Information, Communication and Society, 5*(1), 27-50.

Scott, S. G. & Bruce, R. A. (1994). Determinants of innovative behavior: A path model of individual innovation in the workplace. *Academy of Management Journal, 37*(3), 580-607.

Shaw, R. B. (1997). *Trust in the Balance: Building Successful Organizations on Results, Integrity and Concern.* California: Jossey-Bass.

Shin, S. J. & Zhou, J. (2007). When is educational specialization heterogeneity related to creativity in research and development teams? Transformational leadership as a moderator. *Journal of Applied Psychology, 92*(6), 1709-1721.

Wong, C. & Law, K. S. (2002). The effect of leader and follower emotional intelligence on performance and attitude: An exploratory study. *Leadership Quarterly, 13*(3), 243-274.

Woodman, R. W., Sawyer, J. E. & Griffin, R. W. (1993). Toward a theory of organizational creativity. *Academy of Management Review, 18*(2), 293-321.

Yang, J. S. & Hung, H. V. (2015). Emotions as constraining and facilitating factors for creativity: Companionate love and anger. *Creativity and Innovation Management, 24*(2), 217-230.

Zhou, J. & George, J. M. (2003). When job dissatisfaction leads to creativity: Encouraging the expression of voice. *Academy of Management Journal, 44*, 682-696.

신직업 분야 도전자들의 성공적 안착경험 분석

임윤서(shao02@dongguk.edu), 안윤정(ayj_calling@kyonggi.ac.kr)

임윤서는 동국대학교 역량개발센터를 거쳐 다르마칼리지 강의초빙교수로 재직중이다. 주요 강의 분야는 경력개발, 리더십, 공감, 창의적 문제해결 등이며 연구관심 분야는 정치 프레임, 리더십, 인물연구, 청년, 문화비평 등이다.
안윤정은 경기대학교 일반대학원 직업학과 조교수로 재직중이다. 주요 강의분야는 직업심리학, 직업상담심리학, 직무분석 등이며, 연구관심 분야는 생애진로주제, 진로자본, 진로전환, 청년, 여성 등이다.

* 이 글은 2019년 5월에 발행된 「HRD연구」 21권 2호에 게재된 논문을 수정·보완한 것임.

신직업 분야 도전자들의 성공적 안착경험 분석

임윤서, 안윤정

고용 패러다임의 전환과 신직업

지금 우리가 목도하고 있던 고용사회가 거대한 막을 내리고 있다. 고용사회가 종착점을 향하고 있다는 사실은 굳이 설명하지 않아도 누구나 실감하고 있을 것이다. 사람들 대다수에게 삶이 순탄치 않게 느껴지는 것, 이전에는 상상하기 어려웠던 도전과 성취를 해내는 사람들이 등장하고 있는 현상의 저변에는 이런 거대한 패러다임의 변화가 있다. 오늘날 이러한 성취를 하고 있는 사람들은 시대적 패러다임의 변화에서 생겨나는 기회를 정면돌파하는 공통점을 갖고 있다(이민주, 2016). 변화가 빨라진다는 것은 거대한 패러다임 전환의 환경 속에서 경쟁우위를 확보하여 생존할 수 있는 전략을 도출해야 한다는 의미이기도 하다. 앞으로의 성장과 생존을 위한 전략 및 운영은 이전과는 확연히 다를 수밖에 없다. 속도의 변화가 한순간이기 때문에 모방할 대상을 찾기도 힘들고, 더욱 중요한 사실은 모방만으로는 시장에서 살아남기가 불가능해졌다는 것이다. 그렇기 때문에 향후 발전이 더딘 그런 영역에 머무느냐 아니면 좀 더 앞선 사업성과를 창출하는 존재가 되느냐는 기존의 낡은 비즈니스 가설과 관행을 원점에서 되짚어보고 이를 업그레이드한 '탁월한 전략'을 수립하여 제대로 실행하느냐에 상당 부분 달려 있다(김범열, 2016).

이러한 실행 전략을 도출하기 위해서는 하나의 직업이 시장에 안착되어 고용을 창출하기까지 고민해야 하는 여러 문제가 있다. 관련 산업의 성장이 시너지가 있는지, 전문적인 영역에서 일할 수 있는 인력을 키워낼 수 있도록 교육훈련 시스템이 구축되어 있는지, 새로운 고용 창출을 위한 인력 및 서비스의 수요는 있는지, 그리고 이러한 과정을 뒷받침할 수 있는 법 제도적 정립을 통해 새로운 직업을 만들어낼 근거는 있는지가 그것이다. 새로운 산업적 변화에 따른 신직업 영역의 창출은 기업 조직에서는 새로운 비즈니스를 견인할 새로운 직무를 제공한다. 또한 개인의 삶에서는 청년층의 진로 탐색, 중장년층의 경력 개발을 위해, 정부 차원에서는 이 영역을 적극적으로 지원함으로써 사람들의 삶의 질과 연계된 일자리 창출에 기여할 것이라는 점에서 큰 의미를 찾을 수 있다(김동규 등, 2017).

객관적 상황이 이러하기에 앞으로의 성장과 생존을 위한 일자리 전략 및 운영은 이전과는 확연히 다를 수밖에 없다. 더 이상 일생을 지속할 수 있는 직업을 찾기 힘들고, 더욱 중요한 사실은 그저 익숙한 형태의 일만 해서는 지금의 시장에서 살아남기가 불가능해졌다는 것이다. 누구든지 예기치 못했던 지금의 상황에 신속하게 대응하지 못한다면, 급속히 쇠퇴의 길로 들어설 수 있다. 더불어 4차 산업혁명이 가져온 기술적 발전은 하드웨어와 소프트웨어를 불문하고 기계가 사람의 일자리를 전면적으로 대체할 수 있다는 생각을 갖게 한다. 현실에서는 이미 기계가 사무직 종사자들의 지식 기반 일자리를 대체하는 것이 현실이 되고 있다(Pearson, 2017). 특히, 기술의 융·복합, 산업구조와 일자리 지형의 변화, 새롭게 요구되는 직무역량 등 소위 4차 산업혁명이 몰고 오는 변화의 파도는 먼 미래의 일로 생각했던 것들이 곧 우리가 목도하게 될 현실임을 깨닫게 한다(강진구, 2017). 그러나 아직도 우리는 개인 차원에서 일의 문제를 인식할 때 이미 존재하는 기업이나 조직으로 진입하는 것으로 협소하게 생각하는 경향이 있다(선대인, 2017). 이 과정에서 자신의 일을 찾지 못하고 있는 사람들이 느끼는 위기감은 갈수록 높아지고 있다. 그 어떤 일이든지 새롭게 시작할 때는 두려움이 따르고 예기치 못한 어려움이 생길 수밖에 없다. 하지만 그 두려움 때문에 아무것도 시도해 보지 않은 채 현재의 삶에 누적되어가는 위험을 지켜보기만 해서는 안 될 것이다(Pearson, 2017). 새로운 시대의 요구에 부응하기 위한 다양한 직업적 대안을 적극적으로 모색하고, 새로운 직업에 대한 탐색을 수행하는 것은 매우 중요한 의미를 갖는다.

이에 본 연구에서는 고용 패러다임의 전환에 부응하고 신직업 분야로 진입하여 적극적으로 도전하고 있는 직업인들을 주목하였다. 이들이 어떠한 경력경로와 과정을 통해 신직업 분야에서 일을 시작하게 되었는지를 확인하고, 이 분야에 안착하게 된 전략적 요인이 무엇인지를 구체적으로 탐색할 필요가 있다. 신직업으로의 진출에는 기존의 직업군보다 훨씬 더 많은 위험감수가 필요하다. 변화된 상황을 극복하고 만들어낸 이들의 경력전환과 안착 요소 도출과 분석은 이 시점에서 중요한 의의가 있을 것이다. 이들을 분석함으로써 개인의 안정적 경력전환 요인과 연관된 산업영역에서 의미있는 일자리 창출 정책을 성찰해 볼 수 있을 것이다. 또한 본 연구는 지금까지 정부를 중심으로 진행되어 온 신직업 정책의 성과와 한계를 바탕으로 관련 영역에 종사하고 있는 신직업인들의 다양한 경력 경로를 탐색하는 과정에서 시장과 조직, 직무 등에 뚜렷한 진입 성공을 보여주고 있는 사례를 표집하고 새로운 유형화를 시도할 것이다. 이 유형화를 근거로 좀 더 넓은 범주로 신직업 종사자들의 활동이 확산될 수 있는 전략적 방향과 정책적 근거를 도출해 보고자 한다.

4차 산업혁명과 신직업 연구

4차 산업혁명으로 인한 근본적 변화와 기술적 실업, 사회에 만연한 저성장 등은 새로운 시장을 탐색하고 일자리에 있어서 사람들의 불안과 불신을 타개할 수 있는 대안을 찾게 만들고 있다. 이러한 배경과 연관되어 일의 미래와 직업적 대안을 마련하기 위한 학문적·실천적 노력들은 그 자체만으로 의미가 있다. 이영대와 유홍준(2010)은 선진외국의 직업분석을 통하여 한국에 신규창출가능 직업을 추출하여 새로운 일자리 창출을 어떻게 진행할 것인지 연구하였다. 한국의 직업분류도 선진외국의 직업변화를 참고하여 더욱 분화되고 국가별 경제 발전 수준, 문화와 종교가 다르다는 점을 고려하는 것이 필요하다고 제언하였다.

김중진과 박봉수(2012)는 청년층이 창직 가이드라인을 통해 신직종 아이디어 발굴부터 최종 창직에 이르는 전체적인 프로세스를 이해하고 신직업, 창직이라는 명명을 인지시킨 의의가 있지만, 발굴된 직업군을 지속가능한 직업으로 발전시키기 위해 필요한 것은 창직자 본인의 몫이라고 함으로써 정책적 한계를 보이고 있다. 한상근(2013)은 우리나라에서 생성되고 있는 신직업들을 여섯 가지 트렌드와 관련지어 살펴보았고, 신직업 분야의 인재를 양성하기 위한 정책대안을 제시하는 것이 중요하다고 판단하였다. 그는 신직업들을 확산시키기 위해서는 현장에서의 진로지도와 새롭게 출현하는 직업 등, 우리 사회 전반의 직업세계 변화를 파악하기 위한 대규모 직업인 조사와 DB화를 주장하였다.

한상근 등(2013)은 성공적으로 시장에 적응하고 있는 신생직업 개척자를 찾아 이들이 새로운 직업에 안착하게 된 과정을 질적 연구를 활용하여 유형별로 분석하려고 노력하였다. 이를 통해 신생직업을 개척하여 진출하려는 사람들에게 신생직업을 선택하고 경험하는 데 필요한 정부정책을 제공하려는 의의를 갖고 진행되었다. 강은영(2014)은 미국과 일본의 사례를 언급하며 신직업 도입 및 육성을 위해서는 결국 규제완화나 법률 제·개정 등의 제도 마련과 이해 당사자와의 협의와 조정이 필요하다고 역설한다. 그러나 결론적으로 신직업을 일자리 창출이라는 정부의 국정과제로 협소하게 접근하였고, 신직업 도입과 일자리 확산은 불필요한 규제완화와 제도 마련이 중요하다는 총론적 입장에 머물고 있다. 나준호(2016)는 인공지능과 로봇은 세부 직업군에 대해 직무 특성별로 각각 다른 영향을 미칠 수 있다고 보았고, 이러한 영향을 직종별로 제시한 것에 의의가 있다. 특히 인공지능은 특히 감성, 지식 노동이 주를 이루는 판매직, 단순 사무직, 서비스직, 전문직, 연구직, 관리직 등에 직접적 영향을 미칠 것으로 판단된다. 이중에서도 연구직, 관리직, 전문직들은 그동안 자동화로부터 안전하다고 여겨졌던 분야이므로 사회적 충격이 더욱 클 수 있으며, 중요한 것은 변화의 속도라고 보았다.

김중진 등(2016)은 선진국에는 있지만, 우리나라에는 아직 없는 직업으로, 향후 일자리 창출이 가능하거나 선진국에 비해서 활성화되지 않은 직업을 체계적으로 연구하고 발굴하기 위해 시작되었으며, 연구 결과는 일자리 창출과 국민들의 진로선택을 지원하는 데 활용되었다. 이들의 연구는 앞서 진행된 유사한 연구와 맥락을 같이 하고 있으며, 신직업에 대한 정부의 적극성과 장기적 관점의 중요성을 강조하고 있다. 이승규와 지선미(2017)는 기술변화에 따른 미래 한국에서 일자리와 관련된 가장 큰 이슈들은 일자리를 확장되게 가질 수 없는 불안과 불안정, 저성장, 한국사회 경쟁시스템 등이 부정적 요인으로 작용하고 있다고 판단하고 있다. 김동규 등(2017)은 새로운 비즈니스와 새로운 아이디어는 기존과 다른 직업을 낳는 동력으로 작용하고 있으며, 이러한 직업이 활성화되고 정착되기까지는 제도적 지원뿐만 아니라 서비스를 적극 소비하고 구매하려는 고객의 요구와도 부합되어야 한다고 분석하였다.

Crosby(2002)는 신직업을 최근에 시대적 변화에 따라 나타난 새로운 직무를 수행하는 것으로 기존의 분류로 설명할 수 없는 것들이라 판단한다. 또한 현재는 소수이지만 미래에는 시장의 확장을 통해 종사자가 확대될 것이 예상되는 직업들도 포함된다. 기존에 직무 수행에서 새로운 업그레이드가 지속적으로 발생하여, 기존 업무와 신규 업무를 병행해야 하는 요청을 받는 직업군들도 여기에 속한다고 보았다. Frey(2017)는 기술적 실업으로 인해 현재 직업의 절반은 20년 안에 사라지며, 대부분의 신산업에 고용되는 이들은 평균 인구에 비해 훨씬 고숙련된 인력일 가능성이 크다고 한다. 이들은 또한 기술 수준이 높은 도시들에 밀집되어 있으므로 일자리와 경제의 양극화가 늘어나고 있다고 분석한다. 고숙련 일자리는 기술 수준이 높은 도시들에 몰리고 있고 저기술 일자리는 취약한 지역으로 밀려가고 있다는 것이다. 지금까지 살펴본 연구들은 거대한 변화에 대응할 수 있는 신직업에 대한 제안 등이 대부분이다. 특히 국내의 연구는 국외 신직업을 소개하고 한국사회에서의 가능성을 탐색해보거나, 현실적 한계를 다룬 연구가 많고, 일자리 창출에만 연관지어 분석하여 실제 현장에서 필요한 연구는 부족한 상황이다.

신직업인의 경력구성과 성공의 의미

신직업인들은 기존의 성공 의미가 아니라 새로운 성공을 찾는 사람들이며, 그들에게 경력성공의 의미는 다를 수 있다. 전통적으로 조직에서 추구해왔던 성공이 아니라 새로운 성공의 개념이 신직업인들에게 중요하기에 새롭게 논의되는 경력성공 관련 논의를 살펴보고, 그 의미와의 유사점과 차이점을 모색하는 것이 필요하다. Savickas 등(2009)은 안정적 직업을 기반으로 했던 기존의 경력이론을 비판하면서 21세기 경력구성의 새로운 패러다임을 제시한 바 있다. 경력이 구성되는 과정과 개인들의 특성보다는 그들이 놓여진 맥락에 집중해야 하고 비선형적으로, 비예측적으로 구성될 수 있음을 강조하였다. Heslin(2005)은 나른 상황에 놓인 근로자를 분석하여 자신의 경력성공을 판단하고 그 기준에 민감성이 필요함을 강조하였고, 경력을 정의하는 데 있어 개인의 경력이 펼쳐지는 사회적 공간과 시간의 연속을 중요한 요소로 보고 월급이나 지위와 같은 객관적 조건뿐만 아니라 개인의 심리상태와 같은 주관적 상황의 패턴으로 이해해야 함을 언급하였다(Gunz & Mayrhofer, 2011).

이처럼 성공적 경력전환의 의미는 연구자마다 다양할 수 있으며, 업무과정보다는 결과를 통해 개인의 인지적 평가와 심리적 평가 모두를 포함하며, 객관적·주관적 인식을 의미한다. 경력성공에 대한 다양한 접근과 시도와 더불어 경력을 새로운 패러다임으로 정의하고자 하는 노력이 이루어졌다. 비교적 최근에 새롭게 대두되는 개념은 개인의 이동성을 중심으로 공간적 범위의 경력을 넘나들며 경력을 만들어가는 무경계 경력(Arthur & Rousseau, 1996), 전통적인 외적 기준보다는 만족, 균형있는 삶, 성취와 같이 자신이 느끼는 심리적 성공에 초점을 맞춘 프로티언 경력(Hall, 2002) 등이 있다. Hennequin(2007)은 프랑스 블루칼라 노동자 25명을 대상으로 질적 연구를 통해 사무직 근로자들과는 차별적인 경력성공의 내용을 보고자 하였다. 물질적 성공(물질적 보상, 부가혜택, 위계적 지위, 승진 횟수), 심리적 성공(경력만족, 직무성공, 대인관계의 성공, 삶과 균형), 사회적 성공(사회적 지위, 인정, 명성) 등을 중심으로 연구하였으며, 그들 스스로 경력이 발전되기 힘들며, 상향이동의 어려움도 인식했다.

Dries 등(2008)은 현존하고 있는 모형보다 더 포괄적인 직업성공의 다차원적인 모형을 개발하기 위해 22명의 관리자에게 자신의 경력에 대해 묻고 각 면담 끝에는 특이한 경력성공을 구성하는 사다리를 만들었다. 이 연구에서 이전과는 차별적인 모형을 제시하고 있지만 성별, 세대별, 인종별, 블루칼라 및 화이트칼라에 따라, 비정규직이나 경력단절을 가진 대상(시간제 노동자, 단절됐거나 유리천장에 부딪힌 사람들 등)에 따라 상황 속에서 경력성공의 의미를 변형한다고 언급했다.

Ituma 등(2011)은 나이지리아 주니어 및 중간관리자들과의 심층면담을 통해 질적 접근방법을 사용하여 그들이 어떻게 경력성공을 개념화했는지 탐구하였다. 객관적 조치와 주관적 조치 사이에 잘 적용된 이분법이 나이지리아의 맥락에서 관찰된 복잡성과 미묘한 차이를 포착하기에 불충분하다는 것을 보여주면서 서구중심 경력성공의 의미가 다른 문화권의 근로자에게 적용이 가능한지에 대한 문제제기와 그들의 문화맥락에 맞는 적절한 개념적 접근의 필요성을 강조하였다. Zhou 등(2012)은 30명의 중국인 근로자를 대상으로 질적 연구를 통해 주관적 경력 성공의 다차원성을 보여주며 중국의 경력성공에 대한 척도를 개발하고자 하였다. 그 결과는 경력성공의 3차원은 본질적인 성취, 외적인 보상, 일과 삶의 균형 등이며 경력성공에 개인차가 존재하며 다차원적인 접근의 필요성을 강조했다. 이상의 연구들은 질적 연구방법을 통해 대상에 따라 다양한 경력성공의 의미와 기준을 이끌어 낼 수 있었으며, 성별과 세대, 문화에 따라 다른 경력의 의미와 성공의 기준을 가지고 있음을 알 수 있었다. Clarke(2013)은 경계가 없는 직업이나 프로티안 경력과 같은 새로운 경력 모델은 개인과 조직 모두에게 더 잘 어울릴 수 있다고 언급했다. 그러나 그는 조직 경력이 여전히 존재할 뿐만 아니라 여전히 관련성이 있고 바람직하다고 주장하며, 단순히 그것을 버리는 것이 아니라 그것이 어떻게 진화했는지 탐구하고 현대 조직의 요구를 충족시키기 위해 그것을 재정의 함으로써 배울 것이 많음을 강조했다.

신직업인은 새로운 조직적 경력이나 무경계 경력 어디쯤에 존재하며 실제 무경계 경력이 가진 여러 특성을 가졌을 가능성이 높다. 신직업인만큼 여러 역할에 걸친 유연한 근속형태를 보이고 자신의 경력에 대한 충성심이 높고 주로 개인의 욕구에 맞는 개발과 객관적 성공보다는 주관적 성공을 추구할 것으로 예상된다. 신직업인의 경우는 몸담고 있는 조직의 특성과 문화, 하는 직무, 개인적으로 추구하는 직업가치관과 지향점 등이 전통적 직업이나 조직에 있는 개인들과 다르기에 신직업인에게 경력과 경력성공의 의미 또한 재구성될 것으로 기대된다.

신직업인의 구성과 경력과정 탐색

신직업 도전자들은 우선 서울산업진흥원(이하 sba)의 지원으로 신직업 관련 교육을 주체적으로 운영했던 사람들로 sba관련 실무자들의 추천으로 이루어졌다. 추천자 중에서 연구 참여에 긍정적인 답변을 준 신직업인을 먼저 선발하였다. 그들에게 다시 추천을 받아 신직업을 발굴하였고, sba와 관련이 없는 신직업인도 연구 참여자에 일부 포함시켰다. 총 21명의 신직업인으로, 연령은 20세부터 53세까지 다양했으며, 남녀비율은 비슷하게 고려되었다.

〈표 1〉 연구 참여자의 개인적 특성

사례	연령	성별	학력/전공	관련 직종	직책	직무
A	39	여	대졸/경영·심리	서비스/컨설팅	대표	사업총괄 및 주류 컨설팅
B	51	남	대졸/금속공	제품디자인	대표	사업총괄 및 디자인
C	47	여	석사수료/법학	창업지원	대표	사업기획 및 총괄
D	42	남	대졸/기계설계	교육(IT)	부장	IT 교육사업 기획
E	33	남	석사수료/디자인공학	기술서비스(배터리)	대표	사업기획 및 총괄
F	35	남	대졸/건축공	메이크업스페이스 (사회적 기업)	대표	사업기획 및 총괄
G	31	남	대졸/광고·홍보심리	교육 (사회적보드게임)	대표	사업기획 및 총괄
H	49	남	석사/디자인정보	업사이클링 교육 (소셜벤처)	대표	사업기획 및 총괄
I	44	남	박사수료/창업학	서비스업(시니어)	대표	사업기획 및 총괄
J	42	여	대졸/멀티미디어	환경(업사이클링)	대표	사업기획 및 총괄
K	25	여	대졸/금속디자인	교육/사회공헌 (소셜벤처)	대표	사업기획 및 총괄
L	30	여	대졸/경영정보·융합디자인	디자인(업사이클링 사회적 기업)	사원	업사이클링 디자인
M	53	여	대졸/사회복지	서비스(시니어)	매니저	마케팅, 서비스
N	26	남	대재/교육학	자원나눔(소셜벤처)	대표	사업기획 및 총괄
O	26	여	대졸/경영	비드고인(스타트업)	사원	기획 및 운영

P	27	여	대졸/전기전자공	여행(스타트업)	매니저	여행상품 기획 및 운영
Q	27	여	대졸/패션디자인	주택서비스(스타트업)	사원	임대서비스 기획/운영
R	20	여	고졸/ 컴퓨터프로그래밍	IT(스타트업)	사원	IT서비스 기획/운영
S	23	남	대졸/아트테크날로지	IT(스타트업)	사원	웹애플리케이션 개발
T	24	여	대졸/디지털미디어	지자체(공공기관)	PD	시민문화프로그램기획
U	27	남	석사/바이오메디컬아트	의료	사원	Medical illustration

신직업의 진입과 안착과정의 경험을 보여주는 데 그치는 것이 아니라 신직업인들의 성공을 가능하게 하는 개인적 요인과 사회적 요인을 밝히고, 그 과정에서 현실적 장벽과 어려움은 어떻게 극복하고 미래를 설계하는지 일종의 하나의 이론적 모형을 만들 수 있다는 데 있어 근거이론을 적합한 연구방법으로 선택했다. 근거이론을 활용하여 신직업 종사자의 진입과 안착과정에서 경험하는 다양한 어려움과 장벽을 분석하고 이를 극복하며 성공한 내적·외적 요인을 통해 인과적 조건, 맥락적 조건, 중재적 조건, 작용/상호작용 전략, 중재적 조건, 결과 등 하나의 이론적 모델을 구축했다.

• 신직업 도전자들의 경험

본 연구에 활용된 자료들은 연구자들이 신직업인으로 추천된 참여자들을 직접 만나 수집하고 진행했던 심층면담 내용들이다. 이 과정에서 서술된 내용을 비교하고, 분석하면서 핵심 패러다임을 도출하고 개념을 정리하였다. 추상적으로 의미가 유사한 내용끼리 묶여진 개념을 근거로 하여 하위범주와 상위범주를 나누었고, 내포된 맥락을 각각의 속성과 차원으로 구성하였다. 순차적으로 진행한 개방코딩을 통해 최종적으로 상위범주 12개, 하위범주 30개, 개념 309개 항목을 도출하였으며, 종합적으로 정리한 내용은 <표 2>와 같다.

〈표 2〉 신직업인의 경험에 대한 근거이론 분석틀

패러다임	상위범주	하위범주	속성	차원
인과적 조건	신직업 영역 진입과 정착 경험	다양한 직전 경력과 경험의 결과	다양성 연속성	약함-강함 일시-지속
		진입과정의 현실과 한계	빈도 정도	적음-많음 약함-강함
		자신의 욕구와 특성에 대한 새로운 발견	수준 정도	낮음-높음 약함-강함
	사회문화의 변화	기술자동화 본격화	수준	낮음-높음
		라이프 스타일의 중시	정도	약함-강함
맥락적 조건	진입장벽으로서의 한국문화	안정성과 평범함의 지향	정도	약함-강함
		타인의 평가와 시선의 영향	빈도	적음-많음
		트렌드에 민감한 쏠림 현상	정도	약함-강함
	시장 불확실성과 인지도 미약	시장 미형성에 대한 인내 요구	연속성 빈도	일시-지속 적음-많음
		신직업의 개념에 대한 다양한 해석	정도	약함-강함
		신직업 인지도 미약과 편견	수준	낮음-높음
	추진정책의 한계	공공기관 지원의 현장괴리	기간 연속성	짧다-길다 일시-지속
		무리한 일자리 창출 정책의 연계	정도	약함-강함
중심현상	신직업인의 개인적/사회적 성공을 위한 열망	개인적 성취에 대한 중시	수준	낮음-높음
		조직성장과 사회적 성공에 대한 열망	의지	강제-자발
중재적 조건	신직업인으로서 차별화된 선택과 경험	자신의 선택에 대한 만족	차원	낮음-높음
		안정된 사업추진을 위한 진단과 위기관리	깊이 영역	얕음-깊음 일부-전부
	새로운 가치창출과 관계의 영향	개인 만족 이상의 가치창출 여부	맥락	자기지향-타인지향
		가속/시인의 영향	정도 감성	약함-강함 예민-둔감
작용/상호작용	끊임없는 학습과 호기심	개인역량과 조직 전문성 강화를 위한 학습 욕구	빈도 양태	적음-많음 능동-수동
		정보탐색의 지속과 주도적 실행	연속성 주도성	일시-지속 소극-적극

작용/ 상호작용	조직의 발전 가능성 타진	새로운 비즈니스 모델 및 직무의 확장	양태 영역	능동-수동 전부-일부
		글로벌 체험 및 진출에 대한 현실적 고려	차원 기간	낮음-높음 일시-지속
		재정 자립에 대한 적극적 탐색	양태 기간	능동-수동 짧다-길다
	외부 자원의 활용	정부지원 제도의 적극적 활용	기간 수준	짧다-길다 낮음-높음
		지지집단과 네트워킹의 활용	차원	낮음-높음
결과	신직업인으로서 성공과 지속가능성에 대한 전략 수립	수익창출을 위한 적극적 개척	빈도	적음-많음
		예비 신직업인 진입에 대한 제언	수준	낮음-높음
		지속가능한 사업 확장을 위한 새로운 도전 모색	통찰 주도성	얕음-깊음 소극-적극
		다양한 지원에 대한 제언	방식 정도	비수용적-수용적 약함-강함

◆ 신직업인의 진입과 안착 경험에 대한 패러다임 분석

연구 참여자들은 다양한 신직업 분야에 종사하고 있으며, 그 영역에 도전하고 지속적으로 활동한 기간은 각기 다르다. 신직업 도전과 정착과정에서 보여 준 이들의 경험에 대한 깊이 있는 이해는 제시된 개념과 범주들 간의 설명을 통해 가능할 것이다. 이에 본 연구에서는 개념과 하위범주, 상위범주를 구분해내는 과정을 통해 주제의 중심 영역과의 관련성과 상호 유기적 연계를 탐색해 보고자 하였다. 분석을 통해 드러난 맥락적 내용을 기반으로 의미 있는 실제적 현상을 설명하는 이론을 생성해내기 위해 근거이론의 분석틀과 방법을 활용하여 심층면담 자료를 분석하였다. 이 과정에서 근거이론의 패러다임 모형(인과적 조건, 맥락적 조건, 중심현상, 중재조건, 작용/상호작용, 결과)을 적용하여 축코딩을 정리하였고, 연구 참여자들이 진입과 정착과정에서 얻게 된 경험의 의미를 <그림 1>의 패러다임 모형으로 도출하였다.

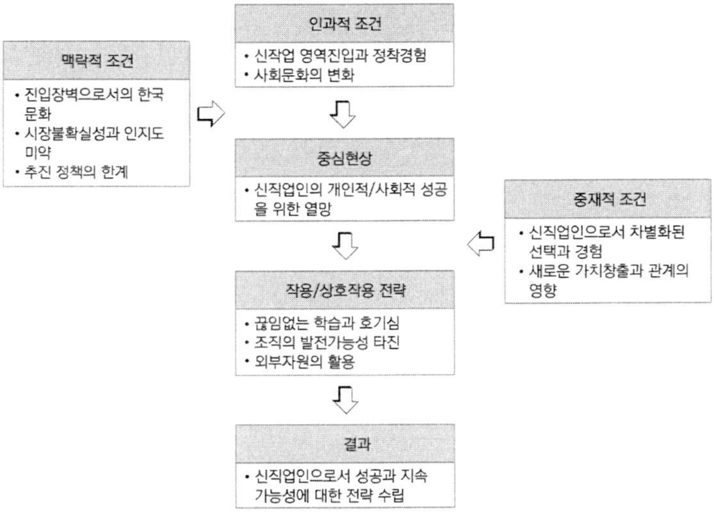

〈그림 1〉 신직업인의 진입과 안착과정 경험에 대한 패러다임 모형

◆ 신직업인 진입부터 안착까지의 과정분석

과정분석이란 시간의 흐름에 따른 구조와 과정을 통합해 연구의 중심현상에 대처, 조절하는 작용/상호작용 전략의 연결을 정리하는 것이다(김효정, 김봉환, 2011). 연구 참여자들이 시간의 흐름과 상황 변화를 기반으로 신직업에 종사한 이후 겪어 온 과정을 '선택과 불안', '성장과 인내', '정체와 도약', '자립과 모색'의 네 단계로 나누어 살펴보았다.

1단계: 선택과 불안

이 단계는 연구 참여자들이 다양한 직전 경험을 통해 신직업군에서 경력을 새롭게 시작한 이후 겪게 되는 다양한 경험과 복잡한 심리를 드러내는 시기를 의미한다. 이들은 진입하기 직전의 여러 경험을 통해 자신이 원하는 것이 무엇인지를 구체적으로 파악하고, 선택 자체의 주도성을 가장 중요시하는 공통점을 보여준다. 주도적 선택의 근거가 된 경험들은 전통적 조직의 수직적이고 강압적인 문화에 대한 실망으로 인한 대안 찾기, 남들과 다른 우연한 기회를 얻어 체험했던 일에서 발견한 자신의 역량에 대한 만족감, 자신의 아이디어로 추진한 일의 작은 성취, 창업에서 얻게 된 풍부한 실전 경험 등이 많았다. 이 경력 과정을 통해 신직업군으로 진입한 연구 참여자들은 시대의 변화에 빠르게 적응해 가면서 자신의 분야를 개척해 나간다. 자신이 선택한 일이기에 쉽게 포기할 수 없었고, 스스로를 격려하며 일 자체에 재미와 보람을 느끼는 상황이었다. 때론 안정된 조직으로 진출한 동년배들의 삶을 보면서 주도적인 자신의 직무에 대한 만족감을 느꼈지만, 어떤 때는 불확실한 미래에 대한 불안이 상존하였다.

2단계: 성장과 인내

이 단계에서 연구 참여자들은 종사하는 영역에서 개인의 빠른 성장과 더불어 아직 형성되지 못한 시장의 불확실성에 대한 인내의 중요성을 체감하고 있었다. 이들은 사회에 대한 통찰력을 높이면서 자신의 경력을 또 다른 단계로 끌어올리는 노력을 게을리하지 않았다. 직접 부딪혀 본 현실은 만만치 않았고, 직전 경험의 부족도 자각한 상황에서 스스로를 계발하기 위한 다양한 학습에 적극 참여하였다. 이 과정에서 여러 영역의 네트워킹을 활용하여 새로운 자기를 발견하기도 했고, 시장의 변화에 대한 통찰을 얻기도 했다. 새로운 관계를 맺고자 하는 열망은 자기 성장과 더불어 신직업 영역에서 종사하는 이들끼리의 동질감 획득과 불확실한 미래에 대한 불안을 잠식시키기 위한 지지집단에 대한 필요성에 기인해 보였다.

3단계: 정체와 도약

이 단계는 연구 참여자들이 신직업 영역에 종사한 이후 개인의 성장과 조직의 발전을 균형있게 모색하며 다양한 시도와 적극적 실천을 해 왔지만,

소기의 성과를 얻지 못함으로 인해 나타나는 딜레마 상황으로 이해할 수 있다. 신직업 영역의 특징은 잠재된 가능성은 많지만, 현실에서 즉각적으로 발현되는 고성장 분야가 아니다. 이런 한계 때문에 다양한 외부 지원을 수시로 고려해야 하고 부분적 수익을 유지하면서 지속적으로 돌파구와 모멘텀을 찾고 스스로 증명해 내야 하는 어려움이 있다. 이 과정에서 크고 작은 성과를 얻고 다음 단계로 이행하기 위해서는 자기만의 독특한 차별화와 비즈니스 모델의 확고한 업그레이드가 필요하다. 도전 초기에는 새로운 분야에 주저없이 도전하는 남다른 선택이나 아이디어의 신선함으로 인해 일시적으로 주목받고 지원을 받았다면, 지금부터는 구체적인 경쟁력과 성공 가능성을 보여주어야 하는 과제 앞에 서 있는 것이다.

4단계: 자립과 모색

이 단계는 연구 참여자들이 다가올 미래를 보다 적극적으로 대처하기 위해 가장 고민하고 있는 현실적 문제에 대한 깊이 있는 탐색과 실행을 고려하고 있는 시기로 규정한다. 이들은 최근 자기 분야의 실질적 자립에 대한 계획과 지속가능한 조직을 만들기 위한 다양한 전략적 모색 단계에 와있다. 이들은 진입 초기 자신의 선택에 의해 시작한 신직업 분야를 현실의 시장에서 힘이 있는 비즈니스 모델로 만들어내기 위해 새로운 돌파구를 찾는 노력을 계속 하고 있다. 또한 이 과정에서 지속가능한 조직을 만들기 위해 활발한 네트워킹과 유연한 조직문화를 만들어나가면서 꿈의 직장을 만들고 싶은 열망도 강해졌다. 즉, 개인만족 이상의 새로운 가치를 창출하고 싶어하며 선순환 모델을 고려하거나 고용창출과 분배 정의에 대한 기여를 어떻게 할 수 있을 것인지를 모색하고 있었다.

♦ 신직업인의 유형화

유형분석이란 '지속가능한 성공 만들기'의 이론을 도출해내기 위하여 원자료의 개념들과 연구 참여자들의 면담 진술문을 끊임없이 비교해 보면서 각 범주 간의 관계에서 반복적으로 나타나는 관계들을 정형화 해낸 것이다(Strauss & Corbin, 1998). 그 결과 신직업 분야 도전직전 경력의 다양성 강-약과 진입과정에서 겪은 현실체험 정도의 강-약, 자신의 욕구와 특성에 대한 자각 수준의 높음-낮음이 영향을 끼친다. 또한 진입장벽으로서 한국문화와 시장 불확실성과 인지도 미약 수준과 정도의 강-약, 추진 정책의 한계를 극복하기 위한 연속성 차원의 일시-지속 정도, 신직업인으로서 차별화된 선택과 경험을 겪는 깊이의 얕음-깊음, 새로운 가치창출과 관계의 영향을 받는 속성과 차원의 자기지향-타인지향, 끊임없는 학습과 호기심 빈도의 많음-적음, 조직의 발전 가능성 타진 양태의 능동-수동, 외부 자원 활용에 있어서 수준의 높음-낮음이 꾸준히 상호 작용하면서 몇 가지 유형으로 분류되었다.

〈표 3〉 신직업인의 '지속가능한 성공 만들기' 유형 도출

유형과 조건		유형 1	유형 2	유형 3	유형 4	유형 5
		자기성장 중심의 도전가형	신기술 아이디어 중심의 기회창출형	개인 명예 중심의 성취추구형	사회 가치 중심의 혁신가형	실행 중심의 노마드형
인과적 조건	신직업 영역 진입과 정착 경험	중간 높음	강함 중간	강함 높음	강함 높음	강함 중간
	사회문화의 변화	강함	강함	강함	강함	강함
맥락적 조건	진입장벽으로서의 한국문화	중간	강함	중간	강함	중간
	시장 불확실성과 인지도 미약	중간	강함	강함	강함	강함
	추진정책의 한계	일시	중간	중간	중간	지속
중심 현상	신직업인의 개인적/사회적 성공을 위한 열망	높음	높음	높음	높음	높음

중재적 조건	신직업인으로서 차별화된 선택과 경험	높음	높음	높음	높음	높음
중재적 조건	새로운 가치창출과 관계의 영향	자기지향	중간	자기지향	타인지향	중간
작용/상호작용	끊임없는 학습과 호기심	많음	많음	많음	많음	많음
작용/상호작용	조직의 발전 가능성 타진	능동	능동	능동	능동	능동
작용/상호작용	외부 자원의 활용	높음	높음	높음	높음	높음
결과	신직업인으로서 성공과 지속가능성에 대한 전략 수립	많음 적극	많음 적극	많음 적극	많음 적극	많음 적극

유형 1: 자기성장 중심의 도전가형

신직업 종사자 총 21명 중 '자기성장 중심의 도전가형'은 사례 L, M, O, P, R 등 5명으로 유형 중 가장 빈도가 높았으며, 주로 20대 초중반에서 30대 미만의 사례자들이다. 이 유형의 연구 참여자들은 창업이 아닌 취업으로 자신의 미래를 모색하고 있다는 공통점이 있다. 지금의 조직에 입사하기 이전에 창업, 대기업과 중소규모 기업, 전문 분야 활동 등을 통해 조직 직무를 경험했는데 이 과정에서 수직적이고 개인성장이 더딘 업무 환경이 자신과 맞지 않다는 것을 깨닫게 된 유형들이다. 사례 M의 경우 대기업에서 직무경험을 하면서 인생에서 절대 해서는 안 될 일이라는 생각까지 하게 되었으며, 내가 성장하지 못하는 곳에서는 결코 일을 하지 않겠다는 결심까지 하게 된다.

이 유형의 참여자들은 현실적 문제가 발생하면 우회하기보다 주도적으로 해결하기 위해 노력했으며, 사례 L의 경우 실패가 용인되지 않는 한국 사회에 도전 자체를 중시하는 삶을 살겠다고 표현했다. 사례 O의 경우는 고교시절 체험하게 된 기업가정신 교육을 받으면서, 자신이 독립적으로 할 수 있는 일을 찾겠다는 열망으로 대학진학 대신 스타트업 취업을 결정한다. 이 유형들은 개인 성장과 보람의 중시가 우선했지만, 자신이 선택한 조직의 성공과 사회적 기여에 대한 열망도 매우 높았다. 이들은 새로운 가치 창출에 있어서도 개인 만족이 중시되는 자기 지향성이 높았으며 지칠 줄 모르는 호기심을 자신들의 장점으로 확실하게 인지하고 있었다. 사례 P와 사례 R은 자기의 의지가 확고하다면 남들의 평가는 중요하지 않으며, 새로운 분야에 대한 학습과 호기심이 향하는 방향으로 나아가는 것이 더 의미있고 자신의 만족도가 더 높다고 서술하였다.

유형 2: 신기술 아이디어 중심의 기회창출형

신기술 아이디어 중심의 기회창출형 참여자들은 다른 종사자들과 비교해 볼 때 4차 산업혁명과 연관된 신기술 분야에서 미래가치에 방점을 둔 사업 추진과 활동을 지속적으로 수행하는 사례 A, H, I, S이었다. 사례 A는 스스로 표현한 것처럼 네트워크나 인맥 활용을 즐기지 않고 자신 혼자 새로운 기술을 배우는 은둔형 전문가라고 평가하였으며, 제작, 실험하는 공간이 확보되는 것을 가장 즐거워하였고 스타트업을 기술적으로 지원하는 것에 보람을 느끼는 경향을 보였다. 사례 H는 부친의 사업을 물려받는 안전지향적 선택이 거의 확실한 상황이었는데, 90년대 IT 붐이 일어나는 것을 목격하며 당시 새로운 기술이었던 컴퓨터에 관심을 갖게 된 것이 오늘을 있게 한 시작이었다. 그는 새로운 기술이 끊임없이 갱신되는 것이 자신의 흥미, 기질과 잘 맞았으며 이러한 개인특성이 지금처럼 신기술을 사람들에게 전파하는 역할을 하게 만든 배경이라고 설명하였다. 사례 I는 대학원 때 프로젝트로 진행했던 아이디어를 가지고 자신이 직접 창업을 해서 비즈니스로 만들어낸 경험자였고, 지금도 새로운 아이디어는 자신이 직접 기획하는 경우가 많았다. 사례 S는 핀테크 영역에서 여러 가지 기술적 시스템을 개발하는 과정을 거쳐 지금 근무하고 있는 애플리케이션 개발 스타트업에서 종사하게 되었다.

이 유형의 참여자들은 신기술 영역에 종사하는 만큼 미래에 어떤 기술이 발전할 것인지를 예측하는 것에 익숙했고 미형성된 신직업군의 시장에 대해 자신만의 기준을 갖고, 적극적으로 분석하고 대처하는 공통점을 보였다. 다양한 교육 활동을 통해 전문적 기술분야에 대해 일반인의 관심을 끌어들이는 활동에도 적극적이었다. 이들은 새로운 분야를 개척하는 과정에서 겪게 되는 친밀한 관계에서의 갈등에 크게 흔들림이 없었고, 우호적 분위기의 지지집단이 더 많았다. 대부분 관련 분야의 교육이 시작될 무렵에 이러한 신기술 영역을 접하게 되어 수강생에서 전문가로 전환되는 경력도 특이점이었다.

유형 3: 개인 명예 중심의 성취추구형

개인 명예 중심의 성취추구형은 기본 현황에서 신직업 관련 분야에서 일을 시작한 기간이 3년에서 5년 사이였으며, 연령은 30대에서 40대까지, 조직 내에서는 대표를 맡고 있는 공통점이 있으며 사례 B, D, E, F가 여기 속한다. 이 유형들은 자기 성장을 넘어 개인의 이름을 남기는 것이 중요하다는 명망가로서의 지향성을 보여주는 공통적 서술이 확인되었다. 사례 E의 경우 죽기 전에 뭔가를 남기고 죽겠다는 생각을 갖고 있음을 언급하였고, 사례 B는 역사의 한 페이지에 자기 이름을 남기겠다는 강한 신념, 사례 D의 경우 'one of them'의 평범함을 거부하며 자신이 남들과 다르며, 남들이 깔아놓은 길을 가지는 않겠다는 자각이 컸다. 사례 F는 자신은 독특한 존재이기 때문에 일의 초기부터 멀티플레이어로서 남들과 비교할 수 없는 역량을 발휘했다고 설명하였다. 부모 및 타인에게도 크게 관심을 두지 않았으며, 다양한 관계에 있어서도 크게 의존하지 않았고 자신만의 영역 구축에 대한 자부심이 오히려 높았다. 이 유형들은 자신에 대한 강한 믿음을 표출한 것과 달리 사회적 환경이나 지원정책에 대해 불신과 비판적 시각이 강했다. 그럼에도 불구하고 어떤 유형보다 지속 가능한 성공모델을 만들기 위한 몰입도가 높았다. 사업의 안착을 위해 새로운 방향으로 확장하기 위한 다양한 기획들을 추진하면서 스스로 자신의 성공을 입증해내야 한다는 신념이 강했다.

유형 4: 사회 가치 중심의 혁신가형

사회 가치 중심의 혁신가형들은 사례 중 G, J, K, T로 분석되었다. 이 유형의 사례 중 사례 J는 현재 하고 있는 일을 시작하기 전에 크고 작은 사회적 불평등을 경험하면서 직접 대항하기도 했고, 사례 K는 소외된 영역에 있는 사람들을 위해 봉사를 지속하며 이들을 위한 펀딩 프로젝트를 주도하기도 했다. 또 사례 G는 그 누구도 고민하지 못했던 작은 조직을 새로운 가치 창출의 영역으로 만들기 위한 선순환 협동조합 모델을 만들어 비즈니스를 추진하기도 했다. 사례 T는 한국 사회에 큰 이슈가 되었던 사회문제들을 보면서 자신이 즐겁게 하고 있는 취미를 사회문제 해결에 적용하는 시민 참여형 기획을 만들어내기도 했다.

이들이 체험했던 직전 경험들은 계획적으로 수행되었다기보다 우연히 겪게 된 부당한 상황, 타인에게 긍정적 도움을 주고 싶은 순수한 마음, 사회의 다양한 분야에 대한 적극적 관심에 따른 자연스러운 행동 반응 등에 의해 추진되었던 타인지향형 사례들이다. 사례 T는 소셜이나 사회적 기업이라는 명명이 되면, 한국에서는 마치 가난해야만 도덕적이라고 생각하는 것이 모순이라고 보았다. 그는 자신이 사회의 뜻 속에서 살아가야 하며, 사회적으로 기여를 하는 일을 하고 있기 때문에 그 가치를 더욱 존중받는 사회를 만드는 것이 중요하다고 보았다. 사례 J, M은 자신이 지금 하고 있는 일이 미래세대에 대한 부채감으로 시작된 일이라고 규정하면서, 사회적 책임감이 자신이 이 일에서 보람과 재미를 느끼는 이유라고 하였다. 이 유형의 연구 참여자들은 시장의 불확실성과 인지도 미약을 더욱 절실히 겪고 있었으나 신직업 도전자로서의 어려움을 이겨내고자 하는 인내심도 강했고, 방향을 잘 잡지 못하는 사람들에게 다양한 일자리의 기회를 줄 수 있는 나침반으로서의 역할에 대한 열망도 매우 높았다. 즉, 다른 유형들에 비해 가장 타인 지향형의 업무 패턴을 보여주고 있었다.

유형 5: 실행 중심의 노마드형

실행 중심의 노마드형은 다른 유형과 달리 뚜렷하게 차별화되는 것이 있었는데, 이들은 장소의 경계를 넘나드는 노마드와 같은 행적을 보인 것이다. 이 유형은 20대와 50대 사례 C, N, Q, U로 확인되었다. 이들 중 일부는 크고 작은 실패 경험이 많아서 한동안 혼란과 무기력을 경험하기도 했고, 또 일부는 여러 사업 경험을 거치면서 작은 성취와 뼈아픈 실패를 반복적으로 겪기도 했다. 직전 경험의 차이와 무관하게 이들의 공통점은 직관적으로 자신이 판단한 것이 있으면 주춤거리는 것 없이 실행을 결정하고 빠르게 움직이며 인내심을 갖고 상황의 추이를 지켜보는 양상을 보인 것이다. 사례 C는 호기심이 동기가 되어 뭔가를 시도하는 것을 겁내지 않아서 가보고 싶으면 반드시 가봐야 하는 기질이 있었다고 하였다. 사업 모델을 기획할 때도 즉흥적으로 하고 싶은 걸 하고 이런 식으로 자신이 하고 싶은 것을 해온 과정이 지금의 그를 있게 했다.

이 사례자들은 한국이 좁고 폐쇄적이라는 생각이 들어 지금은 사업 파트너인 가족과 함께 해외 시장으로 무대를 옮겨갈 준비를 서두르고 있는 중이었다. 사례 N, Q, U는 서울 상경의 경험이 있는데 특히 사례 U의 경우는 중년의 나이임에도 불구하고 무작정 보따리를 싸들고 무식하게 그냥 올라왔다고 표현하며 오랫동안 자신이 활동했던 지역을 떠나 새로운 영역의 신직업에 종사하는 기회를 얻기 위해 과감한 도전을 결행한다. 이들은 새롭게 시작하는 지역에서 인맥과 네트워킹도 없고, 주거 공간도 불안정한 상황에서 적극적 정보탐색을 통해 새로운 가능성을 찾아 나섰다. 이 유형의 사례자들은 신중하고 합리적 판단보다 자신의 직관을 믿고 움직이는 공통점을 보였고, 탐색 이후 찾게 된 새로운 영역에서 취업이나 교육을 받게 되었을 때 그 누구보다 열정적으로 자신의 역량을 보여주었다.

신직업인과 연구자를 위한 제언

본 연구는 20대부터 50대까지의 연령대에 있는 신직업분야 도전자들을 대상으로 이들의 직전 경력과 신직업 영역에서 겪고 있는 다양한 경험, 현재의 상황에 대한 성찰, 성공에 대한 관점과 미래 계획 등에 대해 탐색해 본 것이다. 연구 참여자들과 진행된 심층면담 자료를 분석하여 얻은 결과를 기반으로 한 발견은 다음과 같다.

첫째, 연구 참여자들은 '개인적·사회적 성공을 위한 열망'이 매우 높았다는 것이다. 이들은 기술 자동화가 전 세계적으로 본격화되고 사람들의 라이프스타일이 변화되면서 신직업 분야에 진입할 수 있는 객관적 흐름에 적극적으로 대응하고 있었다. 신직업 분야에 진입하기 직전 경험에서도 다양한 체험과 경력들을 갖고 있었으며 필연적으로 발생할 수밖에 없는 우연한 기회를 적극적으로 활용하는 공통점 또한 확인되었다.

둘째, 연구 참여자들이 신직업 영역에서 활동을 하면서 겪게 되는 유사한 변수와 장벽들이 있다는 것을 확인하였다. 이들이 경험한 다양한 장벽들 중에 한국사회 특유의 트렌드 쏠림 현상과 안전 지향성의 경력 선택 문화, 신직업 영역에 대한 인지도 미약 등에 대처해야 하는 개인적 어려움이 드러났다.

셋째, 연구 참여자들은 활동을 하면서 여러 방면에서 지원을 받기도 하고 새로운 지원에 대한 모색도 병행하였다. 지원 사업이라는 것이 조직과 사업을 안정화시키기 위해 긍정적 측면도 있지만, 부정적으로는 지원 사업에 대한 의존만 키울 수 있다는 우려도 동시에 확인되었다. 또한 정부 지원에서 가장 문제로 제기된 것 중 하나는 추진되고 있는 정책이 현실의 요구에 맞지 않는 것, 신직업을 일자리 창출정책으로 무리하게 연계하는 것, 지나친 단기 성과주의 등이 지적되었다.

넷째, 이들은 신직업 분야에 도전하는 경력전환의 가장 큰 이유를 두 가지 영역으로 구분하였으며, 자신의 자기성장 열망과 지속가능한 성공 만들기에 대한 모색이라고 정의하였다. 연구 참여자들은 자신의 독특성과 역량을 꾸준하게 키워낼 수 있는 도전적 삶과 자기실현의 만족감에 큰 의미를 두었다.

다섯째, 신직업 분야에서 겪어 왔던 경험과 성과를 반영하여 이들을 유형으로 분류해 보았다. 이 유형은 연구 참여자들의 심층면담 진술문을 끊임없이 비교해 보면서, 각 범주 간의 관계에서 반복적으로 나타나는 관계들을 정형화해낸 것이다. '자기성장 중심의 도전가형', '신기술 아이디어 중심의 기회창출형', '개인명예 중심의 성취추구형', '사회가치 중심의 혁신가형', '실행중심의 노마드형'이었다.

Pearson(2017)에 따르면 어느 시스템에서든 레버리지 포인트(leverage point)라는 것이 있다. 적은 힘으로 상황을 반전시키는 작은 변화 또는 효과나 가치를 극대화하는 전략지점을 의미하는 표현이다. 신직업 분야로 도전하는 사람들의 성공적 경력전환과 안착은 어쩌면 레버리지 포인트처럼 작은 힘과 미시적 가능성만으로 새로운 가치를 창출하는 전략 그 자체인지도 모른다. 분석 결과에 따라 몇 가지 시사점을 정리하면 다음과 같다.

첫째, 신직업 분야 도전자들이 보여주는 마인드와 역량은 급속한 변화의 시대에 직업 세계에 적응하기 위해 노력하는 청년들이 벤치마킹 할 필요가 있는 차별화된 요소가 많다. Bodell(2018)은 이러한 삶의 패턴을 '의미'라는 이름의 새로운 트렌드라고 분석하였다. 요즘 사람들은 돈보다 의미 있는 일과 행복한 삶을 '함께' 추구하며, 또 자신이 중요한 존재라는 사실, 그리고 자신이 하는 업무가 중요한 일이라는 사실을 항상 확인하기를 원한다고 한다. 이런 경향을 주도하는 사람들은 밀레니얼 세대(Millennials, 1980년대 초부터 2000년대 초에 출생한 세대)의 젊은이들이다. 이들은 자신이 추구하는 가치와 일치하는 직업을 찾았을 때 급여를 줄여서라도 그 일자리를 선택할 의사가 있다고 대답했다. 하지만 이러한 젊은이들은 최근 기업들이 제안하는 일자리에 매우 실망하며 또 자신이 하는 일이 중요한 사명이나 목적과 관련이 없다고 판단되면 금방 직장을 그만둔다는 것이다. 이들의 선택과 성과들은 획일적이고 안정지향적인 전통적 직업패턴에서 벗어나 새로운 직업적 대안을 찾을 수 있는 롤 모델이 될 수 있다. 이들의 성공과 의미 있는 경험을 일상적인 단위에서 경험할 수 있도록 다양한 교육 콘텐츠와 실행 프로그램들을 제공하여 신직업 분야에 진입할 수 있는 인식의 확장과 인지도 상승을 다양한 영역에서 시도하고 기획해 볼 필요가 있다.

둘째, 본 연구에서 확인된 연구 참여자들의 개인적 공통점 중 가장 빈도가 높았던 특성 중 하나가 '주도성'이었다. 이들은 자기 삶에 대한 온전한 주도성을 발휘하는 존재로서의 욕망과 그러한 주도성의 결과로 선택한 일에 대한 재미와 만족감이 매우 높았다. 이들은 과도하게 순응을 요구하는 조직이나 문화에 적응하지 않고 '순응하지 않음'을 자신의 자부심이라 여기는 경향이 많았다. 한국 사회에 순응하지 않는 독특하고 창조적 존재로서의 자신에 대한 존중은 남다른 실행력과 차별화된 유형들로 확인되었다. Gratton (2012)은 '일의 미래'에서 이러한 사람들의 특징을 감성자본(emotional capital)이라고 규정하고 감성자본은 스스로를 이해하고 자신이 내리는 선택을 성찰할 수 있는 능력이라고 설명한다. 또한 용기 있는 행동을 하고자 할 때 대단히 중요한 감성적 회복력과 의연함을 기르는 능력이며, 가장 중요하게는 행복한 인생이 무엇인지, 자신의 가치관과 일 사이에서 조화를 이루려면 어떻게 살아야 하는지를 이해하고 거기에 맞는 선택을 하는 능력을 의미한다고 하였다. 이러한 능력은 삶의 모든 요소에서 높은 수준의 역량을 발휘하며 다른 사람들이 같은 길을 가도록 이끌 수 있다. 주도성은 곧 자유로운 선택이며 이 과정에서 놀라운 성취를 이루어 낼 수 있다. 이에 보다 더 많은 도전자들의 성공적 경력전환을 위해서는 한국사회가 좀 더 유연한 의사소통문화를 구축하고 개개인의 주도적인 삶의 선택권을 인정하고 지지해 줄 필요가 있을 것이다.

셋째, 성공적 경력전환을 위해서 사회적 자본(social capital)으로서 '네트워킹의 적극적 활용과 확장'이 필요하다. 사회적 자본이란 자신의 모든 인간관계를 비롯해 네트워크의 폭과 깊이를 합친 것을 의미한다. 인간관계에는 개인적 즐거움의 원천이 되는 강력한 관계도 있고, 약하지만 다양한 집단과 연결해주는 관계도 있다. 신직업인들에게는 이러한 관계 및 네트워크의 폭과 깊이가 그 어느 때보다도 중요해질 것이다(Gratton, 2012). 따라서 이들은 목적의식적이고 꾸준하게 인간관계와 네트워크를 만들고 관리해야 한다. 특히 신직업 분야에 도전자들은 사업을 진행하면서 이전과 다른 유형의 인간관계를 갖춰야 한다. 다른 분야의 다양한 사람들과의 인맥이 매우 중요해졌다는 말이다. 자신의 업종에서 인간관계를 맺는 것도 중요하지만, 자신과 동일한 체계(framework)에 따라 활동하는 사람들과 관계를 맺는 것 역시 중요하다. 관련 조직이나 정책 입안자들은 신직업 영역에 있는 사람들을 위한 다양한 네트워킹과 관련 프로그램, 플랫폼 기획 등 상시적이고 대상에 맞게 적극적으로 지원하되 개입과 간섭은 최소화 시켜 줄 필요가 있다.

넷째, 신직업 도전자들의 개척 분야로 뚜렷하게 분류된 '신기술 중심의 사업'과 '라이프스타일 중심의 사업' 두 가지 사업영역에 대한 차별화된 지원과 정책이 필요하다. 우선 '신기술 중심의 신직업' 영역은 4차 산업혁명으로 인해 필수불가결한 요소로 거론되는 로봇, 인공지능, 데이터 관련 정보기술 등이다. 이와 같은 기술 중심의 신직업 영역은 기술변화에 따라 부상하는 산업이 어디인지 민감하게 시장의 추이를 주목해야 하며, 시시각각 변화하는 기술을 습득하기 위한 유무형의 노력이 일상이 되어야 한다(딜로이트 컨설팅, 2018). 또 하나의 영역인 '라이프스타일 중심의 사업'은 인간의 본연적 욕구에서 만들어진 비즈니스 영역이다. 최근에는 '라이프스타일 비즈니스'라고 일컬어지기도 한다. 도전자들이 활동하고 있는 사업 영역 중 많은 부분이 해당 분야의 비즈니스와 연관되어 있다. 이 분야의 성공을 위해서는 사람들이 중요하게 여기는 가치와 일상의 욕망을 잘 해석하는 것이 필요하다. 김용섭(2018)은 라이프스타일 비즈니스의 성공을 위해서는 우리 시대 사람들이 보여주는 생활양식이자 일상에서의 소비 패턴을 잘 분석해야 하고, 사업의 타깃을 다르게 보아야 한다고 했다. 그러므로 이 분야의 비즈니스를 진행하고 있는 신직업 도전자들은 라이프스타일 비즈니스의 기본인 고객 니

즈 파악을 위한 다양한 접근과 마케팅을 적극적으로 전개해야 할 것이며 관련 분야의 지원정책을 새롭게 요구해야 할 것이다.

여섯째, 신직업 도전자들은 단순하게 사업을 유지하는 것에 만족하지 말고 '자생력 있는, 지속가능한 성공'을 이룰 수 있도록 계획해야 한다. 경쟁에서 승리하는 자신들만의 다름을 성공적으로 이루어 내어야 한다. 이들은 자신의 사업 속에서 즐거움이 없다면 아무 것도 아니라고 생각하고 새로움 속에서 하루하루 성장한다는 기쁨, 함께하는 사람들의 열정 안에서 자극 받는 것, 그리고 무언가 작지만 의미 있는 것을 만드는 즐거움에 있다고 보았다(표철민, 2017). 이들에게 신직업은 스스로 증명해내야 하는 묵직한 책임이기도 하다. 주도적인 의사결정으로 성취감이 크지만, 그만큼 주어진 책임과 성공에 대한 기대도 큰 것으로 보인다. 어떻게 해야 지원사업에만 의존하지 않고, 가급적 빠른 시간 내에 의미 있는 수익모델을 창출하여 자립할 수 있는 전략을 수립하고 실행하는 데 매진해야 하는지가 관건인 것이다. 정책입안자들 또한 관련 신직업 분야의 사업들에 대한 지속적이고 차별화된 마케팅 지원을 강화시켜야 한다. 또한 신직업인들의 최고 경쟁력 중 하나인 유연하고 스피드 있는 실행력을 적극 활용하는 전략을 갖춰야 한다. 예기치 못했던 변수가 상존하는 것이 비즈니스 영역이므로 이에 대응하여 신속하게 움직이지 못 한다면 피어나지도 못하고 쇠퇴의 길로 들어설 수 있다. 시장의 변화를 감지하고, 대응 방식이 결정되면 혼신의 힘을 다해 목표했던 결과를 달성하기 위해 신속하게 움직이는 체제와 역량을 구축해 나가야 한다.

참고문헌

강은영 (2014). 신직업을 통한 일자리 창출. *직업과 인력개발, 17*(3), 70-89.

강진구 (2017). 위기를 기회로 바꾸는 힘, LG 경제연구원.

김동규, 김중진, 김한준, 최영순, 최재현 (2017). 4차 산업혁명 미래 일자리 전망. 한국고용정보원.

김범열 (2016). 지속성장 기업의 조건. *LG Business Insight, 2016-1,* 13-19.

김중진, 김한준, 김진관, 박가열, 최영순 (2016). 2016 국내외 직업 비교 분석을 통한 신직업 연구. 한국고용정보원.

김중진, 박봉수 (2012). 창직, 신직업 발굴 및 가이드라인 개발. 한국고용정보원.

김효정, 김봉환 (2011). 청년구직자들이 진로결정과정에서 겪는 경험에 대한 근거이론적 사례분석. *한국심리학회지 상담 및 심리치료, 23*(3), 785-810.

나준호 (2016). 인공지능의 발전과 고용의 미래. 과학기술정책연구원. *Future Horizon: Spring 제28호,* 14-17.

딜로이트 컨설팅 (2018). 일의 미래. 서울: 원앤원북스.

선대인 (2017). 일의 미래, 무엇이 바뀌고 무엇이 오는가. 서울: 인플루엔셜.

이민주 (2016). 지금까지 없던 세상. 경기: 쌤앤 파커스.

이영대, 유홍준 (2010). 선진외국 직업분석을 통한 한국의 신규창출가능 직업에 관한 연구. 한국직업능력개발원.

표철민 (2017). 스타트업 생존의 기술. 서울: 로고폴리스.

한상근 (2013). 최근 신생직업의 현황과 정책 과제. *직업과 인력개발, 16*(2), 46-59.

한상근, 장주희, 윤수린 (2013). 신생직업 개척자의 경력개발에 관한 연구. 한국직업능력개발원.

Arthur, M. B., & Rousseau, D. M. (1996). *The boundaryless career: A new employment principle for new organizational era.* New York, NY: Oxford University Press.

Bodell, L. (2018). 심플, 강력한 승리의 전략(박영준, 옮김). 서울: 와이즈맵. (원서출판 2017).

Clarke, M. (2013). The organizational career: not dead but in need of redefinition. *The International Journal of Human Resource Management, 24*(4), 684-703.

Crosby, O. (2002). New and emerging occupations. *Occupational Outlook Quarterly, 46*(3), 16-25.

Dries, N., Pepermans, R., Carlier, O. (2018). Career success: Constructing a multidimensional model. *Journal of Vocational Behavior, 73*(2), 254-267.

Frey, C. B. (2017). *The Future of Work: Is This Time Different?* 2017 IGE Distinguished Lecture Forum. Oxford Martin School.

Gratton., L. (2012). 일의 미래: 10년 후 나는 어디서 누구와 어떤 일을 하고 있을까 (조성숙, 옮김). 서울: 생각연구소. (원서출판 2012).

Gunz, H., & Mayrhofer, W. (2011). Re-conceptualizing career success: a contextual approach. *Zeitschrift für ArbeitsmarktForschung, 43*(3), 251-260.

Hall, D. T. (2002). *Careers in and out of organizations.* Thousand Oaks, CA: Sage.

Hennequin, E. (2007). What "career success" means to blue-collar workers. *Career Development International, 12*(6), 565-581.

Heslin, P. A. (2005). Conceptualizing and evaluating career success. *Journal of Organizational Behavior, 26*(2), 113-136.

Ituma, A., Simpson, R., Ovadje, F., Cornelius, N., & Mordi, C. (2011). Four 'domains' of career success: how managers in Nigeria evaluate career outcomes. *The International Journal of Human Resource Management, 22*(17), 3638-3660.

Pearson, T. (2017). 직업의 종말(방영호, 옮김). 서울: 와이즈맵. (원서출판 2015).

Savickas, M. L., Nota, L, Rossier, J., Dauwalder, J. P., Duarte, M. E., Guichard, J., Soresi, S, Esbroeck, R. V., & Vianen, A. E.M. van. (2009). Life designing: A paradigm for career construction in the 21st century. *Journal of Vocational Behavior, 75*(3), 239-250.

Strauss, A., & Corbin, J. (2001). 근거이론의 단계(신경림, 옮김). 서울: 현문사. (원서출판 1998).

Zhou, W., Sun, J., Guan, Y., Li Y., & Pan, J. (2012). Criteria of career success among chinese employees: Developing a Multidimensional Scale With Qualitative and Quantitative Approaches. *Journal of Career Assessment, 21*(2), 265-277.

HRD 총서 4: 전환기의 HRD, 연구의 미래를 묻다

Changing HRD

변화하는 HRD

04

데이터 분석과 HRD의 변화

윤승원(hrdswon@gmail.com), 채충일(chadchae@gmail.com)

윤승원은 일리노이대학교에서 HRD박사학위를 취득하였고, 현재 텍사스 에이엔앰-커머스 대학교 Higher Education & Learning Technologies에서 박사과정 주임교수로 일하고 있으며, HRDQ(Human Resource Development Quarterly)의 부편집장으로 일하고 있다. 주 연구와 강연분야는 리더십과 학습, 조직행동을 연결하는 사회적 자본, 네트워크 분석, 피플 애널리틱스, 데이터 분석이다.

채충일은 펜실베니아 주립대에서 WFED 와 CIED 프로그램에서 박사학위를 취득하였고, 동 대학 응용인지과학랩에서 박사후 과정을 마쳤다. 현재 케인-원저우 대학 경영학과 조교수로 일하고 있으며 주 연구분야로는 리더십, 소셜 네트워크분석, 지식공유, Business Analytics 등이 있다.

데이터 분석과 HRD의 변화

윤승원, 채충일

들어가며

현대 시대를 데이터의 시대라고 말한다. 그리고 '데이터'의 가치는 다가올 미래에도 중요시되고 있으며 조직과 인사, 업무 혁신에 다양한 디지털 데이터를 활용할 것을 강조하고 있다. 이제까지 HRD 연구자나 실무자들은 주로 설문이나 인터뷰, 문서를 중심으로 데이터를 분석해왔다. 하지만 점차 온라인과 디지털 환경 속에서 남겨지는 디지털 풋프린트(digital footprint)와 이전과는 다른 복잡하고 많은 양의 데이터를 어떻게 이해하고 활용할 것인지에 대한 논의가 이루어지고 있다(김성준, 2018). 또한, 미디어나 매체들은 빅데이터와 소셜데이터로 요약되는 데이터들을 통한 정보의 활용 가능성에 대한 기대에 주목하고 있다. 이들은 데이터를 석유 자원에 비유하지만, 빅데이터나 소셜데이터들은 많은 HRD의 연구자와 실무자들에겐 아직 정제되지 않은 원유에 가깝다.

조직의 환경을 빠르게 바꾸고 있는 클라우드 컴퓨팅, 업무 자동화, 온·오프라인의 융합, 플랫폼 기반의 서비스, 이 모든 디지털 환경의 중심에는 데이터 처리와 전송 속도, 저장 기술의 빠른 발전이 있다. 이는 앞으로 더 많고 다양한 데이터들이 생겨날 것을 의미한다. 예를 들어, 대기업의 마케팅 활동과 판매영역에서 방대한 고객과 그들의 구매 명세, 경험들이 생산되고 데이터 서버에 저장된다. 이를 분석하기 위해 기계학습(machine learning), 인공지능(artificial intelligence), 딥러닝(deep learning), 텍스트 분석(text analytics) 같은 기술들이 언급되곤 한다. 하지만 HRD의 실무와 학계에서 연관 분석 방법들을 적용한 구체적 사례들이나 논문들은 찾기가 쉽지 않은 것이 현실이다. 간혹 해당 연구를 찾게 되더라도 주로 조직 연구(organizational research)나 경영(management)과 비즈니스 전략(strategy) 분야에서의 논문들이 주를 이루고 있다(George, Haas, & Pentland, 2014; Jung & Suh, 2019; Rasmussen, & Ulrich, 2015).

학자들은 HR이 조직의 타부서들에 비해 급변하는 데이터 환경에 대한 대응이 늦었음을 지적하고 빠른 도입과 확산을 강조했다(Angrave, Charlwood, Kirkpatrick, Lawrence, & Stuart, 2016). Yoon(2018)은 이를 위해 HRD의 연구자나 실무자들이 네트워크 분석, 기계학습, 텍스트 마이닝, 전산 사회과학의 데이터 분석 접근 방법들(data analytical approaches)을 적용할 것을 제시하였다. 새로운 분석 방법을 적용할 때 연구자와 실무자들이 가장 많이 겪는 어려움은 방법의 당위성을 설명하는 것이다. 이와 관련하여 Yoon (2018)은 데이터분석 진행시 고려해야 할 단계들로서 다음의 다섯 단계를 제시하였다: 1) 연구 문제와 방법론에 대한 정보를 충분히 제공할 것, 2) 해당 방법을 사용한 선행 연구의 결과를 설명한 후 방법론의 적합성을 명시할 것, 3) 데이터의 수집과 전처리, 분석에 필요한 설명을 충분히 할 것, 4) 연구 결과가 실무와 이론에 공헌하는 바를 명확히 할 것, 그리고 5) 후속 연구시 고려할 사항과 현업에 적용할 시 필요한 환경을 명확히 설명하는 것이다. 이런 절차들을 통해 HR에서 새로 생성되는 데이터와 분석에서는 기존과는 다른 시각을 기대할 수 있다. 채충일과 이재은(2019)은 기대되는 차별적인 시각을 다음의 다섯 가지 종류로 나누었다. 1) 기존에 쓰지 못했던 데이터를 분석함, 2) 기존 자료에 새로운 분석 방법을 적용함, 3) 기존에 없던 데이터를 분석함, 4) 기존의 분산된 데이터들을 모아서 분석함, 5) 새로운 데이터와 기존의 데이터들을 함께 분석함. 두 프레임 모두 분석의 당위성과 유용성을 설명해야 하는 연구자와 실무자들에게 유용할 방법들이다.

데이터 분석은 연구 방법론의 맥락 속에서 이해해야 한다. 연구 방법은 현상을 설명하고 예측하고자 할 때 가장 유용한 공통 언어다. 혹자는 빅데이터 분석이 탐색과 예측의 목적이 강하기 때문에 현상과 이론을 입증하려 하는 연구 방법론과는 근본적 차이가 있다고 주장한다. 하지만 좀 더 자세히 들여다 볼 필요가 있다. 연구 방법론은 연구자들에게 개념과 이론의 검증을 도와주는 역할을 한다. 하지만, 이에 못지않게 더 중요한 역할은 개념과 이론을 더욱 체계화 하고 발전시키는 것이다(이훈영, 2008). 다학제적이고 응용 학문인 HRD에서는 이론과 방법론의 선순환적 시각이 특히나 중요하며(Lynham, 2000), 연구 방법론의 실증적 가치는 학문과 실무적 가치를 동시에 높여준다. 데이터 애널리틱스를 적용하는 연구들이 경영과 비즈니스 전략, 조직 연구 분야에서 급증하고 있음은(Tonidandel, King, & Cortina, 2018) HRD 영역의 학자들과 실무자들에게도 시사하는 바가 크다.

HRD 연구의 패러다임은 질적 연구와 양적 연구, 혼합 연구를 통해 발전해 왔다. 이는 HRD의 이론적 근간을 이루는 경영/경제, 교육, 심리, 사회학의 연구 동향과도 유사하다. 질적 연구와 양적 연구를 구분하는 대표적 기준들은 다음과 같다. 질적 연구는 현상들을 경험과 이야기를 통해 더 깊이 이해하고자 하는 접근임에 반해, 양적 연구는 변인 간의 관계 규명을 초점에 둔다. 혼합 연구 방법은 질적 연구와 양적 연구의 이질성을 극복하고 상호의 장점을 살리고자 나타난 접근이다. 하지만 현재 혼합 연구의 방법론은 새로운 분석기술의 도입보다는 질적 연구와 양적 연구의 방법론적 장점을 순서와 비중을 조절해 취합할 뿐이다(Creswell & Clark, 2017).

그렇다면 기존의 연구방법론과 데이터 애널리틱스라 불리는 분석 방법들의 가장 큰 차이는 무엇일까? 여기에서 소개할 데이터 분석 방법들을 연구나 실무에 적용해 본 저자들의 경험으로는 다음과 같은 차이를 들 수 있다. 먼저 네트워크 분석의 경우 기존 연구 방법론이 놓치는 상호연관성(interdependence)과 구조(structure)의 영향을 보고자 한다(Kadushin, 2012; Lin, 2002). 리커트(Likert) 척도로 개인의 심리나 태도, 인지, 행동을 측정하는 기존의 설문 연구들은 응답자의 독립성을 전제한다. 그리고 구조의 영향을 보는 다층모형분석(multi-level analysis)이나 위계모형분석(hierarchical analysis) 역시 응답자의 독립성을 가정한다. 반면 네트워크 분석은 개인의 심리나 행동보다 관계와 구조의 영향에 초점이 있으며 행위자나 객체 간 상호 연관성을 분석의 전제로 한다. 기계학습은 주로 예측(prediction), 군집 찾기(clustering), 연관 규칙 찾기(association rule mining), 그리고 예외적 사례(outlier)를 찾아내기 위해 사용한다(Kelleher & Tierney, 2018). 기계학습의 핵심은 방대한 데이터를 학습데이터(training data)와 실험데이터(test data)로 나누고 분석 알고리즘을 통해 얻은 결과를 다양한 지표들과 그래프 분석을 통해 획득한 새로운 시각과 HR조직에서 찾고 있는 질문에 대한 대답이다. 반면에 기존 설문 방식은 표본 집단을 통해 얻은 변인들 간의 관계가 가상의 전체인구의 결과와 유사한지 혹은 예외적인지를 분석한다(이중학, 송지훈, 채충일, 2020). 이처럼 분석 방법마다 맥락에 맞는 목적과 가치의 차이가 존재한다. 하지만 분석의 방법들이 서로 기술적 구분이 명확한 것은 아니며 겹치는 부분도 상당히 존재하기 때문에 보완적 시각이 중요하다.

변하는 HRD와 방법론적 요구

변화의 패턴을 설명하는 두 가지 시각이 있다. 정치학자이자 철학자인 폴 테거드(Paul Thagard)는 급진적인 사회적 변화를 '개인들의 인지 표상이 상호작용을 거쳐 개인과 사회 그룹 단위에서 급진적 전환의 결과로 나타나는 태도나 가치의 재배열'로 정의하였다(Thagard, 2019, p. 24). 예를 들어,

소셜 미디어나 플랫폼 서비스 같은 디지털 기반의 기술은 정보와 연결의 상호작용을 급증시켰다. 또한, 코로나 19 바이러스의 범지구적 유행으로 촉발된 재택근무, 온라인 회의 및 학습으로의 급격한 전환 역시 HRD의 가치 사슬들(value-chains)을 재배열할 것으로 예측되며 이를 통해 사회 전반적인 영역에서 변화들이 가속화될 것으로 기대된다. 쿤(Kuhn, 2012)의 과학혁명과 패러다임 전환이라는 개념은 종종 학제적 변화를 설명하는 데 자주 사용된다. 이 이론에서 일반 과학은 새로운 패러다임을 형성하는 이전 패러다임과 분리되는 근본적이고 급격한 변화를 경험한다고 설명한다. 반면에 개념적인 진화(conceptual evolution)라는 설명도 있다. 툴민(Toulmin, 1967)은은 과학적 개념의 변화가 급진적이기 보다는 사회적인 상호작용을 통해 점진적으로 진화해 간다고 보았다. 개념적 진화의 시각에서 볼 때, 학제의 변화는 이전 전통과의 분리보다는 선택과 다변화의 결과로 진화했음을 보여준다. 후자의 관점에서 Han(2017)과 동료들은 HRD가 세 번의 물결들(waves)을 겪으며 진화해 왔음을 기술했다. 첫 번째 물결은 1960년대부터 시작된 교육과 훈련을 통한 정체성 확립의 시기였고, 두 번째 물결은 1980년대부터 1990년대까지의 개인 학습에서 조직 학습으로의 이동과 학습에서 성과로의 초점 이동이란 두 가지의 테마가 나타났으며, 2000년대 이후 제3의 물결에서는 기술, 조직 문화, 다양성과 포용, 균형적 성장을 강조하며 성과주의로부터 진화된 주제의 다양화 현상을 보였다.

코칭, 멘토링, 지식공유, 무형식 학습, 워라벨, 세대 간의 협력 등 근래에 더 활발해진 연구와 실무의 관심주제들의 확장은 교육프레임과는 구분되는 HRD학제의 변화와 확산을 반영한다. 하지만 HRD의 학제적 변화가 실무의 요구를 반영하고 실무를 위한 가이드의 역할을 충분히 하고 있는가에 대해 좀더 깊이 성찰할 필요가 있다. 특히 최근 화두로 등장한 디지털 트랜스포메이션, 데이터 역량, 피플 애널리틱스, 그리고 인재영입/육성/관리 간의 융합간은 주제들은 실무와 학제 간의 간극이 느껴진다. 더 정확하게는 실무와 학계 모두 다가온 디지털 시대, 데이터 시대, 그리고 갑자기 찾아올 수 있는 글로벌 위기에 대해 보다 협력적이고 과학적인 이해와 접근의 필요성이 커진 것이다. 이러한 빠른 환경변화의 확산에는 데이터를 중심으로 한 기업과 학제들의 변화가 있다.

전산 사회 과학(computational social science)의 접근과 주요 데이터 분석 방법

2000년대 이후 데이터 과학의 급성장은 학계와 실무 모두가 주목할 필요가 있다. 실무에서의 데이터 과학은 마케팅, 고객 관리, 생산 관리의 영역에서 괄목상대의 성장을 이루었다(Alvarez, 2016). 조직의 중요한 의사결정을 위한 데이터 과학의 활용은 정보기술(information technology) 중심 기업을 시작으로 금융·재무와 운송, 제조업 분야에서 빠르게 확산되었고 서비스 분야의 진출도 빠르게 진행되고 있다. 데이터 과학전공은 주로 미국의 경우 대학원 석사과정에서 수리 통계학, 컴퓨터 과학, 정보 과학, 경영학의 수업들로 구성된 학제 시스템으로 출발했다. 2019년을 기준으로 약 250개의 대학원 학위과정이 존재하며 인기에 힘입어 학부 과정에서도 데이터 과학 전공이 생겨나고 계속 증가하는 추세다. 많은 기업과 조직들이 데이터 공학이나 분석 전문가를 확보하는 데 힘을 기울이지만 수요를 맞출 공급이 따라가지 못하는 상태이다.

사회 과학 분야에서도 최근 10년 동안 소수의 연구대학을 중심으로 컴퓨터 계산기반의 전산 사회 과학(computational social science) 전공 프로그램들이 대학원 과정으로 생겨나기 시작했다. 국내에서는 아직 전공으로 개설되어 있지는 않지만 전산사회과학이나 계산사회과학(이후 전산 사회과학으로 통칭)이란 이름으로 불리며 정치학, 경영학, 심리학, 사회학 분야에서 학제적 관심이 증가하는 추세다. 미국 대학들의 전산사회과학 학제는 대학마다 조금씩 차이가 있지만 주로 전통적 사회과학 분야인 커뮤니케이션이나 사회학, 인지 과학, 정치·행정의 학제와 컴퓨터 과학 및 공학에 기반한 학제들로 구성되어 있다. 교수진에 따라 데이터 분석 방법이나 연구 방법론의 학제가 조금씩 차이가 있지만, 주요 분석 방법들로 이들 프로그램들에서는 네트워크 분석, 기계학습과 딥러닝, 텍스트 분석, 그리고 컴퓨터 시뮬레이션을 다룬다. 각각의 방법들은 사회 과학의 한 분야인 HRD에도 중요한 시사점과 활용 가능성들을 내포하고 있기에 간략히 소개하고자 한다.

• 네트워크 분석

네트워크 분석은 관계 구조망 분석, 사회 관계망 분석, 혹은 조직 네트워크 분석으로도 불린다. 하지만 에너지 그리드(energy grid)나 구매, 혹은 시청기반에 근거한 추천 아이템처럼 연결된 모든 관계와 구조를 보는 분석으로 이해하는 것이 좋다(곽기영, 2014). 그리고 소셜 네트워크(social network)라는 개념은 관계와 구조를 분석하는 방법으로 이해하는 것도 타당하지만 사회적 자본(social capital)의 핵심 이론으로 이해하는 것도 필요하다(Carolan, 2013). 사회적 자본과 소셜 네트워크의 핵심은 관계로 이루어진 네트워크가 구성원들의 연결을 통해 개인과 구조 간, 그리고 구성원들과 네트워크의 결과에 영향을 미치고 변화를 만든다는 것이다.

네트워크 분석은 일반적으로 1) 분석할 네트워크 선택, 2) 분석할 관계나 연결 선택, 3) 자료수집, 4) 시각화 분석, 5) 통계적 분석과 해석, 6) 결과 공유와 적용, 7) 주기적 수행의 순서로 진행된다. 많은 사람이 네트워크 연구를 관계의 그래프화와 개인, 혹은 관계의 중심성(centrality)의 영향을 보는 것으로 생각하는데, 이는 매우 제한적 시각이다. 또한 연구의 설계와 해석에 어려움을 겪는 경우가 많은데, 비유로 말하자면 물의 성격과 낚싯대를 사용하는 법을 배우지 않고 신형 낚싯대를 물속으로 집어넣어 생기는 문제와 유사하다. 학자들이 동의하는 네 가지 네트워크 연구의 난제는 1) 네트워크의 범위를 어디까지 정해야 하는가, 2) 관계를 설명하는 이론의 부재, 3) 관계를 유발하는 동기설명의 부재, 그리고 4) 구성원의 인지 변인의 부재를

든다(Kilduff & Brass, 2010).

네트워크 분석은 볼 수 있는 지표들이 기존 설문 분석보다 상당히 많다. 기존 통계 분석은 데이터의 분포, 분석을 만족하는 조건, 분포의 중심성과 분산을 본 후 통계적 확률을 해석하는 비교적 뚜렷한 절차를 밟는다. 이 모든 것들을 보는 것 이외에도 네트워크 분석은 비응답자의 처리, 응답의 신뢰성, 관계와 구조의 특성과 영향을 단계별로(개인, 팀, 조직 등) 반영하는 지표들이 다양하므로 자칫 잘못하면 장님이 코끼리의 부분을 만지고 전체를 기술하는 것과 같은 일반화의 오류를 범하기 쉽다. 네트워크 분석의 범위는 크게 전체, 개인, 그리고 하부 그룹 분석으로 나뉜다. 이들 범위는 따로 독립된 분석을 할 수도 있지만 단계적 분석을 할 수도 있고 범위간 연결을 볼 수도 있다. 예로 전체 네트워크는 네트워크 내 구성원들과 그들의 다양한 그룹의 합이다. 하지만 그룹을 나누는 방식에도 모두가 연결된 하부그룹인 컴포넌트(component), 데이터의 수집 시 파악할 수 있는 팀이나 부서의 소속, 비형식적 그룹의 형태인 도당(clique), 그리고 그룹 내와 그룹 간의 연결 정도의 차이에 기반한 커뮤니티(community)나 블럭 모형(block model) 등 구조를 계량화 할 수 있는 방법들이 다양하다. Leonardi와 Contractor(2018)는 네트워크 데이터 분석시 핵심적으로 보아야 할 것들로 개인 수준에서는 중재성과 연결성, 팀에서는 집중과 혁신의 구조, 그리고 조직 단위에선 고립 정도와 구조적 취약점들을 볼 것을 제시한다.

분석의 기본 단위는 네트워크를 구성하는 주체(사람이나 사물이 될 수 있으며 노드(node)나 버텍스(vertex)라고 명칭)와 주체들 간의 관계(edge)다. 흔히들 주체의 특성이나 영향을 분석하지만, 관계의 중심성(centrality)을 보기도 한다. 중심성은 단일지표가 아니라 연결의 숫자(degree)나 매개(betweenness)의 정도, 다른 노드들을 얼마나 빠르게 도달할 수 있는가(closeness) 등 수많은 지표가 있으며 지금도 새로운 지표들이 꾸준히 개발되고 있다. 관계나 연결도 빈도나 친화적 인지 정도에 따라 강한 관계 (strong tie)와 약하고 느슨한 관계(weak tie)로 구분한다. 그리고 관계의 양이나 범위(range),

다양성(diversity)의 계량화를 통해 연결의 집중과 부재, 네트워크의 성격을 파악한다. 연결이 촘촘하고 네트워크의 밀도(density)가 높다는 것은 친밀성이나 잦은 교류를 상징한다. 반면에 연결의 부재는 교류의 부재나 새로운 연결을 만들 기회를 의미한다. 이런 다양한 해석의 가능성은 조직에서 점차로 중요해지는 협업의 패턴이나 방식을 보다 구체적으로 데이터를 통해 분석할 수 있음을 의미한다.

현시점에서는 단면 연구(cross-sectional study)가 가장 빈번히 사용되지만, 네트워크 분석은 일정 기간을 두고 반복을 하거나 디지털 데이터의 경우 실시간 분석을 할 수도 있다. 개인이나 팀이 아닌 전체에 초점을 둔 분석의 경우 연구의 목적은 구성 요소들을 통한 전체 네트워크의 특성을 파악하거나 네트워크의 진화를 보고자 함이다. 전자를 위해 시뮬레이션을 활용하는 통계적 모형인 Exponential Random Graph Model(ERGM) 분석을 사용할 수 있으며 네트워크의 진화나 역동성을 측정할 수 있는 시에나 분석(SIENA: Statistical Investigation for Empirical Network Analysis)과 관계이벤트모형(REM: Relational Event Modeling)같은 분석 방법들이 나와 있다. 마지막으로 네트워크 연구는 기계학습이나 텍스트 분석과도 밀접한 연결이 있다. 관계 이벤트 모형 같은 분석은 디지털 커뮤니케이션에서의 대화 순서나 종류를 주로 머신러닝의 기술들을 활용해 분석한다. 텍스트 분석은 뒷부분에서 다루겠지만 키워드의 공출현이라든지 의미의 구조(semantic network)분석은 네트워크의 개념과 원리들을 적용하는 분석방법들이다(송민, 2017).

◆ 기계 학습

기계 학습은 컴퓨터가 수학적 알고리즘이나 통계 모델을 통해 데이터를 이해하고 활용하는 데 중점을 두는 과학 연구 분야이다(Michie, Spiegelhalter, & Taylor, 1994). 기계 학습은 크게 예측, 분류 및 생성 모델로 분류되며, 또는 학습이 적용되는 방법에 따라 지도학습(supervised learning) 또는 비지도 학습(unsupervised learning)으로 분류된다. 예로 사람이 데이터를 여러 변수로 나누어 기계가 패턴을 학습하는 방법은 지도학습에 해당되며, 사전 구분 없이 데이터의 특성들로부터 유사한 패턴을 찾아 클러스터를 찾는 방법은 비지도 학습이라 할 수 있다.

기계 학습에는 광범위한 분석들이 포함되며 새로운 알고리즘과 분석방법들이 오픈소스 커뮤니티를 통해 빠르게 생겨나고 확산되고 있다. 분석으로서 기계 학습은 분류, 예측 또는 둘 다에 주로 사용된다. 의사결정트리(decision tree)를 예로 들자면 관심사인 목적변수의 분류를 위해 다양한 분야에서 사용되고 있다. 의사결정트리는 감독된 학습 방법으로 보다 간단한 의사결정으로 세분화하여 복잡한 의사결정 프로세스를 이해하는 데 도움이 된다(Safavian & Landgrebe, 1991). 예를 들어, HR의 중요 이슈인 조직의 이직 문제와 관련하여 Vévoda, Vévodova, Bubeníkov, Kisvetrová 및 Ivanová(2016)는 의사결정트리 모델을 사용하여 다양한 작업 환경 기능, 특히 동기 부여 및 직업 만족도 요소를 기반으로 간호사의 이직률을 성공적으로 예측했다. 다른 예로, Sharma and Srivastave(2017)는 의사결정트리 모델을 사용하여 그룹 성과에 영향을 미치는 변수들을 식별하였는데, 그들은 SABRE라는 게임 기반 팀 활동 연구에서 나온 데이터 세트를 사용하여 그룹 레벨 성과를 예측하는 방법을 보여주었다. 변수의 선택이 이론에 근거하기보다 데이터를 통한 집단구분의 정확성에 의존하는 방법은 어떻게 보면 덜 과학적으로 보이지만, 의사결정트리 방법은 기존의 회귀 분석에서 불가능했거나 난제로 여겼던 문제(소수의 변수들만을 포함하는 모델의 제한성이나 너무 많은 데이터와 변수들로 인한 통계적 오류 등)들을 대안적으로 설명할 수 있게 해준다.

기계학습을 활용한 분석의 핵심은 규칙의 발견이다. 의사결정트리분석은 주어진 데이터 세트를 가장 동질성이 높은 요소들을 통해 나누는 것을 반복하여 줄기(branch)와 잎(leaves)으로 노드들을 분류하며 이러한 분화를 읽어나가는 데서 현상을 설명하는 규칙들을 발견한다. 의사결정트리 같은 기술은 기존 방식을 완전히 대체하지는 않는다. 대신, 더 큰 데이터 세트에 기반한 모델의 정확도에 중점을 두거나 분석가가 모델 정확도를 다른 통계적 분석 방법들과 함께 검토함으로써 분석의 정확성을 높이고자 한다. 기계 학습을 적용할 때는 여러 알고리즘의 결과와 분석 기술들을 비교하게 되는데 최근 높은 예측 가능성을 보여주는 랜덤 포레스트(randon forest), 앙상블(ensemble), 부스팅(boosting) 등의 기술들을 함께 사용하곤 한다. 특히 예측의 정확성을 높이고자 개발되고 있는 다양한 방법들은 분석의 타당성과 신뢰성을 높이는 데 큰 역할을 한다. 대표적인 예로 학습데이터와 실험데이터를 나누는 방법, 이외에도 학습데이터와 실험데이터를 다양하게 추출해 예측 에러를 줄이는 것, 모수(parameter) 변경의 영향을 동시적으로 볼 수 있는 것, 여러 분석을 실행하고 결과를 빠르게 비교할 수 있는 것 등 기계학습은 여러 장점들을 갖고 있다. 여러 분석 모델들의 정확성을 평가할 때 컴퓨터 연산을 이용해 다양한 결과를 빠르게 볼 수 있는 장점은 기존 소수의 집단에서 얻어진 결과의 제한적 확장성의 단점을 극복하게 해준다.

연구자는 귀납과 연역의 순환구조에서 타당한 지식이 어떻게 생성되는가를 주목해야 한다(이훈영, 2008). 알고리즘 자체로 봤을 때 기계학습 기법은 귀납적인 접근을 기반으로 하며 이론의 확인보다는 규칙 또는 이론의 생성 및 예측에 중점을 둔다. 이러한 특성은 기계학습을 활용할 때 사회과학의 이론을 통한 일반화에 초점을 맞추기보단 케이스로서 주어진 자료를 가장 잘 설명하는 쪽으로 방향을 잡게 된다(이중학 외, 2020). 때문에 기계학습의 실무적 적용은 학문적 입증보다는 조직의 문제를 가장 잘 설명하는 케이스 중심의 성격을 갖는다. 이는 실무적으로 분석의 활용에 있어서 즉시성과 맥락 의존적인 장점이 있다. 즉, 기계학습, 특히 의사결정트리와 같은 기법의 결과는 현재의 데이터 및 그 조직의 맥락을 가장 잘 반영한 것으로 볼 수 있다. 양날의 검처럼 단점도 존재한다. 맥락 의존적이란 것은 새로 들어오는 데이터에 민감하게 반응한다는 의미가 되며, 이는 일반규칙의 발견과는 거리가 생긴다. 결국 데이터가 생성된 시점과 조직의 맥락에 따라 결과가 달라질 수 있다. 또한 많은 경우 몇 개의 잘 알려진 의사결정트리나 K-NN(nearest neighbors, 유사성이 가장 가까운 것을 찾는 분석) 외의 기계학습 기법들은 이론적 기반 없이 알고리즘이 데이터를 통해 가장 적합한 모델을 선택하는 블랙박스 모형이기 때문에 변수 간의 관계나 영향을 설명하는 것이 쉽지 않다. 또한 지도학습의 모든 분석 방법들과 비지도 학습의 적지 않은 경우에도 변수의 선택과 지정은 사람의 판단에 의존하기 때문에 이론과 도메인 지식이 필수적이다.

◆ **텍스트 분석**

인사분야에서 연관성과 중요성이 높으면서도 자주 간과되는 데이터의 유형이 있다. 바로 질적 자료유형이라 불리는 텍스트 자료들이다. 이러한 자료들은 기존에는 분석과 처리(processing)에 어려움이 있었기에 자주 생성되지만, 곧 버려지는 데이터였다. 평가나 진단 시 주관식 응답이 대표적 예다. HR의 주요 활동영역인 채용이나 교육, 학습을 보더라도 실무에서의 사례는 복잡하며 고려해야 할 변수는 다양하고 데이터의 종류도 많다. 간과할 수 없는 연구자와 실무자 모두의 고민은 시간, 비용, 효과의 균형을 맞추는 일이다. 애널리틱스(analytics)의 도입이나 적용을 고민하는 연구자와 실무자들의 이야기들을 종합해보면 인사이트의 효용이 분석을 위한 기술적 허들(hurdle) 또는 비용을 넘어서는가 하는 문제이다. 특히 텍스트 분석은 데이터의 전처리와 분석에 드는 비용이 상대적으로 크기 때문에 기업들은 분석을 외주나 컨설팅에 의존하는 경우가 있다. 그러나 이러한 경우에서도, 분석에서 나온 인사이트가 전략으로 이어지려면 조직 맥락과 전략에 대한 이해가 필수불가결하다.

질적 자료들을 분석함으로써 얻을 수 있는 인사이트는 보통 기존에 쓰지 못했던 데이터를 분석하여 생기는 인사이트와 기존 자료에 새로운 분석 방법을 적용해 생기는 인사이트를 생각해 볼 수 있다. 전통적으로 이런 텍스트 형식의 자료는 증빙을 목적으로 보관에 치우치거나 간단한 요약보고가 대부분이었다. 최근에 많이 사용되는 텍스트 분석의 방법으로는 키워드 네트워크(keyword network), 지식구조/영역분석(domain knowledge structure), 감성 분석(sentiment analysis), 토픽모델링(topic modeling)이 있다. 보통 키워드 네트워크는 단어들의 공출현을 기반으로 드러나는 의미론적 구조를 탐구한다. 연관된 분석 방법으로 지식구조/영역분석(domain knowledge structure mapping and analysis)이 있다. 이 방법은 학습자가 가지고 있는 특정 주제에 대한 인지구조를 교수자나 전문가의 인지구조와 비교함으로써 학습자가 가지고 있는 개념들의 인지구조가 학습을 통해 얼마나 효과적으로 변하는가를 정량화한다. 감성분석(sentiment analysis)은 특정 주제에 대한 긍정적, 부정적 감성을 진술이나 문헌을 바탕으로 감성 사전(dictionary)과 비교해 시각화나 계량화를 하는 방법이다. 마지막으로 토픽모델링(topic modeling)은 많은 양의 질적 자료를 컴퓨터가 찾아낸 그룹 내, 그룹 간 단어들의 공출현을 비교한 후 다양한 기준에 근거해 사람이 토픽의 숫자와 각 토픽의 성격과 의미를 해석하는 방법이며 방대한 텍스트로부터 패턴이나 유의미한 특성들을 파악하기 위해 유용한 방법이다.

질적 자료를 토픽으로 요약하고 해당 변인들과의 상관관계를 볼 수 있는 토픽모델링은 적용 영역이 많다. 예로 이재은과 채충일(2019)은 경력 성공에 대한 지식노동자들의 인식과 개발요구를 찾아내기 위해 토픽모델링을 적용하여 경력 성공의 요인들이 무엇인지를 구성원의 응답을 통해 살펴보았고 해당 토픽의 중요성이 직급이나 성별에 따라 어떻게 다른지, 어떤 경력개발 프로그램들을 조직에서 제공하는 것이 필요한지를 파악했다. 이러한 접근은 교육이나 학습프로그램을 디자인 할 때 기본 자료로서 가치가 있다. 예를 들어, 참여자들의 다양한 관심이나 필요를 반영하기 어려운 집체교육 대신 도출된 토픽의 개발 영역과 연관성을 바탕으로 차별화된 프로그램들을 기획할 수 있다.

• 시뮬레이션

컴퓨터 시뮬레이션 기법은 주로 자연과학의 영역이나 경영학의 일부에서 사용되어 왔으나 근래에 들어 시스템 다이내믹스/에이전트 기반 모델링(system dynamics/agent-based modeling) 등과 같이 사회현상을 기술하는데 탁월한 방법론들이 제시되고 있다(최창현, 2000). 컴퓨터 시뮬레이션은 우리가 관심을 갖는 사회현상을 수리적 모델로 표현하고 이를 컴퓨터에서 구현함으로써 대규모 자원을 필요로 하는 실험이나 연구를 상대적으로 적은 자원을 가지고 실험하고 의미를 도출해 낼 수 있다는 점이 핵심이다. 최근 조직 학습이나 협업의 영역에서 집단 학습의 영향(Anderson & Lewis, 2013), 상호 교류 모드의 영향(Bhuiyan, Gerwin, & Thomson, 2004), 인식의 차이(Grand, Braun, & Kuljanin, Kozlowski, & Chao, 2016), 커뮤니케이션 패턴(Kennedy & McComb, 2014), 프로젝트의 복잡성(Kennedy, McComb, & Vozdolska, 2011), 의사소통빈도(Patrashkova & McComb, 2004), 팀원 교체의 영향(Solow, Vairaktarakis, Piderit, & Tsai, 2002) 등을 분석하는데 사용되었다.

컴퓨터 시뮬레이션의 사회현상에 대한 분석은 다음의 단계를 따른다: 1) 가정 및 연구 문제의 공식화, 2) 시뮬레이션 절차개발(시뮬레이션의 단계식별, 코딩), 3) 시뮬레이션의 절차검증, 4) 가상실험 수행이다. 첫 번째 단계인 가정 및 연구 문제의 공식화는 일반적인 연구 방법 절차와 크게 다르지 않다. 두 번째 단계에서, 연구자는 선정한 변수들을 연결하는 프로세스를 모델링하고 프로세스를 실행할 수 있는 프로그래밍 코드를 만들거나 프로그램을 사용하여 시뮬레이션 환경을 설정한다. 이 단계에서는 특히 현상을 반영하는 프로세스와 변인들의 파라미터(parameter) 설정이 중요하다. 플로차트의 활용은 이러한 시뮬레이션 개발에 큰 도움을 준다. 마지막 절차검증과 수행은 데이터와 현상, 이론 간의 부합과 발전을 지속적으로 높이는 데 초점을 둔다.

시뮬레이션을 통해 의미 있는 분석을 하려면 실제 환경을 반영하는데 필요한 매개변수들과 테스트 방법을 미리 설정해야 한다. 작성한 시뮬레이션이 현상을 잘 묘사할 때 최종적으로 가상실험 수행을 진행한다. 가상실험은 시뮬레이션 절차에서 매개변수(parameter)를 변경하여 조작된 조건으로 데이터 세트를 생성하고 그 결과를 비교함으로써 연구자가 의도했던 연구 질문의 해답을 찾는 데 도움을 준다. 이때 매개변수가 변경되는 방식은 현상에 대한 이론적 이해와 연구 질문에 내포된 'what-if'를 반영함으로써 결정된다. 가상실험의 목적은 다양한 조건에서 시뮬레이션된 결과를 비교하여 이론의 구성과 향후 연구 활동에 정보를 제공하는 것을 목적으로 한다.

실무에의 적용에 있어 가장 큰 장점은 비용의 절감과 다양한 조건의 선실증적 검증이다. 복잡한 사회현상을 시뮬레이션으로 설명하고 검증하는 데에는 제한적 요소들이 따른다. 예를 들어, 참가자들의 지식공유 상호작용에 있어서 보상체계의 종류에 따라 어떤 거시적 변화가 일어나는지 알아보고자 할 때 연구자는 게임이론을 선택해 죄수의 딜레마의 행위에 따른 보상 체계를 규칙으로 정한 후, 인센티브가 즉각적으로 이루어질 때와 시차를 두고 이루어질 때 나타나는 현상을 모델링 하고 확률적 행위들을 규칙으로 변화를 예측하는 시뮬레이션을 개발하거나 활용할 수 있다. 물론 복잡한 사회현상을 추상화하여 몇 가지 간단한 규칙으로 나타내는 시뮬레이션인 만큼 결과들이 실제 사회현상과 차이가 있을 수 있다. 하지만 실증적 실험이 불가능하거나 위험이 큰 경우 시뮬레이션을 통해 얻은 지식들은 실질적 프로그램의 설계나 운영 전 경험의 공감을 이끌어 낼 수 있다.

향후 연구와 실무에 대한 제언

앞 절에서 소개한 데이터 분석 방법들은 전산 사회과학의 주요 연구 방법들이다. 전산 사회과학은 개별 행위자에서부터, 그룹, 조직, 그리고 사회집단에 이르기까지 다양한 범위의 사회현상을 컴퓨터의 계산을 매개로 설명하고 예측하는 학제 간 연구로 정의될 수 있다(Cioffi-Revilla, 2017). 그동안 사회의 복잡성을 복잡적응계(complexity)로 이해하려는 시도는 많았으나, 이론과 제언에 그치는 수준이었다. 그러나 컴퓨터 자원의 성능 향상과 비용의 감소, 그리고 분석 기법의 발달로 인해 이제는 사회나 조직의 복잡성을 모델링하고 검증하며 예측할 방법들이 사회과학에서도 가능하게 되었다(Alvarez, 2016; Chang, Kauffman, & Kwon, 2014).

HRD의 학문 영역에서도 사회 연결망 분석이나 저자 및 논문들의 연결 구조 분석, 키워드 분석이나 감성 분석 같은 데이터 분석들이 시도되고 있으나, 아직은 HRD의 데이터 분석과 활용을 위한 주요 이론들, 연구 주제, 연구 방법론적 공감대가 전혀 형성되어 있지 않다고 생각한다. 데이터의 중요성을 대부분 인식하고 있는 현실을 고려한다면 HRD 연구자들과 대학 프로그램들이 어떻게 데이터 과학이나 전산 사회과학의 주요 분석 방법들을 도입하고 학제를 구성해가야 할지 고민을 해야 한다. 학계에만 해당하는 이슈가 아니다. HR 실무에서 데이터에 대한 관심과 고민을 가장 잘 나타내주는 개념은 HR 애널리틱스(HR analytics)다(양재완 & 박우성, 2020). 최근에는 HR 애널리틱스가 조직 내부적 HR 이슈에만 초점을 두는 개념으로 비추어 지기 때문에 피플 애널리틱스(People Analytics, 이후 PA로 통칭)라는 용어가 유행하기 시작했다. 애널리틱스에 대한 실무의 관심이 높아진 현상은 데이터의 활용과 수준 높은 분석을 적용하여 HR의 가치와 기여를 높이고자 하는 움직임으로 보인다. 조직 리더들도 처리 비용이 높고 불가능한 것으로 보았던 데이터들을 통해 인재의 영입이나 육성, 관리의 효과나 효율을 높일 수 있다는 기대하에 PA의 관심이 커지고 있다.

하지만 실무의 PA의 현재 역시 학계와 비슷한 양상을 보인다. 실제로 많은 예측 분석(predictive analytics)이라고 하는 사례들을 보면 기존의 편협한 단면적 통계분석과 다르지 않다. 많은 키워드 분석이나 감성 분석의 사례들을 보더라도 단순한 시각화나 요약분석(summary statistics), 혹은 상관관계(correlation)나 경로 분석(path analysis)이 주를 이룬다. 우리는 이러한 분석들이 무조건 잘못되었거나 부족한 분석이라고 주장하는 것은 절대 아니다. 모든 적합한 분석은 나름의 가치를 갖는다. 하지만 조직의 현상, HRD의 현상을 이해하고 예측하기 위해 적합한 이론과 데이터를 확보하고 발전시키고 있는가, 그리고 적합한 데이터 분석을 하고 있는가, 어떻게 적합한 PA를 설계하고 운영할 수 있는가는 연구자와 실무자들, 그리고 전문가들을 양성할 책임이 있는 대학과 교육 시설들이 함께 고민해야 할 문제다.

연구 윤리와 그 밖의 중요한 이슈들

논문에서 제시한 데이터 분석 방법들은 분명히 조직과 분야에 많은 인사이트를 제공하고 변화를 가져오리라 생각한다. 글을 마치며 연구 윤리와 데이터 보안(data security), 거버넌스(governance), 그리고 HRD의 역할을 언급하지 않을 수 없다. 앞서 살펴본 주요 방법론들의 핵심에는 데이터가 있다. 그리고 데이터의 중심에는 인간이 존재한다. 많은 기업들이 앞다투어 데이터의 수집이나 방법론의 적용 그리고 운영인력의 선발을 고려하고 있다. 그러나 그 이전에 어떤 문제들을 데이터를 통해 답을 할 것이며 분석의 결과가 무엇을 말해줄지에 대한 고민이 선제되어야 한다. 또한 데이터의 생성과 접근, 보호에 대한 정책이나 법인, 프로토콜의 역할도 중요하다. 이들 이슈들은 연구에서도 중요하다. 현재 대두되고 있는 재현가능성(reproducibility)의 원칙을 따라 데이터의 수집, 저장, 코드, 분석한 데이터의 공개를 적극 수용할 필요가 있다. 학제와 연구자에게 개인의 익명성과 안전을 보호하는 장치는 어떤 조직이나 연구자의 이익보다 중요하고 우선시 되어야 한다.

AI나 기계학습의 데이터 의존성은 아무리 데이터가 방대하더라도 데이터는 과거를 말하며 과거 속에서 패턴을 찾고 예측을 한다는 것을 기억해야 한다. 또한 이러한 새로운 분석방법들이 완벽하게 편견(bias)을 제거해줄 것이라고 믿어서도 안된다. 특히 블랙박스모형인 AI나 기계학습의 경우 학습데이터 자체에 인간이 가지고 있는 편견이 반영되어 있는 데이터를 통해 학습하는 경우도 적지 않다(오세욱, 이소은, 최순욱, 2017). 이를 보완하고자 하는 기술적 방법들도 계속해서 생겨나고 있다. 모든 분석은 익명성의 노출 위험을 갖는다. 완벽한 윤리적 연구는 존재하지 않는다. 그리고 학문의 발전은 늘 연구의 방법과 윤리적 프로토콜의 균형을 맞추려는 노력을 통해 발전해왔다. 주요 대학의 경우 익명성과 안전성의 여부에 따라 모든 연구는 승인을 위한 절차와 가이드를 따른다. 네트워크 분석이나 기계학습 역시 연구윤리나 개인정보 보호에 관한 연구들과 기술적 방법들이 활발히 진행되고 있다.

결론

HRD는 언제나 실용성에 그 의미를 두고 관련된 이론과 방법론을 연구하며 발전해왔다. 이 논문을 통해 우리는 HRD의 데이터 분석을 HRD의 연구영역, 학제 영역에 제한하지 않고 전산사회과학의 의미와 유용성, 활용 가능성을 설명하였다. 그리고 학제의 변화와 발전에 대해 급진적 시각과 진화적 시각을 비교했다. 전산사회과학이 제시하는 데이터에 대한 시각과 분석 방법들이 HRD의 학제에게, 그리고 조직의 HR에게 급진적 변화를 가져올지, 진화적 변화를 가져올지, 아니면 혼합적 변화의 모습을 보일지 우리는 쉽게 단정할 수 없다. 하지만 더는 HRD가 의사결정의 대부분을 직관과 경험에 맡길 수 없다는 현실에 대해서는 많은 연구자와 실무자들이 동의한다고 생각한다. 그리고 전산사회과학을 설명하면서 학제의 성격이 정치 사회학, 커뮤니케이션, 행정학, 행정 법률 등 기존의 사회과학 분야와 컴퓨터 과학, 공학의 융합 성격을 띠고 있음을 강조하였다. 우리는 이런 사회과학의 동향에 HRD도 동참할 필요가 있다고 생각한다.

규모가 큰 학과라도 기존의 학제 체제에서 데이터 분석이나 연구방법론의 급진적 변화는 쉽게 일어나기 어렵다. 학제 간 융합의 중요성이 점점 인식되고 융합적 성격의 프로그램들이 점차 생겨나고 있음을 고려한다면 HRD의 학제 변화의 담론에도 데이터 분석과 전산 사회과학의 도입에 대해 타 학제와의 교류나 협업을 고민해 볼 필요가 있다. 실무 역시 높은 수준의 데이터에 대한 이해와 적합한 분석과 활용을 위해 어떤 역량을 내부적으로 확보하고 외부와의 협력이 필요한지를 고민해야 한다. 적합한 이론이나 분석의 설계는 오랜 경험과 연구방법론에 대한 전문성이 중요한 역할을 한다. 데이터 전문인력 역시 비용과 관리가 만만치 않다. 하지만 인력의 확보가 어렵다고 데이터의 활용 가치와 중요성을 경시할 수는 없는 상황이다. 따라서 조직의 목표와 필요를 파악한 후 데이터 역량을 위한 내부 인력 육성과 아웃소싱, 혹은 산학협력의 방향과 절차를 구체화 해갈 필요가 있다.

참고문헌

김성준 (2018). 인재경영, 데이터 사이언스를 만나다. 서울: 클라우드나인.

곽기영 (2014). 소셜네트워크분석. 서울: 청람.

이중학, 송지훈, 채충일 (2020). HR Analytics 연구 및 활용에서의 가설 검정과 예측의 차이점. *조직과 인사관리연구, 44,* 103-123.

이재은, 채충일 (2019). 기업근로자 경력성공 인식의 다차원성과 차이: 토픽모델링의 적용. *한국콘텐츠학회논문지, 19*(6), 58-71.

이훈영 (2008). 이훈영교수의 연구조사방법론, 서울: 청람.

오세욱, 이소은, 최순욱 (2017). 기계와 인간은 커뮤니케이션할 수 있는가?: 기계학습을 통해 본 쟁점과 대안. *정보사회와 미디어, 18*(3), 63-96.

양재완, 박우성 (2020). Workforce 애널리틱스의 이해와 전략적 활용. *조직과 인사관리연구, 44,* 77-101.

최창현 (2000). 복잡사회체제의 모형화 및 시뮬레이션. *한국행정학보, 34*(3), 169-188.

채충일, 이재은 (2019). HR 애널리틱스 측면에서의 텍스트 자료에 대한 분석. 월간 HR Insight. 9(1). Retrieved from https://www.hrinsight.co.kr/view/view.asp?in_cate=112&bi_pidx=29679

Alvarez, R. M. (Ed.). (2016). *Computational social science.* Cambridge University Press.

Anderson Jr., E. G., & Lewis, K. (2013). A dynamic model of individual and collective learning amid disruption. *Organization Science, 25*(2), 356-376.

Angrave, D., Charlwood, A., Kirkpatrick, I., Lawrence, M., & Stuart, M. (2016). HR and analytics: Why HR is set to fail the big data challenge. *Human Resource Management Journal, 26*(1), 1-11.

Bhuiyan, N., Gerwin, D., & Thomson, V. (2004). Simulation of the new product development process for performance improvement. *Management science, 50*(12), 1690-1703.

Carolan, B. V. (2013). *Social network analysis and education: Theory, methods & applications.* Sage Publications.

Chang, R. M., Kauffman, R. J., & Kwon, Y. (2014). Understanding the paradigm shift to computational social science in the presence of big data. *Decision Support Systems, 63,* 67-80.

Cioffi-Revilla, C. (2017). Computation and social science. *In Introduction to computational social science* (pp. 35-102). Springer, Cham.

Creswell, J. W., & Clark, V. L. P. (2017). *Designing and conducting mixed methods research.* Sage Publications.

George, G., Haas, M. R., & Pentland, A. (2014). Big data and management. *Academy of Management Journal, 57*(2), 321-326.

Grand, J. A., Braun, M. T., Kuljanin, G., Kozlowski, S. W., & Chao, G. T. (2016). The dynamics of team cognition: A process-oriented theory of knowledge emergence in teams. *Journal of Applied Psychology, 101*(10), 1353.

Han, S. H., Chae, C., Han, S. J., & Yoon, S. W. (2017). Conceptual organization and identity of HRD: Analyses of evolving definitions, influence, and connections. *Human Resource Development Review, 16*(3), 294-319.

Jung, Y., & Suh, Y. (2019). Mining the voice of employees: A text mining approach to identifying and analyzing job satisfaction factors from online employee reviews. *Decision Support Systems, 123,* 113074.

Kadushin, C. (2012). *Understanding social networks: Theories, concepts, and findings.* Oxford University Press, New York.

Kelleher, J. D., & Tierney, B. (2018). *Data science.* MIT Press.

Kennedy, D. M., McComb, S. A., & Vozdolska, R. (2011). Using simulation to analyze complex behavioral models: An investigation of project complexity's influence on team communication. *Journal of Engineering and Technology Management., 28*(3), 109-127.

Kennedy, D. M., & McComb, S. A. (2014). When teams shift among processes: Insights from simulation and optimization. *Journal of Applied Psychology, 99*(5), 784.

Kilduff, M., & Brass, D. J. (2010). Organizational social network research: Core ideas and key debates. *Academy of Management Annals, 4*(1), 317-357.

Kuhn, T. S. (2012). *The structure of scientific revolutions.* University of Chicago press.

Lin, N. (2002). *Social capital: A theory of social structure and action* (Vol. 19). New York: Cambridge University Press.

Lynham, S. A. (2000). Theory building in the human resource development profession. *Human Resource Development Quarterly, 11*(2), 159-178.

Michie, D., Spiegelhalter, D. J., & Taylor, C. C. (1994). *Machine learning, neural and statistical classification*, Ellis Horwood, New York.

Rasmussen, T., & Ulrich, D. (2015). Learning from practice: How HR analytics avoids being a management fad. *Organizational Dynamics, 44*(3), 236–242.

Patrashkova, R. R., & McComb, S. A. (2004). Exploring why more communication is not better: insights from a computational model of cross-functional teams. *Journal of Engineering and Technology Management, 21*(1-2), 83-114..

Safavian, S. R., & Landgrebe, D. (1991). A survey of decision tree classifier methodology. *IEEE transactions on systems, man, and cybernetics, 21*(3), 660-674.

Sharma, A., & Srivastava, J. (2017). *Group analysis using machine learning techniques. In Group Processes* (pp. 145-180). Springer, Cham.

Solow, D., Vairaktarakis, G., Piderit, S. K., & Tsai, M. C. (2002). Managerial insights into the effects of interactions on replacing members of a team. *Management Science, 48*(8), 1060-1073.

Thagard, P. (2019). *Mind-society: From brains to social sciences and professions (treatise on mind and society).* Oxford University Press.

Tonidandel, S., King, E. B., & Cortina, J. M. (2018). Big data methods: Leveraging modern data analytic techniques to build organizational science. *Organizational Research Methods, 21*(3), 525-547.

Toulmin, S. E. (1967). The evolutionary development of natural science. *American Scientist, 55*(4), 456-471.

Vévoda, J., Vévodová, Š., Bubeníková, Š., Kisvetrová, H., & Ivanová, K. (2016). Datamining techniques-decision tree: new view on nurses' intention to leave.

Central European Journal of Nursing and Midwifery, 7(4), 518-526.

Yoon, S. W. (2018). Innovative data analytic methods in human resource development: Recommendations for research design. *Human Resource Development Quarterly, 29*(4), 299-306.

학습민첩성 연구의 쟁점과 과제

류혜현(hrexcel@gmail.com), 오헌석(ohhs@snu.ac.kr)

류혜현은 서울대학교 경제학과를 졸업하고, University of Minnesota에서 교육학 석사학위를 취득하였으며, 서울대학교 교육학과에서 평생교육 전공으로 박사학위를 취득하였다. 현재는 코칭 전문기관인 ㈜씨아이티코칭연구소에서 코칭접근을 활용한 리더십 개발과 연구를 담당하고 있다.

오헌석은 서울대학교 윤리교육학과를 졸업하고, 동대학교 대학원에서 교육학 석사학위를 취득하였으며, University of Minnesota에서 인적자원개발 전공으로 박사학위를 취득하였다. 현재 서울대학교 교육학과 교수로 재직 중이며, 서울대학교 한국인적자원연구센터의 소장을 맡고 있다. 주요 관심 분야는 전문성, 융합인재, 국가 인적자원개발 등이다.

* 이 글은 2016년 11월에 발행된 「HRD연구」 18권 4호에 게재된 논문을 수정 · 보완한 것임.

학습민첩성 연구의 쟁점과 과제

류혜현, 오헌석

학습민첩성과 인적자원개발

학습민첩성 개념이 문헌에 등장한 지 어느 새 20년이 지났으며, 그간 조직 환경의 변화 속도는 더욱 빨라졌다. 이제는 조직의 모든 구성원들이 끊임없이 새로운 학습에 대한 요구를 받고 있으며, 불확실하고 복잡한 환경에서 살아남기 위해 구성원의 학습민첩성을 개발하고 촉진하는 것이 많은 조직의 우선적 과제가 되었다. 이 같은 현실은 인재 선발의 관점이 아닌 인적자원개발 관점에서 학습민첩성에 대한 이해를 요구하고 있다.

인적자원개발에 대한 정의는 사회의 새로운 요구를 반영하며 진화해 왔지만, 공통적인 지향점을 갖고 있다(McGuire, 2014). 한 가지는 인간 잠재성에 대한 믿음에 근거하여 더 나은 상태로의 변화를 만들어 내는 개선 활동이라는 점이고, 다른 한 가지는 시스템적 관점과 사고를 통해 문제를 정의하고 해결하는 통합적 접근을 중시한다는 점이다(Swanson & Holton, 2009). 인적자원개발 관점에서 보면, 누가 학습민첩성이 더 높은지보다 어떻게 하면 학습민첩성을 체계적으로 개발하고 촉진할 수 있는지가 훨씬 중요한 문제이다. 하지만 선행연구에서는 민첩한 학습과 관련된 개인의 특성이나 능력을 밝힘으로써 잠재력 있는 리더를 선발하는 데 주된 관심이 있었던 탓에 학습민첩성의 '개발적 요소'에 대한 관심은 상대적으로 부족하였다. 이 글에서는 지금까지의 학습민첩성 연구에 대한 심층적인 검토를 통해 학습민첩성의 개념화, 측정 및 평가, 개발에 대한 쟁점을 인적자원개발 관점에서 분석하고 향후 연구 방향과 과제를 제시해 보도록 하겠다.

학습민첩성 개념에 대한 두 가지 접근

♦ 학습민첩성에 대한 포괄적 접근

학습민첩성 개념은 효과적인 리더십의 특성을 밝히기 위해 진행되었던 CCL(Center for Creative Leadership)의 연구에 기원을 두고 있다(DeMeuse, Dai, & Hallenbeck, 2010; Lombardo & Eichinger, 2000). 임원을 대상으로 했던 CCL의 연구에서 지속적으로 승진에 성공한 임원과 중도에 이탈한 임원 간에는 '경험을 통해 학습하는 능력'에 결정적 차이가 있었다. Lombardo와 Eichinger(2000)는 이 같은 연구를 토대로 학습민첩성을 "처음 접하는 새롭고 힘든 상황에서 업무를 수행하기 위해 새로운 역량을 학습하는 능력과 그러한 의향(p. 323)"으로 정의하였다. 또한, 학습민첩성이 높은 사람들의 행동 특성을 분석하여 학습민첩성 측정문항을 개발하였다. 요인분석과 추가적인 검토 과정을 거쳐 다음 <표 1>과 같이 정신 민첩성, 사람 민첩성, 변화 민첩성, 결과 민첩성의 하위구인이 최종적으로 도출되었다.

〈표 1〉 학습민첩성 구성요소와 정의

구성요소	정의
정신 민첩성 (Mental agility)	자기 자신을 잘 알고, 경험으로부터 학습하며, 타인을 건설적으로 대하고, 변화의 압력 가운데에서도 침착하고 회복력이 있는 사람
사람 민첩성 (People agility)	힘든 상황에서도 결과를 만들어 내고, 타인이 평균 이상의 성과를 내게 하며, 타인의 신뢰를 얻을 수 있는 존재감을 드러내는 사람
변화 민첩성 (Change agility)	문제를 새로운 관점에서 사고하고, 복잡함과 애매모호함에 대해 편안하게 여기며, 자신의 생각을 타인에게 잘 설명하는 사람
결과 민첩성 (Result agility)	호기심이 많고, 새로운 발상에 대한 열정을 갖고 있으며, 사례를 통해 실험하기 좋아하고, 스킬 개발 활동에 적극적으로 참여하는 사람

출처: Lombardo & Eichinger(2000: 324).

이처럼 초기 연구자들은 동기, 능력, 행동 등을 구분하지 않은 채 학습민첩성을 개인의 다차원적인 특성으로 보았다. 이와 같은 포괄적 접근(inclusive approach)은 크게 세 가지 특징을 갖는다. 첫째, 새로운 행동의 습득이나 태도 변화와 관련된 학습에 초점을 두고 있다(Connolly, 2001; DeMeuse, Dai, Swisher, Eichinger, & Lombardo, 2012; Eichinger & Lombardo, 2004). 새로운 지식의 학습이 지능으로 대표되는 인지적 특성과 밀접한 관련이 있다면, 행동의 변화를 촉발하는 학습에는 인지적 특성 외에도 다양한 인지 외적인 특성이 관여된다(DeMeuse et al., 2012). 예를 들어, 다양한 구성원을 포용하고 참여시키기 위한 리더십 스킬과 행동을 학습하는 데에는 인지적 특성 외에 정서적·동기적·대인 관계적 특성들이 요구된다.

둘째, 학습민첩성이 개인의 장기적 성공을 예측해 준다고 보았다(DeMeuse et al., 2012; Eichinger & Lombardo, 2004; Hezlett & Kuncel, 2012). 일반적으로 현재 좋은 성과를 내고 있다고 해서 다른 과제나 직위에서도 좋은 성과를 낼 것이라고 기대하기 어렵다. 하지만 경험을 통해 새로운 역량을 학습할 수 있다면 상황이 바뀌어도 성공을 지속해 갈 가능성이 높으며, 이러한 이유 때문에 고성과자(high performer)와 고잠재력 인재(high potential)를 구분해서 보았다.

셋째, 포괄적 접근은 개인의 다양한 내적 특성이 반영된 행동의 집합을 통해 학습민첩성의 개념과 하위구인을 정의하였는데, 이러한 방식은 행동역량모형의 접근과 높은 유사성을 갖는다(Spencer & Spencer, 1993). 다만 두 가지 점에서 차이가 있다. 하나는 역량 접근이 현재 직무에서 고성과자의 행동 특성에 주목한 반면, 학습민첩성은 지속적으로 높은 성과를 보인 리더의 행동 특성에 주목했다는 점이다(DeMeuse et al., 2010; Eichinger & Lombardo, 2004; Lombardo & Eichinger, 2000). 또한 학습민첩성은 다른 역량 개발에 관여하는 역량이라는 점에서 메타적 속성을 갖는다(Cheetham & Chivers, 1996; DeMeuse et al., 2010; DeMeuse et al., 2012).

이후 여러 연구자들이 Lombardo와 Eichinger(2000)가 제시한 학습민첩성 개념에 대한 후속연구를 진행하였으며, 그 중 몇몇 연구들은 다양한 방식으로 학습민첩성 구인의 타당도를 검토하였다. 그 결과, 학습민첩성은 인지적 능력이나 성격 특성과는 구별되는 개념으로서, 성과 및 승진가능성에 대해서 고유한 설명력을 갖는 것으로 나타났다(Connolly, 2001). 또한, 학습민첩성과 승진 간 관련성을 살펴본 종단연구에서 학습민첩성은 승진 여부와는 무관한 것으로 나타난 데 반해, 승진 유형이나 승진 후 성과와는 유의미한 상관을 갖는 것으로 나타났다(Eichinger & Lombardo, 2004). 또 다른 연구에서는 학습민첩성이 고잠재력 인재로의 선별 여부를 직무성과보다 더 잘 예측하며 경력 다양성과 높은 상관이 있음이 밝혀졌다(Dries, Vantilborgh, & Perpermans, 2012).

◆ 학습민첩성에 대한 배타적 접근

2000년대 들어 학습민첩성 개념에 대한 실천 영역의 관심이 고조되고 관련 연구들이 속속 나오자, DeRue 등(2012a)은 보다 이론적 관점에서 학습민첩성 개념에 대한 검토를 진행하였다. 그들은 기존 연구에서 사용되어 온 학습민첩성 개념이 사실상 경험을 통해 학습하는 능력과 다르지 않다는 점을 비판하였다. 실제로 학습민첩성에 대한 포괄적 접근을 취한 연구들에서는 '학습민첩성'을 '경험을 통한 학습 능력'이라는 용어와 혼용하고 있다(Bedford, 2011; Eichinger & Lombardo, 2004; Lombardo & Eichinger, 2000; McKenna, Boyd, & Yost, 2007).

이와 같은 문제는 능력(ability)이 아닌 민첩성(agility)이란 용어를 사용하였음에도 불구하고, 개념화 과정에서 민첩성이 갖는 속성이 무엇인지 제대로 밝히지 않았다는 점에서 그 원인을 찾아볼 수 있다. 이와 더불어 DeRue 등(2012a)은 학습민첩성에 대한 포괄적 접근이 민첩한 학습을 하고자 하는 동기, 민첩한 학습을 할 수 있는 능력, 민첩한 학습의 결과 등을 구분하지 않고 있다는 점을 지적하였다. 포괄적 접근의 학습민첩성 개념과 하위요소(정신 민첩성, 사람 민첩성, 변화 민첩성, 결과 민첩성)는 능력, 동기, 성과의 측면을 모두 포함하고 있는데, 능력과 동기는 서로 다른 개인적·환경적 요인의 영향을 받기 때문에 구별되어야 하며, 선행변인으로서의 학습민첩성과 결과변인으로서 성공적인 수행 역시 구분되어야 한다는 것이다.

DeRue 등(2012a)은 자신들이 제기한 문제를 토대로 학습민첩성의 새로운 개념틀을 제안하였다. 그들은 학습민첩성을 '경험 안에서 그리고 경험들 사이에서 빠르고 유연하게 학습하는 능력'으로 정의하였는데, 이러한 정의에는 몇 가지 전제가 포함되어 있다. 첫째, 민첩한 학습을 위해서는 경험 안에서 빠르게 학습하는 능력(속도)뿐 아니라 이전 경험과 현재의 상황을 유연하게 오가며 부적절한 교훈을 버리거나 적절하게 전환할 수 있는 능력(유연성)이 중요하다. 이것은 학습민첩성이 인지적 유연성과 함께 지각 및 처리 속도를 필요로 함을 의미한다. 둘째, 학습민첩성은 민첩하게 학습하는 '능력'으로서, 민첩하게 학습하려는 '동기'나 민첩한 학습의 결과인 '성공적인 수행'과 구별된다. 셋째, 학습민첩성은 경험을 통해 학습하는 능력이라는 상위 개념의 구성요소 중 하나일 뿐이며, 그간 경험학습 이론에서 밝히지 못했던 문제, 즉 왜 어떤 사람은 다른 사람보다 더 빠르고 유연하게 학습하는지를 설명하는 데 초점을 두어야 한다.

이와 같은 전제 하에 그들은 학습민첩성을 촉진하는 개인적 요소로 목표 지향성, 인지적·메타인지적 능력, 경험에 대한 개방성을 제시하였다. 또한, 민첩한 학습의 기저에는 인지적 과정(인지적 시뮬레이션, 역사실적 사고, 패턴 인지)과 행동적 과정(피드백 추구, 실험, 성찰)이 작용한다고 설명하였다. 이 두 가지 과정을 통해 경험 안에서 그리고 경험들 사이에서 빠르고 유연한 학습이 일어남으로써 긍정적인 성과 변화가 나타난다는 것이다. 한편, 그들은 이 두 가지 과정이 경험의 특성(개발적 도전, 복잡성)뿐 아니라 학습을 위한 분위기 및 문화(심리적 안전감, 결과의 정확성을 중시하는 정도)와 같은 상황적 요소들에 의해 조절된다고 보았다.

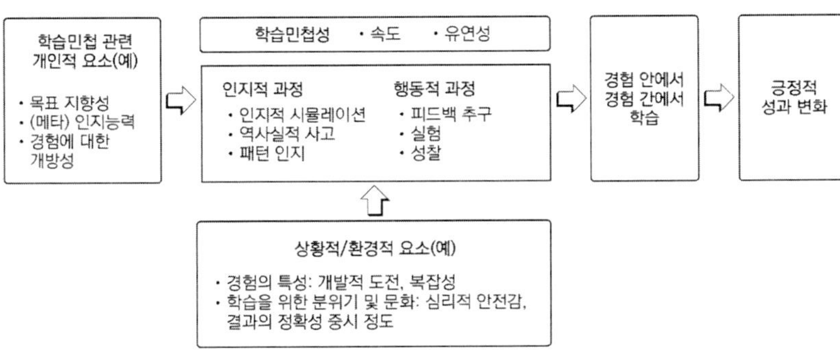

〈그림 1〉 학습민첩성의 모델

출처: DeRue et al., (2012a: 265).

• 학습민첩성 개념을 둘러싼 논쟁

학습민첩성 개념을 둘러싼 논쟁은 DeRue 등(2012a)의 연구에 대해 여러 학자들이 논평을 내면서 한층 복잡해졌다. 학습민첩성에 대한 포괄적 접근을 가진 연구자들은 DeRue 등(2012a)이 제시한 학습민첩성의 개념이 지나치게 협소하다는 입장을 보였다. 위에서도 살펴보았듯이 DeRuc 등(2012a)

은 학습민첩성을 기본적인 인지 능력과 메타적인 인지능력을 중심으로 설명함으로써 인지적 측면에서의 민첩성을 강조하고 있다(Arun, Coyle, & Hauenstein, 2012; Wang & Beier, 2012). 하지만 현실에서 새로운 경험을 적극적으로 추구하고 이에 참여하려는 동기를 가지고 있지 않은 채 단지 학습에 대한 인지적·메타인지적 능력이 높은 사람을 민첩한 학습자라고 보기 어렵다. 또한, 빠르게 이해하고 유연하게 사고하지만 이를 통해 실제로 업무를 잘 수행해내지 못하는 사람 역시 민첩한 학습자라고 보기 어렵다(DeMeuse et al., 2012; Mitchinson, Gerard, Roloff, & Burk, 2012). 따라서 학습민첩성을 제대로 정의하기 위해서는 학습과 일이 통합된 맥락에서 작용하는 개인의 능력과 동기를 복합적으로 볼 필요가 있다는 것이다(Hezlett & Kuncel, 2012).

반면, 일부 학자들은 학습민첩성의 배타적 접근에 기본적으로 동의하면서, 부분적인 보완을 제안하였다. 이들은 학습민첩성을 촉진하는 개인적 요소로 인간 능력에 관한 개인적 인식인 암묵적 이론(implicit theory)이나 경험에 대한 완전한 이해를 추구하는 경향성인 인식 동기(epistemic motivation) 등을 포함시킬 것을 제안하였다(Carette & Anseel, 2012; Vandewalle, 2012). DeRue 등(2012a)의 모형이 제시한 인지적 과정의 한 요소로 자기 행동의 상위목표를 확인하는 인지적 활동인 행동 식별(action identification)을 제안한 연구자도 있었다(Johnson & Scott, 2012).

〈표 2〉 학습민첩성 개념에 대한 두 가지 접근

	포괄적 접근	배타적 접근
정의	경험으로부터 학습하고 학습한 내용을 처음 접하는 새로운 상황에서 성공적으로 수행하는 데에 적용하는 능력과 그러한 의향	어떤 상황에 대해서 재빠르게 이해하고 경험 안에서 혹은 경험 사이에서 유연하게 생각을 변화시킬 수 있는 능력
대표 연구	Lombardo & Eichinger(2000), DeMeuse et al.(2010), DeMeuse et al.(2012)	DeRue et al.(2012a, 2012b)
특징	• 경험을 통한 학습과 관련된 개인의 다차원적 특성을 포괄 • 동기와 능력, 학습과 수행 등의 개념을 구분하지 않고 포함시킴	• 경험을 통해 빠르고 유연하게 학습하는 인지적 능력에 초점 • 학습민첩성을 동기와 같은 선행변인 및 결과변인과 구분함
한계	• 민첩성의 의미를 명확하게 하지 않음으로써, 일반적인 리더십 역량과 구분이 모호함 • 하위 구인의 이론적 근거가 약함	• 학습의 속도와 유연성에 초점을 둠으로써 일반적 인지 능력과 구분이 모호함 • 개인 내적 특성 간 복잡한 상호작용을 간과한 환원주의적 한계를 가짐

주요 쟁점과 새로운 과제

◆ 학습민첩성의 개념화

학습민첩성에 관한 포괄적 접근은 학습에서 민첩성의 의미를 명확하게 제시하지 못했다. 이를 비판하며 등장한 배타적 접근은 민첩성의 핵심 속성으로 속도와 유연성을 제시하였는데 이 두 가지 요소가 갖는 상충성(trade－off)은 제대로 설명하지 못했다(DeMeuse et al., 2012). 서로 다른 관점을 오가며 유연하게 사고하고 최선의 행동을 결정하려는 노력은 학습의 속도를 늦출 수 있으며, 마찬가지로, 경험 안에서 빠르게 학습하는 데에만 초점을 두면 유연해지기 어렵기 때문이다.

이러한 문제는 학습민첩성의 개인 간 차이에만 초점을 두었던 선행 연구가 민첩한 학습이 일어나는 맥락과 과정에 대한 본질적 탐구를 간과한 데에서 비롯된 것으로 보인다. 인간의 특성은 모두 타고나거나 모두 개발될 수 있다고 말하기 어렵기 때문에(Arun et al., 2012; Schaie, 1994), 개발 가능한 특성으로서 학습민첩성을 정의하고자 할 경우 초점을 두어야 할 것도 바로 이 과정과 맥락에 대한 이해일 것이다.

첫째, 학습민첩성 개념이 기반한 '학습 맥락'에 대한 공통된 이해가 필요하다(Arun et al., 2012). 등장 배경에서 살펴보았듯이, 학습민첩성 개념은 기본적으로 일 경험(work experience)을 통한 학습 상황을 전제하고 있다(McCall, Lombardo, & Morrisson, 1988). 즉, 일터에서 일어나는 다양한 학습 중에서 업무 수행 중에 일어나는 무형식 학습(informal learning)에 초점을 두고 있다(Billet, 2004). 무형식 학습에 관한 정의는 다양하지만, 훈련 장소가 아닌 일터에서 경험을 통해 비체계적으로 이루어지며 학습자가 주도성을 갖는다는 점에서 형식 학습과 구별되는 특징을 가진다(Watkins & Marsick, 1992; Ellinger, 2005).

무형식 학습에서는 일 경험의 특성이 학습 맥락을 이루는 중요한 조건이 될 뿐 아니라, 학습 과정과 결과에도 큰 영향을 미친다(김도연, 오헌석, 2007). 관리자들에게 중요한 역량이 경험을 통해 학습된다는 CCL의 연구는 직무 경험에 내재된 특성에 관한 관심을 불러 일으켰는데(McCall et al., 1988), 일상적인 직무에서보다 도전적인 직무에서 '더 많은' 학습을 하게 된다는 점이 후속 연구에서 입증되었다(McCauley, Ruderman, Ohlott, & Morrow, 1994). 또한 Billett(2001)는 일터에서의 경험을 일상성의 정도에 따라 일상적인 경험과 비일상적인 경험으로 구분하면서, 각각의 경험은 다른 '형태'의 학습을 구성한다고 설명하였다. 일상적인 경험을 통해서는 이미 알고 있는 것을 강화하는 학습이 일어나는 데 반해, 비일상적인 경험을 통해서는 새로운 지식을 생성하는 학습이 일어난다는 것이다. 이러한 연구들은 상대적으로 많은 학습이 요구되는 도전적인 직무에서는 빠른 학습이, 새로운 지식을 생성하는 비일상적인 일 경험에서는 유연한 학습이 더 중요할 수 있음을 시사한다.

그렇다면 학습 맥락과 관련해 다음의 문제들을 검토해 볼 필요가 있다. 학습민첩성은 모든 상황에서 요구되는가? 모든 상황에서 성과를 좌우하는 영향력을 발휘하는가? 모든 상황에서 실제로 발현되는가? 예를 들어, 원자력 발전소의 운영과 관련된 직무에서는 안전 원칙을 엄격히 지키는 것이 민첩한 학습보다 더 중요하며, 이러한 상황에서 학습민첩성을 발휘하는 것은 역효과를 낳을 수 있다(DeMeuse et al., 2010). 따라서 학습민첩성이 요구되고, 실제로 발현되며, 영향력을 갖는 학습 맥락은 무엇인지에 대한 탐색이 필요하다(Arun et al., 2012; DeMeuse et al., 2010).

둘째, 학습민첩성 개념이 기반한 '학습 과정'에 대한 이해가 필요하다. Lombardo와 Eichinger(2000)의 포괄적 접근은 학습민첩성을 개인 간 특성 차이로 이해했으며, DeRue 등(2012a)의 배타적 접근은 학습민첩성이 인지적·행동적 과정을 통해 발현된다고 했을 뿐 경험을 통한 학습 과정을 구체적으로 설명하지 않았다. 과정에 대한 이해는 복잡하고 역동적인 현상을 설명하는 한 가지 접근으로서, 개선과 개입의 지점을 제시해 줄 수 있다는 점에서 학습 현상을 이해하는 중요한 축이 되어 왔다(Lewin, 1951; Piaget, 1971).

그런 점에서 Taylor(1987)의 모형은 민첩한 학습 과정을 설명하는 데에 보다 유용한 관점을 제공해 준다. 그는 경험을 통한 학습 과정을 혼란(disorientation), 탐색(exploration), 방향 재수립(reorientation), 균형(equilibrium)의 순환 과정으로 설명하였다. 혼란 단계는 현실과 기대 간의 불일치를 가져오는 사건으로 인해 기존의 자아체계 및 개인의 현실모형을 부정하게 되는 단계이다. 학습자는 혼란, 걱정, 긴장, 자아확신의 위기를 경험하나, 타인과의 상호작용을 통해 문제의 핵심 이슈를 명명함으로써 탐색 단계로 이행한다. 탐색 단계에서는 문제 해결을 위한 정보와 아이디어에 대한 탐색이 이루어지며, 충분한 정보가 수집된 후 이에 대해 성찰하는 시간을 가짐으로써 다음 단계로 이행한다. 방향 재수립 단계에서는 문제에 대한 새로운 이해를 돕기 위해 아이디어와 경험이 통합된다. 학습자는 타인과 중요한 통찰들을 공유하며 다음 단계로 이행한다. 균형 단계에서는 새로운 관점이 강화되고, 정교화 되고, 적용된다. 이 과정에서 새로운 촉발사건이 발생하면, 다시 혼란 상태로 이행되며 학습이 지속된다.

흥미로운 것은, 혼란 단계에서 문제를 부정하고 타인의 탓으로 돌리는 학습자들은 보통 부적 학습의 사이클(decremental cycle of learning)을 따른다는 점이다(Gavin, 1992). 부적 사이클의 학습자는 다른 사람에 대한 비난을 합리화하고 자신의 상황 인식을 정당화하기 위한 구성(construction) 단계로 들어선다. 그리고 다른 대안들에 대한 고려를 접고 기존의 생각과 행동으로 돌아가는 강화(consolidation) 단계를 거쳐 부적 균형(decremental equilibrium)을 이룬다. 하지만 부적 균형은 편안하고 긍정적인 상태가 아니기 때문에, 학습자는 촉발 사건 없이 다시 혼란 단계로 이행되기도 한다. 이와 같은 부적 학습의 사이클은 소위 잘 나가는 전문가들이 학습하지 못하는 이유를 설명한 Argyris(1991)의 연구에서도 찾아볼 수 있다.

결론적으로, 학습민첩성 개념에서 '학습'이 일 경험을 통한 학습을 의미함에도 불구하고, 지금까지 논의에서는 일 경험을 통한 학습의 맥락과 과정에 대한 구체적 이해가 부족하였다. 학습민첩성 개념의 연구 가능성을 높이기 위해서는 학습 맥락의 주요 요소인 경험의 특징과 유형을 구체화하고, 경험을 통한 학습 과정의 핵심 단계를 규명하는 노력이 우선적으로 필요하다. 이러한 이해에 기반할 때 학습과 관련해 '민첩성', 즉 빠르고 유연한 능력이 갖는 의미를 보다 명확히 정의할 수 있을 것이다. 그리고 민첩성을 단순히 인지적 유연성과 속도로 보는 것에서 벗어나 학습 과정의 각 단계에서 속도와 유연성을 높이거나 낮추는 요소가 무엇이고 이것에 어떻게 개입할 수 있는지에 관한 개발적 관점의 탐색을 시작할 수 있을 것이다.

♦ 학습민첩성의 측정 및 평가

학습민첩성의 포괄적 접근을 따른 초기 연구는 고잠재력 인재 선발 목적을 갖고 있었기 때문에 개념의 측정을 중시하였다(Eichinger & Lombardo,

2004; Lombardo & Eichinger, 2000). 최초의 학습민첩성 측정도구는 Lombardo와 Eichinger(2000)가 개발한 CHOICES®로 정신 민첩성, 사람 민첩성, 변화 민첩성, 결과 민첩성의 4개 차원과 81개 문항으로 구성되어 있다. 이후 Korn Ferry사에서는 CHOICES®의 모형에 자기인식(self-awareness)이라는 새로운 차원을 추가하여 5개 차원 116개 문항으로 구성된 viaEDGE™를 개발하였다(DeMeuse, Dai, Eichinger, Page, Clark, & Zewdie, 2011). 그런데 이 두 가지 측정도구의 기초가 된 4개 차원은 사실 귀납적인 방식으로 도출되었다. 즉, Lombardo와 Eichinger(2000)는 학습민첩성 개념의 측정을 위해 먼저 이를 대표하는 행동 특성에 기반해 문항을 개발한 후 요인분석이라는 통계적 방법을 사용하여 하위영역을 설정하였다. 그래서 하위구인에 대한 이론적 근거가 부족하고 내용타당도가 낮다는 비판을 받은 바 있다(DeRue et al., 2012a). 한편, 배타적 접근을 제시한 DeRue 등(2012a)은 학습민첩성이 인지적·행동적 과정을 통해 나타난다고 하였는데, 이 경우 인지적 시뮬레이션, 역사실적 사고, 패턴 인지 등과 같은 개인의 인지적 과정을 측정해야 하는 문제가 따른다. 하지만 그들은 학습민첩성 측정의 중요성을 강조하면서도 이러한 인지적 과정을 어떻게 측정할 수 있는지에 관해서는 제시하지 않았다(Arun et al., 2012).

개인의 수행을 개선하기 위해서는 먼저 현재 수준에 대한 평가가 이루어져야 하기 때문에, 학습민첩성의 측정은 인적자원개발 관점에서도 매우 중요한 문제이다(Noe, 2014; Swanson & Holton, 2009). 하지만 선발과 개발 중 어디에 초점이 있는지에 따라 측정에 대한 접근이 달라질 수 있다(Arun et al., 2012). 아래에서는 선행 연구를 토대로 학습민첩성의 측정 관련 이슈들을 살펴보고 개발을 목적으로 할 경우 어떤 노력이 필요한지에 대해서 논의해 보겠다.

가장 먼저 살펴 볼 이슈는 학습민첩성 개념의 다차원성에 관한 것이다. Connolly(2001)의 연구에서 CHOICES®의 4개 차원 간 상관이 매우 높게 나타났는데(r=0.8~0.9), 이는 개념의 단일 차원성을 시사해 주는 것일 수 있기 때문이다(Bedford, 2011). 일반적으로 단일 차원의 구성개념은 이론 도출과 해석이 간결하고 명료하다는 장점이 있는 반면, 현상을 다양한 관점에서 해석하고 실천적 함의를 풍부하게 도출하는 데에 한계가 있다(안성익, 2011). 학습 과정은 그 자체가 다차원성을 갖기 때문에, 학습 과정에 기반해 학습민첩성 개념을 정의한다면 다차원성을 반영하는 것이 더 적절한 접근이다(Merriam, 2001). 특히, 단순한 선발의 도구가 아닌 개발의 도구로 사용하고자 할 경우, 다차원적인 개념 모형에 기반한 측정도구는 보다 풍부한 개발적 시사점을 제공해 준다.

하지만 구성개념을 다차원적으로 정의하기 위해서는 이를 뒷받침하는 이론적·논리적 근거가 필요하다. 한 예로, Gibbons(1990)는 학습 과정에 작용하는 세 가지 측면을 이성(reason), 감정(emotion), 실행(action)으로 구분하였는데, 이러한 개념 모형은 학습 과정에서 개인 간 민첩성의 차이를 설명하는 하나의 이론적 틀이 될 수 있다. 따라서 향후 학습민첩성 개념의 측정을 위해서는 학습민첩성이 다차원 개념이라는 이론적 근거와 하위구인 간 관계가 분명히 드러나는 개념 구조를 밝히는 노력이 필요하다.

학습민첩성 측정의 또 다른 이슈는 '무엇을 측정할 것인가'에 관한 것이다. 위에서 제시한 두 가지 측정도구는 모두 개인의 다양한 내적 특성이 반영된 행동 특성을 측정하고 있는데, 이러한 접근은 내적 특성이 행동을 통해 상당 부분 드러날 수 있음을 전제한다. 행동역량모형을 활용한 역량 평가 방법도 이러한 가정을 토대로 고성과자의 행동 특성을 도출해 내는 데 초점을 두고 있다(오헌석, 2007; Rothwell & Lindholm, 1999). 역량 연구자들은 성공적인 수행의 기저에 있는 인간의 특성을 여러 차원으로 구분하여 제시하였는데, 동기, 특질, 자아개념과 같은 심층적 역량은 평가나 개발이 어려운 반면에, 지식과 기술은 비교적 가시적이고 표면적인 특징으로서 개발이 가능하다고 보았다(Spencer & Spencer, 1993). 따라서 개발의 관점에서 본다면, 인간의 내적 특성이 행동을 통해 지식과 기술의 형태로 드러난다고 전제하고, 관찰 가능한 행동 특성에 기초한 측정도구를 개발하는 것이 보다 유용하다. 조직 상황에서는 단순히 능력을 보유했는지 여부보다 이를 발휘하는 것이 더 중요하기 때문에 더욱 그렇다. 행동을 측정하는 것은 이외에도 타인에 의한 평가와 함께, 수행에 대한 구체적인 피드백과 개선이 가능하다는 면에서 이점을 가진다.

그런 점에서 현재의 측정도구는 행동 특성을 도출한 대상과 방법에 있어 재검토가 필요하다. 두 측정도구는 모두 Lombardo와 Eichinger(2000)의 포괄적 접근 연구에 기반하고 있는데, 그들은 CCL에서 성공한 임원들을 대상으로 한 인터뷰와 설문 결과에 기반하여 행동 특성을 도출하였다. CCL의 연구는 관리자로서의 성장 경험과 그 경험에서 배운 교훈이 무엇이었는지 알아보는 데 초점이 있었기 때문에 이를 토대로 경험을 통해 민첩하게 학습하는 사람들의 행동 특성을 도출하는 데에는 한계가 있다. 이들의 학습민첩성 구인이 직무상황에서의 일반적인 리더십 역량과 크게 구별되지 않다는 비판 역시 이러한 행동 특성 도출 방식에서 그 원인을 찾을 수 있다(DeRue et al., 2012a; 2012b; Wang & Beier, 2012).

역량을 일반적인 직무 상황에서 우수한 수행을 가능케 한 개인의 내적 특성이라고 본다면, 학습민첩성은 변화하는 상황 혹은 새로운 직무 상황에서 지속적으로 우수한 수행을 가능케 하는 개인의 내적 특성이라고 볼 수 있다. 그렇다면 학습민첩성의 행동적 특성을 파악하기 위해서는 민첩한 학습자, 즉 크고 빠른 변화 상황에서 학습을 통해 지속적인 성과를 낸 개인을 대상으로, 행동사건면접(behavioral event interview) 등의 방법을 통해 경험 안에 내재된 의도, 행위, 결과를 규명하는 노력이 필요하다(McClelland, 1998). 이와 함께, 학습민첩성 관련 논쟁에서는 다뤄지지 않았지만 과연 민첩한 학습자의 행동적 특성이 문화권이나 국가와 조직 차원에서 어느 정도까지 일반화될 수 있는지에 대한 고민도 필요하다. 동·서양에서 민첩한 학습 행동을 보는 관점이 다를 수 있고, 조직 맥락과 문화에 따라 요구되는 학습민첩성이 다를 수 있기 때문이다(Hofstede, Hofstede, & Minkov, 1991).

마지막으로 살펴 볼 이슈는 평가 방법에 관한 것이다. 다면평가인 CHOICES®

가 측정대상의 상사나 동료들에게 설문하는 방식을 취하고 있는 데 반해 자기평가 도구인 viaEDGE™는 측정대상이 직접 설문에 답하도록 되어 있다. 이처럼 자기평가 방식을 취할 것인지 다면평가 방식을 취할 것인지에 따라 측정도구의 초점이 달라질 수 있는데, 이 문제에 대한 신중한 접근이 필요하다(Arun et al., 2012; Mitchinson et al., 2012).

사람에 따라 자기인식의 수준이 다르기 때문에 자기평가 방식의 검사에 비해 다면평가 방식이 더 객관적일 수 있다. 실제로 학습민첩성의 자기평가와 타인평가 결과를 비교한 선행연구에서 학습민첩성이 낮은 사람일수록 스스로를 과대평가하고 학습민첩성이 높은 사람일수록 스스로를 과소평가하는 경향이 있음이 나타났다(DeMeuse et al., 2010). 하지만 다면평가의 경우, 동료, 상사, 인사부서의 책임자 중 누구를 평가자로 선정하느냐에 따라 다른 결과를 초래할 수 있다. 개인의 학습민첩성에 대한 상사평가의 결과는 장기적인 성과를 유의미하게 예측한 반면, 동료평가의 결과는 유의미한 상관을 보이지 않았다는 연구 결과 역시 이러한 점을 뒷받침해 준다(Eichinger & Lombardo, 2004). 또한, 일반적인 평가자들은 후광효과, 중간 응답 경향, 관대한 평가 경향과 같은 오류를 범할 수 있기 때문에, 평가와 관련된 훈련 경험과 실제 평가 경험이 중요하게 작용한다(Noe, Hollenbeck, Gerhart & Wright, 2007). 외부에서 영입된 인재의 경우에는 다면평가가 불가능하다는 것도 문제이다(DeMeuse et al., 2010).

결론적으로, 현재의 학습민첩성 측정도구는 다차원성을 뒷받침하는 이론적 근거가 부족하고 행동 특성의 도출 대상 및 방법이 부적절하다는 점에서 한계를 갖고 있다. 따라서 학습민첩성의 다차원성에 대한 이론적 근거를 마련하고 이에 기반해 새로운 측정도구를 개발하는 노력이 필요하다. 특히, 개발의 목적을 가지고 학습민첩성 측정도구를 개발할 경우, 조직 맥락에서 민첩한 학습자를 선정하고 이들의 행동 특성을 포착해 낼 수 있는 연구 설계를 통해 문항을 개발하는 것이 유용하다. 또한, 평가 방법에 있어 자기평가가 가진 편향과 다면평가가 갖는 한계를 모두 고려하여 오류를 최소화하는 것이 중요하다.

◆ 학습민첩성의 개발

학습민첩성 관련 논의에서 개발 가능성 문제는 학습민첩성의 정의 및 측정 문제에 비해 상대적으로 큰 주목을 받지 못했다. 초기 연구에서는 개인의 학습민첩성을 진단하고 피드백 해 줌으로써 학습민첩성이 개발될 수 있다고 가정하였지만, "중요하고 분명한 존재감을 갖고 있다", "지적으로 빠르다", "호기심이 많다"와 같은 샘플문항을 보면, 이러한 가정이 엄밀하지 못함을 알 수 있다(Lombardo & Eichinger, 2000). DeRue 등(2012a)의 연구에서는 인지적 과정과 행동적 과정을 통해 학습민첩성이 발현될 뿐 아니라 동시에 개발될 수 있다고 주장하였으나, 각각의 요소들이 어떻게 개발될 수 있는지는 제대로 설명하지 않았다. 특히, 인지적 시뮬레이션, 역사실적 사고, 패턴인지와 같은 것들이 과연 개발될 수 있는지에 관해서는 강한 의문이 제기되었다(Arun et al., 2012; Wang & Beier, 2012). 이에, Beck(2012)은 학습민첩성의 개인 내 변량과 개인 간 변량의 크기와 패턴을 분석함으로써, 조직 차원의 학습민첩성 제고를 위한 인터벤션(선발, 훈련, 동기부여)의 우선순위를 정하는 것이 필요하다고 제안했다.

몇몇 선행연구에서는 학습민첩성의 개발 가능성과 관련해 개인이 가진 경험의 내용과 특징을 언급하였다. DeRue 등(2012a)은 자질 활성화 이론(trait activation theory)에 비춰 봤을 때, 도전적이고 복잡한 문제를 다루는 과정에서 개인 안에 내재된 학습민첩성이 더 많이 활성화될 수 있다고 보았다. Dries 등(2012)은 다양한 직무 및 조직에 대한 경험을 가진 개인이 그렇지 않은 개인에 비해 학습민첩성이 더 높다는 실증 연구 결과를 토대로, 다양한 경험의 축적을 통해 학습민첩성이 개발될 수 있음을 시사했다. 하지만 이 연구의 결과는 횡단적 연구 설계에 기반한 것이기 때문에 학습민첩성이 높은 개인이 경력다양성을 추구한 것일 수 있다는 가능성을 배제할 수 없다(Hezelett & Kuncel, 2012). 또한, 지나치게 도전적이고 복잡한 문제의 경우 오히려 개인의 학습을 방해할 수 있기 때문에(DeRue & Wellman, 2009), 어떤 경험을 통해 학습민첩성이 개발되는지와 관련해서는 더 많은 근거가 필요한 상황이다.

이와 관련해 성인학습 분야에서 진행되어 온 '학습하는 법(learning how to learn)'에 관한 연구에 주목해 볼 필요가 있다(Smith, 1990). 일 경험을 통해 효과적으로 학습하는 법과 관련해 어떤 실마리를 제공해 줄 수 있기 때문이다. 학습하는 법에 관한 연구는 학습양식(learning style) 및 학습전략(learning strategy)에 관한 연구를 포함하는데, 이 둘은 모두 정보를 조직하고 처리하는 방식에 대한 개인의 선호를 나타내는 개념이다. 이 중 학습양식이 비교적 개인의 일관된 선호와 지향성을 나타낸다면, 학습전략은 구체적인 상황과 맥락에 맞춰 선택되는 기법을 의미한다(Mumford, 1995; Weinstein & Mayer, 1986). 성인을 대상으로 한 학습전략 연구는 주로 평생교육, 고등교육 등과 같은 형식 학습 상황이나 이러닝 상황 등을 중심으로 전개되어 왔다(권성연, 2009; 이경아, 2004; 조성연·문미란, 2007). 이 연구들은 인지전략, 메타인지전략 및 자기조절전략 등이 학습동기와의 상호작용을 통해 성인의 효과적인 학습에 영향을 준다고 밝히고 있다. 하지만 이러한 연구결과를 그대로 적용하기에는 형식 학습 상황과 경험을 통한 학습 상황 간의 차이가 매우 크다.

예외적으로, Holman, Epitropaki, 그리고 Fernie(2001)는 일터에서의 학습전략을 재생산(reproduction), 외재적 업무성찰(extrinsic work reflection), 내재적 업무성찰(intrinsic work reflection)의 '인지 전략'과 타인으로부터의 도움 추구(interpersonal help seeking), 자료로부터의 도움 추구(seeking help from written material), 실천적 적용(practical application)의 '행동 전략'으로 나누어 제시하였다. 그러나 이전에 직업훈련 맥락에서 논의되었던 학습전략들을 콜센터 직원들을 대상으로 검증하는 데 그쳐, 학습전략의 내용과 적용 맥락이 제한적이라는 한계를 갖는다. 저자들 역시 이러한 이유를 들어, 더 다양한 직업 및 조직 맥락에서 지식의 습득 뿐 아니라 지식의 공유와 관련된 학습전략들이 연구되어야 한다고 제안하였다. 결과적으로 지금까지의 연구로는 일터 학습의 효과적인 전략이 무엇인지에 관해서 충분한 지식을 얻기 어렵다. 그럼에도 불구하고 이러한 연구 흐름은 학습의 속도와 유연성을 높이는 데 효과적인 개인 차원의 기술, 전략, 접근을 규명함으로써 학습민첩성의 개발가능성을 높일 수 있음을 시사해 준다.

학습민첩성의 개발적 요소에 통합적으로 접근하기 위해서는 개인의 기술, 전략, 접근에 관한 연구와 병행하여 학습민첩성을 촉진하는 상황적 요소를 밝히는 것도 중요한 문제이다. 인간의 행동은 개인과 상황 간의 상호작용으로 나타나는 것이기 때문에(Terborg, 1981), 학습민첩성이 높은 사람이라고 해서 항상 민첩하게 학습한다고 보기 어렵다. 선행 연구에서는 경험을 통한 학습 과정에서 저지를 수 있는 실수와 실패에 대해서 관용적인 문화가 중요함을 언급하였다(DeMeuse et al., 2010; DeRue et al., 2012a). 즉, 성취를 협소하게 규정하고 처벌적인 문화를 가진 조직에서는 개인이 심리적 안전감을 갖고 민첩한 학습을 위한 다양한 시도를 하는 것이 어렵기 때문에, 조직의 지원적이고 기업가적인 문화가 요구된다는 것이다. 이러한 주장은 분명 인적자원개발에 주는 시사점이 있지만, 학습민첩성을 촉진하는 요소라고 보기에는 지나치게 포괄적일 뿐 아니라 영향력에 대한 경험적 근거도 부족하다.

결론적으로, 학습민첩성을 경험학습의 각 단계에서 속도와 유연성을 높이는 데 효과적으로 활용될 수 있는 인지, 정서, 실행 차원의 기술, 접근, 전략으로 정의하고 이를 규명하는 것은 학습민첩성의 개발 가능성을 높이는 연구 방향이 될 수 있다. 더불어 민첩한 학습을 촉진한 상황이나 환경의 특성을 밝혀낸다면, 조직 구성원의 학습민첩성을 높이기 위한 조직 구조, 전략, 자원, 문화 차원의 시사점도 도출할 수 있을 것이다.

• 실천적 시사점

학습민첩성은 복잡하고 변동성이 높은 경영환경에서 조직의 적응력과 생존력을 높이는 데 핵심적인 요소로 주목받고 있다. 하지만 학습민첩성 개념에 대한 접근이 다양한 만큼 각 조직의 맥락에 맞게 학습민첩성의 개념이 정의될 필요가 있다. 조직 내에서 민첩한 학습에 관한 다양한 성공사례를 축적하고 공유함으로써 구성원들에게 구체적인 모델과 행동지표를 제시하는 것도 중요하다.

선행연구에서 살펴보았듯이 민첩한 학습자는 현실과 기대 간 불일치가 발생했을 때 기존의 방식을 정당화하기보다 문제를 명명함으로써 빠르게 앞으로 나아간다. 또한, 이전의 경험과 현재의 경험을 오가며 유연하게 관점을 통합하고 새로운 방식을 시도한다. 이 과정에서 학습민첩성의 발현을 촉진하기 위해 리더는 구성원들에게 심리적 안전감을 제공해야 할 것이며 무엇보다 실수와 실패에 관용적인 조직문화가 뒷받침되어야 할 것이다.

참고문헌

권성연 (2009). e-Learning 환경에서 성인학습자의 독립적, 협동적 학습양식에 따른 학습전략 사용 및 학습활동 선호도 분석. *Andragogy Today: International Journal of Adult & Continuing Education, 12*(2), 1-28.

김도연, 오헌석 (2007). 개발 잠재력 있는 일터경험의 유형과 특성에 관한 연구. *HRD연구, 9*(1), 123-144.

안성익 (2011). 팀신뢰의 개념정립과 척도개발에 관한 연구. 박사학위 논문. 서울대학교 대학원.

오헌석. (2007). 역량중심 인적자원개발의 비판과 쟁점 분석. *경영교육연구, 47*(1), 191-213.

이경아 (2004). 성인학습자의 자기효능감과 학습전략 간의 상관관계. *평생교육학연구, 10*(4), 19-45.

조성연, 문미란 (2007). 성인학습자의 학업성취도에 영향을 미치는 변인에 관한 연구. *교육학연구, 45*(2), 121-149.

Argyris, C. (1991) Teaching smart people how to learn. *Harvard Business Review, 69*(3), 99-109.

Arun, N., Coyle, P. T., & Hauenstein, N. (2012). Learning agility: still searching for clarity on a confounded construct. *Industrial and Organizational Psychology, 5*(3), 290-294.

Beck, J. W. (2012). Does learning agility vary primarily at the between- or within-person level of analysis? *Industrial and Organizational Psychology, 5*(3), 312-315.

Bedford, C. L. (2011). *The role of learning agility in workplace performance and career advancement.* Unpublished doctoral dissertation. University of Minnesota.

Billett, S. (2001). *Learning in the workplace: strategies for effective practice.* Australia: Allen & Unwin.

Billett, S. (2004). Workplace participatory practices: conceptualizing workplace as learning environments. *The Journal of Workplace Learning, 16*(6), 312-324.

Carette, B., & Anseel, F. (2012). Epistemic motivation is what gets the learner started. *Industrial and Organizational Psychology, 5*(3), 306-309.

Cheetham, G., & Chivers, G. (1996). Towards a holistic model of professional competence. *Journal of European industrial training, 20*(5), 20-30.

Connolly, J. J. (2001). *Assessing the construct validity of a measure of learning agility.* Unpublished doctoral dissertation. Florida International University.

DeMeuse, K. P., Dai, G., Eichinger, R. W., Page, R. C., Clark, L. P., & Zewdie, S. (2011). The development and validation of a self assessment of learning agility. Retrieved from http://larryclarkgroup.com/Larry%20Clark%20Group%20-%20viaEdge%20Technical%20Report%20-%20Updated.pdf.

DeMeuse, K. P., Dai, G., & Hallenbeck, G. S. (2010). Learning agility: a construct whose time has come. *Consulting Psychology Journal, 62*(2), 119-130.

DeMeuse, K. P., Dai, G., Swisher, V. V., Eichinger, R. W., & Lombardo, M. M. (2012). Leadership development: exploring, clarifying, and expanding our understanding of learning agility. *Industrial and Organizational Psychology, 5*(3), 280-286.

DeRue, D. S., Ashford, S. J., & Myers, C. G. (2012a). Learning agility: in search of conceptual clarity and theoretical grounding. *Industrial and Organizational Psychology, 5*(3), 258-279.

DeRue, D. S., Ashford, S. J., & Myers, C. G. (2012b). Learning agility: many questions, a few answers, and a path forward. *Industrial and Organizational Psychology, 5*(3), 316-322.

DeRue, D. S., & Wellman, N. (2009). Developing leaders via experience: the role of developmental challenge, learning orientation, and feedback availability. *Journal of Applied Psychology, 94*(4), 859-875.

Dries, N., Vantilborgh, T., & Pepermans, R. (2012). The role of learning agility and career variety in the identification and development of high potential employees. *Personnel Review, 41*(3), 340-358.

Eichinger, R. W., & Lombardo, M. M. (2004). Learning agility as a prime indicator of potential. *Human Resource Planning, 27,* 12-16.

Ellinger, A. D. (2005). Contextual factors influencing informal learning in a workplace setting: the case of "reinventing itself company". *Human Resource Development Quarterly, 16*(3), 389-415.

Gavin, J. (1992). *The exercise habit.* Champaign, IL: Leisure Press.

Gibbons, M. (1990). A working model of the learning how to learn process. In R. Smith, et al.,(Eds.). *Learning how to learn across the life span*(64-97). San Francisco: Jossey-Bass.

Hezlett, S. a., & Kuncel, N. R. (2012). Prioritizing the learning agility research agenda. *Industrial and Organizational Psychology, 5*(3), 296-301.

Hofstede, G., Hofstede, G. J., & Minkov, M. (1991). *Cultures and organizations: software of the mind.* London: McGraw-Hill.

Holman, D., Epitropaki, O., & Fernie, S. (2001). Understanding learning strategies in the workplace: a factor analytic investigation. *Journal of Occupational and Organizational Psychology, 74*(5), 675-681.

Johnson, R. E., & Scott, B. A. (2012). Learning agility requires proper action identification. *Industrial and Organizational Psychology, 5*(3), 309-313.

Lewin, K. (1951). *Field theory in social science.* New York: Harper.

Lombardo, M. M., & Eichinger, R. W. (2000). High potentials as high learners. *Human Resource Management, 39*(4), 321-329.

McCall, M. W., Lombardo, M. M., & Morrisson, A. (1988). *Lessons of experience: how successful executives develop on the job.* New York, NY: The Free Press.

McCauley, C. D., Ruderman, M. N., Ohlott, P. J., & Morrow, J. E. (1994). Assessing the developmental components of managerial jobs. *Journal of applied psychology, 79*(4), 544-560.

McClelland, D. C. (1998). Identifying competencies with behavioral-event interviews. *Psychological science, 9*(5), 331-339.

McGuire, D. (2014). *Human resource development*(2nd Ed.). CA: Sage Publications.

McKenna, R. M., Boyd T. N., & Yost, P. R. (2007). Learning agility in clergy: understanding the personal strategies and situational factors that enable pastors to learn from experience. *Journal of Psychology and Theology, 35*(3), 190-201.

Merriam, S. B. (2001). Andragogy and self-directed learning: pillars of adult learning theory. In S. B. Merriam(Ed.). *New Directions for Adult and Continuing Education*(3-14). San Francisco, CA: Jossey-Bass.

Mitchinson, A., Gerard, N. M., Roloff, K. S., & Burke, W. W. (2012). Learning agility?: spanning the rigor-relevance divide. *Industrial and Organizational Psychology, 5*(3), 287-290.

Mumford, A. (1995). Four approaches to learning from experience. *Industrial and Commercial Training, 27*(8), 12-19.

Noe, R, A.(2014). *Employee training & development*(6th Ed.) . New York: McGraw-Hill.

Noe, R. A., Hollenbeck, J. R., & Gerhart, B., & Wright, P. M. (2007). Fundamentals of human resource management(3rd Ed.). 정진철 외 역(2010). 인적자원관리론. 서울: 한국맥그로힐.

Piaget, J. (1971). The theory of stages in cognitive development. In D. R. Green, M. P. Ford, & G. B. Flamer(Eds.). *Measurement and Piaget*(1-111). New York: McGraw-Hill.

Rothwell, W. J. & Lindholm, J. E. (1999). Competency identification, modelling and assessment in the USA. *International Journal of Training and Development, 3*(2), 90-105.

Schaie, K. W. (1994). The course of adult intellectual development. *American Psychologist, 49,* 304-313.

Spencer, L. M. & Spencer, S. M. (1993). *Competence at work.* New York: Wiley.

Smith, R. M. (1990). *Learning to learn across the life span.* CA: Jossey-Bass.

Swanson, R. A., & Holton, E. F. (2009). *Foundations of human resource development*(2nd Ed.). San Francisco: Berrerr-Koehler Publisher.

Taylor, M. (1987). Self-directed learning: More than meets the observer's eye. In D. Boud & V. Griffin(Eds.). *Appreciating adults learning: from the learners' perspective*(179-196). London: Kogan Page.

Terborg, J. R. (1981). Interactional psychology and research on human behavior in organizations. *Academy of Management Review, 6*(4), 569-576.

Vandewalle, D. (2012). A growth and fixed mindset exposition of the value of conceptual clarity. *Industrial and Organizational Psychology, 5*(3), 301-306.

Wang, S., & Beier, M. (2012). Learning agility: not much is new. *Industrial and Organizational Psychology, 5*(3), 293-297.

Watkins, K., & Marsick, V. (1992). Toward a theory of informal and incidental learning in organizations. *International Journal of Lifelong Learning, 11*(4), 287-300.

Weinstein, C. E. & Mayer, R. E. (1986). The teaching of learning strategies. In M. Wittrock (Ed.). *Handbook of research on teaching*(315-327). NY: Macmillan.

구성원의 내재적 동기를 위한 자기결정성이론의 HRD 적용

정승환(hfhsr@naver.com), 장형심(janghs@hanyang.ac.kr)

정승환은 한양대학교에서 교육공학 박사학위를 취득한 후 동덕여대 교육혁신센터에서 연구교수로 재직하면서, 대학교육 성과분석, 역량기반 교육체계 수립, 교육과정 질관리 등을 수행하고 있다. 주요 연구관심 분야는 온라인 커뮤니티에서 역동적으로 펼쳐지는 사회적 자본, 상호작용, 정보의 흐름 등이다.
장형심은 University of Iowa에서 교육심리학으로 박사학위를 취득한 후 University of Wisconsin 교육심리학과 부교수를 거쳐 현 한양대학교 교육학과 교수로 재직하고 있다. 주요 연구관심 분야는 학습자-교수자, 학습자-부모, 학습자-관리자 간 존재하는 심리적 대인관계작용이 학습자의 학습, 동기, 발달, 성장, 웰빙에 미치는 심리적 기제를 이해하고 설명하고 예측하는 것으로, 자기결정성이론을 중심으로 현재까지 국내(KCI) 및 국제저명학술지(SSCI)에 30여편 이상의 논문을 게재하고 있다.

* 이 글은 2015년 8월에 발행된 「HRD연구」 17권 3호에 게재된 논문을 수정 · 보완한 것임.

구성원의 내재적 동기를 위한 자기결정성이론의 HRD 적용

정승환, 장형심

서론

조직에서의 인적자원을 효과적으로 관리하고 개발하기 위해서는 인간의 기본적인 동기양식을 이해할 필요가 있다(Minbaeva, 2008). 특히 HRD는 경영의 다른 어떠한 영역보다도 인간 내면의 역동적인 변화에 더 많은 관심을 보여야 한다(Chalofsky, 2000). 물적자원과는 달리 인적자원은 완벽한 예측과 통제가 불가능하기 때문에, 개별적인 인간 내면의 욕구뿐만 아니라 다수의 인간들이 만들어내는 역동적인 심리적 특성에 대해 파악해야 할 필요가 있다. 이에 여러 동기 이론(motivation theory)들은 개인의 행동양식을 예측가능하게 해주는 동기 기제(motivational process)에 대한 폭넓은 이해의 틀을 제공한다.

조직 관점에서 HRD는 인간을 성장가능한 존재로 보고 그 성장을 극대화하기 위한 체계적인 노력을 하는 특성을 지니고 있다. HRD의 대상인 성인의 경우, 외재적 요인보다는 내재적 요인에 의해서 성장하려는 동기가 유발된다(Knowles, 1984). 성인교육에 대한 안드라고지(andragogy)는 내적과정을 설명하고 있으며, 학습은 학습자의 욕구 충족과 목적 달성을 위한 심리적인 과정이다(Knowles, 1970). 이 과정에서 성인 학습자는 자신의 인지적, 정서적 기능을 주도권을 갖고 적극적으로 참여하고자 하는 특성을 가지고 있다. 따라서 HRD가 실행하는 각종 개입(intervention)은 조직원들의 내면적인 특성을 반영할 필요가 있다. 인간은 투입(input)에 대한 결과(output)라는 측면에서 항상 선형성을 보이지 않으며, 기계론적으로는 예측 불가능한 의외성이 존재하여, 동일한 조건 하에서도 다른 반응을 보일 수 있는 존재이기 때문이다. 이에 따라 HRD의 역할 중 한 가지는 인간의 학습과 성장에 대한 자발적인 내면의 욕구를 지속적으로 가져갈 수 있도록 촉진하고 지원하는 역할이라고 볼 수 있다.

그럼에도 불구하고 HRD에서의 일부 개입이나 활동들은 이러한 인간 내면의 동기적 특성을 반영하기보다는 과도하게 행동주의(behaviorism) 또는 기능주의(functionalism)적으로 설계된 것이 사실이다(장원섭, 2011). 이러한 개입이나 활동은 인간을 지나치게 상과 벌에 따라 움직이는 수동적인 존재로 보는 편향성을 내포한다. 행동주의에 대한 과도한 집중은 인간의 창의력, 지구력, 몰입 등을 유발하는 내재적인 동기(intrinsic motivation)를 촉진하지 못할 뿐 아니라, 인간을 자극에 반응하는 수동적인 존재로 파악하여, 오히려 인간을 소외시키는 결과를 가져오기도 한다. 특히 현재와 같이 창의성이 조직의 경쟁력의 원천인 시대에는, 지나치게 행동주의적 철학을 기반으로 설계된 프로세스나 프로그램들이 오히려 조직의 성과에 긍정적인 영향을 미치지 못할 수도 있다. 개인의 심리적 자산이 조직경쟁력에 매우 중요한 역할을 담당하는 시대에는 이와 같은 함의를 간과해서는 안될 것이다. 뿐만 아니라 인간 동기의 질적 중요성을 간과하고 가시적인 성과에만 집중하는 접근에서는 일시적으로 생산성 향상을 이룰 수는 있겠으나, 중·장기적 측면에서 조직원들이 과업수행에 있어서 즐거움, 도전, 흥미, 성장을 경험하지 못한 채 기계적인 성과산출에 치중하게 될 것이다(고현철 외, 2008; 이승계, 2013; Heneman, 1992). 이에 따라 조직 내에서의 인간 행동양식의 심리적 기반을 이해하고 HRD 관점에서 그에 대한 시사점과 전략적 방향을 새롭게 논의해 볼 필요가 있다. 현대 사회는 더 이상 산업사회에서 강조되던 생산성의 개념만을 강조하지 않으며, 21세기의 경쟁력은 혁신과 창의적 사고에서부터 비롯된다. 덧붙여 일과 삶과의 균형, 행복한 일터 등과 같이 삶의 질(quality of life)에 대한 강조 또한 더욱 커지고 있다.

기존의 행동주의 기반 프로세스들이 보상과 처벌이라는 외재적 동기에 기반하고 있다면, 현재의 HRD는 인간의 잠재력 실현과 더불어 삶의 질과 관련된 내재적 동기라는 부분에 집중해야 할 필요가 있다. 자기결정성이론(self-determination theory)은 개인의 행동은 자율성 혹은 자기결정적 수준에 따라 조절되며, 그 조절의 수준에 따라 내재적 동기와 외재적 동기를 연속체로 설명하는 이론이다(Deci & Ryan, 1985). 또한 이 이론에서는 자기 결정성에 영향을 미치는 기본심리욕구로 자율성(autonomy), 유능성(competence), 관계성(relatedness)에 대한 경험을 강조하고, 이 세 가지 기본심리욕구의 충족은 자기결정성을 통한 내재적 동기를 촉진한다고 주장한다(Deci & Ryan, 1985; Ryan & Deci, 2000a).

HRD가 자기결정성이론에 주목해야 하는 이유는, 이 이론이 단순히 인간의 내면적 특성만을 설명하는 것이 아니라, 성장가능성을 내포한 유기체로서의 인간이 어떻게 환경과 상호작용하는지를 설명하기 때문이다. 자기결정성이론에서는 인간을 기본적으로 잠재력 있는 존재로 보고, 그 잠재력을 어떻게 촉진·저하시키는지에 따라, 어떻게 인간이 성장하는지와 관련된 사회문화적 조건(sociocultural condition)에 대해 연구한다. 따라서 HRD가 어떻게 조직의 환경을 구성하고 조직원 성장을 위한 맥락을 제공하여, 조직원들의 기본 심리욕구의 충족을 통해 그들을 성장시킬 수 있는지에 대한 근거를 제시할 수 있다. 생물학적 동기와 관련된 이론들이 '결핍'에 그 이론적 초점을 두고 있는 것에 비해, 자기결정성이론은 유기체(인간)의 '성장'에 초점을 두는 이론으로써, 인간 성장에 대한 HRD의 기본적 신념과 연계하여 설명할 수 있는 이론이다.

사회문화적 조건의 변화에 따라 자기결정성이 강조되는 또 다른 원인은 현대 조직이 자기결정성이나 자기주도성을 강조하는 업무방식 또는 학습방식으로 변모하는 데에 있다. 특히 HRD영역에서 스마트러닝에 대한 기대와 도입이 증가되고 있는데(이정환, 조항정, 2013), 이와 같은 원격교육 환경에서는 학습자들이 자신의 학습을 주도하는 능력이 더욱 요구된다(방선희, 2012; 송영수, 이찬, 2013).

이와 같은 맥락에서, 본 연구에서는 자기결정성이론의 기본적 가정과 연구결과들의 핵심적인 내용을 소개하고, 이 결과들을 HRD적용과 관련지어 논의하고자 한다. 조직에서의 인간의 내재적 동기와 자기결정성에 대한 이해는 HRD에 이론적 근거를 보강해 줄 수 있을 것이다.

자기결정성이론과 유기체적 접근

자기결정성 이론(self-determination theory: SDT)은 인간의 건강한 기능 및 성장욕구를 자기결정성의 정도에 초점을 두는 거시이론(meta-theory)의 기본적 틀 안에서 인간의 복잡하고 정교한 다양한 행동양식을 하위이론(mini-theories)의 구조로 설명하는 이론적 접근을 취한다. 자기결정성이론의 창시자인 Edward L. Deci와 Richard M. Ryan의 연구는 1970년대 행동주의적 접근이 인간의 동기를 설명하는 주된 틀로 인식되던 시기에 등장하였다. 이 창시자들과 자기결정성이론 연구자들은 성장지향적이고 건강하며 효율적인 인간행동의 근간은 처벌과 보상에 기인하기보다는, 인간 존재의 본질에 선천적으로 내재되어 있는 내재적 동기(intrinsic motivation)에 근거한다는 것을 실험연구, 종단연구, 설문연구 등의 다양한 과학적이고 경험적인 연구방법을 통해 입증하며, 자기결정성이론을 심리학 분야의 핵심적 주요 동기이론으로 등장시켰다. 지난 40~50여 년간 다양한 연구방법을 적용한 경험적 과학의 틀로 인간의 성장 및 자아실현과 관계된 동기이론으로써, 교육, 조직, 산업, 대인관계, 심리치료, 스포츠, 긍정심리 분야 등의 다양한 영역에서 인간행동에 대한 사회과학적 설명력을 확인해 왔다.

자기결정성이론에서 인간은 심리적인 성장과 통합을 향하여 능동적으로 자아(self)를 발달시키려는 유기체적 존재이다. 이러한 자아는 통합을 위한 과정(process of synthesis)과 성장하려는 성향(tendency to grow)을 가진 존재로 이해된다(Ryan & Deci, 2000b). 유기체적인 존재라는 것은 인과관계의 조합으로 이해되는 기계론적이고 결정론적인 인간임을 거부하고, 환경에 대하여 능동적으로 반응하며, 스스로 성장하려는 경향을 내포하고 있는 존재를 의미한다. 즉, 인간은 환경과의 상호작용을 통하여, 흥미 있는 활동에 참여하면서 자신의 능력을 발현하고, 사회집단과의 연결성을 추구하며, 내적(intrapersonal) 및 대인관계적(interpersonal)인 경험을 통합하려는 존재이다. 본 장에서는 각각의 하위이론들을 통해 자기결정성이론이 가지고 있는 인간에 대한 기본적인 가정과 철학 및 각각의 내용을 탐색하고자 한다.

◆ 인지평가이론

인지평가이론(cognitive evaluation theory: CET)은 자기결정성 이론의 첫 번째 미니 이론으로써, 내재적 동기(intrinsic motivation)에 대한 외적 사건의 영향을 설명하기 위해 제시된 이론이다(Deci & Ryan, 1985). 인지평가이론은 환경이 제공하는 칭찬, 보상, 피드백 등과 같은 외적 사건이 내재적 동기를 촉진시키거나 저하시키는 조건과 그에 따른 동기화 과정에 초점을 둔다. 사람들은 내재적으로 동기화되면 어떠한 행위에 자발적으로 참여하고, 그 행위 자체의 즐거움이나 기쁨 때문에 그것을 계속하게 된다. 내재적 동기는 행위 그 자체에 만족하게 하는 특징을 가지고 있지만, 외재적 동기는 행위 자체가 아닌 행위에 따른 결과에 초점을 맞추기 때문에 도구적인 특징을 가지고 있다(Deci & Ryan, 2002).

사람들은 자율성에 대한 기본 욕구를 가지고 있으며, 자율성에 대한 지각은 동기의 근원이 내적으로 지각된 인과소재(perceived locus of causality, 이하 PLOC)에 기반할 때에만 내재적 동기를 증진시킨다(Ryan, Deci, 2000b). 내적인 PLOC를 촉진하는 외적 사건(예: 선택)은 내재적 동기를 촉진하며, 반면 외적인 PLOC를 촉진하는 사건(예: 보상, 벌)은 외재적 동기를 촉진한다. 따라서 외적 사건의 목적이 다른 사람을 통제하기 위한 것이라면 외재적 동기가 내재적 동기를 대신함으로써, 자율성과 내재적 동기가 훼손된다(Reeve, 2014). 또한, 지각된 유능성을 증가시키는 외적 사건(예: 칭찬)은 내재적 동기를 촉진하는 반면, 지각된 유능성을 감소시키는 외적 사건(예: 비난)은 내재적 동기를 훼손시킨다.

인지평가이론은 모든 외적 사건들이 '통제 측면'과 '정보 측면'을 갖고 있다고 설명하며, 어떠한 외적 사건도 통제적으로 또는 정보적으로 제공될 수 있다(Deci & Ryan, 1985). 예를 들어, 상사의 칭찬은 듣는 사람에 따라 정보적으로 지각될 수도 있고(예: 지난번의 발표가 참 논리적이더군요.), 통제적으로 지각될 수도 있다(예: 지난번 지시사항이 발표에 잘 반영이 되었군요). 여기서 중요한 것은 칭찬이나 보상 그 자체가 중요한 것이 아니라 그것이 주어지는 방식에 있다고 설명할 수 있다(Deci & Ryan, 1985). 통제 사건은 자율성을 침해하여, 내재적 동기를 훼손하고 외재적 동기를 촉진한다. 반대로 정보 사건은 유능성에 대한 긍정적인 효과를 내므로, 내재적 동기를 증가시킨다.

• 유기체통합이론

유기체통합이론(organismic integration theory: OIT)은 기존 내재적 동기와 외재적 동기의 이분화에서 벗어나 외재적 동기라도 자기결정성 정도에 따라 그 기능과 조절양식이 다름을 설명하는 이론이다. 초기의 내재적 동기에 초점을 둔 이론가들은 내재적 동기와 외재적 동기를 상반되는 동기 유형으로 구분하고, 두 유형 간에는 상호대립적인 관계가 있다고 설명하였다(Lepper, Greene, 1975; Lepper, Greene, & Nisbett, 1973). 그러나 유기체

통합이론에서는 동기의 출현이 내적인가 외적인가에 대한 구분에 더하여, 외재적 동기 내에도 자기결정성 수준의 고저(高低)가 존재하고 이에 따라 각기 다른 자기조절(self-regulation) 유형이 존재한다고 설명한다.

유기체통합이론 역시 내재적 동기를 강조하고 중시하지만, 외재적 동기일지라도 자기결정성 수준이 높을 경우 긍정적으로 기능하고, 자기결정성이 낮을 경우 부정적으로 기능함을 보여준다. 기본적으로 내재적 동기는 유기체(즉, self)와 동기(즉, 자기조절)와의 통합이 가장 높은 수준을 보이는 동기로 유기체의 성장과 심리적 안녕감에 가장 긍정적인 영향을 미친다. 이러한 내재적 동기는 자율성을 보장하는 과제나 유능성을 증진시켜 주는 건설적인 피드백 등과 같은 외적 사건과의 상호작용 속에서 활발히 발현된다. 한편 내재적으로 동기화되지 못한 행동들은 내재화 과정(internalization)을 통해 개인에게 내면화되는데, 내재화가 무엇에 의해 일어났는가에 따라 각기 다른 수준의 자기결정성과 자기조절력을 반영한다.

유기체통합이론에 따르면 <그림 1>과 같이 자기결정성은 전혀 자기결정적이지 않은 상태에서부터 온전히 자기결정적인 상태로 이어지는 연속선상(continuum)에 존재한다. 이 연속선상에서 PLOC와 각기 다른 자기조절 과정에 의해 다양한 동기 유형이 발현되는데, 특히 외재적 동기는 자기조절 과정이 유기체에 통합되는 질적 특성에 따라 네 가지 유형으로 세분화된다.

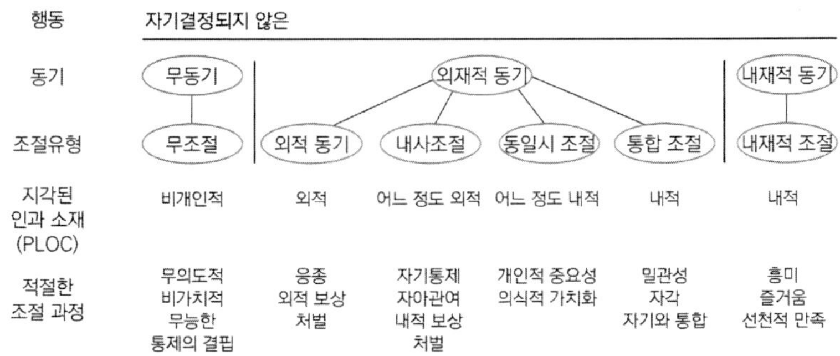

출처: Ryan & Deci (2000a)

〈그림 1〉 동기 유형에 따른 자기결정 연속체

무동기(amotivation)는 행동해야 할 동기가 존재하지 않는 상태로, 의도 없이 행동을 수행하거나 실제로 행동을 하지 않는다. 무동기 상태의 사람은 과제 수행에 특별한 가치를 두지 않으며, 그 과제를 성공적으로 할 것이라고 기대조차 하지 않는다(Seligman, 1975). 무동기된 사람들은 쉽게 외적인 자극에 의하여 동기화되지도 않고, 외재적 동기 기제에도 무심하다.

외재적 동기 유형 중 외적 조절(external regulation)은 보상을 획득하거나 위협을 회피하기 위해서 행동을 취하는 동기 유형이며, 이러한 행동은 자기결정성이 포함되지 않은 타율적인 행동이다. 외적으로 조절되는 사람들은 외적인 조건 자극에 민감하며 보상이나 처벌 같은 외적 조절이 부재할 시 굳이 행동하려 하지 않는 성향을 보인다. 이들은 내적 동기뿐만 아니라 자기결정성도 부재하기 때문에 과제를 수행하는 데 심리적 어려움을 보인다. 다른 세 가지 외재적 동기 유형에 비하여, 외적 조절에 의해 동기화된 사람은 과업의 질적 수준에서 대체로 저조한 성과를 보인다(Deci & Ryan, 1987; Kohn, 1993; Ryan & Connell, 1989; Ryan & Deci, 2000a).

내사 조절(introjected regulation)은 특정한 방식으로 생각하거나 행동할 것을 압박하는 외적 요구가 유기체의 자기조절에 투사되어 통합된 외재적 동기의 유형이다. 그렇다고 외부의 요구와 압박을 진정으로 수용하는 것은 아니다. 내사조절은 근본적으로 '죄책감'이나 '해야만 한다는 것의 압제(tyranny of the shoulds)'에 의해서 동기화된다(Horney, 1937). 어떠한 행동을 하지 않는 것을 스스로 용납하지 못하거나, 하지 않으면 수치심을 느끼기 때문에 행동한다. 내사 조절은 자신 내면의 목소리와 외부의 요구가 자발적으로 통합되지 못하고, 자기조절이 주로 압박이나 강요에 의한 것이기에 내면의 자기와 괴리가 있다. 따라서 내사 조절은 어느 정도는 자기결정적이긴 하지만, 자아에 통합되지 않은 조절로 통제감이나 구속감을 느끼게 한다.

동일시 조절(identified regulation)은 특정한 방식으로 생각하거나 행동하도록 이끄는 외적인 요구의 장점과 중요성을 인식하고 이를 내면에서 자발적으로 수용할 때 발현되는 외재적 자기조절동기이다. 특정 행동방식이 가치가 있고 개인적으로 중요하다고 여겨서 행동하는 동일시 조절에 의해 동기화된 사람은 내사 조절과 같이 중압감이나 구속감에 의해 행동하는 것이 아니기 때문에 그보다는 높은 수준의 자기결정된 행동을 하지만, 내재적 흥미를 위해 행동하는 것은 아니므로 여전히 외재적인 동기로 구분된다(Reeve, 2014).

통합 조절(integrated regulation)은 네 가지의 외재적 동기 중에서 가장 자기결정성 수준이 높은 자기조절동기이다. 동일시(identification)가 가치나 행동을 '채택'하는 과정이라면, 통합(integration)은 동일시한 가치와 행동이 완전히 유기체인 자신의 것으로 '변환'된 상태에서 발현되는 동기이다(Ryan & Deci, 2000b). 이는 외부의 가치와 행동이 기존에 자신이 가지고 있던 가치와 행동과 충돌하지 않고 온전한 일치를 이루며 자율적으로 통합된 자기조절상태를 반영한다. 통합 조절된 사람은 행동의 결과와 가치를 바탕으로 자기결정적 선택을 하게 된다. 통합 조절은 외재적 동기 중에서 가장 자기결정적인 유형이기 때문에 친사회적 발달, 심리적 안녕, 학업성취 등과 높은 상관관계를 보인다.

외재적 동기 유형 중 동일시 조절과 통합 조절이 상대적으로 높은 자기결정성을 보이는 동기라면, 자기결정성 동기는 내재적 동기(intrinsic motivation)에서 완성된다. 내재적 동기는 자신의 내/외적 세계를 자율적으로 탐구하고 숙달하기 위한 선천적인 성향에 가깝다(Ryan, Connell, & Grolnick, 1992). 내재적으로 동기부여된 사람은 과제 수행 자체에서 갖는 본질적인 만족감이나 즐거움 또는 재미를 얻기 위해 과제를 수행한다. 따라서 수행을 위한 어떠한 외적 보상이나 처벌도 필요로 하지 않는다.

◆ 인과지향이론

인과지향이론(causality orientation theory: COT)은 자율성 및 자기결정성 동기를 성격적 차원에서 이해하는 이론이다. 개인에게 유입되는 정보를 이해하고 해석하는 과정에서 개인의 성향이나 경향, 즉 지향성에 따라 개인의 동기유발, 선택, 행동은 질적인 차이를 갖는다(Deci & Ryan, 1985). 어떤 이는 흥미, 가치, 자율성, 유능성, 관계성 등과 같은 내면의 욕구와 음성에 의해 동기유발 및 행동개시가 유발되고, 또 다른 이는 사회적 기대나 평가, 환경적 인센티브에 의해 동기유발과 행동개시가 유발된다. 어떤 이의 동기와 행동은 내면의 음성에 기반하며, 다른 어떤 이의 동기와 행동은 외적인 자극이나 유인에 기반하는지는 개인의 성장환경과 누적된 경험의 역사가 가장 큰 영향을 미친다(Reeve, 2014).

Deci와 Ryan(1985)은 인과지향을 세 가지로 구분하고, 인과지향에 따라 사람들은 서로 다른 선택과 행동을 취한다고 설명하였다. 첫째, 자율지향성(autonomy orientation)은 개인이 행동하는 이유가 개인 내부에 존재하며, 외적 환경은 정보적 기능을 하는 것으로 해석하고 개인 자신의 동기와 행동을 조절한다. 따라서 자율지향성을 지닌 사람들은 스스로의 자율적이고 자기결정적 선택에 의하여 행동을 개시한다. 둘째, 통제지향성(control orientation)은 어떻게 행동해야 하는지에 대하여 사회적 평판과 기대, 환경의 지시와 타인의 통제에 의존하여 개인 자신의 동기와 행동을 조절하는 성향을 보인다. 따라서 통제지향성이 높은 사람들은 행동개시에 있어 내면의 욕구를 반영하는 자율적 선택 경험을 하기보다는, 물질적 성공과 같은 외연적인 성공 추구에 자신의 동기와 에너지를 쏟는다. 자율지향성은 내재적 동기뿐만 아니라 동일시 조절 및 통합조절과 밀접한 관계가 있다. 반면, 통제지향성은 외적조절과 내사조절과 밀접한 관계가 있다. 셋째, 무동기지향(impersonal orientation)은 행동과 결과 간에 아무런 관련이 없다고 판단한다. 특히 반복된 실패경험은 무능력감을 유발시켜 무동기지향을 발달시킨다. 무동기지향이 높은 사람들은 내재적으로든 외재적으로든 동기유발이 되지 않는다. 이는 Seligman(1972)이 제시한 학습된 무력감(learned helplessness)과 동일한 내적 반응이라고 설명할 수 있다.

♦ 기본심리욕구이론

기본심리욕구이론(basic psychological needs theory: BPNT)은 유기체의 세 가지 심리적 욕구인 자율성(autonomy), 유능성(competence), 관계성(relatedness)과 자기결정성 동기와의 관계에 초점을 두고 이들 심리적 욕구가 학습, 성장, 발달에 미치는 영향을 조명한다(Deci & Ryan, 2002). 이를 통해서 선천적으로 부여된 기본심리욕구를 지닌 유기체가 기본심리욕구의 충족을 위해 어떻게 환경과 상호작용하고 변화하며 성장하는지를 동기적 측면에서 설명한다. 생리적 욕구가 생물학적 결핍을 해소하고 항상성 유지를 목표로 둔다면, 심리적 욕구는 환경과의 능동적이며 자율적인 상호작용을 통해 정체되지 않고 자신의 잠재력을 개발하고 성장시키는 성장 동력원으로서 작용한다(Reeve, 2014).

첫 번째로 자율성(autonomy) 욕구는 행동개시에 있어, 자기 지시와 개인적 승인을 경험하려는 심리적 욕구이다(Deci & Ryan, 1985). 사람들은 행동의 근원이 외부의 압력이나 강요가 아니라, 성장을 이끄는 자기 내면의 흥미, 기호, 필요, 욕망과 연결되기를 원한다. 자율성은 단순히 자유가 주어진 상태를 의미하지는 않는다. 스스로 목표를 세우고, 자신에게 중요한 것이 무엇인지 이해하고 선택하고 결정할 수 있으며, 자신의 행동을 자율적으로 개시하고 조절하며 수행할 수 있을 때 자율성 욕구는 충족된다(Ryan & Deci, 2000b). 개인의 자율성을 지지하는 행위는 다양한 분야에서 긍정적인 영향을 미치는데, 발달(Harter, 1978; Ryan & Grolnick, 1986), 학습(Grolnick & Ryan, 1987; Vansteenkiste et al., 2005), 수행(deCharms, 1976), 심리적 안녕(Deci et al., 2001; Nix, Ryan, Manly, & Deci, 1999) 등과 관계된 많은 영역에서 주목할 만한 영향을 끼치고 있다.

두 번째로 유능성(competence) 욕구는 환경과의 상호작용에서 개인의 역량과 기술을 연마하고, 이를 통해 최적의 도전을 추구하고 숙달하고자 하는 욕구이다(Deci & Ryan, 1985). 인간은 누구라도 자신이 능력 있는 사람이길 원하고, 자신의 능력과 기술을 발전시키기를 원한다. 유능성에 대한 욕구는 개인이 획득한 기술이나 역량 그 자체에 초점을 두기보다는, 스스로가 유능하다고 느끼는 지각에 초점을 둔다. 개인이 환경으로부터 유능성에 대한 긍정적인 피드백을 받을 때에는 내재적 동기가 활성화되고, 외적으로 동기화된 행동이라도 높은 자기결정성을 지닌 자기조절이 촉진된다(Ryan & Deci, 2002). 유능성 욕구는 환경과 지속적으로 상호작용 할 때 그 기회가 주어지며, 환경이 유능성 지각을 경험할 수 있는 성공적 구조(structure), 스캐폴딩(scaffolding), 긍정적 피드백을 제공하며 자기결정성 동기를 활성화하는 자율성을 지지할 때 충족된다. 유능성 욕구의 충족 수준이 높을수록 결과적으로 도전, 수행, 성취, 성공 수준도 이에 상응하여 상승된다(Deci & Cascio, 1972; Vallerand & Reid, 1984).

마지막으로 관계성(relatedness) 욕구는 다른 사람들과 친밀한 정서적 결속과 애착을 형성하고자 하는 심리적 욕구이다(Ryan, 1991). 사람들에게는 타인과 친밀하게 연결되어 있다고 느끼고, 타인과의 관계에서 정서적 지지와 유대감을 경험하며 신뢰와 배려 속에서 사회적 결속감을 느끼고자 하는 선천적인 심리적 욕구가 있다(Ryan & Deci, 2000b). 관계성 욕구는 특히 가치의 내재화, 난관이나 도전 또는 실패에의 탄력적 대응, 정서적 안녕감에 중요한 기반을 제공한다는 점에서 다른 욕구와 구분되며, 다양한 영역에서의 수행, 성취, 심리적 안녕감에 긍정적인 심리 영양소로 기능한다는 점에서 다른 욕구와 같다(Ryan & Deci, 2017). 조직 맥락에서 관계성 욕구는 동료-동료, 상사-부하, 선임자-후임자 간의 상호 배려, 관심, 감사 표현, 자원의 공유, 정서적 지지 등을 통해 충족되며, 관계성 욕구의 충족은 조직 및 개인의 발달과 성장의 발판이 된다.

- 목표내용이론

목표내용이론(goal content theory: GCT)은 2000년도 초중반경부터 활발히 이루어진 다양한 실증적 연구와 이론의 정교화 과정을 거쳐 2010년 제4차 국제 SDT 국제학술대회를 기점으로 자기결정성이론의 5번째 미니이론으로 승인되었다(Ryan, 2010). 목표내용이론은 삶의 목표 내용이 내재적인가 외재적인가를 구분하고 서로 상이한 이들 목표가 궁극적으로 개인의 동기와 안녕감에 어떤 영향을 끼치는지 설명한다(Vansteenkiste, Lens, & Deci, 2006). 목표내용이론은 삶의 목표 중 경제적 성공, 권력, 사회적 인정, 신체적 매력 추구 등 외적으로 보이는 것들을 추구하는 개인의 목표를 외재적 목표(extrinsic goals)로 구분하고, 자기실현, 건강, 활력, 공동체 참여, 진정한 인간관계, 사회적 기여 등 개인 내면의 성장과 발전에 초점을 둔 삶의 목표를 내재적 목표(intrinsic goals)로 구분한다. 목표내용이론은 서로 상이한 두 종류의 삶의 목표가 어떻게 생성되는지 그 과정을 통찰하고, 각각의 목표가 개인의 삶의 질적 수준과 심리적 안녕감에 미치는 영향 관계를 규명한다. 목표내용이론 연구결과들은 공통적으로 개인의 내재적 목표추구는 개인을 웰빙(well-being) 상태로 이끄는 반면, 개인의 외재적 목표추구는 개인을 일빙(ill-being) 상태로 이끈다는 결론에 반복적으로 도달하였다.

자기결정성이론의 HRD 적용

본 절에서는 앞서 설명한 자기결정성이론을 통해 HRD에 대한 시사점 및 적용가능한 점을 기술하고자 한다.

첫째, 자기결정성이론을 바탕으로 조직에서의 패러다임을 비교하고자 한다. 구체적으로 (1) 자기결정성이론이 설명하는 자율적 인간관에 대한 논의를 바탕으로, 이를 조직에서 성과(performance)와 어떻게 연계시킬지를 논의하였다. (2) 다음으로 이와는 상반되는 방식인 외재적인 보상이 구체적으로 조직원들에게 어떠한 영향을 미치는지 기술하였다.

둘째, 자기결정성이론을 통해 기본심리욕구를 지원하는 환경과 맥락이 어떠한지를 고찰하고, 이를 통해 조직에서 내재적인 동기를 어떻게 촉진할 수 있는지를 살펴보고자 한다. 구체적으로 (3) 자율성을 촉진하는 환경과 방식에 대해, (4) 유능성을 증진시키는 방식에 대해 논의하였다.

셋째, 기본심리욕구를 조직에서 어떻게 적용할 수 있는지 구체적인 내용에 대해 제안하고자 한다. 구체적으로 (5) 거시적인 차원에서 조직의 욕구와 조직원 개개인의 기본적 심리욕구를 어떻게 통합시킬 수 있는지, (6) 실제 조직환경에서 심리적 욕구를 조직의 리더가 어떻게 지원할 수 있는지를 논의하였다.

◆ 자율적 인간관

자기결정성이론이 HRD에 주는 가장 큰 혜안 중 하나는, 조직이 인적자원을 어떠한 존재로 바라보아야 하는지에 대한 명확한 철학적 근거를 마련해 주는 것이다. HRD에서 성과 패러다임과 학습 패러다임의 논쟁은 계속되었지만, 두 입장 모두 개인의 자기실현을 위해 근본적으로 자신을 더 나은 존재로 발전시키기 위한 인간의 잠재력을 강화시키는 학습의 힘을 신뢰한다는 기본적인 공통점을 가지고 있나(Swanson, 2001). 또한 Bierema(2000)는 개인은 자기실현을 위해 자신이 학습하는 과정을 자율적인 방법으로 결정해야만 한다고 설명한다. 본 절에서는 이와 관련하여 자율적 인간관에 따라 조직에서의 자율성이 조직 성과 및 조직에서의 독립성과 어떠한 관련이 있는지를 바탕으로 그 적용점을 논의하고자 한다.

자율성과 성과

각각의 인간이 자율적인 존재라는 명제를 부정하는 사람은 없겠으나, 조직에서 개개인의 모든 자유의지를 표출하기에 제한이 있어 보인다. 자율성의 중요성을 인식하면서도 조직과 HRD가 이를 쉽게 적용할 수 없는 이유는 많은 인본주의적 이론들의 철학이나 취지에는 동의하나, 그 이론들이 너무 감상적인 태도로 관념적인 내용을 제시하거나, 이상적인 인간상을 제시하기 때문이다. 이에 대하여 자기결정성이론이 의미 있는 이유는 사회, 학교 및 조직 맥락에서 자율성과 성과에 대한 실증적인 자료들을 수십 년간 누적하여 제시하고 있기 때문이다.

자기결정성이론을 바탕으로 Gagne, Koestner와 Zuckerman(2000)은 자율성을 지원하는 세 가지 방법(① 과제의 근거를 제시하기, ② 어떻게 할지에 대한 선택권의 일부 제공하기, ③ 업무에 대한 감정 인정하기)이 조직변화에 미치는 효과에 대하여 종·횡단적인 연구를 실시하였다. 그 결과 세 가지 방법은 모두 조직변화를 촉진하며, 상당한 효과의 크기를 가지고 있는 것으로 밝혀졌다. 또한 Deci와 동료들(1989)이 23명의 관리자들을 대상으로 한 실험에서, 관리자의 자기결정성은 조직에 대한 신뢰(r=.72), 만족감(r=.69)과 매우 높은 정적 상관관계를 보이는 것으로 나타났다.

조직 성과 측면에서 업무 만족이나 조직몰입과 관련한 실증적인 연구들은 다음과 같다. Gillet 등(2013)은 연구를 통해 상사의 자율성 지원은 욕구 만족과 조직 지원에 대한 인식에 긍정적인 영향을 주고, 결과적으로 업무 만족, 조직 동일시, 업무 성과를 긍정적으로 예측한다고 설명하고 있다. 자율성의 긍정적인 효과가 문화적 맥락을 가진 것인지를 고려하기 위하여 Deci 등(2001)은 미국과 불가리아를 비교하여 연구하였는데, 조직에서 자율성을 지지하는 것(① 자율성 지지 환경, ② 자율성 지지 관리자, ③ 자율적인 환경)은 세 가지 기본 심리 욕구에 정적인 영향을 미치며, 이를 매개로 하여 불안(anxiety)과는 부적인 상관관계를, 몰입 및 자존감과는 정적인 상관관계를 보이는 것으로 보고하였다.

조직 성과의 다른 측면으로 이직의도라는 결과변수에 대한 연구는 다음과 같다. Gillet 등(2013)의 연구에 따르면, 업무 동기(work motivation)는 조직의 지원과 더불어 관리자의 자율성 지원과 유의미한 관계를 보인다고 설명하고 있다. 추가적으로 조직지원과 업무자율성(work autonomous mo-tivation)에 대한 인식은 직무 만족과 정적인 관계를 보이는 것으로 나타났다. 반면, 이직 의도는 조직지원과 업무자율성에 대한 인식과는 부적인 관계를 보였으며, 업무통제성(work controlled motivation)과는 정적인 관계를 보인다고 나타났다. 또한 Trepanier, Fernet과 Austin(2015)은 교차 지연 분석(cross-lagged analysis)을 통하여, 근로자의 기본 심리 욕구의 만족은 업무 몰입을 촉진시키고, 이직을 감소시킨다고 설명하고 있다.

최근 국내에서도 자율성과 성과와 관련된 실증연구들이 보고되고 있다. 권기룡(2010)의 연구에 따르면 직무자율성은 주도적 행동과 조직원의 혁신적 업무 행동 간에 정적인 상관관계를 가지고 있다고 보고하고 있다. 오정석(2014)은 지적분야 종사자들을 대상으로 연구한 결과 자율성이 조직몰입에 직·간접적으로 영향을 미친다고 설명하였다. 또한 송지영(2009)은 간호사들의 자율성이 임파워먼트와 간호업무성과에 긍정적인 영향을 미친다고 설명하였다. 이홍재, 변찬복, 박성종(2013)은 직무자율성과 다른 성과변수들 간의 구조적 관계를 연구하였는데, 그 결과 직무자율성과 정서적 조직몰입, 정서적 조직몰입과 지식공유행동, 그리고 직무만족과 정서적 조직몰입 간에 유의한 정적 상관관계가 있음을 밝혔다.

자기결정성이론은 인간의 보편적인 특징을 설명하는 이론이기 때문에 다양한 영역에서 연구된 것이 사실이나, 초기에는 주로 학교 또는 아동을 대상으로 연구되었다. 그러나 최근 증대되고 있는 다양한 국내외의 실증자료들을 통해 자율성이 개인 또는 조직 차원의 성과에 긍정적인 영향을 미치는 것을 확인할 수 있다.

현장에서 널리 알려진 3M의 15% 제도, 구글(google)의 20% 프로젝트(회사 시간의 일부분은 하고 싶은 일에 투자하게 장려하는 제도)의 핵심은 구글 직원들의 자율성에 대한 배려라고 강조할 수 있다. 직원들이 자신의 내재적 흥미에 기반한 일을 자발적으로 기획하고 추진할 때, 가장 창의적인 결과물이 나올 수 있고 높은 성과를 가질 수 있다는 가정에 기반한 것이다.

자율성과 독립성의 관계

그렇다면 조직에서는 조직원들이 내적으로 원하는 것을 자유롭게 할 수 있도록 해야 하는 것인가? 하지만 조직에서 개인은 팀 또는 조직과 분리되어 별도로 존재하는 독립적인 존재일 수 없다. 조직 안에서의 개인은 조직의 미션(mission)과 목적(objective)과 부합하는 존재이며, 이것은 개인과 조직이 서로 의존적인 존재라는 것을 의미한다. 이 복잡한 상황에 대한 답은 자율성(autonomy)과 독립성(independence)의 관계에서 찾을 수 있다.

자기결정성이론에서는 자율성이 외부에 의존하지 않음을 의미하는 독립성과 구별되는 개념으로써, 자율성과 의존성은 대립되는 개념이 아니라고 주장한다(Deci & Ryan, 2002). 독립성이 타인에 의한 비의존성을 의미하는 개인 간(interpersonal)의 문제인 반면, 자기결정성이론에서 말하는 자율성은 내적(intrapersonal)인 것이다. 따라서 자율성의 반대는 자신의 결정이나 행동이 자신에 의해 결정된다는 것과 반대되어, 타인에 의해 통제당하고 조종당한다고 주관적으로 느끼는 타율성(heteronomy)이다(Ryan & Lynch, 1989). 따라서 자율성은 다른 사람에게 의존하는 것을 부정하거나 분리를 요구하는 것이 아니며(Deci & Ryan, 2002), 심지어 다른 사람에게 의존할 것을 스스로 선택한다면 이는 자율적인 행동이라고 볼 수 있다(Reeve, 2014).

덧붙여, 자기결정성이론에 따르면 자율성이 선택(choice)과 결코 동일한 것이 아니다. 물론 사람들은 선택권이 주어졌을 때 즐거움과 만족감을 느끼는 등 높은 내재적 동기를 경험하는 것이 일반적이다. 선택을 제공하는 것은 일반적으로 개인의 자율성에 대한 내재적 동기를 향상시키기 때문이다(Zuckerman et al., 1978). 그러나 단순한 선택권이 항상 내재적 동기를 높이는 것은 아니다(김원식, 김성일, 2005; Iyengar & Lepper, 2000). 선택의 형태를 띠고 있다 하더라도 그 안을 들여다보면 강요된 양자택일에 불과한 경우도 빈번하기 때문이다. 따라서 선택의 모습을 가진다 해도 모든 선택이 다 동일한 것은 아니며, 모든 선택이 다 자율성을 촉진하는 것은 아니다(Reeve, Nix, & Hamm, 2003; Patall, Cooper, & Robinson, 2008).

예를 들어, 조직에서 "이러닝 A와 이러닝 B 중 무엇을 수강하고 싶은가?"와 같은 질문은 조직원에게 선택의 기회를 주는 것처럼 보인다. 그러나 이러한 선택 제공에서 개인이 선택하도록 요구받고, 심지어는 강요당하거나 압력을 받는다면, 조직원의 자율성이나 수행을 증진시키지 못한다(Moller, Deci, & Ryan, 2006). 모든 사람들은 그들의 행위에 대해 진정한 선택을 갖거나 자신의 삶에 의미가 있는 선택을 제공받을 때에 진정한 자율성을 경험한다(Cordova & Lepper, 1996; Reeve et al., 2003).

• 외재적 보상에 대한 재고

외재적 보상의 효과

본 연구에서 내재적 동기와 자율성에 대하여 지속적으로 그 중요성에 대해 논의하고 있지만, 수많은 조직원들의 이해관계가 얽혀 있는 조직에서는 외재적 보상을 사용하는 것이 너무나 당연하게 필수적으로 인식된다. 조직에서 개인에게 부과되는 많은 업무나 과업들이 대부분 조직원의 내재적 흥미를 촉진하는 일은 아니기 때문이다. 실적이 좋은 영업사원에게 그렇지 않은 영업사원에 비해 높은 인센티브를 제공하는 것에 대하여 이의를 제기하기는 어려워 보인다.

그렇다면 조직에서 사용되는 수많은 외재적 보상은 반드시 부정적인 것일까? 심리학자들의 30년간의 연구결과들을 종합한 메타분석 결과들에 따르면 외재적 보상이 일반적으로 내재적 동기를 감소시키지만, 항상 그렇지는 않다는 것이다(Deci, Koestner, & Ryan, 1999; Eisenberger, Pierce & Cameron, 1999; Rummel & Feinberg, 1988; Wiersma, 1992). 이는 기대(expectancy)와 유형성(tangibility)이라는 두 가지 측면에 달려있다고 설명한다. '내가 이 과제를 끝내면, TV를 볼 수 있다.'와 같이 조건적(if-then)으로 기대된 보상은 내재적 보상을 감소시키지만, 기대하지 않은 보상은 그렇게 하지 않는다(Orlick & Moscher, 1978; Pallak, Costomiris, Sroka, & Pittman, 1982). 또한 돈, 상, 음식과 같은 유형적 보상은 내재적 동기를 감소시키는 반면에, 칭찬과 같은 무형적 보상은 그렇게 하지 않는다(Blanck, Reis, & Jackson, 1984; Kast & Connor, 1988; Sansone, 1989).

Ariely(2008)이 MIT 학생들을 대상으로 한 연구에서 '인지능력을 요구하는 업무'의 경우에는 보상이 빈약한 성과를 가져온다는 사실을 확인했다. 반면에 '기계적인 기술만 요구하는 단순한 업무'의 경우에는 보상이 많을수록 수행결과도 좋아졌다. 따라서 매우 단순하거나 반복적인 업무 또는 지루한 업무와 같은 경우에는 외재적 보상이 효과적일 수 있으나, 창의적이거나 인간의 인지적 노력을 필요로 하는 경우에는 그렇지 않을 수 있다.

Amabile 등(1996)은 의뢰받은 작품과 의뢰받지 않은 작품을 모두 그리는 화가들의 작품의 질을 비교하였다. 연구내용에 대해 전혀 알지 못했던 평가단들은 의뢰받지 않은 작품의 창의력이 더 뛰어나다는 일관적인 평가를 하였다. 현재의 무한경쟁 경영환경에서는 창의성이 기업경영의 핵심적인 자산이며, 점차 역동적이고, 불확실하며, 지식 기반적인 특성을 지니게 됨으로써 조직은 더욱 조직원들의 창의성을 기대하고 있다(George, 2007). 그리고 조직의 창의성은 자율성을 통한 내재적 동기를 통해 창출 가능하다(홍세정,

장재윤, 2015; Zhang & Bartol, 2010). 각기 다른 다양한 형태의 조직에서도 내적 동기가 조직원의 창의성을 촉진시키는 것으로 보고된다(Dewett, 2007; Hon, 2012; Teigland & Wasko, 2009; Tierney, Farmer, & Graen, 1999). 따라서 새로운 비즈니스모델 창출과 경영혁신 및 새로운 제품과 서비스의 아이디어 등의 창의적인 결과들은 결코 외재적인 보상시스템으로는 이루어지지 않을 것이다.

보상의 숨겨진 대가

외재적 동기와 관련하여 HRD의 활동 중 가장 고려해볼 사항 중 하나는 '보상의 숨겨진 효과(hidden cost of reward)'이다. 이는 조직원들이 내재적이고 자발적으로 흥미로워 하는 활동에 대하여 외재적 보상을 제공했을 때에, 오히려 장기적으로 내재적 동기를 손상시키는 효과를 의미한다(Condry, 1977; Deci et al., 1999; Lepper et al,, 1973).

외재적인 보상은 기본적으로 개인의 자율적 자기조절의 발달을 방해한다. 보상을 지속적으로 받은 개인은 갑자기 보상이 제공되지 않았을 때 자신의 행동을 스스로 조절하기 어려워진다. 내재적인 흥미 때문에 시작된 활동이라 하더라도, 이에 대한 외적인 보상을 제공하면, 점차 자율성을 상실하고 내재적인 동기를 감소시키는 역효과를 가져오게 된다. 이는 앞서 설명한 지각된 인과의 소재가 점점 외적으로 되기 때문이다(deCharms, 1984; Deci et al., 1999).

다른 직원들을 위해 자발적으로 자신의 업무 노하우를 정리하여 공유하는 것을 즐기는 직원이 있다고 가정해보자. 이 직원에게 KM시스템에 자신의 자료를 올릴 때마다 보상(예: 인사평가점수 또는 성과금)을 지급한다면, 이는 지각된 인과의 소재가 외적으로 변환되어, 결국 자신의 자기결정성을 떨어뜨리게 된다. 이러한 보상이 계속 되다가 어느 순간 이 보상이 사라지게 된다면, 이 직원은 내재적 동기가 훼손이 되어 더 이상 업무 노하우를 공유하지 않게 될 것이다. 현재의 HRD의 정책들은 회사마다 차이가 있으나 어느 정도 보상과 맞물려 있다. 이러한 정책이 조직원들에게 적절한 외재적 동기를 제공하는 것일 수도 있으나, 자칫 잘못 설계될 경우 장기적으로 조직원들의 자발적인 학습동기나, 내재적 성장동기를 훼손시킬 수도 있음을 깨달아야 할 것이다.

♦ 자율성을 촉진하는 환경

조직원을 동기부여하는 방식은 자율성을 지지하는 방식과 통제하는 방식으로 구분할 수 있다. 자율성을 지지하는 방식은 다른 사람의 내적 동기자원을 파악, 육성, 개발하기 위한 대인적 정서와 행동을 의미한다(Reeve, 2014). 이러한 방식은 타인의 관점을 수용하고, 개인적으로 성장할 수 있는 기회를 존중함으로써 이루어진다. 자율성을 통제하는 방식은 정해진 방식으로 생각하고, 느끼고, 행동하는 것에 순종하도록 타인을 강요하는 정서와 행동을 의미한다. 이것은 정해진 결과를 향해 타인을 압박하거나, 정해진 결과를 목표로 삼는 환경에서 이루어진다.

자율성을 지지하는 방식은 타인의 내적 동기자원을 육성하는 것이다. 이는 기본적으로 타인의 흥미, 기호, 심리적 욕구를 파악하고 육성하여, 그들이 주도적이 되도록 격려하는 것이다. 예를 들어, S-OJT에서, 자율성을 지지하는 멘토는 멘티의 흥미, 기호, 도전감, 유능성에 따라 멘토링을 진행할 것이다. 그러나 통제적인 멘토는 결과, 보상, 지시, 마감, 명령, 처벌, 위협 등을 통해 멘티에게 행동하도록 강제하며, 이것은 모두 외재적 동기유발 요인에 의존한다.

자율성을 지지하는 방식은 비통제적일 뿐만 아니라, 특히 정보적인 언어에 의존하여 동기 문제를 진단하고 해결한다. 예를 들어, 자율성을 지지하는 팀장은 팀원에게 '최근 OO의 실적이 감소하고 있는 것 같은데, 왜 그런 것 같습니까?'라고 묻는다면, 통제적 방식의 팀장은 '반드시 실적을 내야만 합니다.' 또는 'OO씨는 꼭 이것을 해야만 합니다.'와 같은 대화방식을 사용한다.

다시 말해, 통제적 방식을 가진 사람들은 수행에 대한 죄의식, 수치심, 불안을 유도하고(Barber, 1996), 동의를 이끌어내기 위해 위협하며(Assor, Roth, & Deci, 2004), 자존감을 위협하고(Ryan, 1982), 완벽주의적 기준을 장려하고(Soenens, Vansteenkiste, Luyten, Duriez, & Goossens, 2005), '조건적인 존중'을 제공하면서(Assor et al., 2004), 다른 사람을 동기부여하려고 애쓴다. 이들은 모두 통제적인 방식을 통하여 자신의 것을 남에게 받아들이게 함으로써, 무엇이 바르게 생각하고 행동하는 것인지에 대한 관점을 따르도록 조장하는 것이다.

실제 조직에서는 조직원들이 별로 흥미롭지 않게 생각하는 일을 수행하도록 요구하는 경우가 빈번히 있다. 흥미롭지 않은 일에 조직원을 동기부여하기 위해 자율성을 촉진하는 사람은 그 수행에 대한 의의, 가치, 의미, 유익, 중요성 등을 전달한다. 이러한 근거를 설명하는 것은 조직원들이 외부적으로 부과된 규칙, 제약, 한계 등을 내면화하고 받아들이기 쉽게 해주며, 일단 내면화되면 흥미 없는 활동에도 자발적인 노력을 기울이게 한다(Reeve, Jang, Hardre, & Omura, 2002). 반면 통제적 방식을 사용하는 사람은 이 수행에 대한 목적과 중요성을 설명하는 것에 대한 노력을 그다지 들이지 않는다.

자율성을 지지하는 방식 중 다른 하나는 조직원들의 부정적 감정이나 저항을 인정하고 수용하는 것이다. 이후 그 기저에 있는 원인을 해결하기 위해 노력한다(Reeve, 2014). 반면 통제적인 방식의 사람은 부정적 감정이나 저항의 표현이 수용불가함을 밝히고, 부정적 감정을 사회적으로 좀 더 수용가능하고 유순한 것으로 바꿔 놓으려고 한다.

◆ 유능성 증진을 위한 피드백

유능성에 대한 진보의 자각

유능성은 환경과의 상호작용에서 효율적이고자 하는 심리적 욕구이며, 개인의 역량과 기술을 연마하고, 이를 통해 최적의 도전을 추구하고 숙달하고자 하는 바람을 반영한다(Deci & Ryan, 1985). 이러한 유능성을 증진시키는 핵심적인 환경조건은 조직에서 긍정적 피드백을 제공하여 유능성에 대한 진보를 스스로 깨닫도록 하는 것이다. 피드백은 네 가지 출처－① 과제에 의한, ② 자신에 의한, ③ 사회적 비교, ④ 타인에 의한－중 하나 이상에서 나오게 된다(Dollinger & Thelen, 1978). 첫 번째 과제에 의한 피드백은 수행 자체를 할 수 있는지 없는지에 대해서 나온다. 두 번째 자신에 의한 피드백은 스스로 향상되었다고 느끼는 것이 유능성에 대한 중요한 신호이다(Schunk & Hanson, 1989). 세 번째, 사회적 비교는 다른 사람들보다 잘 하고 있다는 것이 유능성이 있음을 나타내는 신호이다(Harackiewicz, 1979). 마지막으로 타인에 의한 피드백 중에서 칭찬과 긍정적인 피드백은 유능성에 대한 지각을 강화시키며, 반대로 비난이나 부정적 피드백은 유능성에 대한 자각을 저해한다(Anderson, Manoogian, & Reznick, 1976; Vallerand & Reid, 1984). 이러한 각각의 피드백이 자신이 수행을 잘했다는 해석으로 이어질 때, 개인은 유능성에 대한 심리적 욕구를 만족시키는 정적 피드백을 경험한다.

유능성은 최적의 도전을 통해 진보를 자각했을 때에 촉진된다. 도전과 기술이 적절히 높은 상황에서 플로우를 경험함으로써 이루어진다(Csikszentmihalyi & Csikszentmihalyi, 1992). 과도한 도전은 유능성을 위협하고, 그 위협이 정서적으로 걱정이나 불안으로 이어진다. 반대로 지나치게 낮은 도전과제는 집중의 감소, 최소한의 과제참여 등으로 이어져, 유능성을 경시하게 되고 정서적으로 무관심이나 지루함으로 이어진다(Csikszentmihalyi, 1982). 낮은 도전과제에 따른 손쉬운 성공은 단순한 즐거움을 유발할 수 있으나, 이 즐거움은 방어적이고 안심에 기초한 즐거움이며 유능성에 대한 심리적 욕구를 촉진시키지 못한다. 따라서 조직원들의 유능성을 촉진시키고 육성시키는 것은 최적의 도전(optimal challenge)에서의 성공이고, 이와 같은 상황에서 심리적 욕구를 충족시키는 진정한 즐거움을 만들어 낸다(Clifford, 1990).

유능성과 칭찬

자기결정성이론에 따르면 어떠한 외적사건(칭찬, 돈, 감독, 마감시한, 경쟁, 인센티브 등)은 통제적 방식으로 또는 정보적 방식으로 제공될 수 있다. Henderlong와 Lepper(2002)는 사장이 '아주 잘 했어요. 실적이 10% 증가하였군요'라고 말함으로써 정보적 방식으로 의사를 전달하거나, '아주 잘했어. 마땅히 해야 할 만큼은 하였군'이라고 말함으로써 통제적 방식으로 의사를 전달한다고 구분한다. 칭찬에 당연히 해야 함을 표현하는 어휘를 포함하는 것은 일종의 압력이 발생하는 통제적 방식으로 피드백을 주는 것이다(Ryan, 1982).

또한 단순히 칭찬을 하는 것이 중요한 것이 아니라, 분명하고 구체적으로 유능성을 진단하는 피드백은 정보적인 기능을 한다(Brophy, 1981). 단순하게 조직에서 리더가 '잘 했습니다'라고 말하는 것보다는 '고객에게 잘 정리된 제안서를 보고하는 것을 보았습니다. 잘 했습니다'라고 말하는 것이 조직원의 유능성에 대한 구체적인 정보를 제공한다.

두 가지 차원을 종합하여 설명할 수 있는 사실은, 칭찬 그 자체가 중요한 것이 아니라 칭찬이 주어지는 방식에 있다는 것이다(Deci & Ryan, 1985). 조직원이 그 칭찬을 정보적으로 인식하여 자신의 유능성에 대한 진보로 자각했을 때에만 내재적 동기를 촉진하게 되는 것이다.

• 조직 가치의 동일시와 통합

모든 조직원은 개인이 고유하게 가지고 있는 흥미나 즐거움에 관련된 것(예를 들어, 개인의 취미활동이나 잠재적인 바람)과 회사에서 일과 관련된 것(상대적으로 해야만 하는 것) 사이에 놓여 있다. 이상적인 모습은 이 두 가지가 완전히 일치하는 것이겠으나, 조직에서의 모든 활동을 개인의 내재적인 동기에 기대할 수는 없다.

최근의 성인 직장인들을 대상으로 하는 많은 교육프로그램들, 특히 직장인들의 행복이나 삶의 만족과 관련된 프로그램들은 '자기발견', '자신의 꿈', '힐링' 등의 주제를 통해, 자신이 어떠한 활동을 하고 무슨 일에 도전한다면 행복할지에 대하여 성찰하고 토론하도록 하는 경우가 많다(김보석, 2012; 한국HRD협회, 2012). 그러나 이러한 일부 프로그램들은 너무나 개인적인 행복이나 즐거움에만 초점을 맞추어, 회사라는 공간이 오히려 자아실현의 공간과 대립되는 개념으로 파악하게 할 위험성도 있을 것이다.

따라서 외재적 동기와 내재적 동기를 양 극단에 있는 적대적인 개념으로 인식함으로써 외재적 동기의 기능을 폄하시키는 것을 피해야 할 필요가 있다. 동기를 이분법적으로 보는 것은 내재적 흥미나 외재적 보상이 기대되지 않는 상황에서도 특정한 과제를 수행하는 인간의 행동을 설명하지 못한다(최병연, 2002). 조직이라는 맥락에서 외재적 동기로 구성된 회사와 내재적 동기를 가지고 있는 개인을 적대적이고 투쟁적인 관계로 인식할 것이 아니라 연속선상으로 이해해야 한다.

앞서 설명한 대로 내재적 동기의 힘을 강조하지만 외재적 동기 또한 무조건적으로 나쁜 것이 아니며, 조직 내에서 개인과 통합되어야 할 필요가 있다. 특히 자기결정성이론의 미니 이론 중 하나인 유기체통합이론에 따르면, 내재적 동기에는 자기결정성이 반드시 포함되어 있고, 외재적으로 동기화된 행동에도 일부 자기결정성이 포함되어 있다. 따라서 일에서 느끼는 외재적 조절을 어떻게 내재적인 조절 과정으로 동일시 및 통합해 가는가에 대하여 고민해야 할 필요가 있을 것이다.

동일시와 통합의 과정과 관련하여 생각한다면, 조직이 가지고 있는 대부분의 가치는 개인에게는 우선적으로는 외재적인 가치에 해당한다. 이와 관련하여 조직의 HRD의 핵심적인 역할은 이러한 외재적인 가치를 어떻게 내재화 할 것인가에 대한 부분이다. 송영수(2009)는 전략적 HRD의 핵심 과제를 네 가지로 제시하였는데, 그 중에서 '조직의 미션, 비전, 전략을 정립하고 이를 실천하고 확산하는 것'이 가장 중요하다고 설명한 부분과 일치한다. 임선예와 박소연(2009)은 핵심가치 공유가 활성화되기 위해서는 구성원들의 신뢰가 중요하며, 그에 앞서 공동체 의식을 위한 동기부여가 중요하다고 강조하고 있다. 최재영(2014) 또한 실증연구에서 조직의 핵심가치교육을 위해서는 조직신뢰와 같은 내적인 과정이 중요함을 강조하고 있다. 이와 같이 조직의 가치를 내재화하기 위해서는 조직원들의 내적인 변화과정에 대하여 주목해야 할 필요가 있다.

이를 위해 HRD는 조직의 구성원들의 내재화를 유기체통합이론의 동기유형을 통해 파악할 수 있을 것이다. 앞서 설명한 대로, 자기결정성이론에서 내재적 동기와 외재적 동기는 이분법적인 개념이라기보다는 연속선상에 있는 개념이며, 여기서 중요한 점은 통제 소재를 외적인 것에서 개인 내적으로 옮겨 오는 것이다.

예를 들어, '혁신'이라는 핵심적인 가치를 가지고 있다고 가정할 때, 내재적으로 혁신에 대한 갈망이 있는(업무와 관련된 혁신활동을 하는 것 자체가 내재적인 즐거움이나 기쁨을 가져오는) 조직 구성원은 극소수에 불과할 것이다. 결국 이 혁신이라는 가치를 얼마나 동일시하고 궁극적으로는 자신의 내면과 통합시켜 내재화 하는지가 HRD가 가져야 할 중요한 역할이라 볼 수 있다. <표 1>은 '혁신'이라는 조직의 가치에 대하여 동기 유형별 행동의 이유를 제시한 것이다. '무동기'의 경우 아예 혁신활동을 하지 않거나, 왜 하는지를 모르면서 하게 된다. 외재적 동기의 가장 낮은 수준인 '외적 조절' 단계에서는 어떠한 결과를 얻기 위해(보상을 얻거나 처벌을 피하기 위해) 혁신활동을 한 것이 되고, '내사 조절'의 단계에서는 죄책감을 감소시키고 자신이 좋은 사람이라는 자존감을 위하여 혁신활동을 하게 된다. 더 높은 '동일시 조절' 단계에서는 조직에서 혁신활동이 왜 중요한지 인식하기 때문에 실시하며, 가장 높은 외재적 동기 단계인 '통합 조절' 단계에서는 회사의 핵심가치가 이미 나의 의지를 반영할 수 있을 정도로 자신에게 통합되어, 혁신활동을 하는 것이 개인의 가치를 반영하기 때문에 실시한다. 따라서 혁신이라는 가치는 본래 개인에게 있었던 가치가 아니라, 외부(조직)에서 주어진 외재적 가치이지만, 이를 내적으로 조절하는 수준에 따라 다른 동기의

〈표 1〉 '혁신'이라는 조직의 가치에 대한 동기 유형별 행동 이유

동기 유형		외적 수반	내가 어떠한 행동을 하는 이유	예시 (회사에서 혁신활동하기)
무동기		-	왜 하는지 모르겠음	나는 왜 혁신활동을 하는지 모르겠다.
외재적 동기	외적 조절	·유인물 ·결과물	어떤 결과를 얻기 위해서	나는 혁신 아이디어를 1달에 1개 이상 내지 않으면, 인사평가에서 낮은 점수를 받기 때문에 한다.
	내사 조절	·죄책감의 감소 ·자존감의 증가	하지 않으면 내 자신에게 못마땅함을 느끼기 때문에	나는 내 자신이 좋은 구성원이라고 느끼려면, 마땅히 회사의 정책에 따라야 한다고 생각하기 때문에 한다.
	동일시 조절	·가치화 ·중요성 인식	그것이 중요하기 때문에	나는 혁신활동이 회사의 유지와 성장을 위해 정말 중요한 활동이라고 생각하기 때문에 한다.
	통합 조절	·가치 일치	그것이 나의 가치를 반영하기 때문에	나는 혁신활동을 하는 것이 나의 생각과 가치관을 반영하고 표출하는 것이기 때문에 한다.
내재적 동기		-	그것 자체가 매우 흥미롭고 즐겁기 때문에	나는 혁신활동 자체가 매우 즐겁고 흥미로운 일이기 때문에, 누가 시키지 않아도 한다.

양상을 보이게 된다. 결과적으로 이와 같은 핵심가치의 내재화를 '정도'의 차이가 아니라 전혀 다른 외적 수반이 작용하는 '유형'의 차이로 인식해야 할 필요가 있다. 따라서 HRD는 조직원들이 얼마나 핵심가치의 내재화가 계량적으로 어느 정도 상승했는가를 파악하기보다는, 어느 정도의 질적인 변화를 거쳐 어떠한 유형에 와 있는지를 파악하여, 이에 따라 어떠한 전략을 세워야 할 것인가를 더 고민해야 할 것이다.

◆ 심리적 욕구와 조직 리더의 관계

자기결정성 이론의 핵심은 개인의 내재적 동기를 유발시킴으로써, 외적으로 동기화된 행동을 내면화시켜 통합된 조절을 이루기 위해, 기본심리욕구를 자극하고 충족시켜줄 수 있는 환경을 구성하는 데에 있다(최병연, 2002). 따라서 기본심리욕구를 증진시키는 조직의 맥락을 구성하여 조직원들의 내재적인 동기를 촉진하는 것이 조직 성과를 위한 HRD의 역할이라 할 수 있다. 앞서 제시한 몇 가지 논의들은 결국 시스템 차원 또는 정형화된 교육에

서 이루어지는 것이 아니라, 자율성과 유능성을 자극하는 환경을 만들 때 이루어진다. Reeve(2014)에 따르면, 자율성을 지지하는 사람과 통제적인 사람이 다른 사람을 동기부여하기 위해 쓰는 말과 행동을 <표 2>와 같이 제시하고 있다.

〈표 2〉 자율성 지지적인 사람과 통제적인 사람의 말과 행동

자율성 지지적인 사람의 말과 행동	통제적인 사람의 말과 행동
·주의 깊게 들음 ·다른 사람에게 말할 시간을 줌 ·이론적 근거를 제공함 ·노력을 격려함 ·진보와 숙련을 칭찬함 ·다른 사람이 원하는 것이 무엇인지 물어봄 ·질문에 답함 ·다른 사람의 관점을 인정함	·학습 매체에 집중함 ·정확한 답변을 보여줌 ·정확한 답변을 말함 ·지시와 명령을 함 ·'꼭', '반드시', '틀림없이'라는 진술을 사용함 ·통제적 질문을 함 ·지나친 요구를 하는 것 같음

출처: Reeve (2014).

말과 행동을 통한 자율적·통제적 경험은 조직에서 매 순간순간의 상호작용에서 발생된다. 자율성을 지지하는 사람은 남의 말을 주의 깊게 듣고, 다른 사람에게 말할 기회를 제공하며, 흥미롭지 않은 수고를 해야 하는 근거를 말해주고, 다른 사람이 무엇을 하고자 하는지 물어보며, 진보와 향상은 칭찬하고 다른 사람의 관점은 인정한다.

자율성이나 유능성을 지지하는 핵심은 결국 조직원의 현장에서 각각의 업무와 사건마다 자신에게 외적자극을 제시하거나 규정하는 가장 중요한 존재인 리더와의 관계에서, 얼마나 자기결정적인 판단을 할 수 있으며, 이를 얼마나 내면화, 통합화 시키는지와 관련된다고 할 수 있다. 자율성을 지지하는 방식은 다른 사람의 내적 동기자원을 파악, 육성, 개발하기 위한 대인적 정서와 행동을 의미하는데(Reeve, 2014), 이는 리더와의 상호작용을 통해 구체적으로 축적된다고 할 수 있다. 또한 유능성에 대한 자각 역시 리더와의 일상적인 상호작용을 통해서 자신의 진보를 자각했을 때에 이루어진다고 발

할 수 있다.

자율성이나 유능성은 그 자체보다는 심리적인 자각(perception)과 관련된 것이다. 따라서 자신이 '얼마나 자율적인 선택을 할 수 있다고 스스로 믿는지', 또한 '자신이 얼마나 진보를 했다고 스스로 믿는지'에 대한 부분이며, 이는 결국 유기체 간의 상호작용을 통해 이루어지게 될 것이다. 리더는 이런 상호작용의 핵심이며, 특히 리더는 조직차원에서 직접적으로 외적자극이나 외재적 동기를 제공하는 존재이기 때문에, 결국 조직원의 심리적 욕구와 내재적 동기는 리더의 상호작용을 통해 이루어진다고 설명할 수 있다.

자기결정성이론과 관련된 많은 실증연구들 역시 리더의 중요성을 강조하고 있다. 관리자의 인간관계 스타일이 기본욕구의 충족과 관련이 있으며, 이러한 욕구의 충족은 조직에서 더 높은 수준의 행복을 예측한다고 설명한다. 반대로 욕구의 좌절은 행복과 부적인 관계가 있다고 설명하고 있다(Gillet et al., 2013). 또한 상사의 자율성 지원은 욕구 만족과 조직 지원에 대한 인식에 긍정적인 영향을 주고, 결과적으로 업무 만족, 조직 동일시, 업무 성과를 긍정적으로 예측한다. 이 연구에서는 관리자들이 그들의 조직원들의 자율성을 지원할 수 있도록 강화시키는 훈련프로그램을 제공할 것을 결과로 제시하고 있다.

자율성을 지원하는 관리자의 태도는 변혁적 리더십(transformational leadership)에서 강조하는 리더의 모습과 유사하다고 설명할 수 있다. 변혁적 리더십과 기본심리욕구 그리고 조직의 성과와의 관계에 대한 실증적 연구 결과에 따르면 변혁적 리더십은 세 가지 기본심리욕구(자율성, 유능성, 관계성)의 충족에 정적인 영향을 미치는 것으로 나타났다. 이어 세 기본심리욕구의 충족은 모두 직무만족(job satisfaction)에 영향을 주는 것으로 나타났으며, 특히 유능성의 충족은 직업적 자기효능감(occupational self-efficacy)에, 관계성의 충족은 리더에 대한 헌신(commitment to the leader)에 영향을 주는 것으로 나타났다(Kovjanic, Schuh, Jonas, Quaquebeke, & Dick, 2012). 또한 다른 연구에서는 변혁적 리더십과 거래적 행동관리를 비교하였는데, 변혁적 리더십은 관계성, 자율성, 유능성에 유의한 영향을 주는 것(회귀계수 각각 .50, .46, .21)으로 나타났다(Hetland, Hetland, Schou Andreassen, Pallesen, & Notelaers, 2011). 자율성과 이직률 간의 관계를 분석한 한 연구에서, 영세회사 320곳을 대상으로 절반의 회사에서는 직원들에게 자율성을 허용했으며, 나머지 절반의 회사에서는 수직적인 지시체제를 따르게 했다. 그 결과 자율성을 허용한 회사는 통제 위주의 회사에 비해 네 배 더 성장했으며, 이직률은 1/3에 불과했다(Baard, Deci, & Ryan, 2004).

현재의 HRD는 교육의 주체를 HRD부서 자체에서 현장의 리더로 이전시키고 있다. 자기결정성이론을 통해 설명하는 리더의 중요성은 사실 새로운 것이 아니다. 그러나 리더의 역할 또는 HRD에서의 리더십교육의 중요성은 조직원들의 심리적 욕구 충족과 내재적 동기의 유발이라는 차원에서 또 하나의 관점으로 논의할 수 있을 것이다.

논의 및 제언

조직원을 어떻게 동기부여 시킬지에 대한 고민은 결코 최근의 것이 아니다. 창의와 혁신이 기업 경쟁력의 기반이 되는 현대사회의 조직은 조직원을 어떻게 동기화시켜 그들 내면의 잠재력을 극대화시키고, 이를 통해 장기적인 성과로 연결할 것인지에 대해 더욱 집중하고 있다. 이를 위해 HRD는 조직의 미션을 바탕으로 어떻게 개개인이 흥미와 즐거움을 잃지 않으면서도, 조직과의 상호작용을 통해 성장하고 그들의 전문성을 축적해 나아갈지에 대하여 고민하고 있다. 여기에 대한 답변으로써 본 연구에서는 먼저 인간 내면의 역동적인 과정인 인간 동기에 대하여 이해해야 함을 강조하였다. 한편, 동기이론이 조직에서의 행동양식을 예측가능하게 해주는 동기 기제를 설명하지만, 역사적으로 동기이론은 단일이론으로 발전하지 않고, 수많은 이론으로 분화하여 발전하였다(Reeve, 2014). 이는 단일이론이 인간행동의 모든 측면을 포괄하여 설명해 줄 수 없기 때문이다. 이와 같은 상황에서 HRD분야에 자기결정성이론이 부각되는 이유는 자기결정성이론이 인간이라는 유기체가 외적 과정과 상호작용을 통해 어떻게 성장하고 변화되는지를 설명하기 때문이다. 또 다른 이유는 자기결정성이론이 추상적인 개념을 제시하는데 그치지 않고 수많은 실증적인 실험과 연구들을 바탕으로 그 이론의 적용 가능성을 증명하고 있기 때문이다.

이와 같은 맥락을 바탕으로, 본 연구에서는 자기결정성이론의 미니이론들의 기본적인 가정과 주요 내용에 대해 살펴보고, 이를 통해 자기결정성이론의 여섯 가지 HRD 적용점을 제시하였다. 첫 번째로, 조직이 조직원을 어떻게 바라보는지에 대하여 자율적 인간관에 대하여 강조하였다. 구체적으로 자율성과 성과와의 관계를 수많은 국내외의 실증적인 자료를 통해서 입증하였고, 자율성과 독립성이 대립되는 개념이 아님을 강조하여, 조직에서 자율성을 지원하는 것의 중요성에 대해 논하였다. 둘째로, 자율성을 지지하는 방식과 자율성을 통제하는 방식을 통하여, 자율성을 촉진하는 조직의 환경에 대해 논의하였다. 셋째, 유능성 증진을 위한 피드백의 역할에 대해 설명하였으며, 구체적으로 유능성에 대한 진보를 자각하는 것과, 유능성과 칭찬의 관계에 대하여 설명하였다. 넷째, 현재 조직 시스템의 외재적 보상에 대하여 재고할 것을 제안하였다. 이를 위해 외재적 보상의 효과와 보상의 숨겨진 대가에 대하여 설명하였다. 다섯째, 조직의 가치와 자아의 가치가 상충되거나 대립되는 개념이 아니며, 동일시 또는 통합되어야 함을 강조하였다. 마지막으로 결국 조직에서 이러한 심리적 욕구를 만족시키는 일차적인 역할은 리더에게 있으므로, 자율성을 지원하는 리더의 중요성에 대해 강조하였다.

본 연구에서 제시한 여섯 가지 적용점이 HRD에 대하여 완전히 새로운 주장은 아니라고 파악된다. 자기결정성이론에서 자율성을 지지하는 리더에 대한 연구들은 변혁적 리더십과의 연구와 관련된 내용을 가지고 있으며, 자율성을 지지하는 환경에 대한 연구는 조직에서의 임파워먼트와 유사한 내용을 설명하고 있다. 또한 자율성을 지지하는 언어나 행동들은, 코칭이나 멘토링에서의 핵심적인 요인들과 그 맥락을 같이 한다. 이를 바탕으로 자기결정성이론이 HRD 현장에 가치 있는 이유를 설명한다면, HRD 현장에서 현재에도 경험적으로 이루어지고 있는 실천과 새로운 도전들에 대한 이론적·철학적 근거를 제공할 수 있기 때문이다. 따라서 본 연구에서 논의된 결과들을 바탕으로 HRD가 '왜 조직원의 자율성을 증진시켜야 하는지', '왜 현장에서 코칭이 강조되고 있는지', '왜 핵심가치의 내재화는 여전히 중요한 것인지', '왜 현장중심의 HRD로 변화해야 하는지' 등을 설명한 HRD현장 중심의 연구들(송영수, 2000, 2009)의 연구결과를 이론적으로 설명할 수 있는 토대가 될 수 있을 것이다.

현장의 HRD를 설명하기 위한 이론적 기초를 제공하는 차원에서 자기결정성이론과 관련하여 네 가지 시사점을 논의해 볼 수 있다.

첫째, 자기결정성이론은 학교교육 영역에 국한된 연구가 아니라, 인간의 일반적인 행동을 설명하기 위한 주장된 이론이다. 그러나 HRD 분야에서 자기결정성이론과 관련된 연구는 여전히 미비하다. 현재 대부분의 자기결정성이론 연구는 대부분 학생들의 학습상황에서 자기결정성과 학업성취간의 연구 또는 자기조절학습에 관련된 것이다(조한익, 2014; 최영아, 양명희, 2013). 국내 자기결정성이론 관련 연구에 대하여 메타분석을 실시한 김성수, 윤미선(2012)에 따르면, 한국연구재단에 등재된 105편의 자기결정성이론 관련 논문 중 연구대상이 학생인 것은 74.3%인데 비해, 성인을 대상으로 한 연구는 25.9%에 그쳤으며, 이 중에서 운동선수, 교사, 일반성인을 제외하고, 일반성인을 대상으로 한 연구는 단 1.9%(2편)에 그쳤다. 특히 성인 대상 연구는 스포츠 영역에서 운동선수들의 자기결정성과 운동성과와 관련된 연구들이 많았는데, 개인 또는 팀의 성과를 강조하는 스포츠 영역과는 달리 HRD는 조직 시스템의 성과를 강조한다는 점에서, 그 시사점을 바로 적용하기는 어려워 보인다. 한편 최근 조직 성과와 관련해서 자기결정성이론을 적용한 연구들은 증가하고 있는 것으로 보인다. 조직 맥락에서 심리적 임파워먼트

(psychological empowerment)와 성과를 다루는 연구들에서, 자기결정성이론을 직접적으로 다루지는 않았으나 심리적 임파워먼트의 하위 구인으로써 자기결정성을 적용하고 있음을 알 수 있다(강종수, 2012; 김의영, 이종환, 2011; 조태준, 2014). 또한 다른 방면에서는 자발적 동기 또는 자기주도성과 성과행동 간의 연구도 보고된다(강성호, 2013; 권석균, 오승희, 최보인, 2014). 이와 같은 연구들이 조직차원에서의 자기결정성과 성과의 관계를 논의하고는 있으나, 직접적으로 HRD와의 관련성과의 접근성은 아직 부족한 실정이다.

둘째, 단순하고 반복적인 업무에서가 아니라, 보다 인지적 노력이나 창의적인 노력을 많이 필요로 하는 업무에서의 자기결정성과 성과와의 관계를 실증적으로 검증하는 연구가 필요하다. 유경훈(2009)에 따르면 자기결정성이 높은 동일시 조절, 통합 조절, 내재적 동기는 모두 창의성향과 높은 정적 상관을 보였으나, 무동기나 외재적 동기는 부적상관을 보였다고 설명하고 있다. 김청자(2006)의 연구에서도 동일시 조절, 통합조절, 내재적 동기가 창의성을 설명해주는 설명을 가진다고 보고함으로써 유경훈의 연구와 동일한 연구결과를 보고하고 있다. 그러나 본 연구들은 각각 중학생과 초등학생을 대상으로 한 것이므로 일반화하는 데에는 한계가 있다. 이에 따라 조직차원 또는 성인을 대상으로 장기적인 성과 또는 창의적인 성과와의 관련성에 대하여 실증적인 연구결과들이 더 요구된다고 할 수 있다.

셋째, 앞으로 HRD을 비롯하여 인재경영 차원에서 자기결정성과 관련된 논의는 더욱 커질 것이며, 그 적용 가능성이 더욱 커질 것으로 예측된다. 김성수와 윤미선(2012)은 국내 자기결정성이론에 대한 연구동향을 분석하였는데, 2001년 1편이던 연구논문이 2006년에는 10편으로 증가하였고, 2009년 이후에는 연간 20편 이상 발표된다고 분석하였다. 특히 이중 절반 정도는 교육영역에 대한 논문이며, 경제와 경영 분야 등으로 그 적용 영역이 증가되고 있다. 앞서 말한 대로 조직 경쟁력의 원동력으로서 조직원의 자발적인 몰입과 창의성을 요구하는 시대에서, 조직원의 자기조절능력과 자율성에 대한 관심은 더욱 커질 것이다. 또한 자기결정성이론은 완전히 발전되어 정립된 이론이 아니라, 현재에도 세계 각지의 다양한 학자들의 연구를 바탕으로 계속 수정되고 보완되어가는 이론으로서 그 가능성이 크다. 자기결정성이론의 하위 이론이 네 개로 구성되었다가 비교적 최근인 2010년에 목표내용이론이 추가되었다. 이 이론은 외재적 삶의 목표와 내재적 삶의 목표에 대한 이론으로, 특히 HRD에서 경력개발에 대한 이론적인 기초로 연구될 수 있는 가능성이 있을 것으로 판단된다.

넷째, 자기결정성을 지원하는 환경이나 리더와 관련하여, 한국 특유의 위계적이고 수직적인 조직문화를 어떻게 조절할 것인지, 또는 어떠한 영향을 미칠 것인지에 대하여 탐색해야 할 것이다. Sheldon 등(2001)은 10가지 욕구를 제시하고 이를 미국과 한국에서 각각 비교하였는데, 자기결정성이론의 기본심리욕구인 자율성, 유능성, 관계성은 시간과 문화와 관계없이 중요한 욕구라고 설명하였다. 그러나 욕구의 상대적 중요성은 문화에 따라 차이가 있을 수 있다고 설명하였다. 자기결정성이론의 기본적인 가정은 국가나 지리적인 위치 등과 관련 없는 인간의 고유한 심리적 특성을 설명하는 이론이다. 그렇지만 이것이 구체적으로 발현되는 문화, 특히 문화적으로 자율적인 환경을 제한하는 위계적 문화와는 어떠한 관계가 있는지를 횡단적으로 비교할 필요가 있을 것이다. 기본적으로 한국과 같은 관계중심적 사회에서는 의존성을 강조하고, 미국과 같은 개인주의적 사회에서는 자율성을 강조하는 특성을 가지게 된다(조긍호, 1996). 이는 문화권에 따라 인지, 정서 및 동기의 여러 측면에 차이를 가져오기 때문이다. 사람들이 개인적 독립성이나 사회적 의존성을 강조하는 정도는 그들이 속한 사회의 문화적인 가치관을 반영하게 된다(Henrich, Heine, & Norenzayan, 2010). 따라서 서구 사람들을 대상으로 한 대부분의 자기결정성이론의 실증연구가 한국적인 맥락에서도 같은 방식으로 이해될지를 확인해야 할 필요가 있을 것이다.

참고문헌

강성호 (2013). 기업 내 조직구성원의 자기주도성이 문제해결과정에 미치는 영향. *HRD연구, 15*(2), 195-218.

강종수 (2012). 사회복지조직에서의 임파워먼트가 소진과 경력몰입에 미치는 영향. *한국콘텐츠학회논문지, 21*(5), 213-226.

고현철, 배노조, 이상우, 최유중 (2008, 5). 성과주의 인사의 진화방향. *CEO Information*, 제654호. Retrieved from http://m.seri.org/doc/mov03.html?menucd=0102&pubkey=db20080514001&npage=1&flag=0

권기룡 (2010). 직무의 자율성이 혁신적 업무성과에 미치는 영향 : 부하의 주도적 행동의 매개효과를 중심으로. 단국대학교 대학원 석사학위논문.

권석균, 오승희, 최보인 (2014, 5). *직무상황에서 자발적 동기와 긍정적 정서가 성과행동에 미치는 영향.* 한국인사관리학회 2014 춘계학술대회, 서울.

김보석 (2012, 3). 국내 기업의 힐링 교육 프로그램 운영 현황. *월간HRD*, 45-55. Retrieved from http://webzine.hrdtv.com/etc/list.asp?msection=3&idx=7036

김성수, 윤미선 (2012). 자기결정성이론의 연구 동향 및 학업성취와의 관계에 대한 메타분석. *교육학연구, 50*(4), 77-106.

김원식, 김성일 (2005). 과제에 대한 선택권이 과제흥미를 증진시키는가? 과제구체성과 지각된 유능감 효과. *교육심리연구, 19*(2), 353-369.

김의영, 이종환 (2011). 시큐리티 요원의 심리적 임파워먼트가 서비스지향성 및 조직성과에 미치는 영향. *한국경호경비학회지, 28*, 9-31.

김청자 (2006). 중등학생의 창의력과 자기결정성 동기간의 관계연구. *교육과학연구, 37*(2), 23-42.

방석희 (2012). 스마트 러닝 활성화를 위한 자기주도 학습 전략 연구. *평생학습사회, 8*(1), 93-112.

송영수 (2000). 21세기 지식/정보화사회에 대응하는 기업내 HRD(인적자원개발)의 방향과 전략. *기업교육연구, 2*(1), 52-70.

송영수 (2009). 대기업 중심의 전략적 HRD 주요영역 및 핵심과제 도출. *기업교육연구, 11*(2),

75-98.

송영수, 이찬 (2013). The Smart Learning. 서울: 박영사.

송지영 (2009). 간호사의 자율성이 임파워먼트 및 간호업무성과에 미치는 영향. 한국방송통신대학교 평생대학원 석사학위논문.

오정석 (2014). 지적분야 종사자의 자율성 정도가 조직몰입에 미치는 영향 : 리더십과 직무소진의 매개효과를 중심으로. *한국지적학회지, 30*(2), 129-143.

유경훈 (2009). 내·외재동기, 자기결정성 동기가 창의적 성향에 미치는 영향. *창의력교육연구, 9*(2), 69-88.

이승계 (2013). 성과주의 보상제도의 문제점과 개선방안 연구. *인적자원관리연구, 20*(3), 187-208.

이정환, 조항정 (2013). 기업의 스마트러닝 수용 의도 연구: 기업교육 담당자 관점을 중심으로. *Entrue Journal of Information Technology, 12*(3), 107-119.

이홍재, 변찬복, 박성종 (2013). 직무자율성, 직무만족, 정서적 조직몰입과 지식공유행동의 구조적 영향관계: 서울시 특1급 호텔 종사자를 대상으로. *관광연구, 28*(3), 145-168.

임선예, 박소연 (2009). 사회적 자본과 조직몰입의 관계에서 핵심가치 공유 활동의 매개효과분석. *HRD연구, 11*(3), 253-275.

장원섭 (2011). 인적자원개발: 이론과 실천. 서울: 학지사.

조긍호 (1996). 문화유형과 타인이해 양상의 차이. *한국심리학회지, 15*(1), 104-139.

조태준 (2014). 참여적 의사결정과 직무성과 간 관계에 대한 심리적 임파워먼트의 매개효과 연구. *한국인사행정학회보, 13*(2), 211-239.

조한익 (2014). 자기결정성과 자기조절학습의 관계에 대한 메타분석. *아동교육, 23*(2), 233-251.

최병연 (2002). 자기 결정성 학습동기 이론의 교육적 적용, *교육문제연구, 16*, 165-184.

최영아, 양명희 (2013). 자기조절학습과 정의적 특성의 관련성에 대한 메타분석. *중등교육연구, 61*(4), 931-961.

최재영 (2014). 대기업 종사자가 인식한 핵심가치 실천과 핵심가치교육, 핵심가치 전개활동 및 조직신뢰의 관계. *농업교육과 인적자원개발, 46*(3), 181-206.

한국HRD협회 (2012, 9, 28). 힐링, 자기발견 정체성 연수의 트렌드. *NewsWire*. Retrieved from http://www.newswire.co.kr/newsRead.php?no=654521

홍세정, 장재윤 (2015). 한국사회에서의 창의성 ; 내적 동기와 창의성간의 관계에 대한 메타분석 연구, *한국심리학회지 일반, 34*(1), 57-86.

Amabile, T. M., Conti, R., Coon, H., Lazenby, J., & Herron, M. (1996). Assessing the work environment for creativity. *Academy of Management Journal, 39*(5), 1154-1184.

Anderson, R., Manoogian, S. T., & Reznick, J. S. (1976). The undermining and enhancing of intrinsic motivation in preschool children. *Journal of Personality and Social psychology, 34*(5), 915.

Ariely, D. (2008). *What's the Value of a Big Bonus? New York Times*, p. A43. Durham, nC.

Assor, A., Roth, G., & Deci, E. L. (2004). The emotional costs of parents' conditional regard: A Self-Determination Theory analysis. *Journal of Personality, 72*(1), 47-88.

Baard, P. P., Deci, E. L., & Ryan, R. M. (2004). Intrinsic need satisfaction: a motivational basis of performance and weil-being in two work settings1. *Journal of Applied Social Psychology, 34*(10), 2045-2068.

Barber, B. K. (1996). Parental psychological control: Revisiting a neglected construct. *Child Development, 67*(6), 3296-3319.

Bierema, L. L. (2000). Moving beyond performance paradigms in human resource development. In A. L. Wilson & E. R. Hayes (Eds.), *Handbook of Adult and Continuing Education* (pp. 278-293). San Francisco: Jossey-Bass.

Blanck, P. D., Reis, H. T., & Jackson, L. (1984). The effects of verbal reinforcement of intrinsic motivation for sex-linked tasks. *Sex Roles, 10*(5-6), 369-386.

Brophy, J. (1981). Teacher praise: A functional analysis. *Review of Educational Research, 51*(1), 5-32.

Chalofsky, N. (2000). Professional morality and integrity: Helping the tin man find his heart. *Advances in Developing Human Resources, 2*(3), 28-33.

Clifford, M. M. (1990). Students need challenge, not easy success. *Educational Leadership, 48*(1), 22-26.

Condry, J. (1977). Enemies of exploration: Self-initiated versus other-initiated learning. *Journal of Personality and Social Psychology, 35*(7), 459.

Cordova, D. I., & Lepper, M. R. (1996). Intrinsic motivation and the process of learning: Beneficial effects of contextualization, personalization, and choice, *Journal of Educational Psychology, 88*, 715-730.

Csikszentmihalyi, M. (2014). Toward a psychology of optimal experience. In *Flow and the foundations of positive psychology* (pp. 209-226). Springer, Dordrecht.

Csikszentmihalyi, M., & Csikszentmihalyi, I. S. (1992). *Optimal experience: Psychological studies of flow in consciousness*. Cambridge university press.

deCharms, R. (1976). *Enhancing motivation: Change in the classroom*. New York: Irvington.

deCharms, R. (1984). Motivation enhancement in educational settings. In R. E. Ames & C. A. Ames (Eds.), *Research on motivation in education: Student motivation* (Vol. 1, pp. 275-310). New York: Academic Press.

Deci, E. L., & Cascio, W. F. (1972). *Changes in intrinsic motivation as a function of negative feedback and threats*. Presented at the meeting of the Eastern Psychological Association, Boston.

Deci, E. L., Connell, J. P., & Ryan, R. M. (1989). Self-determination in a work organization. *Journal of Applied Psychology, 74*(4), 580-590.

Deci, E. L., Koestner, R., & Ryan, R. M. (1999). A meta-analytic review of experiment s examining the effects of extrinsic rewards on intrinsic motivation. *Psycholog ical Bulletin, 125*(6), 627-668.

Deci E. L. & Ryan, R. M. (1985). *Intrinsic motivation and self-determination in human behavior*. New York: Pleenum Press.

Deci, E. L., & Ryan, R. M. (1987). The support of autonomy and the control of behavior. *Journal of Personality and Social Psychology, 53*(6), 1024-1037.

Deci, E. L., & Ryan, R. M. (2002). Overview of self-determination theory: An organismic dialectical perspective. In E. L. Deci & R. M. Ryan (Eds.), *Handbook of self-determination research* (pp. 3-33). Rochester, NY: University of Rochester Press.

Deci, E. L., Ryan, R. M., Gagne, M., Leone, D. R., Usunov, J., & Kornazheva, B. P. (2001). Need satisfaction, motivation, and well-being in the work organizations of a former eastern bloc country: A cross-cultural study of self-determination. *Personality and Social Psychology Bulletin, 27*(8), 930-942.

Dewett, T. (2007). Linking intrinsic motivation, risk taking, and employee creativity in an R&D environment. *R&D Management, 37*(3), 197-208.

Dollinger, S. J., & Thelen, M. H. (1978). Overjustification and children's intrinsic moti vation: Comparative effects of four rewards. *Journal of Personality and Social Psychology, 36*(11), 1259-1269.

Eisenberger, R., Pierce, W. D., & Cameron, J. (1999). Effects of reward on intrinsic motivation: Negative, neutral, and positive: Comment on Deci, Koestner, and Ryan (1999). *Psychological Bulletin, 125*, 677-691.

Gagne, M., Koestner, R., & Zuckerman, M. (2000). Facilitating acceptance of organiza tional change: The importance of self-determination. *Journal of Applied Social Psychology, 30*(9), 1843-1852.

George, J. (2007). Creativity in organizations. *The Academy of Management Annuals, 1*(1), 439-477.

Gillet, N., Colombat, P., Michinov, E., Provost, A. M., & Fouquereau, E. (2013). Procedural justice, supervisor autonomy support, work satisfaction, organizational identification, and job performance: The mediating role of need satisfaction and perceived organizational support. *Journal of Advanced Nursing, 69*, 2560-2571.

Gillet, N., Gagne, M., Sauvagere, S., & Fouquereau, E. (2013). The role of supervisor autonomy support, organizational support, and autonomous and controlled motivation in predicting employees' satisfaction and turnover intentions. *European Journal of Work and Organizational Psychology, 22*(4), 450-460.

Grolnick, W. S., & Ryan, R. M. (1987). Autonomy in children's learning: an ex-perimental and individual difference investigation. *Journal of Personality and Social Psychology, 52*(5), 890-898.

Harackiewicz, J. M. (1979). The effects of reward contingency and performance feedback on intrinsic motivation. *Journal of Personality and Social Psychology, 37*(8), 1352-1363.

Harter, S. (1978). Pleasure derived from challenge and the effects of receiving grades on children's difficulty level choices. *Child Development, 49*, 788-799.

Henderlong, J., & Lepper, M. R. (2002). The effects of praise on children's intrinsic motivation: a review and synthesis. *Psychological Bulletin, 128*(5), 774-795.

Heneman, R. L. (1992). *Merit pay: linking pay increases to performance ratings.* New

York: Addison-Wesley Publishing Co.

Henrich, J., Heine, S. J., & Norenzayan, A. (2010). The weirdest people in the worl d?. *Behavioral and Brain Sciences, 33*(2-3), 61-83.

Hetland, H., Hetland, J., Schou Andreassen, C., Pallesen, S., & Notelaers, G. (2011). Leadership and fulfillment of the three basic psychological needs at work. *Car eer Development International, 16*(5), 507-523.

Hon, A. (2012). Shaping environments conductive to creativity. *Cornell Hospitality Quarterly, 53*(1), 53-64.

Horney, K. (1937). *The neurotic personality of our time.* New York: W. W. Norton.

Iyengar, S. S., & Lepper, M. R. (2000). When choice is demotivating: Can one desire too much of a good thing?. *Journal of Personality and Social Psychology, 79*(6), 995-1006.

Kast, A., & Connor, K. (1988). Sex and age differences in response to informational and controlling feedback. *Personality and Social Psychology Bulletin, 14*(3), 514-523.

Knowles, M. S. (1970). *The modern practice of adult education.* New York: New York Association Press.

Knowles, M. S. (1984). *Andragogy in action: Applying modern principles of adult education.* San Francisco: Jossey Bass.

Kohn, A. (1993). *Punished by rewards: The trouble with gold stars, incentive plans, A's, Praise, and other bribees.* Boston: Houghton Mifflin.

Kovjanic, S., Schuh, S. C., Jonas, K., Quaquebeke, N. V., & Dick, R. (2012). How do transformational leaders foster positive employee outcomes? A self-determination based analysis of employees' needs as mediating links. *Journal of Organizational Behavior, 33*(8), 1031-1052.

Lepper, M. R., & Greene, D. (1975). Turning play into work: Effects of adult surveillance and extrinsic rewards on children's intrinsic motivation. *Journal of Personality and Social Psychology, 31*(3), 479-486.

Lepper, M. R., Greene, D., & Nisbett, R. E. (1973). Undermining children's intrinsic interest with extrinsic reward: A test of the "overjustification" hypothesis. *Journal of Personality and Social Psychology, 28*(1), 129-137.

Minbaeva, D. B. (2008). HRM practices affecting extrinsic and intrinsic motivation of knowledge receivers and their effect on intra-MNC knowledge transfer. *International Business Review, 17*(6), 703-713.

Moller, A. C., Deci, E. L., & Ryan, R. M. (2006). Choice and ego-depletion: The moderating role of autonomy. *Personality and Social Psychology Bulletin, 32*(8), 1024-1036.

Nix, G. A., Ryan, R. M., Manly, J. B., & Deci, E. L. (1999). Revitalization through self-regulation: The effects of autonomous and controlled motivation on happiness and vitality. *Journal of Experimental Social Psychology, 35*(3), 266-284.

Orlick, T. D., & Mosher, R. (1978). Extrinsic awards and participant motivation in a sport related task. *International Journal of Sport Psychology, 9*, 29-39.

Pallak, S. R., Costomiris, S., Sroka, S., & Pittman, T. S. (1982). School experience, reward characteristics, and intrinsic motivation. *Child Development, 53*, 1382-1391.

Patall, E. A., Cooper, H., & Robinson, J. C. (2008). The effects of choice on intrinsic motivation and related outcomes: a meta-analysis of research findings. *Psychological Bulletin, 134*(2), 270-300.

Reeve, J. (2014). *Understanding motivation and emotion*. John Wiley & Sons.

Reeve, J., Jang, H., Hardre, P., & Omura, M. (2002). Providing a rationale in an autonomy-supportive way as a strategy to motivate others during an uninteresting activity. *Motivation and Emotion, 26*(3), 183-207.

Reeve, J., Nix, G., & Hamm, D. (2003). Testing models of the experience of self-determination in intrinsic motivation and the conundrum of choice. *Journal of Educational Psychology, 95*(2), 375-392.

Rummel, A., & Feinberg, R. (1988). Cognitive evaluation theory: A meta-analytic review of the literature. *Social Behavior and Personality: an International Journal, 16*(2), 147-164.

Ryan, R. M. (1982). Control and information in the intrapersonal sphere: An extension of cognitive evaluation theory. *Journal of Personality and Social Psychology, 43*(3), 450-461.

Ryan, R. M. (1991). The nature of the self in autonomy and relatedness. In J. Strauss & G. R. Goethals (Eds.), *The self: Interdisciplinary approaches* (pp. 208-238). Springer New York.

Ryan, R. M. (2010). *The fifth "mini-theory" of SDT: Intrinsic and extrinsic goal contents in theory, research, and application*. Symposium presented at The 4th International Conference on SDT, Ghant, Belgium.

Ryan, R. M., & Connell, J. P. (1989). Perceived locus of causality and internalization: examining reasons for acting in two domains. *Journal of Personality and Social Psychology*, *57*(5), 749-761.

Ryan, R. M., Connell, J. P., & Grolnick, W. S. (1992). When achievement is not intrinsically motivated: A theory of internalization and self-regulation in school. In A. K. Boggianno & T. S. Pittman (Eds.), *Achievement and motivation: A social-developmental perspective*. Cambridge University Press.

Ryan, R. M., & Deci, E. L. (2017). *Self-determination theory: Basic psychological needs in motivation, development, and wellness*. Guilford Publications.

Ryan, R. M., & Deci, E. L. (2000a). Intrinsic and extrinsic motivations: Classic definitions and new directions. *Contemporary Educational Psychology, 25*(1), 54-67.

Ryan, R. M., & Deci, E. L. (2000b). Self-determination theory and the facilitation of intrinsic motivation, social development, and well-being, *American Psychologist, 55*, 68-78.

Ryan, R. M., & Grolnick, W. S. (1986). Origins and pawns in the classroom: Self-report and projective assessments of individual differences in children's perceptions. *Journal of Personality and Social Psychology, 50*(3), 550-558.

Ryan, R. M., & Lynch, J. H. (1989). Emotional autonomy versus detachment: Revisiting the vicissitudes of adolescence and young adulthood. *Child Development, 60*(2) 340-356.

Sansone, C. (1989). Competence feedback, task feedback, and intrinsic interest: An examination of process and context. *Journal of Experimental Social Psychology, 25*(4), 343-361.

Schunk, D. H., & Hanson, A. R. (1989). Self-modeling and children's cognitive skill le arning. *Journal of Educational Psychology, 81*(2), 155-163.

Seligman, M. E. (1972). Learned helplessness. *Annual review of Medicine, 23*(1), 407-412.

Seligman, M. E. (1975). *Helplessness: On depression, development, and death.* WH Freeman/Times Books/Henry Holt & Co.

Sheldon, K. M., Elliot, A. J., Kim, Y., & Kasser, T. (2001). What is satisfying about sati sfying events? Testing 10 candidate psychological needs. *Journal of Personalit y and Social Psychology, 80*(2), 325-339.

Soenens, B., Vansteenkiste, M., Luyten, P., Duriez, B., & Goossens, L. (2005). Maladaptive perfectionistic self-representations: The mediational link between psychological control and adjustment. *Personality and Individual Differences, 38*(2), 487-498.

Swanson, R. A., & Holton, E. F. (2001). *Foundations of human resource development.* Berrett-Koehler Publishers.

Teigland, R., & Wasko, M. (2009). Knowledge transfer in MNCs: Examining how intrinsic motivations and knowledge sourcing impact individual centrality and performance. *Journal of International Management, 15*(1), 15-31.

Tierney, P., Farmer, S. M., & Graen, G. B. (1999). An examination of leadership and employee creativity: The relevance of traits and relationships. *Personnel Psychology, 52*(3), 591-620.

Trepanier, S. G., Fernet, C., & Austin, S. (2015). A longitudinal investigation of workplace bullying, basic need satisfaction, and employee functioning. *Journal of occupational health psychology, 20*(1), 105-116.

Vallerand, R. J., & Reid, G. (1984). On the causal effects of perceived competence on intrinsic motivation: A test of cognitive evaluation theory. *Journal of Sport Psychology, 6*(1), 94-102.

Vansteenkiste, M., Lens, W., & Deci, E. L. (2006). Intrinsic versus extrinsic goal cont ents in self-determination theory: Another look at the quality of academic mo tivation. *Educational Psychologist, 41*(1), 19-31.

Vansteenkiste, M., Simons, J., Lens, W., Soenens, B., & Matos, L. (2005). Examining the motivational impact of intrinsic versus extrinsic goal framing and autonomy-supportive versus internally controlling communication style on early adolescents' academic achievement. *Child Development, 76*(2), 483-501.

Wiersma, U. J. (1992). The effects of extrinsic rewards in intrinsic motivation: A meta-analysis. *Journal of Occupational and Organizational Psychology, 65*(2), 101-114.

Zhang, X., & Bartol, K. M. (2010). Linking empowering leadership and employee creativity: The influence of psychological empowerment, intrinsic motivation, and creative process engagement. *Academy of Management Journal, 53*(1), 107-128.

Zuckerman, M., Porac, J., Lathin, D., & Deci, E. L. (1978). On the importance of self-determination for intrinsically-motivated behavior. *Personality and Social Psychology Bulletin, 4*(3), 443-446.

일터학습의 역할: 초기경력자의 조직사회화 제고를 중심으로

황영훈(younghh1346@naver.com), 김진모(jimmy812@snu.ac.kr)

황영훈은 서울대학교에서 교육학으로 석사, 박사학위를 취득하였고, 인사혁신처 국가인재원에서 행정사무관으로 재직하였다. 현재 한라그룹 인재개발원에서, R&D 및 직무교육과정 개발과 HRD제도 기획을 담당하고 있다.
김진모는 서울대학교에서 교육학으로 석사, 박사학위를 취득하였고, LG경영개발원 인화원에서 HRD컨설턴트로 활동하였다. 현재 서울대학교 농산업교육과 정교수로 재직 중이며, 기업교육 프로그램 개발, 역량진단 및 체계수립, HRD 컨설팅 분야를 강의하며 연구하고 있다.

* 이 글은 2019년 2월에 발행된 「HRD연구」 21권 1호에 게재된 논문을 수정·보완한 것임.

일터학습의 역할: 초기경력자의 조직사회화 제고를 중심으로

황영훈, 김진모

문제 제기: 일터학습은 조직사회화에 기여할 수 있는가?

신입직원을 어떻게 '일 잘하는 우리 사람'으로 만들 것인가? 초기경력자의 적응과 퇴사 문제는 조직이 갖는 중요한 화두일 것이다. 특히 퇴사할 마음은 있을지언정 퇴사율이 낮은 국가 · 공공기관에 비해, 이직이 용이하고 사례도 많은 민간 기업에게는 상당히 중요한 주제이다. 구인구직 플랫폼 '사람인'이 실시한 올해 576개 기업 인사담당자 대상 조사에 따르면, 현재의 고용불황 속에서도 1년차 이하의 신입사원 퇴사율은 27.8%였으며, 전체 퇴사자 중 1년차 이하가 48.9%, 2년차가 21.7%로 나타났다. 더 아쉬운 점은 이러한 상황이 최근 10여 년 동안 개선되지 않았다는 데 있다. 초기경력자의 퇴사와 이직은 개인 차원에서 안정적인 전문성 함양 및 경력 개발을 저해하고, 조직 차원에서는 기존 조직구성원의 사기 저하, 인적자원 투자비용 증가(임정연, 이영민, 2013; 장서영, 장원섭, 2008)와 같은 문제를 발생시킨다. 이들은 어떤 이유로 힘들게 구한 직장을 나가려는 것일까. 최근 조사와 연구들을 종합하면 조직과 직무에 대한 부적응으로 요약할 수 있다(황영훈, 김진모, 2019).

초기경력자의 직무와 조직 부적응으로 인한 퇴사 문제를 해결하기 위한 개념으로 조직사회화를 떠올릴 수 있다. 조직사회화는 조직구성원이 효과적으로 업무를 수행하기 위해 필요한 조직의 가치, 역사와 업무 지식, 기술, 행동 등을 익히는 과정(Ashforth, Saks, & Lee, 1997; Chao, O'Leary-Kelly, Wolf, Klein, & Gardner, 1994)으로 정의된다. 신입직원의 조직사회화를 위해 일방향적 조기 전력화에 초점을 맞추던 과거와 달리, 1990년대 이후에는 초기경력자의 적응 실패로 인한 직장 내 반생산적 직장 행동과 퇴사 문제가 대두되면서, 조직사회화의 중요성이 본격적으로 부각되었다(Holtom, Mitchell, Lee, & Everly, 2008).

이와 더불어 최근 들어 조직문화를 뒤흔들 두 가지 이슈가 등장함에 따라 조직은 신입직원에 대한 조직사회화 전략 변화에 노력을 기울이고 있다.

첫 번째 이슈는 밀레니얼 세대의 사회 진입이다. 밀레니얼 세대는 1980년대부터 1990년대에 태어난 인구 집단으로, X세대의 뒤를 잇지만 이들과는 명확하게 구분되는 특성을 지닌다. 밀레니얼 세대는 조직보다 개인을 중심으로 생각하는 개인주의를 바탕으로, 상대적으로 일-생활 균형(Work-Life Balance)을 추구하며 솔직하고 주체적인 의사소통을 하는 경향이 있다. 최근 산업 현장에 밀레니얼 세대가 전체 직원의 절반을 차지함에 따라, 기성세대와의 가치관과 의사소통의 차이로 인해 업무 내외적인 갈등이 유발되는 상황이다. 이로 인해 조직은 민간과 공공을 가리지 않고 관리자급에 민주적 리더십을 요구하고 있으며, 최근 입사한 밀레니얼 세대를 위해 새로운 형태의 업무 행태 및 인사 제도를 고민하고 있다.

두 번째 이슈는 COVID-19 창궐로 인한 업무 방식의 변화이다. 그동안 축적된 기술을 바탕으로 업무 효율성을 제고하는 시스템이 몇몇 기업을 중심으로 점진적으로 활용되다가, 비대면 국면에 진입함에 따라 그 활용이 폭발적으로 증가하였다. 여기서 주목할 점은 임시방편으로 채택한 재택근무제와 실시간 온라인 교육 및 이러닝의 효과성이 이번 사태로 입증됨에 따라, 그 활용이 전방위적으로 확대될 움직임을 보이고 있다는 것이다. 현재까지는 선도적인 대기업을 중심으로 집합교육을 축소하고 이러닝 체제를 확대하고 있지만, 이런 움직임이 확대될 경우 초기경력자는 집단 소속감의 결여와 함께 이에 따르는 부적응과 업무숙달 부족 문제를 겪을 가능성이 높다.

이와 같은 상황에서 조직사회화 제고를 위해 어떤 관점으로 접근할 것인지 생각해야 한다. 기존의 관점은 Jones(1986)의 조직사회화 전략(정보제공 맥락/정보내용/조직사회적 맥락)에 따라 다양한 제도로 신입직원을 관리하는 데 초점이 맞춰져 있으며, 주로 채용, 직무배치 및 보상 등의 인사관리 제도의 틀 안에서 해결하려는 경향이 있었다. 또한 이 관점에서는 업무와 학습이 명확히 구분되기 때문에 업무 내적인 측면에서는 효과적일 수 있으나, 학습의 측면에서는 인적자원관리의 시각에 따라 단순히 교육훈련이나 멘토링 운영으로 해결하려 하기 때문에 한계가 있다. 그러나 제도로 사람을 관리하는 관점에서 벗어나 사람의 개발과정으로 생각한다면 일터학습의 관점으로 보는 것이 바람직할 것이다. 초기경력자는 입직 시점부터 일터 환경에서 업무 지식과 기술을 습득하여 전문성을 축적하기 시작하고 환경과 상호작용을 통해 업무 및 조직에 대한 태도를 빠른 속도로 형성하며, 자신의 경력 계획에 관한 기초적이고 중요한 지식과 경험을 쌓는다(Bauer, Bodner, Erdogan, Truxillo, & Tucker, 2007). 2000년대 후반부터 현장에서는 기존의 집합교육에 멘토링과 OJT 등을 강화하여 신입 직원들의 적응을 지원하고 있으며, 이 시기부터 사내 교육제도나 무형식학습과 조직사회화 간 관계를 검증하는 연구가 시작되었다(황영훈, 2017).

종합하면 최근까지의 연구는 조직사회화를 인적자원관리의 시각에서 조직사회화 제고를 위한 인사제도의 효과를 검증하거나, 무형식학습 또는 구체적인 개별 교육방식(멘토링, OJT, 집합교육 등) 단위로 조직사회화에 미치는 영향을 파악하는 데 그쳤기 때문에, 일터에서 이루어지는 일련의 학습들이 조직사회화에 긍정적인 효과를 줄 수 있을지에 대한 의문을 해소하기에는 아쉬움이 있었다. 특히 일터학습에서 형식학습의 경우, 70:20:10 이론의 부상으로 형식학습의 효과에 대한 의심은 깊어지고 있지만 형식학습 측정의 어려움으로 인해 연구에 의미있는 진전은 없었다. 그리고 일터학습과 조직사회화 간 관계를 설명하면서, 초기경력자의 일터학습은 어떤 메커니즘으로 활성화되는 것인가에 대하여도 논의할 필요가 있다.

따라서 이 논고에서는 초기경력자의 조직사회화를 위해 일터학습이 어떤 역할을 할 수 있을지에 대한 고민을 담고자 하였다. 이에 다음과 같은 두 가지 이슈를 중심으로 논의하고자 한다. 첫째는 초기경력자의 일터학습은 어떤 메커니즘으로 활성화되는지에 관한 것이고, 둘째는 초기경력자의 일터학습이 조직사회화에 기여하는지에 관한 것이다. 이에 초기경력자의 조직사회화를 개인의 성장과 개발의 관점으로 인식을 전환하고, 이를 토대로 조직사회화 제고를 위한 일터학습의 중요성을 말하며, 포스트코로나 시대의 일터학습 운영 전환 및 환경 설계에 의미를 부여하고자 한다.

일터학습과 조직사회화 관련 이슈

• 조직사회화의 개념과 관련 이슈

조직사회화의 개념과 특성

조직사회화는 Schein의 1968년 연구 이후 조직사회화의 개념 구명과 조직 내 사회화 과정을 설명하기 위한 모형을 설정하면서 발전하게 되었다. Schein(1990)은 조직사회화 연구를 시작하면서 조직사회화를 '조직사회에서 필요한 요령과 조직의 관습을 배우고 조직에서 중요한 것들을 중요하다고 인식하도록 학습시키고 훈련하는 과정'으로 설명하였다. 이후 조직사회화의 개념은 이를 연구하는 여러 학자들에 의해 다양한 정의가 등장했는데, 공통적으로 신규 조직구성원이 그들의 업무를 익히고 직장에 적응하는 것을 돕는 조직차원의 지원과정(Ashforth, Sluss, & Saks, 2007; Ostroff & Kozlowski, 1992)으로 보거나 조직 외부인에서 효과적인 조직 내부인으로 변화하는 과정에서 필요한 조직의 지식을 공유하고 새로운 역할을 학습하는 것으로도 설명한다(Feldman, 1976; Jex & Britt, 2008; Morrison, 2002). 이에 개인과 조직의 관점을 모두 포함하여 조직사회화의 개념을 파악하면, 업무관련 지식 및 기술 학습, 조직문화에 대한 지식 및 태도의 학습과 전달 등의 요소를 포함한다(Chao et al., 1994).

종합하면, 조직사회화는 개인이 환경과의 상호작용을 통해 지속적으로 자기개발하는 과정으로, 입사 직전부터 퇴사할 때까지 이루어지는 것이다(장원섭, 장지현, 김민영, 2011). 이 과정은 직무와 조직에 대한 일터 내에서의 학습에 바탕을 두고 있으며, 이 과정에서 조직과 개인의 상호작용이 일어나며, 차후에는 개인과 조직 간 합의를 이루고자 한다. 즉, 조직사회화란 조직에 대한 충분한 학습에 기초한 개인과 조직의 상호 합의를 위한 경험적 과정으로, 조직구성원으로서 경력 전반에 걸쳐 이루어지는 과정이다.

조직사회화 연구동향 및 현장 이슈

조직사회화 연구는 1968년부터 수행되어 왔고 경영학, 심리학 분야의 연구자들에 의해 많은 연구가 수행됨에 따라 이와 관련된 연구를 모두 리뷰하기에는 현실적인 어려움이 있다. 이에 특정 변인과 관련된 문헌을 가급적 총체적으로 리뷰하기 위해서는 해당 변인에 대한 통합적 문헌고찰이나 메타분석 연구를 참고하는 것이 보다 효과적이다(박종선, 2015). 초기경력자의 조직사회화와 관련된 대표적인 메타 연구는 Bauer 등(2007)의 연구가 있다. 이 연구는 초기경력자의 조직사회화 과정에서 조직적응과의 관계를 다룬 70개의 연구를 바탕으로 메타분석을 활용한 경로분석을 실시하였다. 이 연구에서는 Jones(1986)의 조직사회화 전략에 근거하여 초기경력자 개인의 정보탐색 활동과 조직의 조직사회화 전략이 초기경력자의 조직적응에 긍정적인 영향을 미치며, 결론적으로 인적자원 성과에 기여한다는 개념모형을 설정(<그림 1> 참고)하고, 메타분석을 활용한 경로분석으로 인과관계를 검증하였다.

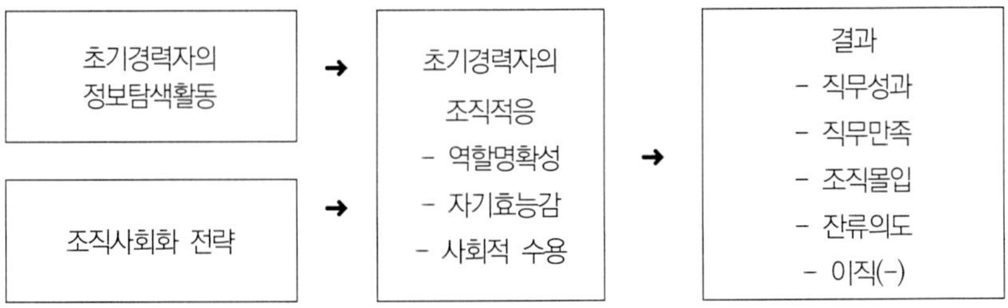

〈그림 1〉 조직사회화 과정에서 적응의 선행사건과 결과에 대한 개념적 모형

출처: Bauer, T. N., Bodner, T., Erdogan, B., Truxillo, D. M., & Tucker, J. S. (2007; 208) Newcomer adjustment during organizational socialization: a meta-analytic review of antecedents, outcomes, and methods. Journal of applied psychology, 92(3), p. 708 발췌.

2000년 이후 조직사회화 관련 연구들은 큰 틀에서 Bauer 등(2007)의 연구를 벗어나지 않는 것으로 보인다. 단, 최근의 국내 연구를 살펴보면 새롭게 등장한 추상적 개념과의 관계를 확장해가는 연구보다는 특정 섹터(공공조직), 산업군(의료, 항공, 관광 등), 인구집단(직업계고 졸업생) 등을 대상으로 하여 현장에 적합한 조직사회화 전략을 모색하는 데 목적을 둔 연구가 많이 등장하였다. 조직사회화와 관련된 HRD 분야의 최근 연구 동향에서 특기할 점은, 무형식학습, 멘토링, 직무교육이 조직사회화에 미치는 영향을 검증한 연구들이 있지만, 그 수는 미미하였으며, 모두 양적 연구로 수행되었다는 것이다.

조직사회화 관련 현장 이슈

조직사회화는 개념의 특성상 주로 신입직원 또는 초기경력자를 대상으로 연구가 수행된다. 초기경력자는 조직에서의 업무 경험이 없이 처음 입직한 자로, 일반적으로 학교를 마치고 노동시장에 새롭게 진입하는 사람(장원섭, 장지현, 김민영, 2011)인데, 국내외 연구에서는 주로 입사 후 3년(주홍석, 정철영, 2015)이나 5년 미만인 자로 정의한다(김소영, 장원섭, 김민영, 2007; 심우정, 2004; 장주희, 2005; Feldman, 1976). 주홍석과 정철영(2015)

은 한국노동연구원의 사업체패널조사 자료를 활용하여 인사담당자를 대상으로 초기경력자의 업무숙련에 소요되는 기간에 관한 조사를 실시하였는데, 99.5%의 인사담당자는 3년 이내에 업무가 능숙해진다고 하였다. 실제로 초기경력자는 여태 경험하지 못했던 상황에 빠르게 적응하고 상사와 동료의 기대에 부응하기 위해 업무 현장 내외에서 학습한 내용을 업무 현장에 적용해야 하는 상황에 부딪힌다. 그러나 이러한 과정 중 업무로부터 오는 스트레스에 어려움을 겪고 기성 조직에 반발하며 해당 상황의 개선을 기대하기 어렵다고 판단하면, 현재와 같은 고용 절벽 상황에서도 지속적으로 이직을 시도하거나 퇴사를 한다(황영훈, 김진모, 2019).

초기경력자를 대상으로 진행되는 가장 대표적이고 공식적인 조직사회화 방법은 신입직원 연수라는 집합교육 프로그램을 통해 조직사회화 프로그램의 제공에 초점을 두고 있다(채창균, 옥준필, 2006). 강대석(2007)에 따르면 초기경력자, 특히 신입직원을 대상으로 하는 교육 프로그램은 조직이 요구하는 인재로 성장할 수 있도록 인력을 조직 문화 동화에 동화시키는 데 목적을 두고 있으며, 조직, 부서 및 직무에 관한 공식적인 정보를 제공하고자 교육과정을 구성한다. 박소연(2011)은 선행연구 분석을 통해 대기업 초기경력자를 대상으로 이루어지는 교육 프로그램의 목적은 조직에 대한 이해, 조직생활기술 향상 및 기초직무역량 개발의 세 가지 목적을 가지고 운영된다고 하였다. 이외에도 국내 대기업에서 초기경력자들은 팀 내에서의 업무활동과 의도된 학습활동을 통해 직무와 조직에 적응하는데, 이 때의 학습활동은 주로 무형식학습으로 업무에 대한 성찰, 회의, OJT, 멘토링, 일상적 대화 등을 통한 타인과의 상호작용 활동, 외부정보 탐색 및 성찰 등을 포함한다.

• 일터학습의 개념과 관련 이슈

일터학습의 개념과 특성

형식학습과 무형식학습은 일터나 관련 장소에서 수행되는 학습으로 일터학습을 구성하는 개념이다. 일터학습은 Marsick과 Watkins(1987)가 일터에서 이루어지는 모든 학습활동으로 파악하며 최초로 개념화하였다. 이후 일터학습은 조직구성원의 역량개발을 위한 주요 방법으로, 개인, 팀 및 조직의 성과 향상과 함께 개인개발 및 경력목표 달성을 위한 학습 과정(Jacobs & Park, 2009)임을 논증하는 방향으로 연구가 전개되었다. 이러한 일터학습의 특성에 따라 학자들은 일터학습이 형식적, 무형식적, 그리고 비형식적 학습으로 구분될 수 있다고 제안하면서, 학습의 공식성, 계획성 및 구조화라는 속성을 부여하여 학습 상황을 구분하는 것이 바람직하다고 하였다(Clarke, 2005, Hodkinson & Hodkinson, 2004; Sambrook, 2005).

일터학습 연구는 주로 형식학습과 무형식학습이라는 두 유형으로 구분하여 연구된다. 우선 형식학습은 조직이 의도한 결과물을 조직구성원이 특정한 학습경험을 통해 익힐 수 있도록 시스템적 접근법을 활용하여 설계되었다는 특징을 갖는다(Manuti, Pastore, Scardigno, Giancaspro, & Morciano, 2015). 즉, 형식학습은 업무에 필요한 특정 역량을 향상시키기 위한 전통적 형태의 학습으로, 조직이 의도한 목적을 달성할 수 있도록 운영되는 체계적이고 공식적인 교육프로그램 맥락에서의 학습 행위를 의미하며, 실제로 관련 연구들도 대부분 집합교육을 다루거나 사내 공식적인 프로그램을 대상으로 수행된다.

무형식학습은 2000년대 이후 인적자원개발 분야에서 관심을 받고 있는 주제로(Manuti et al., 2015) 국내외 구분 없이 현재 매우 활발히 연구되고 있는 주제이다. 무형식학습은 그 특성상 실체가 명확한 형식학습과 달리 업무유형, 환경, 학습의 범위에 대한 연구자의 관점 차이로 인해 연구자별 정의에 다소 차이가 있다. 무형식학습은 Colley, Hodkinson과 Malcolm(2002)이 언급하였듯이 형식학습의 상대적인 개념으로 설명된다. 무형식학습은 형식학습이 구조화된 상황에서 기대되는 학습 결과물을 습득하는 데 초점을 두는 반면, 무형식학습은 구조화되지 않은 상황에서 자기 주도성을 기반으로 발생하는 학습이다. Marsick과 Watkins(2001)도 무형식학습을 정의하면서 형식학습과 대비되는 형태로 학습의 장소에 상관없이 비구조화된 형태로 실행되는 학습 활동으로 정의하였고, Eraut(2004, 2008)는 암묵적(implicit), 반응적(reactive), 숙고적(deliberative) 학습으로 구분하여 정의하였다. 국내 연구에서 문세연과 나승일(2011)은 무형식학습을 기존의 활동이나 과정의 개념이 아닌 학습활동의 결과로 파악하여 '일터에서의 업무활동 중 경험적이고 학습자 주도적으로 일어나는 성찰적 상호작용을 통해 업무지식을 획득하고 조직적응 및 맥락을 이해하며 조직구성원과의 관계를 형성하고 자기개발능력을 함양하는 것'으로 정의하였다. 황영훈과 김진모(2014)는 '일터에서 업무에 필요한 지식과 기술 획득을 위한 활동 중 형식학습을 제외한 모든 학습활동'으로 정의하면서, 무형식학습을 형식학습의 상대적 의미로 파악하였다. 종합하면, 무형식학습은 일터에서 업무 또는 업무와 간접적으로 관련된 상황에서 비구조적이고 비계획적으로 발생되는 비공식적인 학습 행위로 정의될 수 있다.

일터학습 관련 연구동향

일터학습 연구는 2000년 이후 급격하게 성장하였다. 일터학습 관련 연구는 일터학습 유형의 구분에 관한 논의가 어느 수준에 이른 이후에는 주로 무형식학습을 중심으로 문헌연구 및 양적 관계연구가 수행되었다.

한편 형식학습 관련 연구 수는 얼핏 많이 부족해보이지만, 실제로는 형식학습과 관련된 연구가 일터학습의 프레임에서 수행되지 않았을 뿐 실제로 일터에서의 교육훈련 관련 연구를 비롯하여 공식적 멘토링과 코칭, 체계적 현장직무훈련(Structured On-the-Job Training: S-OJT), 이러닝(e-learning) 등의 구체적인 학습 방법을 통해 수행되고 있다. 다만 형식학습을 주제로 하는 연구는 확실히 부족하였는데, 이는 형식학습이라는 개념의 측정이 어렵기 때문인 것으로 판단된다(황영훈, 김진모, 2019). 현재까지 명확히 형식학습을 중요 변인으로 다룬 양적연구는 주로 인적자본기업패널(HCCP)을 활용하여 여러 개의 공식적 교육방식 중 운영되고 있는 교육방식의 수로 형식학습의 수준을 측정하는 방식을 사용하였다. 국외 연구의 경우도 크게 다르지 않아서 운영되는 교육방식의 수와 연간 집합교육 수료 시간 및 과정 수 등으로 측정하는 경우가 많아 형식학습 도구가 형식학습의 일반적·조작적 정의를 측정하는 데 한계가 있었다. 이러한 한계점을 극복하고자 황영훈(2017)은 형식학습의 개념을 ① 학습준비, ② 내용습득(강의자), ③ 내용습득(기타 요인), ④ 기억 및 적용 계획으로 구분하여 개인 차원에서의 형식학습 수준을 측정하고자 하였다. 이외 반가운 점으로 일터학습 등장 초창기 이후 발견하기 어려웠던 질적연구들이 다시 등장하여 현장 지향적이고 많은 시사점을 제공하고 있다.

무형식학습 관련 연구는 1997년에 처음 등장하고 2006년부터 본격적으로 수행된 이후, 지속적으로 증가하여 현재는 KCI 등재후보 이상 학술지에 매년 20여 편 정도 게재될 만큼 HRD 연구자들에게 관심을 받고 있다. 최근 5년의 연구동향을 살펴보면, 무형식학습이 주로 독립변인이나 매개변인으로써 성과 변인에 주는 영향을 실증하는 것이 다수였다. 내용적 측면에서는 HRD의 전통적 주제인 학습효과, 학습전이 등을 다루는 것부터 조직행동학 분야의 변인들까지 매우 광범위한 주제를 아우르고 있다. 아쉬운 점은 무형식학습을 조직의 발전과 학습조직에 이르기 위한 중요한 방법임을 인식하였음에도 불구하고 종속변인으로써 이를 제고하는 개인 특성 및 조직 환경 변인을 활용한 모형 설계 및 실증 연구는 거의 없다는 것이다. 또한 양적연구의 급격한 증가에 비해 연구에 포함되는 변인과 분석방법은 다양성이 낮다는 점이다(김명섭, 서숙영, 최명숙, 2019).

일터학습 관련 현장 이슈

HRD는 응용학문으로써 현장과 끊임없이 상호작용하고 현장의 문제에 해결방안을 제시할 수 있어야 한다. 특히 HRD의 가장 전통적이고 기본적인 연구 주제인 일터학습은 HRD 현장이 가장 필요로 하는 분야이고, 현장의 훈련 및 개발을 선도하면서 방향성을 제시할 책임이 있는 분야이다. 이에 여기서는 최근 10년 동안 HRD에서 가장 큰 변화 요인이라고 할 수 있는 COVID−19 팬데믹 사태로부터 나온 현장의 이슈와 필자가 소속한 국가·공공 HRD 현장의 이슈를 중심으로 논하고자 한다.

최근 일터학습은 COVID−19 팬데믹 사태로 큰 변화에 직면해있다. 연례 행사로써 운영되던 신입직원 대상 교육, 계층 교육을 비롯하여 크고 작은 직무나 리더십 교육과정 운영이 어려워지면서 교육과정을 어떻게 운영해야 하는지에 대한 논의와, 과연 집합교육, 아니 HRD가 조직의 발전에 얼마만큼 기여하는지에 대한 질문에도 자답하는 상황으로 전개된 것이다. 결론적으로 조직마다 차이가 있지만 다수의 기업에서는 향후에도 집합교육을 폐지 혹은 최소한으로 운영하고 실시간 온라인 교육과 기존의 이러닝 활용을 확대하는 움직임을 보이고 있다. 또한 이 과정에서 단순히 교육운영 방식만 전환하는 데 그치지 않고, 교육과정을 신설, 폐지 및 축소하는 교육체계 단위의 개편과 함께 향후 인재개발원의 역할 변화까지 논의되고 있다.

국내 민간·공공 HRD기관 담당자 300명을 대상으로 조사한 월간 HRD의 '애프터 팬데믹 HRD의 방향' 조사 결과에 따르면, 향후 HRD는 이번 사태를 기점으로 디지털 전환을 가속화하며, 이의 일환으로 전통적 집합교육 기획·운영자에서 이러닝 플랫폼 운영자 및 학습경험 설계자로 역할이 바뀔 것이고, 특히 이러닝을 활용한 학습 설계에 초점을 맞출 것이라고 보았다.

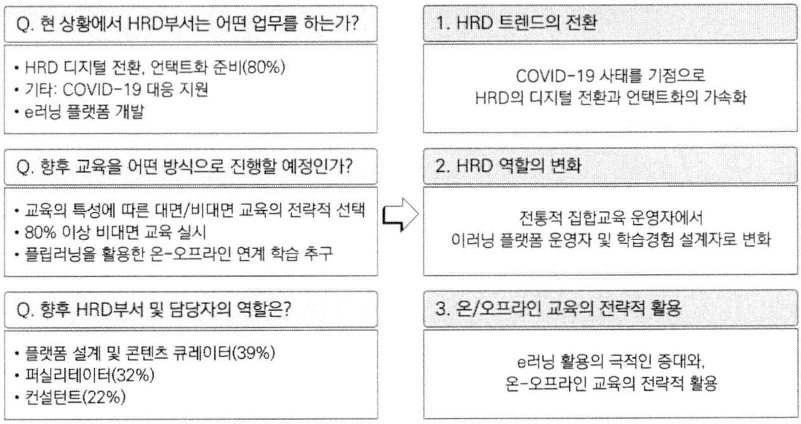

〈그림 2〉 '애프터 팬데믹' 시대 HRD의 주요 추진방향

출처: 월간HRD(2020.5.) '애프터 팬데믹 HRD의 방향' 설문조사 결과를 요약.

국가직 공직자의 인사관리와 인재개발을 담당하는 인사혁신처는 기존의 국민과 학습자의 요구를 반영한 국정과제 · 철학 · 공직가치 교육을 지속적으로 추진하고, 추가로 정부 학습조직화를 중요 전략과제로 제시하였다. 정부 학습조직화는 2019년부터 2022년까지 구축 중에 있는 AI 기반 공무원 인재개발플랫폼의 활용을 전제로, 업무 중 무형식학습(비정형학습)의 활성화와 AI의 학습에 필요한 데이터를 확보 및 전달하는 시스템 개발, 그리고 플립러닝 활용을 통해 참여형 교육으로 교육 운영방식을 바꿔 전반적인 교육의 효율성과 효과성을 제고하는 방향으로 가겠다는 전략이다. 이 전략과제가 잘 수행될 경우, 정부부처의 일터학습은 상시학습체계를 바탕으로 자발적 요구에 의한 이러닝 중심의 학습을 할 수 있으며, AI를 기반으로 한 이상적인 맞춤형 학습(adaptive learning)이 가능할 것이다. 또한 보다 높은 차원의 학습이 필요한 경우 국가인재원 등에서 참여형 교육을 수강하여 업무에 적용할 수 있는 가능성을 높일 것으로 보인다. 요컨대, 앞으로의 국가 · 공공 HRD의 방향은 효율성 극대화를 위해 무형식학습을 활성화하여 상시 일터학습이 가능한 체계를 구축하고자 한다.

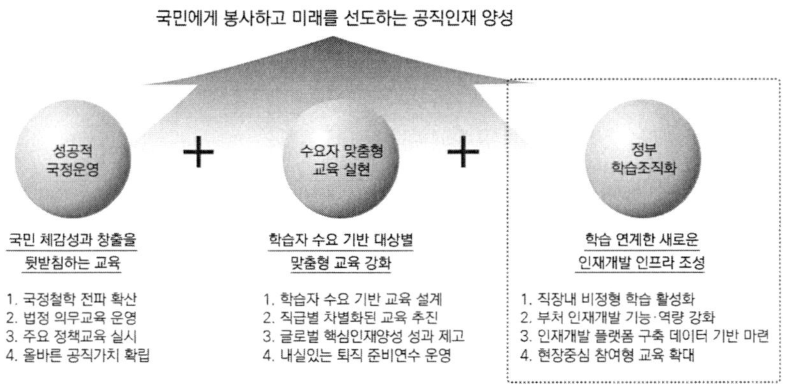

〈그림 3〉 2020년 공무원 인재개발 종합계획

출처: 인사혁신처(2020). 2020년 공무원 인재개발 종합계획을 재구성.

종합하면, 현장의 HRD는 밀레니얼 세대의 대두, COVID-19 팬데믹 사태, 과학기술과 교수방법의 발전에 힘입어 큰 변화의 초입에 들어선 것으로 보인다. 이에 HRD 연구자와 현장의 담당자들은 상호 발전을 위해 연구와 현장의 이슈를 잘 이해하고 현실지향적인 변화 방향을 설정할 수 있어야 한다. 즉, 학계는 현장이 요구하는 HRD 전반의 전략적 방향과 효과적인 HRD 솔루션들을 제공하고 현장은 학계가 필요로 하는 데이터, 기타 자원을 제공하여 현장이 필요로 하는 유의미한 방안을 확보하는 등의 방안이 요구된다.

일터학습과 조직사회화의 관계

◆ 일터학습과 조직사회화 관계에 관한 연구결과

형식학습과 무형식학습 간 관계

초기경력자들은 대부분 입사 및 배치 직전에 신입사원 연수라는 형식학습을 통해 조직과 관련된 핵심 이슈와 직무기초역량을 학습하게 된다. 이러한 형식학습을 통해 습득된 조직 및 직무 관련 내용들은 업무 상황에 적용하게 되는데, 이러한 적용 과정에서 초기경력자는 보다 높은 수준의 성과물을 창출하기 위해 다양한 학습 원천으로부터 스스로 학습을 시도하며, 시행착오와 자기성찰을 거쳐 업무 내외적으로 필요한 지식, 기술 및 태도를 내재화하게 된다. 즉, 대기업 영업직 초기경력자는 입사 이후 조직이 제공하는 형식학습 프로그램으로부터 조직 및 직무와 관련된 새로운 지식, 기술 및 태도를 학습하고, 학습된 내용들은 업무수행 과정에서 적용하면서 높은 수준의 성과 창출을 위한 무형식학습에 영향을 줄 것으로 유추할 수 있다.

형식학습과 조직사회화 및 이직의도 간 관계는 사회교환이론(social ex-change theory)으로 설명할 수 있다. 사회교환이론은 조직 또는 고용주와 조직구성원 간 신뢰와 의무에 근거한 상호 간 행동과 심리를 설명하는 이론이다. 사회교환이론의 관점에서 조직구성원들, 특히 초기경력자들은 입사 초기에 무엇인가 역할을 하고 싶다는 기대를 지니며, 이들은 자신이 조직으로부터 가치 있고 중요한 사람으로 인식되고 지원받기를 원하는 경향이 있다(Eisenberger, Huntington, Hutchison, & Sowa, 1986). 즉, 초기경력자들에게 실시되는 조직 차원의 교육 프로그램은 이들이 자신의 가치를 인식할 수 있게 하는 기제로 작용하고, 이는 곧 상호호혜의 측면에서 초기경력자의 조직에 대한 긍정적인 감정과 행동을 이끌어낼 수 있게 된다. 이러한 과정에서 형식학습의 교육 목표인 조직사회화 제고를 달성할 수 있게 된다.

Rowden(2002)은 형식학습 활동과 무형식학습의 관계를 논하면서, 형식학습에서 더 많은 경험을 지닌 개인은 학습한 내용을 바탕으로 더 많은 무형식학습을 수행하는 경향이 있다고 하였으며, Westbrook과 Veale(2001) 또한 형식학습을 열심히 수행하는 근로자는 자발적인 학습에 상대적으로 많은 시간을 투입한다고 하였다. 즉, 초기경력자를 대상으로 하는 형식학습 프로그램은 프로그램 종료 후 이들이 스스로 학습을 통해 역량을 발전시키는 원천을 제공한다(Burns, Schaefer, & Hayden, 2005). Choi와 Jacobs(2012)는 은행의 관리자 203명을 대상으로 형식학습과 무형식학습의 관계를 실증하였으며, 구조모형에서의 경로계수는 .39($p<.01$)로, 무형식학습 제고 모형에 포함된 변인 중 형식학습이 가장 큰 효과를 지니는 것으로 나타났다. 대기업 영업직 초기경력자 249명을 대상으로 연구한 황영훈과 김진모(2019)에서도 형식학습이 무형식학습에 유의한 영향을 미쳤다($\beta=.85$, $p<.01$).

일터학습과 조직사회화 간 관계

대기업 영업직 초기경력자를 대상으로 운영되는 교육 프로그램은 이들이 소속된 조직이 요구하는 인재로 육성할 수 있도록 역량을 키우는 과정이자 문화적 동화 과정이며, 이들에게 조직, 팀, 업무 등 정보를 제공하기 위해 실시한다(강대석, 2007). 또한 Jex와 Britt(2008)은 이러한 교육 프로그램은 초기경력자가 일을 효과적으로 수행하기 위한 교육과 조직 내 타인과 잘 지내도록 하는 관점 또한 포함된다고 하였다. 박소연(2011)은 신입사원을 대상으로 수행되는 대기업 그룹 차원의 교육은 주로 그룹에 대한 이해, 조직생활 기술 향상, 그리고 기초직무역량 개발에 주요 목적이 있다고 하였으며, 구체적인 주요 주제로는 그룹 개요 소개, 핵심가치 학습, 기업경영 방식의 이해, 팀워크 향상, 신입사원의 역할 및 업무 역량 등으로 구성되었다. 즉, 초기경력자를 대상으로 이루어지는 대기업의 형식학습은 이들이 조직에 대한 깊은 이해를 비롯하여, 조직 핵심가치, 팀원과의 대인관계, 신입사원으로서의 역할명확성을 확보하도록 하여 조직과 직무에 몰입할 수 있는 조직 태도적 측면의 긍정적인 변화를 이끌어내고자 한다. 즉, 초기경력자에 대한 형식학습은 교육 내용적 측면에서 조직사회화를 제고할 수 있다.

형식학습을 학습방법의 차원에서 살펴보면 조직사회화와 관련된 실증연구가 다수 존재한다. 이 연구들은 초기경력자를 대상으로 실시되는 공식적 멘토링에 집중되어 있는데, 국내외 멘토링 연구들은 이들의 멘토링 활동 수준이 조직사회화 제고에 긍정적인 영향을 주는 것으로 나타났다(김민선, 신용주, 2005; 김세웅, 2005; Ostroff & Kozlowski, 1993). 또한 멘토링의 효과를 조직사회화에서 보다 확장적 관점에서 수행한 연구(김우진, 2015; 서철현, 허양회, 2009; 송민철, 김진모, 2013; 차종석, 2011; Craig, Allen, Reid, Riemenschneider, & Armstrong, 2013; Goldner & Scharf, 2014; Scandura, Viator, 1994)들은 조직사회화를 매개로 하여 조직성과, 조직유효성을 비롯하여 이직의도와의 관계 또한 유의하게 설명하는 것으로 나타났다. 그러나 황영훈과 김진모(2019)의 연구에서는 형식·무형식학습, 조직사회화, 이직의도 간 구조모형에서 형식학습이 조직사회화에 직접적인 영향을 미치지 않았다.

요약하면, 집합교육, 멘토링의 경우 조직사회화에 긍정적인 영향을 미치는 것으로 나타났지만, 형식학습을 개별 교육 제도가 아닌 일반화 가능한 활동 영역으로 측정한 경우 조직사회화에 유의한 영향을 미치지 않았다.

무형식학습은 자기주도성을 바탕으로 타인과의 지식 교환, 외부정보 탐색 및 획득, 그리고 자기 성찰하는 것을 의미한다. 대기업 영업직 초기경력자의 무형식학습은 대체로 일터 환경, 특히 팀 환경에서 이루어지는데, 이들의 무형식학습의 대표적인 방법으로는 비공식적인 현장직무훈련(On-the-Job Training: 이하 OJT)과 멘토링이 있다.

팀 내 초기경력자는 형식학습을 통해 기초적인 내용을 학습하였다고 할지라도 이에 대한 경험이 없고 자신감이 상대적으로 낮기 때문에 업무를 수행하는 데 어려움을 겪는다. 따라서 업무 현장에서는 공식적인 지원 제도와는 별개로 팀 내 선배 직원을 중심으로 이들에게 OJT나 멘토링을 실시하며, 이때의 OJT와 멘토링은 대체로 비공식적이고 비계획적으로 수행된다. OJT는 업무 수행이 익숙한 선배 직원이 그렇지 못한 신입 혹은 후배직원에게 업무에 관해 가르쳐주는 비구조화된 교육 방식이다(Jacobs, 2003). 비공식적 멘토링은 조직에서 공식적으로 수행되는 멘토링과는 달리, 후배직원과 선배직원의 멘토－멘티(혹은 프로테제)의 관계가 자연스럽게 맺어지며, 이를 통해 업무 외적인 조직적응을 돕는 방법이다(김효섭, 노명화, 2015; 박소연, 2011; 오석영, 2014). 그리고 다수의 초기경력자 특성상 자신이 능력을 발휘하여 팀과 조직에 기여하고 인정받고 싶은 경향이 강하기 때문에 스스로 다양한 정보 원천으로부터 자발적인 학습을 수행하고자 한다. 이 과정에서 일어나는 시행착오와 자기성찰을 통해 이들은 조직의 목적과 가치, 조직과 부서의 내력, 조직의 은어와 전문용어 및 직무관련 지식과 기술을 점차 익혀나가며 조직에 적응하고 녹아들 수 있다.

국내 선행연구를 살펴볼 때, 문세연과 나승일(2011)은 기업의 근로자가 무형식학습을 통해 습득하는 요소로 업무지식, 조직적응 및 맥락, 대인관계, 자기개발능력으로 보았다. 이 요소들은 Chao 등(1994)의 선행연구들에서 제시된 조직사회화의 하위개념, 즉 업무수행 지식, 기술, 조직적응, 대인관계 등의 요소와 크게 유사하다. 또한 조직의 모든 환경이 낯설고 새로운 초기경력자의 경우 이러한 업무수행 지식, 기술과 조직적응 및 대인관계의 요소를 일반 근로자보다 더욱 효율적으로 습득할 수 있다. 대기업 초기경력자의 무형식학습과 조직사회화 간 관계에 대한 손성극(2016)의 실증연구에서는 무형식학습 중에서 자기 성찰은 조직사회화에 유의한 영향을 미쳤으며, 황영훈과 김진모(2019)에서도 대기업 영업직 초기경력자의 무형식학습이 조직사회화에 유의한 영향을 미치는 것으로 나타났다(β =.77, $p<.01$).

한편 형식학습, 무형식학습 및 조직사회화 간 설정된 관계에서 유추할 수 있는 또 다른 관계로서, 무형식학습의 매개효과를 유추할 수 있다. 즉, 대기업 영업직 초기경력자의 형식학습은 이들의 조직사회화에 직접 영향을 미치면서 또한 무형식학습에도 영향을 미치며, 이러한 무형식학습은 이들의 자기주도성을 바탕으로 조직사회화의 영역을 제고하면서 조직에 적응할 것이다. 황영훈과 김진모(2019)의 연구에서는 형식학습과 조직사회화의 관계에서 무형식학습이 완전매개변인으로서 유의한 효과가 있음을 실증하였다.

현재까지의 연구 결과를 바탕으로 일터학습과 조직사회화 간 관계를 종합하면 다음 <그림 4>와 같다.

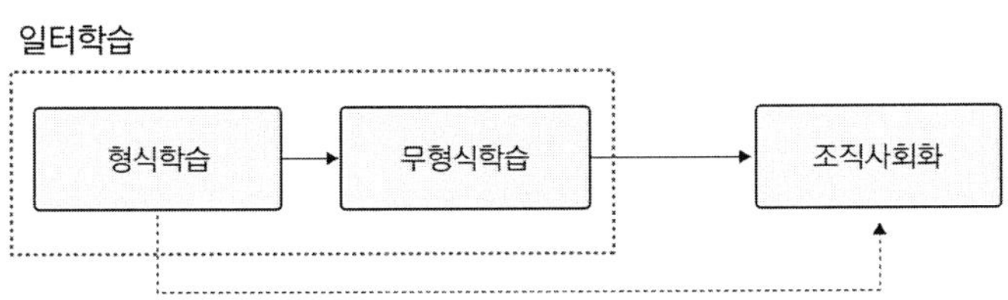

〈그림 4〉 일터학습과 조직사회화 간 관계

◆ 일터학습과 조직사회화 간 관계에서의 논의

이슈 1: 초기경력자의 형식학습은 무형식학습에 어떤 영향을 미치는가?

초기경력자들은 조직이 제공하는 공식적이고 구조화된 형식학습 교육 프로그램에 참여하고 그 속에서 이루어지는 바람직한 학습 활동들을 적절히 수행할 때, 업무현장 환경에서 자기주도적인 학습에 긍정적인 영향을 강하게 미치는 것으로 나타났다. 이러한 결과는 학습자로서 초기경력자의 사내 교육 프로그램 활동 수준이 향후 현업에서의 무형식학습을 예측하는 중요한 변인임을 시사한다. 즉, 초기경력자들에게 형식학습은 무형식학습의 전제적인 활동이자 촉매제임을 알 수 있다.

형식학습과 무형식학습은 Marsick과 Watkins(1987)에 의해 일터학습을 구성하는 개념으로 논의가 시작되었다. 그러나 형식학습의 경우 무형식학습과 달리 실체가 명확하고 익숙하며, 교육 프로그램과 관련된 학술적 논의가 근대 이후 심도 있게 진행되어 왔기에(Marsick & Watkins, 2001), 일터학습의 논의는 2000년대 이후 무형식학습에 초점이 맞추어져 발전되어 왔다. 실제로 형식학습은 무형식학습을 설명하기 위한 실체가 있는 상대적인 개념으로 인식되는 경향이 강하며, 일터 학습의 70~90%가 무형식적으로 일어난다는 선행연구들(Conlon, 2004; Day, 1998; Dobbs, 2000)로 인해 형식학습은 일터학습이라는 맥락에서 상대적으로 그 중요성이 낮아 보인다. 그러나 형식학습은 조직이 조직구성원들에게 조직의 목표를 제시하는 효율적인 수단이며 그 내용 또한 공식적이고 조직이 추구하는 바람직한 가치를 내포한다는 점에서, 조직구성원, 특히 초기경력자에게 형식학습은 필수적이다. 그리고 여기서 학습한 내용은 향후 조직 내 행동의 기준이자 교과서가 되고, 현업에서의 자기주도적 학습과 업무 적용에 필요한 원천으로 작용될 수 있다. 따라서 초기경력자에 대한 형식학습은 무형식학습을 예측할 수 있는 핵심 변인인 동시에 무형식학습을 존재하게 하는 전제로 간주할 수 있다.

한편 최근의 일터학습 연구에서 형식학습이 무형식학습에 강한 영향을 미치는 요인이면서 무형식학습의 전제 조건이 될 수 있다는 주장은 형식학습 교육 프로그램에 대한 조직의 새로운 시각을 줄 것으로 기대된다. 그동안 형식학습과 관련된 Rowden(2002), Choi와 Jacobs(2012), 최우재, 박윤희(2011), 조윤형, 최우재, 양복만(2012)의 연구에서는 형식학습을 학습활동 자체로 측정하지 않고, 교육훈련 방법별 참여 여부 또는 교육에 대한 조직의 지원 환경을 측정하였기 때문에, 형식학습에 대한 해석이 제한될 수밖에 없었다. 그러나 최근의 연구에서는 형식학습을 형식학습 프로그램에 대한 준비, 내용 습득, 학습내용을 기억하고 적용하기 위한 계획 활동으로 개념을 구성하고, 이러한 활동이 향후 현업에서 자기주도성을 바탕으로 수행되는 학습 활동에 긍정적인 영향을 준다는 점에서, 형식학습에 대한 해석과 연구의 범위를 넓힐 것으로 판단된다(황영훈, 김진모, 2019).

이슈 2: 초기경력자의 일터학습은 조직사회화에 어떤 영향을 미치는가?

초기경력자의 무형식학습과 조직사회화의 관계를 본다면 다음과 같다. 업무 현장의 문제 해결을 위해 팀장, 팀원 등 다른 조직구성원과 지속적으로 상호관계를 가지고, 관련 외부 정보를 지속적으로 탐색하며, 업무 경험을 회상하고 이를 개선하고자 하는 초기경력자는 높은 조직사회화 수준을 가질 것으로 예측된다. 대기업 초기경력자는 조직의 공식적인 목적과 가치, 조직의 역사 및 내력 등을 형식학습에서 주로 학습할 수 있지만 이는 업무 현장에서의 무형식학습을 통해 어느 정도 습득이 가능하며, 이외 대인관계, 조직 및 업계 언어, 업무수행 요소 및 조직 내 정치와 관련된 요소는 비구조화된 상황에서 의도적, 혹은 비의도적인 경험을 통하여 학습하게 된다.

조직사회화는 조직적응과 유사한 의미를 지니는데, 조직사회화는 선발된 조직구성원을 조직 맞춤형 인력으로 만들어 효율적으로 성과를 달성하게 하며, 나아가 조직에 대한 애착, 또는 직무배태성이나 조직특수성으로 인해 다른 조직으로의 이탈을 방지하게 하는 데 목적이 있다(Bauer et al., 2007). 따라서 조직은 초기경력자의 행동을 조직과 업무에 적합한 인력으로 변화시키기 위해 다양한 상황에 적합한 최선의 조직사회화 전략을 사용하고자 한다. 이 때의 전략들은 인적자원관리의 시각에서 다양한 인사관리 제도 또는 전략 중 집합적·개별적 전략과 형식적·비형식적 전략에서 일부 공식적 교육훈련 프로그램 또는 OJT를 일부 설명하고 있다. 그러나 앞서 검토한 연구결과를 통해, 조직사회화를 개인의 개발적 측면에서 바라보고, 이를 조직학습의 맥락에서 일터학습, 특히 무형식학습으로 제고할 수 있다는 것을 확인할 수 있었다.

한편 형식학습과 조직사회화의 관계는 조금 조심스럽게 해석할 필요가 있다. 앞서 살펴보았듯이 형식학습과 조직사회화 간 관계는 형식학습의 개별방식, 즉 집합교육이나 멘토링으로 접근했을 때 직접적인 영향을 주는 연구들이 많았다. 그러나 황영훈과 김진모(2019)의 연구와 같이 형식학습을 이의 일반화된 활동의 합으로 정의하고 무형식학습을 조직사회화 제고 모형에 포함시켰을 때 그 결과는 예상과는 다르게 나타났다. 왜 이렇게 상반된 결과가 나타났을까? 우선 황영훈과 김진모의 연구를 보았을 때 실제로 초기경력자의 형식학습과 조직사회화 잠재변인 간 유의한 상관이 있음(r=.487)에도 불구하고 학습 메커니즘을 생각한다면 직접적인 영향을 미치지 않을 수도 있다. 즉, 조직이 이들에게 제공한 공식적인 교육 프로그램 상황에서 적극적이고 바람직한 학습 활동을 한다고 해도 이러한 활동의 결과가 조직사회화에는 직접적인 영향은 없다는 것을 의미한다. 형식학습이 조직의 역사나 일부 업무 스킬과 같은 요소의 습득에는 효과가 있을 수 있지만, 조직 및 업무와 관련된 언어, 대인관계, 조직 내 정치적 요소는 형식학습과 같이 구조화된 상황에서는 습득하기 어렵다. 또한 조직의 목적과 가치는 형식학습을 통해 머리로 이해를 할지라도 현장 경험이 부족하고 개인의 가치관과 부합하지 않는 경우가 다수 존재하며, 특히 업무 특성에 따라 무형식학습과 같은 현업에서의 경험으로부터 큰 도움을 받을 수 있는 요소가 많아 보인다. 즉, 형식학습 프로그램에 열심히 임한다고 해서 그것만으로는 조직사회화에 긍정적인 영향을 미치는 데 어려움이 있을 수 있으며, 형식학습을 통해 축적된 지식, 기술 및 태도가 현장에서의 무형식학습을 통해 조직사회화에 긍정적인 영향을 미칠 수 있다.

향후 연구 및 실무에 대한 제언

• HRD 연구에 대한 제언

첫째, 보다 현장 지향적인 관점에서 일터학습을 연구할 필요가 있다. COVID-19로 인한 팬데믹은 사회 전반을 바꿨으며, 조직문화, 업무방식, 학습행태에서 큰 변화가 진행 중에 있다. 특히 현장은 형식학습의 측면에서 대기업과 국가 HRD 기관을 중심으로 집합교육을 폐지 및 축소하고 이러닝과 실시간 온라인 교육을 통해 필수 교육 중심으로 운영하고 있다. 그리고 무형식학습의 측면에서 업무와 학습의 경계를 무너뜨리기 위한 일련의 노력, 예컨대 이러닝 플랫폼을 개편하거나 AI를 기반으로 한 직무 중심의 인적자원 플랫폼을 구축하고 있다. 디지털 전환 시대의 HRD 연구들은 현장 내외적인 요구에 의해 형식학습과 이의 개편에 관한 주제로 자연히 증가할 것으로 보인다.

한편 무형식학습 관련 연구가 보다 가치를 지니기 위해서는 특히 현장의 갈증 해결에 도움을 줄 연구가 필요하다. 최근까지의 무형식학습 연구들을 살펴보면 무형식학습이 대체로 매개변인이나 독립변인으로 작용하여 성과 관련 변인에 긍정적인 영향을 미치는 조력자 역할을 검증하는 데 초점을 맞추고 있다. 그러나 무형식학습과 관련된 이러한 연구들의 시사점은 현장에서 큰 반향을 주기는 어려운데, 그 이유는 다음과 같다. 첫째, 무형식학습은 업무 일상에 늘 존재하여 왔던 현상이 일터학습이라는 프레이밍을 통해 마치 새롭게 등장한 것처럼 보이는 개념이기 때문이다. 둘째, 연구에 쓰이는 무형식학습의 정의와 측정도구는 '외부정보 탐색', '타인과의 상호작용', '성찰'을 대부분 포함하는데, 이 개념을 토대로 무형식학습 제고를 위한 시사점을 도출하기에는 일반론적 논의가 나오기 쉽기 때문이다. 이에 향후 무형식학습 관련 연구에서는 무형식학습 제고를 위한 조직맥락 구축 모형을 제안한 Ellinger(2005)나 국내 중소기업 환경에서의 무형식학습 활성화를 위한 모형을 검증한 문세연과 나승일(2011)의 연구와 같이, 무형식학습을 제고할 수 있는 학습경험을 어떻게 설계해야 하는지에 초점을 맞출 필요가 있어 보인다.

둘째, 초기경력자의 일터학습과 조직사회와 연구를 수행할 때에는 대상의 구체적인 특성을 반영한 연구가 요구된다. 연구 대상의 구체적 특성은 기업 규모, 직군 및 성별 등으로 생각해볼 수 있다. 기업 규모의 경우 중소기업은 대기업과 달리 학습 환경이 다소 열악하며 연봉이나 업무환경 등의 요소로 인해 일터학습의 양상이 다르고, 입직한 직원의 특성에도 차이가 있을 것이다. 직군 간 일터학습과 조직사회화 양상의 차이도 매우 클 것으로 보이는데, 단적인 예로 연구개발과 이외의 직군을 고려한다면 연구개발 인력 개인이 지니는 높은 전문성으로 인해 영업직과는 이직의 원인이 다를 수 있으며, 업무의 특성상 형식학습의 빈도가 매우 낮고 조직에 적응하고 사회화하려는 경향이 높지 않을 것으로 예상된다. 성별의 경우, 여성 초기경력자는 결혼과 육아, 혹은 이에 대한 준비로 인해 남성 초기경력자보다 조직 이탈을 다소 쉽게 생각하는 경향을 보일 가능성이 있으며, 이로 인해 조직에 적응하는 메커니즘이 남성과 다를 수 있다. 즉, 현재 수행된 수많은 조직사회화 연구에서 새로운 가치를 더하기 위해서는 일터학습과 결부시키는 것과 함께 대상의 차이를 고려한 설계가 필요할 것으로 보인다.

셋째, 조직사회화를 현재의 국내 환경에 적합하도록 재정의하고, 밀레니얼 세대의 대두와 포스트 코로나 시대의 조직문화를 반영하여 도구를 개발할 필요가 있다. Bauer 등(2007)은 Chao 등(1994)의 도구가 조직사회화의 측정도구로 일반적으로 활용되지만 연구의 필요에 의해 관찰변인들을 선택적으로 활용한다고 하였다. 실제로 Chao 등의 도구를 활용한 국내외 선행연구에서는 역사, 정치를 관찰변인으로 활용하는 선행연구는 거의 없었으며, 대체로 조직 목표 및 가치와 대인관계를 포함하고 여기서 업무수행 효율성 정도를 추가하는 연구가 일부 있었다. 이러한 현상은 도구가 개발된 1994년 미국의 상황과는 달리, 현재의 국내 대기업 영업직 초기경력자에게는 조직사회화 또는 조직 적응의 요소로서 조직 역사와 정치를 중요하게 인식하지 않는 것으로 해석할 수 있다. 그리고 이 도구는 역문항이 많아 국어로 번역할 경우 부정적 어구의 위치로 인해 영어에 비해 직관적으로 이해하기 어려우며 동일한 관찰변인 내 문항들 간 공통성이 높아 응답자들이 피로를 느끼기 쉬운 조건을 갖추고 있다. 따라서 향후 조직사회화 연구에서는 이의 재정의를 비롯하여 구인타당도, 신뢰도 및 가독성을 확보할 수 있는 도구의 개발이 필요하다.

◆ HRD 현장에 대한 제언

첫째, 형식학습, 특히 집합교육의 효율성을 추구해야 한다. 향후 신입직원을 대상으로 하는 교육에서도 집합교육의 빈도와 일정 자체가 줄어들 것으로 예상되기 때문에 특정 교육과정과 교과목을 집합교육으로 운영해야 하는 목적을 명확히 하고, 교과목 및 교육과정의 특성, 학습자의 특성에 적합한 교수방법을 적용해야 한다. 특히 이러닝이 활성화될 경우 플립러닝을 활용하는 조직이 많아질 것으로 보이는데, 이 경우 사전학습의 몰입 문제를 차치하더라도 집합교육을 최대한 참여형 교육으로 설계할 필요가 있다. 집합교육의 강점인 상호작용과 몰입을 극대화하여 단순히 이러닝이나 실시간 온라인 교육으로 구현하기 어려운 교수방법과 수업촉진을 위한 설계가 요구된다. 추가적으로 역량 또는 학습영역의 발전가능성(developability)을 고려하여, 교육이나 학습으로 개발하기 어려운 영역과 용이한 영역의 스펙트럼을 구성하고 이를 교육과정 개편 또는 설계시 발전가능성이 높은 영역에 대한 심도있는 교육으로 운영할 필요가 있다.

둘째, 초기경력자의 일터학습에 대하여 전통적인 이러닝과 실시간 온라인 교육의 쓰임새를 명확히 구분하여 운영할 필요가 있다. 이는 비단 초기경력자뿐만 아니라 모든 대상에 해당될 수 있다. 전통적 이러닝과 실시간 온라인 교육의 가장 큰 차이점은 현장성이며, 이로부터 많은 장·단점들이 파생된다. 전통적 이러닝의 경우 법정 필수교육처럼 많은 수의 학습자가 반드시 학습해야 하는 경우에 높은 효율성을 가질 수 있고 개인이 원하는 시간에 언제든 학습할 수 있기 때문에 효과적이라고 할 수 있다. 그러나 학습자의 수가 많지 않으면서 최소한의 학습 효과와 함께 상호작용이 필요한 수업이라면 상대적으로 실시간 온라인 교육이나 집합교육이 적합할 것이다. 따라서 현장에서는 조직의 이러닝 운영 환경, 학습자 및 교육과정의 특성에 따라 이러닝, 실시간 온라인 교육을 구분하여 사용할 필요가 있다.

셋째, 초기경력자의 조직사회화를 위해서는 상사의 사회적 지지가 요구된다. 초기경력자에 대한 일터학습 설계가 중요하다고 하더라도 결국 업무 현장의 업무와 학습 분위기는 팀장 등 상사가 주축이 되기 때문에, 업무와 학습에서 상사의 격려와 믿음, 지원은 무형식학습과 조직사회화의 중요 변인이 될 수 있다. 황영훈(2017)의 연구에서도 대기업 초기경력자의 형식학습과 무형식학습의 경로에서 상사의 사회적 지지는 유의하였으며, 동료의 사회적 지지보다도 중요한 것으로 나타났다. 이에 인적자원관리의 측면에서 신입직원의 무형식학습 활성화와 조직적응을 위해 팀장의 리더십이 발휘되어야 한다.

참고문헌

강대석 (2007). 인적자원개발. 서울: 한경사.

김명숙, 서숙영, 최명숙 (2019). 기업교육 중심의 무형식학습 연구동향에 관한 고찰: 2008년~2018년 국내 학술지를 중심으로. *기업교육과 인재연구, 21*(1), 23-52.

김민선, 신용주 (2005). 멘토링이 멘티의 조직사회화에 미치는 영향-패션 머천다이저와 디자이너를 중심으로. *Family and Environment Research, 43*(3), 75-89.

김세웅 (2005). 대학스포츠 팀 구성원의 멘토관계에서 멘토의 역할 및 기능. *한국사회체육학회지, 25*, 21-33.

김소영, 장원섭, 김민영 (2007). 대졸 초기경력자의 조직적응 요인들과 심리사회적, 구조적, 학습경험요인들 간의 정준상관 분석연구. *한국교육, 34*(4), 105-129.

김우진 (2015). 외식기업 구성원의 자기효능감과 멘토링 기능이 조직사회화 및 이직의도에 미치는 영향. *외식경영연구, 18*, 65-83.

김효섭, 노명화 (2015). 사회화 전략이 조직성과에 미치는 효과에 대한 연구: 지식공유의 매개효과를 중심으로. *리더십연구, 6*, 1-29.

문세연, 나승일 (2011). 중소기업 근로자의 무형식학습과 관련 변인. *Andragogy Today: International Journal of Adult & Continuing Education, 14*(3), 111-138.

박소연 (2011). 조직사회화 관점에서의 한국 대기업 연수원 신입사원 그룹입문교육 내용분석. *기업교육연구, 13*(1), 133-152.

서철현, 허양회 (2009). 조직사회화를 위한 멘토링의 기능이 항공사직원의 역할스트레스와 직무성과에 미치는 영향. *호텔경영학연구, 18*(1), 239-256.

송민철, 김진모 (2013). 대기업 공식적 멘토링의 기능과 조직사회화 및 조직유효성의 관계. *농업교육과 인적자원개발, 45*(1), 103-124.

심우정 (2004). 초기 경력자의 학습과 적응에서 개발지원 관계망의 역할. 석사학위논문, 연세대학교.

오석영 (2014). 고졸 초기경력자의 직장 내 학습 경험이 직장유지의도에 미치는 영향. *평생학습사회, 10*(3), 71-90.

인사혁신처 (2020). 2020년 공무원 인재개발 종합계획. 세종: 인사혁신처.

장서영, 장원섭 (2008). 대졸 초기경력자의 조직적응에 관한 질적 연구: 이직고려사유와 이에 대한 대응실태를 중심으로. *Andragogy Today: International Journal of Adult & Continuing Education, 11*(3), 105-138.

장원섭, 장지현, 김민영 (2011). 일터학습. 서울: 럭스미디어.

조윤형, 최우재, 양복만. (2012). 학습조직이 인지된 병원성과에 미치는 영향과 일터학습의 매개효과. *HRD 연구, 14*(3), 87-110

주홍석, 정철영 (2015). 대졸 신입사원의 직업적응과 개인 및 조직 특성의 관계. *농업교육과 인적자원개발, 47*(1), 125-151.

차종석 (2011). 조직사회화의 선행요인과 이직의도의 관계. *대한경영학회지, 24*(5), 2549-2569.

채창균, 옥준필 (2006). 기업의 대학교육 만족도와 신입사원 교육훈련. 서울: 한국직업능력개발원.

황영훈 (2017). 대기업 영업직 초기경력자의 형식학습, 무형식학습, 조직사회화 및 이직의도의 구조적 관계. 박사학위논문, 서울대학교.

황영훈, 김진모 (2014). 중소기업 R&D 인력의 R&D 성과와 무형식학습, 학습동기 및 학습지원환경의 인과적 관계. *중소기업연구, 36*(3), 105-131.

황영훈, 김진모 (2019). 대기업 영업직 초기경력자의 형식학습, 무형식학습, 조직사회화 및 이직의도의 구조적 관계. *HRD연구, 21*(1), 29-66.

Ashforth, B. E., Saks, A. M., & Lee, R. T. (1997). On the dimensionality of Jones'(1986) measures of organizational socialization tactics. *International Journal of Selection and Assessment, 5*(4), 200-214.

Ashforth, B. E., Sluss, D. M., & Saks, A. M. (2007). Socialization tactics, proactive behavior, and newcomer learning: Integrating socialization models. *Journal of vocational behavior, 70*(3), 447-462.

Bauer, T. N., Bodner, T., Erdogan, B., Truxillo, D. M., & Tucker, J. S. (2007). Newcomer adjustment during organizational socialization: a meta-analytic review of antecedents, outcomes, and methods. *Journal of Applied Psychology, 92*(3), 707.

Burns, J. Z., Schaefer, K., & Hayden, J. M. (2005). New trade and industrial teachers' perceptions of formal learning versus informal learning and teaching proficiency. *Journal of Industrial Teacher Education, 42*(3), 66-87.

Chao, G. T., O'Leary-Kelly, A. M., Wolf, S., Klein, H. J., & Gardner, P. D. (1994).

Organizational socialization: Its content and consequences. *Journal of Applied psychology, 79*(5), 730-743.

Choi, W., & Jacobs, R. L. (2011). Influences of formal learning, personal learning orientation, and supportive learning environment on informal learning. *Human Resource Development Quarterly, 22*(3), 239-257.

Clarke, N. (2005). Workplace learning environment and its relationship with learning outcomes in healthcare organizations. *Human Resource Development International, 8*(2), 185-205.

Colley, H., Hodkinson, P., & Malcolm, J. (2002). *Non-formal learning: mapping the conceptual terrain, a consultation report.* University of Leeds.

Conlon, T. J. (2004). A review of informal learning literature, theory and implications for practice in developing global professional competence. *Journal of European industrial training,* 28(2/3/4), 283-295.

Craig, C. A., Allen, M. W., Reid, M. F., Riemenschneider, C. K., & Armstrong, D. J. (2013). The impact of career mentoring and psychosocial mentoring on affective organizational commitment, job involvement, and turnover intention. *Administration & Society, 45*(8), 949-973.

Ellinger, A. D. (2005). Contextual factors influencing informal learning in a workplace setting: The case of "reinventing itself company". *Human resource development quarterly, 16*(3), 389-415.

Day, N. (1998). Informal learning gets results. *Workforce, 77,* 30-36.

Dobbs, K. (2000). Simple Moments of Learning. *Training, 37*(1), 52.

Eisenberger, R., Huntington, R., Hutchinson, S., & Sowa, D. (1986). Perceived organizational support. *Journal of Applied Psychology, 71*, 500-507.

Eraut, M. (2004). Informal learning in the workplace. *Studies in continuing education, 26*(2), 247-273.

Eraut, M. (2008). Learning from other people in the workplace. *Pedagogy and practice: Culture and identities,* 40-57.

Feldman, D. C. (1976). A contingency theory of socialization. *Administrative Science Quarterly, 21*, 433-452.

Feldman, D. C. (1981). The multiple socialization of organization members. *Academy of management review, 6*(2), 309-318.

Hodkinson, P., & Hodkinson, H. (2004). The significance of individuals' dispositions in workplace learning: a case study of two teachers. *Journal of Education and Work, 17*(2), 167-182.

Holtom, B. C., Mitchell, T. R., Lee, T. W., & Eberly, M. B. (2008). Turnover and retention research: A glance at the past, a closer review of the present, and a venture into the future. *The Academy of Management Annals, 2*(1), 231-274.

Jacobs, R. (2003). *Structured on-the-job training: Unleashing employee expertise in the workplace.* Berrett-Koehler Publishers.

Jacobs, R. L., & Park, Y. (2009). A proposed conceptual framework of workplace learning: Implications for theory development and research in human resource development. *Human Resource Development Review, 8*(2), 133-150.

Jex, S. M., & Britt, T. W. (2008). *Chapter 10: Leadership and influence processes. Organizational Psychology: Scientist-Practitioner Approach* New Jersey: John Wiley & Sons Inc, 303-338.

Manuti, A., Pastore, S., Scardigno, A. F., Giancaspro, M. L., & Morciano, D. (2015). Formal and informal learning in the workplace: a research review. *International Journal of Training and Development, 19*(1), 1-17.

Marsick, V., & Watkins, K. (1987). Approaches to studying learning in the workplace. *Learning in the workplace,* 171-198.

Marsick, V. J., & Watkins, K. E. (2001). Informal and incidental learning. *New directions for adult and continuing education, 89*, 25-34.

Ostroff, C., & Kozlowski, S. W. (1992). Organizational socialization as a learning process: The role of information acquisition. *Personnel psychology, 45*(4), 849-874.

Rowden, R. W. (2002). The relationship between workplace learning and job satisfaction in US small to midsize businesses. *Human Resource Development Quarterly, 13*(4), 407-425.

Sambrook, S. (2005). Factors influencing the context and process of work-related learning: Synthesizing findings from two research projects. *Human Resource Development International, 8,* 101-119.

Scandura, T. A., & Viator, R. E. (1994). Mentoring in public accounting firms: An analysis of mentor-protégé relationships, mentorship functions, and protégé turnover intentions. *Accounting, Organizations and Society, 19*(8), 717-734.
Schein, E. H. (1990). Organizational culture. *American Psychologist, 45*(2), 109-119.
Westbrook, T. S., & Veale, J. R. (2001). Work-related learning as a core value: An Iowa perspective. *Human Resource Development Quarterly, 12*(3), 301-318.

집단 협력학습에서 사회적 공유의미, 집단 시너지 및 집단 창의성 간의 구조적 관계 분석

김선연(sunkite79@naver.com)

김선연은 영남대학교 교육학과에서 교육공학 전공으로 박사학위를 취득하였다. 현재 영남대학교 사범대학 학교교육연구소 연구교수로 재직중이며, 주요 관심분야는 집단 창의성, 집단 협력학습, 집단 시너지, 사회적 상호작용, 디자인 씽킹, 학습경험 설계 등이다.

* 이 글은 2019년 8월에 발행된 「HRD연구」 21권 3호에 게재된 논문을 수정·보완한 것임.

집단 협력학습에서 사회적 공유의미, 집단 시너지 및 집단 창의성 간의 구조적 관계 분석

김선연

서론

창의성 분야의 연구는 개인의 창의성을 중심으로 이루어졌으나, 최근 들어 집단의 창의성에 대한 연구들도 점차 늘어나고 있는 추세이다(류형선, 2010; 최종인, 1996; Shalley, Zhou, & Oldham, 2004; Tagger, 2002). 왜냐하면 실제 학습에서 집단의 수행이 중요해짐에 따라 집단의 차원에서 창의성에 대한 특성을 연구할 필요가 있기 때문이다. 이때의 집단 창의성은 집단 구성원 간 상호작용, 집단의 특성, 집단의 프로세스 절차, 상황적 요인 등에 영향을 받는다(Paulus & Nijstad 2003; Woodman, Sawyer, & Griffin, 1993). 이는 개인이 발휘하는 창의성의 단순한 합이 아닌, 개인들로 구성된 집단이 어떻게 상호작용하는가에 따라 창의적 아이디어의 질이나 양이 달라질 수 있음을 의미한다.

집단 창의성에서 집단 구성원 간의 상호작용은 매우 중요하다. 집단 협력학습에서 발생하는 사회적 상호작용이 학습결과로서 집단 창의성에 영향을 줄 수 있기 때문이다. 집단 학습에서 상호작용은 다른 구성원들과의 다양한 지식, 의견, 생각, 감정, 행동 등을 공유하여 집단 공동의 결과물을 산출하는 과정을 포함하고 있다. 상호작용의 중요성은 사회적 구성주의 학습이론으로부터 그 근거를 찾을 수 있다. 이 이론에 따르면 학습자가 자신이 속한 사회문화적 맥락 또는 커뮤니티 속에서 상호작용을 통해 학습소유권(ownership)을 가지는 것이 유의미한 학습이다(Jonassen, 1991; 2006). 따라서 사회적 상호작용은 집단 창의성 발현과정에 고려해야 할 중요한 요소이다.

Thomson과 Fine(1999)이 제안한 사회적 공유의미 모델은 사회적 상호작용에 밀접한 이론이다. 이들은 기존의 많은 사회심리이론들이 개인의 관점에 초점을 맞추고 있다는 비판을 하면서 집단 협력학습 내에서 구성원들이 어떻게 의미들을 만들어 가고, 어떻게 공유된 개념 하에 행동하며, 어떤 방식으로 타인과 상호작용 속에서 지식을 나누고 책임을 느끼는지에 대한 이해가 중요하다고 하였다. 공유의미(shared meaning)는 사회적 상호작용의 결과로서 구체적으로 인지, 정서, 행동의 영역으로 개념화될 수 있다. 이때 인지 영역은 공유정신모형, 분산인지시스템으로, 정서 영역은 친밀감, 집단 응집력, 집단효능감으로, 행동 영역은 공유소통, 의사결정, 리더십, 상호의존 등으로 구성된다(최종면, 2012; Thomson & Fine, 1999).

시너지는 일반인들에게 널리 사용되고 있는 용어이다. 사람들은 집단을 이루어 행해지는 활동에서 시너지가 발생하기를 기대한다. 개인 혼자가 아니라 여러 구성원들이 모여 함께 프로젝트를 진행하고, 문제를 해결하는 이유 중 하나가 집단 시너지 때문이다. 최근 보고된 집단 시너지의 개념과 측정요인(김선연, 2017; 김선연, 조규락, 2018a)을 통해 집단 시너지를 측정하고 이를 집단의 협력학습과 연결하여 분석한 연구에 따르면, 집단의 상호작용은 집단 시너지에 긍정적인 영향을 미치는 것으로 드러났다(김선연, 조규락, 2018b). 그러나 이 연구는 상호작용과 집단 시너지와의 관계를 실증적으로 분석하였다는 점에서 의의가 있지만, 사회적 공유의미 모델의 관점에서 바라본 상호작용과 집단 시너지와의 관계를 밝히기에는 한계가 있으며 더욱이 집단 시너지가 집단 창의성에 어떻게 관련되어 있는지에 대한 정보는 알려주지 못한다.

기업교육 및 HRD 분야에서 집단 창의성에 대한 주요 연구동향은 업무현장에서 일하는 구성원들의 집단 창의성 함양과 향상을 위하여 다양한 독립변인들과의 관계를 규명하는 일이었다. 특히 팀 성찰(공도훈, 허재완, 손태원, 2017; 김태길, 홍아정, 2015), 커뮤니케이션과 상호신뢰(양세희, 2016), 집단 응집력(이준호, 이진규, 김학수, 박지환, 2011), 공유리더십(안지선, 홍아정, 2015), 지식공유 및 교환관계(이희옥, 정동섭, 2017)라는 독립변인들이 집단 창의성에 중요한 영향을 미치는 것으로 나타났다. 이 변인들은 본 연구에서 중요하게 다루어지는 사회적 공유의미의 하위 영역 및 요소와 거의 유사하지만, 이 연구들이 각각 독립적으로 연구가 진행되었기 때문에 사회적 공유의미의 하위 영역 및 요소를 종합적인 시각에서 체계적으로 분석한 것은 아니다. 또한 집단 창의성이 집단 시너지에 어떻게 관련되어 있는지를 알려주지 못하는 한계를 갖고 있다.

이에 본 연구는 사회적 공유의미와 집단 창의성과의 관계, 사회적 공유의미와 집단 시너지와의 관계, 집단 시너지와 집단 창의성과의 관계, 사회적 공유의미와 집단 창의성 사이를 연결하는 메커니즘으로 집단 시너지의 매개효과를 실증적으로 밝히고자 하였다.

이론적 배경

◆ 집단 협력학습

집단 협력학습(group collaborative learning)은 공유된 교육적 관심을 토대로 집단을 이루어 함께 학습하는 방법인데, 각 개인의 학습과 수행이 집단 내 다른 구성원들의 학습과 수행에 영향을 주고받는 특성을 지닌다(양미경, 2011). '협력'은 이미 그 개념 속에 개인 혼자가 아니라 집단 구성원과 함께 하는 것이며, 특정의 목적 달성을 위해 집단 구성원이 서로 상호작용하면서 돕는다는 의미를 갖고 있기 때문이다.

Johnson과 Johnson(2002)에 따르면, 집단 협력학습이 지켜야 할 중요한 원리와 요인은 긍정적 상호의존, 개인적 책무성, 촉진적 상호작용, 사회적 기술의 적절한 활용 그리고 집단 처리과정에 대한 지속적 점검이다. 특히 촉진적 상호작용은 협력적 상호작용으로 이해되는데, 이는 집단의 목표를 달성하기 위해 다른 구성원들의 목표 달성을 위한 노력을 격려하고 조장하는 것을 의미한다. 즉, 과제해결에 필요한 정보를 교환하고, 상호보완적으로 다른 구성원들에게 피드백을 제공하며, 타인의 관점을 보다 정확하게 수용하려는 노력 등이 요청된다. 따라서 혼자가 아니라 여러 명의 구성원이 모여서 학습을 진행하는 집단 협력학습에서 협력적 상호작용은 학습결과와 성과 향상에 매우 중요하다. 이때 이 학습결과와 성과 향상에 중요한 원인이 되는 것이 집단에서 발생하는 시너지다. 사실상 문제나 과제를 해결해야 하는 상황에서 개인 혼자서 담당하지 않고, 집단이나 팀을 이루는 이유는 그 구성원들의 시너지 효과를 기대하기 때문이다. 현재 교육 분야에서 중요한 협력학습, 팀 프로젝트, 학습공동체, 학습조직 등은 모두 집단에서 발현되는 시너지와 관련되어 있다(양미경, 2010, 2011; 이유나, 이상수, 2009; 이유미, 2015; 임윤서, 2015).

문제중심학습은 집단 협력학습이 모형으로 구체화한 형태라고 할 수 있다. 비록 비구조 문제를 제시하고 이를 어떻게 해결하는지에 대한 문제해결과정이 모형의 초점이기는 하더라도 집단 구성원 사이의 협력적 상호작용, 사회적 기술, 개인적 책무성 등 집단 협력학습에서 요구되는 중요한 특징들은 모두 갖고 있다. 구성원들의 집단적 협력이 문제해결과정에 고스란히 반영되어 이 집단 협력의 성패가 문제해결 성과에 직결되는 것이다. 때문에 문제중심학습에서도 구성원들의 시너지가 발현될수록 수행의 성과가 향상된다.

• 사회적 공유의미 모델에서 공유의미

사회적 공유의미는 집단 협력학습에서 발생하는 사회적 또는 협력적 상호작용의 결과이다. Thomson과 Fine(1999)은 기존의 많은 사회심리이론들이 개인의 관점에 초점을 맞추고 있는 비판에서부터 사회적 공유의미 행동에 관심을 가지게 된다. 즉, 집단 협력학습에서 개인들이 어떻게 의미들을 만들어 가고, 공유된 개념하에 행동하며 타인과 상호작용 속에서 지식을 나누고 책임을 느끼는지에 대한 이해가 중요하다고 하였다.

사회적 공유의미 모델은 동기부여, 사회적 상호작용, 공유의미의 프로세스를 가진다. 동기부여(motivation)는 사람들 사이의 상호의존성을 인정하고 필요로 한다는 목표지향적(goal-directed) 프로세스이며, 사회적 상호작용(social interaction)은 상호의존적임을 인정하는 개인 간 발생하는 현재 당면하고 진행 중인 새로운 상호작용에 대한 것이다. 마지막으로 공유의미(shared meaning)는 사회적 상호작용의 결과로 일반적으로 인지, 정서, 행동으로 구분된다(<그림 1> 참고).

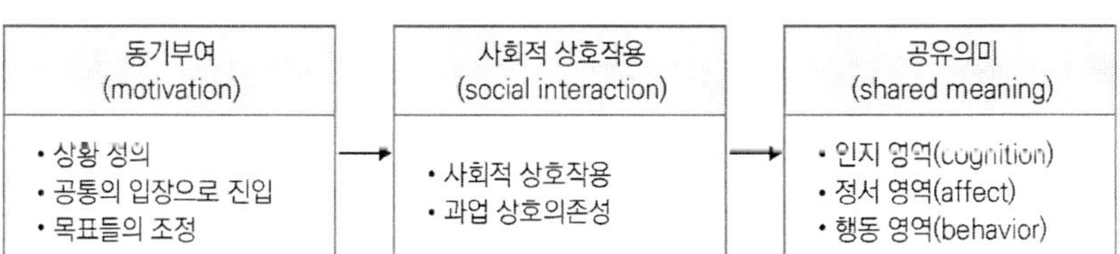

〈그림 1〉 사회적 공유의미 모델

사회적 공유의미에서 인지 영역은 공유정신모형과 분산인지이론이 주로 다루어지고, 정서 영역에는 친밀감, 집단응집력, 집단효능감이, 행동 영역은 공유소통, 집단 의사결정, 리더십, 상호의존, 상호신뢰 등이 다루어진다(Thomson & Fine, 1999). 즉, 사회적 공유인지는 집단 협력학습에서 개인의 인지, 정서, 행동보다는 집단 구성원들 간의 사회적 상호작용을 통해 공유된 의미로서의 인지, 정서, 행동의 개념이 더 중요하다는 것을 강조한다. 이러한 문제의식에 터하여 최종면(2012)의 연구에서 사회적 공유의미 모델을 기반으로 한 인지–정서–행동 팀역량과 팀 효과성에 대한 관계를 다루고 있지만, 사회적 공유의미에 대한 심층적인 개념 분석이 부족하고, 본 연구에서 중요한 변인인 집단 창의성, 집단 시너지와 어떠한 관계가 있는지에 대한 시사점을 제공하지 못한다.

본 연구에서 사회적 공유의미 변인의 조사도구를 개발하기 위해, 기존 연구에서 '공유'의 의미와 Thomson과 Fine(1999)의 사회적 상호작용의 결과에 초점을 두고 사회적 공유의미를 인지, 정서, 행동 영역으로 구분하여 재구성하고, 인지 영역은 공유멘탈모형과 분산인지시스템, 정서 영역은 친밀감과 공감, 행동 영역은 공유조절과 공유소통으로 세분화하였다. 본 연구에서 사용한 사회적 공유의미 측정변인의 하위내용[1)]은 다음의 <표 1>과 같다.

1) 특히 공유조절(socially shared regulation) 문항은 임규연, 임지영, 김혜준(2017)과 조영환, 설보연, 이현경, 강다현, 조애라(2017)의 논문을 참고하였다.

〈표 1〉 사회적 공유의미 측정변인의 하위내용

측정변인		하위내용
인지	공유멘탈 모형	우리 집단의 구성원들은 과제수행에 대한 공동목표를 공유하고 있다.
		우리 집단의 구성원들은 공동체로서의 집단 정체성을 공유하고 있다.
		우리 집단의 구성원들은 세부 과제 사이의 관계를 이해하고 있다.
		우리 집단의 구성원들은 집단의 구체적인 활동 전략을 알고 있다.
	분산인지 시스템	우리 집단의 구성원들은 과제의 제반사항에 대해 비슷한 수준으로 인식한다.
		우리 집단의 구성원들이 과제수행에 사용한 도구는 유사하다.
정서	친밀감	우리 집단의 구성원들은 서로 친하다.
		우리 집단의 구성원들은 서로 간에 사적인 문제를 쉽게 상의하는 편이다.
		우리 집단의 구성원들은 서로에게 조언을 구하기가 쉽다.
	공감	우리 집단의 구성원들은 다른 구성원의 감정이 어떤 상태인지 파악하려고 노력한다.
		우리 집단의 구성원들은 정서적 유대감이 높다.
		우리 집단의 구성원들은 갈등 상황에서 상대방의 입장에서 생각해 보려고 노력한다.
행동	공유조절	우리 집단의 구성원들은 가능한 한 집단 활동에 모두 참여하기 위해 함께 노력한다.
		우리 집단의 구성원들은 과제를 수행하는 과정에서 부족한 점을 보완하기 위해 함께 노력한다.
	공유소통	우린 집단의 구성원들은 다른 의견을 가진 구성원의 의견을 주의 깊게 경청한다.
		우리 집단의 구성원들은 새로운 의견에 대해 구성원 모두가 함께 토론한다.
		우리 집단의 구성원들은 과제수행과 관련된 새로운 정보를 구성원 모두와 공유한다.
		우리 집단의 구성원들은 토론내용에 대해 구성원 서로 간에 피드백을 주고받는다.

♦ 집단 창의성

집단 창의성은 집단 협력학습을 통해 산출되는 학습결과이다. 창의성 분야는 주로 심리학적 접근으로 개인의 창의성을 증진시키는 방법과 수준을 측정하거나 평가하는 방법으로 발전하여 왔다. 하지만, 조직에서 집단의 수행이 중요해짐에 따라 집단 창의성에 대한 연구들도 점차 늘어나고 있는 추세이다(류형선, 2010; 최종인, 1996; Salley et al., 2004; Tagger, 2002).

기존의 창의성에 대한 연구들은 주로 개인 차원에서 이루어졌으나, 개인 차원의 창의성을 합한 것이 집단 창의성으로 이어지지 못하는 한계로 인해 개인 창의성의 연구에서 집단 창의성의 연구로 넘어가고 있다(Stokes, Schneider, & Lyons, 2010; Woodman et al., 1993). 다시 말해, 집단 창의성은 집단 구성원 간 상호작용, 집단의 특성, 집단의 프로세스 절차, 상황적 요인 등에 영향을 받는다(Paulus & Nijstad, 2003; Woodman et al., 1993). 이는 개인이 발휘하는 창의성의 단순한 합이 아닌, 개인들로 구성된 집단이 어떻게 상호작용하는가에 따라 창의적 아이디어의 질이나 양이 달라질 수 있음을 의미하는데, 여기서 개인들로 구성된 집단의 사회적 상호작용이 곧 사회적 공유의미에서 말하는 그것과 동일한 것이다. 따라서 본 연구에서 사회적 공유의미의 다양한 요소들과 집단 창의성과의 관계를 규명해 보는 일은 매우 의미있는 작업일 것이다.

집단 창의성의 최근 연구동향을 살펴보면, 우선 기업교육 및 HRD 분야에서는 기업의 업무현장에서 집단 구성원들의 집단 창의성을 함양하고 향상시키기 위하여 다양한 독립변인들과의 관계를 규명하는 연구가 대부분이다(공도훈 외, 2017). 여기서 다양한 독립변인들은 팀 성찰, 커뮤니케이션, 상호신뢰, 집단 응집력, 공유리더십, 교환관계 등이며, 이러한 것들은 집단 창의성에 중요한 영향을 미치는 것으로 분석되었다.

공학설계 분야에서는 창의공학설계, 종합설계 교과목을 통해 대학생들이 팀을 이루어 창의적인 작품을 설계·개발하는 연구에서 주로 집단 창의성이 언급된다(김태훈, 2015; 박응호, 김정근, 이광오, 2016; 안정호, 임지영,

2014; 임지영, 2014). 특히 김태훈(2015)은 공학설계 패러다임 변화에 따른 팀 창의성에 대한 연구에서 팀 창의성에 영향을 미치는 하위 영역으로 팀 조직, 팀 분위기, 팀 활동, 팀 관리 등의 4개 영역으로 구분하고, 각 영역별 하위 요소를 자세히 밝히고 있다. 다양한 영역 중에서 팀 분위기는 민감성, 유대감, 협동성, 신뢰성, 자율성, 개방성의 요소를, 팀 활동은 문제해결 전략, 확산적 사고, 수렴적 사고, 팀 상호작용 활동 요소를 도출하였다.

다양한 연구에서 언급된 변인들을 종합하면, 본 연구에서 보고자 하는 사회적 공유의미의 하위 요소들과 거의 유사함을 알 수 있다. 하지만 지금까지 사회적 공유의미의 하위 영역별 요소에 대한 심층적인 분석이 이루어지지 않았으며, 사회적 공유의미와 집단 창의성과의 관계를 분석한 연구는 찾아보기 어렵다. 따라서 본 연구에서는 교육공학적 관점을 통해 사회적 공유의미와 집단 창의성을 재조명하고, 그 둘 간의 관계를 분석하고자 한다.

집단 창의성 변인에 대한 측정문항은 대부분 창의적인 결과물로 개념화되어 문항이 개발되고 있다(김세환, 2007; 양세희, 2016; 이희옥, 정동섭, 2017). 하지만 무엇을 만들어 낸다는 '창조'의 관점이었던 창의성이 '사고'의 관점으로 변화함에 따라 집단 창의성이 구현되어 가는 사고과정 자체로 개념화될 수 있고, 이러한 관점에서 디자인 씽킹 모델의 프로세스는 집단 창의성이 구현되는 사고과정과 유사하다(김선연, 2018). 따라서 집단 창의성을 창의적 사고과정과 창의적 결과물의 하위요인으로 구분하였다. 우선 창의적 사고과정은 디자인 씽킹 모델의 일반적인 프로세스 '공감－정의－발상－프로토타입－테스트'에서 결과물과 관련된 테스트 단계를 제외한 4개 단계를 고려하여 5개의 문항을 개발하였다. 그리고 창의적 결과물은 Besemer와 O'Quin(1986)이 제안한 창의적 산출물 의미척도(CPSS; Creative Product Semantic Scale)를 Besemer(1998)가 좀 더 간편한 창의적 산출물 의미척도로 개발한 문항을 참고하여, 본 연구에서는 창의적 산출물 기준이 되는 독창성, 유용성 그리고 매력성으로 총 3개의 문항을 개발하였다. 본 연구에서 사용한 집단 창의성 측정변인의 하위내용은 다음의 <표 2>와 같다.

〈표 2〉 집단 창의성 측정변인의 하위내용

측정변인	하위내용
사고 과정	• 우리 집단은 관심영역, 주제와 관련된 사람들의 욕구와 경험을 이해하려고 노력한다. • 우리 집단은 새로운 문제나 주제를 발견하려고 노력한다. • 우리 집단은 문제나 상황에 대해 기존 방식과 다른 독특한 방식으로 접근한다. • 우리 집단은 한 번도 시도되지 않은 새로운 아이디어를 도출한다. • 우리 집단은 아이디어 개념을 구체적으로 표현해 본다.
결과물	• 우리 집단의 결과물은 전에 본 적이 없는 새로운 것이다. • 우리 집단의 결과물은 실제로 적용이 가능하다. • 우리 집단의 결과물은 사람들의 관심을 끌만큼 매력적이다.

♦ 집단 시너지

시너지는 일반인들에게도 낯설지 않을 만큼 대중적으로 널리 사용되고 있는 일반 용어이며 개인들이 모여 협력할 때 나타나는 긍정적인 효과를 말한다. 시너지는 일반적으로 '동반 상승 작용으로 나타나는 효과'를 뜻하는데, 원칙적으로 시너지의 개념은 집단에서 발생하는 것이기 때문에 집단 시너지를 의미한다. 하지만 이러한 시너지는 분야에 따라 다양하게 해석되고 논의되고 있다. 특히 교육 분야에서는 집단 효과성, 팀워크, 공유정신모델과 유사한 개념으로 많은 연구들이 수행되고 있는 실정이다(<표 3> 참고).

최근 교육 분야에서 보고된 시너지 개념을 살펴보면, 집단 시너지는 개인이 혼자 문제를 해결하는 수행과 비교하여 여럿이 집단을 이루어 그 문제를 해결하는 과정에서 협력작용과 상승효과가 발생하였다고 인식하는 수준이다(김선연, 2017). 따라서 개인 혼자서 과제를 해결하는 것보다 집단을 이루어 과제를 해결하는 것이 더 효과적이라고 믿는 이유가 여기에 있다. 즉, 집단 시너지가 발생시키는 협력작용과 상승효과가 집단의 문제해결이나 학습결과에서 나타나는 것이다.

〈표 3〉 분야별 시너지의 개념

	분야	시너지에 대한 개념
1.	경영 분야	기업 인수합병을 통한 경제적 효과
		팀 역량과 동일한 개념
2.	디자인 분야	브랜드 콜라보레이션과 아트 콜라보레이션을 통한 효과
3.	인문 분야	집단지성의 산출과정
4.	교육 분야	집단 효과성과 유사한 개념
		팀워크 능력과 유사한 개념
		공유정신모델과 유사한 개념

출처: 김선연(2017)의 내용을 재인용(p. 81).

집단 시너지를 구성하는 요소는 다양하다. 집단 시너지의 구성요소를 살펴본 김선연과 조규락(2018a)의 연구는 집단 시너지가 긍정효과 증가, 부정효과 감소, 팀 역량 향상, 창의성 향상으로 이루어져 있다는 것을 경험적으로 분석하였다. 특히 이 중에서 긍정효과 증가와 부정효과 감소는 비구조 문제해결에 유의미하게 영향을 미치고 있음이 드러났다. 또한 김선연과 조규락(2018b)은 사회연결망분석을 통해 상호작용을 나타내는 중앙성과 집단 시너지와의 관계를 분석하여 외향연결 중앙성이 집단 시너지에 정적으로 영향을 미치는 것을 밝혔다.

위의 연구들을 통해 집단 시너지를 측정변인으로서 규명하였고, 집단 시너지와 비구조 문제해결과의 관계, 상호작용과 집단 시너지와의 관계를 실증적으로 분석하였다는 점에서 의의가 있다. 하지만, 사회적 공유의미 모델의 관점에서 바라본 공유의미와 집단 시너지와의 관계를 밝히기에는 한계가 있으며 더욱이 집단 시너지가 집단 창의성에 어떻게 관련되어 있는지에 대한 정보는 알려주지 못한다.

본 연구에서 집단 시너지 변인의 측정문항을 개발하기 위하여 김선연, 조규락(2018a)의 연구에서 탐색적·확인적 요인분석을 통해 타당도를 확보한 집단 시너지의 구성요인과 측정문항을 활용하였다. 이 연구에서 집단 시너지의 구성요인은 팀 역량, 긍정효과, 부정효과, 창의성으로 총 4개 요인으로 밝혀졌는데, 본 연구에서는 팀 역량과 창의성 하위요인을 제외하고 긍정효과와 부정효과에 대한 하위요인만을 활용하였다. 왜냐하면 팀 역량 하위요인은 사회적 공유의미에서의 정서 및 행동 요인과 유사한 부분이 많고, 창의성 하위요인은 집단 창의성 하위요인과 중첩되는 개념이기 때문이다. 본 연구에서 사용한 집단 시너지 측정변인의 하위내용은 다음의 <표 4>와 같다.

〈표 4〉 집단 시너지 측정변인의 하위내용

측정변인	하위내용
긍정효과	• 집단 활동을 통해 나 혼자 할 때보다 결과물의 가치가 향상되었다. • 집단 활동을 통해 나 혼자 할 때보다 결과물의 완성도가 향상되었다. • 집단 활동을 통해 나 혼자 할 때보다 최종 결과물 평가점수가 향상되었다. • 집단 활동을 통해 나 혼자 할 때보다 문제해결 결과에 대한 만족도가 향상되었다. • 집단 활동을 통해 나 혼자 할 때보다 문제해결의 가능성이 향상되었다. • 집단 활동을 통해 나 혼자 할 때보다 문제해결에 대한 긍정적 태도가 향상되었다.
부정효과	• 집단 활동을 통해 나 혼자 할 때보다 문제해결에 요구되는 노력이 감소되었다. • 집단 활동을 통해 나 혼자 할 때보다 문제해결에 요구되는 비용이 감소되었다. • 집단 활동을 통해 나 혼자 할 때보다 문제해결에 요구되는 시간이 감소되었다. • 집단 활동을 통해 나 혼자 할 때보다 심적 부담감이 감소되었다. • 집단 활동을 통해 나 혼자 할 때보다 시행착오가 감소되었다.

결론

본 연구의 목적은 집단 창의성에 영향을 주는 사회적 공유의미의 효과와 집단 시너지의 매개효과를 실증적으로 밝히는 것이다. 최종 확정된 구조방정식 모형은 다음의 <그림 2>와 같으며, 구조방정식 모형을 분석한 결과에 대해 논의하면 다음과 같다.

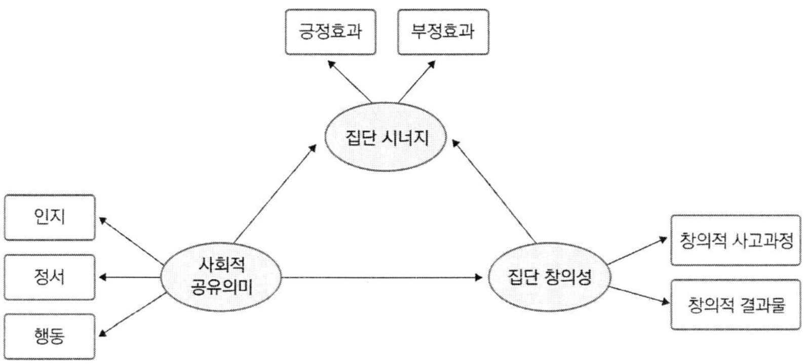

〈그림 2〉 구조방정식 모형

첫째, 사회적 공유의미는 집단 창의성에 정적으로 직접적인 영향을 미치는 것으로 분석되었다. 또한 집단 시너지는 부분매개 변인으로서 사회적 공유의미와 집단 창의성 사이를 연결하는 것으로 분석되었다. 사회적 공유의미는 집단 창의성에 직접적으로 영향을 줄 뿐만 아니라, 집단 시너지를 매개로 하여 집단 창의성에 영향을 미치는 것이다. 이는 집단 협력학습에서 집단 구성원 간의 상호작용 활동을 통해서 그리고 집단 시너지가 발현되는 조건에서 집단 창의성이 향상될 수 있다는 것을 의미한다.

사회적 공유의미가 집단 창의성에 직접적인 영향을 준다는 본 연구결과에 대해 사회적 공유의미의 인지, 정서, 행동 영역별로 관련연구들을 논의하면 다음과 같다. 인지 영역에는 공유멘탈모형 하위요소가 있는데, 전명남(2015), 전명남과 이병환(2015)의 연구에서 공유멘탈모형의 수준이 집단 창의성에 미치는 영향을 명확히 설명할 수 없다는 결과는 본 연구결과와 일치하지 않는다. 다시 말해, 집단 창의성은 팀 공유멘탈모형이나 창의성이 우수한 개인이 집단에 참여한다거나, 일반적인 팀 활동에서 나타나는 집단 학습행동에 의해 설명하지 못한다는 것이다. 이러한 상반된 결과가 나온 것은 여러 가지 이유가 있겠지만, 집단 창의성을 산출하는 과정과 측정변인에 기인한 것일 수 있다. 본 연구에서 집단 창의성은 창의적 결과물뿐만 아니라 창의적 사고과정도 포함된 것으로 간주하였다. 따라서 집단 구성원들 간의 지식, 능력, 의견, 사고를 의사소통하는 과정에서 집단 수준에서 형성된 지식이 긍정적으로 집단 창의성에 영향을 주었을 것이라 판단된다.

또한 사회적 공유의미의 정서 영역에서 친밀감에 대해 이상수(2008), 이준호 등(2011)의 연구에서 집단 응집력이 집단 창의성에 긍정적인 영향을 줄 수도 있다는 결과와 비교하여 해석해 볼 수 있다. 왜냐하면 집단 응집력은 집단 구성원들 간에 친밀한 관계를 유지하는 정도를 의미하는데, 이는 친밀감과 유사한 개념으로 이해될 수 있기 때문이다. 하지만 집단 응집력이 과도할 경우 집단의 동질화를 가져옴으로써 다양한 의견의 반영보다는 집단의 편견과 독단적인 의사결정으로 문제해결력과 창의성에 부정적인 결과를 가져올 수도 있다. 이러한 이유로 이준호 등(2011)의 연구에서 팀 응집력은 팀 창의성에 유의미한 영향을 미치지 않는 것으로 분석되었을 가능성도 있다. 하지만 일반적으로 집단 응집력과 같은 친밀감은 공동의 목적의식을 형성하여 집단적 노력을 한 곳으로 집중함으로써 문제해결력을 높여주며 또는 집단 내 다양한 경험들을 활용하여 집단 창의성도 높여줄 수 있다. 이상수(2008)의 연구에서는 온라인 환경보다는 면대면 환경에서 친밀감이 보다 잘 형성되어 집단 창의성에 긍정적인 영향을 줄 수 있다는 결과를 도출하였다. 이는 본 연구에서 친밀감이 집단 창의성에 직접적인 효과가 있다는 것과 일맥상통한 결과이다.

마지막으로 사회적 공유의미의 행동 영역에서 공유소통은 커뮤니케이션에 관한 것이다. 양세희(2016)의 연구에서 감성지능 변인이 집단 창의성에 직접적인 영향을 미치지는 않지만, 커뮤니케이션을 매개하여 집단 창의성에 간접적인 영향을 미친다는 연구결과는 본 연구와 일치된 결과를 보여준다. 이는 정보를 교환하는 과정인 커뮤니케이션이 원활하게 이루어지면, 집단 구성원들 간에 다양한 지식과 정보를 공유할 수 있고 더욱이 깊이 있는 토론이 이루어질 수 있기 때문에 새로운 아이디어를 창출하는데 중요한 역할을 할 수 있는 것이다. 본 연구와 양세희(2016)의 연구에서 공유소통 및 커뮤니케이션이 집단 창의성에 직접적인 효과가 있는 것으로 분석된 결과를 토대로 커뮤니케이션은 집단 창의성에 영향을 주는 중요한 변인임을 확인하였다.

둘째, 사회적 공유의미는 집단 시너지에 정적으로 영향을 미치는 것으로 분석되었다. 이러한 결과는 최종면(2012)의 연구에서 사회적 공유의미 모델을 기반으로 한 인지-정서-행동 팀역량 변인이 팀 효과성에 유의미한 영향력을 가진다는 결과와 일치한다. 왜냐하면 일반적으로 교육 분야에서 집단 문제해결 상황이 개인 문제해결 상황보다 더 효과적인 이유로 집단 효과성을 언급하는데, 이때의 집단 효과성은 집단 시너지와 유사한 개념으로 사용되고 있기 때문이다(김선연, 2017). 최근 연구에서는 집단 효과성과 집단 시너지를 동일한 개념으로 파악하기도 하였다(이가람, 2017). 또한 공유멘탈모형이 팀 효과성에 긍정적인 영향을 준다는 전명남(2013, 2014)의 연구결과도 본 연구결과를 지지한다. 왜냐하면 공유멘탈모형은 사회적 공유의미 인지 영역의 하위요소이며, 앞서 말한 것처럼 팀 효과성은 집단 시너지와 유사한 개념으로 이해되기 때문이다. 따라서 공유멘탈모형이 팀 효과성에 긍정적인 영향을 준다는 것과 본 연구에서 사회적 공유의미가 집단 시너지에 긍정적인 영향을 준다는 것은 유사한 결과로 이해할 수 있다.

반면, 사회적 공유의미는 사회적 상호작용의 결과이다. 따라서 상호작용의 측면에서 논의할 수 있다. 최근 사회연결망분석을 통해 상호작용을 나타내는 중앙성과 집단 시너지와의 관계를 분석하여 외향연결 중앙성이 집단 시너지에 정적으로 영향을 미친다는 김선연과 조규락(2018b)의 연구는 본 연구결과를 지지한다. 여기서 외향연결 중앙성은 많은 구성원들과 빈번한 접촉을 하고 있는 개인들 사이의 활동성을 의미하는데, 집단에서 외향연결 중앙성이 높으면 다른 학습자들과 빈번한 접촉으로 친밀감이 높아지고, 원활한 소통이 이루어진다. 이로 인해 다양한 지식과 정보를 공유하게 되어 궁극적으로 집단 시너지에 긍정적으로 영향을 미치는 것이다. 주목할 점은 구성원들의 빈번한 접촉에 의해 집단 시너지 효과가 더 잘 발현될 수 있다는 것이다. 본 연구에서 사회적 공유의미 모델의 기본은 구성원들 간의 역동적이고 협력적인 상호작용이다. 이러한 상호작용은 구성원들 간의 빈번한 접촉이 전제되지 않으면 이루어질 수 없다. 결론적으로 집단 구성원들 간의 빈번한 접촉을 통해 집단 시너지가 향상될 수 있다.

셋째, 집단 시너지는 집단 창의성에 정적으로 영향을 미치는 것으로 분석되었다. 이러한 연구결과는 김선연과 조규락(2018a)의 연구에서 집단 시너지가 비구조 문제해결에 유의미하게 영향을 미치고 있다는 결과와 비교하여 해석할 수 있다. 여기서 비구조 문제는 정답이 없거나 다양한 해결안이 존재하는 문제(Jonassen, 1997)로서, 창의적인 문제로 이해할 수 있다. 따라서 비구조 문제를 해결하는 과정과 집단 창의성이 발현되는 과정은 유사한 면이 존재할 가능성이 크다. 또한 집단 시너지는 학습결과로서 참신하고 창의적인 결과물에 긍정적으로 영향을 줄 뿐만 아니라, 창의적인 사고과정 절차나 단계에 대한 수행에도 긍정적인 영향을 미칠 수 있다.

이러한 연구결과를 통한 시사점 및 후속연구를 위한 제언은 다음과 같다.

첫째, 집단 협력학습 상황에서 집단 창의성을 향상시키기 위해서 사회적 공유의미와 집단 시너지를 고려하여 설계하여야 하며, 특히 사회적 공유의미 활동이 집단 창의성으로 발현되기 위해서는 집단 시너지가 간접적으로 매개하여 영향을 미치고 있다는 것이다. 후속 연구는 설문조사를 통한 양적 연구가 아닌, 집단 협력학습에서 학습자들이 어떻게 구성원들과 상호작용하고, 시너지가 발현되며 이러한 활동들이 집단 창의성에 영향을 미치는지에 대한 질적 연구를 통해 탐색해 볼 필요가 있을 것이다.

둘째, 지금까지 집단학습에서 사회적 상호작용에 대한 연구들이 많이 이루어지고 있으나, 대부분 메시지 내용 분석이나 사회연결망분석을 이용하여 집단의 상호작용을 밝히고자 하는 연구들이었다. 본 연구를 통해 집단 협력학습에서 사회적 상호작용의 결과를 측정하기 위해 사회적 공유의미 모델을 측정지표로 개발하여 활용할 수 있는 가능성을 탐색하였다. 하지만 본 연구에서 사회적 공유의미 변인의 측정문항은 문헌 연구와 전문가 내용타당도를 통해 구성되었기 때문에 실제 학습자들의 경험과 일치하지 않을 수 있다. 추후에는 사회적 공유의미 변인의 측정문항을 개발하기 위해 실제 집단 협력학습에 참여하고 있는 학습자들을 대상으로 연구를 진행할 필요가 있을 것이다.

셋째, 집단 시너지는 집단 창의성과 비구조 문제해결에 유의미하게 영향을 미치고 있는 것으로 밝혀졌는데, 여기서 주목할 점은 집단 창의성과 비구조 문제해결에서 다루어지는 문제의 성격과 구조이다. 집단 창의성에서 다루어지는 창의적 문제와 비구조 문제해결에서 언급되는 비구조 문제는 그 특징과 속성에서 유사점과 차이점이 존재한다. 하지만 지금까지 창의적 문제와 비구조 문제에 대한 차이점과 유사점에 대해 심층적으로 분석한 연구는 거의 없다. 따라서 후속연구는 비구조 문제와 창의적 문제와의 차이가 무엇인지에 대해 체계적으로 분석하여 집단 시너지와 어떻게 관련되어 있는지 또는 학습결과에 어떻게 영향을 미치고 있는지를 탐색할 필요가 있을 것이다.

참고문헌

공도훈, 허재완, 손태원 (2017). 팀 구성원 인지능력 다양성과 팀 성찰 활동이 창의적 팀 성과에 미치는 영향. *경영교육연구, 32*(1), 353-386.

김선연 (2017). 집단 협력학습에서 시너지의 심층적 개념 분석. *교육공학연구, 33*(1), 75-104.

김선연 (2018). 디자인 씽킹에 기반한 집단 창의성 프로세스 모형 개발. 2018년 한국교육정보미디어학회·한국교육공학회 추계공동학술대회: 창의융합인재 양성을 위한 미래혁신적 교육환경, Session 1(트랙 3), 53.

김선연, 조규락 (2018a). 시너지의 구조 탐구 및 시너지가 비구조 문제해결에 미치는 영향. *학습자중심교과교육연구, 18*(3), 1017-1039.

김선연, 조규락 (2018b). 협력적 상호작용 집단의 사회연결망 중앙성이 집단 시너지와 학업성취에 미치는 영향. *교육공학연구, 34*(3), 383-406.

김세환 (2007). 공공조직의 커뮤니케이션 만족이 구성원의 집단창의성에 미치는 영향에 관한 연구: 대전지역 지방자치단체를 중심으로. 석사학위논문. 고려대학교 대학원.

김태길, 홍아정 (2015). 공공조직 구성원의 팀 학습행동이 집단창의성에 미치는 영향과 비판적 성찰 업무 행동의 매개효과. *Andragogy Today, 18*(1), 1-31.

김태훈 (2015). 공학 설계 패러다임 변화에 따른 팀 창의성의 정의 및 하위 영역과 요소 도출. *공학교육연구, 18*(3), 13-23.

류형선 (2010). 집단 창의성의 효과와 영향 요인 연구. 박사학위논문. 성균관대학교 대학원.

박응호, 김정근, 이광오 (2016). 경쟁적 상황과 협력적 상황이 대학생들의 집단창의성에 미치는 영향. *창의력교육연구, 16*(1), 23-40.

안정호, 임지영 (2014). 공학설계수업에서 팀 성격구성이 팀 창의성에 미치는 영향. *공학교육연구, 17*(1), 50-56.

안지선, 홍아정 (2015). 공공기관의 조직문화 특성이 집단창의성에 주는 영향과 공유리더십의 매개효과. *직업교육연구, 34*(1), 1-23.

양미경 (2010). 집단지성의 특성 및 기제와 교육적 시사점의 탐색. *열린교육연구, 18*(4), 1-30.

양미경 (2011). 집단지성의 구현을 위한 협력학습의 원리 탐색. *교육심리연구, 23*(2), 457-483.

양세희 (2016). 집단 구성원의 감성지능, 커뮤니케이션, 신뢰, 집단 창의성 간의 구조적 관계.

HRD연구, 18(2), 101-129.

이가람 (2017). 집단 구성원의 창의성 유형이 문제유형에 따라 문제해결과정, 성과 및 시너지에 미치는 영향. 박사학위논문. 영남대학교 대학원.

이상수 (2008). 웹 기반 및 면대면 학습 환경에서의 협력적 CPS와 개별적 CPS가 문제해결과 창의성에 미치는 영향과 패턴 분석. *교육정보미디어연구, 14*(3), 31-60.

이유나, 이상수 (2009). 집단지성의 교육적 적용을 위한 개념모형과 설계 원리. *교육공학연구, 25*(4), 213-239.

이유미 (2015). 대학생 팀 프로젝트 수행에서 나타나는 갈등 관리와 인식에 대한 연구. *인문과학연구, 47*, 595-612.

이준호, 이진규, 김학수, 박지환 (2011). 연구개발 팀의 다양성과 응집성이 팀 창의성에 미치는 영향. *조직과 인사관리연구, 35*(3), 171-197.

이희옥, 정동섭 (2017). 팀의 다양성과 교환관계가 팀 창의성과 팀 성과에 미치는 영향. *인적자원관리연구, 24*(3), 127-151.

임규연, 임지영, 김혜준 (2017). 대학생용 협력적 자기조절 척도의 구성요인 탐색. *교육공학연구, 33*(3), 567-598.

임윤서 (2015). 창의 융합인재 양성을 위한 집단지성기반 협력학습 콘텐츠 연구: tvN의 커넥티브(connective) 강연쇼 '창조클럽 199'를 중심으로. *한국콘텐츠학회논문지, 15*(2), 529-541.

임지영 (2014). 공학설계강좌에서 셀프리더십 역량 및 공학설계 자기효능감과 팀 창의성 지각의 관계. *공학교육연구, 17*(1), 20-25.

전명남 (2013). 학습 팀을 활용한 대학 수업에서 팀 공유정신모형 척도의 타당화, *교육심리연구, 27*(4), 935-960.

전명남 (2014). 대학 수업에서 팀 공유정신모형은 어떻게 팀 효과성에 영향을 미치는가: 상호 신뢰의 매개를 중심으로. *창의력교육연구, 14*(2), 19-40.

전명남 (2015). 팀 학습행동, 개인 창의성, 팀 공유정신모형, 상호 수행 모니터링이 대학 수업에서 팀 창의성에 미치는 영향. *예술인문사회융합멀티미디어논문지, 5*(6), 317-325.

전명남, 이병완 (2015). 미래문제해결프로그램(FPSP) 팀 문제해결을 적용한 대학 수업에서 개인 창의성, 팀 공유정신모형의 팀 창의성 및 팀 효과성과의 관계. *교육문화연구, 21*(5), 115-144.

조영환, 설보연, 이현경, 강다현, 조애리 (2017). 클라우드 컴퓨팅 기술을 활용한 협력적 문제해결에서 자기조절과 그룹조절 활동 탐색. *교육정보미디어연구, 23*(3), 345-371.

최종면 (2012). 팀역량이 팀효과성에 미치는 영향에 관한 연구. 박사학위논문. 명지대학교 대학원.

최종인 (1996). 집단 창의성 결정요인에 관한 연구. 박사학위논문. 고려대학교 대학원.

Besemer, S. P. (1998). Creative product analysis matrix: Testing the model structure and a comparison among products - three novels chairs. *Creative Research Journal, 11*(4), 333-346.

Besemer, S. P., & O'Quin, K. (1986). Analyzing creative products: Refinement and test of a judging instrument. *The Journal of Creative Behavior, 20*(2), 115-126.

Johnson, D. W., & Johnson, R. T. (2002). Impact of positive interdependence during electronic quizzes on discourse and achievement. *Journal of Educational Research. 95*(3), 161-172.

Jonassen, D. H. (1991). Objectivism vs. constructivism: Do we need a new philosophical paradigm? *Educational Technology: Research and Development, 39*(3), 5-14.

Jonassen, D. H. (1997). Instructional design models for well-structured and ill-structured problem-solving learning outcomes. *Educational Technology: Research and Development, 45*(1), 65-94.

Jonassen, D. H. (2006). *Modeling with technology: Mindtools for conceptual changes* (3rd ed.). Upper Saddle River, NJ: Pearson.

Paulus, P. B., & Nijstad, B. A. (2003). *Group creativity: Innovation through collaboration.* Oxford: Oxford University Press.

Shalley, C. E., Zhou, J., & Oldham, G. R. (2004). The effects of personal and contextual characteristics on creativity: Where should we go from here?. *Journal of Management, 30*, 933-958.

Stokes, C. K., Schneider, T. R., & Lyons, J. B. (2010). Adaptive performance: A criterion problem. *Team Performance Management, 16*(3/4), 212-230.

Tagger, S. (2002). Individual creativity and group ability to utilize individual creative resources: A multiple model. *Academy of Management Journal, 45*(2), 315-330.

Thomson, L., & Fine, G. A. (1999). Socially shared cognition, affect, and behavior: A review and integration. *Personality and Social Psychology Review, 3*(4), 278-302.

Woodman, R. W., Sawyer, J. E., & Griffin, R. W. (1993). Toward a theory of organizational creativity. *Academy of Management Review, 18*(2), 293-321.

한국인력개발학회 HRD 총서 4
전환기의 HRD, 연구의 미래를 묻다

초판발행 2021년 2월 26일

엮은이 조성준·이재은·윤선경·박종선
지은이 권대봉 외 37인
펴낸이 노 현

편 집 배근하
기획/마케팅 이선경
표지디자인 조아라
제 작 우인도·고철민

펴낸곳 ㈜ 피와이메이트
서울특별시 금천구 가산디지털2로 53 한라시그마밸리 210호(가산동)
등록 2014. 2. 12. 제2018-000080호
전 화 02)733-6771
f a x 02)736-4818
e-mail pys@pybook.co.kr
homepage www.pybook.co.kr
ISBN 979-11-6519-100-9 93370

정 가 27,000원